中国法治实施报告

(2022)

Chinese Law Enforcement Report

主编／江必新
副主编／董治良　王红霞

中国行为法学会　中南大学／主办

人民法院出版社

图书在版编目（CIP）数据

中国法治实施报告. 2022 / 江必新主编. -- 北京 : 人民法院出版社, 2022.8
ISBN 978-7-5109-3485-8

Ⅰ. ①中… Ⅱ. ①江… Ⅲ. ①社会主义法治－研究报告－中国－2022 Ⅳ. ①D920.0

中国版本图书馆CIP数据核字(2022)第054753号

中国法治实施报告·2022
江必新　主编

策划编辑　韦钦平
责任编辑　刘晓宁
出版发行　人民法院出版社
地　　址　北京市东城区东交民巷 27 号（100745）
电　　话　（010）67550572（责任编辑）　67550558（发行部查询）
65223677（读者服务部）
客 服 QQ　2092078039
网　　址　http://www.courtbook.com.cn
E - mail　courtpress@sohu.com
印　　刷　三河市国英印务有限公司
经　　销　新华书店

开　　本　787 毫米×1092 毫米　1/16
字　　数　740 千字
印　　张　42
版　　次　2022 年 8 月第 1 版　2022 年 8 月第 1 次印刷
书　　号　ISBN 978 - 7 - 5109 - 3485 - 8
定　　价　138.00 元

中国法治实施报告（2022）创作团队

主　编：江必新

副主编：董治良　王红霞

报告撰稿人（按写作章节顺序）

王红霞　中南大学法学院院长助理、副教授

张　翔　北京大学法学院教授

谢　勇　法律实务工作者

秦元明　最高人民法院高级法官

顾功耘　华东政法大学经济法律研究院院长、教授

鲍彩慧　上海证券交易所博士后研究人员

胡建淼　中央党校（国家行政学院）教授

骆梅英　中共浙江省委党校（浙江行政学院）教授

管　斌　华中科技大学法学院副教授

孙　晋　武汉大学法学院教授

刘文华　湖南省人力资源和社会保障厅人事教育处处长

江　峰　湖南省人力资源和社会保障厅法规处副处长

张　宝　中南财经政法大学法学院副院长、教授

焦俊峰　中南财经政法大学刑事司法学院院长助理、教授

王敏远　浙江大学光华法学院教授，检察基础理论研究中心主任

唐东楚　中南大学法学院教授

黄先雄　中南大学法学院教授

宋功德　中共中央办公厅法规局局长、机关党委书记
蔡巧萍　全国人大常委会预算工委法案室副主任
刘　峥　最高人民法院司法改革领导小组办公室副主任
邵长茂　对外经济贸易大学法学院兼职教授
邓联荣　湖南工商大学马克思主义学院教授、党委书记
朱国华　同济大学法学院教授
王春晖　南京邮电大学教授，网络空间治理与数字经济法治（长三角）研究基地主任
司艳丽　最高人民法院研究室副主任
张　建　首都经济贸易大学法学院副教授

年度事件点评名家（按写作章节顺序）

江必新　全国人大宪法和法律委员会副主任委员，中国法学会副会长
张新宝　中国人民大学法学院教授，中国法学会网络与信息法学研究会副会长
姜明安　北京大学法学院教授，中国法学会行政法学研究会副会长
秦前红　武汉大学法学院教授，中国法学会法学期刊研究会副会长
王晓晔　深圳大学特聘教授，中国法学会经济法研究会副会长
陈光中　中国政法大学终身教授
申卫星　清华大学法学院院长、教授，中国法学会网络与信息法学研究会副会长
邢会强　中央财经大学法学院教授，中国法学会证券法学研究会副会长兼秘书长
湛中乐　北京大学法学院教授，中国法学会行政法学研究会副会长
秦天宝　武汉大学环境法研究所所长、教授，中国法学会环境资源法学研究会副会长兼秘书长

目 录

第三编　法治实施专题报告

第四编　2021 年度十大法治实施事件

附 录

新时代高效法治实施体系建设的中心任务

（代序言）

江必新

高效法治实施体系是法治中国建设这一复杂系统工程的重点、难点和关键。随着法治中国建设的长足进步和社会主义现代化国家建设的全面展开，高效法治实施体系建设不仅事关人民高品质的法治生活，也直接影响国家治理和社会运行的持续进步。在经济发展新常态长期持续、多风险叠加共存的复杂时期，更需要充分释放法治固根本、稳预期、利长远的保障作用，更需要牢牢坚持“依法应对重大挑战、抵御重大风险、克服重大阻力、解决重大矛盾”。在当前和今后相当长的一个阶段，高效法治实施体系建设的中心任务应当定位于坚持和践行习近平法治思想，释放效能、聚焦重点、良性循环和构筑“生态”四个维度。

一、释放潜能，充分发挥既有法治实施体系的作用

其一，充分激活既有实施机制的功能。高度重视通过程序制度的改进来规范执法、司法，拓展人民自由空间；充分运用程序思维探索形式法治与实质法治相统一的具体规则。既要打破梗阻，畅通“民——行”“行——刑”和“民——刑”各类双向实施通道，又要避免规则拥堵和“程序过剩”。

其二，充分释放个案多维价值。既要呈现负面案例事例，也要发掘正面案例事例；既要让当事人在个案中感受公平正义，也要让案外人从中受到警醒教育。注重从案事例中淬炼法理，充分释放其释法、普法和治理

功能。

其三，充分发挥平台和社会组织的作用。以超级平台为抓手，基于平台既有的现实影响力，课以适当义务，充分释放超级平台在各类治理中的作用；向社会主体赋能，特别是企业和其他组织在自我权益保护的意识提升和手段拓展，提升其自我权益维护能力。

二、聚焦重点，迈向更高品质的法治实施

其一，着力提升法治实施的精确性。进一步完善法律规范的实施细则，提升规则、制度、标准的精确度，使行为人对法律红线看得清清楚楚，对法律底线感受得实实在在，对法律义务知悉得明明白白，使法律适用依据更加清晰。法律实施既要坚持平等原则，又要注意尽可能的类型化，切忌一刀切、一锅煮。更加精准地开展执法，既要实现穿透性执法，让规避法律的行为无所遁形，又要秉持审慎包容，避免违法认定方面的“假阳性”。高度重视科学监管，既要做到“无事不扰”，又要使人感到“无处不在”。持续提升司法质量，全面细化裁量基准和规则，将类案检索落到实处，既要避免同案不同判，也要警惕“异案同判”。

其二，着力提升法治实施的敏锐性。要保持持久的问题意识，既要回应人民总体的宏观的长远的法治发展愿望，更要满足百姓具体的日常的动态的法治需求。通过大数据、信息化等各种手段，时时“对焦”人民群众的痛点和愿望；对人民的痛痒疾苦保持密切关注和深度关怀，对群众反映强烈的事件敏锐做出快速有效反应，切忌推诿逃避和敷衍塞责。

其三，着力提升法治实施的兼容性。“法律不应该是冷冰冰的”。法治实施不仅要有力度，也要有足够的温度。社会的主流公正观是情理法兼容的公正。在严格实施的过程中要注意防止对法的过度迷信和机械执法；在具体执法、司法过程中要充分考虑当事人的感受和社会心态，着力探索和践行法情理兼济的法治“技艺”。

其四，着力提升法治实施的“便利性”。法治既是治国理政的基本方式，也应是人民群众日常理性的生活方式。努力探索新制度新规则新举措新机制，尽可能降低法治运行的个体、社会和国家成本，更大限度释放人民的自由，解绑百姓不应有的物质、时间和精力负累，让法治社会下的人

民既严于自律、勤履义务，又“轻松自在”“轻装上阵”。

三、注重效果，在法治实施中为中国特色法治体系聚能

一方面，持续提升规则质量，不断创新体制、制度和机制，用高效制度文本支撑高效的法治实施。在制度制定或完善过程中，科学全面开展二阶、三阶的规则影响分析，科学预判制度运行时可能发生的牵连和叠加影响，采取恰当措施及时救弊除害。

另一方面，在实施中应及时检讨因规则不合理引发的普遍违法现象，发现因规则不配套造成的实施不落地的困境，洞悉因规则不系统造成的滥用、规避情形。在执法、司法的实际过程中，特别是出现矛盾突出、争议较大的问题时，有意识的反思规则的正当性基础，追问职权职责是否相匹配、权利义务是否相统一、过错责任是否合比例，为制度完善升级积累宝贵经验，并把握共识形成的修法契机，促进良法善治向更高品质迈进。

四、构筑合力，打造高效法治实施的生态系统

一要充分释放党保证执法、支持司法、带头守法的作用；充分发挥企业、社会组织中党组织的积极作用，有效提升适法意识与合规水平。继续释放党领导下以法治方式反腐败的综合效应，持续营造“法律面前人人平等”“违法必究”“执法必严”的社会氛围和尚法环境。

二要充分运用“地方性知识”和“第一线智慧”，构造国家法律体系、党内法规体系、非正式制度相辅相成的生态实施机制。充分发挥道德对法律实施的促进作用。让道德自律切实成为法律实施的重要途径，让道德判断成为法律实施的重要手段。让老百姓深刻理解“没有法律是万万不能的，但法律也不是万能的”；既要让人民群众树立法治信仰，也要帮助人民群众正视法律的局限。普法宣传要注重实效，切忌简单普法、偏颇传播、片面解读。

三要充分运用信息和数据技术降低执法、司法、守法的成本，提升法律实施效率，让生产力发展的福利惠及人民群众的法治生活。同时密切关注法律的算法实施可能导致的部分执法权、裁判权甚至立法权向网络平台不正当汇聚，重视算法引起的权力格局和社会结构关系的变化对法治系统造成的负面影响。

第一编　总报告

- 2021年中国法治实施总体回顾与展望

2021 年中国法治实施总体回顾与展望

王红霞

一、2021 年中国法治实施总体情况述要

2021 年是中国共产党成立 100 周年。法治实施各领域紧紧围绕中心和大局、围绕更好服务国家和人民取得诸多新进展。[①]

（一）关于审判工作

2021 年，最高人民法院受理案件 33 602 件，审结 28 720 件，同比分别下降 14.6%和 19.7%；地方各级人民法院和专门人民法院受理案件 3351.6 万件，审结、执结 3010.4 万件，同比分别上升 8.8%和 4.9%；结案标的额 8.3 万亿元，同比上升 16.9%。

具体来看，2021 年，全国法院审结一审刑事案件 125.6 万件，判处罪犯 171.5 万人；审结一审民商事案件 1574.6 万件；审结一审行政案件 29.8 万件。2021 年，全国法院受理执行案件 949.3 万件，执结 864.2 万件，执行到位金额 1.94 万亿元。2021 年，全国法官人均办案 238 件，一审服判息诉率 88.7%，二审后达到 98%，长期未结诉讼案件同比减少 16.3%。

（二）关于检察工作

2021 年，全国检察机关共办理各类案件 363.7 万件，同比上升 20.9%；批准逮捕各类犯罪嫌疑人 868 445 人，提起公诉 1 748 962 人，同比分别上升 12.7%和 11.2%。2021 年，全国各级检察机关立案办理公益诉讼 16.9 万件，其中民事公益诉讼 2 万件、行政公益诉讼 14.9 万件，同比分别上升 11.7%、42.9%和 8.8%。

---

① 本报告中相关数据如无特殊说明，均来自最高人民法院官网、最高人民检察院官网、中国政府网、司法部官网、中央纪委国家监委官网、中国人大官网、国家统计局官网发布的官方报告和统计数据。

（三）关于司法行政

2021 年，全国各级行政复议机关共办结各类行政复议案件 26 万件；作出撤销、变更、确认违法和责令履行决定等纠错决定 2.9 万件。2021 年，全国人民调解组织共开展矛盾纠纷排查 507.1 万次，调解矛盾纠纷 874.4 万件。全国法律援助机构共组织办理法律援助案件近 150 万件，受援人 166 万余人，提供法律咨询近 1889 万人次。

（四）关于纪检监察

2021 年，全国纪检监察机关共接收信访举报 386.2 万件次，处置问题线索 182.6 万件，谈话函询 34.4 万件次，立案 63.1 万件，处分 62.7 万人（其中党纪处分 52.4 万人）。处分省部级干部 36 人，厅局级干部 3024 人，县处级干部 2.5 万人，乡科级干部 8.8 万人，一般干部 9.7 万人，农村、企业等其他人员 41.4 万人。2021 年，全国纪检监察机关运用“四种形态”批评教育帮助和处理共 212.5 万人次。

（五）关于制度完善

2021 年，全国人大及其常委会制定法律 17 件，[①] 修改法律 26 件，[②] 作出有关法律问题和重大问题的决定 10 件，决定批准双边条约和加入国际公约 6 件。2021 年，《民法典》《著作权法》《专利法》等 44 部新制定、新修改的法律正式实施。2021 年，国务院制定行政法规 9 部，修订行政法规 6 部。2021 年，最高人民法院制定司法解释 24 件，发布指导性案例 31 个。最高人民检察院制定司法解释 19 件，制发指导性案例 8 批 37 件、典型案例 76 批 563 件。

---

① 具体包括《海警法》《反食品浪费法》《乡村振兴法》《印花税法》《反外国制裁法》《军人地位和权益保障法》《海南自由贸易港法》《数据安全法》《医师法》《法律援助法》《监察官法》《个人信息保护法》《陆地国界法》《家庭教育促进法》《噪声污染防治法》《湿地保护法》《反有组织犯罪法》。

② 具体包括《行政处罚法》《动物防疫法》《全国人民代表大会议事规则》《全国人民代表大会组织法》《中国人民解放军选举全国人民代表大会和县级以上地方各级人民代表大会代表的办法》《道路安全法》《消防法》《进出口商品检验法》《广告法》《草原法》《民用航空法》《海关法》《食品安全法》《教育法》《海上交通安全法》《安全生产法》《军事设施保护法》《人口与计划生育法》《兵役法》《审计法》《工会法》《民事诉讼法》《种子法》《科学技术进步法》，以及《香港特别行政区基本法附件二香港特别行政区立法会的产生办法和表决程序》《香港特别行政区基本法附件一香港特别行政区行政长官的产生办法》。

2021 年，共制定修订党内法规约 200 部，包括中央党内法规 14 部[①]、部委党内法规 13 部、地方党内法规 170 余部。

二、2021 年中国法治实施的主要特点与不足

（一）2021 年中国法治实施的主要特点

总体来看，2021 年，中国法治实施更加重视全局影响，更加重视综合效果。法治实施在维护社会安全、治理公共卫生、促进全面脱贫、保障经济发展等方面重点发力，在反食品浪费、家庭教育促进等更广泛领域释放效能。具体来看，2021 年中国法治实施呈现出如下四个方面的突出特点。

1. 法治规划全面压实法治实施

2021 年，党中央从多维度密集出台重要法治建设纲领性文件，明确方式、路线、进度，构建多方协同机制，充分释放了党在法治实施中总揽全局、协调各方的作用。特别是新时代全面依法治国三大纲领性文件《法治中国建设规划（2020－2025 年）》《法治社会建设实施纲要（2020－2025 年）》《法治政府建设实施纲要（2021－2025 年）》的出台，为“十四五”时期统筹推进法治建设提供了路线图、施工图（详见下表）。

2021 年前后中央发布的重要规划、纲要、意见表

时间	发布部门	发布内容
2020 年 3 月 25 日	中央全面依法治国委员会	《关于加强法治乡村建设的意见》
2020 年 12 月 7 日	中共中央	《法治社会建设实施纲要（2020–2025 年）》
2021 年 1 月 10 日	中共中央	《法治中国建设规划（2020–2025 年）》
2021 年 1 月 31 日	中共中央办公厅、国务院办公厅	《建设高标准市场体系行动方案》
2021 年 4 月 5 日	中共中央办公厅、国务院办公厅	《关于加强社会主义法治文化建设的意见》
2021 年 4 月 28 日	中共中央、国务院	《关于加强基层治理体系和治理能力现代化建设的意见》

① 具体包括《中国共产党纪律检查委员会工作条例》《中国共产党组织工作条例》《中国共产党领导国家安全工作条例》《中国共产党党徽党旗条例》《军队功勋荣誉表彰条例》《中国共产党普通高等学校基层组织工作条例》以及《中国共产党组织处理规定（试行）》等。

续表

时间	发布部门	发布内容
2021年6月15日	中央宣传部、司法部发布；中共中央、国务院转发	《关于开展法治宣传教育的第八个五年规划（2021-2025年）》
2021年8月11日	中共中央、国务院	《法治政府建设实施纲要（2021-2025年）》
2021年9月22日	中共中央、国务院	《知识产权强国建设纲要（2021-2035年）》

2. 法治实施安全效能高位攀升

2021年，国内社会治安和社会风气持续向好。八类主要刑事犯罪案件持续处于低位，占全部刑事案件比重稳步下降。全国群众安全感为98.62%，比2020年进一步提高；20个省（区、市）群众安全感超过98.5%。2021年，群众对扫黑除恶斗争成效的满意度为96.19%；26个省（区、市）群众对扫黑除恶斗争成效的满意度超过95%。"国际社会普遍认为我国是世界上最安全的国家之一"。

3. 法治实施举措更加辩证务实

2021年，各领域法治实施凸显问题意识。一方面，《民法典》编纂颁行所产生的积极影响激发法律各领域启动或加快法典化进程。行政法、环境法等多法域制度建设向法典化升级。另一方面，针对电信诈骗、有组织犯罪等突出问题的专门性立法旨在确立综合机制破解难点问题。跨领域、跨区域的法律实施机制不断完善；知识产权法院、互联网法院、金融法院等新型专门法院，劳动、破产、文物保护专业法庭相继建立。法律实施机关对于规则的落实更为严格，同时对于如何落实规则的策略、方式更加灵活、更富智慧。

4. 法治实施抓手进一步拓展

2021年，在继续抓住"领导干部"这个少数的同时，法治实施进一步拓展了施治抓手，并取得了重要成效：一是政法队伍教育整顿全面展开。通过进一步加强政法队伍建设，有效提升了法治实施的公信力和权威性。二是文娱领域综合治理。通过规范社会生活中有广泛影响力的明星、偶像、网红、大V，彰显违法必究态度、强化全民守法精神。

5. 技术与法治实施持续深度融合

法治实施机关主动把握技术发展带来的新契机，回应新需求、迎接新挑战，互联网、大数据、人工智能、区块链等新技术新应用与行政执法和司法的融合持续向纵深推进。自动化执法、政府数据共享、数字政务服务等新型行政法治实践渐成常态，高效、便捷、低成本的网络纠纷审判机制日益完善。

（二）2021 年中国法治实施中的问题与挑战

2021 年，中国法治实施也存在着不少值得反思和改进之处。其中两个问题值得特别重视。

其一，法治中国“一规划、两纲要”同期发布，各省市“对标对表”制定本地具体实施细则，不可避免地造成文件的叠床架屋。特别是法治社会在整个法治中国建设中，与法治政府的区别和边界仍然不够明确。地方立法重复性规范、空洞性条款依然较多，为法律实施埋下隐患。

其二，法治意识显著提升的同时，个体规避法律滥用权利情况愈发抬头。实施机关滥用权力的情况减少，但隐蔽性增强。严格执法水平提升的同时，机械执法带来的负面影响需要审慎应对。

三、2022 年中国法治实施展望

2022 年是全面建设社会主义现代化国家、向第二个百年奋斗目标迈进的重要一年。安全问题是持续的社会关切，基层社会治理依然是难点。新技术催生新问题引发新挑战始终是法治实施的重大议题。如何释放平台其治理价值又遏制其野蛮生长，其复杂性丝毫不亚于法治政府的建设。由于经济下行、新冠肺炎疫情和国际局势的三重影响，法治如何在规范中促进经济发展并承担推动共同富裕重任更是一个巨大系统性难题。

2022 年也是党的二十大的召开年。党的领导是我国社会主义法治实施的最大特色和制胜法宝。中国共产党以其强大的政治领导力、思想引领力、组织运筹力、社会号召力以及自身建设力，为法治实施各项制度、各个环节落地提供了不竭动力与关键保障。不仅如此，2021 年全国掀起了学习习近平法治思想热潮。随着习近平法治思想的广泛传播和走深走实，理论指引必将在未来的中国法治实施中释放更大的综合效能。

撰稿专家

王红霞，辽宁鞍山人，博士。现任中南大学法学院院长助理、副教授、博士生导师，主要从事转型法治、经济法、信息与网络法等方面的科研和教学；兼任《中国法治实施报告》副主编、《经济法论丛》执行主编，中国行为法学会、中国法学会经济法学研究会、中国法学会网络与信息法学研究会理事等职。主持国家社科基金、教育部、司法部课题多项；在《中国社会科学》《法商研究》《法学评论》《政法论坛》《法制与社会发展》等核心期刊发表学术论文数十篇，多篇次被人大复印资料、《中国社会科学文摘》等转载；独著、合著专著5部；多次在全国性学术论文竞赛、各类教学竞赛获奖。

第二编 宪法与各部门法实施报告

- 2021年宪法实施报告
- 2021年民商法实施报告
- 2021年行政法实施报告
- 2021年经济法实施报告
- 2021年社会法实施报告
- 2021年刑法实施报告
- 2021年诉讼法实施报告

第一章　2021 年宪法实施报告

张　翔

报告要旨

2021 年，全国人大及其常委会积极行使《宪法》赋予的立法权，制定、修改了《个人信息保护法》《全国人民代表大会组织法》与《全国人民代表大会议事规则》等多部重要法律，以“决定+修法”的方式对香港特别行政区选举制度进行了完善。全国人大及其常委会积极履行监督宪法实施的职责，通过前端对法律和决定草案的合宪性控制以及后端对法规等规范性文件的合宪性审查，确保每一项立法都符合宪法精神。在立法过程中，宪法和法律委员会越来越多地在关于法律和决定草案的审议报告中作出合宪性说明；在备案审查中，对有关规范性文件的合宪性审查工作稳步推进，审查质量不断提高。

核心建议

1. 落实宪法解释程序机制，在合宪性审查中对涉及的宪法条款进行详细解释，加强合宪性论证。

2. 抓住《立法法》修改的契机，完善对法律和决定草案的合宪性控制机制，赋予宪法和法律委员会在事前合宪性审议中更大的主动权。

3. 增强备案审查制度刚性，必要时启动有权国家机关提出审查要求与全国人大常委会撤销纠正程序。

4. 提高备案审查日常工作的公开性，建立具体案例审查意见的公布机制，以更好地发挥宪法教育与宣传功能。

全面贯彻实施宪法，是建设社会主义法治国家的首要任务和基础性工作。[①] 根据我国《宪法》规定，全国人大及其常委会监督宪法的实施。2021年10月13日至14日，中央人大工作会议在北京召开，这在党的历史上、人民代表大会制度历史上都是首次。习近平总书记在会上强调，要全面贯彻实施宪法，维护宪法权威和尊严。全国人大及其常委会要完善宪法相关法律制度，保证宪法确立的制度、原则、规则得到全面实施，要加强对宪法法律实施情况的监督检查。宪法实施与监督是近年来人大工作的重点，通过立法落实《宪法》规定、在立法过程中对法律草案进行合宪性控制以及通过备案审查制度对有关规范性文件进行合宪性审查已成为全国人大常委会履行宪法实施与监督职责的稳定机制。

一、通过立法的宪法实施

宪法确立的制度、原则、规则，需要通过法律法规来得到贯彻落实。[②] 加快形成完备的法律规范体系，是宪法实施的内在要求，也是保证宪法全面实施的基本途径。[③] 2021年，全国人大及其常委会以宪法为依据，深入学习贯彻习近平法治思想，积极开展立法工作，完善以宪法为核心的中国特色社会主义法律体系。一年来，全国人大及其常委会共制定法律17件，修改法律26件，作出有关法律问题和重大问题的决定11件，立法数量创近年新高，现行有效法律从去年底的274件增至291件。[④]

（一）修改《全国人民代表大会组织法》和《全国人民代表大会议事规则》

2021年最为重要的立法进展无疑是《全国人民代表大会组织法》与《全国人民代表大会议事规则》的修改。人民代表大会制度是中国特色社会主义制度的重要组成部分，也是支撑中国国家治理体系和治理能力的根本政治制度。[⑤] 人大组织制度与工作程序的质量，直接关系国家治理水平。我国《宪法》第78条规定："全国人民代表大会和全国人民代表大会常务委

---

① 习近平：《习近平谈治国理政》（第一卷），外文出版社2014年版，第138页。

② 栗战书：《在第八个国家宪法日座谈会上的讲话》，载《中国人大》2021年第24期。

③ 沈春耀：《健全保证宪法全面实施的体制机制》，载《中国人大》2019年第22期。

④ "全国人大"微信公众号：《新征程上全面提升人大工作质量和水平》，载中国人大网，http://www.npc.gov.cn/npc/kgfb202112/0c01788558424429a38465bddef67dd3.shtml，最后访问时间：2022年1月10日。

⑤ 习近平：《在庆祝全国人民代表大会成立六十周年大会上的讲话》，载《求是》2019年第18期。

员会的组织和工作程序由法律规定。”《全国人民代表大会组织法》与《全国人民代表大会议事规则》是关于全国人民代表大会组织制度和工作程序的基本法律，是全国人大及其常委会依法行使职权的重要制度保障，是宪法有关规定的立法实施。然而，《全国人民代表大会组织法》与《全国人民代表大会议事规则》分别颁布于1982年与1989年，均已施行30多年，此次为两部法律的首次修改。

《全国人民代表大会组织法》的主要修改内容包括：第一，增设了“总则”一章，主要规定了全国人大及其常委会的性质与地位，确立了党的领导、人民当家作主与依法治国有机统一的基本精神，明确了全国人大及其常委会实行民主集中制的组织和活动原则。第二，完善了全国人大主席团和全国人大常委会委员长会议职权的相关规定。为突出大会主席团的地位，将其原散见于相关条文的职权集中作出了规定，明确了主席团常务主席的职权。第三，完善了全国人大专门委员会相关规定。根据实际情况列明了全国人大现有的10个专门委员会名称，增加了有关专门委员会工作职责的规定，特别规定了宪法和法律委员会承担推动宪法实施、开展宪法解释、推进合宪性审查、加强宪法监督、配合宪法宣传等工作职责。第四，关于全国人大常委会的人事任免权，增加规定：常务委员会在全国人民代表大会闭会期间，根据国务院总理的提名，可以决定国务院其他组成人员的任免；根据中央军事委员会主席的提名，可以决定中央军事委员会其他组成人员的任免。常务委员会在全国人民代表大会闭会期间，根据委员长会议、国务院总理的提请，可以决定撤销国务院其他个别组成人员的职务；根据中央军事委员会主席的提请，可以决定撤销中央军事委员会其他个别组成人员的职务。此外，《全国人民代表大会组织法》中关于会议程序的部分内容移至了《全国人民代表大会议事规则》中规定。

《全国人民代表大会议事规则》的主要修改内容包括：第一，明确了会议召开的相关准备工作，对全国人大会议的提前或推迟召开作了具体安排。第二，适当精简了会议程序，提高议事质量和效率。精简法律案审议程序，明确法律草案修改稿在各代表团审议后，经进一步修改可直接提出表决稿交付大会表决，减少了实践中草案建议表决稿的审议环节。对表决程序和表决方式在法律上作出明确规定。第三，完善了法律案等议案的审议程序。增加规定：向大会提出的法律案，在大会闭会期间，可以先向常委会提出，经常委会会议依照有关程序审议后，决定提请大会审议；常委会对准备提请大会审议的法律案，应当将法律草案向社会公布，广泛征求意见，但是经委员长会议决定不公布的除外。向社会公布征求意见的时间一般不少于30日。第四，健全了大会通过事项的公布程序。增加规定：大会通过的宪法修正案，以全国人民代表大会公告予以公布，并对大会通过的法律，大会选举和决定任命国家机构组成人员、国家机构组成人员辞职和罢免的公布程序作了规定。全国人民代表大会通过的法律、决议、决定，发布的公告，以及法律草案的说明、审议结果报告等，应当及时在全国人民代表大会常务委员会公报和中国人大网上刊载。

此次修改《全国人民代表大会组织法》与《全国人民代表大会议事规则》，既总结了人大工作的实践经验，把一些成熟的、行之有效的做法通过法律制度固定了下来，又针对最近两年出现的一些新问题，作了相应修改与完善，为全国人大依法行使职权提供了组织与程序保障。

（二）以“决定+修法”方式完善香港特别行政区选举制度

香港特别行政区行政长官与立法会选举制度是香港特别行政区政治体制的重要组成部分，确保“一国两制”行稳致远，保持香港长期繁荣稳定，必须采取必要措施完善香港特别行政区选举制度。

据此，十三届全国人大四次会议于2021年3月11日通过了《全国人民代表大会关于完善香港特别行政区选举制度的决定》，明确了修改完善香港特别行政区选举制度应当遵循的基本原则，即必须全面准确贯彻落实“一国两制”、“港人治港”、高度自治的方针，维护《宪法》和《香港特别行政区基本法》确定的香港特别行政区宪制秩序，确保以爱国者为主体的“港人治港”，切实提高香港特别行政区治理效能，保障香港特别行政区永久性居民的选举权和被选举权。该决定还规定了修改完善的核心要素内容，并授权全国人大常委会根据本决定修改香港基本法附件一和附件二。2021年3月30日，十三届全国人大常委会第二十七次会议完成了对《香港基本法附件一香港特别行政区行政长官的产生办法》与《香港基本法附件二香港特别行政区立法会的产生办法和表决程序》的修订，对香港特别行政区实行的新的民主选举制度作出了具体明确的规定。在国家层面完成对附件一和附件二的修订后，香港特别行政区将据此对本地有关法律作出相应修改。

这是全国人大在我国香港特别行政区问题上第二次使用“全国人大决定+全国人大常委会立法或修法”的处理方式，第一次是2020年建立健全香港特别行政区维护国家安全的法律制度和执行机制。在两个决定中，全国人大均明确指出其宪法依据为《宪法》第 31 条和第 62 条第 2 项、第 14 项、第 16 项。其中，第 31 条和第 62 条第 14 项与特别行政区制度直接相关。《宪法》第 31 条规定：“国家在必要时得设立特别行政区。在特别行政区内实行的制度按照具体情况由全国人民代表大会以法律规定。”第 62 条第 14 项规定全国人大决定特别行政区的设立及其制度，第 62 条第 2 项规定全国人大监督宪法的实施，第 62 条第 16 项则是关于全国人大职权的兜底项。“全国人大决定+全国人大常委会立法或修法”作为一项崭新的宪法实践，涉及法律与决定的区分、全国人大宪法监督权与全国人大兜底职权等问题，为相关理论探讨提供了宝贵的实践资源。

（三）全国人大常委会授权制定浦东新区法规与海南自由贸易港法规

2021 年 6 月，十三届全国人大常委会第二十九次会议审议通过《关于授权上海市人民代表大会及其常务委员会制定浦东新区法规的决定》，授权上海市人大及其常委会根据浦东改革创新实践需要，遵循《宪法》规定以及法律和行政法规基本原则，制定浦东新区法规，在浦东新区实施。浦东新区法规应当依照《立法法》的有关规定分别报全国人民代表大会常务委员会和国务院备案。浦东新区法规报送备案时，应当说明对法律、行政法规、部门规章作出变通规定的情况。此外，本次会议还通过了《海南自由贸易港法》，该法第 10 条规定：海南省人民代表大会及其常务委员会可以根据本法，结合海南自由贸易港建设的具体情况和实际需要，遵循宪法规定和法律、行政法规的基本原则，就贸易、投资及相关管理活动制定法规，在海南自由贸易港范围内实施。海南自由贸易港法规应当报送全国人民代表大会常务委员会和国务院备案；对法律或者行政法规的规定作变通规定的，应当说明变通的情况和理由。海南自由贸易港法规涉及依法应当由全国人民代表大会及其常务委员会制定法律或者由国务院制定行政法规事项的，应当分别报全国人民代表大会常务委员会或者国务院批准后生效。由此，我国立法体制中形成了经济特区法规、浦东新区法规与海南自由贸易港法规三种特殊的地方立法类型。

此外，2021 年全国人大常委会还制定了《个人信息保护法》，这是我国首部个人信息保护方面的专门法律。《个人信息保护法》界定了个人信息以及个人信息的处理，确立了个人信息处理应当遵循的原则与规则，对于保障个人信息安全、维护公民在网络空间的合法权益具有重要意义。《个人信息保护法》中既有调整平等主体之间关系的私法规范，也明确规定国家机关处理个人信息的活动同样适用本法，是国家履行个人信息保护义务与不侵犯义务的体现。

二、立法过程中的合宪性控制

在立法过程中对法律与决定草案进行合宪性控制，是我国合宪性审查制度的重要组成部分。就全国人大及其常委会制定的法律与决定而言，由于事后审查仍面临一些理论问题需要澄清，具体的制度设计也尚不明朗，这种事前的合宪性控制便发挥着格外重要的作用。实际上，对法律草案的合宪性控制，我国早已有相关实践。1998 年 6 月 26 日，时任全国人大常委会委员长李鹏在九届全国人大常委会第三次会议上的讲话中指出："需要有一个立法综合部门对法律草案进行统一审议，使制定的法律与宪法保持一致，与有关法律相衔接，以保持法制的统一。法律委员会实际上就是这样一个立法综合部门。"① 可见，"使制定的法律与宪法保持一致"一直是法律草案审议中的一项重要内容。然而，既有实践存在不普遍、不充分、不显明的问题。② 2018 年，全国人大"法律委员会"更名为"宪法和法律委员会"并被赋予推动宪法实施、开展宪法解释、推进合宪性审查、加强宪法监督、配合宪法宣传等工作职责，此后，宪法和法律委员会对法律和决定草案合宪性问题的说明逐渐增多。2021 年，宪法和法律委员会在对以下法律和决定草案的审议报告中提及了草案的合宪性问题。

（一）2021 年宪法和法律委员会对法律和决定草案的合宪性控制实践

宪法和法律委员会在关于《全国人民代表大会组织法（修正草案）》审议结果的报告中指出，"修正草案贯彻落实习近平新时代中国特色社会主义思想特别是习近平总书记关于坚持和完善人民代表大会制度的重要思想和习近平法治思想，落实党中央决策部署和修改后宪法的规定，将坚持党的领导载入全国人民代表大会组织法，体现深化党和国家机构改革新形势新任务新要求，总结人民代表大会制度实践的新经验新成果，进一步健全全国人大及其常委会的组织制度和工作制度，符合宪法的规定、原则和精神，有利于保障最高国家权力机关依法行使职权，更好地保障人民行使当

---

① 李鹏：《李鹏委员长在九届全国人大常委会第三次会议上的讲话》，载《全国人民代表大会常务委员会公报》1998 年第 3 号，第 254 页。

② 张翔：《"合宪性审查时代"的宪法学：基础与前瞻》，载《环球法律评论》2019 年第 2 期。

家作主的权力。"①

宪法和法律委员会在关于《全国人民代表大会议事规则（修正草案）》审议结果的报告中指出："修正草案贯彻落实习近平新时代中国特色社会主义思想，落实党中央决策部署和修改后宪法的规定，体现深化党和国家机构改革新形势新任务新要求，总结人民代表大会制度实践的新经验新成果，进一步健全全国人民代表大会的会议制度和工作程序，注重提高议事质量和效率，符合宪法的规定、原则和精神，有利于保障最高国家权力机关依法行使职权，更好地保障人民行使当家作主的权力。"②

宪法和法律委员会在关于《全国人民代表大会关于完善香港特别行政区选举制度的决定（草案）》审议结果的报告中指出："决定草案明确了修改完善香港特别行政区选举制度应当遵循的基本原则和修改完善的核心要素内容，同时授权全国人大常委会根据本决定修改香港基本法附件一和附件二。这一制度安排，符合宪法规定和宪法原则，符合香港基本法，具有坚实的政治基础和法治基础。"③

宪法和法律委员会在关于《香港特别行政区基本法附件一香港特别行政区行政长官的产生办法（修订草案）》审议结果的报告中指出，修订草案"符合宪法规定和原则，符合香港基本法"。④

宪法和法律委员会在关于《香港特别行政区基本法附件二香港特别行政区立法会的产生办法和表决程序（修订草案）》审议结果的报告中指出，修订草案"符合宪法规定和原则，符合香港基本法。"⑤

---

① 《第十三届全国人民代表大会宪法和法律委员会关于〈中华人民共和国全国人民代表大会组织法（修正草案）〉审议结果的报告》，载《全国人民代表大会常务委员会公报》2021 年第 3 号，第 384 页。

② 《第十三届全国人民代表大会宪法和法律委员会关于〈中华人民共和国全国人民代表大会议事规则（修正草案）〉审议结果的报告》，载《全国人民代表大会常务委员会公报》2021 年第 3 号，第 403 页。

③ 《第十三届全国人民代表大会宪法和法律委员会关于〈全国人民代表大会关于完善香港特别行政区选举制度的决定（草案）〉审议结果的报告》，载《全国人民代表大会常务委员会公报》2021 年第 3 号，第 411 页。

④ 《全国人民代表大会宪法和法律委员会关于〈中华人民共和国香港特别行政区基本法附件一香港特别行政区行政长官的产生办法（修订草案）〉审议结果的报告》，载《全国人民代表大会常务委员会公报》2021 年第 4 号，第 661 页。

⑤ 《全国人民代表大会宪法和法律委员会关于〈中华人民共和国香港特别行政区基本法附件二香港特别行政区立法会的产生办法和表决程序（修订草案）〉审议结果的报告》，载《全国人民代表大会常务委员会公报》2021 年第 4 号，第 670 页。

宪法和法律委员会在关于《人口与计划生育法（修正草案）》审议结果的报告中指出："还有一个问题需要专门说明。我国宪法对'计划生育'作出了相关规定。有意见提出，人口与计划生育法是根据宪法制定的，修改人口与计划生育法，涉及对宪法有关规定的理解和把握，需要研究合宪性问题，以利于顺利推进相关工作。宪法和法律委员会、法制工作委员会经研究认为，我国宪法有关计划生育的规定，特别是第二十五条关于'国家推行计划生育，使人口的增长同经济和社会发展计划相适应'的规定，体现了问题导向与目标导向相统一、指向性与方向性相统一，具有相当的包容性和适应性，可以涵盖不同时期实行的生育政策、相关工作及配套措施。修改人口与计划生育法，落实优化生育政策、促进人口长期均衡发展的决策部署，是与时俱进理解和把握宪法规定和精神的具体体现，也是与时俱进通过立法推动和保证宪法实施的生动实践，符合宪法规定和精神。"①

此外，尽管有的审议报告中并未明确作合宪性说明，但一些报告内容仍可视为是对宪法问题的关照。例如，宪法和法律委员会在关于《民事诉讼法（修正草案）》审议结果的报告中指出："修正草案第三条规定，部分民事案件二审可以采用独任制审理。有的单位、专家提出，为更好保护当事人的诉讼权利，应当明确经双方当事人同意，二审民事案件才可以由审判员一人独任审理。宪法和法律委员会经研究，建议采纳这一意见，对上述规定作出修改。"② 诉讼权利是公民的基本权利，对当事人诉讼权利的考量自然是一种宪法考量。

再如，宪法和法律委员会在关于《个人信息保护法（草案）》审议结果的报告中指出："有的常委委员和社会公众、专家提出，我国宪法规定，国家尊重和保障人权；公民的人格尊严不受侵犯；公民的通信自由和通信秘密受法律保护。制定实施本法对于保障公民的人格尊严和其他权益具有重要意义，建议在草案二次审议稿第一条中增加规定'根据宪法'制定本

---

① 《全国人民代表大会宪法和法律委员会关于〈中华人民共和国人口与计划生育法（修正草案）〉审议结果的报告》，载《全国人民代表大会常务委员会公报》2021 年第 6 号，第 1201～1202 页。

② 《全国人民代表大会宪法和法律委员会关于〈中华人民共和国民事诉讼法（修正草案）〉审议结果的报告》，载中国人大网，http：//www. npc. gov. cn/npc/c30834/202112/ba0edda840674b34a59fdf6c250a38b9. shtml，最后访问时间：2022 年 1 月 15 日。

法。宪法和法律委员会经研究，赞同上述意见，建议予以采纳。”[①]

（二）事前合宪性控制的进展与不足

自“法律委员会”更名为“宪法和法律委员会”并被赋予推进合宪性审查工作等职责之后，宪法和法律委员会在关于法律与决定草案的审议报告中作合宪性说明的情况越来越多。不过，2021 年最引人注目的进展并不是提及合宪性问题的审议报告数量的增多，而是宪法和法律委员会首次在审议报告中明确援引了宪法的规定，并作了进一步的阐释。在审议《人口与计划生育法（修正草案）》的过程中，有意见指出，《人口与计划生育法》是根据宪法制定的，修改《人口与计划生育法》，涉及对宪法有关规定的理解和把握，需要研究合宪性问题。对此，宪法和法律委员会在审议报告中对《宪法》第 25 条作了解读，认为其具有相当的包容性与适应性，此次对《人口与计划生育法》的修改并未违反宪法。

尽管在以往统一审议法律草案的过程中，也有基于宪法规定对草案内容作出修改的实践，[②] 但被修改的草案内容往往与宪法规定明显不一致，因而也就无需作特别说明。此次对《人口与计划生育法》的修改是否符合《宪法》第 25 条的规定，则并非一目了然，只有在明确《宪法》第 25 条内涵的前提下才能对这一问题作出准确判断，所以宪法和法律委员会在审议报告中对此作了专门说明。事实上，在 2019 年《外商投资法》的制定过程中也出现过类似情况，当时《外商投资法（草案）》的相关规定是否符合《宪法》第 18 条便存在较大争议，但宪法和法律委员会在审议报告中并未对该问题作出说明。全国人大通过《外商投资法》后，全国人大常委会法工委宪法室在中国人大网及《中国人大》期刊上发布了两篇文章，通过详细分析《宪法》第 18 条的内涵对相关争议作了回应。[③] 此次修改《人口与计划生育法》，宪法和法律委员会直接在审议报告中对《宪法》第 25 条作出解读，并确认修改内容的合宪性，无疑具有更为重大的制度价值，有助于事前合宪性审查工作的推进。

此外，宪法和法律委员会在《人口与计划生育法（修正草案）》审议

---

① 《全国人民代表大会宪法和法律委员会关于〈中华人民共和国个人信息保护法（草案）〉审议结果的报告》，载《全国人民代表大会常务委员会公报》2021 年第 6 号，第 1131 页。

② 参见邢斌文：《论法律草案审议过程中的合宪性控制》，载《清华法学》2017 年第 1 期。

③ 参见全国人大常委会法制工作委员会宪法室：《〈对外开放与我国宪法〉、〈我国外商投资立法与宪法第十八条规定含义的与时俱进〉》，载《中国人大》2019 年第 7 期。

报告中对《宪法》第25条的内涵作出说明，对宪法解释工作的开展也有重要意义。加强宪法解释工作是健全宪法实施和监督制度的核心措施。早在2014年，党的十八届四中全会便提出“健全宪法解释程序机制”。2018年，“法律委员会”更名为“宪法和法律委员会”并被赋予开展宪法解释的工作职责。2019年，党的十九届四中全会进一步提出“落实宪法解释程序机制”。2021年，中共中央印发的《法治中国建设规划（2020—2025年）》提出要“加强宪法解释工作，落实宪法解释程序机制，回应涉及宪法有关问题的关切”。然而，具体的宪法解释程序机制目前仍不明确，因此宪法和法律委员会在《人口与计划生育法（修正草案）》审议报告中对《宪法》第25条的说明很难算是正式的宪法解释，但这种实践依然是有意义的，不论未来宪法解释程序机制具体如何设计，在法律草案审议过程中对相关宪法条款进行解释都会是重要一环。

不过，在上述亮点以外，宪法和法律委员会对法律草案的合宪性控制仍然存在一些有待加强之处。其一，宪法和法律委员会对法律草案的合宪性控制依旧不够普遍。2021年，全国人大及其常委会共制定法律17件，修改法律26件，作出有关法律问题和重大问题的决定11件，但宪法和法律委员会对草案内容合宪性作出说明的法律和决定仍属少数。其他法律和决定并非毫不涉及合宪性问题。其二，即便宪法和法律委员会在审议报告中作出了合宪性说明，也存在说明不充分的问题。宪法和法律委员会的合宪性说明往往较为笼统，仅一般性地指出草案内容符合宪法规定和精神，并不针对具体问题作充分说明。以《全国人民代表大会组织法》为例，宪法和法律委员会在审议报告中指出修正草案“符合宪法的规定、原则和精神，有利于保障最高国家权力机关依法行使职权，更好地保障人民行使当家作主的权力”，但就草案中关于全国人大常委会人事任免权的规定是否符合宪法等具体问题，则未作说明。

与“说明不充分”紧密相关的另一问题是，宪法和法律委员会对草案内容的合宪性说明呈现出“被动性”特征。这种“被动性”主要体现为以下两种情形：其一，在审议报告一般性地指出草案合宪之前，往往出现“代表们普遍认为”“代表们一致赞成”的表述。其二，若涉及对具体问题的合宪性说明，这种问题往往也是其他方面提出而非宪法和法律委员会主动发现的，宪法和法律委员会的说明只是对其他方面意见或建议的回应。

宪法和法律委员会几乎不会对草案合宪性进行主动审查，这很大程度上与宪法和法律委员会在法律草案审议过程中的角色定位有关。《立法法》

第 20 条规定：列入全国人民代表大会会议议程的法律案，由法律委员会根据各代表团和有关的专门委员会的审议意见，对法律案进行统一审议；第 33 条规定：列入常务委员会会议议程的法律案，由法律委员会根据常务委员会组成人员、有关的专门委员会的审议意见和各方面提出的意见，对法律案进行统一审议。两个条文都明确规定，法律委员会对法律案的统一审议建立在代表团、专门委员会、常委会委员等意见的基础之上。这就使得法律委员会的统一审议实际上是对其他各方面意见的研究与协调。在这种定位之下，宪法和法律委员会很难积极主动地去对法律草案中涉及的所有宪法问题进行研究与处理，是否作合宪性控制往往取决于其他方面是否提出了相关意见。在事后依附于具体案件的审查中，这种启动的被动性尚可理解。但在立法过程中对法律草案的合宪性控制应以主动、全面为基本原则。《立法法》的修改已被列入全国人大常委会 2022 年度立法工作计划，应利用此次修法机会赋予宪法和法律委员会更大的主动权，以便对法律草案进行普遍、充分的合宪性控制。

三、全国人大常委会备案审查工作情况

根据《宪法》《立法法》《各级人民代表大会常务委员会监督法》的规定，对行政法规、地方性法规、司法解释开展备案审查，是全国人大常委会履行宪法监督职责、保障宪法法律实施的一项重要工作。从 2017 年开始，全国人大常委会法制工作委员会便在每年年底向全国人大常委会报告当年的备案审查工作情况。本部分对 2021 年备案审查具体工作的评述，将主要依据全国人大常委会法制工作委员会主任沈春耀于 2021 年 12 月 21 日向全国人大常委会所作《全国人民代表大会常务委员会法制工作委员会关于 2021 年备案审查工作情况的报告》（以下简称《2021 年备案审查工作情况报告》）。

（一）备案情况

2021 年，全国人大常委会办公厅共收到报送备案的行政法规、监察法规、地方性法规、自治条例和单行条例、经济特区法规、司法解释、特别行政区法律 1921 件。其中行政法规 16 件，监察法规 1 件，省、自治区、直辖市地方性法规 779 件，设区的市、自治州、不设区的地级市地方性法规 688 件，自治条例和单行条例 87 件，经济特区法规 40 件，司法解释 251 件，香港特别行政区法律 42 件，澳门特别行政区法律 17 件。

2021年全国人大常委会收到报送备案的规范性文件中，首次出现了监察法规的身影。尽管工作报告并未具体提及法规名称，但查询国家监察委员会公告可知，该部监察法规就是2021年9月20日公布实施的《监察法实施条例》，这也是国家监察委员会根据《全国人民代表大会常务委员会关于国家监察委员会制定监察法规的决定》制定的第一部监察法规。

延续《2020年备案审查工作情况报告》首次披露的做法，常委会办公厅将符合备案要求的法规、司法解释及时分送有关专门委员会、常委会工作机构审查之前，会首先对收到的法规、司法解释进行形式上的审查，看其是否存在施行日期不明确、缺少标准文本、公布日期早于批准日期、报送备案不及时、备案文件不齐全等问题。2021年，全国人大常委会办公厅在备案工作中发现23件法规、司法解释存在上述问题，对此，常委会办公厅及时发函纠正，并在一定范围内通报，督促报备机关规范报备行为，有关报备机关均进行了认真整改。

（二）审查情况

全国人大常委会的审查方式可以分为四种：依申请审查、依职权审查、专项审查和移送审查。依申请审查是指依据申请对规范性文件进行的审查。根据《立法法》第99条前两款的规定，申请有两种类型：一种是国务院、中央军事委员会、最高人民法院、最高人民检察院和各省、自治区、直辖市的人民代表大会常务委员会提出审查要求；另一种是其他国家机关和社会团体、企业事业组织以及公民提出审查建议。依职权审查是指全国人大有关的专门委员会和常委会工作机构依据《立法法》第99条第3款的规定，对报送备案的规范性文件进行主动审查。专项审查是指为了贯彻党中央决策部署或者落实人大常委会工作安排，对事关重大改革和政策调整、上位法重要修改、事关公众切身利益极易引发社会广泛关注的某一领域的规范性文件进行的专门、集中审查。移送审查是指其他备案审查工作机构在工作中发现规范性文件可能存在违反上位法规定的问题，将其移送给有审查权的机关进行审查。①

1. 依申请审查情况

2021年，全国人大常委会法工委共收到公民、组织提出的审查建议

① 关于四种审查方式，参见全国人大常委会法制工作委员会法规备案审查室：《规范性文件备案审查理论与实务》，中国民主法制出版社2020年版，第56页以下。

6339 件，其中属于全国人大常委会审查范围的有 5741 件，包括针对行政法规和国务院决定的 60 件，针对地方性法规、自治条例和单行条例、经济特区法规的 5596 件，针对司法解释的 85 件。属于全国人大常委会审查范围的审查建议数量占建议总数的 90.6%，2020 年这一比例为 65.6%，2019 年为 36.2%，2018 年为 9.1%。该比例在几年内得到大幅提升，原因主要有以下两点：第一，在线受理审查建议平台的建立。2019 年 12 月 4 日，在第六个国家宪法日，全国人大审查建议受理平台正式开通。公民可点击中国人大网首页上的“审查建议在线提交”链接，首先查询自己要提出审查建议的相关法规、司法解释，然后进行实名注册，最后填写审查理由，即可在线完成审查建议的提交。这就意味着通过受理平台提出的审查建议均属于全国人大常委会的审查范围。2021 年公民、组织提出的 6339 件审查建议中，有 5065 件是通过在线受理审查建议平台提出的。第二，近年来全国人大常委会备案审查工作稳步推进，尤其是从 2017 年开始，全国人大常委会法工委在每年年底都会向全国人大常委会报告当年的备案审查工作情况，长期处于“鸭子凫水”状态的备案审查逐渐公开化，公众对备案审查工作的了解程度越来越高，提出审查建议的准确性便也会随之提高。

2. 主动审查、移送审查与专项审查情况

2021 年，全国人大常委会法工委着力加强主动审查力度，对制定机关报送备案的法规、司法解释逐件开展审查，对审查中发现存在合宪性、合法性、适当性等问题的，及时与制定机关沟通，督促解决；对香港、澳门两个特别行政区报送备案的本地法律依法开展审查，尚未发现需要发回的情形。移送审查方面，过去一年接收其他备案审查工作机构移送的审查工作建议 141 件，包括司法部移送的地方性法规 136 件。全国人大常委会法工委对有关问题逐一审查研究，及时提出处理意见。对不属于全国人大常委会审查范围的 598 件审查建议，及时移送相关备案审查工作机构研究处理。其中，移送中央办公厅 3 件，移送司法部 566 件，移送省级地方人大常委会 19 件，移送最高人民法院 5 件，同时移送司法部和地方人大常委会 4 件，同时移送最高人民法院和省级地方人大常委会 1 件。此外，全国人大常委会法工委在 2021 年有重点地开展了长江保护、行政处罚与计划生育三个领域的专项审查，对有关法规、规章、规范性文件进行了集中清理，在三个领域分别发现需要修改或废止的规范性文件 322 件、4012 件、3632 件。

（三）制度建设情况

2021 年，全国人大常委会法工委着力强化备案审查制度和能力建设，扎实推进备案审查工作往深里走、往实里走，进一步夯实备案审查稳步发展的制度、理论和工作基础，具体做了以下工作：第一，制定了法制工作委员会关于建立健全备案审查衔接联动机制的若干规定，将与党中央、国务院、中央军委及省级地方人大常委会等单位备案审查工作机构之间的沟通协作制度化、规范化。第二，全面落实委员长会议通过的《法规、司法解释备案审查工作办法》，梳理总结近年来备案审查工作的实践做法，对法制工作委员会法规、司法解释备案审查工作规程（试行）作了全面修订，对备案审查工作各环节作了详细明确的规定，促进备案审查工作规范化。第三，积极借助外脑提升工作质量，成立了备案审查专家委员会，为法工委开展备案审查工作提供专家咨询意见。第四，与常委会办公厅有关方面共同协作，初步建成国家法律法规数据库，全面收录现行有效各类法律性、规范性文件。第五，通过召开研讨会、推动出版专门刊物和学术丛书、鼓励高校开设专门课程、创建“备审动态”微信公众号等方式加强备案审查理论研究和宣传工作。

此外，全国人大常委会法工委贯彻落实党中央关于加强地方人大备案审查工作、增强备案审查工作整体实效的要求，进一步加强了对地方人大备案审查工作的联系指导。2021 年，法工委持续推动地方人大实现备案审查全覆盖，推动地方人大建立听取和审议备案审查工作情况报告制度，推动地方人大加强备案审查信息化建设，组织开展“立法放水”问题研究与备案审查典型事例交流。

四、备案审查中合宪性审查工作的进展与不足

对有关规范性文件的合宪性审查是备案审查制度的重要组成部分，但长期以来，合宪性审查不彰一直是备案审查工作存在的主要问题之一。不过，观察法工委近几年所作备案审查工作情况报告可以发现，审查机关逐渐转变对合宪性审查的回避态度，相关工作不断显性化。《2019 年备案审查工作情况报告》披露的案例多为合法性审查案例。即使是介绍有的地方性法规规定公安机关交通管理部门调查交通事故时可以查阅、复制当事人通讯记录这一明显违反《宪法》第 40 条的案例时，报告也回避了“宪法”字眼，只是认为“该规定不符合保护公民通信自由和通信秘密的原则和精神；对公民通信自由和通信秘密保护的例外只能是在特定情形下由法律作出规定，有关地方性法规所作的规定已超越立法权限”。《2020 年备案审查工作情况报告》开始将“积极、稳妥处理合宪性、涉宪性问题”单独列出，并

披露了三起案例，分别涉及国务院文件和有关部门规章关于征收民航发展基金的规定、地方性法规关于民族学校应当使用本民族语言文字或者本民族通用的语言文字进行教学的规定以及最高人民法院司法解释关于城乡居民人身损害赔偿标准的规定。不过，法工委最终仅认定地方性法规关于民族学校应当使用本民族语言文字或者本民族通用的语言文字进行教学的规定存在违宪问题。《2021 年备案审查工作情况报告》则披露了两起最终认定相关规定违宪的案例，且这两起案例分别在申请主体与法工委的回应上体现出合宪性工作的一些新进展。

首先，国务院部门首次提出合宪性审查建议。《2021 年备案审查工作情况报告》披露，国务院有关主管部门对有的民族自治地方民族教育条例等法规提出合宪性审查建议，认为条例中的有关规定存在合宪性问题，不利于促进民族交往交流交融。法工委认为，宪法和有关法律已对推广普及国家通用语言文字作出明确规定，包括民族地区在内的全国各地区应当全面推行国家通用语言文字教育教学，有关法规中的相关内容应予纠正。需要注意的是，根据《立法法》第 99 条的规定，只有国务院、中央军事委员会、最高人民法院、最高人民检察院和各省、自治区、直辖市的人民代表大会常务委员会才能提出合宪性审查要求，其他国家机关和社会团体、企业事业组织以及公民只能提出合宪性审查建议，因此国务院部门提出的是合宪性审查建议，而非合宪性审查要求。

此次由国务院有关主管部门提出合宪性审查建议，这一做法体现出国务院部门在合宪性审查中所可能发挥的重要作用。相比国务院，国务院部门是直接管理有关事务的机关，因此更易发现有关规范性文件中的违宪问题，至于发现问题后以何种方式提请全国人大常委会审查，则存在由国务院提出合宪性审查要求与由国务院有关部门提出合宪性审查建议两种手段可供选择。

其次，法工委首次较为明确地在基本权利案件中作出违宪认定，并对审查结论作了初步论证。《2021 年备案审查工作情况报告》披露，有的地方性法规规定，有关行政部门为调查计划生育违法事实，可以要求当事人进行亲子鉴定；对拒不配合的，处以 1 万元以上 5 万元以下罚款。有公民对上述规定提出审查建议。法工委审查认为，亲子关系涉及公民人格尊严、身份、隐私和家庭关系和谐稳定，属于公民基本权益，受宪法法律保护，地方性法规不宜规定强制性亲子鉴定的内容，也不应对此设定相应的行政处罚、处分、处理措施。与 2019 年处理交管部门调查交通事故可以查阅、复制当事人通讯记录案件时回避“宪法”字眼不同，此次审查强制亲子鉴定相关规定，法工委明确指出公民基本权益受宪法法律保护，并具体列出人格尊严、身份、隐私等基本权利，作了初步说理。

在取得上述进展之外，2021年备案审查中的合宪性审查工作仍有一些需要加强的地方。尽管相比《2020年备案审查工作情况报告》中的“论证缺失”，法工委今年在强制亲子鉴定一案中已开始注重说理，但仍存在“论证不充分”的问题。强制亲子鉴定涉及对公民基本权利的干预，对于如何判断此种干预的合宪性，宪法学已形成一套三阶层审查框架，即基本权利的保护范围——对基本权利的干预——基本权利干预的正当化。在第一个阶层“保护范围”要审查：公民（受到国家干预）的行为本身是否受到某项基本权利的保护？在得出保护范围开启的结论后，就可以进入下一层的审查。在第二个阶层“干预”要审查：国家的行为是否构成了对该基本权利的干预？在确认干预的存在后，就可以再进入下一层的审查。在第三个阶层“干预的正当化”要审查：国家对基本权利的此种干预是否具备宪法正当性？基本权利并非绝对不受限制，实际上，宪法本身已经预设了对基本权利的限制可能性。然而，即便宪法允许国家对基本权利进行限制，也不意味着国家可以任意无度地干预甚至限缩基本权利。相反，国家对基本权利的限制必须符合严格的条件：在形式方面必须符合法律保留原则（而且该法律自身在立法权限和立法程序等方面不能存在瑕疵）；在实质方面必须符合比例原则，以及明确性要求、个案法律禁止、指明条款要求、本质内容保障等其他要求。只有同时具备形式和实质正当性，国家的干预行为才能在宪法上被正当化，才是合宪的；否则，即构成了对基本权利的侵害，应被认定违宪。①

如果以这一审查框架对应法工委在强制亲子鉴定案中的说理，“亲子关系涉及公民人格尊严、身份、隐私和家庭关系和谐稳定，属于公民基本权益，受宪法法律保护”的表述解决的是基本权利的保护范围问题，但在确定基本权利保护范围之后，法工委直接作出了“地方性法规不宜规定强制性亲子鉴定的内容，也不应对此设定相应的行政处罚、处分、处理措施”的结论，至于原因则未作释明。如果法工委强调的是“地方性法规不宜规定……”，那么规范违宪的原因就可能是制定机关无立法权限；如果法工委

① 张翔、田伟：《基本权利案件的审查框架（一）：概论》，载《燕大法学教室》2021年第3期。

强调的是“……不宜规定强制性亲子鉴定的内容，也不应对此设定相应的行政处罚、处分、处理措施”，那么规范违宪的原因则成了内容违宪，而内容违宪又可能是目的违宪或手段违宪。此外，在确定基本权利保护范围后，直接作出“不宜规定……内容”的结论，容易使人产生基本权利不得限制的错误认知。总之，虽然法工委在强制亲子鉴定案中进行了初步说理，但说理不充分使得最终结论据以作出的理由并不清晰。

当然，以上分析只是基于《2021 年备案审查工作情况报告》所披露的内容，法工委针对该案所作的审查研究情况肯定更为详细，但由于相关材料并未公开，外界便也无从获知。不过，基本权利案件中论证时需要注意的问题是一定的。合宪性审查工作未来全面开展以后，涉基本权利规范定会成为主要的审查对象，届时审查机关将会面对基本权利限制、基本权利冲突与基本权利保护等诸多问题。对此，宪法学已形成了相当丰富的研究成果，为合宪性审查工作做好了充足的理论储备。在未来的审查实践中，审查机关可利用这些智识资源强化案件处理中的论证。当然，充分的合宪性论证必须以对宪法规范的精细解释为前提，因此有必要尽早“落实宪法解释程序机制”，在合宪性审查中适时解释宪法。

最后，既有合宪性审查实践的另一问题是纠错方式的刚性不足。纠错机制作为备案审查制度的重要组成部分，是指规范性文件备案审查机关对报送备案的规范性文件，经过审查认为存在不合法、不适当情形，依照规定的程序予以纠正处理的工作方法与措施，具体包括与制定机关沟通、向制定机关提出书面审查意见、约谈制定机关负责人或函询督促、撤销或者要求制定机关修改废止相关内容。①《2021 年备案审查工作情况报告》披露了 6 件存在不符合宪法法律规定、明显不适当等问题的规范性文件，法工委最终均采取了与制定机关沟通的处理方式，其中 5 件已经被制定机关修改或废止。到目前为止，全国人大常委会还没有启动过正式的撤销程序。

尽管沟通协商所具有的“非对抗性”既契合我国的政治制度，也有利于合宪性审查工作的顺利起步，但沟通协商毕竟存在约束力不强的问题，实践中有的规范性文件存在不合法或者不适当问题，从问题发现到问题的

① 全国人大常委会法制工作委员会法规备案审查室：《规范性文件备案审查理论与实务》，中国民主法制出版社 2020 年版，第 131 页以下。

纠正，前后历时近十年。[①] 随着审查工作的全面展开，出现上述情况的可能性也会越来越大。备案审查制度的首要目标是及时解决规范性文件中存在的不合法或不适当问题，对撤销所可能带来的社会影响和政治影响的担忧，不应以制度目标的落空为代价。慎用撤销方式的另一考虑是“保护制定机关立法的积极性、主动性”，[②] 但任何立法探索都不能违反宪法，当出现违宪问题时，应以违宪情形的及时消除为优先考量。况且只有以切实运行的撤销机制作为后盾，制定机关才能更为积极自觉地纠正出现问题的规范性文件。对于撤销程序，2019 年十三届全国人大常委会第四十四次委员长会议通过的《法规、司法解释备案审查工作办法》第 44 条实际上已作出相关安排，在未来的审查工作中，必要时应依法启动全国人大常委会撤销纠正程序。

五、结论

2021 年，全国人大及其常委会依据宪法制定了《个人信息保护法》等重要法律，对《全国人民代表大会组织法》与《全国人民代表大会议事规则》作了施行后的首次修改，调整了地方立法体制，授权上海市人大及其常委会制定浦东新区法规，授权海南省人大及其常委会制定海南自贸区法规。此外，特别行政区制度的完善依然是 2021 年宪法实施的重点，全国人大以“全国人大决定+全国人大常委会修法”的方式对香港特别行政区选举制度进行了改革，为法律与决定的关系、全国人大宪法监督权以及全国人大兜底职权问题的理论研究提供了宝贵的实践资源。宪法和法律委员会继续对一些法律与决定草案作出合宪性确认，在关于《人口与计划生育法（修正草案）》的审议报告中明确援引了《宪法》第 25 条，并对该条内涵作了进一步的阐释。不过，对法律和决定草案的合宪性控制还存在不够普遍与充分的问题，应抓住《立法法》修改的契机，赋予宪法和法律委员会更大主动权。2021 年，国务院有关部门首次向全国人大常委会提出合宪性审查建议，法工委的审查意见也更加注重说理，审查的规范性与刚性逐步增强，但仍存在论证不充分与处理方式单一的问题，应尽早落实宪法解释程序机制，并在必要时依法启动全国人大常委会撤销纠正程序。

---

① 全国人大常委会法制工作委员会法规备案审查室：《规范性文件备案审查理论与实务》，中国民主法制出版社 2020 年版，第 162 页。

② 全国人大常委会法制工作委员会法规备案审查室：《规范性文件备案审查理论与实务》，中国民主法制出版社 2020 年版，第 155 页。

撰稿专家

张翔，甘肃张掖人，法学博士。北京大学法学院教授、博士生导师。兼任中国法学会宪法学研究会秘书长、常务理事，中国行为法学会软法研究会副会长，国家监察委员会第一届特约监察员。第八届全国十大杰出青年法学家。主要研究领域包括中国宪法学、比较宪法学、法学方法论。曾在《中国社会科学》《法学研究》《中国法学》等刊物发表论文50余篇，其中多篇被人大复印报刊资料、《中国社会科学文摘》与《高等学校文科学术文摘》转载。独著《宪法释义学：原理·技术·实践》《基本权利的规范建构》，主编《德国宪法案例选释》（第1~3辑）。

第二章　2021年民商法实施报告

2021年民法实施报告*

谢　勇

报告要旨

2021年是《民法典》的实施元年。《民法典》新的理念、原则、规则第一次全面接受实践检验，如何合理、准确解释《民法典》的原则、规则成为民法实施的重要课题。因此，2021年是民法实施的标志性年代，我国《民法典》时代进入下半场，从立法论向解释论发展。令人欣慰的是，《民法典》的新理念、新原则、新规则不仅在民法实施中得到充分贯彻，也对社会生活产生了积极的影响。我们看到社会主义核心价值观得到进一步弘扬，德治与法治结合得更为紧密；环境资源保护的方式、范围进一步发展，绿色《民法典》得到充分展示；个人信息保护得到前所未有的重视，信息时代《民法典》的时代性得到充分体现；担保物权制度和产权登记制度进一步完善，更加健全的合同规则促进了商品经济发展，作为社会主义市场经济基本法的《民法典》发挥了为国民经济发展保驾护航的作用；侵权责任的归责更加注重过错责任，劝善抑恶的功能进一步发挥。与此同时，2021年也是民法实施旧问题和新挑战相互交织的年份。旧问题方面，民事法律行为的效力、范围仍然是民法实施中

* 江苏省常州市中级人民法院研究室徐洁副主任、湖北省鄂州市中级人民法院审管办郭培培主任为本文撰写提供了宝贵意见和建议，谨此致谢。

的重点和难点问题；刑民交叉问题、交易秩序维护与个案公正如何平衡的问题仍然突出；民法的专业性和司法的人民性如何结合问题仍需进一步解决；民法实施公平与效率的矛盾依然待解；等等。新挑战方面，民法实施的重心下沉与基层民事执法、司法力量不足的矛盾有待化解；《民法典》实施中出现的新情况、新问题需要及时总结、梳理、回应；信息时代的社会关系发生了深刻变化，民法实施的适应性还有待加强；婚姻家庭关系处于传统和现代、家庭本位和个人本位转变的十字路口，婚姻家庭领域民法实施的路径方向需要明确；在现代高危环境中，侵权责任在预防侵权和损失分担之间如何平衡；等等。2021年，《个人信息保护法》的出台和《民事诉讼法》的修订以及人脸识别、在线诉讼规则等司法解释的制定，为民法实施提供了制度保障；少年法庭工作的意见、将社会主义核心价值观融入裁判文书释法说理的意见、为全面推进乡村振兴加快农业农村现代化提供司法服务和保障的意见、深入开展虚假诉讼整治工作的意见、推动新时代人民法庭工作高质量发展的意见等司法政策为民法实施提供了规则指引；最高人民法院及有关民事执法机关发布的民事指导性案例以及老年人权益保护十大典型案例、超时加班十大典型案例等为民法实施提供了案例指引。

核心建议

1. 加强调查研究，总结民法实施经验，推动我国《民法典》时代从立法论时代向解释论时代发展。

2. 完善产权登记制度，夯实民法实施的制度基础。

3. 加强基层法院队伍建设，夯实民法实施的组织基础。

4. 通过“民事立法——民法实施——社会生活”以及“社会生活——司法解释——民事立法”的双向良性互动，构建康健、良性、动态有序的民法生态系统。

5. 加强数字信息技术条件下民法实施问题的研究，在民生保护和行业发展中取得平衡。

6. 推进德治与法治相辅相成、相互促进，在民法框架内大力弘扬社会主义核心价值观。

一、2021年度民法实施的总体情况

（一）2021年度民法实施简况

1. 人民法院审结民事案件呈现增长趋势

2021年是《民法典》实施第一年。连同依照《民法典》规定清理修改后的司法解释，不少新规定开始施行，规范民事关系，影响社会生活。因此，2021年注定是民法实施历程中具有历史性意义的一年。2021年，民法执法和司法机关在民法实施过程中始终坚持以依法保障人民权益为根本目的，以维护社会公平正义为生命线，始终把实现好、维护好、发展好最广大人民根本利益作为永恒的出发点和落脚点。据统计，2021年全年全国法院审结一审民事案件1574.6万件，① 相较2020年有较大幅度增长。这一方面表明市场经济持续发展，交易增多；另一方面也表明人民群众的法治意识增强，遇事找法、维权用法的意识正逐步树立。

2. 民法实施效率不断提高

2021年，民法实施效率提高体现在多个方面：一是多元解纷受到更多重视，将纠纷化解在诉讼之前成为民法实施的重要内容；二是扩大小额诉讼范围，《民事诉讼法》修改进一步完善了小额诉讼程序，扩大了小额诉讼程序的适用范围；三是在线诉讼制度不断完善，2021年，最高人民法院发布《人民法院在线诉讼规则》，首次构建了涵盖各审判领域、覆盖诉讼全流程的在线诉讼规则体系，全面总结体现了近年来人民法院在线诉讼领域探索成果，积极回应了人民群众互联网时代司法新需求，对保障当事人合法诉讼权益，增强人民群众诉讼便利，提升审判质量效率，推动司法审判模式划时代变革具有重大意义，在线诉讼成为民法实施的重要形式；四是民事执法机关与民事司法机关相互配合，形成民事实施合力，最高人民法院与人社部联合发布超时加班十大案例、与不动产登记部门协调解决抵押登记事项不全问题、与最高人民检察院等部门联合印发《探索建立食品安全民事公益诉讼惩罚性赔偿制度座谈会会议纪要》，都是这方面工作的体现。

3. 民法实施的重心不断下沉

2021年，将矛盾化解在基层是民法实施的重要特点和发展趋势。无论

---

① 由于司法统计口径原因，此处的统计数据包括民事和商事案件。参见最高人民法院院长周强2022年3月8日在第十三届全国人民代表大会第五次会议上所作的《最高人民法院工作报告》。

是对地方法院级别管辖的调整，还是对四级人民法院职能的定位，以及对《民事诉讼法》的修改，都充分体现了将矛盾化解在基层、将审判重心下沉到中基层法院的理念。中基层法院的重心在化解个案矛盾纠纷、高级和最高人民法院的重心在统一裁判尺度和规则的民事司法格局逐渐形成，并将对今后较长一段时间民法实施产生深远影响。

4.《民法典》各项新原则、新制度接受实践检验

2021 年是《民法典》正式实施的第一年，《民法典》各项新原则、新制度接受实践检验。其中，通过民法实施弘扬社会主义核心价值观成为民法实施的重要发展方向，民法实施进入既讲尺度又讲“温度”的时代；加强民法对环境资源的保护让绿色《民法典》充分发挥了对环境污染行为的规范作用；离婚冷静期制度有效抑制了冲动离婚行为，但是否也会增加适婚人群的恐婚心态，还有待观察。适当解释《民法典》成为当前和今后的重要任务。自 2021 年起，我国《民法典》研究将从立法论时代迈向解释论时代。

（二）民事法律和民事司法解释

1. 对民法实施具有重大影响的立法事件

第一，《个人信息保护法》出台。十三届全国人大常委会第三十次会议于 2021 年 8 月 20 日表决通过《个人信息保护法》。针对过度收集信息、大数据杀熟的问题，《个人信息保护法》明确，处理个人信息应当具有明确、合理的目的，并应当与处理目的直接相关，采取对个人权益影响最小的方式；个人信息处理者利用个人信息进行自动化决策，不得对个人在交易价格等交易条件上实行不合理的差别待遇。针对滥用人脸识别技术问题，《个人信息保护法》要求，在公共场所安装图像采集、个人身份识别设备，应设置显著的提示标识；所收集的个人图像、身份识别信息只能用于维护公共安全的目的。对于提供重要互联网平台服务、用户数量巨大、业务类型复杂的个人信息处理者，《个人信息保护法》特别规定了其需要履行的义务，如建立健全个人信息保护合规制度体系，定期发布个人信息保护社会责任报告，接受社会监督等。《个人信息保护法》还进一步强化了相关部门的监管职责，从严惩治违法行为。下一步，个人信息保护将成为人格权保护的重要路径。

第二，修改《民事诉讼法》。2021 年立法机关对《民事诉讼法》主要作了五方面修改：一是优化司法确认程序，将司法确认程序适用范围扩展

至依法设立的调解组织调解达成的调解协议，允许中级人民法院受理符合其管辖标准的司法确认申请，明确人民法院委派调解、调解组织自行调解等情况下，司法确认案件的不同管辖规则。二是完善小额诉讼的程序，明确了小额诉讼的程序的适用条件和标的额；明确六类案件禁止适用小额诉讼的程序；新增小额诉讼的程序审理方式和审理期限的规定，鼓励“一次开庭审结”，明确了两个月的基本审限；明确人民法院可以按照法律规定，依职权转换小额诉讼案件审理程序，当事人也可以就案件适用小额诉讼的程序提出异议。三是完善简易程序，明确简易程序案件“有特殊情况需要延长的，经本院院长批准，可以延长一个月”。四是扩大独任制适用范围，规定普通程序独任制和二审独任制的案件审理模式，明确涉及重大利益、影响社会稳定、产生广泛社会影响、新类型或疑难复杂、法律规定应当适用合议制等六类案件，不得适用独任制审理，规定了独任制与合议制的转换机制，明确人民法院可以按照法律规定，依职权转换审判组织，当事人可以就案件适用独任制提出异议。五是完善在线诉讼规则，明确在线诉讼适用需以当事人同意为前提，且在线诉讼活动与线下诉讼活动具有同等法律效力；优化了电子送达规则，缩短了公告送达期限。从上述内容可以看出，立法机关试图在新的制度框架下实现民法实施效率与公平的均衡。

2. 民事领域相关司法解释

（1）《最高人民法院关于审理使用人脸识别技术处理个人信息相关民事案件适用法律若干问题的规定》。最高人民法院审判委员会第 1841 次全体会议审议通过了《最高人民法院关于审理使用人脸识别技术处理个人信息相关民事案件适用法律若干问题的规定》，并于 2021 年 7 月 28 日举办新闻发布会，[①] 这部司法解释，是人民法院深入贯彻习近平法治思想，坚持以人民为中心，维护自然人人格权益，保护人民群众“人脸”安全的重要规范性文件；是人民法院切实实施《民法典》，服务构建新发展格局，强化个人信息司法保护，促进数字经济健康发展的有力司法举措。这部司法解释的颁布实施，对最高人民法院指导各级人民法院正确审理相关案件、统一裁判标准、维护法律统一正确实施、实现高质量司法，具有重要而现实的意义。全国各级人民法院历来重视个人信息的司法保护工作。最高人民法院

① 参见《最高人民法院关于审理使用人脸识别技术处理个人信息相关民事案件适用法律若干问题的规定》新闻发布会，载最高人民法院网，https：//www. court. gov. cn/zixun - xiangqing - 315831. html，最后访问时间：2022 年 4 月 2 日。

通过司法解释、典型案例、案件审判、加强对地方法院的审判指导等举措，对包括人脸信息在内的个人信息提供有力司法保护，严惩各种侵犯个人信息的违法犯罪行为。

（2）《最高人民法院关于修改〈最高人民法院关于审理铁路运输人身损害赔偿纠纷案件适用法律若干问题的解释〉的决定》。该决定于 2021 年 11 月 24 日最高人民法院审判委员会第 1853 次会议通过，自 2022 年 1 月 1 日起施行，主要是对原《最高人民法院关于审理铁路运输人身损害赔偿纠纷案件适用法律若干问题的解释》的修改。此次修改的重点内容包括：一是明确“铁路运输企业在客运合同履行过程中造成旅客人身损害的赔偿纠纷案件，不适用本解释”。二是删除了赔偿权利人包括“依法由受害人承担扶养义务的被扶养人”的规定。三是删除第 3 条第 1 款中的“赔偿权利人依照民法典第三编要求承运人承担违约责任予以人身损害赔偿的，由运输始发地、目的地或者被告住所地铁路运输法院管辖。”同时增加一款作为第 2 款规定：“前款规定的地区没有铁路运输法院的，由高级人民法院指定的其他人民法院管辖。”四是对“铁路运输企业不承担赔偿责任”的情形增加了兜底条款：“法律规定铁路运输企业不承担赔偿责任的其他情形造成的。”五是对于“铁路运输造成无民事行为能力人人身损害的，铁路运输企业应当承担赔偿责任；监护人有过错的，按照过错程度减轻铁路运输企业的赔偿责任”情况下，不再规定“铁路运输企业承担的赔偿责任应当不低于全部损失的百分之五十。”六是将双方当事人均无过错的情况下的公平责任变更为平均责任。

（3）《最高人民法院关于适用〈中华人民共和国民法典〉有关担保制度的解释》。《最高人民法院关于适用〈中华人民共和国民法典〉有关担保制度的解释》于 2020 年 12 月 25 日由最高人民法院审判委员会第 1824 次会议通过，自 2021 年 1 月 1 日起施行。在物权法方面，民法实施已经从注重物的归属向物的利用转变。物的利用不仅表现在用益物权制度上，也表现在担保物权制度上。金融的深化、物的种类和数量增加、市场经济的发展都对完善担保制度提出了新的需求。该解释共计 71 个条文，包括一般规定、保证合同、担保物权和非典型担保四个方面的内容，为实施《民法典》规定的担保制度提供了准绳。

（4）《最高人民法院关于修改〈最高人民法院关于审理食品药品纠纷案件适用法律若干问题的规定〉的决定》。2021 年 11 月 15 日，最高人民法院审判委员会第 1850 次会议通过《最高人民法院关于修改〈最高人民法院关于审理食品药品纠纷案件适用法律若干问题的规定〉的决定》，将《最高人民法院关于审理食品药品纠纷案件适用法律若干问题的规定》第12条修改为："食品检验机构故意出具虚假检验报告，造成消费者损害，消费者请求其承担连带责任的，人民法院应予支持。食品检验机构因过失出具不实检验报告，造成消费者损害，消费者请求其承担相应责任的，人民法院应予支持。"

（5）《最高人民法院关于人民法院司法拍卖房产竞买人资格若干问题的规定》。2021年9月16日，最高人民法院审判委员会第1846次会议通过《最高人民法院关于人民法院司法拍卖房产竞买人资格若干问题的规定》，对买受人不符合持续具备购房资格条件、买受人虚构购房资格参与司法拍卖房产活动、不具备购房资格的申请执行人等当事人请求以该房抵债、竞买人虚构购房资格或者当事人之间恶意串通，侵害他人合法权益或者逃避履行法律文书确定的义务等情形下的法律后果和责任作了规定。

（6）《人民法院在线诉讼规则》。2021年6月16日，最高人民法院发布《人民法院在线诉讼规则》。该规则是最高人民法院颁布的首部指导全国法院开展在线诉讼工作的司法解释，于2021年8月1日起施行。该规则的制定，是构建完善"中国特色、世界领先"的互联网司法模式的关键举措。该规则首次确立了在线诉讼的基本原则，明确了电子化材料的效力和审核规则，确定了区块链存证效力范围和审查标准，系统建立了在线庭审规范，确认了非同步审理机制效力，细化完善了电子送达规则，还对身份认证、在线调解、在线立案、在线应诉、电子笔录、电子卷宗、在线执行以及刑事案件在线审理等方面作出了具体明确规定。

（7）《最高人民法院关于审理银行卡民事纠纷案件若干问题的规定》。金融消费者民事权益保护成为民法实施的重要方面。金融科技带来的金融深化使人民群众生活各个领域广泛"金融化"。无论是民间借贷的深入发展，还是金融消费者权益保护问题的凸显，都表明金融已经全面影响到千家万户。《最高人民法院关于审理银行卡民事纠纷案件若干问题的规定》（以下简称《银行卡规定》）于2019年12月2日由最高人民法院审判委员会第1785次会议通过，自2021年5月25日起施行。1993年，我国开始实施金卡工程战略，作为一种便捷的信用支付工具，银行卡在我国得到广泛使用。随着移动互联网的发展和向数字时代快速演进，银行卡网络支付日益增多。根据中国人民银行发布的数据，截至2020年年末，全国银行卡在用发卡数量89.54亿张。截至2021年第一季度末，银行卡授信总额19.64

万亿元，全国应偿还信贷余额 7.99 万亿元。[①] 金融产品和金融科技的新发展在给人民生产生活带来便利和改善的同时，也伴随着法律风险。近年来，因银行卡盗刷、信用卡透支息费违约金收取等引发的银行卡纠纷持续增多，全国法院受理的银行卡民事纠纷案件数量居高不下。密码相符交易即视为本人合法交易、息费违约金条款等格式条款屡受诟病，社会公众对银行卡交易规则的公平合理性产生质疑。银行卡盗刷行为的大量出现，在侵害持卡人、发卡行等主体合法权益的同时，也影响了银行卡产业的健康发展。为依法保护持卡人的合法权益、化解互联网金融风险、促进银行卡产业高质量发展，最高人民法院坚持问题导向和需求导向，在 2012 年即着手对相关问题开展调研，并将起草银行卡司法解释列为《关于促进银行卡清算市场健康发展的意见》中的一项任务，该任务也被列入中央深化改革小组督促工作之一。《银行卡规定》的调整范围为银行卡民事纠纷。银行卡民事纠纷，是指持卡人、发卡行、非银行支付机构、收单行、特约商户等主体因申领、使用银行卡等行为引发的民事纠纷。《银行卡规定》根据《民法典》的相关规定，对息费违约金格式条款、诉讼时效中断、银行卡盗刷等问题进行了规定。

（三）民事司法政策

1. 最高人民法院出台《关于进一步加强少年法庭工作的意见》

民事司法政策方面，针对新时代经济社会的快速发展，未成年人的成长环境发生巨大变化，人民法院未成年人审判工作既面临新的发展机遇，也面临严峻挑战的背景，为适应新时代要求，充分发挥审判职能，大力推动未成年人保护事业发展，最高人民法院根据新修订的《未成年人保护法》《预防未成年人犯罪法》的相关精神，对 2010 年出台的《关于进一步加强少年法庭工作的意见》进行了修订和完善，主要内容有重新界定少年法庭的受案范围，厘清未成年人审判与刑事、家事审判的分工，探索加强未成年人审判机构新路径，探索通过对部分城区人民法庭改造或加挂牌子的方式设立少年法庭，审理涉及未成年人的刑事、民事、行政案件，确保未成年人依法得到特殊、优先保护。

---

① 林文学、杨永清、张雪楳：《〈关于审理银行卡民事纠纷案件若干问题的规定〉的理解与适用》，载《人民司法》2021 年第 25 期。

2. 最高人民法院出台《关于深入推进社会主义核心价值观融入裁判文书释法说理的指导意见》

为深入贯彻落实中共中央关于进一步把社会主义核心价值观融入法治建设的工作要求，正确贯彻实施《民法典》，充分发挥司法裁判在国家治理、社会治理中的规则引领和价值导向作用，进一步增强司法裁判的公信力和权威性，努力实现富强、民主、文明、和谐的价值目标，努力追求自由、平等、公正、法治的价值取向，努力践行爱国、敬业、诚信、友善的价值准则，最高人民法院出台《关于深入推进社会主义核心价值观融入裁判文书释法说理的指导意见》，意见共有19个条文，对各级人民法院深入推进社会主义核心价值观融入裁判文书释法说理进行了系统全面部署，分为五个部分。第一部分（第1~4条）明确运用社会主义核心价值观释法说理的基本原则、基本要求、基本方法以及强化运用社会主义核心价值观释法说理的重点案件。第二部分（第5~8条）根据审判实践，区分不同情形，细化运用社会主义核心价值观释法说理的内容。第三部分（第9~10条）规范运用社会主义核心价值观释法说理的主要方法，包括解释方法和语言要求。第四部分（第11~17条）配套机制，包括建立案件识别、类案统一、审判监督机制，加强业务培训，建立裁判文书反馈改进机制等。第五部分（第18~19条）制定细则和时效。

3. 最高人民法院出台《关于为全面推进乡村振兴加快农业农村现代化提供司法服务和保障的意见》

2021年4月29日，第十三届全国人民代表大会常务委员会第二十八次会议通过的《乡村振兴促进法》已于6月1日起在全国施行。《乡村振兴促进法》是党中央关于乡村振兴重大决策部署的法律体现，为全面实施乡村振兴战略提供了法治保障。为全面推进乡村振兴、加快农业农村现代化提供有力司法服务和保障，最高人民法院在充分调研和广泛征求意见的基础上，对标《民法典》《乡村振兴促进法》等法律规定，结合人民法院工作实际，发布《最高人民法院关于为全面推进乡村振兴加快农业农村现代化提供司法服务和保障的意见》，意见紧紧围绕党中央提出的关于全面推进乡村振兴加快农业农村现代化的目标，以满足新发展阶段“三农”问题对司法工作提出的新需求为着力点，从统一思想认识、促进农业高质高效、打造乡村宜居宜业、保障农民富裕富足、坚持强基导向、深化改革创新等六个方面，提出了26条贯彻意见。

4. 最高人民法院出台《关于深入开展虚假诉讼整治工作的意见》

针对虚假诉讼败坏社会风气、妨碍公平竞争、损害司法权威、阻碍法治建设、社会影响十分恶劣的情况，最高人民法院出台《关于深入开展虚假诉讼整治工作的意见》，主要规定了以下六方面内容：一是工作总体要求。强调整治虚假诉讼是人民法院肩负的政治责任、法律责任和社会责任，要坚持以习近平新时代中国特色社会主义思想为指导，深入学习贯彻习近平法治思想，不断加大虚假诉讼整治力度，大力弘扬诚实守信的社会主义核心价值观。二是加强甄别查处。总结了虚假诉讼八大特征表现，为甄别虚假诉讼提供了指南；列举了十类常见虚假诉讼，为整治虚假诉讼划出了重点。三是整治重点领域虚假诉讼。规定了执行异议之诉、民间借贷、房屋买卖合同等虚假诉讼易发领域整治工作要求。四是严格刑事追责。五是加强队伍建设。六是开展系统整治。

5. 最高人民法院出台《关于推动新时代人民法庭工作高质量发展的意见》

深刻认识基层治理是国家治理的基石，是实现国家治理体系和治理能力现代化的基础工程。加强新时代人民法庭工作是加强基层政权治理能力建设的重要环节。对此，最高人民法院发布《关于推动新时代人民法庭工作高质量发展的意见》。该意见共35条，以“三个便于”“三个服务”“三个优化”的工作原则为引领，主要包括七大方面内容：一是积极服务全面推进乡村振兴；二是积极服务基层社会治理；三是积极服务人民群众高品质生活需要；四是深化人员管理机制改革；五是建立健全人民法庭工作考核机制；六是加强人民法庭建设保障；七是加强人民法庭工作组织领导。

6. 最高人民法院与最高人民检察院等七部门联合印发《探索建立食品安全民事公益诉讼惩罚性赔偿制度座谈会会议纪要》，要求积极推进食品安全民事公益诉讼惩罚性赔偿制度实践探索

（四）指导性案例

通过案例指导司法实践、引导民事主体行为成为近年来民法实施的重要方面。最高人民法院、最高人民检察院、人社部等部门更加注重以案释法这种民法实施和法治宣传方式。在指导性案例方面，最高人民法院自2011年12月发布第一批指导性案例以来，截至2021年12月，最高人民法院共发布指导性案例31批178个，其中民商事案例77个。2021年，最高人民法院继续发挥指导性案例在统一法律适用中的重要作用，共发布5批31件指导性案例。其中涉及民法实施的指导性案例主要有：

指导案例150号："中国民生银行股份有限公司温州分行诉浙江山口建筑工程有限公司、青田依利高鞋业有限公司第三人撤销之诉案"，明确了在同一财产上抵押权与建设工程优先受偿权同时存在时，建设工程价款优先受偿权有效与否，以及范围大小，对于抵押权人具有法律上的利害关系，应当认定其具有提起第三人撤销之诉的原告主体资格。该案例明确了第三人撤销之诉主体资格的认定规则，对于依法保护当事人合法权益具有积极作用。

指导案例152号："鞍山市中小企业信用担保中心诉汪某、鲁某英第三人撤销之诉案"，明确了符合原《合同法》第74条（现为《民法典》第539条）规定的行使撤销权条件的债权人，具有提起第三人撤销之诉的原告主体资格。该案例对于在第三人撤销之诉程序中如何平衡债权人与原诉当事人之间的利益，正确理解第三人撤销之诉制度功能及相关法律规则的适用具有指导意义。

指导案例153号："永安市燕诚房地产开发有限公司诉郑某南、远东（厦门）房地产发展有限公司等第三人撤销之诉案"，对于提起第三人撤销之诉的程序条件中如何认定"自知道或者应当知道其民事权益受到损害之日起六个月内"的起算问题进行了更加细化的规定。对于债权人的债权实现未受影响之前，不得认定其知道或者应当知道生效裁判损害其民事权益，对提起第三人撤销之诉案件的期间起算问题具有较强的指导意义。

指导案例155号："中国建设银行股份有限公司怀化市分行诉中国华融资产管理股份有限公司湖南省分公司等案外人执行异议之诉案"，明确了在抵押权强制执行过程中，案外人以其在抵押登记之前购买了抵押房产，享有优先于抵押权的权利为由提起案外人执行异议之诉，请求排除强制执行，但不否认抵押权人对抵押房产的优先受偿权的，属于房屋买卖对案涉房产享有的权益与对案涉房产所享有的抵押权之间的权利顺位问题，此情形下应当按照案外人执行异议之诉处理，而非按照审判监督程序审理。该案例对于依法处理类似案件具有指导意义。

指导案例166号："北京隆昌伟业贸易有限公司诉北京城建重工有限公司合同纠纷案"，明确了当事人双方就债务清偿达成和解协议，约定解除财产保全措施及违约责任。一方当事人依约申请人民法院解除了保全措施后，另一方当事人违反诚信原则不履行和解协议，并在和解协议违约金诉讼中请求减少违约金的，人民法院不予支持。

指导案例168号："中信银行股份有限公司东莞分行诉陈某华等金融借

款合同纠纷案”，明确了以不动产提供抵押担保，抵押人未依抵押合同约定办理抵押登记的，不影响抵押合同的效力。债权人依据抵押合同主张抵押人在抵押物的价值范围内承担违约赔偿责任的，人民法院应予支持。抵押权人对未能办理抵押登记有过错的，相应减轻抵押人的赔偿责任。

指导案例 169 号：“徐某诉招商银行股份有限公司上海延西支行银行卡纠纷案”，明确了持卡人提供证据证明他人盗用持卡人名义进行网络交易，请求发卡行承担被盗刷账户资金减少的损失赔偿责任，发卡行未提供证据证明持卡人违反信息妥善保管义务，仅以持卡人身份识别信息和交易验证信息相符为由主张不承担赔偿责任的，人民法院不予支持。

指导案例 170 号：“饶某礼诉某物资供应站等房屋租赁合同纠纷案”，明确了违反行政规章一般不影响合同效力，但违反行政规章签订租赁合同，约定将经鉴定机构鉴定存在严重结构隐患，或将造成重大安全事故的应当尽快拆除的危房出租用于经营酒店，危及不特定公众人身及财产安全，属于损害社会公共利益、违背公序良俗的行为，应当依法认定租赁合同无效，按照合同双方的过错大小确定各自应当承担的法律责任。

指导案例 171 号：“中天建设集团有限公司诉河南恒和置业有限公司建设工程施工合同纠纷案”明确了执行法院依其他债权人的申请，对发包人的建设工程强制执行，承包人向执行法院主张其享有建设工程价款优先受偿权且未超过除斥期间的，视为承包人依法行使了建设工程价款优先受偿权。发包人以承包人起诉时行使建设工程价款优先受偿权超过除斥期间为由进行抗辩的，人民法院不予支持。

指导案例 173 号：“北京市朝阳区自然之友环境研究所诉中国水电顾问集团新平开发有限公司、中国电建集团昆明勘测设计研究院有限公司生态环境保护民事公益诉讼案”，明确了人民法院审理环境民事公益诉讼案件，应当贯彻保护优先、预防为主原则。原告提供证据证明项目建设将对濒危野生动植物栖息地及生态系统造成毁灭性、不可逆转的损害后果，人民法院应当从被保护对象的独有价值、损害结果发生的可能性、损害后果的严重性及不可逆性等方面，综合判断被告的行为是否具有《最高人民法院关于审理环境民事公益诉讼案件适用法律若干问题的解释》第 1 条规定的“损害社会公共利益重大风险”。

指导案例 174 号：“中国生物多样性保护与绿色发展基金会诉雅砻江流域水电开发有限公司生态环境保护民事公益诉讼案”，明确了人民法院审理环境民事公益诉讼案件，应当贯彻绿色发展理念和风险预防原则，根据现有证据和科学技术认为项目建成后可能对案涉地濒危野生植物生存环境造成破坏，存在影响其生存的潜在风险，从而损害生态环境公共利益的，可以判决被告采取预防性措施，将对濒危野生植物生存的影响纳入建设项目的环境影响评价，促进环境保护和经济发展的协调。

指导案例 175 号：“江苏省泰州市人民检察院诉王某朋等 59 人生态破坏民事公益诉讼案”明确：（1）当收购者明知其所收购的鱼苗系非法捕捞所得，仍与非法捕捞者建立固定买卖关系，形成完整利益链条，共同损害生态资源的，收购者应当与捕捞者对共同实施侵权行为造成的生态资源损失承担连带赔偿责任。（2）侵权人使用禁用网具非法捕捞，在造成其捕捞的特定鱼类资源损失的同时，也破坏了相应区域其他水生生物资源，严重损害生物多样性的，应当承担包括特定鱼类资源损失和其他水生生物资源损失在内的生态资源损失赔偿责任。当生态资源损失难以确定时，人民法院应当结合生态破坏的范围和程度、资源的稀缺性、恢复所需费用等因素，充分考量非法行为的方式破坏性、时间敏感性、地点特殊性等特点，并参考专家意见，综合作出判断。

指导案例 176 号：“湖南省益阳市人民检察院诉夏某安等 15 人生态破坏民事公益诉讼案”明确了人民法院审理环境民事公益诉讼案件，应当贯彻损害担责、全面赔偿原则，对于破坏生态违法犯罪行为不仅要依法追究刑事责任，还要依法追究生态环境损害民事责任。认定非法采砂行为所导致的生态环境损害范围和损失时，应当根据水环境质量、河床结构、水源涵养、水生生物资源等方面的受损情况进行全面评估、合理认定。

在上述 13 件指导性案例中，涉及环境资源保护的有 3 件。这也充分体现了我国《民法典》作为绿色民法典的特点。涉及第三人撤销之诉和执行异议之诉的指导性案件 4 件。第三人撤销之诉和执行异议之诉是目前人民法院受理的案件数量增长较快、办理难度较高的两类诉讼。这两类诉讼涉及交易安全维护与弱势者权利保护、司法安定性维护与个案公正维护的问题，反映了我国民法实施中的一些深层次、基础性问题，尤其是物权公示公信原则所依赖的财产登记制度需要进一步完善。剩余 6 件均涉及合同纠纷，分别涉及租赁合同、建设工程施工合同、和解协议等合同纠纷。通过这几件指导性案例，我们发现诚信原则依然是处理合同纠纷的基本准则，债权行为与物权行为的区分逐渐在整个民法领域达成共识，对公共利益和公序良俗的维护受到更多的关注，对弱势者权利的公平保护成为民法实施的重要价值取向。

（五）典型案例

用小案例讲述大道理，是司法机关、行政执法机关近年来乐于采用的民法实施方式。2021 年，最高人民法院、人社部等司法和执法部门在未成年人权益保护、老年人权益保护、劳动者权益保护、人民法庭建设等方面发布了一系列典型案例。

1. 最高人民法院发布人民法院老年人权益保护十大典型案例

2021 年，最高人民法院发布人民法院老年人权益保护十大典型案例，从保障老年人居住权、关切老年人理财，为老年人提供更加合法及安全的投资理财消费环境、打击以房养老“套路贷”、精神赡养、养老机构的合理注意义务、对“强行啃老”说不、保护老年人合法财产权益及探索社会福利机构担任老年人监护人等多方面展示人民法院弘扬孝亲敬老传统美德，引导公民自觉承担家庭责任、树立良好家风的生动实践。

2. 最高人民法院发布未成年人司法保护典型案例

2021 年，最高人民法院发布 7 件未成年人司法保护典型案例，其中有 3 件民事案例，涵盖父母对未成年子女的抚养、撤销怠于履行监护职责的父母的监护权以及未成年人参与直播打赏的问题。

3. 最高人民法院发布互联网十大典型案例

针对互联网案件数量逐年增长，涉及法律问题新型、复杂、疑难，人民法院面临新挑战新困难越来越多的情况，为弘扬社会主义核心价值观，维护社会公共利益，2021 年，最高人民法院发布互联网十大典型案例，通过案件裁判严惩网络刷单炒作信用、身份盗用等不诚信行为，规范商业模式创新，保护用户合法权益。

4. 最高人民法院发布助推民营经济高质量发展典型民商事案例

2021 年，最高人民法院发布人民法院助推民营经济高质量发展典型民商事案例，其中有 1 件土地承包经营权纠纷案，法院从振兴乡村经济出发，既化解了双方之间的矛盾，又推动当地特色农业项目继续推进。

5. 最高人民法院发布新时代人民法庭建设案例

2021 年，最高人民法院发布新时代人民法庭建设案例，围绕人民法庭布局、专业化建设、服务乡村振兴、参与基层治理、人员管理、考核机制、组织领导等方面选编 16 个案例，多角度展示了人民法庭工作成效。发布人民法院服务保障京津冀协同发展及服务和保障长三角一体化发展典型案例，牢固树立“一盘棋”思想，紧紧围绕区域经济社会发展的重点领域、重点地区的发展需要，主动融入社会治理大格局，聚焦区域社会治理能力水平提升，积极回应经济社会发展新形势和社会生活新变化，以公正裁判弘扬社会正气、保护诚实守信、惩治违法失德，强化民生权益司法保护，紧盯人民群众的操心事、烦心事、揪心事，让司法有力量、有是非、有温度，让人民群众有保障、有遵循、有温暖。

6. 最高人民法院发布人民法院整治虚假诉讼典型案例

最高人民法院发布人民法院整治虚假诉讼典型案例，对隐瞒民间借贷债务已经全部清偿的事实提起民事诉讼，要求他人履行已经消灭的债务的、为逃避执行，依据虚假离婚协议向人民法院提出执行异议的、故意捏造债权债务关系和以物抵债协议，向人民法院提起民事诉讼，致使人民法院开庭审理，干扰正常司法活动等行为进行严厉惩治。

7. 最高人民法院与人社部共同发布超时加班典型案例

近年来，一些行业、企业超时加班问题受到社会广泛关注。劳动者依法享有相应的劳动报酬和休息休假权益。遵守国家工时制度是用人单位的法定义务。超时加班极易引发劳动争议，影响劳动关系和谐与社会稳定。对此，最高人民法院、人力资源社会保障部通过联席会议、联合培训等方式，加大仲裁机构和人民法院办案指导力度，准确适用法律政策，统一裁判尺度。两部门联合向社会公开发布超时加班典型案例，一方面提示用人单位违法行为风险，促进依法规范用工；另一方面明确劳动者维权预期，引导劳动者依法理性维权。此次发布的超时加班典型案例引起了社会巨大反响，阅读量达 14 亿人次。这充分体现了民法实施对人民群众生产生活的巨大影响力。

二、2021 年民法实施的主要特点

（一）为民和公正的主线更为突出

2020 年 11 月 16 日至 17 日，习近平总书记在中央全面依法治国工作会议上强调指出，“公平正义是司法的灵魂和生命”，强调“推进公正司法，要坚持司法为民，改进司法工作作风。法律不应该是冷冰冰的，司法工作也是做群众工作”。这些重要论述是民事司法领域司法为民、公正司法的工作主线。一方面，对民事领域群众急需急盼的事零懈怠。全面建设智慧法院，运用信息化推进审判体系和审判能力现代化，提升司法为民、公正司

法水平，努力让人民群众在每一个司法案件中感受到公平正义。[①] 智慧法院在促进司法为民、公正司法，取得显著社会效益的同时，也通过推行电子诉讼、开展基于电子卷宗的网上办案、推进执行案件跨部门协同办理等方式减轻当事人诉累、提高审判执行工作效率。切实解决老百姓打官司过程中的急难愁盼问题，通过热情服务努力做到既解决案件“法结”，又解开群众“心结”。另一方面，坚持严格公正司法，以对法律负责、对人民负责、对历史负责的态度维护社会公平正义。针对虚假诉讼败坏社会风气、妨碍公平竞争、损害司法权威、阻碍法治建设，造成十分恶劣社会影响的情况，出台《最高人民法院关于深入开展虚假诉讼整治工作的意见》，加大对虚假诉讼、恶意诉讼、无理缠诉行为的惩治力度，聚焦民间借贷纠纷，劳动争议，离婚析产纠纷，诉离婚案件一方当事人的财产纠纷，涉拆迁的离婚、分家析产、继承、房屋买卖合同纠纷，涉房屋限购和机动车配置指标调控等宏观调控政策的买卖合同、以物抵债纠纷等重点领域，多措并举，重拳整治虚假诉讼，压缩虚假诉讼存在的空间，铲除虚假诉讼滋生的土壤，积极引导人民群众依法诚信诉讼，让法安天下、德润人心，大力弘扬诚实守信的社会主义核心价值观。

人民法院坚持以习近平法治思想为指导，守正创新，树立新时代正确民事司法理念，切实避免偏离人民立场、机械司法、就案办案的错误做法，坚持以法为据、以理服人、以情感人，努力在民事案件的处理中实现法律效果、政治效果、社会效果的有机统一。2021年5月20日至21日，“贯彻习近平法治思想 传承红色司法文化——庆祝中国共产党成立一百周年暨弘扬马锡五审判方式新时代价值”座谈会在陕西省延安市召开，[②] 将马锡五审判方式体现的群众路线和党的宗旨意识，将人民立场这一中国特色社会主义司法制度的红色基因牢植于民事审判工作，落实到新时代人民法院工作全过程。发布并解读“十大经典红色司法案例”，[③] 强调要从红色司法史中启发智慧，继续保持中华人民共和国成立前“赶考”的清醒和坚定，将

① 参见《〈建设智慧法院 促进绿色发展 成效分析报告〉新闻发布会》，载最高人民法院网，https：//www. court. gov. cn/zixun-xiangqing-318831. html，最后访问时间：2022年4月2日。

② 《新时代，我们这样弘扬“马锡五审判方式”的内在精神》，载百度网，https：//baijiahao. baidu. com/s？ id = 1701073574973182756&wfr = spider&for = pc，最后访问时间：2022年4月2日。

③ 《22位专家解读“十大经典红色司法案例”》，载最高人民法院微信公众号，https：//mp. weixin. qq. com/s/QF1QoP5dNoFWXUXSLt6UsA，最后访问时间：2022年4月2日。

红色司法智慧和力量运用到新时代司法审判工作中，具体到民事审判领域，既要善于从政治高度理解运用民事法律，又要善于从社会视角通盘考虑法理情，各地各级人民法院敢于担当、勇于探索，在民事领域大力弘扬社会主义核心价值观，依法保护诚实守信，坚决同“和稀泥”做法说不，通过一个个具体案件，捍卫了公平正义，回应了社会关切，努力让人民群众在《民法典》实施中感受到更多获得感、幸福感、安全感。北京体育比赛“自甘风险”案，广州居民小区“高空抛物”案，杭州“个人信息保护民事公益诉讼”案、南通超市拿鸡蛋被拦猝死案等一系列案件的精彩审判，成为适用《民法典》的标志性案例，体现出《民法典》“以人民为中心”的法治理念和鲜明价值导向，让人们感受到民法“慈母”般的关怀和温度，产生了广泛的社会影响。

（二）民法实施的体制机制改革进一步深化

人民法院“五五改革纲要”继续稳步推进，综合配套改革持续深化，对民法实施产生了深远影响。司法责任制、法官员额制、人员分类管理、以审判为中心的诉讼制度、司法制约监督、统一法律适用、民事诉讼程序繁简分流逐步落地，司法质量、效率和公信力明显提高，公正高效权威的社会主义司法制度更加成熟定型。2021 年 5 月，中央全面深化改革委员会审议通过了《关于完善四级法院审级职能定位的改革方案》,[①] 并于 6 月由中央司法体制改革领导小组印发。在民事案件方面，针对四级法院审级职能定位不清、案件自下而上过滤分层功能不足等问题，该方案提出完善民事案件级别管辖制度、完善案件管辖权转移和提级审理机制、改革民事申请再审标准和程序、完善诉讼收费制度、健全最高人民法院审判权力运行机制等重大改革举措，并在北京、天津、上海、江苏等 12 个省（市）进行试点，试点期限为两年。深化改革同时及时总结经验，推动成熟实践的立法确立，2021 年 12 月 24 日，十三届全国人大常委会第三十二次会议作出关于修改《民事诉讼法》的决定，并将于 2022 年 1 月 1 日实施。此次修法，新增 7 个条文，修改调整 26 个条文，其中 13 处修改是为与《民法典》相关规定表述衔接一致，另外 20 处均与民事诉讼程序繁简分流改革试点相关，属于针对试点工作所作的专项修改。《民事诉讼法》作为程序法，与《民法

① 参见《对〈关于授权最高人民法院在该院和部分地区开展四级法院审级职能定位改革试点工作的决定（草案）〉的说明》，载最高人民法院网，https：//www. court. gov. cn/zixun－xiangqing－318471. html，最后访问时间：2022 年 4 月 2 日。

典》是车之双轮、鸟之双翼，也是最贴近人民群众生活的重要法律之一，把生动的改革实践写入《民事诉讼法》，才有利于让普通百姓、弱势群体在实体和程序上都更接近正义，才能真正实现普惠司法，建设扎根中国文化、立足中国国情、解决中国问题的中国特色社会主义法治体系。

（三）民法实施更突出服务职能

传统观念中，无论是执法还是司法，法律的实施更强调强制性、权威性，当前对于执法机关、司法机关也是服务机关的认识更为深入。除执法职能、审判职能等法律规定的国家机关职能外，执法机关和司法机关的服务职能进一步强化。除公正、高效的要求外，有温度的、便捷的民法实施成为人民群众的新需求。习近平总书记指出，“政法机关承担着大量公共服务职能，要努力提供普惠均等、便捷高效、智能精准的公共服务”。人民法院积极创新司法便民利民惠民机制，健全多元化纠纷解决机制，2021年以来，人民法院继续全面推进一站式多元化纠纷解决和诉讼服务体系建设，建立在线调解平台，通过一站式、集约式、菜单式服务，为群众提供多样化纠纷解决方案和权利救济渠道，中国法院逐步从过去单纯以诉讼方式化解纠纷，转变为多元纠纷解决方案的参与者、推动者和提供者，化解矛盾、服务群众的水平跃上新台阶，充分体现以人民为中心、维护人民利益的要求。增强司法服务主动性，推行网上立案、自助立案等便民服务，完善巡回审判制度，推广车载法庭、移动背包科技法庭，以“铁脚板+大数据+网格化”的方式，切实方便群众诉讼，促进矛盾公正、高效、实质性化解。努力构建包含互联网技术深度应用、在线诉讼规则创新、依法治网实体裁判完善三个层次的中国特色的互联网司法新模式，通过网络依法及时高效审理各类民事案件，实现疫情期间“审判执行不停摆、公平正义不止步”。2021年6月16日，最高人民法院发布《人民法院在线诉讼规则》，在线诉讼的适用范围涵盖了绝大多数民事、行政、特别程序和执行案件，有效满足互联网时代背景下，人民群众普遍期待诉讼能够顺应数字化、网络化、便捷化的大趋势，更加公正、高效、低成本、多元化地解决纠纷。坚持强基导向，深刻认识群众法治需求在基层，司法工作的重心也应当在基层，人民法庭是化解矛盾、服务群众的第一线，是促进乡村振兴、创新社会治理的前沿，是维护社会稳定、巩固基层政权的基础力量，出台推动新时代人民法庭工作高质量发展的意见并陆续发布相关案例，[①] 以“三个便于”“三个服务”“三个优化”的工作原则为引领，切实提升人民法庭建设水平和基层司法能力，努力做到群众需求在哪里，司法服务就跟进到哪里。

（四）民法实施的基础工程不断夯实

民法的实施是一个系统工程，夯实民法实施的基础是提高民法实施效果的基本保障。2021 年，我国民法实施的基础进一步夯实，但也存在短板，需要进一步补强。民法实施的基础不扎实、不牢固问题如不及时解决，不仅会影响民法实施的效果，也会导致民事纠纷增多、交易规则被破坏、弱势者权益难以得到有效保护、经济主体难以形成稳定预期等行为。民法实施的基础包括制度基础和组织基础两个方面。

一是制度基础方面。民法实施的制度基础一个重要方面是产权制度，而产权登记制度则是基础的基础。近年来，人民法院处理的纠纷中，第三人撤销之诉和执行异议之诉数量增长较快、办理难度较高。这反映了我国民法实施中的一些深层次、基础性问题，尤其是物权公示公信原则所依赖的财产登记制度需要进一步完善。完善的产权制度是发展商品经济的基础，也是民法整个财产制度的基础。产权登记制度是产权制度的基础。无论是静态的财产安全——物权的保护，还是动态的财产安全——交易的保护，都离不开统一、便捷、高效的产权登记制度。目前看，我国在不动产登记机构的统一，人民群众对过户登记对于物权转让意义的认识，商品房预售制度下购房人债权与银行等主体的抵押权以及开发商其他债权人的债权如何平衡等问题都需要进一步深入研究、及时解决。2021 年，经过司法机关和不动产登记机关的沟通和努力，关于抵押登记中担保债权范围记载事项不全的问题已经得到解决。因抵押合同约定的担保债权范围与登记机关登记的担保债权范围不一致等问题得到了有效解决。完善产权登记制度的任务仍然很重。目前，绝大多数信用交易所信赖的都是产权登记，尤其是抵押和质押登记，如果登记制度不能尽快完善，对包括信用交易在内的各类交易的安全性都会带来影响，也会导致民事纠纷继续增多。

产权制度中另一个亟待解决的问题是产权“名实不符”问题。由于部分房产限购、车辆摇号，以及监管机关对部分企业持股比例、时间等监管，

① 《〈最高人民法院关于推动新时代人民法庭工作高质量发展的意见〉暨案例选编（一）新闻发布会》，载中国法院网络电视台网，https：//tv. chinacourt. org/58975. html，最后访问时间：2022 年 4 月 2 日。

部分民事主体为了规避监管，采用了借名买房、借名购车、股权代持等手段来达到自己的交易目的。一旦发生争议，名义财产权人名下的财产将被执行时，“实际权利人”就会提出执行异议或者执行异议之诉，请求确认自己本人是权利人，要求停止强制执行。依公示公信原则，在处理此类纠纷时应当坚持“内外有别”的原则，即在处理外部关系时应当优先保护善意相对人的权益，在处理内部关系时应当依据名义权利人和“实际权利人”之间的合同关系处理。即“实际权利人”无权阻却第三人申请的强制执行，由此对“实际权利人”造成的损失依据名义权利人和“实际权利人”之间的合同关系处理。实践中的争议来自相对人对于产权登记制度的信赖有多大，是否系基于该信赖而与名义权利人开展交易。实际上，这种关于民事主体对产权登记制度信赖利益的怀疑已经动摇整个产权制度的基础。如果对公示公信原则不予坚持，则可能造成对整个现代产权制度的否定。如果没有现代产权制度，信用信号不能有效传递，绝对的信用信息不对称会造成绝对的逆向选择，就不会有交易，不会有商品经济。民法中的财产法就失去了实施的基础。因此，尽快明确产权“名实不符”问题的处理规则，是当前民法实施亟待解决的基础性问题。

二是组织基础方面，基层民法实施机构建设受到更多关注。“枫桥经验”是我国解决民事纠纷的重要经验。将民事纠纷化解在基层成为近年来民法实施的重要方面。2021 年，最高人民法院印发《关于完善四级法院审级职能定位改革试点的实施办法》，明确四级法院审级职能定位。试点实施办法明确四级法院审级职能定位是：基层人民法院重在准确查明事实、实质化解纠纷；中级人民法院重在二审有效终审、精准定分止争；高级人民法院重在再审依法纠错、统一裁判尺度；最高人民法院监督指导全国审判工作、确保法律正确统一适用。简单说，就是纠纷将更多地化解在基层，高级人民法院和最高人民法院的主要精力要转到监督指导、统一尺度和规则上来。民法实施的重心进一步下沉，中基层法院在民法实施和化解矛盾纠纷方面的任务更重了。民事案件数量与法官数量的相对变化是一道简单的数学题。审判辅助人员的职业成长路径和队伍稳定性等问题也需要引起关注。

令人欣慰的是，2021 年，基层民法实施机构建设已经受到关注。全国法院努力夯实基层基础，加强人民法庭建设，优化区域布局。截止到 2021 年 8 月，全国实际运行的人民法庭 10 145 个，其中乡村法庭 6201 个、城区法庭 1234 个、城乡结合法庭 2710 个，实现人民法庭司法服务全覆盖，区域布局总体符合经济社会发展需要。人民法庭处理的纠纷主要是征收征用、劳动争议、婚姻家庭、民间借贷等矛盾纠纷，非诉方式及时就地化解矛盾纠纷，成为基层民法实施的重要形式。2016 至 2020 年，全国人民法庭收案 2040.8 万件，审结 2027.5 万件，收结案约占基层法院收结案总数的 25%。当前，参与“一站式”建设的人民法庭约占总数的 60%，较好释放了人民法庭诉讼服务潜能。巡回审判得到重视，人民法庭依托“车载法庭”“马背法庭”“背包法庭”等方式广泛开展巡回审判，打通了司法服务“最后一公里”。加强人民法庭信息平台和人民法庭工作平台建设，助力人民法庭决策管理和法治宣传教育。人民法庭积极参与基层治理，融入城乡基层社会治理体系，推进人民法庭进乡村、进社区、进网格，发挥司法参与、推动、规范和保障作用，提升基层社会治理法治化水平。人民法庭审判队伍建设得到加强，涌现出全国先进工作者刘春荣、周淑琴、钱继红同志，全国“两优一先”表彰对象吕仙华、亓民川、赵立梅同志等一大批先进典型。据统计，本科及以上学历干警占在编干警的比例超过 80%，基层社会治理中人民法庭的法律专业人才优势较为明显。基础保障明显改善。“十三五”时期法庭经费保障净增长 2.22 倍。革命老区、民族地区、边疆地区和脱贫地区人民法庭办公办案条件得到显著改善。①

2021 年 9 月，最高人民法院发布《关于推动新时代人民法庭工作高质量发展的意见》，就人民法庭工作提出了“三个便于”“三个服务”“三个优化”的工作原则，即始终坚持便于当事人诉讼，便于人民法院依法独立公正高效行使审判权，便于人民群众及时感受到公平正义的工作原则；服务全面推进乡村振兴，服务基层社会治理，服务人民群众高品质生活需要；优化法庭布局、优化队伍结构、优化专业化建设。相信随着基层民法实施组织基础的加强，民法实施重心下移会带来更好的民法实施效果。

（五）民法实施更注重效率

2021 年影响民法实施的另一件大事是民事诉讼法的修改。此次修改的一个重要目标是要明确小额诉讼程序规则，推进简案快审，提高民法实施的效率。在社会经济发展尤其是商品经济发展、人民群众权利意识和法治意识增强、人口流动性增加等因素共同作用下，民事纠纷不断增加。提高民法实施效率在十多年前就体现出迫切需求。早在 2012 年修正《民事诉讼

① 《最高人民法院关于推动新时代人民法庭工作高质量发展的意见》，载澎湃网，https：//m.thepaper.cn/baijiahao_14522785，最后访问时间：2022 年 3 月 5 日。

法》时，在简易诉讼程序一章增加了一条关于小额诉讼的规定。2007 年《民事诉讼法》第 162 条规定："基层人民法院和它派出的法庭审理符合本法第一百五十七条第一款规定的简单的民事案件，标的额为各省、自治区、直辖市上年度就业人员年平均工资百分之三十以下的，实行一审终审。"制定该条规定时，存在争议。一是小额诉讼案件"一审终审"制度打破了我国民事诉讼两审终审的基本制度。二是有人担心当事人的审级利益得不到较好保障，不利于实现司法公正。三是对如何确定小额诉讼的标的上限存在不同认识。如果在全国划定单一、固定的标的额上限，可能在不同地区产生不同的效果。例如，如果以 2 万元为小额诉讼的标的额上限，在发达地区，大量案件无法纳入小额诉讼案件的范围，小额诉讼达不到简案快办的目标；在欠发达地区，尤其是边远落后地区，这一固定的标的额上限又显得太高，将当地的一些"大额"案件也纳入小额诉讼案件的范围。四是诉讼标的与案件难易程度和当事人争议大小并不完全等同。有的案件标的额不高，但当事人矛盾深，处理难度大，反而不适合小额诉讼程序。虽然存在不同认识，但如何在社会成员之间合理分配有限的司法资源，是不能回避的问题。司法实践迫切需要改革缺乏弹性的诉讼制度。在特定社会的特定时期，司法资源是固定的、有限的。2012 年《民事诉讼法》第 162 条的内容包括两个方面：一是明确了"小额"的标准；二是明确了小额诉讼一审终审制度。同时，小额诉讼制度规定在简易诉讼程序一章。从体系解释的角度看，小额诉讼应当遵守《民事诉讼法》关于简易程序的规定。此后，2017 年修正《民事诉讼法》未对小额诉讼制度进行修改。

在此次修订《民事诉讼法》过程中，立法机关试图对小额诉讼程序作进一步简化。《民事诉讼法（修正草案）》一审稿第 167 条规定："适用小额诉讼程序审理的案件，当事人明确表示放弃答辩和举证期限的，人民法院可以直接开庭审理。被告要求书面答辩的，应当在收到起诉状副本之日起七日内提出答辩状。有特殊情况的，经向人民法院申请，可以延长至收到起诉状副本之日起十五日内提出。小额诉讼案件的举证期限由人民法院确定，也可以由当事人协商一致并经人民法院准许，但不得超过七日。当事人在该期限内提供证据确有困难的，经向人民法院申请，举证期限可以延长至十五日。"第 168 条规定："适用小额诉讼程序审理的案件，可以简化起诉、答辩、传唤、送达、庭审等程序和裁判文书内容，但应当保障当事人举证、质证、陈述和辩论等诉讼权利。小额诉讼案件一般应当一次开庭审结并且当庭宣判，但人民法院认为确有必要再次开庭的除外。"最终通过的《全国人民代表大会常务委员会关于修改〈中华人民共和国民事诉讼法〉的决定》并未保留一审稿第167条和第168条第1款规定，并且对第2款作了修改。这表明立法机关对于小额诉讼程序相对于简易程序还应当将程序简化到什么程度，尚未形成较为明确的意见。2021年《民事诉讼法》第167条规定："人民法院适用小额诉讼的程序审理案件，可以一次开庭审结并且当庭宣判。"由于民事案件原则上都可以一次开庭审结并且当庭宣判，该条实际上成为了一条宣示性条款。

民法实施的公平性和效率性是一对矛盾体，既有对立的一面，也有统一的一面。一方面，在面临司法资源约束问题的情况下，合理分配司法资源、提高司法效率，有利于让绝大多数案件得到更为公平地处理，提升社会整体公平水平；另一方面，快速化解民事纠纷本身就是公正的体现。市场经济发展、社会转型、人口流动导致的民事纠纷增长在较长一段时期内都将存在，如何更高效、更公平地分配司法资源，是下一步民法实施面临的重要课题。

三、《民法典》总则编实施情况

（一）大力弘扬社会主义核心价值观成效显著

《民法典》第1条规定："为了保护民事主体的合法权益，调整民事关系，维护社会和经济秩序，适应中国特色社会主义发展要求，弘扬社会主义核心价值观，根据宪法，制定本法。"在民事部门法中，首次将"弘扬社会主义核心价值观"作为立法目的。《最高人民法院关于适用〈中华人民共和国民法典〉时间效力的若干规定》第2条规定："法典施行前的法律事实引起的民事纠纷案件，当时的法律、司法解释有规定，适用当时的法律、司法解释的规定，但是适用民法典的规定更有利于保护民事主体合法权益，更有利于维护社会和经济秩序，更有利于弘扬社会主义核心价值观的除外。"本条解释确立了《民法典》规定溯及适用的三种情形：一是更有利于保护民事主体合法权益；二是更有利于维护社会和经济秩序；三是更有利于弘扬社会主义核心价值观。民事主体的权利和义务是相辅相成的，债权人的债权对应着债务人的义务；物权人的物权对应着其他全体社会成员的义务。因此，更有利于保护民事主体合法权益本身也意味着民事主体义务的承担。从这个意义上讲，这一民法典溯及适用的事由解释为有利于保护交易更为合理。更有利于维护社会和经济秩序，也宜理解为保护交易。维护社会和经济秩序的基本要求是保护社会和经济关系的安定性，这需要坚持法不溯及既往原则。如果要溯及适用《民法典》，还有利于维护社会和经济秩序，则主要适用于依旧法法律行为可能无效而依新法为可撤销或有效，或者依旧法法律行为可能无效而依新法行为有效等情形。因此，这两种情形与民事审判长期秉持的保护交易的价值取向相一致。相比较而言，更有利于弘扬社会主义核心价值观则是一个价值选择很明确的溯及适用规则。这表现出民法的实施更注重德治与法治相辅相成，更注重为维护公序良俗而对个人行为予以适当、合理地限制。这将是今后很长一段时间我国民法实施的明显特征。

党的十八大以来，以习近平同志为核心的党中央高度重视社会主义核心价值观建设。党的十八大提出，“倡导富强、民主、文明、和谐，倡导自由、平等、公正、法治，倡导爱国、敬业、诚信、友善，积极培育和践行社会主义核心价值观”。党的十九大提出，“社会主义核心价值观是当代中国精神的集中体现，凝结着全体人民共同的价值追求”。人民法院作为国家审判机关，不仅是社会矛盾纠纷的解决者，也是社会主义核心价值观的捍卫者、践行者、传播者，通过发挥司法裁判的权威性、强制性，让柔性的道德获得有力的推行，使德治与法治相得益彰，既让法治充满人文关怀，又让德治真正落地生根。寓德治于法治，从制度上保障践行社会主义核心价值观。2014 年 5 月 4 日，习近平总书记在北京大学师生座谈会上发表重要讲话指出，“核心价值观，其实就是一种德，既是个人的德，也是一种大德，就是国家的德、社会的德。国无德不兴，人无德不立”。法治是保障国以德兴、人因德立的重要手段。最高人民法院于 2015 年发布《关于在人民法院工作中培育和践行社会主义核心价值观的若干意见》，就人民法院如何在坚持司法为民等 11 个方面运用社会主义核心价值观作出详细要求；于 2018 年印发《关于加强“红色经典”和英雄烈士合法权益司法保护弘扬社会主义核心价值观的通知》，教育引导社会公众自觉抵制“低俗、庸俗、媚俗”和历史虚无主义；于 2021 年印发《关于深入推进社会主义核心价值观融入裁判文书释法说理的指导意见》，要求对涉及国家利益等六类案件强化运用社会主义核心价值观释法说理。通过制定一系列司法政策，为在审判工作中践行和弘扬社会主义核心价值观提供了有力的制度保障。

近年来，以审判为课堂，以案例为教材是民法实施的重要特点。法院更加注重在万千案件中培育社会主义核心价值观。每一次公正的审判，都是一堂生动的法治课。2017 年至 2021 年，全国法院在法律框架内运用社会主义核心价值观释法说理的一审民事案件超过 100 万件，年均增长率达 24.31%。万千个鲜活的司法案件，成为万千个生动的课堂，在当事人、人民群众心中播下了社会主义核心价值观的种子。社会主义核心价值观具有旺盛的生命力、强大的驱动力和内生的原动力，在司法的专业性和人民性之间架起一座桥梁，成为群众朴素的正义观与司法公正的连接点，让人民法院更好地实现努力让人民群众在每一个司法案件中感受到公平正义的目标。以小案传大道，在典型案例中倡导社会主义核心价值观。小案件中蕴含大道理。最高人民法院充分挖掘案例资源，通过一个个观点鲜明、论证深刻的典型案例和指导性案例弘扬社会主义核心价值观，已先后多批发布数十起弘扬社会主义核心价值观典型案例、指导性案例。每个案例的发布，都对社会风气起到积极引领作用，让社会主义核心价值观更加深入人心。

（二）民事法律行为制度实施成果与问题并存

民事法律行为制度是民法基石，充分体现了民法作为私法的特点和民法意思自治的品格。不仅民法总则，整部民法典实际都是建立在民事法律行为制度之上。随着民事立法、民法实施和民法学研究不断取得进步，民事法律行为制度越来越被广大民法执法和司法人员所接受，法无禁止即自由、鼓励交易等涉及民事法律行为制度的理念逐步确立。民法实施鼓励交易、保护交易的职能得到较好发挥，民法作为市场经济法的特点得到充分体现。但民事法律行为制度实施仍面临一些突出问题。这既源于民事法律行为制度本身具有复杂性，要全面掌握民事法律行为制度的基本内容需要投入较多精力，也源于民法的基本理念对于非民法学或者经济学背景的人而言，仍然不易理解。在民法实施过程中，民事法律行为制度实施的难点仍然是理念上的差异，不仅是对民事行为所秉持的理念，也包括对经济发展路径的理念、社会管理路径的理念。这种理念差异不仅体现在法学研究和法律实施过程中，也体现为经济学和经济发展路径上。民事法律行为制度实施在这方面的差异主要体现为行为自由与行为管制理念的碰撞，集中体现在民事行为性质和效力的争议上。民事法律行为制度实施的问题主要体现在以下三个方面：

1. 机关法人作为民事主体所为民事法律行为的性质和效力问题。《民法典》第 96 条规定："本节规定的机关法人、农村集体经济组织法人、城镇农村的合作经济组织法人、基层群众性自治组织法人，为特别法人。"第 97 条规定："有独立经费的机关和承担行政职能的法定机构从成立之日起，具有机关法人资格，可以从事为履行职能所需要的民事活动。”很明显，机关法人也是法人，属于民事主体，机关法人可以从事为履行职能所需要的民事活动。对于机关法人参与的交易行为的性质，民法实施中存在以下问题：完全否认机关法人的民事主体资格，主张行政机关参与的行为都是行政行为，应当通过行政法的实施而非民法的实施来解决，应当通过行政诉讼而非民事诉讼来解决，并将国有土地使用权出让合同关系、采矿权出让等合同关系作为行政关系处理。这不仅与《民法典》第 97 条规定不符，也与《民法典》第三编第五章关于矿藏、水流、海域权属性质的规定，第十二章关于建设用地使用权的性质和取得方式的规定不符。《民法典》已经对机关法人的民事行为能力以及国有土地使用权出让等行为的性质作出规定，实际上在《民法典》之前，民事法律和司法解释也早已经明确这一问题。

关于机关法人民事行为效力问题，实践中的另一种观点将机关法人等同于私法人，只讲行为自由，不讲公共利益和法定程序。与私主体不同，机关法人为民事行为需要具备两个条件：一是只能从事为履行职能所需要的民事活动。《民法典》第 97 条规定：“有独立经费的机关和承担行政职能的法定机构从成立之日起，具有机关法人资格，可以从事为履行职能所需要的民事活动。”如果不是为履行职能所需要，机关法人就没有权利从事。例如，国有土地出让合同只能由国土部门与受让人签订，其他机关法人没有权利签订。如果发改委、国资委与市场主体签订国有土地出让合同，该行为就不能发生效力。实践中常见的是开发区管委会与受让方签订国有土地使用权出让合同。《最高人民法院关于审理涉及国有土地使用权合同纠纷案件适用法律问题的解释》第 2 条规定：“开发区管理委员会作为出让方与受让方订立的土地使用权出让合同，应当认定无效。”二是只能按法定程序从事民事活动。实践中常见的违背关于招、拍、挂等公开竞价规定出让国有土地使用权等行为。机关法人此类行为亦应认定无效。

2. 民事行为效力与刑事犯罪的关系问题。刑民交叉是民法实施中的难点问题。被认定为犯罪的行为是否当然在民法上也是无效行为，实践中存在不同认识。尤其是不同法学知识背景的人对这一问题的认识差异非常大。如果没有一定的民法知识背景和对民法及民事法律关系特点的把握，极易简单以犯罪行为作为民事行为无效的当然理由。实际上，作为对犯罪分子的“惩罚”和“否定”，最好的办法不是认定行为无效，而是赋予受害人撤销民事行为的权利。由受害人从自己利益最大化的视角出发，选择是否认可民事行为的效力。近年来，民法实施过程中，将民事行为效力的认定相对独立于犯罪行为的认定，逐渐在民法领域获得认可，但在刑法领域仍然存在较明显的不同认识。通过宣传《民法典》的基本理念和价值，原则和规则，有利于进一步统一刑民交叉问题的认识。

3. 处分行为与负担行为的区分。这是涉及合同效力的一个重要问题。自从从德国法上引入处分行为与负担行为相区分的制度以来，其越来越受到民法学者和民事法官的认可。市场经济的发展和债法的发达进一步推动了对这一制度的需求。原《合同法》第 51 条关于无权处分属于效力待定民事法律行为的规定，未被《民法典》保留，无权处分并不影响合同效力的观点被立法机关所认可。抵押登记只作为抵押权成立的要件，而不再作为抵押合同成立生效的要件。即使抵押物未进行抵押登记，债权人仍有权请求抵押人承担合同责任。原《最高人民法院关于审理涉及国有土地使用权合同纠纷案件适用法律问题的解释》第 11 条规定："土地使用权人未经有批准权的人民政府批准，与受让方订立合同转让划拨土地使用权的，应当认定合同无效。但起诉前经有批准权的人民政府批准办理土地使用权出让手续的，应当认定合同有效。"在 2020 年清理司法解释时，本条解释被删除。这些理念的转变充分表明处分行为与负担行为，或者说物权行为与债权行为在民法上的区分已经得到越来越广泛的认可。但从 2021 年司法实践来看，对于处分行为与负担行为的含义、关系以及区分的价值，仍存在不同认识。

（三）共同责任制度成为民事责任制度实施的难点问题

共同责任制度成为民法实施的难点。实践中，共同责任形式主要包括连带责任、按份责任、补充责任、部分连带责任等形式。在《民法典》等民事法律有明确规定的情况下，根据法律规定来确定共同责任的具体形式，并不会引起争议。民法实施中的难点在于，如果《民法典》规定的是"承担相应的责任"，应当如何确定民事主体的共同责任形式。《民法典》关于"相应的责任"的规定一共有 12 处。其中，第 157 条关于民事法律行为无效、被撤销或者确定不发生效力后，各方依据过错承担相应的责任的规定，第 177 条关于按份责任的规定，第 592 条关于违约责任的规定，第 743 条关于出租人违约责任的规定，第 793 条关于发包人对因建设工程不合格造成的损失的过错责任的规定中"相应的责任"较好确定。存在争议的是涉及多个责任主体的共同责任形式如何确定。例如，《民法典》第 1169 条第 2 款规定："教唆、帮助无民事行为能力人、限制民事行为能力人实施侵权行为的，应当承担侵权责任；该无民事行为能力人、限制民事行为能力人的监护人未尽到监护职责的，应当承担相应的责任。”第 1172 条规定：“二人以上分别实施侵权行为造成同一损害，能够确定责任大小的，各自承担相应的责任；难以确定责任大小的，平均承担责任。”第 1189 条规定：“无民事行为能力人、限制民事行为能力人造成他人损害，监护人将监护职责委托给他人的，监护人应当承担侵权责任；受托人有过错的，承担相应的责任。”第 1191 条第 2 款规定：“劳务派遣期间，被派遣的工作人员因执行工作任务造成他人损害的，由接受劳务派遣的用工单位承担侵权责任；劳务派遣单位有过错的，承担相应的责任。”第 1193 条规定：“承揽人在完成工作过程中造成第三人损害或者自己损害的，定作人不承担侵权责任。但是，定作人对定作、指示或者选任有过错的，应当承担相应的责任。”第 1256 条规定：“在公共道路上堆放、倾倒、遗撒妨碍通行的物品造成他人损害的，由行为人承担侵权责任。公共道路管理人不能证明已经尽到清理、防护、警示等义务的，应当承担相应的责任。”这些条文里所涉及的共同责任属于何种形式的共同责任，没有明确规定。如果再加上民事单行法和其他法律中民事条文的规定，关于“相应的责任”的规定更多。

从立法的角度来说，“相应的责任”是一个非常宽泛的概念，不属于一个严格的裁判规则和执法规则，因为责任形式和责任构成要件尚不明确，需要结合其他民事法律规范来确定责任形式。但司法机关、执法机关结合其他民法规范来明确“相应的责任”的具体责任形态时，则可能出现不同的理解，导致民法实施标准不统一，也可能面临被认为曲解或者突破法律的风险。从近年来民法实施的情况看，司法机关和执法机关对于共同责任中“相应的责任”的规定如何适用确实缺乏统一认识。解决这一问题有两个方法：一是由立法机关进一步完善立法，或者通过立法解释明确其含义；二是由执法机关和司法机关进行解释，明确其含义。第一种问题解决路径困难较大，要启动法律修改和立法解释都很困难，而且不少问题可能是在立法过程中就存在争议，才选择了“相应的责任”这种最具弹性的表述，法律修改和立法解释也难以平息这种争议，未必能有明确结果。后一种问题解决路径则需要对执法机关和司法机关予以必要的信任，对民法实施实践予以充分的尊重。如果我们的民事立法坚持“成熟一条、制定一条”的原则，坚持的是“稳中求进”的工作思路，给予民法实施实践予以充分尊重是非常必要的。毕竟民事法律规范不是来自坐而论道，而是来自活生生的社会实践。而民事执法和司法正是连接民事法律与社会实践的桥梁。

四、《民法典》分则编实施情况

（一）人格权编的实施

2021 年，人格权编实施的重点是个人信息保护问题，以个人信息保护法和人脸识别司法解释的制定为标志。随着社会信息化的加速，个人信息资源的深层开发和基于数字化、网络化的全方位多功能信息资源服务的开展，已成为关系社会发展全局的关键问题，但实践中显现的应用泛滥到应对缺位的困局，也成为伴随而生的时代命题。

产业发展触碰的灰色地带。近年来，5G、人工智能等新技术、新业态、新平台蓬勃兴起，网上购物、在线教育、远程医疗等“非接触经济”全面提速，为经济发展注入了强劲动力。据国家统计局 2021 年上半年公布数据显示，2020 年，“三新”经济增加值相当于 GDP 的比重为 17.08%，比上年提高 0.7 个百分点。整个新经济的商业体系都建立在数据之上，其中最有价值的就是个人信息。围绕个人信息这一“富矿”，有的企业以“创新”为名游走在“灰色地带”：一些平台利用用户行为数据产生的“用户画像”发送“精准广告”，进行“大数据杀熟”；一些应用程序存在超范围收集个人信息的问题，如过度索取权限、强制用户使用定向推送功能、私自向第三方共享用户信息以及无法注销账号等；互联网广告和消费金融等行业的快速发展，刺激了庞大的信息不规范获取行为，数据交易、爬虫爬取、第三方嵌入软件包、数据黑产等都可能成为数据的来源，也滋生了庞大的刷量交易。可以说，部分产业由小到大发展壮大的过程，并不都符合公序良俗，也夹杂着对公众个人信息权益漠视和损害的过程。

技术创新引发的潜在隐患。伴随着新经济的飞速发展，科技创新与安全稳定的辩证关系，始终是社会关注的焦点。比如当公众积极拥抱人脸识别技术、享受“刷脸”带来便利的同时，包括杭州人脸识别第一案原告在内的一部分民众却意识到面部特征、指纹、虹膜、声音、步态等个人生物识别技术对个人敏感信息的潜在侵害，全国信息安全标准化技术委员会、中国消费者协会等组织成立的 App 专项治理工作组《人脸识别应用公众调研报告》显示，64.39% 的受访者认为人脸识别技术有被滥用的趋势，30.86%的受访者已经因为人脸信息被泄露、滥用等遭受损失或者隐私被侵犯。再如，随着测序成本的降低，面向普通大众的诸如亲子鉴定、遗传病 DNA 体检等消费级基因检测种类越来越多，一边是精准科技打开的未来医疗世界之门，一边却是海量数据带来的隐私安全“黑洞”。我国在《人口健康信息管理办法（试行）》《人类遗传资源采集、收集、买卖、出口、出境审批行政许可事项服务指南》中虽然对个人信息保护有所涉及，但目前还没有十分明确的官方或行业协会的指导文件进行细化规定，尤其消费级基因检测领域，国内的监管始终处于缺位状态。

民法要解决个人信息应用提出的时代命题，最关键的是要放宽视野，准确把握其中的尺度。

个人信息民法保护要坚持两个视角，即个体视角和社会视角。个人信息既关乎个人的隐私和尊严，又天然具有社会公共属性。从产生方式看，个人信息可分为自然信息与社会信息。自然信息指存于自然人个体，在进入社会前就存在的信息，如基因、血型、性别等。社会信息指生成于社会，与他人交互而产生的信息，如上网时留下的浏览记录，网购时留下的交易记录等。从功能看，个人信息具有公共性，是社会识别与了解个体并以此开展活动的根据。大数据时代，丰富而具体的信息样本，是宝贵的资本和资源，对个人信息合理的开发利用可以惠及公众，如企业可以为广大消费者提供更加贴心的商品，政府可以为公众供给更加优质的公共服务。从影响上看，个人信息权益相较生命权、健康权貌似重要性较低，但事实上并非如此，产业发展、科技创新、公共管理等过程中如若造成个人信息权益之侵害，往往波及范围广、隐蔽时间长，形成辐射性和散发性危害，不加规制，受侵害的规模会呈几何级倍增。因此，个人信息保护不仅关乎个人私益，更是一项系统性社会工程，是数字时代社会最前沿领域对实现国家治理体系和治理能力现代化的考验。在个人信息保护方面，要综合考量公共利益与私人利益的对立统一，平衡个人信息保护与产业良性发展、科技创新、公共管理等多元化诉求，以安全为导向、以场景为基础，划定安全风险边界，才能奠定行稳致远的治理基石。要政府、市场和技术协同发力，强化监管，对违法行为加大惩治力度，借助市场的力量，探索建立安全市场的第三方制衡机制，运用技术手段，为个人信息保护架起坚实科技屏障，才能构筑个人信息安全的立体防护网。

个人信息民法保护成果丰硕，仍有不少问题有待解决。筑牢个人信息保护的屏障，根本上还要运用法治思维和法治方式，用发展的眼光，在过去经验的基础上，兼顾当下与未来给出依法治理的中国方案。回首来时，我国个人信息的法律保护，经历了一个从无到有、从刑法保护为主到公法、私法保护并重的发展历程。2021年8月20日，全国人大常委会正式通过了

《个人信息保护法》，该法所确立的对权利人“最小伤害”“公开透明”“准确完整”“合理使用”“合理目的”等原则，对先前相关法律关于个人信息使用“合法性、正当性、必要性”原则进行了扩展和补强。与之前颁布的民法典、电商法、广告法、消费者权益保护法、最高人民法院人脸识别民事案件司法解释等一起构建起一套相对完整的中国新时代个人信息权益保障体系。放眼未来，在实践中仍需要直面以下情形：制度建设方面还需细化以增强法律条文实施的可操作性及个人信息保护法与民法典、人脸识别民事案件司法解释等的衔接适用；更好协调好监管机构、执法机关、司法机关等各部门的职责关系，形成合力；构筑强有力的执法威慑，有效遏制违法违规侵害个人信息权益的行为；解决公众对个人信息保护的日益关注与普遍缺乏相关科学知识和法律知识的矛盾；解决成文法滞后性特征与社会经济的快速发展带来的个人信息保护方面的新问题；等等。

（二）物权编的实施

2021 年，《民法典》物权编实施有两方面较为突出：一是物业管理纠纷处理；二是不动产登记制度完善。建筑物区分所有成为城市居民最常见的房屋所有形式。少数人利益与多数人利益、局部利益与整体利益的冲突，在《民法典》物权编实施中经常出现。在物权领域比较典型的是近年来一些法院审理的老旧小区加装电梯案件。2021 年度《人民法院报》评选出的 2021 年度人民法院十大案件中，合肥市首例阻挠住宅加装电梯施工案位列首位。老旧社区改造关系到人民群众最关心最直接最现实的利益问题，增设电梯是其中最重要的改造项目。而实践中，老旧小区增设电梯因为同楼或同一单元的业主之间的利益差异，往往很难让所有业主达成一致。而低层住户和高层住户之间的利益分歧最为典型。《民法典》专门对此规定了相应的多数决程序，为该类纠纷的解决提供了具体的规则。人民法院准确适用《民法典》规定，依法判决支持高层住户，这类案件虽小，但导向意义很大。《民法典》确立了有利生产、方便生活、团结互助、公平合理的相邻关系处理原则，同时强调少数人合法权益也要予以充分保护。如果低楼层住户因加装电梯造成损失，比如遮挡采光、影响出行、产生噪音等等，有权要求高层住户予以补偿。司法实践中有很多类似问题，人民法院在处理中，都秉承公平合理原则处置，不能因为局部、少数人利益影响整体、多数人利益，也不能忽视、牺牲少数人、个别人正当利益。

2021 年，产权登记、耕地保护制度等物权配套制度进一步完善。

第一，动产和权利担保统一登记正式落地。2020 年 12 月 22 日，国务院发布《关于实施动产和权利担保统一登记的决定》，在全国范围内实施动产和权利担保统一登记。该决定是对《民法典》的进一步细化和落实，标志着我国动产和权利担保统一登记正式落地。该决定明确，自 2021 年 1 月 1 日起，中国人民银行全面承担动产和权利担保统一登记工作，中国人民银行征信中心具体开展服务性登记工作。市场主体办理动产和权利担保登记和查询的，将统一以互联网方式在中国人民银行征信中心的动产融资统一登记公示系统自主办理；登记内容的真实性、完整性和合法性由办理登记的当事人负责；登记机构不对登记内容进行实质审查，不开展事前审批性登记。纳入统一登记范围的动产和权利担保类型包括：生产设备、原材料、半成品、产品抵押，应收账款质押，存款单、仓单、提单质押，融资租赁，保理，所有权保留，其他可以登记的动产和权利担保七大类。其中，原来由市场监督管理部门承担的生产设备、原材料、半成品、产品改由中国人民银行统一承担，1 月 1 日后新增登记及此前已做登记的变更和注销等均在人民银行办理，此前已做登记的，不需要重新登记。为保障市场平稳过渡，设置 2 年的过渡期，征信中心接收国家市场监督管理总局的历史登记数据，过渡期内法定查询义务仍在国家市场监督管理总局，动产融资统一登记公示系统增加便民服务，提供辅助查询服务。人民银行和国家市场监督管理总局联合发布了关于动产抵押登记职责调整后过渡方案的公告，共同做好数据衔接过渡工作。动产和权利担保统一登记实施后，市场主体可在一个系统办理七大类动产和权利担保登记，并能通过一次查询，便捷了解担保人名下所有动产上的担保物权状况，可以使担保物权更透明，增强担保权人权利实现的确定性，降低信贷交易的风险和成本，提升金融机构等担保权人的放贷意愿。

第二，耕地保护进一步加强。2021 年 7 月 2 日，国务院公布新修订的《土地管理法实施条例》，自 2021 年 9 月 1 日起施行，这是《土地管理法实施条例》自 1998 年全面修订后的第二次全面修订，是保证 2019 年新修正的《土地管理法》顺利实施的重要法律武器。新《土地管理法实施条例》诸多亮点值得关注：一是严格控制耕地转为非耕地。新的《土地管理法实施条例》专门增加规定：国家对耕地实行特殊保护，严守耕地保护红线，严格控制耕地转为林地、草地、园地等其他农用地。耕地应当优先用于粮食和棉、油、糖、蔬菜等农产品生产。按照国家有关规定需要将耕地转为林地、草地、园地等其他农用地的，应当优先使用难以长期稳定利用的耕地。从而进一步拓展了土地用途管制的重点和内容。二是明确耕地保护的责任主体是省级人民政府。加强耕地保护，必须首先明确耕地保护的责任主体。新的《土地管理法实施条例》在总结多年来党中央、国务院关于强化耕地保护责任主体制度实施经验的基础上，首次从行政法规层面明确了耕地保护的责任主体。三是建立耕地保护补偿制度。为贯彻落实党中央、国务院关于加强对耕地保护责任主体的补偿激励，积极推进中央和地方各级涉农资金整合，按照“谁保护、谁受益”的原则，加大耕地保护补偿力度的要求，新的《土地管理法实施条例》在总结全国部分地方实施耕地保护补偿制度成功经验的基础上，对建立耕地保护补偿制度作出明确规定：国家建立耕地保护补偿制度。耕地保护补偿制度具体办法和实施步骤由国务院自然资源主管部门会同有关部门规定。四是细化土地征收程序。新的《土地管理法实施条例》以维护被征地农民合法权益为核心，对《土地管理法》规定的土地征收程序进行了细化规定。五是明确集体经营性建设用地入市交易规则。新的《土地管理法实施条例》在《土地管理法》关于集体经营性建设用地入市规定的基础上，进一步明确入市交易规则，要求国土空间规划要合理安排集体经营性建设用地布局和用途，促进集体经营性建设用地的节约集约利用。同时，明确了集体经营性建设用地出让、出租方案的编制和审查要求。六是保障农村村民的宅基地权益。新的《土地管理法实施条例》将“宅基地管理”单列一节，对宅基地布局和建设用地指标安排作出明确规定。针对部分地方在合村并居中出现的侵犯农村村民宅基地合法权益的问题，新的《土地管理法实施条例》专门作出禁止规定。七是持续优化建设用地审批流程。新的《土地管理法实施条例》在《土地管理法》关于调整农用地转用审批权限、取消省级人民政府批准的征地报国务院备案的基础上，持续优化建设用地审批流程，深化“放管服”改革。八是构建国土空间规划管理制度。新的《土地管理法实施条例》在《土地管理法》关于国土空间规划体系和编制要求的基础上，用“国土空间规划”取代原来的“土地利用总体规划”，国土空间规划应当包括国土空间开发保护格局和规划用地布局、结构、用途管制要求等内容，明确建设用地规模、耕地保有量、永久基本农田保护面积和生态保护红线等要求，提高土地节约集约利用水平，保障土地的可持续利用。九是完善临时用地管理。临时用地是指建设项目施工、地质勘查等需要临时使用的土地。针对实践中存在的临时用地的期限过于单一、临时用地土地复垦责任不落实等情形，新的《土地管理法实施条例》对临时用地管理作出创新规定。十是为土地督察权的行使划定边界。新的《土地管理法实施条例》进一步为土地督察权的行使划定边界，确保土地督察在法治轨道上运行。十一是挂牌出让有了法律地位。挂牌出让方式是在多年的土地管理实践中探索出的具有强大生命力的市场化配置建设用地使用权的出让方式。这次新的《土地管理法实施条例》首次从行政法规层面确立了挂牌出让方式的法律地位。十二是加大对土地违法行为的处罚力度。新的《土地管理法实施条例》完善了土地违法行为的处罚措施。

（三）合同编的实施

2021 年《民法典》合同编实施的重点仍然是合同效力的认定。

第一，关于合同效力认定。最高人民法院 170 号指导性案例“饶某礼诉某物资供应站等房屋租赁合同纠纷案”，明确了违反行政规章一般不影响合同效力，但违反行政规章签订租赁合同，约定将经鉴定机构鉴定存在严重结构隐患，或将造成重大安全事故的应当尽快拆除的危房出租用于经营酒店，危及不特定公众人身及财产安全，属于损害社会公共利益、违背公序良俗的行为，应当依法认定租赁合同无效，按照合同双方的过错大小确定各自应当承担的法律责任。

第二，关于禁止高利贷的规定得到重视。在《银行卡规定》中，平衡好金融发展和持卡人合法权益的保护如《银行卡规定》禁止高利放贷。《民法典》第 680 条规定：“禁止高利放贷，借款的利率不得违反国家有关规定。”利息是信贷资金的价格。高利贷的根本问题是使用货币的价格即利息过高，有违公平，通过出借货币牟取暴利也有损公序良俗。一般而言，利息的收取应考虑信贷资金成本和实体经济回报率等多种因素，不应过高。具体到信用卡合同法律关系而言，持卡人通过信用卡透支的方式借用发卡行款项，发卡行收取利息，符合有偿原则，但是否等价，应依法裁决。手续费为持卡人占有使用分期付款资金应支付的对价，为贷款成本，虽没有利息之名，但多有利息之实。《中国人民银行公告〔2021〕第 3 号》规定：“贷款年化利率应以对借款人收取的所有贷款成本与其实际占用的贷款本金的比例计算，并折算为年化利率。其中，贷款成本应包括利息及与贷款直接相关的各类费用。”该公告将与贷款直接相关的各类费用列入贷款成本，作为计算贷款年化利率的依据，实质是对以收取手续费等费用为名规避利息调整行为的规制。复利俗称利滚利，是对利息再收利息，利息再计入本金生息，提高了利率，加重了借款人的负担。银行业金融机构本身属于经营放贷业务的企业，其经营放贷业务的目的是生息营利，逾期偿还本金和利息，属于变相占用了利息部分的资金，该部分资金如果如期归还，仍然可以继续放贷收息。从这一点而言，金融借款合同收取复利具有合理性和正当性。按照罚息利率收取复利，其目的在于督促借款人尽快还款。但如前所述，收取过高利息有违公平，有损公序良俗，故在认可金融机构可以收取复利的同时，应对其收取的利息、复利、罚息、违约金等总额设定上限。这样处理既尊重了金融惯例，又维护了公平和诚信原则，较为适宜。复利究其本质，为持卡人逾期支付利息等应承担的违约责任，实为违约金。违约金的功能是补偿性为主，惩罚性为辅。为避免当事人约定的违约金过高，有违公平和诚信原则，《民法典》第 585 条规定：约定的违约金过分高于造成的损失的，人民法院或者仲裁机构可以根据当事人的请求予以适当减少。对于银行卡透支交易而言，持卡人逾期偿还透支款，除需支付复利外，还需支付违约金。一般而言，发卡行的损失主要是利息损失，因此，在违约金的调整上，也涉及利息问题。在禁止高利放贷的基本思路下，应对信用卡交易息费违约金总额进行规范。由于信用卡透支交易本质上是金融机构向持卡人出借款项，故该上限不应参照民间借贷利率上限进行确定。

第三，维护合同诚信表现为重拳整治合同领域虚假诉讼。虚假诉讼败坏社会风气、妨碍公平竞争、损害司法权威、阻碍法治建设，社会影响十分恶劣。合同领域是虚假诉讼高发领域，最高人民法院为此先后下发房地产调控政策下严格审查各类虚假诉讼的紧急通知，制定防范和制裁虚假诉讼的指导意见、发布民间借贷司法解释等规范性文件，指导全国法院积极有序开展虚假诉讼整治工作同时查处审理了一大批虚假诉讼案件。2021 年发布的《最高人民法院关于深入开展虚假诉讼整治工作的意见》中，明确聚焦重点领域，加大整治力度，指出合同中民间借贷纠纷、房屋买卖合同纠纷，涉房屋限购和机动车配置指标调控等宏观调控政策的买卖合同、以物抵债纠纷等各类纠纷，是虚假诉讼易发领域。对上述案件，各级人民法院应当重点关注、严格审查，加大整治虚假诉讼工作力度。民间借贷是虚假诉讼较为活跃的领域，要审慎审查民间借贷案件，依照《最高人民法院关于审理民间借贷案件适用法律若干问题的规定》的有关规定，准确甄别、严格防范、严厉惩治虚假民间借贷诉讼。对涉嫌虚假诉讼的民间借贷案件，当事人主张以现金方式支付大额借款的，应当对出借人现金来源、取款凭证、交付情况等细节事实进行审查，结合出借人经济能力、当地交易习惯、交易过程是否符合常理等事实对借贷关系作出认定。当事人主张通过转账方式支付大额借款的，应当对是否存在“闭环”转账、循环转账、明走账贷款暗现金还款等事实进行审查。负有举证责任的原告无正当理由拒不到庭，经审查现有证据无法确认借贷行为、借贷金额、支付方式等案件基本事实的，对原告主张的事实不予认定。严查借贷本息，依法整治违法民间借贷。对涉嫌虚假诉讼的民间借贷案件，应当重点审查借贷关系真实性、本金借贷数额和利息保护范围等问题。虚构民间借贷关系，逃避执行、逃废债务的，对原告主张不应支持。通过“断头息”、伪造证据等手段，虚增借贷本金的，应当依据出借人实际出借金额认定借款本金数额。以“罚息”“违约金”“服务费”“中介费”“保证金”“延期费”等名义从事高利贷的，对于超过法定利率保护上限的利息，不予保护。严审合同效力，整治虚假房屋买卖诉讼。为逃废债务、逃避执行、获得非法拆迁利益、规避宏观调控政策等非法目的，虚构房屋买卖合同关系提起诉讼的，应当认定合同无效。买受人虚构购房资格参与司法拍卖房产活动且竞拍成功，当事人、利害关系人以违背公序良俗为由主张该拍卖行为无效的，应予支持。买受人虚构购房资格导致拍卖行为无效的，应当依法承担赔偿责任。

（四）婚姻家庭、继承编的实施

2021 年《民法典》婚姻家庭和继承编实施主要表现为加强对未成年人、老年人等弱势群体的保护。

第一，进一步强化对未成年人、老年人等弱势群体的保护。如在未成年人保护问题上，重点关注有几点。

一是关于父母对未成年子女的抚养问题。《民法典》明确规定：父母对未成年子女负有抚养、教育和保护的义务。但是，现实中存在父母基于各种原因不愿意抚养未成年子女的情况。最高人民法院发布的未成年人保护一个典型案例就是双方在恋爱期间同居，生育了非婚生女儿，但在解除恋爱关系后，都不愿意抚养这个孩子，起初是由孩子的祖父母抚养，后由于祖父母年老多病，无力继续照顾，多次向当地村委会反映，最终由妇联组织代该未成年子女提起诉讼，法院判决其父母全面履行抚养义务。本案的典型意义在于，审判实践中存在不少与本案类似的留守儿童抚养问题，这些未成年人的父母虽未直接侵害未成年人合法权益，但怠于履行监护义务，把未成年子女留给年迈的老人照顾，子女缺乏充分的经济和安全保障，缺乏父母关爱和教育，导致部分未成年人轻则心理失衡，重则误入歧途，甚至走向犯罪的深渊。本案中，法院积极探索由妇联组织、未成年人保护组织等机构直接作为原告代未成年人提起诉讼的模式，为督促未成年人父母履行抚养义务，解决父母不履行监护职责的现实问题提供了有益参考。

二是关于撤销怠于履行监护职责的父母的监护权问题。最高人民法院发布的未成年人保护典型案例中有一个涉案的女子生育女婴后将其遗弃，已不适合履行监护职责，法院根据民政局申请撤销其监护权，同时指定其下属的某儿童福利院抚养女婴。本案的典型意义在于，国家机关和社会组织兜底监护是家庭监护的重要补充，是保护未成年人合法权益的坚强后盾。未成年人因为年龄、智力等原因，往往无法自我保护，作为最亲近的父母如果怠于履职或严重侵权的，这些未成年人权益由谁来保护。《民法典》编撰对监护制度进行了修改完善，明确规定没有依法具有监护资格的人的，监护人由民政部门担任，这样就对未成年人建立起了全方位的保障体系，为他们的健康成长保驾护航。

三是关于未成年人参与直播打赏的问题。随着智能手机和移动支付方式的广泛应用，未成年人直播打赏、虚拟充值消费等导致的纠纷屡见不鲜。尤其是未成年人使用成年亲属账号作出的打赏、购买等行为的合同效力如何认定，引起社会热议。最高人民法院发布的未成年人保护典型案例中就有涉案的未成年人使用父母用于生意资金流转的银行卡，多次向某科技公司账户转账用于打赏直播平台主播，打赏金额高达近 160 万元。该案经过人民法院多次辨法析理的调解工作，最终双方庭外和解，该公司自愿返还近 160 万元打赏款项。本案的典型意义在于，司法实践中涉及的网络打赏、网络游戏的纠纷，多数是限制行为能力人，也就是 8 周岁以上的未成年人。这些人在网络进行游戏或者进行打赏时，有的几千、几万，这显然与其年龄和智力水平不相适应。在未得到法定代理人追认的情况下，其行为应当是无效的。《最高人民法院关于依法妥善审理涉新冠肺炎疫情民事案件若干问题的指导意见（二）》对未成年人参与网络付费游戏和网络打赏纠纷提供了规则指引。意见明确，限制民事行为能力人未经其监护人同意，参与网络付费游戏或者网络直播平台“打赏”等方式支出与其年龄、智力不相适应的款项，监护人请求网络服务提供者返还该款项的，人民法院应予支持。该规定更多地考量了对未成年人合法权益的保护，同时引导网络公司进一步强化社会责任，为未成年人健康成长创造良好网络环境。

第二，推动婚姻家庭领域移风易俗。2021 年，民政部确定 15 个全国婚俗改革试验区，引导社会形成正确的婚姻家庭价值取向。政策对民事案件会产生深刻影响，在 2021 年婚姻家事类案件实施过程中，“天价彩礼”依然是比较突出的领域：一是传统风俗根深蒂固，彩礼习俗仍有广泛认同，腾讯谷雨数据《2020 年国人彩礼》调查显示，73.8%的婚姻收过彩礼，全国平均彩礼礼金 6.9 万元，其中浙江以 18.5 万元居第一，黑龙江、福建、江西、内蒙古等地均超过 10 万元，上海、江苏分别为 7.2 万元和 5.2 万元，可见彩礼习俗仍受到社会普遍遵从；二是“天价彩礼”数额飙升，农村家庭陷入“返贫”风险；三是“天价彩礼”引发法律纠纷，案件审理尺度难以统一，具体体现在司法实务中对法律规定的“共同生活”认定不易，出现了类案裁判结果较大差异的问题。针对上述问题，建议各级法院下一步要及时出台相关细则予以规定，发布指导案例或典型案例统一法律适用，充分发挥类案裁判指引作用，同时加大宣传，发挥村规民约、村民自治等作用，多方位引导矛盾纠纷化解，引导正确婚姻家庭价值取向的广泛认同和逐步形成。

第三，少年家事审判继续向前推进。设立最高人民法院少年法庭工作办公室，在六个巡回法庭设立少年法庭巡回审判点，明确最高人民法院少年法庭工作办公室是一项层级高、职能实、成员相对固定的重要工作机制。主要负责：综合统筹未成年人审判指导，参与未成年人案件审判管理，协调开展未成年人案件巡回审判等工作。少年法庭工作办公室成立后，最高人民法院将抓紧研究制定各项制度，认真组织实施好各项工作：一是要坚持少年审判的专业化发展方向。少年审判三十多年的探索实践充分证明，审判专业化是加强对未成年人这一特殊群体司法保障的重要举措。坚持少年审判专业化发展方向，既是贯彻落实新修订的未成年人“两法”的要求，也是充分履行人民法院职能，坚持特殊、优先保护未成年人政策的重要体现。二是要加强制度建设，统筹全国少年法庭工作。少年审判是综合性审判。少年法庭工作办公室要有效整合少年审判工作力量，设立工作规则和运行制度，要会同审管办等部门做好对涉未成年人案件的专项统计、单独考核等工作。切实强化对全国少年法庭工作的统筹协调、统一指导，通过加强组织领导，在全国法院形成示范效应，充分发挥未成年人审判的既往优势，坚持并巩固已有的经验成果，推动全国少年法庭工作再上新台阶。三是要加强对未成年人案件问题的调查研究。要围绕留守儿童监护、儿童信息安全等社会关注的问题、司法实践反映的难点问题，有针对性地加强少年审判问题研究。及时修改或者制定新的司法解释、司法政策，适时发布指导性案例、典型案例。通过强化审判指导，统一裁判尺度，确保每一起涉未成年人案件的裁判彰显公平正义，符合人民期待。四是要切实发挥众多研究平台的作用。我们要充分发挥好中国审判理论研究会少年司法专业委员会、少年司法研究基地等平台的作用，加强对涉未成年人案件的特点、态势的分析研判，为更加精准掌握未成年人案件的规律，制定司法政策、完善国家治理提供实证支撑。五是要充分借助专家学者的智慧力量。少年法庭工作办公室成立后，将在原有基础上聘任一批专家委员，加强与专家学者们的联系，借助他们的智慧力量，推动形成一批有影响、有实效的研究成果。最高人民法院少年法庭工作办公室以及六个少年法庭巡回审判点的成立，对统一思想、凝聚力量，综合统筹人民法院少年审判工作，解决少年审判面临的实际困难和问题，推进未成年人司法保护事业不断发展，具有重大而深远的意义。

（五）侵权责任编的实施

2021 年，《民法典》侵权责任编实施有以下几个特点：

第一，2021 年新形势新业态下的侵权责任问题成为《民法典》侵权责任编实施中的重点问题。2021 年，《最高人民法院关于修改〈最高人民法院关于审理铁路运输人身损害赔偿纠纷案件适用法律若干问题的解释〉的决定》公布，主要是对原《最高人民法院关于审理铁路运输人身损害赔偿纠纷案件适用法律若干问题的解释》作如下修改：（1）第 1 条第 2 款开始部分增加规定：“铁路运输企业在客运合同履行过程中造成旅客人身损害的赔偿纠纷案件，不适用本解释”。（2）删去第 2 条中的“依法由受害人承担扶养义务的被扶养人”。（3）删去第 3 条第 1 款中的“赔偿权利人依照民法典第三编要求承运人承担违约责任予以人身损害赔偿的，由运输始发地、目的地或者被告住所地铁路运输法院管辖”。同时增加 1 款作为第 2 款规定：“前款规定的地区没有铁路运输法院的，由高级人民法院指定的其他人民法院管辖”。（4）第 5 条首部分修改为：“铁路行车事故及其他铁路运营事故造成人身损害，有下列情形之一的，铁路运输企业不承担赔偿责任”，并增加 1 项作为第 3 项规定：“法律规定铁路运输企业不承担赔偿责任的其他情形造成的”。（5）将第 6 条和第 7 条合并修改：规定因受害人的过错行为造成人身损害，依照法律规定应当由铁路运输企业承担赔偿责任的，根据受害人的过错程度可以适当减轻铁路运输企业的赔偿责任，并按照两类情形分别处理。（6）删去第 8 条第 1 款末尾的“但铁路运输企业承担的赔偿责任应当不低于全部损失的百分之五十”和第 2 款末尾的“但铁路运输企业承担的赔偿责任应当不低于全部损失的百分之四十”，并将第 2 款中的

"及"修改为"或者"。(7) 将第9条第1款中的"按照各自的过错分担责任；双方均无过错的，按照公平原则分担责任"，修改为"的责任份额根据各自责任大小确定。难以确定责任大小的，平均承担责任"。同时，将第2款中的"第七条"修改为"第六条"。(8) 删去原第12条和第13条。(9) 删去第16条第2款规定的"本解释施行前已经终审，本解释施行后当事人申请再审或者按照审判监督程序决定再审的案件，不适用本解释"。(10) 将该解释的条文顺序作相应调整："第八条"调整为"第七条"，"第九条"调整为"第八条"，"第十条"调整为"第九条"，"第十一条"调整为"第十条"，"第十四条"调整为"第十一条"，"第十五条"调整为"第十二条"，"第十六条"调整为"第十三条"。再如人脸识别司法解释，因前述已有涉及，故不再赘述。

第二，鼓励善意施惠、乐于助人成为侵权责任领域民法实施的重要价值取向。"彭某案"以来，社会上关于"扶不扶""劝不劝""追不追""救不救"等问题引起广泛关注。如上文所述，弘扬社会主义核心价值观已经成为近年来民法实施的一大特色。《民法典》也专门就好意同乘、自甘风险行为的法律后果作了规定。鼓励善意施惠、乐于助人成为侵权责任领域民法实施的重要价值取向。民法实施为行善者撑腰、让失德者失利的价值追求愈发明显。德治与法治的结合愈加紧密。

第三，人身损害赔偿标准城乡统一的呼声愈发高涨。2019年4月，中共中央、国务院发布《关于建立健全城乡融合发展体制机制和政策体系的意见》，明确提出改革人身损害赔偿制度，统一城乡居民赔偿标准的要求。2019年9月，最高人民法院下发通知，授权各省、自治区、市、高级人民法院在辖区内开展人身损害赔偿纠纷案件统一城乡居民赔偿标准试点工作。目前，全国31家高级人民法院及新疆维吾尔自治区生产建设兵团分院已经全部开展此项试点工作。目前不同地方统一的标准并不相同，有的地方高，统一到城市标准；有的地方平均，统一到城乡全省平均标准。2021年，最高人民法院发布了向社会公开征求意见的公告引发广泛关注，明确要修改《最高人民法院关于审理人身损害赔偿案件适用法律若干问题的解释》中关于残疾赔偿金、死亡赔偿金以及被扶养人生活费赔偿标准城乡区分的规定。征求意见稿拟将现行司法解释中残疾赔偿金、死亡赔偿金、被扶养人生活费赔偿标准"按照受诉法院所在地上一年度城镇居民人均可支配收入或者农村居民人均纯收入标准"，改为"按照受诉法院所在地上一年度城镇居民人均可支配收入标准"。

五、对民法实施的建议

针对2021年我国民法实施情况和实践中存在的问题，对下一步民法实施提出以下建议：

1. 及时收集、总结《民法典》实施中存在的问题、积累的经验，为下一步解释《民法典》的基本原则、具体规则奠定基础，推动我国《民法典》时代从立法论时代向解释论时代发展。

2. 完善民法实施的基础性制度。进一步完善产权登记制度，坚持物权公示公信原则，在保护交易安全和完善制度规则的基础上维护个案公正。尽快明确财产权属“名实不符”的处理规则，引导市场交易公开、透明、可预期。

3. 夯实民法实施的基层基础。民法实施重心下沉，需要增强基层民法执法和司法力量。市场经济发展、人口流动性增加、群众法治意识增强都会导致民事纠纷增多。需要吸引更多优秀法治人才投身民法实施事业，建立成长路径顺畅、职业预期稳定的司法辅助人员管理制度，稳定司法辅助人员队伍。

4. 加强民事立法、执法、司法机关的沟通协调。从《民法典》编纂、司法解释清理到《民法典》实施一年，《民法典》等民事法律实施中的部分问题已经显现。民法的生命在于实施；民法的源泉在于生活。要通过民事立法、执法、司法机关的沟通协调实现“民事立法-民法实施-社会生活”以及“社会生活-司法解释-民事立法”的双向互动。做好民法实施与刑法实施、行政法实施的分工配合，构建康健、良性、动态有序的民法生态系统。

5. 加强数字信息技术条件下民法实施问题的研究。关注大数据背景下侵犯个人信息权、隐私权纠纷，加大个人信息保护，推动数字经济健康发展。关注因网络购物、快递服务、网络直播带货、平台点餐、大数据杀熟等引发的新型消费案件，切实保障消费者权益。关注新型用工关系中劳动者权益保护，在依法保护快递小哥等劳动者权益和保护行业发展之间取得平衡。关注算法、人工智能导致的侵权法律问题，正确认识和处理资本通过网络平台扩展到民生领域带来的公平、效率和社会问题。

6. 推进德治与法治相辅相成、相互促进。在民法框架内大力弘扬社会主义核心价值观，将法律判断与道德判断相结合，在民法实施中坚持为行善者撑腰、让失德者失利，鼓励民心向善、社风向上。

撰稿专家

谢勇，四川隆昌人，法学博士、经济学博士，长期从事法律实务工作，出版专著《电子交易中的合同法规则》《建设工程施工合同案件裁判规则解析》，在《法律适用》《人民司法》《中国审判》《农村金融研究》等杂志上发表专业论文十多篇，参与编写专业书籍十余部。

第二章　2021 年民商法实施报告

2021 年知识产权法实施报告*

秦元明

报告要旨

一年来，人民法院积极贯彻新发展理念，积极参与构建新发展格局，着力推动高质量发展，充分发挥知识产权审判职能作用，激发全社会创新活力，营造法治化营商环境，促进社会主义文化和科学事业的发展和繁荣。人民法院知识产权司法在服务党和国家工作大局中也发生了深刻变革，实现了长足进步，专业化审判体系基本建成，专业化审判能力显著提高，智慧化审判模式广泛运用，涉外审判影响力日益增长。

2021 年，人民法院受理的各类知识产权案件大幅增长，质量效率不断提高。制定发布多件司法解释和司法政策文件，统一裁判标准。发布《最高人民法院关于审理侵害知识产权民事案件适用惩罚性赔偿的解释》，并发布 6 件知识产权惩罚性赔偿典型案例，释放司法严格保护知识产权的鲜明态度；发布《最高人民法院关于审理申请注册的药品相关的专利权纠纷民事案件适用法律若干问题的规定》，健全医药专利诉讼制度；发布《最高人民法院知识产权侵权诉讼中被告以原告滥用权利为由请求赔偿合理开支问题的批复》，有效防止滥用知识产权，推进知

* 最高人民法院民三庭法官助理曾志、王晨、孙冠华协助完成了本报告的撰写工作，在此一并致谢。

识产权诉讼诚信体系建设。积极起草制定《最高人民法院关于第一审知识产权案件管辖的若干规定》，进一步健全科学的知识产权案件管辖制度，合理定位四级法院审判职能。紧紧围绕“国之大者”，全力服务保障科技创新，司法公信力和国际影响力进一步提升。积极回应对于引起社会高度关注的“潼关肉夹馍”等地理标志维权问题，认真审理“青花椒”商标案件，回应人民群众关切。形成《数据产权司法保护调研报告》，服务保障数字经济健康发展。召开互联网典型案例发布会，发布互联网领域知识产权保护的 10 件典型案例，明确公平竞争的司法导向。积极探索平台二选一、大数据杀熟等人民群众高度关注的市场竞争行为的合法性判定规则，防止资本无序扩张，打击恶意竞争，保护消费者合法权益。

核心建议

当前，我国正在向着全面建成社会主义现代化强国的第二个百年奋斗目标迈进，国际竞争日趋激烈，知识产权作为国家发展战略性资源和国际竞争力核心要素作用日益凸显。知识产权保护工作关系国家治理体系和治理能力现代化，关系高质量发展，关系人民生活幸福，关系国家对外开放大局，关系国家安全。

2021 年 9 月 22 日，中共中央、国务院公开印发《知识产权强国建设纲要（2021-2035）》，标志着中国知识产权强国建设进入了崭新阶段。纲要提出要健全公正高效、管辖科学、权界清晰、系统完备的司法保护体制，健全便捷高效、严格公正、公开透明的行政保护体系，健全统一领导、衔接顺畅、快速高效的协同保护格局，明晰行政机关与司法机关的职责权限和管辖范围，健全知识产权行政保护与司法保护衔接机制，形成保护合力。

为了落实《知识产权强国建设纲要（2021－2035）》，2021年9月24日，最高人民法院发布《最高人民法院关于加强新时代知识产权审判工作为知识产权强国建设提供有力司法服务和保障的意见》，从工作要求、公正司法、提升效能、深化改革四个方面，就全面加强新时代知识产权审判工作提出20条政策措施。人民法院将结合四级法院职能定位改革，着力深化知识产权审判领域司法改革，深化国家层面知识产权案件上诉审理机制建设。健全知识产权诉讼制度，完善符合知识产权案件审判规律的诉讼规范。加强科技创新成果保护。加大农业、中医药等重点领域知识产权保护力度，健全大数据、人工智能、基因技术等新领域新业态知识产权司法保护规则。研究完善算法、商业秘密、人工智能产出物、开源知识产权司法保护规则。完善平台经济反垄断裁判规则，加强平台经济、科技创新、信息安全、民生保障等重点领域司法。加强反不正当竞争司法，适时出台相关司法解释，维护大中小企业公平竞争的市场法治环境。加强科技创新主体合法权益保护，依法保护科研人员享有的技术路线决定权、经费支配权、资源调度权，激发创新创造活力。研究完善防止知识产权滥用相关制度，惩处“专利陷阱”“专利海盗”等阻碍创新的不法行为。

一、2021年知识产权法实施的总体情况及主要特点

（一）2021年知识产权法实施的总体情况

1. 行政保护情况

2021年，我国全年知识产权工作量质齐升，各项指标圆满完成，取得突出成绩，具体情况如下：[①]

（1）专利相关情况。我国发明专利有效量为359.7万件。其中，国内（不含港澳台）发明专利有效量270.4万件。每万人口高价值发明专利拥有量达到7.5件，较上年提高1.2件。

此外，世界知识产权组织网站数据显示，2021年，中国系《专利合作条约》PCT最大用户，其69 540件申请，同比增长0.9%，仍然是PCT的最大用户。中国的华为技术有限公司以6952件已公布PCT申请成为最大申

① 《国新办举行2021年知识产权相关工作统计数据发布会图文实录》，载国家知识产权局网，http：//www.scio.gov.cn/xwfbh/xwbfbh/wqfbh/47673/47698/wz47700/Document/1718783/1718783.htm，最后访问时间：2022年2月18日。

请人。[①]

（2）商标相关情况。我国有效商标注册量为3724.0万件。2021年，收到国内申请人马德里商标国际注册申请5928件。完成商标异议案件审查16.4万件，完成各类商标评审案件审理38.3万件。

此外，世界知识产权组织网站数据显示，2021年中国利用马德里体系提交的商标国际申请数量位居第三（5272件）。中国的华为技术有限公司以98件马德里申请成为商标国际申请第四名。[②]

（3）地理标志相关情况。我国累计批准地理标志产品2490个，累计核准地理标志作为集体商标、证明商标注册6562件。

（4）集成电路布图设计相关方面。我国集成电路布图设计累计发证5.2万件。

（5）著作权相关情况。根据中国版权保护中心作品登记数据统计，2021年版权登记受理514 431件，完成登记527 432件，登记审结率达100%。完成作品（除计算机软件外）著作权质权登记32件，涉及主债务金额43 033.51万元，同比增长64.61%，涉及质权担保金额43 033.51万元，同比增长68.21%。

从作品登记类别看，美术作品仍是登记的主力军，共计451 240件，占登记总量的85.55%；视听作品28 479件，文字作品23 732件，分别占5.40%和4.50%；其他作品12 294件，占比2.33%；其他类作品11 687件，占比2.22%。权利人对美术作品的版权保护意识持续增强，使得美术作品登记量遥遥领先，在一月达到了高峰，超过4.2万余件，在第三季度趋于平稳，月登记量保持在3.9万余件左右。

从登记区域分布看，广东、北京和浙江登记量仍占据前三名，以山东、上海和江苏为代表的东部地区紧随其后，占中心登记总量近一成。为香港特别行政区著作权人完成作品登记1829件；为澳门特别行政区著作权人完成作品登记103件；为我国台湾地区著作权人完成作品登记833件。

“十三五”期间，我国与“一带一路”相关国家的版权贸易总数从2016年的3808项增长到2020年的10 729项，版权贸易合作已经进入提质增效阶段。随着中外版权交流的不断深入，越来越多的外国著作权人选择

---

①② 《2021年世界知识产权组织全球知识产权申请服务量创下新纪录》，载国家知识产权局网，https：//www.ncac.gov.cn/chinacopyright/contents/12222/355880.shtml，最后访问时间：2022年2月19日。

将版权登记作为贸易合作的第一步，2021 年中心为外国著作权人完成近 5000 件作品登记。其中，美国、日本和韩国登记量较大，占外国地区登记总量近六成。①

（6）知识产权保护和运用方面。国家知识产权局数据显示，我国累计建设 57 家知识产权保护中心和 30 家知识产权快速维权中心，设立国家海外知识产权纠纷应对指导中心及 22 家地方分中心。2021 年，向地方通报 4 批次 81.5 万件非正常专利申请，前 3 批撤回率达 97%。打击恶意商标注册申请 48.2 万件。

经统计核算，在未扣除价格因素的条件下，2020 年全国专利密集型产业增加值为 12.13 万亿元，比上年增长 5.8%，占 GDP 的比重为 11.97%，比上年提高 0.35 个百分点。

截至 2021 年年底，全国 31 个省（区、市）全部实现专利商标业务“一窗通办”，省级知识产权信息公共服务机构达到 52 家，地市级综合性知识产权公共服务机构达到 104 家。

（7）知识产权行政保护的特点。除著作权外，官方公布的相关数据总体呈现以下四个方面的特点：②

一是国内市场主体创新活力得到进一步激发。截至 2021 年年底，我国国内拥有有效发明专利的企业达到 29.8 万家，较上年增长 5.2 万家。国内企业拥有有效发明专利 190.8 万件，同比增长 22.6%，高于全国平均增速 5.0 个百分点。其中，高新技术企业拥有有效发明专利 121.3 万件，占国内企业总量的 63.6%，体现出我国市场主体创新创造能力不断增强。

二是专利商标质押融资规模进一步扩大，普惠性进一步凸显。2021 年，全国专利商标质押融资金额达到 3098 亿元，融资项目达 1.7 万项，惠及企业 1.5 万家，同比增长均为 42%左右。其中 1000 万元以下的普惠性贷款惠及企业 1.1 万家，占惠企总数的 71.8%，充分显示知识产权质押融资服务中小微企业的普惠特点。

三是数字经济、医疗领域专利储备进一步加强。按照世界知识产权组织划分的 35 个技术领域统计，截至 2021 年年底，我国国内发明专利有效量

---

① 《权威发布丨2021 年中国版权保护中心作品登记数据发布》，载中国版权服务公众号，https：//mp.weixin.qq.com/s/eA0CPWucSOi5W2aPmCPj7A，最后访问时间：2022 年 2 月 18 日。

② 《国新办举行 2021 年知识产权相关工作统计数据发布会图文实录》，载国家知识产权局网，http：//www.scio.gov.cn/xwfbh/xwbfbh/wqfbh/47673/47698/wz47700/Document/1718783/1718783.htm，最后访问时间：2022 年 2 月 18 日。

增长最快的 3 个领域，分别是信息技术管理方法、计算机技术和医疗技术，分别同比增长 100.3%、32.7%和 28.7%，体现出关键核心技术领域专利储备不断增强，更加有力支撑产业升级，更好惠及老百姓的生命健康和日常生活。

四是外国企业对我国知识产权保护信心进一步增强。2021 年，国外申请人在华发明专利授权 11 万件，同比增长 23.0%；商标注册 19.4 万件，同比增长 5.2%。其中，美国在华发明专利授权、商标注册同比分别增长 32.1%和 17.3%。国外在华知识产权数量保持较快增长，表明外国企业对中国知识产权保护和营商环境抱有坚定信心。

2. 司法保护情况

知识产权审判是知识产权保护体系的重要组成部分，涉及人民法院民事、行政、刑事三大审判领域，主要审理专利、商标、著作权、商业秘密、集成电路布图设计、植物新品种、地理标志等权利保护以及不正当竞争、垄断行为规制相关案件，在激励创新创造、维护公平竞争、促进文化繁荣等方面承担着重要职能。随着我国向知识产权强国迈进，知识产权保护工作更加注重全面保护、更加注重严格保护、更加注重司法保护。①

由于知识产权权利的特殊性和侵权的隐蔽性，知识产权维权长期存在“举证难、周期长、赔偿低、成本高”等问题，备受社会关注，也是世界性难题。最高人民法院坚持问题导向，着力破解难题，切实提升知识产权审判质量、效率和司法公信力。2021 年，最高人民法院发布一系列知识产权相关司法解释、司法文件等，包括《最高人民法院关于审理侵害知识产权民事案件适用惩罚性赔偿的解释》《人民法院知识产权司法保护规划（2021-2025 年）》《最高人民法院关于知识产权侵权诉讼中被告以原告滥用权利为由请求赔偿合理开支问题的批复》《最高人民法院关于加强新时代知识产权审判工作为知识产权强国建设提供有力司法服务和保障的意见》等。

2021 年 10 月 21 日，最高人民法院院长周强在第十三届全国人民代表大会常务委员会第三十一次会议上作了《最高人民法院关于人民法院知识产权审判工作情况的报告》，总结了党的十八大以来，我国知识产权案件呈现以下特征：一是案件数量迅速攀升。全国法院受理各类知识产权一审案

---

① 《最高人民法院关于人民法院知识产权审判工作情况的报告——2021 年 10 月 21 日在第十三届全国人民代表大会常务委员会第三十一次会议上》，载中国人大网，http：//www.npc.gov.cn/npc/c30834/202110/2adb18d160c945e989bc20df3641cffc.shtml，最后访问时间：2022 年 2 月 19 日。

件从 2013 年的 10. 1 万件增长到 2020 年的 46. 7 万件，年均增长 24. 5%，比全国法院受理案件总量年均增幅高出 12. 8 个百分点，反映出经济社会高质量发展对知识产权保护需求明显增长。二是新型纠纷大量涌现。涉及互联网核心技术、基因技术、信息通信、集成电路、人工智能及平台经济等方面新型案件日益增多，复杂技术事实认定和法律适用难度加大，新领域新业态知识产权保护的权利边界、责任认定对司法裁判提出新挑战。三是网络侵权易发多发。网络已经成为知识产权侵权违法行为的最主要发生地之一。与线下侵权相比，线上侵权行为更易实施、更加隐蔽、更为复杂，影响涉及面更为广泛，收集固定证据更加困难，权利人维权难度进一步加大。四是利益平衡愈加复杂。知识产权涉及利益关系复杂，且与社会公共利益息息相关。平衡保护个人权利和公共利益，准确把握多层次价值取向，稳妥处理发展和安全的关系，都对知识产权审判提出更高要求。①

2013 年至 2021 年 6 月，全国法院受理各类知识产权一审案件 218. 1 万件，审结 206 万件。其中，审结专利案件 14. 3 万件，著作权案件 131. 6 万件，商标案件 43. 7 万件，技术合同案件 1. 8 万件。制定知识产权司法解释 19 件、司法政策性文件 11 件，发布指导性案例 30 个，完成党中央部署和最高人民法院提出的知识产权相关改革任务 12 项。通过充分发挥知识产权审判职能作用，为推动高质量发展、满足人民美好生活需要提供有力司法服务。②

（二）知识产权法实施的主要特点

1. 知识产权政策体系日臻完善

（1）2021 年 3 月 13 日，十三届全国人大四次会议通过的《国民经济和社会发展第十四个五年规划和 2035 年远景目标纲要》（以下简称《国家规划纲要》）对知识产权保护作出部署。

“十四五”时期是我国顺利完成《国家知识产权战略纲要》和“十三五”知识产权规划各项目标任务后，乘势而上全面开启知识产权强国建设

① 《最高人民法院关于人民法院知识产权审判工作情况的报告——2021 年 10 月 21 日在第十三届全国人民代表大会常务委员会第三十一次会议上》，载中国人大网，http：//www. npc. gov. cn/npc/c30834/202110/2adb18d160c945e989bc20df3641cffc. shtml，最后访问时间：2022 年 2 月 19 日。

② 《最高人民法院关于人民法院知识产权审判工作情况的报告——2021 年 10 月 21 日在第十三届全国人民代表大会常务委员会第三十一次会议上》，载中国人大网，http：//www. npc. gov. cn/npc/c30834/202110/2adb18d160c945e989bc20df3641cffc. shtml，最后访问时间：2022 年 2 月 19 日。

新征程的第一个五年。2020 年 11 月 30 日，习近平总书记在主持中共中央政治局第二十五次集体学习时指出，要研究制定“十四五”时期国家知识产权保护和运用规划，明确目标、任务、举措和实施蓝图，为制定知识产权领域的“十四五”规划指明了方向，提供了根本遵循。《国家规划纲要》第七章第二节提到：实施知识产权强国战略，实行严格的知识产权保护制度，完善知识产权相关法律法规，加快新领域新业态知识产权立法。加强知识产权司法保护和行政执法，健全仲裁、调解、公证和维权援助体系，健全知识产权侵权惩罚性赔偿制度，加大损害赔偿力度。优化专利资助奖励政策和考核评价机制，更好保护和激励高价值专利，培育专利密集型产业。改革国有知识产权归属和权益分配机制，扩大科研机构和高等院校知识产权处置自主权。完善无形资产评估制度，形成激励与监管相协调的管理机制。构建知识产权保护运用公共服务平台。《国家规划纲要》为开启全面建设社会主义现代化国家新征程提供了行动指南。

（2）《知识产权强国建设纲要（2021-2035 年）》对我国未来 15 年的知识产权事业发展进行了全面谋划和系统部署。

2021 年 9 月，中共中央、国务院印发了《知识产权强国建设纲要（2021-2035 年）》。建设中国特色、世界水平的知识产权强国，是以习近平同志为核心的党中央作出的重大战略部署，是做好新时代知识产权工作的总抓手。该纲要对知识产权强国建设作出整体部署，明确了知识产权强国建设的指导思想、工作原则和发展目标。该纲要部署了“建设面向社会主义现代化的知识产权制度”“建设支撑国际一流营商环境的知识产权保护体系”“建设激励创新发展的知识产权市场运行机制”“建设便民利民的知识产权公共服务体系”“建设促进知识产权高质量发展的人文社会环境”“深度参与全球知识产权治理”六个方面重点任务，为统筹推进知识产权强国建设描绘出了宏伟蓝图。我国从知识产权引进大国向创造大国转变、知识产权工作从追求数量向提高质量转变全面提速。

（3）《“十四五”国家知识产权保护和运用规划》对未来五年的知识产权工作进行了全面部署。

2021 年 10 月 9 日，国务院印发《“十四五”国家知识产权保护和运用规划》。该规划明确了“十四五”时期开展知识产权工作的指导思想、基本原则、主要目标、重点任务和实施保障措施，对未来五年的知识产权工作进行了全面部署。[①] 该规划围绕五个方面部署了重点任务：一是全面加强知识产权保护激发全社会创新活力，完善知识产权法律政策体系，加强知识产权司法保护、行政保护、协同保护和源头保护；二是提高知识产权转移转化成效支撑实体经济创新发展，完善知识产权转移转化体制机制，提升知识产权转移转化效益；三是构建便民利民知识产权服务体系促进创新成果更好惠及人民，提高知识产权公共服务能力，促进知识产权服务业健康发展；四是推进知识产权国际合作服务开放型经济发展，主动参与知识产权全球治理，提升知识产权国际合作水平，加强知识产权保护国际合作；五是推进知识产权人才和文化建设夯实事业发展基础。围绕五大任务，该规划还设立了商业秘密保护工程等十五个专项工程。[②] 该规划作为支撑知识产权强国建设纲要实施的第一个五年规划，对于推动知识产权强国建设开好局、起好步，在更高起点上推动知识产权事业稳中求进，实现高质量发展具有重大意义。

（4）多项政策性文件对知识产权保护作出具体部署。

为贯彻落实《知识产权强国建设纲要（2021—2035年）》和《“十四五”国家知识产权保护和运用规划》，深入实施知识产权强国战略，加快建设知识产权强国，明确2021~2022年度重点任务和工作措施，2021年12月27日，国务院知识产权战略实施工作部际联席会议办公室印发《知识产权强国建设纲要和“十四五”规划实施年度推进计划》，从完善知识产权制度、强化知识产权保护、完善知识产权市场运行机制、提高知识产权公共服务水平、营造良好的知识产权人文社会环境、深度参与全球知识产权治理、加强组织保障七个方面（共115项重点任务和工作措施）推进知识产权强国建设。

2021年1月10日，中共中央印发了《法治中国建设规划（2020-2025年）》，该规划提到，实行知识产权侵权惩罚性赔偿制度，激励和保护科技创新。完善知识产权、金融、海事等专门法院建设，加强互联网法院建设。

2021年7月2日，国务院办公厅印发《关于加快发展外贸新业态新模式的意见》，强调加强知识产权保护等领域国际合作。具体包括“完善信息

---

① 《国务院关于印发“十四五”国家知识产权保护和运用规划的通知》，载中国政府网，http：//www.gov.cn/zhengce/content/2021-10/28/content_5647274.htm，最后访问时间：2022年2月19日。

② 《国务院印发“十四五”国家知识产权保护和运用规划》，载人民网，http：//sn.people.com.cn/n2/2021/1029/c186331-34979961.html，最后访问时间：2022年2月19日。

数据、信用体系、知识产权保护等方面标准、制度”“研究制定跨境电商知识产权保护指南，引导跨境电商平台防范知识产权风险”“加强知识产权保护、跨国物流等领域国际合作，参与外贸新业态新模式的国际规则和标准制定”。

2021 年 9 月 24 日，最高人民法院发布《关于加强新时代知识产权审判工作为知识产权强国建设提供有力司法服务和保障的意见》，该意见深入践行习近平法治思想，从立足新发展阶段、贯彻新发展理念、构建新发展格局、推动高质量发展的战略高度出发，坚持“保护知识产权就是保护创新”的理念，主动回应新时代知识产权司法保护需求和社会关切，从工作要求、公正司法、提升效能、深化改革四个方面，就全面加强新时代知识产权审判工作提出 20 条政策措施。

通过一系列的政策性文件对知识产权保护作出具体部署，我国知识产权制度不断完善，知识产权在经济、文化和社会政策中的导向作用不断增强。

2. *知识产权法律体系不断完善*

（1）法律制定和修改情况。

2021 年 1 月 1 日，《民法典》正式施行。《民法典》着力保护信息时代的个人权利，接纳知识经济的产权制度，标注了 21 世纪民法典的时代符号。《民法典》与知识产权法在民事领域中具有“基本法”与“专门法”“上位法”与“下位法”“一般法”与“特别法”的逻辑关联。[①]《民法典》第 123 条规定了我国知识产权保护的客体类型，包括：①作品；②发明、实用新型、外观设计；③商标；④地理标志；⑤商业秘密；⑥集成电路布图设计；⑦植物新品种；⑧法律规定的其他客体。第 127 条规定：法律对数据、网络虚拟财产的保护有规定的，依照其规定。该条对数据和虚拟财产的后续立法留出了空间。此外，第 1185 条还规定了知识产权侵权惩罚性赔偿制度。

2021 年 6 月 1 日，新修改的《专利法》实施，修改的主要内容涉及以下方面：①外观设计制度；②专利权滥用条款；③职务发明制度；④医药专利的特殊保护；⑤开放许可；⑥行政执法；⑦损害赔偿；⑧举证责任分配。我国专利法第四次修改，是在中美知识产权纠纷摩擦的背景下，符合

---

① 吴汉东：《〈民法典〉知识产权制度的学理阐释与规范适用》，载《法律科学》2022 年第 1 期。

我国的发展方向的一次修法，反映了中国社会发展中对知识产权的内在需求。[①]

2021 年 6 月 1 日，新修改的《著作权》正式实施，修改的主要内容包括：一是完善相关概念和制度，包括完善作品的定义和类型，明确视听作品的权利归属，廓清广播权的内涵，修改合理使用的相关内容，增加职务表演制度等；二是强化对著作权人的保护，包括增加惩罚性赔偿制度，提高法定赔偿额，加大对严重侵权行为的行政处罚力度等；三是解决权利人维权难题，包括增加作品登记制度，增加文书提交令制度，实行举证责任倒置，完善诉前保护制度，完善著作权集体管理制度等；四是全面履行国际条约义务，包括延长摄影作品的保护期，完善残疾人合理使用的规则，增加表演者对其表演的出租权，增加录音制作者的广播和机械表演获酬权等。[②]

2021 年 3 月实施的《刑法修正案（十一）》关于知识产权犯罪方面的修改包括：一是对著作权犯罪相关条款进行了修订，明确了侵权客体包括邻接权，犯罪行为中新增了“通过信息网络向公众传播”、侵犯表演者权的规定、避开或破坏著作权或领接权技术保护措施的行为等。二是对商标犯罪相关条款进行了修改，将假冒注册商标罪的刑期由三年至七年提高到三年至十年；销售假冒注册商标的商品罪的刑罚删去了拘役，对于违法所得数额巨大或有其他特别严重情节的，刑期从三年至七年提高到三年至十年；非法制造、销售非法制造的注册商标标识罪的刑期也从三年至七年提升到三年至十年。三是商业秘密方面。犯罪行为的具体形式新增了贿赂、欺诈、电子侵入以获取他人商业秘密，新增了“商业间谍罪”等。

2021 年 12 月 24 日，全国人民代表大会常委会会议表决通过了新修订的《科学技术进步法》，自 2022 年 1 月 1 日起施行。这是该法颁布 28 年来的第二次修订。修订后的《科学技术进步法》共有 8 条明确提及了知识产权。分别是第 13 条、第 32～34 条、第 45 条、第 82 条、第 92 条、第 102 条。其中，第 32 条明确了利用财政性资金设立的科学技术计划项目所形成的科技成果的知识产权归属。

（2）法规规章修订情况。

① 《年会访谈 | 易继明：我国专利法修改重点与发展方向》，载北京知识产权研究会网，https://mp.weixin.qq.com/s/Nvdhmvxv_-IEl7lIERy-OA，最后访问时间：2022 年 2 月 20 日。

② 石宏：《著作权法第三次修改的重要内容及价值考量》，载《知识产权》2021 年第 2 期。

2021年3月1日，国务院施行《企业名称登记管理规定》。该规定明确规定：申请人应当承诺因其企业名称与他人企业名称近似侵犯他人合法权益的，依法承担法律责任。企业认为其他企业名称侵犯本企业名称合法权益的，可以向人民法院起诉或者请求为涉嫌侵权企业办理登记的企业登记机关处理等。

2021年2月7日，国务院反垄断委员会制定发布《国务院反垄断委员会关于平台经济领域的反垄断指南》，强调《反垄断法》及配套法规规章适用于所有行业，对各类市场主体一视同仁、公平公正对待，旨在预防和制止平台经济领域垄断行为，促进平台经济规范有序创新健康发展。2020年12月25日，工业和信息化部关于印发《工业互联网标识管理办法》的通知，以促进工业互联网标识解析体系健康有序发展，规范工业互联网标识服务，保护用户合法权益，保障标识解析体系安全可靠运行，办法含20个条款，自2021年6月1日起施行。2021年7月4日，国家药监局、国家知识产权局发布《药品专利纠纷早期解决机制实施办法（试行）》，推动保护药品专利权人合法权益，鼓励新药研究和促进高水平仿制药发展，建立药品专利纠纷早期解决机制。

2021年，国家知识产权局出台了一系列的新规，进一步推进知识产权保护工作。2021年5月10日，国家知识产权局发布《关于深化知识产权领域"放管服"改革　优化创新环境和营商环境的通知》。5月20日，国家知识产权局、公安部制定《关于加强协作配合强化知识产权保护的意见》，从会商机制、线索通报、信息共享、专业支撑、法律研究、业务培训、宣传教育、国际交流、奖惩机制等九方面就深化知识产权管理部门与公安机关协作配合作出具体规定。10月22日，国家知识产权局、司法部联合印发《关于加强知识产权纠纷调解工作的意见》，该意见包括三大部分共13条措施，在充分借鉴已有经验的基础上，进一步明确了主要目标以及如何统筹推进知识产权纠纷调解工作。关于专利方面，2021年6月1日，《专利导航指南》（GB/T39551-2020）系列推荐性国家标准于正式实施。国家知识产权局网站公布了《专利申请受理和审批办事指南》最新版，本部分适用于专利申请的受理和审批。此外，国家知识产权局还发布了《专利开放许可声明受理业务办事指南（过渡期适用）》《专利申请受理和审批办事指南》《专利权质押登记办法》。关于商标方面，2021年11月16日，国家知识产权局发布《商标审查审理指南》，自2022年1月1日起施行，原《商标审查及审理标准》同时废止。12月13日，发布《商标一般违法判断标准》，该标准共35条，对现行商标法律、法规及部门规章规定的必须使用注册商标而未使用，使用不得作为商标使用的标志，在商业活动中使用“驰名商标”字样，商标被许可人未依法标明其名称和商品产地，自行改变注册商标、注册人名义、地址或者其他注册事项，将未注册商标冒充注册商标使用，未履行集体商标、证明商标管理义务，未履行商标印制管理义务，恶意申请商标注册等九类违反商标管理秩序的违法行为进行了细化规定。关于地理标志方面，2021年2月10日，国家知识产权局印发《国家地理标志产品保护示范区建设管理办法（试行）》。5月21日，国家知识产权局、国家市场监督管理总局为进一步加强地理标志保护，严格地理标志管理，提出《关于进一步加强地理标志保护的指导意见》。7月19日，国家知识产权局发布《关于组织开展地理标志助力乡村振兴行动的通知》。7月27日，国家知识产权局发布《关于进一步加强商标品牌指导站建设的通知》。

（3）司法解释制定情况。

为了着力破解知识产权维权存在“举证难、周期长、赔偿低、成本高”等问题，切实提升知识产权审判质量、效率和司法公信力，2021年，最高人民法院发布一系列知识产权相关司法解释。2021年3月2日，为正确实施知识产权惩罚性赔偿制度，依法惩处严重侵害知识产权行为，全面加强知识产权保护，最高人民法院发布《关于审理侵害知识产权民事案件适用惩罚性赔偿的解释》。2021年6月3日，最高人民法院发布《关于知识产权侵权诉讼中被告以原告滥用权利为由请求赔偿合理开支问题的批复》。批复指出，在知识产权侵权诉讼中，被告提交证据证明原告的起诉构成法律规定的滥用权利损害其合法权益，依法请求原告赔偿其因该诉讼所支付的合理的律师费、交通费、食宿费等开支的，人民法院依法予以支持。被告也可以另行起诉请求原告赔偿上述合理开支。2021年7月4日，最高人民法院发布《关于审理申请注册的药品相关的专利权纠纷民事案件适用法律若干问题的规定》，药品专利纠纷早期解决机制是2020年修正的《专利法》新增的法律制度，司法解释的颁布施行，对于保障专利法的正确实施，完善诉讼程序与药品审评审批程序、行政裁决程序的衔接，促进知识产权行政执法标准和司法裁判标准的统一具有重要作用。2021年7月5日，针对种业市场品种同质化、仿冒、套牌等问题较为严重，侵权行为易发多发，取证难、鉴定难、认定难较为突出的问题，最高人民法院发布《关于审理侵害植物新品种权纠纷案件具体应用法律问题的若干规定（二）》。

3. 知识产权保护整体效能稳步提升

（1）行政执法和司法衔接机制进一步完善。

2021 年 9 月 24 日，最高人民法院正式对外发布《关于加强新时代知识产权审判工作为知识产权强国建设提供有力司法服务和保障的意见》，明确提出健全行政保护与司法保护衔接机制，推动构建大保护工作格局。积极参与知识产权保护体系建设工程，健全知识产权行政保护与司法保护衔接机制，加强与行政职能部门协同配合。充分发挥司法审查监督职能，促进知识产权行政执法标准与司法裁判标准统一。推动与国家市场监督管理总局、国家版权局、国家知识产权局等部门建立信息资源共享机制，推进最高人民法院与中央有关部门数据专线连接工作，进一步推动知识产权保护线上线下融合发展，促进形成知识产权保护合力。为继续推动西部大开发、东北全面振兴、中部地区崛起、东部率先发展，深入推进京津冀协同发展、长江经济带发展、粤港澳大湾区建设、长三角一体化发展、黄河流域生态保护和高质量发展、成渝地区双城经济圈建设等国家区域发展战略提供司法服务和保障，提升服务国家重大发展战略水平。

2021 年 11 月 2 日，最高人民法院举行新闻发布会，发布《人民法院服务和保障长三角一体化发展司法报告》，展现了行政司法衔接积极成果。一是协同推动创新驱动发展。最高人民法院会同国家知识产权局指导四地法院与当地知识产权局建立合作机制，加强长三角一体化科技创新知识产权保护，助推区域协同创新。二是推进行政争议实质性化解。坚持把非诉纠纷解决机制挺在前面，充分发挥府院联动机制作用，完善行政争议实质性化解机制，推动定分止争从终端裁决向源头化解转变。

（2）知识产权多元纠纷化解机制进一步健全。

2021 年 6 月 16 日，最高人民法院正式印发《人民法院在线诉讼规则》，并于 8 月 1 日正式施行。该规则是我国首部全流程全领域规范在线诉讼活动的司法解释。该规则全文共 39 条，内容涵盖了在线诉讼法律效力、基本原则、适用条件、适用范围，以及从立案到执行等主要诉讼环节的在线程序规则。该规则首次构建了涵盖各审判领域、覆盖诉讼全流程的在线诉讼规则体系，全面总结体现了近年来人民法院在线诉讼领域探索成果，积极回应了人民群众互联网时代司法新需求，对保障当事人合法诉讼权益，增强人民群众诉讼便利，提升审判质量效率，推动司法审判模式划时代变革具有重大意义。①

近年来，人民法院全面建设一站式多元解纷和诉讼服务体系，陆续与中央台办、全国总工会、中国侨联、全国工商联、国家发改委、人社部、人民银行、银保监会、证监会、国家知识产权局及中小企业协会建立“总对总”在线诉调对接机制，全面推广应用人民法院调解平台。截至2021年12月31日，人民法院累计在线调解案件2437万件，调解量年均增长率达85.6%。为全面总结人民法院在线多元解纷实践和智慧法院建设成果，提炼出根植中国土壤、符合我国实际、体现国际视野、有效融合调解优良传统与现代信息技术的在线调解规则，12月30日，最高人民法院发布《人民法院在线调解规则》，该规则共30条，围绕便民利民、依法规范、提质增效、体系构建四个着力点，对在线调解适用范围、在线调解活动内涵、在线调解组织和人员、在线调解程序等作出规定。②

4. 知识产权在国际关系中的作用更加凸显

（1）一系列国际条约签署或者生效。2021年3月1日，中国和欧盟签署的《中欧地理标志协定》正式生效，入选首批保护清单的100个中国地理标志将受到保护，《中欧地理标志协定》的签署，允许中国和欧盟互认对方的地理标志，保护产品知识产权，提升产品的知名度，助推中欧贸易。地理标志是表明产品产地来源的重要标志，属于知识产权的一种。中欧双方均历史悠久，地理标志产品丰富，签署双边地理标志保护与合作协定对双方意义重大。③

2021年10月23日，十三届全国人大常委会第三十一次会议表决通过了全国人大常委会关于批准《关于为盲人、视力障碍者或其他印刷品阅读障碍者获得已出版作品提供便利的马拉喀什条约》的决定。条约由序言、约尾和22条正文组成，主要内容包括：条约受益人不仅包括盲人，还包括更广义的视力障碍者和其他印刷品阅读障碍者；受益人使用作品的无障碍格式版除传统的盲文版外，还包括大字号版和有声读物；规定了条约适用于以文字、符号、图示形式表现的文学艺术作品；缔约方应在其版权法中

---

① 《最高法发布〈人民法院在线诉讼规则〉》，载最高人民法院公众号，https://mp.weixin.qq.com/s/FFG26eOxaAjU4wNseovKeA，最后访问时间：2022年2月19日。

② 《最高法发布〈人民法院在线调解规则〉》，载最高人民法院公众号，https://mp.weixin.qq.com/s/gZ6zXQttmEnU3WLztRMVkw，最后访问时间：2022年2月20日。

③ 《中欧签署地理标志协定　对中欧双方好处多》，载中国青年报，http://zqb.cyol.comhtml 2019-11/07/nw.D110000zgqnb_20191107_3-03.htm，最后访问时间：2022年2月21日。

对复制权、发行权、信息网络传播权进行适当的限制，便于受益人制作和使用无障碍格式版、便于被授权实体以非营利方式为受益人制作和提供无障碍格式版；缔约方应允许为受益人跨境交换、进口合法制作的无障碍格式版；规定了对技术措施的法律保护不得妨碍受益人享受条约规定的权利限制；规定了缔约方可以根据本国国情在其国内法中为受益人实施其他权利限制。批准这一条约有利于更好地维护和保障我国广大阅读障碍者的利益，有利于体现我国在残疾人事业发展上的成就、展现我国尊重人权的国际形象，有利于进一步提升我国在国际版权领域的话语权和影响力。①

（2）国际组织继续发挥重要作用。2021年9月20日，世界知识产权组织（WIPO）在日内瓦发布《2021年全球创新指数报告》显示，中国排名第12位，较2020年上升2位。《报告》显示，瑞士连续第11年位居榜首，瑞典、美国、英国、韩国分列第2位至第5位；中国位列第12位，位居中等收入经济体首位，超过日本、以色列、加拿大等发达经济体。特别值得一提的是，中国自2013年起，全球创新指数排名连续9年稳步上升，上升势头强劲。

从创新产出看，中国的优势集中在无形资产、知识的创造、知识的影响。其中，本国人专利、商标申请，创意产品出口在贸易总额中的占比等细分指标均实现全球领先。2021年，知识传播这一大类指标进步明显，特别是知识产权收入在贸易总额中的占比这一细分指标持续进步，表明中国正逐步从知识产权引进大国向知识产权创造大国转变。②

二、《专利法》实施情况

（一）专利法律制度不断完善

1. 专利行政执法体系更加完善

《专利法》新增的第70条第1款规定了国务院专利行政部门可以应专利权人或者利害关系人的请求处理在全国有重大影响的专利侵权纠纷，为认真贯彻落实党中央、国务院关于全面加强知识产权保护的决策部署，切

① 《全国人大常委会会议表决通过关于批准马拉喀什条约的决定》，载全国人大网，http：//www. npc. gov. cn/npckgfb202110/3c7c532a71ad474199ed6c59ad32319a. shtml，最后访问时间：2022年2月21日。

② 《〈2021年全球创新指数报告〉发布，中国排名升至第12位》，载中国经济日报网，https：//m. thepaper. cn/baijiahao_ 14606135，最后访问时间：2022年2月21日。

实维护公平竞争的市场秩序，保障专利权人和社会公众的合法权益，依法依规办理在全国有重大影响的专利纠纷行政裁决案件，国家知识产权局制定《重大专利侵权纠纷行政裁决办法》，并于2021年6月1日起施行。

2. 专利相关法律法规等施行

新修订的《专利法》自2021年6月1日起施行，因《专利法实施细则》尚在修改过程中，为保障修改后《专利法》的施行，国家知识产权局制定《关于施行修改后专利法的相关审查业务处理暂行办法》，于2021年6月1日起施行。专利申请人、专利权人或者相关当事人可以按照本办法的规定，办理相关业务。[①] 为配合专利法及其实施细则修改，国家知识产权局开展了《专利审查指南》修改工作，国家知识产权局公布了《专利审查指南修改草案（征求意见稿）》，此次修改的主要内容包括：一是外观设计制度完善的相关规定；二是与专利合作条约相关的程序性规定；三是专利权期限补偿相关规定；四是专利开放许可相关规定；五是药品专利纠纷早期解决机制的无效案件审查相关规定；六是应对疫情等突发事件的相关规定；七是为了提高审查质量和审查效率的相关规定；八是为了落实“放管服”要求的相关规定；九是机构改革相关规定。[②]

此外，由国家知识产权局组织起草的《专利导航指南》（GB/T39551-2020）系列推荐性国家标准于2020年11月9日批准发布，并于2021年6月1日起正式实施。《专利导航指南》（GB/T39551-2020）系列国家标准是国家知识产权局对多年来专利导航系列工作成果的总结和凝练，包括总则、区域规划、产业规划、企业经营、研发活动和人才管理等专项指南，以及服务要求等7个标准。为进一步加强电子商务平台知识产权保护工作，国家知识产权局同市场监督管理总局牵头，多部门共同参与制定了《电子商务平台知识产权保护管理》国家标准，标准于2020年11月9日批准发布，并于2021年6月1日起实施。

3. 最高人民法院出台药品专利链接司法解释

《最高人民法院关于审理申请注册的药品相关的专利权纠纷民事案件适

---

① 《收藏！这些知识产权法律法规等今起施行》，载国家知识产权公众号，https：//mp. weixin. qq. com/s/r-y1YYiKBEK18ojwMVQkeA，最后访问时间：2022年2月28日。

② 《关于就〈专利审查指南修改草案（征求意见稿）公开征求意见的通知》，载国家知识产权局网，https：//www. cnipa. gov. cn/art/2021/8/3/art_ 75_ 166474. html，最后访问时间：2022年2月28日。

用法律若干问题的规定》已于 2021 年 7 月 5 日起施行，对管辖法院、具体案由、起诉材料、诉权行使方式、行政与司法程序衔接、抗辩事由、诉讼中商业秘密保护、行为保全、败诉反赔、送达方式等作了规定，为及时公正审理好该类案件提供了明确指引，推动药品专利链接制度落地见效。

（二）专利案件审理情况

2021 年，全国法院新收一审专利民事纠纷案件 31 618 件，同比增长 10.98%；新收一审专利行政案件 1810 件，同比上升 27.73%；新收一审假冒专利罪刑事案件 1 件。[①]

最高人民法院知识产权法庭编辑出版《知识产权法庭裁判要旨（2019）》《知识产权法庭裁判要旨（2020）》中英文版、《最高人民法院知识产权法庭典型案例评析》。进一步丰富技术类知识产权裁判规则库，推进规则库与“海丝”平台对接公开，扩大规则库社会影响。进一步完善技术事实多元化查明机制，充实“全国法院技术调查人才库”并协调做好在全国范围内“按需调派”和“人才共享”。

人民法院审结了一大批重大疑难案件，进一步侵权惩罚力度，切实提高损害赔偿额，服务和保障技术进步和创新。在“带锁髓内钉”发明专利侵权案[②]中，因侵权人拒不提交账册，改判全额支持外方权利人主张的 2000 万元赔偿，人民法院专利侵权高额判赔案件越来越多，在外资企业引起热烈反响。审结深圳市佰利营销服务有限公司与被申请人苹果电脑贸易（上海）有限公司、北京市知识产权局专利侵权行政处理纠纷案，[③] 明确了外观设计侵权比对的相关法律问题。在远通公司与宏鑫公司侵害发明专利权纠纷案件[④]中明确，在进行专利侵权比对时应考虑在正常工作状态下所具备的技术特征。

（三）《专利法》实施中的热点问题

依据新修改的《专利法》第 76 条第 1 款规定，药品专利纠纷早期解决机制，建立药品专利链接实施制度已经迫在眉睫。国家药监局、国家知识产权局制定《药品专利纠纷早期解决机制实施办法（试行）》（已经于

---

① 参见《中国法院知识产权司法保护状况（2021 年）》，载最高人民法院网，https：//www.court.gov.cn/zixun-xiangqing-355841.html，最后访问时间：2022 年 8 月 11 日。

② 参见（2021）最高法知民终 148 号民事判决书。

③ 参见（2019）最高法行申 1377 号行政裁定书。

④ 参见（2021）最高法民申 3831 号民事裁定书。

2021年7月4日发布并施行），最高人民法院也已经发布了《关于审理申请注册的药品相关的专利权纠纷民事案件适用法律若干问题的规定》。上述法规、司法解释制定实施后，原研药专利权人和仿制药申请人在仿制药上市前就可依据相应法律、法规解决专利侵权纠纷，必将全面保护药品专利权人合法权益，大力促进新药研究和促进高水平仿制药发展。

三、《商标法》实施情况

（一）商标法律制度不断完善

1. 严厉打击恶意抢注

国家知识产权局2021年3月15日印发《打击商标恶意抢注行为专项行动方案》，决定自2021年3月起，集中开展打击商标恶意抢注行为专项行动，进一步形成打击商标恶意抢注行为的高压态势，助力营造良好创新环境和营商环境。

专项行动将严厉打击以下7类图谋不当利益、扰乱商标注册管理秩序、造成较大不良社会影响的恶意抢注情形：恶意抢注国家或区域战略、重大活动、重大政策、重大工程、重大科技项目名称的；恶意抢注重大自然灾害、重大事故灾难、重大公共卫生事件和社会安全事件等突发公共事件相关词汇、标志，损害社会公共利益的；恶意抢注具有较高知名度的重大赛事、重大展会名称、标志的；恶意抢注行政区划名称、山川名称、景点名称、建筑物名称等公共资源的；恶意抢注商品或服务的通用名称、行业术语等公共商业资源的；恶意抢注具有较高知名度的公众人物姓名、知名作品或者角色名称的；恶意抢注他人具有较高知名度或者较强显著性的商标或者其他商业标志，损害他人在先权益的。

此外，印发《专利、商标代理行业违法违规行为协同治理办法》打击专利、商标代理行业违法违规行为，营造风清气正的代理行业发展环境。

2. 进一步加强地理标志保护工作

国家知识产权局、国家市场监督管理总局于2021年5月21日联合发布《关于进一步加强地理标志保护的指导意见》，进一步加强地理标志保护，严格地理标志管理。

国家知识产权局2021年12月31日印发《地理标志保护和运用“十四五”规划》，明确提出了地理标志保护基础更加坚实、地理标志运用效益更加凸显、地理标志互认互保范围进一步扩大三项发展目标。同时，围绕夯实地理标志保护和管理基础、提升地理标志保护和管理水平、加强地理标志品牌建设、发展地理标志特色产业、扩大地理标志对外交流五方面部署了19项主要任务。还特别设立了地理标志保护工程、地理标志运用促进工程两大专项工程。

（二）商标案件审理情况

2020年，全国各级人民法院新收一审商标民事纠纷案件124 716件，同比上升59.62%；新收一审商标行政纠纷案件18 734件，同比上升9.97%；新收一审商标刑事案件5869件，同比上升12.8%。[①]

最高人民法院再审审结“陈麻花”商标权无效行政案，[②] 对于虽不足以认定构成通用名称的标志，但根据相关公众对标志本身的认识和相关商品经营者对该标志的使用状况等事实，认定诉争商标申请注册时，已不能区别具体商品的生产、经营者，从而发挥商标应有的识别功能。结合无效宣告请求事由，认定诉争商标构成《商标法》第11条第1款第3项其他缺乏显著特征的标志，不得作为商标注册。再审改判华联公司商标系列案[③]、华润集团及华润知识产权公司商标及不正当竞争系列案，[④] 涉及商标法领域内法律适用的争议问题，明确法律适用标准。此外，指导地方法院妥善处理稻香村商标系列纠纷案。指导地方法院及时妥善审结，力求通过司法裁判督促权利人合法行使权利，规范使用注册商标，为消费者区分“北稻”“苏稻”提供帮助，取得了良好的社会效果。

（三）《商标法》实施的热点问题

1. 关于地理标志法律认定问题

2021年，“潼关肉夹馍”等部分地理标志商标侵权案件引发社会关切。最高人民法院针对引发热议的“潼关肉夹馍”“逍遥镇胡辣汤”商标维权事件及时发声，以部门负责人答记者问的形式，明确依法保护地理标志，严厉惩治恶意诉讼。

关于取得注册商标后能否禁止他人使用商标中包含的地名的问题，最高人民法院认为，有些商标包含地名，这些地名往往具有独特商业价值。

① 参见《中国法院知识产权司法保护状况（2021年）》，载最高人民法院网，https://www.court.gov.cn/zixun-xiangqing-355841.html，最后访问时间：2022年8月11日。

② 参见最高人民法院（2021）最高法行再253号、255号行政判决书。

③ 参见最高人民法院（2021）最高法民再12号、13号、14号、15号民事判决书。

④ 参见最高人民法院（2021）最高法民再337号、338号民事判决书。

根据《商标法》的规定，即便取得注册商标专用权，权利人亦无权禁止他人正当使用注册商标中包含的地名，向人民法院提起相关诉讼的，人民法院依法不予支持。

关于地理标志集体商标注册人能否任意许可或禁止他人使用商标的问题，最高人民法院认为，在地理标志标示的地区范围内并符合地理标志使用条件的，即便不申请加入集体、协会或其他组织，亦可依法正当使用地理标志；不符合地理标志使用条件或超出地理标志标示的地区范围者则不能通过商标许可、加盟、入会等方式获得地理标志集体商标使用资格。相关组织作为商标注册人通过诉讼收取所谓“会员费”以及类似费用的，不符合《商标法》的规定，人民法院依法不予支持。

关于行业协会或有关组织是否可依据其注册的地理标志集体商标，通过诉讼请求他人支付加盟费的问题，最高人民法院认为，地理标志属于区域公共资源，地理标志集体商标注册人应当是当地不以营利为目的团体、协会或其他组织，应做到合法、合规、自律，维权时应依法合理行使诉讼权利。个别协会和组织利用地理标志集体商标，获取加盟费等，在商标法上没有依据，向人民法院提起诉讼收取加盟费的，人民法院依法不予支持。

对于当前还存在一些明知不具备正当权利基础、谋取非法利益、侵害他人合法权益或损害他人正当经营利益等“碰瓷”诉讼现象的问题，人民法院将采取如下举措：人民法院按照知识产权强国建设的目标和要求，采取了一系列有效措施降低维权成本、提高侵权代价、缩短诉讼周期、便利当事人举证。与此同时，以鲜明的态度和有力举措，坚决遏制恶意诉讼，陆续出台了防范虚假诉讼及恶意诉讼的多个司法解释，例如，2021 年 6 月发布的《最高人民法院关于知识产权侵权诉讼中被告以原告滥用权利为由请求赔偿合理开支问题的批复》规定，对于恶意提起诉讼的原告，被告依法请求该原告赔偿其因该诉讼所支付的律师费、交通费、食宿费等开支的，人民法院予以支持。对于提起恶意诉讼的当事人，人民法院还可根据情节轻重依法予以罚款、拘留，构成犯罪的依法追究刑事责任。总之，要织密制度的笼子，让恶意诉讼的当事人“偷鸡不成蚀把米”。

2. 关于商标恶意诉讼问题

上海万翠堂餐饮管理有限公司以四川省内部分市场主体侵害其“青花椒”注册商标专用权为由诉至法院，引起相关媒体和社会大众的广泛关注。四川省高级人民法院对于上诉案件公开审理，阐明商标权利边界及行使权利需守诚信，确保私权与公共利益合理平衡、互不侵犯。

四、《著作权法》的实施

（一）著作权法律制度不断完善

1. 党中央和国务院高度重视著作权的发展与保护

党的十八大以来，以习近平同志为核心的党中央把知识产权保护工作摆在更加突出的位置。著作权的发展与保护，关系文化艺术创新创作，关系文化产业繁荣发展，关系满足人民文化需求，对推进社会主义文化强国建设具有重要意义。《知识产权强国建设纲要（2021–2035 年）》描绘了未来一段时期著作权发展与保护的蓝图，在加强立法、促进产业发展、健全配套制度、保护传统知识文化等方面提出了具体的要求和规划，成为著作权立法、执法、司法以及文化产业发展的重要指引。

2. 著作权立法取得重大进展

2021 年是《著作权法》实施三十周年，也是第三次修正的《著作权法》实施的第一年。以《著作权法》为核心的著作权法律体系日趋完备，对著作权的发展和保护起到了关键核心作用。新修正的《著作权法》，是全面加强著作权保护的最新立法成果，是中国特色社会主义法治体系的重要组成部分，也是习近平法治思想在著作权保护领域的贯彻落实，总结了前一阶段著作权立法、执法及司法的经验，回应了新技术、新产业、新商业模式对著作权保护的新需求，统筹兼顾创作者、传播者、商业经营者和社会公众的利益，适应时代特点，符合中国实际，蕴含国际经验，是今后一个时期著作权发展与保护的基本遵循。

随着新修正的《著作权法》的适用，《著作权法实施条例》《著作权集体管理条例》《信息网络传播权保护条例》等一系列的行政法规也将进行配套修改，以适应实践的发展，细化完善《著作权法》中的相关制度，全面提升著作权保护水平。

3. 著作权司法解释不断完善

2020 年，为配合《民法典》的出台，司法机关对十八件知识产权类进行了清理，于 2021 年 1 月 1 日与《民法典》同日施行。涉及著作权方面的主要包括《最高人民法院关于审理著作权民事纠纷案件适用法律若干问题的解释》和《最高人民法院关于审理侵害信息网络传播权民事纠纷案件适用法律若干问题的规定》两个司法解释。由于清理司法解释时，新的《著作权法》尚未生效，本次清理修改主要为与《民法典》保持一致而进行了适应性修改。涉及实质性修改的不多。如原《民法通则》《合同法》的条款被《民法典》相应条款所取代，将原来援引的法律规定进行相应修改。又如将侵害著作权的诉讼时效修改为3年，也是为与《民法典》侵害民事权益、诉讼时效的规定保持一致。对缺乏上位法规定的条文，此次进行了删除，如民事制裁的规定。此外，为适应《民法典》第1195条关于权利人“通知应当包括构成侵权的初步证据”、网络服务提供者“转送通知”“采取必要措施”的规定，《最高人民法院关于审理侵害信息网络传播权民事纠纷案件适用法律若干问题的规定》也进行了相应修改。鉴于著作权司法实践的发展，仅作适用性修改难以满足著作权司法保护的需要。在《著作权法》正式实施后，特别是在一些问题进行了重大修改的背景下，著作权法司法解释的全面修改十分必要。

除了上述两件司法解释外，2021年制定的《最高人民法院关于知识产权民事侵权惩罚性赔偿适用法律若干问题的解释》关于惩罚性赔偿的规定同样适用于著作权案件审判。2021年4月发布的《人民法院知识产权司法保护规划（2021-2025年）》中，着重强调了著作权审判对优秀文化的引领导向，对作品认定标准的准确把握，对传播者合法权益的保护，对传统文化、知识的保护等内容，对全面贯彻实施《著作权法》有着重要意义。

（二）著作权法实施的基本情况

1. 文化产业快速发展

2021年，是中国共产党成立100周年，社会主义文化强国建设取得了前所未有的成就。党中央强调，没有高度的文化自信、没有文化繁荣兴盛就没有中华民族伟大复兴。各级执法部门聚焦社会高度关注、群众反映强烈的网络侵权盗版问题，持续加大监管力度。2021年6月，国家版权局、工业和信息化部、公安部、国家互联网信息办公室四部门联合启动“剑网2021”专项行动，重点整治短视频、网络直播、体育赛事、在线教育以及其他重点领域的版权秩序。

随着著作权保护水平的不断提升，全社会尊重著作权的意识逐渐增强，促进了社会主义文化的繁荣和文化产业的蓬勃发展。2021年，文化产业克服疫情带来的不利影响，实现了较快增长。国家统计局公布的数据显示，2021年，全国6.5万家规模以上文化及相关产业企业实现营业收入119 064亿元，按可比口径计算比上年增长16%；文化新业态特征较为明显的16个行业小类实现营业收入 39 623 亿元，比上年增长 18.9%。[①] 中国新闻出版研究院 2021 年 12 月 31 日发布的调研数据显示，2020 年中国版权产业的行业增加值为 7.51 万亿元，同比增长 2.58%，占 GDP 的比重为 7.39%。其中，核心版权产业的行业增加值达到 4.75 万亿元，占全部版权产业的比重达 63%。受疫情冲击，书报刊等传统产业有所下滑，但软件和信息技术服务、数字出版等新兴产业实现逆势增长。[②]

2. 著作权纠纷增长迅速

司法是著作权法实施的重要组成部分，司法审判对著作权的发展和保护具有重要的规范引领作用。2021 年，地方各级人民法院共新收一审著作权民事纠纷案件 360 489 件，同比上升 14.99%。[③] 这些数据反映，著作权案件仍是知识产权案件中的“重头戏”，涉网络著作权案件仍然占有较大比重，网络环境下的著作权保护、传播秩序治理始终是著作权法实施的重点领域。2021 年，最高人民法院发布了一批著作权保护方面的司法案例。如互联网十大典型案例中，有侵犯著作权罪、侵害信息网络传播权、侵害改编权方面的 4 件著作权案例；2020 年中国法院 10 大知识产权案件和 50 件典型知识产权案例中，有 12 件著作权案例。

（三）著作权法实施的热点问题

著作权法的实施，与社会的变化发展，特别是文化、科学、艺术的发展密切相关。新的作品创作和传播方式的兴起推动着著作权法律体系的不断变革和完善，需要著作权执法和司法给予及时和必要的回应。

1. 作品定义的明确促进了新型作品的保护

《著作权法》改变了列举作品类型的规定，明确了作品定义，使作品认定重新聚焦到了独创性判断的核心问题上，网络游戏、体育赛事、网络直播等领域的著作权保护的认识进一步统一，带动促进了相关产业的繁荣发展，推动了文化强国建设。司法实践中，游戏换皮、侵犯体育赛事节目信

---

① 《2021 年全国规模以上文化及相关产业企业营业收入增长 16.0%，两年平均增长 8.9%》，载国家统计局网，http：//www.stats.gov.cntjsjzxfb/202201/t20220130_ 1827162.html，最后访问时间：2021 年 2 月 22 日。

② 《2020 年中国版权产业增加值占到 GDP 的 7.39%》，载国家版权局网，www.ncac.gov.cn/chinacopyright/contents/12227/355743.html，最后访问时间：2021 年 2 月 22 日。

③ 参见《中国法院知识产权司法保护状况（2021 年）》，载最高人民法院网：https：//www.court.gov.cn/zixun-xiangqing-355841.html，最后访问时间：2022 年 8 月 11 日。

网权等案件不断增多，相关司法裁判从实践层面不断完善了作品认定与保护的规则。

2. 著作权维权取证方式进一步丰富

以往的侵害著作权案件中，公证是当事人取证的普遍方式。民事诉讼中，公证书的证明效力较强，证明的侵权事实易于法院认定，节省了司法资源，缩短了诉讼周期。但同时，公证的成本较高，对于中小权利人维权有一定不利影响。2021 年，在最高人民法院再审的苏某诉一些卡拉 OK 经营者侵害音乐作品著作权案件[①]中，司法裁判对手机摄录取得的证据的证明效力给予了肯定，有利于进一步降低维权成本。

3. 著作权审判对优秀文化的引领和导向功能进一步发挥

人民法院不断加大对文化创作者的权益保护，更加注重对社会主义核心价值观的弘扬，规范文化传播秩序，持续深入研究传统文化和传统知识等领域的著作权保护。如，景德镇知识产权法庭成立，为国家陶瓷文化传承创新试验区建设提供司法服务保障；北京法院审结杂技作品侵权案件，促进了具有中国特色的杂技艺术作品的繁荣发展。

4. 平衡与兼顾成为著作权保护难点热点

著作权不仅涉及私人利益的保护问题，也涉及社会公共利益的平衡问题。依法保护创作者权益，兼顾传播者和社会公共利益，平衡激励创作和保障人民文化权益关系，促进智力成果创作和传播，一直是著作权法实施的主基调。根据不同领域、不同类型作品特点确定相适应的保护力度，加强司法保护与行政监管联动协调，妥善处理互联网领域文化创作传播相关著作权保护新问题，在著作权诉讼维权中防止不正当牟利行为，合理确定著作权侵权案件赔偿数额都将是著作权法实施面临的热点问题。

五、《反不正当竞争法》与《反垄断法》的实施

（一）反不正当竞争与反垄断相关制度不断完善

1. 相关政策和法律不断完善

《知识产权强国建设纲要（2021-2035 年）》提出，要“制定修改强化商业秘密保护方面的法律法规，完善规制知识产权滥用行为的法律制度以

① 参见（2021）最高法民再 112、113、115、116、117、118、119、120、211、213 号民事判决书。

及与知识产权相关的反垄断、反不正当竞争等领域立法”。2021 年 8 月 30 日，习近平总书记在主持中央全面深化改革委员会第二十一次会议时强调，“强化反垄断、深入推进公平竞争政策实施，是完善社会主义市场经济体制的内在要求”。《国民经济和社会发展第十四个五年规划和 2035 年远景目标纲要》指出，要“坚持鼓励竞争、反对垄断，完善竞争政策框架，构建覆盖事前、事中、事后全环节的竞争政策实施机制。统筹做好增量审查与存量清理，强化公平竞争审查制度的刚性约束，完善公平竞争审查细则，持续清理废除妨碍全国统一市场和公平竞争的规定及做法。完善市场竞争状况评估制度，建立投诉举报和处理回应机制。加大反垄断和反不正当竞争执法司法力度，防止资本无序扩张。推进能源、铁路、电信、公用事业等行业竞争性环节市场化改革，放开竞争性业务准入，进一步引入市场竞争机制，加强对自然垄断业务的监管”。2021 年 8 月 11 日，中共中央、国务院印发《法治政府建设实施纲要（2021-2025 年）》，提出“加强和改进反垄断与反不正当竞争执法”，积极推进反垄断等重要领域立法。

我国现行《反垄断法》自 2008 年施行以来，对于保护公平竞争、提高经济运行效率、维护消费者利益和社会公共利益、促进高质量发展等发挥了十分重要的作用。同时，随着我国社会主义市场经济的发展，《反垄断法》在实施中也显现出相关制度规定较为原则、对部分垄断行为处罚力度不够、执法体制需要进一步健全等问题。2021 年 10 月 19 日，《反垄断法》修正草案提请十三届全国人大常委会第三十一次会议初次审议。此次反垄断法修改坚持规范与发展并重，针对反垄断法实施中存在的突出问题，进一步完善反垄断相关制度，加大对垄断行为的处罚力度，为强化反垄断和防止资本无序扩张提供更加明确的法律依据和更加有力的制度保障。①

2. 司法解释的制定和修改情况

2020 年以来，最高人民法院先后出台涉及网络知识产权、知识产权刑事保护、商业秘密、知识产权民事诉讼证据、惩罚性赔偿等多个司法解释和规范性文件，不断细化和完善垄断、不正当竞争领域的规则体系。2021 年，为适应新形势的要求，为确保修改后《反不正当竞争法》的正确实施，最高人民法院正在加快推进反不正当竞争法司法解释的制定工作，同时也

---

① 《坚持规范与发展并重　反垄断法修正草案首次提请全国人大常委会会议审议》，载全国人大网，http：//www. npc. gov. cn/npc/c30834/202110/512cd30239f2492e9ef079500ea9f1a0. shtml，最后访问时间：2022 年 2 月 21 日。

在积极推进反垄断司法解释二的制定工作。2021 年 8 月 18 日，最高人民法院发布了《关于适用〈中华人民共和国反不正当竞争法〉若干问题的解释（征求意见稿）》，并向社会公开征求意见。

3. 部门规章和管理制度不断丰富

中央经济工作会议将强化反垄断和防止资本无序扩张作为 2021 年经济工作中的八项重点任务之一，要求健全数字规则，完善平台企业垄断认定等方面的法律规范，加强规制，提升监管能力，坚决反对垄断行为。2021 年 2 月 7 日，国务院反垄断委员会制定发布《国务院反垄断委员会关于平台经济领域的反垄断指南》，该指南以《反垄断法》为依据，强调平台经济领域的垄断行为应当适用《反垄断法》及有关配套法规、规章、指南等，释放互联网平台不是反垄断法外之地的明确信号。该指南与《反垄断法》的结构高度契合，由总则、垄断协议、滥用市场支配地位、经营者集中、滥用行政权力排除限制竞争和附则等六章组成，共 24 条，对涉及平台经济领域的《反垄断法》适用问题作出了较为细化的规定。①

2021 年 6 月 29 日，为全面落实公平竞争审查制度、健全公平竞争审查机制，市场监管总局等五部门关于印发《公平竞争审查制度实施细则》，《实施细则》共 7 章 31 条，分为总则、审查机制和程序、审查标准、例外规定、第三方评估、监督与责任追究、附则。

2021 年 11 月 15 日，为鼓励企业培育公平竞争的合规文化，引导企业建立和加强境外反垄断合规管理制度，防范境外反垄断法律风险，保障企业持续健康发展，市场监管总局制定了《企业境外反垄断合规指引》。同时，国务院反垄断委员会发布《国务院反垄断委员会关于原料药领域的反垄断指南》。

2021 年 11 月 18 日，国家反垄断局正式挂牌成立，2021 年 3 月和 8 月，中央财经委员会第九次会议和中央深改委第二十一次会议分别从“提升监管能力和水平”“完善反垄断体制机制”的角度，部署了“充实反垄断监管力量”的改革任务。国家反垄断局的正式挂牌成立是落实中央关于充实反

① 《促进平台经济规范有序创新健康发展——〈国务院反垄断委员会关于平台经济领域的反垄断指南〉解读》，载国家市场监督管理总局网，https：//gkml. samr. gov. cnnsjgxwxcs/202102/t20210207_ 325970. html，最后访问时间：2022 年 2 月 21 日。

垄断监管力量的重要部署。①

（二）反不正当竞争与反垄断司法基本情况

1. 不正当竞争案件审理情况

保护知识产权，促进公平竞争，是营造市场化法治化国际化营商环境、建设现代化经济体系、完善社会主义市场经济体制的内在要求。党的十八大以来，人民法院审结不正当竞争案件 2.4 万件，保护竞争者利益，改善消费者福利。审理电商平台“二选一”、“网络虚假刷量”、屏蔽浏览器广告等涉互联网不正当竞争案件，规范网络空间市场竞争秩序。审理“小度”智能产品语音指令案，制裁人工智能产品市场恶意混淆、误导公众行为。坚决制止仿冒混淆、虚假宣传、诋毁商誉等不正当竞争行为，净化市场环境，引导经营者通过技术创新等方式进行良性竞争。② 2021 年，人民法院共受理不正当竞争案件 8739 件，审结 7478 件。

2021 年 5 月 31 日，最高人民法院发布互联网十大典型案例，其中包括四件不正当竞争案件，释放了加强互联网不正当竞争行为司法规制的信号。例如，“腾讯科技（深圳）有限公司、深圳市腾讯计算机系统有限公司诉深圳微源码软件开发有限公司、商圈（深圳）联合发展有限公司等不正当竞争纠纷案”③ 中，人民法院对利用软件改变其他网络产品或服务的功能、干扰用户的不正当竞争行为予以有力规制。“数推公司不正当竞争案中”，④ 人民法院经审理认为，数推公司、谭某有偿提供虚假刷量服务行为构成不正当竞争，对《反不正当竞争法》第 12 条规定的“其他”不正当竞争行为进行重要补充，为审理涉及互联网黑灰产业的类似案件提供了裁判指引。

2. 垄断民事纠纷案件审理情况

2008 年至 2020 年，全国各级法院受理各类垄断民事案件共计 897 件，审结 844 件，年结案量从 2008 年的 6 件上升到 2020 年的 107 件，12 年间增幅达到 16.8 倍。涉及行业和领域广泛，近年来互联网领域垄断纠纷案件频

---

① 《国家反垄断局今日挂牌：完善机制体制，执法专业性将增强》，澎湃新闻，https：//m. thepaper. cn/newsDetail_ forward_ 15441364，最后访问时间：2022 年 2 月 21 日。

② 《最高人民法院关于人民法院知识产权审判工作情况的报告——2021 年 10 月 21 日在第十三届全国人民代表大会常务委员会第三十一次会议上》，载中国人大网，http：//www. npc. gov. cn/npc/c30834/202110/2adb18d160c945e989bc20df3641cffc. shtml，最后访问时间：2022 年 2 月 21 日。

③ 参见（2019）粤民终 2093 号民事判决书。

④ 参见（2019）渝 05 民初 3618 号民事判决书。

繁出现。①2021年，人民法院共受理垄断民事纠纷案件70件，审结49件。

2021年9月27日，最高人民法院公布了十件反垄断和反不正当竞争典型案例，②包括“爱奇艺账号”不正当竞争纠纷案、“供水公司”滥用市场支配地位纠纷案、“砖瓦协会”垄断纠纷案、西斯威尔滥用市场支配地位纠纷案等，这些案例覆盖面广，既涉及供水服务等民生领域，也涵盖标准必要专利等高新技术领域。既包括传统的侵害商业秘密、滥用市场支配地位等不正当竞争、垄断行为，也及时回应了网络刷单、视频屏蔽广告等新类型不正当竞争行为的认定问题。这些案例对于统一裁判标准、明晰裁判规则都将发挥重要的示范作用。

（三）《反不正当竞争法》与《反垄断法》实施的热点问题

1. 互联网领域不公平竞争与垄断问题突出

我国平台经济快速发展，在经济社会发展全局中的地位和作用日益突显。同时也存在一些突出问题，电商平台“二选一”“网络虚假刷量”等现象时有发生，亟须通过强化反垄断监管、司法规制，营造公平竞争的市场秩序。（1）行政执法方面，相关行政执法机构进一步明确监管规则适用，维护平台经济领域市场竞争秩序。例如，2021年10月8日，市场监管总局依法对美团“二选一”垄断案作出超34亿的行政处罚决定。市场监管总局认定，美团系统、全面实施了“二选一”行为：一是采取多种手段促使平台内经营者签订独家合作协议；二是通过多种方式系统推进“二选一”实施；三是采取多种措施有效保障“二选一”实施，既有激励性措施，又有惩罚措施，从协议订立到实施各个环节均有明显的强制性，有效锁定了网络餐饮外卖平台服务市场的商家侧供给。同时，市场监管总局对美团提出的商家自愿合作、“二选一”是应对市场竞争的正当商业行为等不属于正当理由进行了分析，认为美团未能提供证据证明相关行为能够促进竞争、提升经济效率，实施“二选一”行为不具有正当理由。③（2）司法方面，人

① 《最高法相关负责人就反垄断和反不正当竞争典型案例答记者问》，载最高人民法院公众号，https://mp.weixin.qq.com/s/WlDhVVHqePY5UzVD-tIKCA，最后访问时间：2022年2月21日。

② 《最高人民法院发布人民法院反垄断和反不正当竞争典型案例》，载最高人民法院公众号，https://mp.weixin.qq.com/s/c6n1jeCQSGa6S8-riaualg，最后访问时间：2022年2月21日。

③ 《监管再发力，美团被罚超34亿！经济日报独家解读：“二选一”违法性一目了然》，载国家市场监督管理总局网，https://www.samr.gov.cn/xwmtjj202110/t20211008_335385.html，最后访问时间：2022年2月21日。

民法院深入把握互联网平台经济的规律和特点，正确认定互联网平台经营者的不正当竞争行为、市场份额及市场支配地位，不断完善不正当竞争行为及垄断行为的认定规则。例如，在全国首例涉及微信数据权益认定的案件“微信群控”不正当竞争纠纷案中，[①] 被告开发运营的“聚客通群控软件”，利用Xposed外挂技术将该软件中的“个人号”功能模块嵌套于个人微信产品中运行，为购买该软件服务的微信用户在个人微信平台中开展商业营销、商业管理活动提供帮助。人民法院认为，网络平台中的数据，以数据资源整体与单一数据个体划分，网络平台方所享有的是不同的数据权益。两被告的相关被诉行为已危及微信产品数据安全，违反了相关法律规定及商业道德，构成不正当竞争行为。人民法院与市场监管、互联网监管等行政机关的信息交流和协作配合，形成了行政执法和司法的合力，有效规制平台企业垄断和不正当竞争。

2. 大数据时代垄断问题日益显现

近年来，我国数字经济持续快速增长，成为推动经济高质量发展的重要力量。2021年，我国数字经济总量已达41万亿元，跃居世界第二，成为引领全球数字经济创新的重要策源地。2020年，我国数字经济核心产业增加值占国内生产总值比重达到7.8%，数字经济已成为经济增长新引擎。[②] 但大数据产业也挑战现行反垄断规制，对此，2020年至今，我国不断加大平台经济反垄断。（1）立法方面。除启动《反垄断法》修订，2021年6月10日，国内数据安全领域的基础性法律《数据安全法》表决通过，9月1日起施行。该法明确鼓励数据依法合理有效利用，保障数据依法有序自由流动，要求市场主体对数据的使用应当遵守反垄断、反不正当竞争、消费者权益保护等法律、法规的规定。（2）行政执法方面。除对美团在中国境内网络餐饮外卖平台服务市场滥用市场支配地位行为立案调查以外，国家市场监督管理总局依据《反垄断法》多次对未依法申报违法实施经营者集中案件立案调查。依法处理未依法申报案件，既能保障各类市场主体公平参与竞争，维护反垄断法权威，不断优化公平、透明、可预期的竞争环境；又能有效督促企业提升合规意识和能力，推动企业和行业持续健康发展。

---

① 参见（2019）浙8601民初1987号民事判决书。

② 《数字经济观察｜我国产业数字化规模达31.7万亿元 5G应用推动产业数字化加速发展》，载央视网，http：//news.cctv.com/2021/08/01/ARTIOeYfJ0YNDDcAVFGUyaCX210801.shtml，最后访问时间：2022年2月1日。

(3) 司法方面。数字经济发展给反垄断审判工作带来新情况、新课题。2022年1月13日，最高人民法院发布《关于充分发挥司法职能作用 助力中小微企业发展的指导意见》，提出，要依法保护中小微企业生存发展空间。依法公正高效审理反垄断、反不正当竞争案件，严惩强制"二选一"、低价倾销、强制搭售、屏蔽封锁、刷单炒信等违法行为。依法认定经营者滥用数据、算法、技术、资本优势以及平台规则等排除、限制竞争行为，防止资本无序扩张，保护中小微企业生存发展空间。下一步，人民法院将积极推进反垄断司法解释二的制定和数据产权相关司法政策的制定工作，聚焦司法定位、市场界定、数据权利等基础性问题，在维护公平竞争秩序基础上激励创新，激发市场主体活力。

六、其他知识产权法的实施

（一）其他知识产权法律制度完善情况

1. 《种子法》修改完成

2021年12月24日，第十三届全国人民代表大会常务委员会第三十二次会议审议通过了《关于修改〈中华人民共和国种子法〉的决定》，新的《种子法》在扩大植物新品种的保护范围、扩展保护环节，鼓励育种创新，加强种质资源保护，加大侵权打击力度等方面作了重要修改，于2022年3月1日起施行。

2. 出台植物新品种司法解释

最高人民法院发布《关于审理侵害植物新品种权纠纷案件具体应用法律问题的若干规定（二）》，对近年来的司法实践进行了全面总结，以强化品种权保护、激励育种创新和保障种业科技自立自强为目标，针对实践中亟须解决的审判难点和新问题，拓展保护范围、加大保护力度、降低维权难度、完善法律制度、规范鉴定程序，重拳出击侵权假冒，构筑起对侵权行为的事前、事中和事后的全链条打击，提升司法保护的及时性和有效性，将我国种业知识产权司法保护水平提升到了一个新高度。

3. 人民法院案件审理情况

人民法院审理其他知识产权案件情况，2021年一审新收植物新品种案件523件、审结448件；集成电路布图设计案件2件、审结3件；网络域名纠纷案件102件、审结124件；恶意提起知识产权诉讼损害责任纠纷案件

90 件、审结 85 件。[①]

（二）法律实施中的热点问题

1. 发布人民法院种业知识产权司法保护典型案例

最高人民法院发布民事、行政、刑事领域 10 个种业知识产权司法保护典型案例，从加大种业知识产权侵权赔偿力度、加大刑事制裁力度、破解品种权侵权认定难问题、促进提高品种授权质量等方面体现人民法院严厉打击种子套牌侵权行为的司法导向，传递了加强种业知识产权司法保护力度的强烈信号。

2. 探索完善数据的知识产权保护

数据是一种新兴的权利或权益客体，近年来成为理论和实务界关注的重点。基于数据产权与知识产权存在的诸多共性，从现行法律规定和司法实践的角度进行分析，适用知识产权制度保护数据相关权利，是目前的较为理想的方案之一。《知识产权强国建设纲要（2021-2035 年）》中指出，要研究构建数据知识产权保护规则。在未来一段时间，数据确权、交易、服务、隐私保护等法律问题，以及完善数据知识产权保护规则，将成为知识产权法实施的热点问题。

3. 健全知识产权诉讼制度

虽然破解“举证难、周期长、赔偿低、成本高”等问题取得积极进展，但这些问题仍然不同程度存在。符合知识产权案件审判规律的诉讼规范尚不健全，证据规则、事实查明、保全制度、损害赔偿等审理规则亟待完善。针对知识产权诉讼特点，完善符合知识产权案件审判规律的特殊诉讼规范是加强知识产权保护的重点问题。

七、结论

党的十八大以来，以习近平同志为核心的党中央把知识产权保护工作摆在更加突出的位置，知识产权保护工作取得了历史性成就。我国正在从知识产权引进大国向知识产权创造大国转变，知识产权工作正在从追求数量向提高质量转变，知识产权作为国家发展战略性资源和国际竞争力核心要素的作用更加凸显。严格依法保护知识产权，切实维护社会公平正义和

① 参见《中国法院知识产权司法保护状况（2021 年）》，载最高人民法院网，https：//www. court. gov. cn/zixun-xiangqing-355841. html，最后访问时间：2022 年 8 月 11 日。

权利人合法权益，激发全社会创新活力，保障创新型国家建设，是知识产权法治实施的时代特点。2021 年，随着《民法典》的施行，专利、商标、著作权、反不正当竞争等领域的知识产权专门法不断修改和完善，知识产权法律体系日趋健全。同时，知识产权领域突出问题治理还存在薄弱环节，基因技术、信息通信、集成电路、人工智能及平台经济等方面对知识产权保护提出了新的需求和挑战。知识产权法治应当努力让人民群众切实感受到公平正义就在身边，更好满足人民群众对美好生活和公平正义向往的需要，主动融入和服务国家战略，为加快建设知识产权强国、全面建设社会主义现代化国家提供有力服务和保障，以实际行动迎接党的二十大胜利召开。

撰稿专家

秦元明，法学博士，最高人民法院民事审判第三庭二级高级法官，中国知识产权研究会理事会副秘书长、最高人民法院知识产权司法保护研究中心研究员。从事知识产权案件审判十多年，审理了“马库什权利要求”发明专利纠纷案、汇源商标侵权纠纷、红牛商标权属纠纷、江小白商标权属纠纷案、大德公司著作权权属侵权纠纷等大量案件，撰写的文书获得第四届全国知识产权优秀裁判文书一等奖，参与的本田公司商标侵权案庭审获评第三届全国法院百场优秀庭审，主持撰写的“外观设计和著作权冲突调研报告”获得“第十一届全国知识产权优秀调查研究报告”二等奖和全国知识产权优秀调研成果特别奖。执笔起草了《中国知识产权司法保护纲要（2016-2020）》《最高人民法院关于审理侵害知识产权民事案件适用惩罚性赔偿的解释》《最高人民法院关于在全国法院推进知识产权民事、行政和刑事案件审判“三合一”工作的意见》等重要司法文件，参与《民法典》编纂、《专利法》修改和《著作权法》修改等工作，多次承办起草或参与起草了专利法司法解释、商标法司法解释等。

第二章　2021 年民商法实施报告

2021 年商法实施报告

顾功耘　鲍彩慧

报告要旨

百年变局叠加世纪疫情，2021 年我国高质量发展取得新成效，“十四五”实现良好开局，但同时，宏观经济和国际发展形势不断发生变化，对于商事法律制度的实施也是充满挑战的一年。2021 年，《公司法》《企业破产法》《信托法》都启动了修法工作，并已经取得了实质性进展和阶段性成果，是我国商事立法回应新时期市场经济发展实施的重大举措。中国上市公司治理水平不断提高，市场主体登记管理专门制定规范，国资国企在关键领域改革取得了实质性的效果。证券市场稳中有进，上市公司监管法规体系的科学性、体系性和规范性得以强化，北交所的设立为多层次资本市场打开新格局，证券市场生态也得以优化清源。破产法律体系正在推进完善，各级人民法院更是通过建章立制和个案要案探索，在实现社会效果和法律效果的统一中发挥了重要作用。2021 年资管新规过渡期即将结束，信托行业转型取得了实质性进展，信托监管政策不断细化，加快引导信托公司转型，也在社会公益等领域取得了突破。保险业在改革与规范中，推进保险资金规范运用和规范互联网保险，为消费者提供了更规范的保险产品和服务，我国保险业的进一步开放与发展，推动了保险行业高质量发展。

核心建议

1. 为完善我国商事立法体系，积极推进《公司法》《企业破产法》《信托法》的修法工作。

2. 为全面实行注册制提供法律保障，强化证券市场法律制度的科学性规范性。

3. 完善破产法律体系，发挥破产审判作用，实现市场优胜劣汰。

4. 政策规范信托行业回归本源，促进慈善信托发展。

5. 提升保险行业发展质量，促进保险资金规范运用稳健发展。

一、公司法的法律实施

公司是最重要的市场主体，公司法是社会主义市场经济制度的基础性法律。持续提升公司治理质量，推动经济高质量发展是当前公司治理理论和实践中的重要问题。《公司法》的修改和关于市场主体登记的立法，更是我国商事立法回应新时期市场经济发展实施的重大举措，将对我国商事制度改革的深化和商事法律制度的完善产生积极而深远的影响。

（一）公司治理的法治情况

2021 年，中国上市公司治理达到了新的水平。中国公司治理研究院发布的中国上市公司治理指数（CCGI）显示，上市公司治理水平在 2003 年至 2021 年总体上不断提高，基本上处于逐年上升的趋势，并在 2021 年达到新高。

从股东治理、董事会治理、监事会治理、经理层治理、信息披露、利益相关者治理六大维度看，董事会治理指数有所下降、监事会治理指数持平，其他维度均呈现上升的趋势。具体来看：股东治理指数持续上升，这是因为上市公司高管在控股股东单位兼任的比例有所下降，中小股东董事提名权和大股东股权质押冻结有较大改善；在董事会治理方面，样本上市公司董事会治理水平整体略有下降，独立董事制度指数和董事会运作效率指数下降明显；在监事会治理方面，虽然监事的胜任能力有所提升，但上市公司监事会规模结构方面呈现倒退趋势，在监事会规模和职工监事的设置上，大多数公司仅仅满足《公司法》的合规底线；在信息披露质量方面，2021 年上市公司内部控制质量得以加强，信息批露真实性、相关性和及时性均有所提升；在利益相关者治理方面，上市公司公益捐赠均值增长了 73.60%，定期报告中披露债权人权益保护、供应商权益保护的公司比例也有所增长。①

为进一步提高中国上市公司的治理水平，当前公司治理应在满足合规性的基础上，强化治理结构和治理机制的创新，将绿色治理融入企业治理结构和治理机制，以增强上市公司自主性治理、创新社会责任理念和提升公司治理有效性。

（二）《公司法（修订草案）》一读

现行《公司法》于 1994 年出台实施，1999 年和 2004 年对个别条款进行了修改，2005 年进行了全面修订，2013 年和 2018 年又对公司资本制度等问题做了修改。2021 年 12 月 24 日，全国人大常委会公布了《公司法（修订草案）》，向全社会征求意见。

本次《公司法（修订草案）》共 15 章 260 条，在现行公司法基础上进行实质新增和修改的共计 70 条左右，其主要进行了以下几个方面的修改：一是完善中国特色现代国有企业制度，在现行公司法关于国有独资公司的专节的基础上，设“国家出资公司的特别规定”专章，完善国家出资公司特别规定，同时修订草案中明确党对国有企业的领导，系我国公司法的中国特色；二是完善公司设立和退出制度，新设“公司登记”一章，就公司设立登记、变更登记、注销登记事项作以规定，要求公司登记机关优化登记流程、提高登记效率；三是强化了控股股东和经营管理人员的责任，完善董监高忠实勤勉义务的规定，对关联交易、关联人的范围等加强规范；此外，还就公司治理模式、股份有限公司中引入授权资本制、加强公司社会责任建设等进行了规定。

本次公司法修订针对实践中的突出问题和制度短板，是在现行公司法基本框架和主要制度基础上进行的系统修改，但整体看来尚未发生实质意义上的制度变革。《公司法》作为一部规定公司设立、运行、治理和解决各

---

①　参见《中国公司治理研究院发布 2021 年中国上市公司治理指数》，载中国战略新兴产业网，http：//www. chinasei. com. cn/lpz/202109/t20210925_ 42408. html，最后访问时间：2022 年 2 月 18 日。

方市场主体矛盾冲突的基础性法律，如何进一步地升级完善，还需要对我国公司法律制度作以整体检视和具体研判。

（三）《市场主体登记管理条例》公布

2021年7月27日，国务院发布《市场主体登记管理条例》，并自2022年3月1日起实行。作为首部以“商事”冠名的国家级立法文本，《市场主体登记管理条例》对关于市场主体登记管理的规则进行了优化和统一，是我国市场主体登记管理的基础性制度。从具体内容来看，《市场主体登记管理条例》明确了国务院市场监督管理部门主管作为主管登记机关和工作要求，规定了关于登记、备案的事项和具体要求，要求市场主体实行实名登记等登记规范，登记机关进行形式审查，并从登记信息公示、市场主体分级分类监管等方面加强监督管理，针对登记材料繁杂、“注销难”、虚假登记等问题作了规定，提高了登记的便利化程度，减轻了市场主体负担。

一直以来，我国虽已建立起初具体系化的工商或企业登记制度，但一定程度上存在零、散、乱的缺陷，[①]《民法典》颁布后，商事主体登记立法和商事名称登记立法已经步入国家行政立法的快车道，并朝着便利商事主体、优化营商环境的目标前行。[②]《市场主体登记管理条例》把分散在不同效力等级规范集中作以规定，克服了我国商事登记事项分类立法、分别规定、分散管理的弊端，也回应了学界、业界对统一商事立法多年的呼吁与期盼。

（四）最高人民法院出台司法解释，规范公司股权登记与强制执行

随着我国经济的发展和公司法律制度的完善，股权作为一项重要财产权利的重要性越来越突出，实践中也较多出现人民法院执行被执行人股权的情形。但是实践中，专门针对股权执行的法律规范较少，而且涉及公司实体法和诉讼程序等法律规定的交叉，一直以来执行股权是人民法院执行的难点问题。

2021年3月1日，最高人民法院、最高人民检察院、公安部、中国证监会联合发布《关于进一步规范人民法院冻结上市公司质押股票工作的意见》；2021年12月20日，最高人民法院发布了《关于人民法院强制执行股

---

① 肖海军：《论商事登记事项的立法确定》，载《法学论坛》2021年第4期。

② 孙悦、范健：《〈民法典〉之后商事登记立法思考》，载《扬州大学学报（人文社会科学版）》2021年第5期。

权若干问题的规定》。两部司法解释对规范法院冻结上市公司质押股票与股权强制执行相关工作提供了更具有操作性的规范，缓解了此前相关规则供给不足的难题，统一了执行股权的法律适用，对依法保障当事人、利害关系人合法权益具有重要意义。

（五）国资国企的法治情况

国有企业是中国特色社会主义的重要物质基础和政治基础。2021 年，全国国有及国有控股企业主要效益指标保持增长，国有经济运行稳中有进。[①] 我国国有企业和中央企业在党的领导下深化改革，在关键领域改革取得了实质性的效果。

2021 年，国企改革三年行动 70%目标任务顺利完成，剥离企业办社会职能和解决历史遗留问题工作基本完成，国有企业高质量发展更具动力。[②] 从资源配置布局的方面看，战略性重组、专业化整合、新兴产业布局，有力推动国有资本结构优化提升。在建设世界一流企业方面，2021 年我国有 49 家央企、34 家地方国企入围 2021《财富》世界 500 强排行榜，国有企业高质量发展再上新台阶。[③] 双百行动、科改示范行动等专项工程扎实有效推进，央企集团全面完成“党建入章”，中国特色现代企业制度和国资监管体制更加成熟。

但同时，从公司治理的情况看，2021 年民营控股上市公司治理指数再度超过国有控股上市公司。2022 年，是国企改革三年行动决战决胜之年。这就需要破解国有控股上市公司董事和高管的动力机制难题，构建去行政化的激励体系，逐步实现市场化薪酬与体制内薪酬“并轨”。在混合所有制改革问题上，则应进一步降低民营公司混改准入门槛，推动混合所有制企业转换经营机制，以推动国资国企高质量发展。

二、证券法的法律实施

2021 年，A 股全年成交金额约为 256 万亿元，超越 2015 年，创历史新

---

① 《2021 年 1-12 月全国国有及国有控股企业经济运行情况》，载国务院国有资产监督管理网，http：//www. sasac. gov. cn/n16582853/n16582888/c22940505/content. html，最后访问时间：2022 年 2 月 20 日。

② 《2021 年央企实现净利润 1. 8 万亿元，国企改革三年行动 70%目标任务顺利完成》，载《经济日报》2022 年 2 月 21 日。

③ 《“2021 国企改革十件大事”在京发布》，载新华网，http：//www. xinhuanet. com/enterprise/20220130/31dca83daf314957b91b118bc7c16030/c. html，最后访问时间：2022 年 2 月 20 日。

高。年内新股上市数量达 523 只，合计募资 5400 亿余元。共有 28 家上市公司退市，这也是 A 股历史上首次单年退市公司数量达到 20 余家。随着注册制改革下政策新规的持续优化、北交所开市等资本市场等制度落地，证券市场稳中有进，形成良好的市场发展结构。

（一）上市公司监管法规体系首次全面整合修订

目前，我国资本市场初步建立了包括法律、行政法规、部门规章、规范性文件、交易所自律规则在内的一整套上市公司监管法规体系，使上市公司运行治理和监管工作依法有序进行，构成了证券市场的“四梁八柱”。但是随着公司实践的发展变化和规则的增加，庞大的规则体系亟须优化体系、精简梳理和完善内容，以强化监管规则的科学性、体系性和规范性。

2021 年 11 月 26 日，证监会发布通知就上市公司监管法规体系整合涉及相关规则公开征求意见，这是我国资本市场上市公司监管法规体系首次全面整合修订。此次法规整合由证监会会同沪深证券交易所开展，主要涉及证监会层面的规范性文件和交易所层面的自律监管规则，拟共整合为 182 件。本次监管法规整合需要合并不同规则的相同监管事项，修改与实践不相适应、与新规则或上位法存在冲突的规定，总结市场实践形成规则，废除过时规则，并统一文字表述，整体呈现体系化繁为简、内容更为规范合理和数量显著减少的特点。①

经整合，上市公司监管法规将包含信息披露、公司治理、并购重组、监管职责四大类，证监会的基础规则、监管指引、规则适用意见与交易所层面的自律监管规则、自律监管指引、自律监管指南实现有效衔接，在数量显著减少的同时内容更加规范合理，将强化上市公司监管法规的科学性、体系性、规范性，助推提升上市公司质量。

（二）北京证券交易所设立，资本市场迎来新格局

2021 年 9 月 2 日，习近平总书记在 2021 年中国国际服务贸易交易会全球服务贸易峰会上宣布将设立北京证券交易所。从 1988 年“北京设立证券交易所”的设想首次提出，历经沪深交易所成立、中国证券市场不断壮大，到如今明确设立北京证券交易所，已有 33 年之久。

---

① 《证监会就上市公司监管法规体系整合涉及相关规则公开征求意见》，载中国证券监督管理委员会网，http：//www. csrc. gov. cncsrcc100028/c1556032/content. shtml，最后访问时间：2022 年 2 月 20 日。

在法律属性上，北京证券交易所是公司制的证券交易所，其严格的设立条件、特定的自律监管职责以及在政府监督方面的特殊制度安排，[①] 目前北交所在制度设计上总体平移了精选层各项基础制度，涵盖了发行上市、交易、退市、持续监管、投资者适当性管理等一系列基础制度安排。在市场定位上，北交所的加入，形成了境内沪、深、北三大证券交易所错位发展的新格局：上交所服务硬科技、深交所服务新经济、北交所服务“专精特新”，北交所与沪深交易所、区域性股权市场形成错位发展。同时，在于新三板之间的关系上，北交所要与新三板现有基础层、创新层统筹协调与制度联动，北京证券交易所为上市的中小企业提供服务，股转系统的创新层、基础层继续为非上市公众公司提供服务，[②] 维持新三板基础层、创新层与北京证券交易所“层层递进”的市场结构。

2021 年 11 月 15 日，北交所正式揭牌并开市交易。未来，北交所发展方向是补足普惠金融的短板、促进中小企业直接融资成长、形成良性市场生态，这是强化我国多层次资本市场功能的需要。同时，当前，全球证券交易所正在展开激烈竞争，决定交易所地位和资源优劣的关键就是制度竞争，我国证券交易所需提升制度包容性和精准性，在法律制度上形成各有特色、灵活多样、相互补充的错位发展格局，实现境内各证交所的协同发展。

（三）深化绿色金融市场建设，资本市场助力“双碳”目标

2020 年 9 月 22 日，习近平主席在第七十五届联合国大会上宣布，中国二氧化碳排放力争于 2030 年前达到峰值，努力争取 2060 年前实现碳中和。2021 年 9 月 22 日，中共中央、国务院发布了《关于完整准确全面贯彻新发展理念做好碳达峰碳中和工作的意见》，提出要“积极发展绿色金融”，为资本市场开展绿色金融业务提供了指引。

近年来，我国资本市场上发行了绿色债券、绿色贷款、绿色存款、绿色基金、绿色保险、碳金融等金融产品和工具。2021 年还启动了全国碳排放权交易市场，是全球最大规模的碳市场。截至 2021 年 12 月 22 日，全国碳市场碳排放配额累计成交量 1.4 亿吨，累计成交金额约 58.02 亿元，市场

① 陈洁：《北京证券交易所的定位及未来发展》，载《中国金融》2021 年第 18 期。

② 张乐：《解读北交所设立：背景、特征与目标》，载《中国经济评论》2021 年第 9 期。

运行总体平稳有序。[①] 我国绿色金融体系建设、绿色金融产品创新都有了重大进展，中国绿色金融市场发展方兴未艾。

实现“碳达峰、碳中和”的“双碳”目标，是解决资源环境约束突出问题的选择，也对资本市场支持实体经济更高质量、更可持续的发展提出了新的更高要求。对此，在绿色发展理念的引领下，可以对上市公司环境信息披露或是社会责任披露提出更高要求，以新兴技术赋能绿色金融迅猛发展，深化绿色金融市场建设，推动形成资本市场绿色金融的制度基础。

（四）“零容忍”监管下，形成并完善立体化追责机制

在“零容忍”监管下，证券市场打击违法行为力度增强。以首例特别代表人诉讼“康美药业虚假陈述民事赔偿案”为代表的重大案件，凸显了我国对证券市场违法活动的从严打击，形成并完善了立体化的责任追究机制，证券市场法治化建设不断深入。

在证券市场行政执法方面，2021 年 7 月，中共中央办公厅、国务院办公厅印发《关于依法从严打击证券违法活动的意见》，对依法从严打击证券违法活动作了全面系统的部署安排。《证券期货违法行为行政处罚办法》《证券期货行政执法当事人承诺制度实施办法》等制度也接续出台，完善了证券执法体制机制。2021 年全年，证监会共办理案件 609 起，涉及财务造假、资金占用、以市值管理名义操纵市场、内幕交易及中介机构未勤勉尽责等典型违法行为，[②] 是优化市场生态、遏制违法造假乱源的重要保障。

在证券民事赔偿诉讼方面，首例特别代表人诉讼“康美药业虚假陈述民事赔偿案”的宣判，是证券法实施的重要成果之一。一方面，特别代表人诉讼制度由法条到落地，示范意义重大，体现了我国资本市场投资者保护制度的特色，凸显了具有创新意义的证券民事赔偿的制度优势；另一方面，该案判定上市公司责任人员、审计机构及直接责任人员等承担全部连带赔偿责任，共计 52 037 名投资者将获赔 24. 59 亿元，对证券违法违规行为将产生强大的震慑力。此外，还值得一提的是浙江高院对“五洋债案”作出的终审判决，判决中介机构承担部分连带赔偿责任，这也表明了我国债券市场法治化的追偿机制逐步形成。

---

① 杨华辉：《“双碳”目标下证券机构发力绿色金融的实践探索》，载《福建金融》2022 年第 1 期。

② 《证监会通报 2021 年案件办理情况》，载证监会网，http：//www. csrc. gov. cncsrcc100028/c1921138/content. shtml，最后访问时间：2022 年 2 月 20 日。

随着证券市场行政执法、民事诉讼对市场主体责任追究的加强，不敢违、不愿违和不能违的市场生态正在形成。但是，在“康美案”判决独立董事承担连带赔偿责任后，多家上市公司独立董事辞职，对商事公司独立董事制度改革的呼声渐高。同时，在“五洋债案”后对中介机构“看门人”责任的关注也越来越多，在压实中介机构责任的同时，还应进一步厘清各主体责任边界，中介机构之间连带责任的范围划分，应当根据各主体的过错程度以及原因力比例承担相应的赔偿责任，① 在新证券法和全市场注册制背景下，完善能够满足市场主体和投资者需求的证券法律制度。

三、破产法的法律实施

破产法兼具公平偿债和困境拯救的功能，2021 年破产法律体系不断完善，司法层面的努力通过建章立制和个案要案探索，在服务结构性改革、优化市场资源配置、维护高效透明市场秩序方面发挥了举足轻重的作用。

（一）开展《企业破产法》立法起草工作，完善破产法律体系

现行《企业破产法》于 2006 年 8 月 27 日在第十届全国人大会常委会第二十三次会议通过，距今已有 16 年之久，显然一定程度上已经不能适应社会的发展和产业的需要，个人破产、破产案件的受理、和解制度、跨境破产等相关制度亟待建立或修改。上半年，全国人大常委会开展了《企业破产法》实施情况执法检查工作，在前期梳理修法重点问题、搜集相关材料等工作的基础上，深入开展立法调研，同时与企业破产法执法检查结合起来，研究起草企业破产法修改草案稿，征求有关方面意见并进行修改完善。为《企业破产法》修改奠定了坚实的基础，明确了修法的原则、方向和重点。

《企业破产法》的更新和完善有利于回应实践中涌现的新问题，对市场经济的高质量发展具有十分重大的现实意义和长远价值。此次破产法的修改需要明确修法的理论基础，以及建立在这一基础上的破产法修改的理念与原则。在与其他法律的关系方面，破产法与民法典、公司法、证券法、劳动合同法、税法等一系列法律法规之间都需要进行协调衔接，借《企业破产法》修改的契机，可以通过法律之间的联动修改来解决。② 同时，《企

---

① 陈洁：《证券虚假陈述中审验机构连带责任的厘清与修正》，载《中国法学》2021 年第 6 期。

② 徐阳光：《中国破产立法和司法年度观察（2021）》，载《民主与法制》2022 年第 4 期。

业破产法》的修改要立足法治化基础，关注中国破产法面临的紧迫问题；要面对国际化的大势，总结破产法立法的经验，同时要推进破产法的现代化。

（二）建章立制，推动破产审判市场化、专门化、常态化

破产审判是破产法实施的重要环节，在挽救危困企业、促进产业转型升级、化解区域经济风险、维护社会稳定中发挥着重要作用，也为破产法的修改和完善提供了有益的实践经验。2021 年最高人民法院及全国各地各级法院，在破产审判方面通过制度建设和具体案件处理，破产审判向市场化、专门化和常态化方向发展。

最高人民法院于 2021 年 5 月 14 日与香港特别行政区政府签署了《关于内地与香港特别行政区法院相互认可和协助破产程序的会谈纪要》，并制定了《关于开展认可和协助香港特别行政区破产程序试点工作的意见》，此举关系到我国跨境破产制度的发展与完善。在地方各级人民法院层面，自 2019 年 1 月 14 日深圳破产法庭揭牌成立至今，全国目前共有 15 家破产法庭。破产法庭的组建，是破产审判专门化的重要成果，各地破产法庭也分别在降低办理破产成本、试行个人破产制度、出台各类规范性文件等方面发力，而且每年发布破产审判白皮书和典型案例的发布渐成惯例，切实发挥了推动破产审判的作用。

加强破产审判工作，是深化供给侧结构性改革的重要举措，是建设现代化经济体系的应有之义，是推动经济高质量发展的必然要求。在破产审判的实践过程中，应当进一步加强市场化、创新信息化手段，提升破产审判的专业化水平，推进破产审判常态化，不断深化府院联动机制，探索执行、破产、拆迁相衔接的预破产模式，确保企业破产工作的平稳、高效、有序。①

（三）重大案例，彰显破产法律制度效能

在破产案件审判中，人民法院立足司法审判职能，践行破产法律制度，优化破产制度的运行和管理，兼顾债权人利益和企业持续经营能力，产生了一批具有良好法律效果和社会效益的重大案例，也为企业和债权人参与破产审判提供了有益参考。2021 年，最高人民法院发布了优化营商环境、

---

① 参见徐阳光：《中国破产立法和司法年度观察（2021）》，载《民主与法制》2022 年第 4 期。

助推民营经济高质量发展的典型案例，涵盖了破产案件，还专门发布了一批聚焦于关联企业合并破产的指导性案例，对于统一破产司法领域的裁判尺度，具有极为重要的意义。

例如，海航集团有限公司等实质合并重整案涉及 321 家公司，涉案债务规模巨大，债权人数量众多且类型多元化，法律关系十分复杂，重整企业数量较多，受到了很大关注。2021 年 3 月，海南省高级人民法院裁定对海航集团等 321 家公司实施实质合并重整，形成三家上市公司内部协同重整、非上市公司实质合并重整、上市公司与非上市公司共计 378 家公司同步重整、联动推进的模式。2021 年 10 月，本案顺利结案，法院裁定批准重整计划。通过重整，海航集团既化解了债务问题，又解决了上市公司合规问题，实现对业务、管理、资产、负债、股权的全方位重组，取得了法律效果、社会效果、经济效果的统一，为大型集团企业风险化解、境内重整程序的境外承认与执行、关联企业实质合并重整提供了宝贵的经验。①

2021 年 9 月 3 日，最高人民法院发布了《人民法院助推民营经济高质量发展典型民商事案例》，十大典型案例中包括重庆力帆实业（集团）股份有限公司及其十家全资子公司司法重整案、广西柳州正菱集团及 53 家关联企业合并重整案、江苏刚松防护科技股份有限公司司法重整案这三个破产审判案例；9 月 14 日，最高人民法院发布第 29 批指导性案例，将江苏省纺织工业（集团）进出口有限公司及其五家子公司实质合并破产重整案等三个案例（指导案例 163~165 号），作为第 29 批指导性案例发布。

通过一系列重大、典型案例，各地法院在严格践行破产法律制度的前提下，开拓审理思路，创新审理手段，致力于在个案中探索最优的破产重整或协商方式，为破解企业破产困局、维护债务人、债权人等多方利益、实现社会效应和法律效果的统一中发挥了重要作用。

四、信托法的法律实施

2021 年资管新规过渡期即将结束，信托行业转型亟待取得实质性进展。2021 年全年，共计发行集合信托产品 35 762 款，发行规模 2.28 万亿元，同比减少 14.43%。在信托产品成立方面，全年共计成立集合信托产品 31 633

① 《海航重整案入选 2021 年全国法院十大商事案件：为大型集团企业风险化解提供样本》，载百度网，https：//baijiahao.baidu.com/s？id=1723267594433818889&wfr=spider&for=pc，最后访问时间：2022 年 2 月 23 日。

款，成立规模 1.73 万亿元，同比下滑 30.98%。[①] 目前信托行业监管框架已基本成型，但相关制度的完善仍需久久为功。在补监管制度短板的同时，法律制度层面需要持续推动完善信托法律环境和市场公平竞争环境的建设，为行业回归信托本源创造条件。

（一）启动《信托法》立法后评估工作

2021 年是《信托法》颁布实施 20 周年。在这个过程中，以《信托法》为基础和中心确立的信托制度，在资产管理、资金融通、投资理财和社会公益等方面得到广泛应用，我国信托事业取得了长足进步。2021 年 2 月，中国人民银行条法司会同中国银保监会法规部、信托部以及中国信托业协会成立了《信托法》立法后评估小组，启动并组织开展立法后评估工作。

《信托法》诞生于我国信托法律制度尚处空白、信托业亟待转型发展的关键时期，为信托关系的调整、信托行为的规范以及信托当事人的权益保护提供了法律依据。但是自《信托法》出台后，我国对信托行业、信托公司的法律规范，基本都是部门规章和规范性文件，尚缺少更高层级的法律规范。同时，现行《信托法》关于信托的定义、信托财产所有权、[②] 委托人和受益人权利、受托人信义义务等问题，需要做进一步的修改完善。信托财产登记、信托税收安排、信托财产过户制度等配套制度的规范问题，也需要做以研判。在此背景下，开展《信托法》立法后评估工作，观评价现行制度实施效果、深入论证立法的必要性和可行性、提高立法工作质量，可以为后续适时推动修改《信托法》奠定良好基础。

当前信托制度存在的一些问题，既有法律规定的原因，也有法律执行层面的原因。完善信托法律制度是一项长期性工作，在推动《信托法》修改完善的同时，应注意用足用好现行法律规定，以行政法规或者规章规范性文件等形式落实配套制度，强化法律执行，兼顾立法的稳定性与监管的适度灵活性，激发制度活力。[③]

---

① 《2021 年集合信托市场承压　金融类产品成亮点》，载中国经济网，https：//baijiahao. baidu. com/s？ id = 1721823014207676446&wfr = spider&for = pc，最后访问时间：2022 年 2 月 20 日。

② 甘培忠、马丽艳：《以独立性为视角再论信托财产的所有权归属》，载《清华法学》2021 年第 5 期。

③ 刘宏华等：《推动〈信托法〉修改与制度完善》，载《中国金融》2021 年第 20 期。

（二）信托监管政策不断细化，加快引导信托公司转型

自 2018 年资管新规出台以来，经历三年的监管收紧和业务调整，信托公司的转型步入成效期。2021 年信托行业延续了严监管的基调，监管政策从过去的针对业务监管，扩展到对公司管理监管，从信托资产规模的压降到金融子公司和异地机构的清理，从股权管理办法到公司治理，再到团队设置。监管政策的不断细化，本质是助推信托行业转型，从“规模扩张”向“高质量发展”升级（详见下表）。

2021 年信托监管文件梳理表

发布时间	发布单位	文件名称
2021 年 2 月 18 日	银保监会	银行保险机构声誉风险管理办法（试行）
2021 年 5 月 11 日	银保监会	关于推进信托公司与专业机构合作处置风险资产的通知
2021 年 6 月 2 日	银保监会	银行保险机构公司治理准则
2021 年 7 月 21 日	银保监会	关于清理规范信托公司非金融子公司业务的通知
2021 年 9 月 30 日	银保监会	银行保险机构大股东行为监管办法（试行）
2021 年 10 月 8 日	银保监会	关于整顿信托公司异地部门有关事项的通知（征求意见稿）

作为资管新规过渡期延长后的最后一年，信托行业融资类、通道类业务规模的持续下降，在“两压一降”上已经取得长足的进步，但风险防范仍是重大问题。2021 年，信托行业共发生 250 起违约事件，涉及违约金额高达 1250. 72 亿元，其中房地产信托涉及违约金额达 707. 43 亿元。监管环境的趋严是在经济下行、行业前期风险累计的必然结果，是信托业监管行业健康发展必然要求。

（三）慈善信托助力共同富裕

信托本质是一种以受托人为核心的法律关系和制度安排，不仅可以应用在金融领域，也可以应用在社会公益等社会生活的多个领域。其中慈善信托因其规范化、系统化、规模化的特点，成为公益慈善的主力，将有利于助力共同富裕。

根据中国慈善联合会与中国信托业协会联合发布《2021 年中国慈善信托发展报告》显示，慈善信托的发展呈现出以下特点：一是慈善信托发展平稳增长，截至 2021 年年底，全国累计慈善信托备案 773 单，财产规模达 39. 35 亿元；二是慈善信托涉及地域不断扩大，但地区之间发展不均衡的状

况比较明显，浙江、甘肃两省备案慈善信托超过100单，其他地区则相对较少；三是委托人参与慈善信托意愿上升，慈善信托受托人持续发力，慈善信托已经成为信托业参与社会公益慈善事业的主要方式；四是慈善信托期限趋于灵活，信托目的也呈现多样化趋势，慈善信托涵盖了慈善法规定的所有领域，关注乡村振兴、体育、环保的比例不断上升。①

尽管慈善信托在2021年取得了一定的突破，但在慈善信托财产登记和税收优惠政策方面，仍存在制度供给不足。我国实践中还未建立具体可操作的信托财产登记制度，慈善信托的委托人和受托人享受税收优惠的规定也尚未明确。为促进慈善信托的发展，需要建立宽严适度的慈善信托备案制度，加快完善相关配套制度。

五、保险法的法律实施

保险作为社会发展的稳定器、经济增长的助推器，在社会经济生活中越来越发挥着不可或缺的重要作用。2021年保险业在改革与规范中，推进保险资金规范运用和规范互联网保险，推动行业高质量发展，为消费者提供了更规范的保险产品和服务，也促进了我国保险业的进一步开放与发展。

（一）促进保险资金运用规范稳健发展

承保业务和资金运用是保险行业发展不可缺少的两个部分。保险公司将其自有资金和所收保费中的闲置部分，投向其他领域获得收益，保险资金如何使用将直接影响其偿付能力。近年来，保险资金运用监管法规体系不断完善，相关规章和规范性文件已达90余项，覆盖了资产负债管理、大类资产比例、投资管理能力、品种投资规范、保险资产管理公司和保险资管产品监管等，有效促进了保险资金运用规范稳健发展。

但同时，随着宏观经济形势的发展和金融市场的变化，特别是保险资金运用市场化改革的深化，个别监管制度条款已经滞后，需要予以更新和整合。对此，中国银保监会发布了《关于修改保险资金运用领域部分规范性文件的通知》，对部分规范性文件进行了集中修订，主要对保险机构投资方向、投资比例、保险资产管理公司使用外部评级等事项作出了修改，鼓励保险机构自主投资标准化产品，支持保险机构加强与专业股权投资机构合作，简化保险公司投资保险私募基金的决策流程，提升产品市场化运作

---

① 王勇：《2021年中国慈善信托发展报告发布》，载《公益时报》2022年1月25日，第14版。

水平，同时防范境外融资风险和非标准化资产领域投资风险。[①] 保险资金在支持实体经济发展、服务国家战略、稳定资本市场方面发挥着越来越重要的作用。对相关规范性文件进行修改是顺应市场发展变化的举措，有利于增强市场主体的投资自主权，为多层次资本市场提供资金，同时引导保险资金加大标准化产品投资，防范投资风险。

（二）互联网保险监管体系持续完善

保险机构依托互联网订立保险合同、提供保险服务的保险经营活动，互联网与保险在信息、产品、保单、赔付等环节的结合，拓展了保险服务范围，提升了保险运行效率。但是，伴随着互联网平台的发展，一些新形式的互联网保险也不断呈现，在保险营销宣传、保险条款设置、投诉管理和消费者权益保护等方面乱象频发。如何对互联网保险乱象进行有效整治，使整个行业向规范化、精细化发展，一直是保险监管法律制度的重要问题。

从时间维度对监管制度进行梳理，从 2009 年 12 月《保险公司信息化工作管理指引（试行）》和 2011 年 4 月《互联网保险业务监管规定（征求意见稿）》的发布，到 2021 年 2 月《互联网保险业务监管办法》的实施，再到 2021 年 10 月配套文件《关于进一步规范保险机构互联网人身保险业务有关事项的通知》的发布，监管规则主要规制互联网保险领域的恶性竞争行为，反对单纯追求规模增速、忽视系统性风险的公司经营行为。相应地，我国正在形成一套内容完备、相对稳定和执行有效的互联网保险活动的监管规则，有助于通过监管防控风险，通过监管促进发展。

（三）外资保险中介准入条件放宽，保险业扩大对外开放成果落地

近年来，我国对外资保险的市场准入逐渐在放宽，中国对外开放步伐加快。2021 年 12 月 3 日，银保监会官网发布《中国银保监会办公厅关于明确保险中介市场对外开放有关措施的通知》，大幅取消外资保险经纪公司的准入限制。该通知共 3 条，主要内容是：大幅取消外资保险经纪公司的准入限制，不再要求股东经营年限、总资产等条件；进一步降低外资保险中介机构的准入门槛，允许外国保险集团公司、境内外资保险集团公司投资设立的保险中介机构经营相关保险中介业务；保险中介机构按照“放管服”

---

① 《关于修改保险资金运用领域部分规范性文件的通知》，载中国银行保险监督管理委员会网，http：//www. cbirc. gov. cn/cnviewpages/ItemDetail. html？ docId = 1024398&itemId = 917&generaltype = 0，最后访问时间：2022 年 2 月 20 日。

改革要求、适用“先照后证”政策的相关规定。这意味着将向外资保险经纪公司开放中国市场，是继取消人身险公司外资持股比例上限后，保险行业对外开放的又一成果。

近年来，随着保险业的快速发展，保险中介机构的规模数量不断增加，目前已有2600余家保险专业中介机构在市场上服务。然而，相较于保险公司的发展，保险中介行业长期存在水平参差、数量庞大的问题，管理水平和合规程度都相对滞后，部分保险中介机构存在信息化治理不完备、信息系统建设不规范等现象，信息化能力和水平已成为影响保险中介机构合规经营、健康发展的掣肘。[①] 在英美等发达国家成熟的保险市场上，保险中介是一项非常成熟的产业，具有不可替代的市场作用。放宽外资保险中介准入条件，不为了响应整个对外开放的大背景，还能够倒逼国内保险中介市场改革，将为中国保险市场带来新的经营理念和盈利模式，以筑牢中国保险市场的支柱。[②]

六、结论

商法作为规范市场经济的基本法，在社会主义市场法律体系中发挥着不可替代的作用。为实现对于商事关系的有效调整，应当在法律实施的过程中，不断优化商事规范，并在此基础上规划、构建和完善我国商事立法体系，发挥商事法治在推进国家治理体系和治理能力现代化中的积极作用和重要功能。

当前全球疫情持续蔓延，对公司治理理念和治理模式提出新的挑战。《商事主体登记条例》的出台对保障和维护公平统一的营商环境具有重大意义，但也并不能解决相关领域的所有实践问题，还需要制定更具体、更具有操作性的配套规则辅助，也要考虑与正在修订的《公司法》的衔接关系。[③] 而此次《公司法》的修订也肩负着总结法律实施的经验教训，既要更新立法理念做好顶层设计，也要进行结构体系的重构，同时，也必须在细节上进行补充完善。

2021年中央经济工作会议提到，要抓好要素市场化配置综合改革试点，

---

① 谭乐之：《外资保险经纪公司准入限制大幅取消》，载《中国银行保险报》2021年12月20日，第1版。

② 江帆：《保险中介对外开放激活市场》，载《经济日报》2021年12月22日，第7版。

③ 赵旭东：《商事法律制度与营商法治环境建设的重要成果与未来展望》，载《中国市场监管》2021年第10期。

全面实行股票发行注册制。这意味着，在经历了科创板、创业板以及北交所的注册制运行之后，全市场注册制已箭在弦上。从证券法实施的角度看，应当以全市场注册制改革为牵引，完善证券发行交易各环节的监管机制，坚持多层次资本市场错位发展、制度协同联动，提高上市公司治理，强化信息披露，压实和理顺各方责任，为全市场注册制提供基本法律保障。

破产法的法律实施在化解企业危机、优化资源配置、促进产业升级方面有重要作用。《企业破产法》的修改总结了破产法实施以来的丰富实践，积极回应社会发展和司法实践的迫切需求，在修改过程中，其立法宗旨、立法精神、制度与机制安排都应反映市场经济体制、市场机制的重要原理，理性把握世界各国破产制度的发展趋势。人民法院要充分发挥破产审判工作依法服务和保障经济新常态和供给侧结构性改革大局，有效化解企业风险，实现市场优胜劣汰，是破产司法活动的目标。

信托作为中国金融体系重要组成部分，在资管行业统一竞争的大浪潮下，信托业正处于转型升级的窗口期。“受人之托、忠人之事”是《信托法》规定的受托人应当履行的法定义务，在信托行业转型发展的关键时期，应充分挖掘其自身文化内涵，强化风险合规意识，回归信托本源，服务实体经济。

随着近年保险业高质量转型发展，中国保险企业竞争力持续提升，保险行业在服务国家战略的大背景下，继续转型发展。2021年保险业运行总体平稳，偿付能力充足率保持在合理区间，风险总体可控。保险机构应参与构建结构合理、功能完备、保障全面、竞争有序的保险供给体系，顺应数字化转型趋势，提升发展质量。

撰稿专家

顾功耘，华东政法大学教授，博士生导师。主要从事经济法学、商法学教学和研究。现任华东政法大学经济法律研究院院长。兼任中国法学会经济法研究会副会长，中国法学会商法研究会副会长，上海市法学会商法研究会会长；另兼任中国国际经济贸易仲裁委员会仲裁员，上海国际经济贸易仲裁委员会仲裁员等职。主编出版《国有经济法论》《国有资产法论》《公司并购法论》等著作；发表

《全面深化改革背景下的经济法治战略》《论宪法法律在治国理政中的定位反思》等学术论文；组织翻译出版《当代主要国家国有企业法》《当代主要国家公私合作法》等。曾获全国“五一”劳动奖章、上海市劳动模范、司法部系统全国优秀教师等荣誉称号。

鲍彩慧，上海证券交易所博士后研究人员，法学博士。

第三章　2021 年行政法实施报告*

胡建淼　骆梅英

报告要旨

2021 年是“十四五”的开局之年，也是新一轮法治政府建设“五年规划”的开启之年。中共中央、国务院制定《法治政府建设实施纲要（2021—2025 年）》，为“十四五”时期我国全面推进法治政府建设提供了路线图、施工图。2021 开局之年，作为全面依法治国系统工程中的重点任务和主体工程，我国法治政府建设顶层设计更加清晰，地方实践更加生动，依法行政制度体系进一步健全。行政性立法及时有效回应公共治理现代化的需求，为加快打造法治化营商环境、推进数字法治政府建设提供保障。行政职权行使紧紧围绕“加快构建职责明确、依法行政的政府治理体系”目标，持续深化“放管服”改革，不断优化事中事后监管，以综合行政执法体制改革撬动政府治理体系变革。

核心建议

1. 将习近平法治思想贯彻落实到建设法治政府全过程各方面，落实落深落细《法治政府建设实施纲要（2021—2025 年）》和各地方制定的细化纲要，聚焦法治政府建设关键环节和任务举措，建立健全重点任务协调推进机制，有效实现部门协同推进，确保重要目标如期实现。同时，着力解决人民群众关

* 陈佳文、金晓伟、黄柳建、钟方圆为报告收集了文献、案例和数据资料，特此致谢。

心的重点问题，不断增强人民群众对法治政府建设的获得感、满意度。

2. 持续推进行政执法体制改革，关注地方“大综合一体化”行政执法改革试点，针对性解决运动式、一刀切执法、执法不作为等问题，提升智慧执法能力，加强省市县乡四级全覆盖的行政执法协调监督工作体系建设，提高执法质量。

3. 进一步理顺《个人信息保护法》的实施机制，对于“多头监管”可能引发的责任推诿等消极执法现象，以及积极执法冲突可能导致的企业合规成本增加等问题，需要在实践中予以关注并及时解决。

4. 针对性加强应急行政法治理论与实践研究，研究应急行政领域立法、修法问题以及应急预案与法律规范的衔接互动问题，跟踪应急管理综合行政执法改革，为构建应急行政法体系提供更多实践素材。

2021年是“十四五”的开局之年，也是新一轮法治政府建设“五年规划”的开启之年。中共中央、国务院制定了《法治政府建设实施纲要（2021—2025年）》，围绕“加快构建职责明确、依法行政的政府治理体系”，提出职权法定、依法行政制度体系、行政决策、行政执法、突发事件应对、社会矛盾纠纷预防调处化解、行政权力制约和监督、科技支撑等八个方面体系建设，为“十四五”时期我国全面推进法治政府建设提供了路线图、施工图。2021开局之年，作为全面依法治国系统工程中的重点任务和主体工程，我国法治政府建设顶层设计更加清晰，地方实践更加生动，依法行政制度体系进一步健全。

一、行政立法：因应公共治理现代化的需求

2021 年，全国人大及其常委会制定法律 17 部，修订法律 26 部，[①] 国务院制定行政法规 9 部，修订行政法规 6 部。[②] 2021 年，制定机关共向全国人大常委会报送备案行政法规、监察法规、地方性法规、自治条例和单行条例、经济特区法规、司法解释、特别行政区法律 1921 件。其中行政法规 16 件，监察法规 1 件，省、自治区、直辖市地方性法规 779 件，设区的市、自治州、不设区的地级市地方性法规 688 件，自治条例和单行条例 87 件，经济特区法规 40 件，司法解释 251 件，香港特别行政区法律 42 件，澳门特别行政区法律 17 件。[③] 地方和部门共向司法部报送国务院备案的法规规章 1978 件，其中，予以备案登记 1939 件，包括地方性法规 1225 件，自治州、自治县的单行条例 2 件，地方政府规章 550 件，国务院部门规章 162 件。暂缓备案登记 39 件。[④]

2021 年，紧扣推进国家治理体系和治理能力现代化、全面建设社会主义现代化国家的需求，全国人大、国务院和地方各级人大因需、应时制定

---

① 参见中国人大网，http：//www. npc. gov. cn/npc/c1848/list. shtml，最后访问时间：2022 年 1 月 26 日。制定的法律分别是：《噪声污染防治法》《湿地保护法》《反有组织犯罪法》《陆地国界法》《家庭教育促进法》《监察官法》《医师法》《个人信息保护法》《法律援助法》《反外国制裁法》《军人地位和权益保障法》《海南自由贸易港法》《印花税法》《数据安全法》《反食品浪费法》《乡村振兴促进法》《海警法》；修订的法律分别是：《科学技术进步法》《审计法》《兵役法》《人口与计划生育法》《军事设施保护法》《安全生产法》《中国人民解放军选举全国人民代表大会和县级以上地方各级人民代表大会代表的办法》《食品安全法》《道路交通安全法》《海关法》《教育法》《消防法》《海上交通安全法》《广告法》《民用航空法》《草原法》《进出口商品检验法》《香港特别行政区基本法附件一：香港特别行政区行政长官的产生办法》《香港特别行政区基本法附件二：香港特别行政区立法会的产生办法和表决程序》《全国人民代表大会议事规则》《全国人民代表大会组织法》《行政处罚法》《动物防疫法》《种子法》《民事诉讼法》《工会法》。

② 参见中国政府法制信息网，http：//xzfg. moj. gov. cn/search2. html，最后访问时间：2022 年 1 月 26 日。制定的行政法规分别是：《医疗保障基金使用监督管理条例》《排污许可管理条例》《防范和处置非法集资条例》《行政事业性国有资产管理条例》《建设工程抗震管理条例》《市场主体登记管理条例》《关键信息基础设施安全保护条例》《地下水管理条例》《证券期货行政执法当事人承诺制度实施办法》；修订的行政法规分别是：《医疗器械监督管理条例》《粮食流通管理条例》《民办教育促进法实施条例》《生猪屠宰管理条例》《土地管理法实施条例》《烟草专卖法实施条例》。

③ 《全国人民代表大会常务委员会法制工作委员会关于 2021 年备案审查工作情况的报告》，载中国人大网，http：//www. npc. gov. cn/npc/c30834/202112/2606f90a45b1406e9e57ff45b42ceb1c. shtml，最后访问时间：2022 年 1 月 26 日。

④ 《2021 年 1 至 12 月备案登记审查的法规规章情况》，载中国政府法制信息网，http：//www. moj. gov. cn/pub/sfbgwfzgzfzgzxzlf/fzgzbagz/，最后访问时间：2022 年 2 月 9 日。

修改了一批法律法规，相对重要的行政性立法有：制定《个人信息保护法》，推动构建公法与私法相结合的个人信息保护法律体系；出台《市场主体登记管理条例》，助力营商环境持续优化；修订《土地管理法实施条例》，全面总结土地征收、集体经营性建设用地入市、宅基地制度改革等经验，确保《土地管理法》得到全面贯彻实施。值得关注的是，随着数字中国战略、数字化改革的推进，各地纷纷出台促进大数据发展、公共数据开放利用的地方性立法，为加快推进数字法治政府建设提供了规范支撑。

（一）《个人信息保护法》：构建公法与私法相结合的个人信息保护法律体系

进入大数据时代，信息主体控制自己信息不被信息控制者违法处理或滥用的权利，是整个个人信息保护制度运行的基石。[①] 党的十八大以来，全国人大及其常委会在《网络安全法》《加强网络信息保护的决定》等系列立法中不断确立个人信息保护的主要规则，《民法典》将个人信息受法律保护规定为一项重要民事权利，《刑法修正案（十一）》也完善了惩治侵害个人信息犯罪的法律制度。[②] 为进一步加强个人信息保护法制保障，全国人大于2021年8月20日审议通过了《个人信息保护法》，作为一部个人信息保护的专门法律，其出台标志着我国以公法和私法相结合、以多元手段相协同的个人信息保护法律体系基本确立。

首先，在立法理念上，凸显了公私合作治理、多元主体参与。个人信息保护的立法目标在于“保护个人信息权益”，同时规制个人征信信息处理风险，防范并救济个人信息处理与利用过程中潜在的侵害结果。[③] 不同于纯粹的“公法说”和“私法说”立法格局，《个人信息保护法》以公法和私法交织融合的视域进行“领域性立法”，成为连接权利规制和行为规制的纽带。相应地，在个人信息保护的手段匹配方面，对个人信息处理风险的规制及对尊严法益的维护，应主要以公共监管与执行机制为中心展开，并在民事实体权益损害现实发生时激活民事责任机制；以此为基础，形成防范各类风险、辐射信息处理全流程、公法和私法多元手段协同的个人信息保

① 周汉华：《个人信息保护的法律定位》，载《法商研究》2020年第3期。

② 2020年10月13日第十三届全国人民代表大会常务委员会第二十二次会议关于《个人信息保护法（草案）》的说明，载中国人大网，http：//www. npc. gov. cn/npc/c30834/202108/fbc9ba044c2449c9bc6b6317b94694be. shtml，最后访问时间：2022年3月29日。

③ 王锡锌：《个人信息国家保护义务及展开》，载《中国法学》2021年第1期。

护机制。[①]

其次，在规制主体上，监管者自身也纳入被监管的行列，具有法律适用的特殊性。《个人信息保护法》第 2 条规定："自然人的个人信息受法律保护，任何组织、个人不得侵害自然人的个人信息权益。"此处的"任何组织"包括国家公权力机关。此外，《个人信息保护法》第二章第三节中设置了"国家机关处理个人信息的特别规定"专节，作为国家机关扮演个人信息处理者这一角色的特别规范。值得注意的是，第 34 条规定的"国家机关为履行法定职责处理个人信息，应当依照法律、行政法规规定的权限、程序进行，不得超出履行法定职责所必需的范围和限度"便是专门为"监管者纳入监管"所创设的特殊规则。

再次，在规制架构上，采用以国家网信部门为统筹协调机构的多主体、复合式监管体系。《个人信息保护法》与已经出台的《网络安全法》《数据安全法》在信息保护履职部门的条款设计上保持一致。网信、市场监管、工信、公安以及教育、医疗、卫生、金融等相关具有监管职能的部门统称为履行个人信息保护职责的部门，均会涉足个人信息保护领域。值得注意的是，"多头监管"引发的职责模糊、权责交叉，从而发生责任推诿等消极执法现象，以及积极执法冲突可能导致企业合规成本增加等问题，同样需要在实践中予以关注。[②] 此外，开展个人信息处理活动时，行政机关往往处于法律关系的后端，在传统"个案式监管"的执法与责任追究模式之外，也需要注重监管模式的创新和规制工具的发展。

最后，在法律责任上，建构覆盖公法和私法的多重法律责任体系。《个人信息保护法》第 66 条对违法处理个人信息的行为设置了不同梯次的行政处罚。[③] 除警告、罚款、没收和责令停产停业等行政处罚类型外，对情节严重的违法行为，还可以对相关责任人员作出从业禁止的处罚。第 67 条规定了违法行为将依法记入信用档案，并予以公示。此外，第 71 条规定："违反本法规定，构成违反治安管理行为的，依法给予治安管理处罚；构成犯罪的，依法追究刑事责任。"通过专门条款确立外部执法威慑，从而加大对个人信息的保护力度。

---

① 王锡锌：《个人信息权益的三层构造及保护机制》，载《现代法学》2021 年第 5 期。

② 蒋红珍：《〈个人信息保护法〉中的行政监管》，载《中国法律评论》2021 年第 5 期。

③ 《"严"字当头，提升个人信息保护法治化水平——全国人大常委会法工委有关部门负责人解读个人信息保护法热点话题》，载新华网，http://www.news.cn/legal/2021-08/23/c_1127787978.htm，最后访问时间：2022 年 3 月 29 日。

（二）《市场主体登记管理条例》：持续优化营商环境

市场主体的蓬勃发展离不开良好的营商环境。随着“放管服”改革的推进，国际化、法治化、便利化营商环境不断优化。2021年，我国登记在册的市场主体已从2012年的5500万户增长到1.45亿户，增长了将近1.6倍，市场主体的活跃度持续稳定在70%左右。[①] 为进一步巩固改革成果，2021年4月14日，国务院审议通过《市场主体登记管理条例》（以下简称《条例》），对以营利为目的从事经营活动的公司、合伙企业、个体工商户等各类市场主体的登记管理进行了统一规定。《条例》是我国制定出台的第一部统一规范各类市场主体登记管理的行政法规，对各单行法律法规中关于市场主体登记管理的相关制度进行了优化和统一，确立了我国市场主体登记管理的基础性制度。

一是巩固商事制度改革的成果，进一步降低和放宽市场门槛。《条例》将“多证合一”“证照分离”“一照多址”等成熟的改革予以法律化，进一步优化登记流程和环节，降低制度性成本。在准入方面，《条例》明确了登记主体范围，将原本分散在各个单行登记行政法规中的各类市场主体进行了汇总整合，明确在市场监管部门进行登记的市场主体是指在中华人民共和国境内以营利为目的从事经营活动的公司、非公司企业法人及其分支机构，个人独资企业、合伙企业及其分支机构，农民专业合作社（联合社）及其分支机构，个体工商户和外国公司分支机构等，未经登记，不得以市场主体名义从事经营活动；优化了登记程序，规定以“当场办结为原则，以限时办结为例外”；同时，规范了登记备案事项，除了统一登记事项外，结合不同市场主体类型特点，补充规定了登记备案事项。在退出方面，《条例》第31条至第34条进一步完善了市场主体的注销制度，明确了简易注销程序，对加强注销工作政府与法院联动也作出规定，最大程度解决“注销难”“吊而不销”等难题。

二是强化了事中、事后监管。放管结合，既要放得开，还要管得住。在优化准入和退出程序的同时，《条例》进一步明确了监管要求，丰富了监管手段。一方面，加大“虚假登记”“冒名登记”等行为的治理。《条例》规定对登记时提交虚假材料或者有其他欺诈行为的，要撤销其市场主体登

---

① 《促进公平竞争、保护合法权益、稳定市场预期——我国市场主体登记管理基础性制度确立》，载中国政府网，http：//www.gov.cn/zhengce/2021-08/26/content_ 5633425.htm，最后访问时间：2022年3月29日。

记，直接责任人 3 年内不得再次申请登记。登记机关根据市场主体的信用风险状况，实行分级分类监管，采取随机抽取检查对象，随机选派执法检查人员，并及时向社会公开检查结果的“双随机、一公开”方式，对登记事项进行监督检查。另一方面，明确了登记机关的监管职权。《条例》规定登记机关对市场主体涉嫌违反《条例》规定的行为进行查处时，可以进入市场主体的经营场所，实施现场检查，查阅、复制、收集有关材料，向有关单位和个人了解情况，依法责令市场主体停止相关活动，依法查询涉嫌违法的市场主体银行账户等。

三是增设“歇业登记”制度，助力市场主体渡过难关。新冠肺炎疫情发生以来，部分市场主体受到疫情的影响，暂时无法进行正常的经营活动，但是仍有比较强的经营意愿和能力，为此《条例》建立了市场主体的歇业制度，明确因自然灾害、事故灾难、公共卫生事件、社会安全事件等原因造成的经营困难的，市场主体可以自主决定在一定时期内歇业。“歇业登记”不仅回应了企业实际诉求，助力中小微企业渡过难关，同时也拓展了我国商事登记的类型，有助于缓和现行过于刚性的登记规则。[①]“歇业登记”的设立，有利于中小企业持续经营和信用体系建设的完善，也为服务“六稳”“六保”提供了法律支撑。

（三）《土地管理法实施条例》修订：细化“三块地”改革

2019 年，全国人民代表大会常务委员会作出《关于修改〈中华人民共和国土地管理法〉、〈中华人民共和国城市房地产管理法〉的决定》，此次修法吸收了“三块地”改革的试点经验，在土地征收改革、集体经营性建设用地入市改革和宅基地改革等方面作出了多项创新性的规定。[②] 2021 年 4 月 21 日国务院修订通过《土地管理法实施条例》，作为配套法规，进一步细化了《土地管理法》的规定，回应了土地制度改革的现实需求。

一是夯实“三块地”改革成果，细化建设用地管理制度。2019 年修改的《土地管理法》总结了“三块地”改革经验，在其制度框架下，《土地管理法实施条例》进一步出台有关细化措施，主要是通过细化征收程序，畅通公众参与渠道，对征地补偿安置的费用保障和分配规则进行具体规定，

---

① 骆梅英：《商事休眠登记制度的功能定位与构建路径》，载《中国市场监管研究》2020 年第 6 期。

② 参见胡建淼、骆梅英：《2019 年行政法实施报告》，载江必新主编：《中国法治实施报告（2019）》，人民法院出版社 2020 年版。

维护被征地农民的权益；明确了有关集体经营性建设用地入市交易的条件、流程和保障实施的规定，以促进城乡一体化发展；特别是将“宅基地”管理单列一节，从宅基地的规划、申请、有偿退出、权益保障等四个方面予以规范，同时，专门针对宅基地的流转、收回、退出、搬迁等方面作出四项禁止规定，为地方推进合村并居划定了底线。①

二是落实最严格的耕地保护制度，严守耕地保护红线。2021 年中央一号文件强调采取“长牙齿”的措施，落实最严格的耕地保护制度。对此，《土地管理法实施条例》明确严格控制耕地转为林地、草地、园地等其他农用地，建立耕地保护补偿制度，筑牢粮食产量安全防线。同时，规定开垦耕地验收制度和土地整理的相关要求、实施主体，以保证耕地数量。除此之外，《土地管理法实施条例》要求省、自治区、直辖市人民政府对本行政区域的耕地保护负总责，国务院对其耕地保护责任目标落实情况进行考核，首次从行政法规层面明确了耕地保护的责任主体。

三是构建国土空间规划体系，提高土地资源利用效率。将主体功能区规划、土地利用规划、城乡规划等空间规划融合为统一的国土空间规划，实现多规合一，强化国土空间规划对各专项规划的指导约束作用是党中央作出的重大决策部署。《土地管理法实施条例》在《土地管理法》的基础之上，进一步强调以“国土空间规划”代替“土地利用总体规划”，坚持土地开发、保护、建设活动中规划先行的原则，明确国土空间规划的效力和内容，发挥好国土空间规划的统筹协调作用。同时，坚持底线思维、保护优先，首次将划定落实“三条控制线”写入行政法规，规定国土空间规划应当细化落实国家发展规划提出的国土空间开发保护要求，统筹布局生态、农业、城镇等功能空间，划定落实生态保护红线、永久基本农田和城镇开发边界。

四是加强监督和检查，强化法律责任。土地督察是中央政府对地方政府的土地管理、利用行为的合法性审查，有利于加强土地管理工作，完善土地执法监察。② 2019 年修改的《土地管理法》将土地督察制度确立为一项正式的法律制度，《土地管理法实施条例》进一步明确了土地督察的主

---

① 即禁止违背农村村民意愿强制流转宅基地，禁止违法收回农村村民依法取得的宅基地，禁止以退出宅基地作为农村村民进城落户的条件，禁止强迫农村村民搬迁退出宅基地。

② 胡平仁、鞠成伟：《论土地督察制度与土地管理模式改革》，载《行政法学研究》2007 年第 2 期。

体、内容以及督察方式，为督察制度划定边界，确保其在法治的轨道上运行。同时，新法通过增加违法建筑没收的相关规定，明确违法占用永久基本农田发展林果业和挖塘养鱼应当承担的法律责任，提高对违法用地、违法转让土地、拒不履行土地复垦义务等违法行为罚款的处罚额度，以加大惩戒力度，震慑违法行为。

（四）地方公共数据立法提速：助推数字法治政府建设

2020年，中共中央、国务院出台《关于构建更加完善的要素市场化配置体制机制的意见》，将数据与土地、劳动力、资本、技术并列为五大生产要素，明确指出，加快培育数据要素市场，推进政府数据开放共享、提升社会数据资源价值、加强数据资源整合和安全保护。公共数据立法不仅可以发掘公共数据的经济价值，大幅度优化营商环境，助推数字法治政府建设，同时也加快了我国数据开放理论体系的发展。[①] 数字法治政府的目标就在于建立一个开放政府，公民可以通过网络进行参与，使得政府决策能够更好地回应民意，保障公民的权益，从根本上将“以人民为中心”作为改革行动的价值共识和价值内核，提升人民群众的幸福感、获得感。[②] 在我国，先试点再推广已经被证明是有效的中国经验。地方立法是对地方实践的及时总结，具有积极的意义。近年来，全国各地纷纷开展公共数据的立法实践，许多省市都颁布了数据治理相关政府规章或地方性法规。从目前各地相关立法来看，不管是数据安全、个人信息保护、数据开放与共享、授权和开放程序等方面都受到了足够的重视。

首先，公共数据开放与共享是立法的核心内容。数据是生产要素，如何打破格局，实现政府数据面向社会开放，让政府数据走出高阁是地方公共数据立法的核心内容。如深圳市人大于2021年6月29日通过的《深圳经济特区数据条例》、上海市人大于2021年11月25日通过的《上海市数据条例》、浙江省人大先后于2020年12月24日通过的《浙江省数字经济促进条例》和2022年1月21日通过的《浙江省公共数据条例》，山东省政府于2022年1月17日通过的《山东省公共数据开放办法》等都鲜明地表达了这一立法目的。数据共享开放与共享有利于促进数字经济健康发展，提高政府治理能力和服务水平，激发市场活力和社会创造力。由此，当前大多数地方数据立法的共性都是要建立一套地方公共数据开放和共享的机制。从

① 胡凌：《论地方立法中公共数据开放的法律性质》，载《地方立法研究》2019年第3期。

② 张成福、谢侃侃：《数字化时代的政府转型与数字政府》，载《行政论坛》2020年第6期。

具体制度设计上，各地都将公共数据共享分为无条件共享、受限共享和不共享三类，明确公共数据以共享为原则、不共享为例外。并根据风险程度，将公共数据分为无条件开放、受限开放、禁止开放三类，明确优先开放与民生紧密相关、社会迫切需要等方面的数据。地方立法通过一系列创新规定，打破信息孤岛，推动公共数据深度开放、全面共享。如依据《深圳经济特区数据条例》规定，除通过传统的政府数据开放平台开放原始数据外，还可以综合利用区块链、隐私计算、联邦学习等技术建立专业化数据定向开放平台，提供“可用不可见”和按规定用途使用数据的安全可信环境，满足专业机构对高价值数据的需求，带动公共数据与社会数据融合应用。再如，为了提高公共数据社会化开发利用水平，《上海市数据条例》要求市政府建立公共数据授权运营机制。

其次，大数据产业发展与数据安全并重。数据挖掘与应用在创造价值的同时，也面临着复杂而严峻的安全挑战。公共数据安全是公共数据价值被利用的前提，为此，各地立法都把数据安全摆在了首要位置。《贵州省大数据发展应用促进条例》要求政府建立健全安全管理制度，定期开展安全测评、风险评估和应急演练。依据《浙江省公共数据条例》规定，要落实数据安全主体责任，确立谁收集谁负责、谁使用谁负责、谁运行谁负责的数据安全责任制，明确相关部门的主要负责人是本单位数据安全工作第一责任人，同时，要建立数据处理安全评估制度，规定因数据汇聚、关联分析等原因可能产生涉密、敏感数据的，应当进行安全评估，并根据评估意见采取相应的安全措施。

再次，平衡公共数据开放与个人信息保护的关系。近年来，个人信息保护问题引起社会广泛关注。大数据时代，个人信息保护问题显得尤为突出。对此，《安徽省大数据发展条例》中突出对个人信息和隐私的保护，要求开展涉及个人信息的数据活动，不得窃取或者以其他方式非法获取个人信息，不得泄露或者篡改其收集的个人信息，不得过度处理；未经被收集者同意，不得向他人非法提供其个人信息等。《浙江省公共数据条例》要求公共管理和服务机构收集数据时，不得强制要求个人采用多种方式重复验证或者特定方式验证。已经通过有效身份证件验明身份的，不得强制通过收集指纹、虹膜、人脸等生物信息重复验证。《深圳经济特区数据条例》提出了“最小范围和影响”原则，即“处理个人数据应当符合，限于实现处理目的所必要的最小范围、采取对个人权益影响最小的方式，不得进行与处理目的无关的个人数据处理”，其中具体操作包括如“个人数据存储期限应当为实现处理目的所必需的最短时间，超出存储期限的，应当对个人数据予以删除或者匿名化，法律、法规另有规定或者经自然人同意的除外”。与此同时，《上海市数据条例》也有类似规定。

最后，更加注重数据治理中的整体性、协同性。各地公共数据立法都要求建立统一的信息化平台来处理数据。随着各地数字化改革进一步推进，有些地区开始对统一的信息化平台进行整体智治，实现高效协同。如《浙江省公共数据条例》提出建设一体化智能化公共数据平台，促进省域整体智治、高效协同。为夯实数字化改革底座，根据公共数据平台一体化、智能化定位，要求统筹建设浙江全省一体化数字资源系统，推动公共数据、应用、组件、算力等集约管理，促进数字资源高效配置供给，实现数据“多跨”流通。另如《深圳经济特区数据条例》要求市人民政府可以依托城市智能中枢平台建设政府管理服务指挥中心，建立和完善运行管理机制，推动政府整体数字化转型，深化跨层级、跨地域、跨系统、跨部门、跨业务的数据共享和业务协同，建立统一指挥、一体联动、智能精准、科学高效的政府运行体系。

（五）政府信息公开行政复议案件审理规范出台

2019年新修订的《政府信息公开条例》颁布实施以来，政府信息公开申请总量稳步增长，案件数量大幅下降，公众知情权得到更好保障。与此同时，政府信息公开案件审理工作中还不同程度地存在公开范围界定不清、受理范围不明确、审理标准不统一、处理决定类型不规范等问题。在《政府信息公开条例》实施过程中，各地复议处理决定随意“创设”，如对于“不予公开”的处理决定就多达50多种，法律依据也不甚明确。[①] 近年的统计数据反映，在所有行政复议案件事由中，政府信息公开条例类行政复议案件仍然是仅次于行政处罚的第二大类型。[②] 政府信息公开复议申请的提质生效对于复议机关实质性化解行政争议有重大意义，鉴于此，政府信息公开复议工作力量有待进一步加强，工作机制也需要进一步优化。[③]

---

① 后向东、赵建基：《准确理解和适用政府信息公开行政复议案件审理规范——解读〈关于审理政府信息公开行政复议案件若干问题的指导意见〉》，载《中国司法》2022年第1期。

② 徐运凯：《政府信息公开行政复议案件的实证解析与制度重构》，载《中国行政管理》2020年第2期。

③《司法部2021年政府信息公开工作年度报告》，载中国政府法制信息网，http://www.moj.gov.cn/pub/sfbgw/zwxxgk/zfxxgkgzndbg/202201/t20220129_447380.html，最后访问时间：2022年3月30日。

2021年12月22日，国务院办公厅转发司法部《关于审理政府信息公开行政复议案件若干问题指导意见》（以下简称《指导意见》），对政府信息公开案件复议审理的全过程予以规范。《指导意见》统一了审理标准，加大了监督力度，为司法机关审理同类型的行政诉讼案件提供经验与参照，也进一步增强了政府工作人员在信息公开工作中的法治意识、公开意识和服务意识。

第一，以“正面列举”与“反面排除”的方式，划定政府信息公开案件复议受理的范围。《指导意见》第2条明确了“可以受理”的五种情形：一是行政机关答复不予公开、无法提供、不予处理或者逾期未作出处理；二是申请人认为提供的政府信息不属于其申请公开的内容；三是告知获取政府信息的方式、途径或时间错误；四是主动或依申请公开的信息侵犯其商业秘密、个人隐私；五是其他类“兜底条款”。第3条规定了“不予受理”的四种情形：一是单独就补正、延期等程序性处理行为提出申请；二是不符合申请人要求的纸张、印章等具体形式或特定渠道提供；三是在缴费期内对收费决定提出异议；四是其他类“兜底条款”。此外，第4条对于仅提出未依法履行主动公开政府信息义务的复议申请，虽然同样不予受理，但可以向申请人告知其应当先向行政机关申请获取信息。

第二，规定不同情况下政府信息公开复议被申请人的主体资格问题。《指导意见》贯彻了《行政复议法》确定被申请人的基本逻辑，在第5条进一步对实践中被申请人主体不一的问题予以规范。具体可细分为四类情况：（1）如果对对外以自己名义履职的派出机构不服的，以公开行为作出的机关或者派出机构为被申请人；（2）若对“依申请公开”而逾期未公开不服的，以收到申请的机关或者派出机构为被申请人；（3）认为“主动公开”行为侵犯合法权益的，以公开该信息的机关或者派出机构为被申请人；（4）对法律、法规授权的具有管理公共事务职能的组织作出的公开行为不服的，以该组织为被申请人。

第三，逐一明晰各种政府信息公开处理决定类型的重点审查事项，确立了处理决定的“合法性要件”以及处理方式。政府信息公开处理决定类型具体包括被申请人逾期未处理、答复政府信息予以公开、不予公开、无法提供、不予处理这五类事项，分别在第6~10条中以“合法性要件”的形式对重点审查事项进行了细致规定。

在复议决定的处理方式上，《指导意见》依循《行政复议法》的相关规定，在第12~16条明确列举了应当决定维持、驳回、变更、撤销或者部分撤销、责令公开、责令重新作出、确认公开行为程序违法、确认公开行为违法八种处理方式，并规定了每一种处理方式的适用情形。对于处理决定方式的限缩，原则上复议机关只能在这八种处理方式之中进行选择，这既是对实践中过度“创设”新类型的现实回应，也是统一适用、防止“同案不同判”的有力举措。除此之外，《指导意见》还强化了行政复议机关对被申请人、上级行政复议机关对下级行政复议机关的监督责任。

二、法治政府建设“五年规划”出台：强化系统部署和整体推进

法治政府建设是全面依法治国的重点任务和主体工程。在“十三五”期间，中共中央和国务院于 2015 年 12 月印发了《法治政府建设实施纲要（2015-2020）》。五年来，各地区和各部门切实努力推进法治政府建设，完成了各项工作任务。为了纵深推进法治政府建设，2021 年 8 月 11 日，中共中央和国务院又印发了《法治政府建设实施纲要（2021-2025 年）》（以下简称《2021 年纲要》），为“十四五”时期全面推进法治政府建设制定了新一轮五年规划。以此为遵循，各地也结合自身实际制定了各个省级的法治政府建设实施纲要，形成了从中央到地方的法治政府建设纲领性文件体系。

（一）“一规划两纲要”的有机统一

2021 年年初，中共中央公布了《法治中国建设规划（2020－2025 年）》，这是党中央总结党的十八大以来法治建设实践和成就，站在全面建设社会主义现代化的新起点，对新时代法治中国建设作出全局性、战略性、基础性、保障性安排的纲领性文件，是覆盖依法治国、依法执政、依法行政法治工作和法治国家、法治政府、法治社会法治目标的综合规划。《2021 年纲要》以《法治中国建设规划（2020-2025 年）》为依据，是其在依法行政、建设法治政府领域具体落实的表现形式。此外，中共中央于 2020 年年底还印发了《法治社会建设实施纲要（2020-2025 年）》，为构建“全民守法”的法治社会确定了目标和措施。这三个文件相衔接，形成了“十四五”时期具有中国特色社会主义法治建设的“一规划两纲要”的系统架构。①

---

① 胡建淼：《法治政府建设是全面依法治国的重点任务和主体工程》，载《学习时报》2021 年 9 月 1 日。

《2021年纲要》是对《法治中国建设规划（2020-2025年）》的具体落实。《法治中国建设规划（2020-2025年）》提出“构建职责明确、依法行政的政府治理体系”。《2021年纲要》紧紧围绕推进国家治理体系和治理能力现代化，明确提出深入推进依法行政，全面建设法治政府，加快构建职责明确、依法行政的政府治理体系，并将其作为贯穿全篇的一条主线。提出坚持党的全面领导，确保法治政府建设正确方向；坚持以人民为中心，一切行政机关必须为人民服务、对人民负责、受人民监督；坚持问题导向，用法治给行政权力定规矩、划界限，切实解决制约法治政府建设的突出问题；坚持改革创新，积极探索中国特色的法治政府建设模式和路径；坚持统筹推进，强化法治政府建设的整体推动、协同发展。目标是到2025年，政府行为全面纳入法治轨道，职责明确、依法行政的政府治理体系日益健全，行政执法体制机制基本完善，行政执法质量和效能大幅提升，突发事件应对能力显著增强，各地区各层级法治政府建设协调并进，更多地区实现率先突破，为到2035年基本建成法治国家、法治政府、法治社会奠定坚实基础。

（二）“八大体系”的整体战略

《2021年纲要》注重法治政府的全面推进和依法行政能力的整体提升，从“健全政府机构职能体系，健全依法行政制度体系，健全行政决策制度体系，健全行政执法工作体系，健全突发事件应对体系，健全社会矛盾纠纷行政预防调处化解体系，健全行政权力制约和监督体系，健全法治政府建设科技保障体系”等八个方面突出体系建设。

1. 健全政府机构职能体系

职能是行政权行使的源点，法治政府建设首先要落在政府职能是否科学、是否法定的基础之上。与此同时，政府职能还直接关系到行政决策、行政执法、行政监督等法治政府系列制度要求的落实成效。[①] 对此，《2021年纲要》提出了三点要求：一是要求“推进政府机构职能优化协同高效”。着力点是深化机构和行政体制改革，推动有效市场和有为政府更好结合，构建简约高效的基层管理体制，全面实行政府权责清单制度。二是深入推进“放管服”改革。《2021年纲要》聚焦关键环节和重点领域，从进一步

① 胡建淼主编：《法治政府建设——全面依法治国的重点任务和主体工程》，人民出版社2021年版，第23~24页。

精简行政审批事项、健全事中事后监管、优化政务服务流程入手，加快建设服务型政府，提出了一系列具体要求和措施。三是持续优化法治化营商环境。《2021 年纲要》从注重顶层设计和地方实践相结合、依法平等保护各类市场主体、构建公平、有序的市场环境三个方面入手，力求营造一个统一开放、竞争有序、制度完备、治理完善的高标准市场体系。

2. 健全依法行政制度体系

依法行政是建设法治政府的核心，完备的制度体系是依法行政、营造良好发展环境的前提。坚持科学立法、民主立法、依法立法，着力实现政府立法质量和效率并重并进是《2021 年纲要》对法治政府制度体系建设提出的要求，这里高质量立法是关键。为此，《2021 年纲要》要求，首先，“加强重点领域内的立法”。同时提出要“加强规范共同行政行为立法，推进机构、职能、权限、程序、责任法定化”。其次，要求“完善立法工作机制”。只有完善立法工作机制，提高立法质量，发挥立法的引领和推动作用，才能制定满足人民美好生活需要、推进国家治理体系和治理能力现代化需要的良法。最后，行政规范性文件的制定具有准立法的性质，《2021 年纲要》提出要“加强行政规范性文件制定监督管理”。

3. 健全行政执法工作体系

行政决策是新时代法治政府建设中有待解决的硬骨头。[①] 为此，《2021 年纲要》第四部分专门规定了健全行政决策制度体系，不断提升行政决策公信力和执行力。具体而言，有以下三点：第一，强化依法决策意识。一个地区党委、政府能否做到依法决策，关键在各级党政领导干部。只有切实提高领导干部依法决策的意识和能力，使其能自觉并善于运用法治思维和法治方法谋划和决策各项工作，才能更好地发挥法治在国家治理和社会管理中的作用。第二，严格落实重大行政决策程序。重大行政决策程序是近年来法治政府建设的重要举措之一，保证了行政决策的科学性和民主性。2019 年颁布的《重大行政决策程序暂行条例》着眼于全面依法治国的大局，通过对行政决策这一源头性行政权的治理，对法治政府建设发挥了“以点带面”的作用。[②]《2021 年纲要》对此作了四个方面的具体要求：一是要大

---

① 胡建淼主编：《法治政府建设——全面依法治国的重点任务和主体工程》，人民出版社 2021 年版，第 73 页。

② 韩春晖：《国家治理体系现代化的制度样本——评析〈重大行政决策程序暂行条例〉》，载《行政管理改革》2020 年第 1 期。

力提升公众参与、专家论证、风险评估、合法性审查和集体讨论决定五大程序的功能与实效；二是要推行重大行政决策事项年度目录公开制度；三是要对重大行政决策事项加大公众参与力度，深入开展风险评估；四是要建立健全决策过程记录和材料归档制度。第三，加强行政决策执行和评估。评估工作是调整行政决策的重要依据。对此，《2021 年纲要》的具体要求包括：一是完善行政决策执行机制；二是建立健全重大行政决策跟踪反馈机制；三是依法推进决策后评估工作；四是严格落实重大行政决策终身责任追究制度和责任倒查机制。

4. 健全行政执法工作体系

《2021 年纲要》从深化行政执法体制改革、加大重点领域执法力度、完善行政执法程序、创新行政执法方式四个方面，对未来五年行政执法改革进行了规划。其中，权限配置是行政执法体制改革的核心。《2021 年纲要》把重点放在了“执法权下沉”上，提出“稳步将基层管理迫切需要且能有效承接的行政执法事项下放给基层，坚持依法下放、试点先行，坚持权随事转、编随事转、钱随事转，确保放得下、接得住、管得好、有监督”。在执法力度上则强调对金融服务、教育培训等关系群众切身利益的重点领域执法力度。在程序上要求“全面严格落实行政执法公示、执法全过程记录、重大执法决定法制审核制度”。在创新执法上，要求“广泛运用说服教育、劝导示范、警示告诫、指导约谈等方式，努力做到宽严相济、法理相融，让执法既有力度又有温度”。

5. 健全突发事件应对体系

在新冠肺炎疫情的背景下，我国如何尽快实现本土化的紧急状态法制构建，确保各项活动始终在法治的轨道上运行，是一项紧要课题。[①]《2021 年纲要》的一个突出亮点就是依法应对突发事件作出系统部署，作出“完善突发事件应对制度，提高突发事件依法处置能力，引导、规范基层组织和社会力量参与突发事件应对”三点要求。其中，完善突发事件应对制度的关键是修改《突发事件应对法》，健全国家应急预案体系；提高突发事件依法处置能力的关键是增强风险防范意识，强化各地区各部门防范化解本地区本领域重大风险责任；基层组织和群众处在突发事件第一线，最容易发现可能诱发突发事件的信息，最有可能对突发事件第一时间做出反应，

① 金晓伟：《论我国紧急状态法制的实现条件与路径选择——从反思应急法律体系切入》，载《政治与法律》2021 年第 5 期。

因而是整个突发事件处置过程中，一支不可忽视的力量。[①] 由此，应当积极引导、规范基层组织和社会力量参与突发事件应对。

6. 健全社会矛盾纠纷行政预防调处化解体系

推进社会矛盾纠纷行政预防调处化解是法治政府建设的重要目标也是有效检验。为此，《2021年纲要》提出“加强行政调解工作”“有序推进行政裁决工作”“发挥行政复议化解行政争议主渠道作用”以及“加强和规范行政应诉工作”四方面要求。其中，行政调解是化解社会矛盾的重要手段和途径之一。我国目前尚未进行专门统一的行政调解立法。有关行政调解规定主要散见于党中央和国务院文件，单行法律、行政法规、地方性法规、部门规章、地方政府规章及相关行政规范性文件中。加强行政调解工作，需要全面推进行政调解的规范化和法制化，在三调联动（人民调解、行政调解、司法调解）的大调解体系中，充分进行行政调解，制度优势转化为解纷效能。[②]

7. 健全行政权力制约和监督体系

控制行政权力，防止行政权滥用无疑是法治政府建设最根本的要义之一。作为国家权力的重要组成部分，行政权力的行使始终坚持以人民为中心，意在保障人民的权益，增加人民的福祉，满足人民的美好生活需要。依法行政，确保行政机关依法用权、用权为民，是全面推进依法治国的必然要求。为此，《2021年纲要》坚持“有权必有责、有责要担当、失责必追究，着力实现行政决策、执行、组织、监督既相互制约又相互协调，确保对行政权力制约和监督全覆盖、无缝隙，使党和人民赋予的权力始终用来为人民谋幸福”。在具体要求上提出了“形成监督合力，加强和规范政府督查工作，加强对行政执法制约和监督，全面主动落实政务公开，加快推进政务诚信建设”。

8. 健全法治政府建设科技保障体系

当今时代，数字技术治理已成为各国国家治理的显著特征。规模化数字政府的发展目标，是根据行政统一制度和数字行政技术标准，通过推进政府数字化平台的互联互通，实现上下级政府之间的有效统一领导和同级

① 胡建淼主编：《法治政府建设——全面依法治国的重点任务和主体工程》，人民出版社2021年版，第130页。

② 胡建淼主编：《法治政府建设——全面依法治国的重点任务和主体工程》，人民出版社2021年版，第139页。

政府机构之间的协同合作，建立基于数字技术的整体型政府。[①] 以数字化为特质的新一代治理模式将驱动政府技术治理，全方位重塑与再造政府组织、执法流程、政民互动、社会参与等体制机制，对政府治理能力现代化产生了变革性影响。《2021 年纲要》第九部分以健全法治政府建设科技保障体系、全面建设素质法治政府为题，对建设法治政府的科技保障措施作了全面和详细的部署，是新一轮法治政府规划中最大的亮点。《2021 年纲要》指出要"坚持运用互联网、大数据、人工智能等技术手段促进依法行政，着力实现政府治理信息化与法治化深度融合，优化革新政府治理流程和方式，大力提升法治政府建设数字化水平"。在具体举措上提出了加快推进信息化平台建设、加快推进政务数据有序共享、深入推进"互联网+"监管执法的三方面要求。

《2021 年纲要》的颁布实施，开启全面建设法治政府的新篇章。[②] 未来五年，各级政府要聚焦法治政府建设关键环节和《2021 年纲要》任务举措，把握好时间节点和原则标准，建立健全重点任务协调推进机制，有效实现部门协同推进，确保重要目标如期实现。同时，着力解决人民群众关心的重点问题，不断增强人民群众对法治政府建设的获得感、满意度。

三、综合行政执法改革：顶层设计与地方实践紧密互动

综合行政执法改革是我国行政体制改革的重要组成部分，目的是解决行政执法权配置纵向层级过高、横向分散赋权导致的"悬浮执法""多头执法""重复执法""执法缺位"等行政执法问题以及基层治理中存在的"条块分割""权小责大""碎片运作"等问题。2021 年 1 月 22 日，全国人大修订通过《行政处罚法》，自 2021 年 7 月 15 日起施行。新修订的《行政处罚法》体现和巩固了近年来行政执法领域取得的重大改革成果，首次在法律层面明确国家在城市管理、市场监督、生态环境、文化市场、交通运输、应急管理、农业等领域推行建立综合行政执法制度，为历时二十余年的综合行政执法改革提供了有力的法律保障。为进一步贯彻实施《行政处罚法》的最新规定，国务院又于 2021 年 11 月 15 日印发《关于进一步贯彻实施〈中华人民共和国行政处罚法〉的通知》（国发〔2021〕26 号，以下简称

---

① 于安：《论数字行政法——比较法视角的探讨》，载《华东政法大学学报》2022 年第 1 期。

② 王敬波：《开启全面建设法治政府的新篇章——〈法治政府建设实施纲要（2021—2025）〉解读》，载《民主与法制》2021 年第 31 期。

《通知》)，就“纵深推进综合行政执法体制改革”提供了明确指引，综合行政执法改革也揭开了改革与法治“同频共振”的新篇章。

（一）历史演进：综合行政执法改革的三个阶段

回溯历史，为了克服传统行政体制的弊端和基层行政执法的困境，1996 年颁布实施的《行政处罚法》以法律形式确立了相对集中行政处罚权制度。伴随着相对集中行政处罚权改革的地方试点和逐步推广，“综合行政执法”改革作为中国特色的行政执法改革模式正式登上历史舞台。时至今日，综合行政执法改革经历了二十多年的发展历程，呈现出历史性、阶段性和连续性的复杂特征。期间大致可以划分为三个历史阶段，分别是相对集中行政处罚权改革（1997 年至 2002 年）、从相对集中过渡到综合行政执法（2002 年至 2012 年）、全面探索综合行政执法（2013 年以来）。

第一个阶段的综合行政执法改革依托于相对集中行政处罚权制度，最初聚焦于城市管理领域，逐步从小范围试点走向大面积试点。根据 1996 年《行政处罚法》第 16 条之规定，“国务院或者经国务院授权的省、自治区、直辖市人民政府可以决定一个行政机关行使有关行政机关的行政处罚权”，打破传统上条块分割的行业管理格局，城市管理执法体制改革因此展开。[①]当年 11 月，国务院批准北京市宣武区成为全国第一个城市管理领域相对集中行政处罚权的试点地区。此后，全国 23 个省、自治区的 79 个城市和 3 个直辖市经批准陆续开展相对集中行政处罚权试点。考虑到城市管理涉及诸多行政管理权和执法机构，通过相对集中行政处罚权改革，可以把分散在城建、土地、规划、环卫、工商等行政处罚权进行整合，交由新组建的城市管理综合行政执法机构行使，可以有效解决“八个大盖帽管不好一顶破草帽”的问题。[②] 2002 年 8 月，国务院《关于进一步推进相对集中行政处罚权工作的决定》（国发〔2002〕17 号）指出，“实行相对集中行政处罚权的领域，是多头执法、职责交叉、重复处罚、执法扰民等问题比较突出，严重影响执法效率和政府形象的领域，目前主要是城市管理领域”。

第二个阶段的综合行政执法改革相较第一个阶段有了两个显著变化：一是改革的场域进一步扩面延伸；二是改革的领域突破了城市管理领域。2002 年 10 月，国务院办公厅转发《中央编办关于清理整顿行政执法队伍实行综合行政执法试点工作的意见》（国办发〔2002〕56 号），决定在广东

① 王敬波：《相对集中行政处罚权改革研究》，载《中国法学》2015 年第 4 期。

② 程琥：《综合行政执法体制改革的价值冲突与整合》，载《行政法学研究》2021 年第 2 期。

省、重庆市开展清理整顿行政执法队伍、实行综合行政执法的试点工作，其他省、自治区、直辖市各选择1~2个具备条件的市（地）、县（市）进行试点。自此以后，综合行政执法改革的侧重点开始从相对集中行政处罚权逐步过渡到综合行政执法，而且改革领域也突破城市管理领域，在文化市场监管、资源环境管理、农业管理、交通运输管理等更多适合综合行政执法的领域探索综合执法模式。[①] 回顾之后的十年时间，在政府法制部门的积极推动和组织协调下，城市管理领域相对集中行政处罚权基本实现了市县全覆盖，并且开始向乡镇、街道延伸，在城市管理领域以外如风景名胜区等一些领域也开展了相对集中行政处罚权工作。[②]

党的十八大以来，以习近平同志为核心的党中央提出了一系列深化行政执法体制改革与创新的举措，综合行政执法改革也迈入了一个全新的阶段。

一是相对集中行政处罚权向相对集中行政执法权发展。2013年11月，《中共中央关于全面深化改革若干重大问题的决定》就深化综合行政执法体制改革作出新的部署，明确要求“整合执法主体，相对集中执法权，推进综合执法，着力解决权责交叉、多头执法问题，建立权责统一、权威高效的行政执法体制”。值得注意的是，“相对集中执法权”的表述超越了过去相对集中行政处罚权的范畴，意味着新一轮的改革不仅仅局限于末端处罚权的单向集中，而是致力于全流程执法权的优化配置，寻求权力运行内在逻辑的链条化。

二是综合行政执法改革的领域和场域全面拓展。一方面，党的十八届三中、四中全会和十九届三中、四中全会决定均明确提出推进综合行政执法，探索实行跨领域跨部门综合行政执法。在各领域广泛推进综合行政执法改革的新形势下，城市管理、市场监管、生态环境、文化市场、交通运输、应急管理、农业等领域综合行政执法改革已经取得了重大进展。[③] 另一方面，在2015年4月中央编办印发《关于开展综合行政执法体制改革试点工作的意见》要求全国22个省、自治区、直辖市的138个城市开展综合行政执法改革试点之后，综合行政执法改革的范围和力度空前加大，许多省

---

① 吕普生：《中国行政执法体制改革40年：演进、挑战与走向》，载《福建行政学院学报》2018年第6期。

② 马太建：《论相对集中行政处罚权与综合执法的关系》，载《法治现代化研究》2018年第6期。

③ 黄海华：《新行政处罚法的若干制度发展》，载《中国法律评论》2021年第3期。

份也都相继制定了各自的改革试点方案。

三是基层综合行政执法改革形成了独特的发展脉络。从党的十八届三中全会提出“对吸纳人口多、经济实力强的镇，可赋予同人口和经济规模相适应的管理权”，到中共中央办公厅、国务院办公厅《关于深入推进经济发达镇行政管理体制改革的指导意见》提出“省（自治区、直辖市）政府可以将基层管理迫切需要且能够有效承接的一些县级管理权限包括行政处罚等赋予经济发达镇，明确镇政府为权力实施主体”，再到中共中央办公厅、国务院办公厅印发《关于推进基层整合审批服务执法力量的实施意见》提出要“推进行政执法权限和力量向基层延伸和下沉，强化乡镇和街道的统一指挥和统筹协调职责”，基层综合行政执法改革的制度演进催生了乡镇街道“一支队伍管执法”的地方改革试点，满足国家权力渗透基层的需求。

（二）基本经验：顶层设计与地方实践的紧密互动

本轮改革迄今已近十年，崭新的综合行政执法改革模式业已形成。客观地说，由于各地的条件和情况不同，综合行政执法改革的三个历史阶段划分或许不是绝对的，实践中也还存在合法性支撑不足、合理性欠缺、效率不高等问题。[①] 但是回顾二十余年的改革历程，至少可以得出一条重要的基本经验——顶层设计与地方实践的紧密互动。无论是依托于相对集中行政处罚权制度而启动的初代改革，还是跨领域跨部门乃至跨层级综合行政执法的深化改革，都可以清晰地勾勒出“中央指导地方试点，试点走向全国推广，推广纳入顶层设计”的双向互动逻辑。

2021 年，这一基本经验持续发挥作用。例如，在新修订的《行政处罚法》确立综合行政执法制度之后，浙江省启动了“大综合一体化”行政执法改革，并加快推进《浙江省综合行政执法条例》的制定工作。该条例于 2021 年 11 月 25 日正式通过，成为国内首部综合行政执法领域省级层面的创制性立法，在执法事项、执法协同、执法规范、执法保障、执法监督等方面都进行了细化规定，充分展示了国家立法带动地方立法、共同助推综合行政执法改革的生动实践。又如《通知》中明确，“逐步完善联合执法机制，复制推广‘综合查一次’经验，探索推行多个行政机关同一时间、针对同一执法对象开展联合检查、调查，防止执法扰民”，正是肯定了浙江嘉兴首创的“综合查一次”执法模式，进而推动地方试点经验向全国铺开。

---

① 参见杨丹：《综合行政执法改革的理念、法治功能与法律限制》，载《四川大学学报（哲学社会科学版）》2020 年第 4 期。

这一经验也同样适用于部门行政执法领域。《通知》提出："要综合运用大数据、物联网、云计算、区块链、人工智能等技术，先行推进高频行政处罚事项协助，实现违法线索互联、监管标准互通、处理结果互认。"以市场监管综合行政执法为例，引入数字化执法的过程本身就是改革。一体化智能化公共数据平台的建设将最大程度促进部门间信息共享；基于"一件事"治理的多跨协同场景，将倒逼行业监管部门与综合执法部门的程序性合作，构建"审批—监管—处罚—监督评价"的全流程闭环；全要素网上办案体系，将实现案件全环节网上流转、全流程同步留痕，推进事前事中监管与事后处罚无缝衔接；等等。由此，以数字化改革牵引市场监管综合执法改革，是一条以技术改革推进制度变革的进路。[①]

撰稿专家

胡建淼，浙江慈溪人，中央党校（国家行政学院）一级教授、博士生导师，胡建淼专家工作室领衔专家，中国法学会常务理事兼学术委员会委员，中国法学会行政法学研究会顾问，中国行为法学会副会长兼行政法治研究会会长，最高人民法院特邀咨询员和案例指导工作委员会委员，最高人民检察院专家咨询委员，北京市人大代表和法制委员会成员，北京市法官检察官惩戒委员会主任。1989年毕业于中国政法大学研究生院，曾任杭州大学副校长、浙江大学副校长、浙江工商大学校长、国家行政学院法学部主任。享受国务院"人民政府特殊津贴"，获评首届十大"杰出青年法学家"，1997年入选国家百千万人才。长期从事宪法与行政法研究，曾到美国斯坦福大学、英国爱丁堡大学、澳大利亚西澳大学、德国基尔大学、法国马赛大学等做过访问学者或学术交流。出版著作100余部（含合著），发表论文100余篇（含合著）。2011年3月28日在中央政治局讲解《推进依法行政和弘扬社会主义法治精神》。

① 骆梅英、黄柳建：《市场监管综合行政执法改革中的权限配置》，载《苏州大学学报（哲学社会科学版）》2021年第6期。

骆梅英，浙江省委党校教授、浙江省习近平新时代中国特色社会主义思想研究中心研究员、博士生导师。中国法学会行政法学研究会理事、政府规制专业委员会委员，浙江省法学会副会长。入选中宣部2021年宣传思想文化青年英才、浙江省“万人计划”青年拔尖人才等。主要研究行政法、法治政府建设，已在《法学研究》等学术刊物上发表论文40余篇，著有译著及参与编著、专著等8部，主持国家社科基金3项、司法部等省部级以上课题10余项。研究成果曾获浙江省“第十七届哲学社会科学优秀成果奖”一等奖、浙江省“第十八届哲学社会科学优秀成果奖”三等奖、教育部第七届高等学校科学研究优秀成果奖（人文社会科学）三等奖、第四届中国法学优秀成果奖三等奖等荣誉。

第四章　2021年经济法实施报告

2021年宏观调控法实施报告

管　斌

报告要旨

2021年宏观调控法的实施，进一步推进了国家治理体系和治理能力现代化建设，助推疫情阻击战、经济保卫战、脱贫攻坚战取得全面胜利，在全球范围内率先开启常态化进程。（1）发展规划法的实施，精准发力、立足长远，发挥了战略引领作用，助推全年国内生产总值比上年增长8.1%，城镇新增就业1269万人，对于保障年度计划任务好于预期和实现“十四五”规划良好开局发挥了法治约束作用。（2）财税法的实施，通过运用政策调节机制和完善税收征管流程，积极配合“十四五”规划制定目标，以财税助力高质量发展，助力实现共同富裕，成就应对变化的底气。（3）金融调控法的实施，通过货币政策逐步回归中性、恢复常态，货币供应量和社会融资规模存量增速、市场利率和社会融资成本稳中有降，人民币对美元汇率双向波动，小幅提升，为宏观经济持续复苏提供了持续动力和坚实基础。

我国在宏观调控法治实施方面仍任重而道远。要在坚持实事求是、一切从实际出发的前提下，充分借鉴国际经验，科学界定我国宏观调控法的内涵与外延，加快推进宏观调控的法治化进程。这既是实现依法治国的必然要求，也是推进我国宏观经济治理体系现代化的题中应有之义。

核心建议

1. 尽快出台“国家发展规划法”“黄河保护法”“能源法”“粮食安全保障法”“耕地保护法”等法律，同步推进国家级专项规划和重大区域战略实施方案，健全以国家发展规划为战略导向的宏观经济治理体系，并建立相应的执法制度。

2. 加快“关税法”“增值税法”“消费税法”等税收立法步伐，推进包括非税收入立法在内的财政收入法治建设，助推“财政法”的制定。

3. 加快《中国人民银行法》、《商业银行法》、《银行业监督管理法》、《保险法》、“地方金融监督管理条例”、“期货和衍生品法”、“金融稳定法”等金融法律、法规的修改或制定工作。

4. 完善包括指导性案例在内的典型案例的定期公布制度和影响性诉讼特别披露制度，进一步提高宏观调控法治化认知水平，加强宏观调控法的普法教育工作。

2021年是中国共产党成立100周年，是我国“十四五”规划开局之年，是迈向全面建设现代化国家新征程的起步之年，也是在抗击新冠肺炎疫情中保持经济恢复和发展的重要一年。全面小康目标的顺利完成、新冠肺炎疫情防控的总体稳定以及高新技术产业的持续向好，为宏观经济持续复苏提供了持续动力和坚实基础。疫情的反复、极端天气的出现、房地产和碳减排等结构性调整政策的同步实施也为宏观经济发展带来全新挑战。科学、精准、规范的宏观调控是中国社会主义市场经济体制最具优势的国家治理方式。对宏观调控法进行系统性评价，既利于提高宏观调控效率，推动中国经济高质量发展，又助于将中国特色宏观调控的成功实践经验理论化，完善中国经济法学理论体系。

本报告所称宏观调控法，是指调整在国家对宏观经济运行进行引导、调节和监控过程中发生的社会关系的法律规范系统。它是中国社会主义经济法体系中的骨干制度之一，其主要内容由发展规划法、财政税收法、金融调控法、产业政策法等部分组成。因篇幅所限，2021年宏观调控法实施报告着重描述和分析发展规划法、财税法和金融调控法三大部分的实施状况和主要特点，展望2022年宏观调控法实施并提出建议。

一、2021 年发展规划法的实施和对 2022 年的展望

在世纪疫情冲击下，百年变局加速演进，外部环境更趋复杂严峻和不确定，中国经济发展面临需求收缩、供给冲击、预期转弱三重压力。中央及地方政府直面危机，及时制定或调整相应发展规划，充分发挥国内超大规模市场优势和内需潜力，不断深化供给侧结构性改革，释放经济发展的新动能。本实施报告从总结 2021 年度发展规划法的立法状况出发，进一步分析和总结本年度发展规划法实施状况和主要特点。在肯定 2021 年度发展规划法实施成果的同时，本报告对 2022 年度发展规划法治实施进行了展望并提出了合理建议。

（一）发展规划法的立法状况

科学编制并有效实施国家发展规划，阐明建设社会主义现代化强国奋斗目标在规划期内的战略部署和具体安排，引导公共资源配置方向，规范市场主体行为，有利于保持国家战略连续性稳定性，集中力量办大事，确保一张蓝图绘到底。《中共中央、国务院关于统一规划体系更好发挥国家发展规划战略导向作用的意见》（中发〔2018〕44 号）指出，“以规划引领经济社会发展，是党治国理政的重要方式，是中国特色社会主义发展模式的重要体现”。

发展规划法是我国经济社会发展规划制度的核心内容。它是调整编制、审查、批准和执行、监督国民经济和社会发展的年度计划和中长期规划过程中发生的社会关系的法律规范系统。目前，我国尚未制定颁布实质意义上的“发展规划法”。发展规划法的法律渊源主要表现在《宪法》和《各级人民代表大会常务委员会监督法》《国务院关于加强国民经济和社会发展规划编制工作的若干意见》《国家级专项规划管理暂行办法》以及各级人大和政府的组织法等含有发展规划法内容的法律、行政法规、部门规章和地方性法规等文本中。

2021 年度我国发展规划领域的立法成果基本体现在：（1）2021 年 1 月 4 日，新华社受权发布《中共中央、国务院关于全面推进乡村振兴加快农业农村现代化的意见》，坚持农业农村优先发展，坚持农业现代化与农村现代化一体设计、一并推进；坚持创新驱动发展，以推动高质量发展为主题，统筹发展和安全，落实加快构建新发展格局要求；巩固和完善农村基本经营制度，深入推进农业供给侧结构性改革，把乡村建设摆在社会主义现代

化建设的重要位置，全面推进乡村产业、人才、文化、生态、组织振兴；促进农业高质高效、乡村宜居宜业、农民富裕富足，为全面建设社会主义现代化国家开好局、起好步提供有力支撑。（2）2021年3月11日，十三届全国人大四次会议表决通过关于《国民经济和社会发展第十四个五年规划和2035年远景目标纲要》的决议。与此相匹配，具有经济法特色的《国务院关于印发“十四五”现代综合交通运输体系发展规划的通知》（国发〔2021〕27号）、《国务院关于印发“十四五”数字经济发展规划的通知》（国发〔2021〕29号）、《国务院办公厅关于印发“十四五”冷链物流发展规划的通知》（国办发〔2021〕46号）等诸多“条条块块”的“十四五规划”纷纷出台。（3）2021年5月20日，新华社受权发布《中共中央、国务院关于支持浙江高质量发展建设共同富裕示范区的意见》，支持浙江高质量发展建设共同富裕示范区，有利于通过实践进一步丰富共同富裕的思想内涵，有利于探索破解新时代社会主要矛盾的有效途径，有利于为全国推动共同富裕提供省域范例，有利于打造新时代全面展示中国特色社会主义制度优越性的重要窗口。（4）2021年6月10日，第十三届全国人民代表大会常务委员会第二十九次会议通过《海南自由贸易港法》，在法律层面确立海南自贸港“零关税、低税率、简税制”的财政税收制度总体方案，支持海南逐步探索、稳步推进中国特色自由贸易港建设，分步骤、分阶段建立自由贸易港政策和制度体系，为海南自由贸易港的建设和平稳有序运行提供法律保障的重要举措，具有重要意义。（5）2021年7月11日，新华社受权发布《中共中央、国务院关于优化生育政策促进人口长期均衡发展的决定》（6月26日公布），进一步适应人口形势新变化和推动高质量发展新要求，实施三孩生育政策及配套支持措施，具有重大意义。（6）2021年7月15日，新华社受权发布《中共中央、国务院关于支持浦东新区高水平改革开放打造社会主义现代化建设引领区的意见》（4月23日公布），推动浦东高水平改革开放，为更好利用国内国际两个市场两种资源提供重要通道，构建国内大循环的中心节点和国内国际双循环的战略链接，在长三角一体化发展中更好发挥龙头辐射作用，打造全面建设社会主义现代化国家窗口。（7）2021年7月22日，新华社受权发布《中共中央、国务院关于新时代推动中部地区高质量发展的意见》（4月23日公布），发挥中部地区承东启西、连南接北的区位优势和资源要素丰富、市场潜力巨大、文化底蕴深厚等比较优势，着力构建以先进制造业为支撑的现代产业体系，着力增强城乡区域发展协调性，着力建设绿色发展的美丽中部。（8）2021年10月8日，中共中央、国务院印发《黄河流域生态保护和高质量发展规划纲要》，共同抓好大保护，协同推进大治理，着力加强生态保护治理、保障黄河长治久安、促进全流域高质量发展、改善人民群众生活、保护传承弘扬黄河文化，让黄河成为造福人民的幸福河。（9）2021 年 10 月 24 日，新华社受权发布《中共中央、国务院关于完整准确全面贯彻新发展理念做好碳达峰碳中和工作的意见》（9 月 22 日公布），坚持系统观念，处理好发展和减排、整体和局部、短期和中长期的关系，把碳达峰、碳中和纳入经济社会发展全局，以经济社会发展全面绿色转型为引领，以能源绿色低碳发展为关键，加快形成节约资源和保护环境的产业结构、生产方式、生活方式、空间格局，坚定不移走生态优先、绿色低碳的高质量发展道路，确保如期实现碳达峰、碳中和。（10）2021 年 11 月 7 日，新华社受权发布《中共中央、国务院关于深入打好污染防治攻坚战的意见》（11 月 2 日公布），以实现减污降碳协同增效为总抓手，以改善生态环境质量为核心，以精准治污、科学治污、依法治污为工作方针，统筹污染治理、生态保护、应对气候变化，保持力度、延伸深度、拓宽广度，以更高标准打好蓝天、碧水、净土保卫战，以高水平保护推动高质量发展、创造高品质生活，努力建设人与自然和谐共生的美丽中国。（11）2021 年 11 月 18 日，中共中央、国务院发布《关于加强新时代老龄工作的意见》，主要聚焦于加快建立健全相关政策体系和制度框架，推动老龄事业高质量发展。

除此之外，国务院或国务院办公厅或国家发改委联合各部委制定的指导意见及发布的通知性文件，其内容主要集中在就业、教育、环境及城市规划四个方面。

1. 就业方面：保障就业优先政策实施，就业形势总体改善

2021 年各项稳就业、促就业的政策措施不断落地，减负稳岗扩就业政策延续实施，全方位就业服务持续发力，《“十四五”就业促进规划》《“十四五”职业技能培训规划》等纲领性文件先后出台，实施提升就业服务质量工程，突出需求导向和目标导向，坚持扩容与提质并重、均等与精准并举，持续巩固提升覆盖全民、贯穿全程、辐射全域、便捷高效的全方位公共就业服务，为减少失业、促进就业提供坚实保障，为扎实推动共同富裕、构建新发展格局提供有力支撑，为就业大局稳定、劳动者技能提升、重点群体就业提供有力保障（详见表 1）。

表 1　国务院和国家发改委等制定的就业方面实施方案

序号	法规名称	制定部门	颁布时间	类型
1	“十四五”就业促进规划	国务院	2021 年 8 月 23 日	规划
2	“十四五”职业技能培训规划	人力资源社会保障部、教育部、发展改革委、财政部	2021 年 12 月 15 日	规划
3	关于支持港澳青年在粤港澳大湾区就业创业的实施意见	人力资源和社会保障部、财政部、税务总局、港澳办	2021 年 9 月 23 日	意见
4	关于实施提升就业服务质量工程的通知	人力资源社会保障部、国家发展改革委、民政部、财政部	2021 年 9 月 12 日	通知
5	关于开展 2021 年高校毕业生就业服务行动的通知	人力资源社会保障部	2021 年 8 月 20 日	通知
6	关于维护新就业形态劳动者劳动保障权益的指导意见	国家发展改革委、人力资源和社会保障部、交通运输部、应急部、市场监管总局、国家医保局、最高人民法院、全国总工会	2021 年 7 月 16 日	意见
7	关于延续实施部分减负稳岗扩就业政策措施的通知	人力资源和社会保障部、国家发展改革委、教育部、财政部、中央军委国防动员部	2021 年 5 月 20 日	通知
8	关于切实加强就业帮扶巩固拓展脱贫攻坚成果助力乡村振兴的指导意见	人力资源社会保障部、发展改革委、财政部、农业农村部、乡村振兴局	2021 年 5 月 4 日	意见

2. 教育方面：推动义务教育优质均衡发展，建设高质量教育体系

2021 年教育领域以“推进基本公共教育均等化、增强职业技术教育适应性、提高高等教育质量、建设高素质专业化教师队伍”为目标，进一步深化教育改革。第一，落实“十四五规划”，进一步提高基础教育水平。教育部联合有关部门研究制定的《全国教育系统开展法治宣传教育的第八个五年规划（2021—2025 年）》《“十四五”学前教育发展提升行动计划》和《“十四五”县域普通高中发展提升计划》等文件，奋力开创基础教育高质量发展新局面。第二，推进教育评价改革，加强教育督导问责。2021 年，将“双减”（即减轻义务教育阶段学生作业负担和校外培训负担）和“五项

管理”（即手机、睡眠、读物、作业、体质管理）督导作为“一号工程”，从监督角度不断发力、推动落实。9月1日，中华人民共和国成立以来首次出台的教育督导问责文件《教育督导问责办法》付诸实施，对约谈整改、资源调整、组织处理等作出规定，有利于实现教育督导与教育执法、纪检监察的联动，通过明确问责主体，规范问责方式，建立以问题为中心、以整改为目的，以公开为“利剑”的督导问责流程，推动树立督导权威。第三，职业教育发展机遇，推动建成现代职业教育体系。研究制定多个职业教育重磅文件下发，在总结试点经验做法、征求有关方面意见的基础上，对本科层次职业教育学校和专业设置条件与要求、设置程序、设置指导与监督等作出了规定。2021年，全国高职专业点超过12万个，覆盖国民经济和社会发展各领域。从宏观角度谋划、部署中国职教中长期发展战略和路径（详见表2）。

表2　国务院和教育部等制定的教育方面实施方案

序号	法规名称	制定部门	颁布时间	类型
1	关于推动现代职业教育高质量发展的意见	中共中央办公厅、国务院	2021年10月12日	意见
2	关于进一步减轻义务教育阶段学生作业负担和校外培训负担的意见	中共中央办公厅、国务院办公厅	2021年7月24日	意见
3	关于开展法治宣传教育的第八个五年规划（2021－2025年）	中央宣传部、司法部	2021年6月15日	意见
4	关于在全社会开展党史、新中国史、改革开放史、社会主义发展史宣传教育的通知	中共中央办公厅	2021年5月25日	通知
5	关于加快推进乡村人才振兴的意见	中共中央办公厅、国务院办公厅	2021年2月23日	意见
6	中华人民共和国民办教育促进法实施条例	国务院	2021年4月7日	条例
7	关于印发中国妇女发展纲要和中国儿童发展纲要的通知	国务院	2021年9月8日	通知

续表

序号	法规名称	制定部门	颁布时间	类型
8	全国教育系统开展法治宣传教育的第八个五年规划（2021—2025年）	教育部	2021年11月3日	规划
9	“十四五”学前教育发展提升行动计划	教育部、国家发展改革委、公安部、财政部、人力资源和社会保障部、自然资源部、住房和城乡建设部、税务总局、医疗保障局	2021年12月9日	规划
10	“十四五”县域普通高中发展提升计划	教育部、国家发展改革委、公安部、财政部、人力资源和社会保障部、自然资源部、住房和城乡建设部、税务总局、医疗保障局	2021年12月9日	规划
11	关于做好现有线上学科类培训机构由备案改为审批工作的通知	教育部、中央网络安全和信息化委员会办公室、工业和信息化部、公安部、民政部、国家市场监督管理总局	2021年9月10日	通知
12	普通高等学校本科教育教学审核评估实施方案（2021—2025年）	教育部	2021年1月21日	方案
13	国家义务教育质量监测方案（2021年修订版）	教育部	2021年9月15日	方案

3. 环境方面：以“绿色低碳”为笔，绘制高质量发展底色

2021年，国家及相关部委层面共颁布生态环境相关领域政策性文件105项，其中中共中央、国务院层面发布文件14项，相关部委发布文件91项，整体呈现“数量多、分量足、重点明确”的特点。各省（区、市）也纷纷出台本省“十四五”期间生态环境发展的规划类文件。2021年年初，国务院发布《关于加快建立健全绿色低碳循环发展经济体系的指导意见》（国发〔2021〕4号），对加快建立健全绿色低碳循环发展的经济体系作了顶层设计和总体部署。紧接着国务院办公厅印发了《强化危险废物监管和利用处置能力改革实施方案》，提出到2025年年底，建立健全源头严防、过程严管、

后果严惩的危险废物监管体系。除此之外，在2021年下半年，中共中央、国务院发布了《关于完整准确全面贯彻新发展理念做好碳达峰碳中和工作的意见》，提出了构建绿色低碳循环发展经济体系、提升能源利用效率、提高非化石能源消费比重、降低二氧化碳排放水平、提升生态系统碳汇能力五个方面的主要目标。2021年年末发布了《关于深入打好污染防治攻坚战的意见》，从“十三五”坚决打好污染防治攻坚战，到“十四五”深入打好污染防治攻坚战，从“坚决”到“深入”，2021年在治理环境方面，发展规划法所触及的问题层次更深、领域更广，要求也更高（详见表3）。

表3　国务院和生态环境部等制定的环境方面实施政策

序号	法规名称	制定部门	颁布时间	类型
1	关于深入打好污染防治攻坚战的意见	国务院	2021年11月2日	意见
2	关于完整准确全面贯彻新发展理念做好碳达峰碳中和工作的意见	中共中央、国务院	2021年9月22日	意见
3	关于推动城乡建设绿色发展的意见	中共中央办公厅、国务院	2021年10月21日	意见
4	关于进一步加强生物多样性保护的意见	中共中央办公厅、国务院	2021年10月19日	意见
5	黄河流域生态保护和高质量发展规划纲要	中共中央、国务院	2021年10月8日	纲要
6	强化危险废物监管和利用处置能力改革实施方案	国务院办公厅	2021年5月11日	方案
7	关于加快建立健全绿色低碳循环发展经济体系的指导意见	国务院	2021年2月2日	意见
8	关于全面推行林长制的意见	中共中央办公厅、国务院办公厅	2021年1月12日	意见
9	关于印发《国家高新区绿色发展专项行动实施方案》的通知	科技部	2021年1月29日	通知
10	关于印发《加强长江经济带尾矿库污染防治实施方案》的通知	生态环境部办公厅	2021年2月26日	通知

续表

序号	法规名称	制定部门	颁布时间	类型
11	关于统筹和加强应对气候变化与生态环境保护相关工作的指导意见	生态环境部	2021年1月9日	意见
12	关于印发《"美丽中国，我是行动者"提升公民生态文明意识行动计划（2021-2025年）》的通知	生态环境部、中宣部、中央文明办、教育部、共青团中央、全国妇联	2021年1月29日	通知
13	关于加强高耗能、高排放建设项目生态环境源头防控的指导意见	生态环境部	2021年5月30日	意见
14	"十四五"节水型社会建设规划	国家发展改革委、水利部、住房和城乡建设部、工业和信息化部、农业农村部	2021年10月28日	规划

4. 区域规划方面：深入实施城市更新规划，区域协同发展取得新成效

随着"实施城市更新行动"首次写入我国五年规划，城市更新的重要性提到了前所未有的高度，相关政策也进入密集出台期。为了进一步推动政策落地，住建部在21个市（区）开展第一批城市更新试点工作，以探索城市更新可持续模式及配套政策，积极稳妥实施城市更新行动。约束性政策方面，2021年8月，住建部官网公布了《关于在实施城市更新行动中防止大拆大建问题的通知（征求意见稿）》管控大拆大建，严防粗放开发，城市更新政策松紧并存。除此之外，2021年发展规划法在区域规划上也有了新进展，将浦东新区打造为社会主义现代化建设引领区，打造成渝地区双城经济圈、前海深港现代服务业合作区及横琴粤澳深度合作区等经济合作区，从发展的角度出发，推动跨区域合作高效、有序、协调运行，进一步发挥区域合作的整体优势和协调效应（详见表4）。

表 4　国务院和住建部等制定的城市规划方面实施政策

序号	法规名称	制定部门	颁布时间	类型
1	成渝地区双城经济圈建设规划纲要	中共中央、国务院	2021 年 10 月 20 日	纲要
2	全面深化前海深港现代服务业合作区改革开放方案	中共中央、国务院	2021 年 9 月 6 日	方案
3	横琴粤澳深度合作区建设总体方案	中共中央、国务院	2021 年 9 月 5 日	方案
4	关于新时代推动中部地区高质量发展的意见	中共中央、国务院	2021 年 4 月 23 日	意见
5	关于支持浦东新区高水平改革开放打造社会主义现代化建设引领区的意见	中共中央、国务院	2021 年 4 月 23 日	意见
6	关于印发《重大区域发展战略建设（推进海南全面深化改革开放方向）中央预算内投资专项管理办法》的通知	国家发展改革委	2021 年 1 月 27 日	通知
7	关于印发《虹桥国际开放枢纽建设总体方案》的通知	国家发展改革委	2021 年 2 月 22 日	通知
8	关于开展第一批城市更新试点工作的通知	住房和城乡建设部办公厅	2021 年 11 月 4 日	通知
9	关于在实施城市更新行动中防止大拆大建问题的通知	住房和城乡建设部办公厅	2021 年 8 月 30 日	通知

（二）发展规划法实施状况和特点

1. 精准发力，立足长远，是发展规划法领域的年度亮点

2021 年我国发展规划法实施，瞄准重点领域提高政策实效。科学精准实施发展调控法是贯彻新发展理念的有力手段。随着全球大宗商品价格飙升，生产所需的铜、铁等原材料价格一路“水涨船高”，国家发展改革委会同有关部门和地方，采取了一系列政策措施，突出抓重点、补短板、强弱项，调整优化投资结构，瞄准重点领域加大补短板力度，加强基础设施薄弱环节，提高公共服务水平和质量，提高规划设置的精准性和有效性。伺机而动、精准施策，我国发展规划的有效性、针对性不断。面对国内外压

力，我国发展规划法始终坚持追求经济高质量发展，用改革开放办法走出一条有效应对冲击、实现良性循环新路子的战略定力。面临多重风险挑战，我国发展规划法的战略定力不变，对高质量发展的追求不变。在制定实施发展规划过程中，坚持以供给侧结构性改革为主线，以改革创新为根本动力，把宏观政策目标和手段有机结合起来，科学设置目标任务，调整优化政策设计，探索创新直达机制，加强政策协同配合、良性互动，充分激发市场主体创新创造活力，着力提高发展质量、提升经济效率、增强可持续性，以合理代价取得最大成效。

2. 年度计划任务完成情况好于预期，实现“十四五”规划良好开局

本报告期内，国务院和国家发改委等相关部门和单位依据《宪法》和《监督法》规定的相关职权，并按照《国务院关于加强国民经济和社会发展规划编制工作的若干意见》法规的具体规定，积极执行《2021 年国民经济和社会发展计划》，经济社会发展主要目标任务完成情况好于预期。根据国家统计局 2022 年 1 月 17 日发布的《国民经济持续恢复　发展预期目标较好完成》文章中的数据表明：（1）全年国内生产总值 1 143 670 亿元，按不变价格计算，比上年增长 8.1%，两年平均增长 5.1%。（2）粮食产量再创新高，畜牧业生产稳定增长。全年全国粮食总产量 68 285 万吨，比上年增加 1336 万吨，增长 2.0%。（3）工业生产持续发展，高技术制造业和装备制造业较快增长。全年全国规模以上工业增加值比上年增长 9.6%，两年平均增长 6.1%。分三大门类看，采矿业增加值增长 5.3%，制造业增长 9.8%，电力、热力、燃气及水生产和供应业增长 11.4%。高技术制造业、装备制造业增加值分别增长 18.2%、12.9%，增速分别比规模以上工业快 8.6、3.3 个百分点。（4）固定资产投资保持增长，制造业和高技术产业投资增势较好。全年全国固定资产投资（不含农户）544 547 亿元，比上年增长 4.9%；两年平均增长 3.9%。（5）货物进出口快速增长，贸易结构持续优化。全年货物进出口总额 391 009 亿元，比上年增长 21.4%。其中，出口 217 348 亿元，增长 21.2%；进口 173 661 亿元，增长 21.5%。进出口相抵，贸易顺差 43 687 亿元。（6）就业形势总体稳定，城镇调查失业率降低。全年城镇新增就业 1269 万人，比上年增加 83 万人。全年全国城镇调查失业率平均值为 5.1%，比上年平均值下降 0.5 个百分点。12 月份，全国城镇调查失业率为 5.1%，比上年同期下降 0.1 个百分点。（7）居民收入增长与经济增长基本同步，城乡居民人均收入比缩小。全年全国居民人均可支配收入 35 128 元，

比上年名义增长 9.1%，两年平均名义增长 6.9%；扣除价格因素实际增长 8.1%，两年平均增长 5.1%，与经济增长基本同步。（8）人口总量有所增加，城镇化率继续提高。年末全国人口（包括 31 个省、自治区、直辖市和现役军人的人口，不包括居住在 31 个省、自治区、直辖市的我国港澳台地区居民和外籍人员）141 260 万人，比上年末增加 48 万人。

3. 首次将发展规划法列入立法计划，强化了规划编制实施的法治保障

2021 年 5 月 27 日，国务院办公厅关于印发《国务院 2021 年度立法工作计划的通知》，将发展规划法首次列入立法计划，强化了规划编制实施的法治保障。保障规划纲要实施上升到法律层面，凸显中央对于实现预期目标的决心，加强了京津冀协同发展、长江经济带发展、粤港澳大湾区建设、长三角一体化发展、黄河流域生态保护和高质量发展、推进海南全面深化改革开放等国家重大发展战略的法治保障，增加规划的约束力和执行力，助其落地实施效果更佳。

（三）发展规划法的司法状况

中国裁判文书网尚无 2021 年度涉及国家发展规划法的可参考诉讼案件，故本报告未能对 2021 年度我国发展规划法的司法状况作出报告。如何在司法层面对发展规划法的实施予以保障仍然是发展规划法治建设中的难点和短板。

（四）推进 2022 年发展规划法治实施的建议

2022 年是党的二十大召开之年，“十四五”规划全面落实的一年，新发展格局全面布局的一年。2022 年中国宏观经济必将部分延续 2021 年宏观经济复苏的动力和基础，通过宏观经济政策再定位、协调体系再调整以及“十四五”规划全面落实等因素的协同作用，缓解宏观经济下行压力。吸取 2021 年发展规划法治实施经验，我们提出以下建议。

1. 以完善发展规划法协调机制为抓手，推进宏观经济治理体系现代化

发展规划法具有目标多元化和工具多样化两大特点，各种政策工具之间的协调配合至关重要。面对经济波动，如果缺乏有效的协调配合机制，不仅导致调控效果不佳，影响经济平稳运行，而且可能导致宏观经济治理体系的现代化、法治化进程停滞。加强宏观政策工具之间的协调配合，应当成为当前健全宏观经济治理机制的关键环节。总结发展规划法实施经验，对政策工具的特性和功能已有初步认识，在施策过程中也已有了相对明确的分工。但政策之间的沟通、协调与配合，仍存在诸多短板和不足。补齐

这些短板，形成协同效应，是当前我国发展规划法协调机制建设的重中之重。

2. 以中长期发展规划引领财政政策与货币政策

发展规划是战略导向，财政政策和货币政策是主要手段。故而，发展规划起到的是引领财政政策和货币政策中长期取向，拓宽政策视野，稳定政策预期的作用。要强化国家发展规划的大宏观思维，优化项目审批职能，充分发挥其对公共预算安排、金融资本运用、信贷资源配置的综合协调作用。一方面，制定中长期规划时，要充分考虑到财政能力及其支出结构，考虑到产出缺口、自然失业率、自然利率水平及其对货币政策的影响。另一方面，财政政策和货币政策的松紧程度也要与中长期规划目标相适应，从而有效发挥这两个主要政策手段在管理总需求、弥合产出缺口和熨平短期波动方面的作用，为经济的长期稳定增长做出贡献。

3. 统筹推进规划实施，完善追责制度

“发展规划法”的实施，应当发挥多元信息融合的优势，建立各级政府部门的数据标准协调机制，统一阐述各专业信息的数据定义和标准，保证数据来源精度、格式标准化，搭建国家、省、市纵向贯通和各行业部门横向协同的规划监督实施信息平台，支撑规划成果管理和建设项目部门并联审批。协调好发展规划的评估与监测，强化评估和监测结果的综合应用，提升规划实施的协同性，确保规划的目标任务得到落实。要进一步加强发展规划督导评估和督查执法的协作，及时发现规划实施中的问题，提出改进规划实施的举措。建立发改部门和自然资源部门等部门规划督导评估及规划督察信息共享机制，及时发现规划实施中遇到的问题，提出解决问题的政策建议。全面清理现行法律法规中与现行规划不相适应的内容，加强法律法规间的衔接协调。尽快出台“国家发展规划法”“黄河保护法”“能源法”“粮食安全保障法”“耕地保护法”等法律，研究制定“黑土地保护法”等法律，抓紧修订《铁路法》《矿产资源法》《节约能源法》《电力法》《煤炭法》《可再生能源法》《循环经济促进法》等，增强相关法律法规的针对性和有效性。最后，还需完善包括指导性案例在内的典型案例的定期公布制度和影响性诉讼特别披露制度，进一步提高宏观调控法治化认识，加强宏观调控法的普法教育工作。

二、2021年财税法的实施和对2022年的展望

2021年是中国改革开放与法治建设历程中具有划时代意义的一年。聚

焦中国，在两个百年奋斗目标的历史交汇时刻，财政法的实施为经济发展提供动力；面向世界，人类命运共同体正在经历严峻考验，科学运用财政法进行宏观调控和精准施策，使得2021年我国人均GDP首次超过世界人均水平，综合国力、社会生产力、人民生活水平进一步提升，我国发展的基础更牢、条件更优、动力更足，同时也为全球发展贡献中国力量。本报告将对2021年财政法的实施法制实施情况进行分析总结，并在此基础上对2022年的财税法的法制实施提出建议和展望。

（一）财税法立法状况

我国目前尚未制定颁布“财政法典”。财政法的法律渊源的主要表现形式为《宪法》《预算法》《企业所得税法》等单行财税法律、行政法规、部门规章、地方性法规以及含有财税法内容的其他法律规范文件等。

“十四五”期间税制改革总体思路是稳定宏观税负、稳定基本税制、优化税制结构。围绕这一改革思路，结合国内国际形势，2021年财税法主要从完善税制，加强征管，依法治税这三个方面开展立法、执法、司法活动。在完善税制方面，《行政事业性国有资产管理条例》以国务院令第738号公布，已于2021年4月1日施行。2021年6月10日《海南自由贸易港法》公布实施，在法律层面确立海南自贸港“零关税、低税率、简税制”的财政税收制度总体方案。《契税法》和《城市维护建设税法》自2021年9月1日起实施。《印花税法》于2021年6月10日颁布，自2022年7月1日起实施，代表着中国18个税种中已有12个立法，加上《税收征收管理法》形成13部税收法律；在加强征管方面，《税务稽查案件办理程序规定》（国家税务总局令第52号）自2021年8月11日起实施，在部门规章层面为税务稽查案件的办理提供执法依据，同时加强对涉税当事人的程序保护，文化娱乐、医药医疗、网络直播营销及互联网货运等特定行业税收征管精细化深入化，对虚开增值税发票等税收违法行为持续从严监管；在依法治税方面，明确纳税人责任，税收征管日渐刚性，国家税务总局《税务行政处罚“首违不罚”事项清单》2021年4月1日起实施，共包含10项适用“首违不罚”的事项。新修订的《行政处罚法》于2021年7月15日实施，“首违不罚”制度在法律层面正式确立，行政复议及行政诉讼愈发成为解决税收争议问题的重要途径，为税收程序立法提供实务经验。

财税政策性文件对于财税法的实施有支撑作用。这些文件的发布主体包括但不限于中共中央、国务院、财政部，或者是多个机关联合发布。本报告将这些具有约束力的财税政策性文件都视为财税法的法律渊源，依照税种与征管分类对2021年相关立法进行列举（详见表5）。

表5 依税种与征管分类的财税立法及政策

序号	法律法规名称	制定部门	颁布时间
增值税			
1	关于完善资源综合利用增值税政策的公告	财政部、税务总局	2021年12月30日
2	关于出口货物保险增值税政策的公告	财政部、税务总局	2021年12月22日
3	关于调整铁路和航空运输企业汇总缴纳增值税分支机构名单的通知	财政部、税务总局	2021年9月5日
4	关于增值税、消费税与附加税费申报表整合有关事项的公告	国家税务总局	2021年7月9日
5	关于海南自由贸易港进出岛航班加注保税航油政策的通知	财政部、海关总署、税务总局、民航局	2021年7月2日
6	关于修订发布《研发机构采购国产设备增值税退税管理办法》的公告	国家税务总局	2021年6月22日
7	关于继续实施企业改制重组有关土地增值税政策的公告	财政部、税务总局	2021年5月31日
8	关于发布《北京2022年冬奥会和冬残奥会及其测试赛增值税退税管理办法》的公告	国家税务总局	2021年5月27日
9	关于明确先进制造业增值税期末留抵退税征管问题的公告	国家税务总局	2021年4月28日
10	关于明确先进制造业增值税期末留抵退税政策的公告	财政部、税务总局	2021年4月23日
11	关于小规模纳税人免征增值税征管问题的公告	国家税务总局	2021年3月31日
12	关于明确增值税小规模纳税人免征增值税政策的公告	财政部、税务总局	2021年3月31日
13	关于进一步优化增值税优惠政策办理程序及服务有关事项的公告	国家税务总局	2021年3月29日

续表

序号	法律法规名称	制定部门	颁布时间
14	关于延续宣传文化增值税优惠政策的公告	财政部、税务总局	2021年3月22日
15	关于延续实施应对疫情部分税费优惠政策的公告	财政部、税务总局	2021年3月17日
16	关于海南自由贸易港自用生产设备“零关税”政策的通知	财政部、海关总署、税务总局	2021年2月24日
17	关于进一步扩大增值税电子发票电子化报销、入账、归档试点工作的通知	国家档案局办公室、财政部办公厅、商务部办公厅、国家税务总局办公厅	2021年2月22日
18	关于继续执行边销茶增值税政策的公告	财政部、税务总局	2021年2月19日
消费税			
1	关于对部分成品油征收进口环节消费税的公告	财政部、海关总署、税务总局	2021年5月12日
企业所得税			
1	关于企业所得税年度汇算清缴有关事项的公告	国家税务总局	2021年12月31日
2	关于发布《企业注销指引（2021年修订）》的公告	市场监管总局、人力资源社会保障部、商务部、海关总署、税务总局	2021年12月28日
3	关于公布《环境保护、节能节水项目企业所得税优惠目录（2021年版）》以及《资源综合利用企业所得税优惠目录（2021年版）》的公告	财政部、税务总局、发展改革委、生态环境部	2021年12月16日
4	关于制造业中小微企业延缓缴纳2021年第四季度部分税费有关事项的公告	国家税务总局、财政部	2021年10月29日
5	关于进一步落实研发费用加计扣除政策有关问题的公告	国家税务总局	2021年9月13日
6	关于企业所得税若干政策征管口径问题的公告	国家税务总局	2021年6月22日
7	研发费用税前加计扣除新政指引		2021年5月14日

续表

序号	法律法规名称	制定部门	颁布时间
8	关于落实支持小型微利企业和个体工商户发展所得税优惠政策有关事项的公告	国家税务总局	2021 年 4 月 7 日
9	关于实施小微企业和个体工商户所得税优惠政策的公告	财政部、税务总局	2021 年 4 月 2 日
10	关于生产和装配伤残人员专门用品企业免征企业所得税的公告	财政部、税务总局、民政部	2021 年 4 月 2 日
11	关于进一步完善研发费用税前加计扣除政策的公告	财政部、国家税务总局	2021 年 3 月 31 日
12	关于发布《企业所得税月（季）度预缴纳税申报表（A 类）》的公告	国家税务总局	2021 年 3 月 15 日
个人所得税			
1	关于延续实施外籍个人津补贴等有关个人所得税优惠政策的公告	财政部、税务总局	2021 年 12 月 31 日
2	关于延续实施全年一次性奖金等个人所得税优惠政策的公告	财政部、税务总局	2021 年 12 月 31 日
3	关于权益性投资经营所得个人所得税征收管理的公告	财政部、税务总局	2021 年 12 月 30 日
4	关于办理 2020 年度个人所得税综合所得汇算清缴事项的公告	国家税务总局	2021 年 2 月 8 日
资源税（无）			
城市维护建设税			
1	关于城市维护建设税征收管理有关事项的公告	国家税务总局	2021 年 8 月 31 日
2	关于城市维护建设税计税依据确定办法等事项的公告	财政部、国家税务总局	2021 年 8 月 24 日
3	关于继续执行的城市维护建设税优惠政策的公告	财政部、国家税务总局	2021 年 8 月 24 日
房产税（无）			
印花税			

续表

序号	法律法规名称	制定部门	颁布时间
1	关于北京证券交易所税收政策适用问题的公告	财政部、税务总局	2021年11月14日
2	关于发行2021年印花税票的通告	国家税务总局	2021年6月28日
3	中华人民共和国印花税法	全国人民代表大会常务委员会	2021年6月10日
城镇土地使用税（无）			
土地增值税			
1	关于继续实施企业改制重组有关土地增值税政策的公告	财政部、税务总局	2021年5月31日
车船税（无）			
车辆购置税			
1	关于发布《免征车辆购置税的设有固定装置的非运输专用作业车辆目录》（第四批）的公告	国家税务总局、工业和信息化部	2021年12月14日
2	关于发布《免征车辆购置税的设有固定装置的非运输专用作业车辆目录》（第三批）的公告	国家税务总局、工业和信息化部	2021年9月22日
3	关于发布《免征车辆购置税的设有固定装置的非运输专用作业车辆目录》（第二批）的公告	国家税务总局、工业和信息化部	2021年6月3日
4	关于发布《免征车辆购置税的设有固定装置的非运输专用作业车辆目录》（第一批）的公告	国家税务总局、工业和信息化部	2021年3月31日
契税			
1	关于契税法实施后有关优惠政策衔接问题的公告	财政部、税务总局	2021年8月27日
2	关于契税纳税服务与征收管理若干事项的公告	国家税务总局	2021年8月26日

续表

序号	法律法规名称	制定部门	颁布时间
3	关于贯彻实施契税法若干事项执行口径的公告	财政部、税务总局	2021 年 6 月 30 日
4	关于继续执行企业、事业单位改制重组有关契税政策的公告	财政部、税务总局	2021 年 4 月 26 日
环境保护税			
1	关于发布计算环境保护税应税污染物排放量的排污系数和物料衡算方法的公告	生态环境部、财政部、税务总局	2021 年 4 月 28 日
进出口税			
1	关于调整海南自由贸易港原辅料“零关税”政策的通知	财政部、海关总署、税务总局	2021 年 12 月 21 日
2	关于调整重大技术装备进口税收政策有关目录的通知	工业和信息化部、财政部、海关总署、国家税务总局、国家能源局	2021 年 12 月 10 日
3	关于“十四五”期间进口科学研究、科技开发和教学用品免税清单（第一批）的通知	财政部、海关总署、税务总局	2021 年 10 月 29 日
4	关于印发《科研院所等科研机构免税进口科学研究、科技开发和教学用品管理细则》的通知	科技部、财政部、海关总署、税务总局	2021 年 9 月 30 日
5	关于进一步深化跨境贸易便利化改革优化口岸营商环境的通知	海关总署、发展改革委、财政部、交通运输部、商务部、卫生健康委、税务总局、市场监管总局、铁路局、民航局	2021 年 8 月 20 日
6	关于取消钢铁产品出口退税的公告	财政部、税务总局	2021 年 7 月 28 日
7	关于优化整合出口退税信息系统　更好服务纳税人有关事项的公告	国家税务总局	2021 年 6 月 3 日
8	关于取消部分钢铁产品出口退税的公告	财政部、税务总局	2021 年 4 月 26 日

续表

序号	法律法规名称	制定部门	颁布时间
9	关于中国国际消费品博览会展期内销售的进口展品税收优惠政策的通知	财政部、海关总署、税务总局	2021年4月26日
10	关于“十四五”期间种子种源进口税收政策的通知	财政部、海关总署、税务总局	2021年4月21日
11	关于“十四五”期间能源资源勘探开发利用进口税收政策管理办法的通知	财政部、国家发展改革委、工业和信息化部、海关总署、税务总局、能源局	2021年4月16日
12	关于“十四五”期间支持科技创新进口税收政策管理办法的通知	财政部、中央宣传部、国家发展改革委、教育部、科技部、工业和信息化部、民政部、商务部、文化和旅游部、海关总署、税务总局	2021年4月16日
13	关于“十四五”期间支持科技创新进口税收政策的通知	财政部、海关总署、税务总局	2021年4月15日
14	关于“十四五”期间能源资源勘探开发利用进口税收政策的通知	财政部、海关总署、税务总局	2021年4月12日
15	关于“十四五”期间中西部地区国际性展会展期内销售的进口展品税收优惠政策的通知	财政部、海关总署、税务总局	2021年4月9日
16	关于2021-2030年支持新型显示产业发展进口税收政策管理办法的通知	财政部、国家发展改革委、工业和信息化部、海关总署、税务总局	2021年3月31日
17	关于2021-2030年支持新型显示产业发展进口税收政策的通知	财政部、海关总署、税务总局	2021年3月31日
18	关于2021-2030年抗艾滋病病毒药物进口税收政策的通知	财政部、海关总署、税务总局	2021年3月29日
19	关于支持集成电路产业和软件产业发展进口税收政策管理办法的通知	财政部、国家发展改革委、工业和信息化部	2021年3月22日

续表

序号	法律法规名称	制定部门	颁布时间
20	关于扩大跨境电商零售进口试点、严格落实监管要求的通知	商务部、发展改革委、财政部、海关总署、税务总局、市场监管总局	2021年3月18日
21	关于支持集成电路产业和软件产业发展进口税收政策的通知	财政部、海关总署、税务总局	2021年3月16日
22	关于增加海南离岛旅客免税购物提货方式的公告	财政部、海关总署、税务总局	2021年2月2日
房地产税			
1	关于授权国务院在部分地区开展房地产税改革试点工作的决定	全国人大常委会	2021年10月23日
税收征管			
1	关于税费征收过程中人民币现金收付有关事项的通知	国家税务总局办公厅	2021年1月26日
2	关于发布《税务行政处罚“首违不罚”事项清单》的公告	国家税务总局	2021年3月31日
3	网络直播营销管理办法（试行）	国家互联网信息办公室、公安部、商务部、文化和旅游部、国家税务总局、国家市场监督管理总局、国家广播电视总局	2021年4月16日
4	税务稽查案件办理程序规定	国家税务总局	2021年7月12日
5	重大税收违法失信主体信息公布管理办法	国家税务总局	2021年12月31日
6	关于修改《税务规范性文件制定管理办法》的决定	国家税务总局	2021年12月31日

（二）财税法的执法状况和主要特点

财税法的执法是指有国家财政、税务机关、海关等国家机关及其公职人员和法律授权、委托的组织及其工作人员，依照法定程序贯彻实施财税法律、行政法规和其他法规以及政府部门规章等的法律活动。

本报告认为，2021年通过提高财税法效能，更加注重精准、可持续，加强和完善财税执法管理和政策引导，有利于进一步提升财税法的政策效能，对带动扩大有效投资、增强市场活力，妥善应对内外部冲击和经济下行压力具有重要意义。根据“十四五”规划所制定的税制改革总体思路，在“共同富裕”的框架下，2021 年财政法执法情况主要包含以下特点。

1. 保障经济持续稳定恢复，维护社会和谐稳定

本报告期内，全国各级财税部门面对国内外的复杂局面，为应对疫情导致的全国经济下行压力，贯彻积极财政政策，着力供给侧结构性改革，运用预算法、税法制度，发挥财税法调控功能，促进全年财政支出较快增长，确保支出重点，保障经济发展稳中有进。根据财政部国库司公布的 2021 年财政收支统计数据：（1）2021 年财政收入达到预算目标，全国一般公共预算收入 202 539 亿元，同比增长 10.7%，主要税收收入项目中，除车辆购置税、耕地占用税和环境保护税报告期内税收收入有所下降以外，其余税收收入项目均得到增长；（2）2021 年财政支出控制在人大预算以内，全国一般公共预算支出 246 322 亿元，同比增长 0.3%，教育、科学技术、社会保障和就业、债务付息与 2020 年相比支出增加，文化旅游体育与传媒、卫生健康、节能环保、城乡社区、农林水和交通运输支出较 2020 年相比支出减少。

“十四五”规划的出台，开启了全面建设社会主义现代化国家新征程，财税法的实施注重税费优惠的指引作用，依据“十四五”规划对科普事业进行财政支持与税费优惠，文化领域推出增值税优惠，发挥财政对医疗卫生事业的支持作用，对艾滋病治疗药品实施税收优惠，对伤残人员专用品制造企业免征所得税，注重维护巩固脱贫攻坚成果以实现乡村振兴，鼓励退役军人到开发区创新创业，投身乡村振兴事业。

2. 统筹推进减税降费，深化供给侧结构性改革

精准实施减税降费和组织收入，圆满完成预算确定的收入任务，更好激发市场主体活力、保障国家财力，全年新增减税降费达 1.1 万亿元，持续深化“放管服”改革，突出支持制造业升级和小微企业发展。以财税法助力科技创新发展，着力推进核心关键技术进步，2021 年集中加强对科技创新领域的支持工作，通过对集成电路、软件产业和新型显示产业的税费优惠政策以及税收征管办法的制定，颁布一系列重大技术装备进口、科学研究开发产品的税收优惠政策。联合全国工商联开展“春雨润苗”专项行动，维持疫情期间各项税收优惠政策，对小型微利企业和个体工商户发展所得

税施行优惠政策，允许企业提前享受前三季度研发费用加计扣除等政策，支持线下零售、住宿餐饮、外资外贸等市场主体纾困发展，在规范中深化“税银互动”，缓解企业经营压力，支持企业发展，提高市场主体活力。

3. 注重创新引领发展，开启税收征管改革新篇章

2021 年对税收征管的整体流程进行改革，联合多部门推进税收共治，对税务稽查案件办理程序进行统一规定，通过制定纳税信用评价与修复以及对重大税收违法失信主体信息公布的管理办法，以保证税务稽查结果的公正透明，保障知情权与监督权，另外，对纳税信用评价的修复能够保证对于结果存有救济途径，加之金税四期的建设，在税收征管方面全面完成了智慧税务的顶层设计，税收征管效能从“经验管税”到“以票控税”再到“以数治税”提升。

针对税收政府征收的细节方面对现金收付、电子化发票征收和机动车发票征收进行了详细的规定，强化税收征管数字化。另外在行政处罚方面作出了税务行政处罚“首违不罚”的要求，全面推行税务证明事项告知承诺制，通过税务规范性文件的制定进行管理，能够做到税务执法过程中的公开性文件有法可依，进一步加强涉税专业服务行业自律和行政监管，让执法既有力度又显温度。

4. 强化财政收支管理，保障预算实现与财政平稳运行

2021 年各级政府带头过“紧日子”，加强“三公”经费管理，将该方针运用于 2021 年中央和地方预算制定决议中，优化财政资源配置，支持科研技术与生态环保等重点领域财政支出。同时强化财政支出的绩效评价，财政部发布的《关于委托第三方机构参与预算绩效管理的指导意见》《第三方机构预算绩效评价业务监督管理暂行办法》和《中央部门项目支出核心绩效目标和指标设置及取值指引（试行）》，通过引入第三方结构参与预算绩效管理监督，推动预算绩效管理的提质增效，完善中央部门项目支出的精准核算方案，对支出目标予以细化，完善并加强了中央部门绩效管理的质量。立足预算管理前期改革形成的基础，国务院发布《关于进一步深化预算管理制度改革的意见》，将有关改革成果予以制度化，全方位改善收支矛盾与财政处于紧平衡的状态，提高资源配置使用效率。《行政事业性国有资产管理条例》的发布健全国有资产管理体制，有利于促进国有资产管理的法治化、规范化、科学化。

2021 年加强中央与地方政府预算监督工作，第十三届全国人民代表大

会常务委员会第二十八次会议修订《全国人民代表大会常务委员会关于加强中央预算审查监督的决定》，中共中央办公厅印发了《关于加强地方人大对政府债务审查监督的意见》，体现了中央与地方加强预算监督工作，通过防范化解重大风险，协调发展与安全，健全完善了中国特色社会主义预算审查监督制度。

5. 国际税收环境变化，积极贡献中国智慧

2021 年 10 月 8 日发布的《关于应对经济数字化税收挑战双支柱方案的声明》意味着国际税收制度将发生重大改革。“双支柱”方案中，支柱一将确保在数字经济背景下，相关跨国企业需要更加公平地承担全球纳税义务，支柱二将通过建立全球最低税制度，为企业所得税税率竞争划定底线，双支柱方案至此形成。2021 年 12 月 20 日发布的《应对经济数字化税收挑战——支柱二全球反税基侵蚀规则立法目标》标志着支柱二方案设计基本完成。到 2021 年，国际税收环境已经发生明显变化。OECD 推动下的双支柱计划，在美国的强力支持下，得到了包括中国在内的全球大多数国家的支持，国际税收规则将会迎来新变革。

2021 年 9 月 15 日，在金砖国家税务局长视频会议中，国家税务总局局长指明金税四期启动实施，在金税三期的基础上，增加“非税”业务内容，配合多部门信息共享和信息核查，实现全数据、全流程、全业务智能办税和智慧监管，积极为世界贡献中国智慧。2021 年 10 月 18 日，经济合作与发展组织发布了中国 MAP 第二阶段同行审批报告，中国作为经合组织/G20 的税基侵蚀和利润转移（BEPS）项目包容性框架的成员国之一，积极参与制定 BEPS 相关问题的标准，并审查和监督整个 BEPS 一揽子计划的实施情况，在 2016 年 1 月 1 日至 2019 年 12 月 31 日报告期内，在统计报告期之初，中国有 89 个未决的 MAP 案件，其中 61 个是归属/分配案件，28 个是其他 MAP 案件。在统计报告期结束时，中国有 122 个 MAP 案件，其中 54 个是归属/分配案件，68 个是其他 MAP 案件。中国的 MAP 案件数量在统计报告期内增加了 37%，而其他案件在同一时期增加了一倍多。2021 年 10 月，国家税务总局第十二次对外发布《中国预约定价安排年度报告（2020）》，介绍了 2005 年至 2020 年间 APA 谈签的统计数据和分析及中国 APA 执行程序及相关工作开展情况。

（三）财税法的司法状况

与 2020 年度财税司法状况相比，2021 年度财税法司法状况涉及税法领

域的行政案件较多。通过分析国家税务总局的税案通报及中国法学会财税法学研究会2021年度影响力税务司法审判评选案例，我们对2021年的财税法司法状况梳理如下。

1. 严厉查处增值税发票虚开骗税和隐瞒高收入未如实申报纳税案件

税务部门为维护正常税收经济秩序，深入贯彻落实《关于进一步深化税收征管改革的意见》，提升防范风险、发现问题、精准监管的能力，联合有关部门持续加大对涉税违法行为的常态化打击力度，国家税务总局公布一系列增值税发票虚开骗税典型案例，在大连破获“5·03”虚开增值税专用发票案、江西破获“黄金票”虚开案件、广西破获“7·31”虚开增值税发票案、安徽破获废旧物资虚开增值税发票案、山东破获“11·28”虚开增值税专用发票案、青海警税破获虚开机动车销售统一发票案件、湖北警税破获某化工企业变票虚开案件、安徽破获利用“阴阳合同”隐瞒股权转让收入逃税案中，各地税务稽查部门与公安部门通力合作，持续加强对高风险企业和个人的税收监管，严厉打击增值税发票虚开骗税和隐瞒高收入未如实申报纳税等各类涉税违法犯罪行为，进一步保障国家税收安全，切实维护守法纳税人的合法权益。对重大涉税违法犯罪案件，依法从严查处曝光，并按照有关规定纳入企业和个人信用记录，共享至全国信用信息平台，推动建设公平有序的税收营商环境。

2. 加强文娱行业新一轮税收整治

2021年初郑某利用“阴阳合同”偷逃税款，上海市税务局作出追缴税款、加收滞纳金并处罚款共计2.99亿元的处理处罚决定，并对本案举报人帮助逃避履行纳税义务的行为处以偷逃税额0.75倍的罚款，税务部门会同相关部门开展影视行业税收秩序综合治理，坚决维护国家税法权威，促进社会公平正义。

网络直播不能成为税收“灰色地带”，2021年11月22日杭州市税务局对朱某慧、林某珊通过设立多家个人独资企业，虚构业务将个人工资薪金和劳务报酬所得转换为个人独资企业的经营所得，偷逃个人所得税，依法作出追缴税款、加收滞纳金并处以偷税金额1倍的罚款的处理处罚决定，12月对黄某通过隐匿个人收入、虚构业务转换收入性质虚假申报等方式偷逃税的行为作出追缴税款、加收滞纳金并处罚款共计13.41亿元的处理处罚决定。

直播带货等网红经济的兴起对税收监管提出更高的技术要求，税务稽查部门充分发挥税收大数据等技术手段，精准查处偷逃税行为，通过对明星艺人、网络主播的“双随机、一公开”税收检查，进一步加速推动税收征管数字化转型升级。

（四）推进2022年财税法实施的建议和展望

1. 以财税法促进实现“双碳”目标

2021年9月22日，中共中央、国务院印发了《关于完整准确全面贯彻新发展理念做好碳达峰碳中和工作的意见》，提出了10个方面31项重点任务，为实现用历史最短时间完成2030年二氧化碳排放量达到峰值，2060年实现碳中和的“双碳”目标，明确了碳达峰碳中和的工作路线与施工图。该目标的完成离不开财税法的支持，因此应加大对绿色环保等战略性新兴产业发展与低碳前沿技术研发等的支持力度；落实环境保护、节能节水、新能源和清洁能源车船税收优惠政策；加大绿色低碳产品采购力度，完善政府绿色采购标准；进一步研究碳减排税收政策等，以实现财税对市场主体绿色低碳发展的促进作用。

2. 统筹支持疫情防控和经济复苏

自2020年新冠肺炎疫情出现以来，我国出台了多项针对企业和个人的阶段性财税支持政策，以支持企业和个人在疫情期间渡过难关，在疫情工作常态化阶段，面对奥密克戎与阶段性政策到期的问题，应当继续延长现有涉及疫情防控保障的财税支持政策的执行期限，根据具体情况，出台新一轮促进经济复苏的财税政策，精准扶持企业发展，进一步减轻个人税负的财税政策，政策制定过程中应秉持法治先行的理念，合理考虑税收刚性的要求，确保纳税人感受到税收法治框架下的执法温度，加强解决争议和风险应对的制度化设计。挑战中往往蕴藏机遇，在此次疫情中，在线视频、游戏、教育、办公和医疗等线上消费行业的需求得到大幅度增长，对此类行业给予财税支持之外，同时也应当关注其税收管理，利用“金税四期”实现“以数管税”。

3. 助推“税收法定”升级为“财政收入法定”

政府收入由税收和非税收入组成。截至2021年12月31日，我国现行有效的税收法律有《个人所得税法》《企业所得税法》《烟叶税法》《车辆购置税法》《耕地占用税法》《船舶吨税法》《资源税法》《环境保护税法》《税收征收管理法》《城市维护建设税法》《契税法》和《印花税法》等12部；2022年要继续完成税收法律体系建设任务，还需要制定“关税法”“增值法”“消费税法”“城镇土地使用税法”“土地增值税法”等税收法律。《土地增值税法》《增值税法》和《消费税法》的征求意见稿已于2019年年底至2020年年初完成公开征求意见工作。完善的税收法律体系有利于保障税收法定原则的实现，税收征管方式也将得到进一步优化。相比于税收立法，我国非税收入法治化建设较为滞后。在提高“国有金融资本管理条例”等相关立法的科学性、规范性和可执行性的前提下，我们必须统筹推进行政事业性收费、政府性基金等非税收入法治化建设，助推财政收入法定乃至“财政法”的制定。

三、2021年金融调控法实施状况和对2022年的展望

金融是现代经济的核心。金融既需要市场化，也必须法治化。金融的市场化和法治化，必然要求健全金融市场规制法和金融调控法，将重要金融活动都纳入法治轨道，以保障金融市场公平有序、金融发展稳健与安全。

金融调控法，是指调整金融宏观调控关系的法律规范系统，是我国金融法体系的主要组成部分，是国家运用货币政策进行宏观经济调控的主要法律手段。金融调控法形式意义上，是指国家制定的调整金融宏观调控关系的法律、法规等文本的总称，主要包括：（1）金融基本法律，如《中国人民银行法》，它是为保证货币政策的实现、防范和化解系统性金融风险、维护金融稳定，而由全国人民代表大会通过的金融领域中的基本法律；（2）金融单行法律，在为执行货币政策，在商业银行业、保险业和证券、外汇等某一类金融领域内由全国人大常委会制定的单行金融法律，如《银行业监督管理法》《商业银行法》《保险法》《证券法》《信托法》《证券投资基金法》等；（3）国务院制定的金融行政法规，如《外汇管理条例》《存款保险条例》等；（4）金融部门规章，由中国人民银行或中国银保监会、中国证监会单独制定或者它们之间联合以及它们和其他具有行政管理职能的中央政府部门联合制定，如《金融机构大额交易和可疑交易报告管理办法》等；（5）地方性金融法规，由各省、自治区、直辖市以及省级人民政府所在地的市和国务院批准的较大的市的人民代表大会及其常务委员会制定，如《山东省地方金融条例》《温州市民间融资管理条例》等；（6）最高人民法院发出的金融司法解释，如《关于执行担保若干问题的规定》等。

本报告主要对《互联网保险业务监管办法》等法律、行政法规和部门规章的实施状况进行分析和总结。与此同时，本报告还对2022年的金融调控法实施提出建议或者展望。

（一）金融调控法立法状况

本报告期内，除中国人民银行2021年1月20日发布《非银行支付机构条例（征求意见稿）》、2021年6月1日发布《反洗钱法（修改建议稿）》外，金融法律、行政法规和部门规章的制定、修改状况如下。

1. 新制定和修订的金融法律、行政法规

一是2021年2月1日，《互联网保险业务监管办法》正式实施，用以规范互联网保险业务，有效防范风险，保护消费者合法权益，提升保险业服务实体经济和社会民生的水平。该监管办法共5章83条，针对持牌要求、线上线下业务合作与分立、跨区域保险经营、互联网平台从事保险业的要求等作出了相应规定。10月12日，银保监会发布《关于进一步规范保险机构互联网人身保险业务有关事项的通知》，对开展互联网人身保险业务的保险公司（不包括互联网保险公司）划定了四大“准入门槛”；对于保险公司通过互联网销售10年以上的普通型人寿保险（除定期寿险）、普通型年金保险产品，设定了更为严格的要求。《互联网保险业务监管办法》的修订颁布，将有效防范风险，保护消费者合法权益，提升保险业服务实体经济和社会民生的水平。

二是2021年5月1日，《防范和处置非法集资条例》正式实施。该条例作为第一部专门规范非法集资行政处置工作的行政法规，赋予地方人民政府及其牵头部门、职能部门对非法集资活动的行政调查权力，解决地方政府在查处非法集资执法有责无权、法律依据不足、手段不够等突出性问题，使非法集资法律界定清晰化、职责分工法定化、组织查处主体特定化。它用法治的办法加强重点领域监管，有利于形成齐抓共管、群防群治、各尽其责、通力协作的非法集资综合治理格局。

三是自2021年6月起，银保监会相继出台《银行保险机构公司治理准则》《银行保险机构董事监事履职评价办法（试行）》《银行保险机构大股东行为监管办法（试行）》等基础制度。全面实施公司治理监管评估，将评估结果与市场准入、现场检查以及高风险机构的改革重组和风险处置结合起来，真正做到以评促改、以评促建，健全银行业保险业公司治理监管取得初步成效。下一步将指导督促各银行保险机构认真做好准则的贯彻落实工作，持续强化公司治理监管，不断提升我国银行保险机构公司治理的科学性和有效性。

值得注意的是，金融科技的相关规范得以密集制定和实施：（1）2021年

9 月 25 日，国家新一代人工智能治理专业委员会发布了《新一代人工智能伦理规范》。（2）2021 年 10 月，中国人民银行与香港金融管理局签署《关于在粤港澳大湾区开展金融科技创新监管合作的谅解备忘录》，将中国人民银行金融科技创新监管工具与香港金融管理局金融科技监管沙盒进行联网对接，在依法依规前提下稳妥有序推进金融科技创新合作，提升粤港澳大湾区金融服务质效，加大金融支持粤港澳大湾区建设力度。（3）2021 年 10 月 15 日，中央网信办等 18 个部门印发《关于组织申报区块链创新应用试点的通知》，提出在实体经济、社会治理、民生服务、金融科技等四个大类 16 个领域开展行业性试点。金融科技方面包含“区块链+贸易金融”“区块链+风控管理”“区块链+股权市场”“区块链+跨境金融”。（4）2021 年 10 月 21 日，中国证监会在 2021 年金融街论坛全球金融科技峰会资本市场金融科技论坛上发布《证券期货业科技发展“十四五”规划》。（5）2021 年 12 月 29 日，中国人民银行正式发布《金融大数据平台总体技术要求》（JR/T 0237—2021）金融行业标准。同日，中国保险行业协会发布《保险科技“十四五”发展规划》，这是保险行业首次以行业共识的方式发布保险科技领域中长期专项规划。（6）2021 年 12 月 31 日，中国人民银行制定了《金融科技（Fin Tech）发展规划（2022—2025 年）》（银发〔2021〕335 号）。

2. 新制定的地方金融监督管理条例

2021 年，地方金融立法提速，江苏、湖北、北京、吉林、贵州等 5 省市正式通过了地方金融监管条例。截至 2021 年 12 月 30 日，国内已有 15 省市正式通过并实施了地方金融监管条例。各地地方金融监管条例的实施，有利于规范地方金融组织行为，加强地方金融监督管理，防范和化解金融风险，维护金融秩序和金融稳定，健全地方金融法制环境，保护金融消费者合法权益，引导金融服务实体经济，促进地方金融健康发展。2021 年 12 月 31 日，中国人民银行发布《地方金融监督管理条例（草案征求意见稿）》，按照“中央统一规则、地方实施监管，谁审批、谁监管、谁担责”的原则，将地方各类金融业态纳入统一监管框架，强化地方金融风险防范化解和处置。该条例明确了地方金融组织定义和监管规则。地方金融组织指依法设立的小额贷款公司、融资担保公司、区域性股权市场、典当行、融资租赁公司、商业保理公司、地方资产管理公司以及法律、行政法规和国务院授权省级人民政府监督管理的从事地方金融业务的其他机构（详见表 6、表 7）。

表6　2021年中央新制定或修改的金融法律、行政法规、部门规章

序号	法律法规名称	制定部门	颁布时间	类型
1	防范和处置非法集资条例	国务院	2021年1月26日	制定
2	非银行支付机构客户备付金存管办法	中国人民银行	2021年1月19日	制定
3	金融控股公司董事、监事、高级管理人员任职备案管理暂行规定	中国人民银行	2021年3月31日	制定
4	金融机构反洗钱和反恐怖融资监督管理办法	中国人民银行	2021年4月15日	制定
5	征信业务管理办法	中国人民银行	2021年9月27日	制定
6	系统重要性银行附加监管规定（试行）	中国人民银行、中国银行保险监督管理委员会	2021年9月30日	制定
7	全球系统重要性银行总损失吸收能力管理办法	中国人民银行、中国银行保险监督管理委员会、财政部	2021年10月27日	制定
8	保险公司偿付能力管理规定	中国银保监会	2021年1月25日	制定
9	银行保险机构声誉风险管理办法（试行）	中国银保监会	2021年2月8日	制定
10	中华人民共和国外资保险公司管理条例实施细则	中国银保监会	2021年3月10日	修改
11	银行保险机构许可证管理办法	中国银保监会	2021年4月28日	制定
12	理财公司理财产品销售管理暂行办法	中国银保监会	2021年5月11日	制定
13	银行保险机构董事监事履职评价办法（试行）	中国银保监会	2021年5月20日	制定
14	银行保险机构恢复和处置计划实施暂行办法	中国银保监会	2021年6月9日	制定
15	保险公司董事、监事和高级管理人员任职资格管理规定	中国银保监会	2021年6月3日	制定
16	再保险业务管理规定	中国银保监会	2021年7月21日	制定
17	中国银行保险监督管理委员会派出机构监管职责规定	中国银保监会	2021年7月30日	制定

续表

序号	法律法规名称	制定部门	颁布时间	类型
18	保险公司非寿险业务准备金管理办法	中国银保监会	2021年10月15日	制定
19	全球系统重要性银行总损失吸收能力管理办法	中国人民银行、中国银行保险监督管理委员会、财政部	2021年10月27日	制定
20	保险中介行政许可及备案实施办法	中国银保监会	2021年10月28日	制定
21	理财公司理财产品流动性风险管理办法	中国银保监会	2021年12月10日	制定
22	证券公司和证券投资基金管理公司境外设立、收购、参股经营机构管理办法	中国证监会	2021年1月15日	修改、部分废止
23	公司债券发行与交易管理办法	中国证监会	2021年2月26日	制定
24	上市公司信息披露管理办法	中国证监会	2021年3月18日	制定
25	优先股试点管理办法	中国证监会	2021年6月11日	修改
26	证券市场禁入规定	中国证监会	2021年6月15日	制定
27	证券期货违法行为行政处罚办法	中国证监会	2021年7月14日	制定
28	北京证券交易所向不特定合格投资者公开发行股票注册管理办法（试行）	中国证监会	2021年10月30日	制定
29	北京证券交易所上市公司证券发行注册管理办法（试行）	中国证监会	2021年10月30日	制定
30	北京证券交易所上市公司持续监管办法（试行）	中国证监会	2021年10月30日	制定
31	非上市公众公司监督管理办法	中国证监会	2021年10月30日	修改
32	非上市公众公司信息披露管理办法	中国证监会	2021年10月30日	修改
33	证券交易所管理办法	中国证监会	2021年10月30日	制定
34	银行保险机构声誉风险管理办法（试行）	中国银保监会	2021年2月8日	制定

续表

序号	法律法规名称	制定部门	颁布时间	类型
35	中华人民共和国外资保险公司管理条例实施细则	中国银保监会	2021 年 3 月 10 日	修改
36	银行保险机构许可证管理办法	中国银保监会	2021 年 4 月 28 日	制定
37	银行保险机构董事监事履职评价办法（试行）	中国银保监会	2021 年 5 月 20 日	制定

表 7　2021 年地方新制定或修改的金融法律法规、政府规章

序号	法律法规名称	制定部门	颁布时间	类型
1	湖北省地方金融条例	湖北省人民代表大会常务委员会	2021 年 4 月 2 日	制定
2	江苏省地方金融条例	江苏省人民代表大会常务委员会	2021 年 3 月 31 日	制定
3	北京市地方金融监督管理条例	北京市人民代表大会常务委员会	2021 年 4 月 16 日	制定
4	吉林省地方金融监督管理条例	吉林省人民代表大会常务委员会	2021 年 7 月 30 日	制定
5	贵州省地方金融监督管理条例	贵州省人民代表大会常务委员会	2021 年 9 月 29 日	制定

（二）金融调控法的执法状况与特点

回首 2021 年，在新冠肺炎疫情全球持续蔓延和国际政治经济形势不断变化的背景下，人民银行坚决贯彻落实党中央、国务院决策部署，完整、准确、全面贯彻新发展理念，坚持实施稳健的货币政策，全力支持助企纾困，创新推动绿色发展，有效防控金融风险，持续深化金融改革开放，各项工作取得了好的成绩。

1. 货币政策和宏观审慎政策双支柱调控框架不断完善

货币政策和宏观审慎政策双支柱调控框架把保持价格稳定与维护金融稳定的两大目标有机结合，在维护宏观经济稳定和国家金融安全上发挥着重要作用。面对新冠肺炎疫情不断蔓延和国际政治经济形势不断变化，中国人民银行通过发布《宏观审慎政策指引（试行）》（2021 年 12 月 31 日）等，不断健全货币政策和宏观审慎政策双支柱调控框架，在支持国民经济运行在合理区间的同时，推动各重点领域畅通循环。一是降低金融机构存款准备金率。2021 年 7 月 15 日和 12 月 15 日，下调金融机构人民币存款准备金率各 0.5 个百分点，共释放资金约 2.2 万亿元。金融机构加权平均存款准备金率降至 8.4%，比 2018 年年初降低了 6.5 个百分点。二是分层次、有梯度出台并落实好再贷款、再贴现政策。2021 年第二季度，为促进区域经济金融协调发展，对 10 个信贷增长缓慢省份增加再贷款额度 2000 亿元，引导这 10 个省份地方法人金融机构对区域内涉农、小微和民营企业等领域进一步加大政策支持力度。贯彻落实国务院关于加大对市场主体特别是中小微企业纾困帮扶力度的决策部署，新增 3000 亿元支小再贷款额度，支持地方法人金融机构向受大宗商品价格上涨、疫情影响较大的小微企业和个体工商户发放贷款。创设碳减排支持工具，出台 2000 亿元支持煤炭清洁高效利用专项再贷款。三是突出直达性、精准性特点，持续推进并转换两项直达实体经济的货币政策工具支持中小微企业发展。2021 年 3 月将 2020 年 6 月创设的普惠小微企业贷款延期支持工具和普惠小微企业信用贷款支持计划的实施期限进一步延长至 2021 年 12 月 31 日，以保持对小微企业的支持力度不减，更好发挥其稳就业的作用。四是持续释放贷款市场报价利率（LPR）改革红利。2021 年前 11 个月，整体贷款利率为 5.07%，同比下降 0.09 个百分点。2021 年年底，一年期 LPR 又进一步下调 5 个基点至 3.8%。企业融资成本有望继续下降。2021 年 6 月，优化存款利率自律上限确定方式，维护市场竞争秩序，引导中长期存款利率明显下降，促进银行负债成本稳中有降，为企业融资成本持续下降打开操作空间。五是着力保持人民币汇率在合理均衡水平上的基本稳定。2021 年 5 月 31 日和 12 月 9 日两次上调金融机构外汇存款准备金率各 2 个百分点至 9%，回收外汇流动性超过 400 亿美元，有效调节外汇流动性。加强外汇市场自律管理。2021 年 2 月、5 月、11 月三次召开自律机制会议，引导企业和金融机构树立风险中性理念，着力提升对中小微企业的汇率风险管理服务。

2. 金融支持实体经济提质增效

金融是实体经济的血脉，为实体经济服务是金融的天职，是金融的宗旨，也是防范金融风险的根本举措。2021 年，人民银行加强政策协调联动，多措并举，引导金融机构加大重点领域的支持，推动国民经济畅通循环。

（1）支持小微企业发展。一是两项直达工具有效缓解小微企业压力。自 2020 年 6 月创设普惠小微企业贷款延期支持工具和普惠小微企业信用贷款支持计划以来。截至 2021 年 11 月末，全国银行业金融机构累计对 15.1 万亿元贷款本息实施延期，发放普惠小微信用贷款 9.6 万亿元。持续优化信贷结构。普惠小微贷款实现“量增、面扩、价降”。二是深入开展中小微企业金融服务能力提升工程，对提升中小微企业金融服务能力提出具体要求，引导商业银行优化内部政策安排，强化科技手段运用，推广主动授信、随借随还贷款模式，加快推进“敢贷、愿贷、能贷、会贷”长效机制建设。三是持续加大对重点行业企业金融支持力度。在全国范围内开展“贷动小生意，服务大民生”金融支持个体工商户发展专项活动，会同相关部门加大对文化旅游、住宿餐饮、零售、外贸等领域企业金融支持。

（2）发展绿色金融，支持低碳减排。激励政策出台、标准更新等引导带动2021年我国绿色金融市场发展明显加快。2021年，我国绿色债券标准更新，煤炭等化石能源清洁利用项目不再纳入支持范围，实现了我国绿色债券标注与国际的接轨，首次统一了绿色债券相关管理部门对绿色项目的界定标准，有助于我国绿色债券市场健康、有序发展。从实际效果来看，在政策引导下，我国绿色信贷明显加快，截至2021年三季度，我国本外币绿色信贷余额14.78万亿元，同比增长28%，前三季度增加2.74万亿元。其中，投向具有直接和间接碳减排效益项目的贷款近10万亿元，占绿色贷款的67%。此外，在前期设立碳减排金融支持工具基础上，人民银行再设立2000亿元支持煤炭清洁高效利用专项再贷款，充分考虑了我国实际发展情况，即在能源低碳转型过程中，短期内煤炭仍将是我国最主要的能源。而且，全国碳市场已经正式开启，未来碳金融的空间也将随着全国碳市场的逐步发展而进一步打开。

（3）注册制改革稳步推进。2021年，注册制改革这一顶层设计稳步推进，深交所中小板与主板合并（2021年4月）、北京证券交易所正式成立（2021年9月3日），多层次资本市场建设更加完善，市场基础制度建设不断加强，继续提升市场法治化水平，市场化改革进一步推进，“零容忍”方针深入贯彻，依法严厉打击违法违规行为成效显著，维护了市场良好运行秩序，投资者保护集体诉讼制度得以确立和实施，投资者保护有效性增强，市场运行总体平稳，投资者信心增强，市场生态逐步改善，市场总市值、成交金额、融资规模等多项指标均创历史新高。科创板IPO（162家、2029亿元）、创业板IPO（199家、1475亿元）家数和融资额双双超过沪（88家、1625亿元）深（34家、233亿元）主板市场，对科技、创新、创业型中小企业的融资支持明显增强，融资结构继续改善。年末外资持股市值2.74万亿元，占流通股市值的3.66%，外资投资A股热情依然较高。资本市场支持实体经济建设再进阶。

（4）房地产金融调控加强。2021年，监管部门坚持“房住不炒”定位，持续完善稳地价、稳房价、稳预期的房地产长效机制，稳妥实施好房地产金融审慎管理制度，房地产调控工作取得积极成效。针对个别大型房企风险，中国人民银行、银保监会相关部门负责同志于 8 月份约谈恒大集团高管，要求恒大集团认真落实中央关于房地产市场平稳健康发展的战略部署，努力保持经营稳定，积极化解债务风险，维护房地产市场和金融稳定。针对风险事件对房企融资造成的冲击，金融管理部门多次表态支持房地产企业合理正常融资需求，促进房地产行业和市场平稳健康发展。此外，从中央到金融管理部门都多次强调坚持“房住不炒”定位，及时廓清市场疑虑，传达鲜明信号。具体来看，一是稳妥实施试点房企“三线四档”融资管理规则、房地产贷款集中度管理制度，督促银行落实房地产开发贷款、个人住房贷款监管要求，有效控制房企杠杆率，降低银行信贷风险。二是保障好刚需群体信贷需求，在贷款首付比例和利率方面对首套房购房者予以支持。目前，在银行个人住房贷款中首套房贷款超过 90%。三是落实差别化房地产信贷政策，配合地方政府做好房地产调控，促进各地房地产市场平稳健康发展。四是严肃惩治违法违规乱象。银保监会办公厅等联合印发《关于防止经营用途贷款违规流入房地产领域的通知》，有效遏制“经营贷”违规用于购房。五是稳妥做好对住房租赁市场的金融支持，研究细化金融支持措施，推进房地产投资信托基金试点。一年来，房地产金融工作稳步推进，在有效防范房地产金融风险的同时，更好满足了购房者合理住房需求，促进房地产市场健康发展和良性循环。

3. 深入推进高水平金融对外开放

2021 年 4 月 30 日，银保监会决定豁免外资法人银行对母行集团大额风险暴露的监管比例要求，进一步优化外资银行营商环境。9 月 10 日，《粤港澳大湾区“跨境理财通”业务试点实施细则》正式发布。9 月 15 日，人民银行、香港金融管理局同意内地基础服务机构和香港基础服务机构开展香港与内地债券市场互联互通南向合作，并于 9 月 24 日上线。人民银行同时发布《关于开展内地与香港债券市场互联互通南向合作的通知》，便利境内债券市场机构投资者有序配置全球债券，推动我国债券市场稳步实现高水平双向开放。9 月 16 日，中国正式提出申请加入《全面与进步跨太平洋伙伴关系协定》（CPTPP）。10 月 29 日，中国国债正式纳入富时世界国债指数（WGBI），纳入过程将分步骤在 36 个月内完成，届时中国国债占 WGBI 的权重将达 5.25%。至此，我国国债已被全球三大主流债券指数悉数纳入。在充分考虑国家安全等因素的前提下，新开放政策以具有可操作性的法律法规形式逐步固定下来，进一步稳定外资机构和投资者预期。货币当局和各监管机构在各自监管领域积极尝试制订和实施符合现实需要的新开放措施，监管机构之间的协调配合也更加顺畅。从开放效果来看，外资进入国内资本市场的总量快速增加，我国资本市场在国际市场的影响力明显提升；主要外资证券经营机构都已经或者正在申请设立拥有实际控制权的证券经营机构和基金管理公司，相关业务牌照的申请流程更加便捷透明，中外证券业深化合作与有序竞争同步展开。整体来看，我国金融业在对外开放中保持了良好的自主性和稳定性，人民币资产的国际吸引力不断增强，越来越多的国际投资者看好中国市场，我国金融市场也正在成为全球最具吸引力的金融市场之一。从目前外资机构在国内的布局和资产持有比例及结构来看，对外开放仍有很大空间，还需要坚持和完善对外开放战略，优化对外开放布局，拓展对外开放举措，在把握机遇中持续提高与国际市场接轨水平，在防范风险中妥善应对国际金融市场波动，在拓展双向开放中提升对外开放的层次和水平，推动我国金融业对外开放不断行稳致远。

4. 完善金融基础设施建设，营造良好网络金融生态

金融基础设施是现代金融体系的关键节点，其持续安全运行是各金融市场业务正常开展的必要前提，也是关系国家金融安全的防火墙。中国人民银行不断深化金融供给侧结构性改革，加快推进金融基础设施建设，为金融市场稳健运行营造良好的网络金融生态环境。2021 年 3 月 15 日，中央财经委员会召开第九次会议提出，要提升监管能力和水平，优化监管框架，实现事前事中事后全链条监管，充实反垄断监管力量，增强监管权威性，金融活动要全部纳入金融监管。4 月 29 日，为进一步加强对网络平台企业从事金融业务的监管，强化反垄断和防止资本无序扩张，推动平台经济规范健康持续发展，人民银行、银保监会、证监会、外汇局等金融管理部门联合对腾讯、度小满金融等 13 家从事金融业务的网络平台企业进行监管约谈，并针对当前网络平台企业从事金融业务中普遍存在的突出问题提出了整改要求。8 月 30 日，中央全面深化改革委员会第二十一次会议审议通过了《关于强化反垄断深入推进公平竞争政策实施的意见》，再次强调“坚持监管规范和促进发展两手并重、两手都要硬”，以监管规范保障发展和促进发展。2021 年，针对一些平台企业存在野蛮生长、无序扩张等突出问题，我国加大反垄断监管力度，依法查处有关平台企业违法行为，阿里巴巴、美团等大型平台企业被处巨额罚款。针对平台企业从事金融科技业务，中

国人民银行行长易纲提出三条监管实践：一是金融作为特许行业，必须持牌经营；二是建立适当的防火墙，避免金融风险跨部门、跨行业传播；三是断开金融信息和商业信息之间的不当连接，防止“数据—网络效应—金融业务”的闭环效应产生垄断。

（三）金融调控法的司法状况与特点

1. 健全完善金融审判体系，加大金融司法保护力度

2021 年 1 月 22 日，全国人民代表大会常务委员会通过了《关于设立北京金融法院的决定》。3 月 12 日，北京市十五届人大常委会第二十九次会议任命北京金融法院院长、副院长和首批员额法官。3 月 16 日，《最高人民法院关于北京金融法院案件管辖的规定》正式发布。3 月 18 日，北京金融法院依据中央全面深化改革委员会第十七次会议 2020 年 12 月 30 日审议通过的《关于设立北京金融法院的方案》设立。北京金融法院的设立，强化了金融监管力量，初步实现了北京“冒烟指数”监测系统和审判系统的对接共享。“冒烟指数”可通过多项数据，综合分析计算监控对象非法集资风险，帮助法官全面了解涉案企业全面信息并提供风险预警。设立北京金融法院，提升了金融审判水平、服务保障金融改革和有效防范金融风险，是营造良好金融法治环境、促进经济健康发展的重要举措。北京是国家金融管理中心，要高起点高标准设立金融法院，结合区域功能定位和特点，对金融案件实行集中管辖，推进金融审判体制机制改革，提高金融审判专业化水平。可以肯定，设立北京金融法院，是贯彻落实党中央重大战略部署的需要，是深化司法体制综合配套改革、完善法院组织体系的重要举措，有助于保障国家金融战略实施、维护金融安全，健全完善金融审判体系，加大金融司法保护力度，提升我国金融的国际影响力和国际话语权。

2. 提升金融审判水平，服务保障金融改革和有效防范金融风险

2021 年 9 月，浙江省高级人民法院召开“凤凰金融智审”3.0 全省上线新闻发布会，展示智能化“多案联审”。原本十场庭审需要耗时两天，如今一小时不到全部审理完毕。在极大提高庭审效率的同时，“凤凰金融智审”3.0 还实现智能化“异步审理”功能，“小智”24 小时在线为当事人提供全时空泛在服务。诉讼前端，“凤凰金融智审”3.0 对接“浙江解纷码”，实现金融纠纷案件诉前化解、多元解纷；诉讼后端，增加智能审查执行立案功能，对接浙江法院“智慧执行”2.0，让当事人从立案到执行“一次不用跑”。2021 年 11 月，上海金融法院举办金融案件执行方式改革暨财产执

行综合管理系统宣讲会，通报《上海金融法院关于金融案件执行方式改革和流程管理的规定（试行）》的主要内容，并同步上线与改革方案相配套、由上海金融法院自主研发的财产执行综合管理系统。上海金融法院成立以来，执行案件呈现执行标的金额大、社会关注度高、涉案财产种类多、价值高、处置难度大等显著特点。尤其因金融行业所具有的传导性，还要防范因强制执行可能触发的衍生风险。上海金融法院按照分权制约、专业分工、执行指挥中心实体化运行、全流程精细化管理、信息科技赋能、强化执行公开六大原则，紧紧扭住传统执行方式所存在的执行人员自由裁量权过大、执行行为流程化管理欠缺、财产处置专业化程度较低、难以保证执行信息的全流程及时公开等弊端，打破"一人包案到底"的传统模式，实施金融案件执行方式改革，着力实现集约分组、分权运行、繁简分流、公开透明。通过科技、政策等提升金融审判水平，能够更好地服务保障金融改革，有效防范金融风险。

3. 部门联合推进金融纠纷多元化解，强化细化工作联络机制

2021年8月，山东省高级人民法院、中国人民银行济南分行、山东银保监局、青岛银保监局、山东证监局、青岛证监局联合出台《关于推进金融纠纷多元化解的实施意见（试行）》，就金融纠纷多元化解工作联络机制建设各项工作提出15条措施。根据该意见相关规定，山东各级人民法院与所在地金融管理部门建立金融纠纷多元化解工作联络机制，加强信息共享，协调重大金融纠纷化解，共同推进全省金融纠纷多元化解工作。各地金融管理部门应鼓励相关机构在与消费者订立合同时，约定采用调解方式解决金融纠纷。各级人民法院应大力宣传诉外调解在人力、时间、经济成本上的优势，积极引导当事人优先选择非诉方式解决金融纠纷。建立金融行业成诉率通报机制，将金融纠纷成诉率通报给相关金融管理部门。对于争议较大、具有典型性的金融纠纷，金融纠纷调解组织可聘请无利害关系的独立专家，基于对各方陈述及所提交的证据材料的综合考量，作出建议性评估报告，供当事人参考。人民法院可探索在诉讼中认可、采纳独立专家的评估报告意见。经金融纠纷调解组织调解员主持达成的调解协议，具有民事合同性质，金融纠纷调解组织应引导当事人自觉履行。金融纠纷调解组织在现有工作职能基础上，可提供"投诉+调解+裁决"一站式金融纠纷解决服务，承担投诉处理、转办、调解、裁决等职能，推动纠纷高效解决。积极探索建立独立于金融管理部门的专业性金融纠纷解决机构。

（四）推进 2022 年金融调控法实施的建议和展望

继续统筹推进金融法律法规体系建设，加快《中国人民银行法》、《商业银行法》、《银行业监督管理法》、《保险法》、《非银行支付机构条例》、《反洗钱法》、“地方金融监督管理条例”、“期货和衍生品法”、“金融稳定法”等金融法律、法规的修改或制定工作，实现我国金融法治的现代化。

1. 坚持推动金融风险防范化解

继续按照稳定大局、统筹协调、分类施策、精准拆弹的方针，稳妥有序做好重点机构风险处置化解工作，发挥存款保险制度和行业保障基金在风险处置中的作用。坚持规范与发展并重，依法加强对资本和平台企业监管，持续做好头部网络金融平台整改工作。稳妥实施好房地产金融审慎管理制度，更好满足购房者合理住房需求，促进房地产业良性循环和健康发展。巩固拓展防范化解重大金融风险攻坚战成果，守住不发生系统性金融风险底线。进一步健全宏观审慎政策框架。支持金融科技依法规范发展，加强反垄断和反不正当竞争，以公正监管保障公平竞争，激发各类市场主体活力。

2. 稳健的货币政策要灵活适度

稳健的货币政策要与积极的财政政策协调联动，实现跨周期和逆周期宏观调控政策有机结合，全力做好“六稳”“六保”工作，着力稳定宏观经济大盘，保持经济运行在合理区间。在总量上要“稳”字当头，做到灵活适度。综合运用各种货币政策工具，增强信贷总量增长的稳定性，保持社会流动性合理充裕，保持 M2 和社会融资规模增速同名义经济增速基本匹配。数量调控可采取进一步下调法定存款准备金率和加大 MLF 操作力度等措施，及时释放宽松信号。利率调控进一步落实“降成本”的要求，可择机下调 MLF 率等政策利率，进而引导 LPR 有所走低，继续释放 LPR 改革促进降低贷款利率的潜力，优化存款利率监管，稳定银行负债成本，推动实际贷款利率进一步降低。综合运用多种货币政策工具，保持流动性合理充裕，增强信贷总量增长的稳定性，加大对实体经济的支持力度，推动企业综合融资成本稳中有降、金融系统继续向实体经济让利。增强人民币汇率弹性，保持人民币汇率在合理均衡水平上的基本稳定。

3. 持续改进金融服务实体经济质效

保持小微企业信贷支持政策的连续性、稳定性，2022 年实施两项直达工具接续转换，将普惠小微企业贷款延期支持工具转换为普惠小微贷款支持工具，将普惠小微企业信用贷款支持计划并入支农支小再贷款管理。进一步发挥好再贷款、再贴现、碳减排支持工具等结构性政策工具的牵引带动和精准滴灌作用，加大对普惠金融、绿色金融支持力度，引导金融机构加大对实体经济特别是小微企业、科技创新、绿色发展、乡村振兴等重点领域的支持。督促指导金融机构优化制造业的信贷结构，明确“提高制造业贷款比重”和“保持高技术制造业中长期贷款合理增速”的目标和任务，引导金融机构加大对高新技术制造业、战略性新兴产业的信贷投放，同时也要支持传统制造业的设备更新和技术改造。充分用好碳减排支持工具，以稳步有序、精准直达方式，引导金融机构支持清洁能源、节能环保、碳减排技术等重点领域的发展，并撬动更多社会资金促进碳减排。坚持“房子是用来住的、不是用来炒的”定位，满足房企的正常融资需求和居民合理住房贷款需求。

4. 高质量推进金融数字化转型

中国人民银行依据《国民经济和社会发展第十四个五年规划和2035年远景目标纲要》制定《金融科技发展规划（2022-2025年）》，提出新时期金融科技发展指导意见，明确金融数字化转型的总体思路、发展目标、重点任务和实施保障。强调要以习近平新时代中国特色社会主义思想为指导，全面贯彻党的十九大和十九届历次全会精神，坚持创新驱动发展，坚守为民初心、切实履行服务实体经济使命，高质量推进金融数字化转型，健全适应数字经济发展的现代金融体系，为构建新发展格局、实现共同富裕贡献金融力量。指出要坚持“数字驱动、智慧为民、绿色低碳、公平普惠”的发展原则，以加强金融数据要素应用为基础，以深化金融供给侧结构性改革为目标，以加快金融机构数字化转型、强化金融科技审慎监管为主线，将数字元素注入金融服务全流程，将数字思维贯穿业务运营全链条，注重金融创新的科技驱动和数据赋能，推动我国金融科技从“立柱架梁”全面迈入“积厚成势”新阶段，力争到2025年实现整体水平与核心竞争力跨越式提升。《金融科技发展规划（2022-2025年）》要求各方加强组织统筹、加大投入力度，做好规划实施监测评估，确保各项任务落到实处、取得实效。

5. 持续深化金融改革和国际金融合作

推动出台金融基础设施监管办法。稳步推进债券市场改革开放。央行提出要不断深化金融改革，主要内容包括出台《金融基础设施监管办法》、推进债市改革开放、实施好存款保险制度、因地制宜制度、分类推动农信社改革以及完善货币、票据、黄金、衍生品等市场管理制度等。其中比较明了的两点是：（1）支持相关部门和地方政府因地制宜、分类推动农信社改革，这意味着农信社改革仍将是2022年的重头戏，目前实践中已经形成了省级联合银行或者金融控股公司模式等几种模式，而2007年原银监会提出了省联社改革的“五大模式”，即联合银行、统一法人、金融控股公司、金融服务公司和完善省联社。（2）加强对我国香港特别行政区人民币离岸中心建设的支持力度，推动人民币离岸市场发展，目前我国香港特别行政区仍是离岸人民币市场的最主要部分，是人民币国际化的重要平台，未来需要在香港特别行政区强化离岸人民币市场的地位，为人民币国际化打下基础。持续深化国际金融合作。主动推进绿色金融国际合作。继续利用好多边债务协调机制，稳妥应对低收入国家债务问题。持续推进金融业有序开放，推动形成以负面清单为基础的更高水平金融开放，有序推进资本项目可兑换。

6. 全面提升金融服务与管理水平

高质量完成《“十四五”金融发展规划》编制。持续推进区域金融改革试点工作。继续加强金融业综合统计监测分析。持续打击跨境赌博、电信网络诈骗和非法支付活动。加强金融科技应用与管理。稳妥有序推进数字人民币研发试点。推动国库更好服务社会民生。落实《征信业务管理办法》。推进动产融资统一登记公示系统和应收账款融资服务平台应用。推动特定非金融行业反洗钱工作。落实推进普惠金融高质量发展实施意见。优化外汇管理服务，完善外汇市场微监管。具体包括推动贸易便利化试点扩容、开展跨境贸易投资高水平开放、改善银行外汇业务真实性审核方式以及坚持外汇市场微观监管执法标准的跨周期一致性、稳定性和可预期性。国家发展改革委印发《“十四五”现代流通体系建设规划》提出，在加强现代金融服务流通功能的基础上规范发展供应链金融。加强供应链金融基础设施建设，健全供应链金融运行机制，丰富供应链金融产品。支持金融机构与平台对接，规范发展供应链金融。

撰稿专家

管斌，湖北通山人，法学博士。华中科技大学中国金融法研究中心执行主任，经济法学硕士导师组组长，德国 Bayreuth 大学访问学者（2005 年 10 月至 2006 年 10 月）。兼任中国法学会经济法学研究会理事、中国法学会财税法学研究会理事、中国法学会证券法学研究会理事、中国法学会社会法学研究会理事、湖北省 PPP 专家库专家（法律类）、湖北省法院典型案例和优秀裁判文书评审专家、湖北省妇女儿童权益保护专家等等。主要从事经济法学、社会法学和金融法学等课程的教学和研究工作。曾在《中国法学》《法商研究》等刊物发表 70 多篇论文及多篇杂谈、随笔，其中多篇论文被中国人民大学复印报刊资料和《中国经济法学精萃》等全文转载；主持教育部、中国法学会等省部级课题多项；独著《金融法的风险逻辑》（法律出版社 2015 年版）、《混沌与秩序：市场化政府经济行为的中国式构建》（北京大学出版社 2010 年版）、合撰《经济法权研究》（武汉大学出版社 2012 年版）、《金融法学专论》（对外经济贸易大学出版社 2010 年版）等多部学术著作。

第四章　2021 年经济法实施报告

2021 年市场规制法实施报告

孙　晋

报告要旨

2021 年市场规制法的实施增质提速、力度空前，在推动实现经济高质量发展中取得重大突破与显著进步。以竞争监管执法为核心的市场规制工作高质量运行，法律法规日趋完善，监管执法力度日渐强化，智慧型监管手段不断涌现；反垄断大年和数字平台反垄断元年同时开启，反垄断法修正草案首次提请全国人大常委会会议审议、修法步入快车道，互联网行业数字经济领域迎来强监管，垄断和资本无序扩张乱象得以遏制并向好发展，企业竞争合规受到高度重视；公平竞争审查制度深入实施，区域性竞争执法协调迈上新台阶，第三方评估工作开展如火如荼；反不正当竞争法实施稳健，最高人民法院司法解释制定工作积极推进；消费者权益保护工作效果显著，特别是消费者数据隐私权保护逐步加强；产品安全问题得到空前重视，互联网广告治理取得新成效，价格机制改革亦在扎实推进。2021 年市场规制法实施的特点有：民生领域和数字经济领域监管成为市场规制和监管工作的重要内容；竞争政策基础地位得到大力强化，竞争法尤其反垄断法和公平竞争审查制度的地位得以提升，对国家宏观调控的约束、产业政策的优化、企业经营行为的矫正提速增质；反垄断工作全面推进深入实施，在营造公平竞争市场环境、推动经济高质量发展和实现共同富裕中的担当和作用越来越大；公平竞争审查制度建设提速加力，制度刚性约束不断增强；反不正当竞争执法工作总体呈加强趋势；其他市场监管法领域重拳出击，不断提升监管实效。2021年市场规制和监管法的实施仍存在以下问题：监管力量不足，监管方式仍需创新；《反垄断法》在数字竞争规则供给方面仍有缺漏，反垄断司法短板亟待补齐；公平竞争政策法治化有待完成；反不正当竞争法实施需要进一步完善；新业态下消费者权益保护任重道远。

核心建议

1. 继续强化竞争政策基础地位，持续加大以竞争法律和政策约束宏观调控优化产业政策的范围和力度，除了公平竞争审查和反垄断之外，积极拓展更多约束与优化的法治化路径。只有如此，方能切实稳步实现市场规制法的“良法化”助力实现共同富裕。

2. 加快并妥当修订《反垄断法》，提高规范尤其数字竞争规则供给能力；加强和改进反垄断执法，实现数字经济领域公平公正监管和长效监管；实施科技赋能，不断提高反垄断执法效能。

3. 继续创新监管方式，补齐司法短板，增强监管力量，激发企业自律监管自我合规动力，优化适应新经济发展的市场监管机制。

4. 更高质量推进公平竞争审查工作，增强公平竞争审查制度刚性约束和有效性。

5. 加强对网络不正当竞争行为的监管，完善互联网治理体系，发挥规则协同效应。

6. 以消费者权益保护为中心，加强消费品质监管与消费创新，保护消费者数据隐私，服务于国家双循环新发展格局。

7. 持续加强产品质量、食品安全、价格、广告领域的执法，制定更多标准。

本报告主要包含市场规制法实施总体概况，以及反垄断法、公平竞争审查制度、反不正当竞争法、消费者权益保护法和以产品质量法、价格法、广告法等为代表的其他市场监管法的具体实施内容，通过对有关国家机关、企事业单位以及其他社会组织、媒体等权威发布的 2021 年相关信息的总结提炼，对我国市场规制法领域的实施情况进行年度盘点。

一、2021 年度市场规制法实施的整体状况

（一）市场监管工作高质量运行

2021 年是中国共产党成立 100 周年，是国家“十四五”规划的开局之年，也是全面建设社会主义现代化国家新征程的开启之年。目前，作为市场规制的核心内容，市场监管体制实现重大改革，统一市场监管格局初步形成。在这一年里，市场监管工作稳步推进。在应对新冠肺炎疫情等重大事件中，市场监管部门有力有效维护市场秩序，为保持经济平稳运行、保障和改善民生作出了诸多努力和积极贡献。

市场监管法律法规日趋完善，法律供给体系日渐完备。2021 年 3 月 29 日，国家市场监督管理总局发布《2021 年立法工作计划》，对本年度立法工作提出了明确要求：“市场监管总局的立法工作以努力建设适应新发展格局的现代化市场监管法律体系为目标，坚持问题导向和目标导向，加强重点领域立法，加大立法统筹协调力度，加快立法进程，优化立法程序，着力提高立法质量和效率，为市场监管工作长远发展筑牢法治根基”。

其他多个领域的市场监管工作也取得了长足进步。例如，2021 年 6 月，市场监管总局联合国务院食品安全委员会、教育部、商务部、国家市场监督管理总局、国家机关事务管理局发布《关于贯彻实施〈中华人民共和国反食品浪费法〉有关事项的公告》提出要严格执行反食品浪费制度规范，不断加强反食品浪费管理。2021 年 11 月，市场监管总局联合民政部、住房和城乡建设部印发了《关于推进养老机构“双随机、一公开”监管的指导意见》，强调行业监管部门和综合监管部门的协调配合，避免多头执法、重复检查，推进部门协同监管常态化。为贯彻落实《国务院关于开展营商环境创新试点工作的意见》，市场监管总局 2021 年 12 月印发《关于推进营商环境创新试点城市企业内部使用的最高计量标准器具管理模式改革工作的通知》，指导试点城市开展取消企业内部使用最高计量标准器具考核发证及强制检定改革工作。

市场监管方式有所创新，推动监管能力跃上新台阶，极大地提升了市场监管的执法效能。利用诚信监管手段，规范市场主体的经济活动。2021年5月，《市场监管总局关于加强重点领域信用监管的实施意见》，提出要综合运用大数据、人工智能等信息技术手段，依托国家企业信用信息公示系统，建立完善重点领域信用记录、信用档案，推进企业信用风险分类管理，全面提升智慧监管水平。7月，市场监管总局发布《市场监督管理严重违法失信名单管理办法》，规范了市场监督管理部门对于严重违法失信名单的管理，发挥了信用监管的作用。同时还出台了《市场监督管理信用修复管理办法》，鼓励违法失信市场主体重塑信用，激发市场主体活力。将信用监管与智慧监管相结合，充分运用大数据手段推进市场监管工作。例如，江西省作为建设全国信用监管“一张网”试点省份，先行先试，按照“互联网+信用监管”理念，以大数据、大监管、大运用为思路，扎实推进信用监管新模式取得明显成效。[①] 12月，习近平主持召开中央全面深化改革委员会第二十三次会议时强调，提高政府监管效能，要着力解决好“谁来管”“管什么”“怎么管”的问题，要创新监管方法，提升监管的精准性和有效性。

市场监管工作的执法力度空前。2021年期间，市场监管总局数次对多个行业进行抽检，并将不合格产品予以通报。例如，市场监管总局于每个月均对于食品抽检不合格情况进行通告、5月发布《2021年羊绒针织衫等38种产品质量国家监督抽查情况通报》、7月发布《儿童及婴幼儿服装等8种网售产品质量国家监督抽查情况通报》等。对于市场主体的不正当竞争行为加大处罚。3月，市场监管总局发布《深圳美团优选科技有限公司不正当价格行为案行政处罚决定书》，对当事人涉嫌实施不正当价格行为立案调查，作出罚款150万元的行政处罚、[②] 10月发布《中化化肥有限公司不正当价格行为案行政处罚决定书》，对中化化肥有限公司存在的哄抬价格行为立

---

① 林雍、孙浩：《精心织就信用监管“一张网”——江西省市场监管局创新监管方式优化营商环境综述》，载《中国市场监管报》2021年12月11日，第1版。

② 《市场监管总局发布深圳美团优选科技有限公司不正当价格行为案行政处罚决定书》，载国家市场监督管理总局网，https：//gkml. samr. gov. cn/nsjg/jjzj/202103/t20210311_ 326698. html，最后访问时间：2021年2月24日。

案调查，作出罚款 260 万元的行政处罚。[①] 12 月，市场监管总局在《市场监督管理严重违法失信名单管理办法》施行后首次公布一批严重违法失信名单典型案例，涉及食品、药品、化妆品等关系人民群众安全健康的行业和领域，对严重违法失信者形成了强有力震慑。[②] 同时，2021 年发布的《市场监管领域重大违法行为举报奖励暂行办法》明确规定：举报以下重大违法行为，经查证属实结案后，将给予相应奖励：违反食品、药品、特种设备、工业产品质量安全相关法律法规规定的重大违法行为；具有区域性、系统性风险的重大违法行为；市场监管领域具有较大社会影响，严重危害人民群众人身、财产安全的重大违法行为；涉嫌犯罪移送司法机关被追究刑事责任的违法行为。其中，举报市场监管领域重大违法行为最高奖励 100 万元。

（二）“反垄断大年”和“平台经济反垄断元年”成绩鲜亮

2021 年，在国家高度重视和中央多次部署下，反垄断从规则修订完善到加强执法监管，成绩显著，是“反垄断大年”，也是平台经济领域“反垄断元年”。

《反垄断法》修订工作进入快车道。从 2020 年年初市场监管总局公布《〈反垄断法〉修订草案（公开征求意见稿）》起，《反垄断法》修订工作紧锣密鼓地进行。至 2021 年 10 月 19 日，《反垄断法（修正草案）》已经提请全国人大常委会会议审议，修法步入快车道，呼之欲出。

《反垄断法》的配套制度建设方面，积极回应现实需求，完善竞争规则。2021 年 2 月 7 日，国务院反垄断委员会发布《关于平台经济领域的反垄断指南》（以下简称《指南》），这是全球第一部由官方正式发布的专门针对平台经济领域的系统性反垄断规则，初步构建了我国平台企业垄断认定等方面的法律规范，在全球也具有标志意义。[③] 2021 年 11 月 5 日，国务院反垄断委员会发布《关于原料药领域的反垄断指南》，有针对性地细化了

---

① 《市场监管总局发布中化化肥有限公司不正当价格行为案行政处罚决定书》，载国家市场监督管理总局网，https：//gkml. samr. gov. cn/nsjg/jjjzj/202110/t20211001_ 335331. html，最后访问时间：2021 年 2 月 24 日。

② 《市场监管总局公布首批严重违法失信名单典型案例》，载国家市场监督管理总局网，https：//www. samr. gov. cn/xw/zj/202112/t20211227_ 338495. html，最后访问时间：2021 年 2 月 24 日。

③ 孙晋：《数字平台垄断与数字竞争规则的建构》，载《法律科学（西北政法大学学报）》2021 年第 4 期。

垄断行为的分析思路和认定因素，为原料药领域经营者依法合规经营提供了更加清晰明确的指引。

反垄断行政执法空前活跃，互联网企业迎来强监管。2021 年全年，反垄断执法机构（包括国家市场监管总局、各省级市场监管局）公布了共计 167 起反垄断执法案件。经营者集中案件数量最多，有 100 起，其中，95 起为违法实施经营者集中，4 起为附条件批准，1 起为禁止经营者集中；行政性垄断案件位居第二，有 40 起；垄断协议案件 16 起，其中横向垄断协议案件 14 起，纵向垄断协议案件 2 起；滥用市场支配地位案件有 11 起。2021 年公开的行政执法案件数量已超过了前三年公开的案件数量之和；与 2020 年相比，同比激增 263%。[①] 在垄断协议案件方面，原料药、建材建筑行业仍然是重点监管领域。在滥用市场支配地位案件方面，最为显著的是“二选一”违法行为得到遏制，阿里巴巴、美团、上海食派士等都因滥用市场支配地位“二选一”行为被高额处罚。经营者集中案件方面，在《指南》对涉及协议控制架构的经营者集中显示了明确的监管态度后，互联网领域内经营者集中未依法申报的案件被成批公布，并逐渐得到清理和处罚。而行政性垄断的治理得到较为积极的推进，不仅相关案件的查处和公布数量可观，而且公开纠正行政性垄断行为所覆盖的省份增多。在行政性垄断责任追究方面，福州市交通运输局对局机关 2 名责任人进行效能问责，[②] 这是自 2020 年湖南怀化燃气办两位负责人分别被警告处分和免职处分[③]之后，又一起追究行政性垄断有责官员的案例。

在反垄断司法方面，根据公开信息统计可以得出，2021 年全国法院已审理或审理中的反垄断诉讼案件约 37 件，从案由来看，民事诉讼数量居多，其中 29 件为反垄断民事诉讼，8 件为反垄断行政诉讼；从案件类型来看，大多数涉及程序问题，对实体问题作出处理的案件不多；从诉讼请求来看，民事诉讼中滥用市场支配地位和纵向垄断协议的指控占多数，行政诉讼中主要是不服横向垄断协议行政处罚以及指控行政性垄断；从分布行业来看，互联网与通信、制造业、医药行业是反垄断诉讼的高发领域；从案件结果

---

① 《2021 年度反垄断行政执法全景报告》，载 https：//mp. weixin. qq. com/s/wZu7sAu5X80HiMKQB-QdNg，最后访问时间：2022 年 2 月 22 日。

② 《福建反垄断第一案，直击行政性垄断!》，载 https：//mp. weixin. qq. com/s/lLrH5ntXRhaKRyFkN49FAw，最后访问时间：2022 年 2 月 20 日。

③ 谢建荣：《宽免政策打破办案僵局　湖南燃气垄断案“一案双查”》，载《中国价格监管与反垄断》2021 年第 2 期。

来看，大多数案件都是原告撤诉或法院驳回诉讼请求，只有个别案件法院支持了原告的诉讼请求。[①] 2021 年，“美国对华反垄断第一案”华北制药在维生素 C 反垄断案胜诉，历时 17 年终尘埃落定；“头腾大战”持续发酵，抖音诉腾讯垄断案使得纠纷从以往的反不正当竞争领域转向反垄断领域；蚁坊诉新浪微博数据垄断案也标志着数据垄断诉讼拉开帷幕，平台垄断与数据开放问题备受关注。总体而言，反垄断案件偏少，原告胜诉率过低，反垄断民事诉讼不活跃。

企业竞争合规政策深入开展。浙江、天津、湖南、四川等地市场监管部门相继发布经营者反垄断合规指引。为满足企业日益增长的境外反垄断合规需求，2021 年 11 月 15 日国家市场监督管理总局发布《企业境外反垄断合规指引》，引导企业建立和加强境外反垄断合规管理制度，提升境外经营反垄断合规管理水平，防范境外反垄断法律风险，保障企业持续健康发展。

反垄断体制机制进一步完善，机构设置更趋科学。2021 年 11 月 18 日，国家反垄断局正式挂牌。国家反垄断局在原国家市场监管总局反垄断局基础上组建，由国家市场监管总局直属局升级为副部级国家局。下设反垄断执法一司、反垄断执法二司和竞争政策协调司三个司局，分工负责反垄断相关工作。[②] 同时，组建竞争政策与大数据中心，强化反垄断、竞争政策理论研究和技术支撑。[③] 机构调整优化了反垄断监管力量，并为反垄断工作的持续开展提供了坚强保障。

（三）公平竞争审查制度深入实施

实施公平竞争审查制度是党中央、国务院深化经济体制改革的重大决策部署。党的十九届四中全会强调“落实公平竞争审查制度”，党的十九届五中全会明确提出“健全公平竞争审查机制”。2021 年 1 月，中共中央办公厅、国务院办公厅印发的《建设高标准市场体系行动方案》提出，全面完善公平竞争制度，健全公平竞争审查机制。

---

① 《2021 年中国反垄断诉讼案件评述》，载 https：//mp. weixin. qq. com/s/ENpoLpUNq3veWmnae9syCg，最后访问时间：2022 年 2 月 20 日。

② 《强化政治监督　严把选人用人关口　保障国家反垄断局顺利组建》，载中央纪委国家监委网，https：//www. ccdi. gov. cn/yaowenn/202112/t20211221_ 159792_ m. html，最后访问时间：2022 年 2 月 20 日。

③ 《改革创新开创反垄断工作新局面》，载 https：//mp. weixin. qq. com/s/J5S366NJiu_mX23bteWf1A，最后访问时间：2022 年 2 月 20 日。

在制度建设上，进一步完善公平竞争审查规则体系。2021 年 7 月，国家市场监管总局、国家发展改革委、财务部门、商务部、司法部等 5 部门联合出台《公平竞争审查制度实施细则》，将强制企业转让技术、强制在本地设立分支机构、给予特定企业优惠政策、设置不合理项目库资格库等具体情形纳入审查标准，细化实化了审查方式、审查标准、监督手段等方面的规定，以更高质量更大力度推进公平竞争审查制度有效实施。该细则强化了公平竞争市场联席会议制度，原则上要求由省级人民政府分管工作副省长担任召集人；加大了追责力度，强化了制度的刚性约束。发布后，各地纷纷采取举措切实推进、督促学习贯彻《公平竞争审查制度实施细则》。例如，北京市举办《公平竞争审查制度实施细则》解读培训班，[①] 广西公平竞争审查工作厅际联席会议办公室发布《关于贯彻落实〈公平竞争审查制度实施细则〉的通知》。[②]

在组织领导上，充分发挥公平竞争审查联席会议制度的牵头抓总作用。2021 年 7 月 5 日，市场监管总局组织召开公平竞争审查工作部际联席会议第四次全体会议，总结了 2020 年和“十三五”时期实施公平竞争审查制度取得的成绩，审议《公平竞争审查工作部际联席会议 2021 年工作要点》，围绕贯彻落实新修订出台的《公平竞争审查制度实施细则》，研究部署重点任务。各省市自治区召开省级联席会议，研究部署年度工作要点。2021 年 2 月 28 日，广东省人民政府印发《广东省进一步推动竞争政策在粤港澳大湾区先行落地的实施方案》，明确完善公平竞争审查联席会议制度，扩大公平竞争审查范围，全面清理妨碍粤港澳大湾区统一市场和公平竞争的规定和做法。[③]

同时，坚持存量清理与增量审查并重，有序推进公平竞争审查制度实施。截止到 2021 年年底，全国审查新出台政策措施文件 85.7 万件，发现和纠正违反审查标准的 4100 件；清理存量政策措施 189 万件，修订废止妨碍

① 《北京举办〈公平竞争审查制度实施细则〉解读培训班》，载国家市场监督管理总局反垄断局网，https：//www. samr. gov. cnfldjtzgg/gpjzsc/202109/t20210914＿ 334735. html，最后访问时间：2022 年 2 月 22 日。

② 《广西贯彻落实〈公平竞争审查制度实施细则〉》，载国家市场监督管理总局反垄断局网，https：//www. samr. gov. cnfldjsjdtdfdt202111/t20211103＿ 336389. html，最后访问时间：2022 年 2 月 22 日。

③ 《公平竞争审查制度建设提速加力》，载国家市场监督管理总局反垄断局网，https：//www. samr. gov. cnfldjsjdtgzdt202103/t20210326＿ 327310. html，最后访问时间：2022 年 2 月 22 日。

全国统一市场和公平竞争的近 3 万件。[①] 公平竞争审查第三方评估工作扎实推进，进展显著。湖北、江苏、陕西、重庆、湖南、河南等省份陆续开展第三方评估工作，海南自贸港、宁夏回族自治区、内蒙古自治区出台有关公平竞争审查第三方评估的实施指南。江苏省市场监督管理局通过第三方评估，对随机抽取的江苏省内 98 家单位公平竞争审查制度实施情况进行深度综合评估、量化，并发布了《江苏省公平竞争审查白皮书》。河南省召开公平竞争审查第三方评估成果运用研讨会，详细分析评估中发现的典型问题。[②] 山东省公平竞争审查工作联席会议发布《山东省实施公平竞争审查制度综合评估指标体系（2021）》，依据公平竞争审查制度有关工作部署要求，设置政府落实情况、联席会议落实情况、政府部门落实情况三个评估维度。[③]

监督考核方面，在公平竞争审查工作部际联席会议的统筹协调下，国家市场监管总局将公平竞争审查纳入质量工作考核体系。[④] 各地结合实际，完善相关机制。黑龙江、浙江、广东、安徽、广西、贵州、重庆等地将公平竞争审查纳入依法行政、法治政府考核评价体系，江苏、湖北、新疆等地建立公平竞争审查网络举报系统，湖南建立公平竞争审查约谈机制。

在审查机制上，相关部门和地方持续优化工作机制，规范审查流程，强化监督约束，保障审查工作取得实效。新疆维吾尔自治区发布实施《公平竞争审查投诉举报受理回应机制》《重大政策措施公平竞争审查会审制度》《公平竞争审查抽查机制》。[⑤] 宁夏回族自治区市场监管厅会同自治区发改委、财政厅、商务厅等部门联合下发《关于建立健全公平竞争审查工作

① 《人民日报：市场公平竞争秩序稳步向好》，载 2021 年 10 月 2 日“榆林市市场监管”微信公众号。

② 《河南召开公平竞争审查第三方评估成果运用研讨会》，载国家市场监督管理总局反垄断局网，https：//www. samr. gov. cnfldjtzgg/gpjzsc/202107/t20210727_ 333075. html，最后访问时间：2022 年 2 月 22 日。

③ 《山东发布〈山东省实施公平竞争审查制度　综合评估指标体系（2021）〉》，载国家市场监督管理总局反垄断局网，https：//www. samr. gov. cnfldjtzgg/gpjzsc/202106/t20210623_ 331307. html，最后访问时间：2022 年 2 月 22 日。

④ 《公平竞争审查制度建设提速加力》，载国家市场监督管理总局反垄断局网，https：//www. samr. gov. cnfldjsjdtgzdt202103/t20210326_ 327310. html，最后访问时间：2022 年 2 月 22 日。

⑤ 《新疆研究贯彻落实〈公平竞争审查制度实施细则〉》，载国家市场监督管理总局反垄断局网，https：//www. samr. gov. cnfldjsjdtdfdt202112/t20211222_ 338341. html，最后访问时间：2022 年 2 月 22 日。

机制的通知》，建立抽查工作机制、重大决策会审制度、举报回应机制。①江苏省南京市开展公平竞争审查内部集中审查试点，选择南京市公平竞争审查工作联席会议5家副召集人单位和5家公平竞争审查工作较扎实的成员单位为试点，明确内部集中审查要求，加强对内部集中审查的指导。② 重庆市公平竞争审查联席会议办公室印发《重庆市涉公平竞争审查举报处理办法（试行）》，明确了任何单位和个人可以采取当面递交、邮寄、电话等方式举报；举报人可以实名举报，也可以匿名举报，受理机关为举报人保密。③

在能力建设上，市场监管工作部门采取多种措施强化公平竞争审查制度宣传解读。2021年仅上半年，国家市场监管总局反垄断局就通过线上或线下在北京或总局深圳行政学院多次举办公平竞争审查业务培训班，④ 进一步加强公平竞争审查能力建设。此外，2021年度，北京、江苏、广东、浙江、湖北、河南、青海、广西等多地也举办了全省公平竞争审查业务培训班。北京市公平竞争审查工作联席会议办公室制作了公平竞争审查公益宣传视频，在全市大型商超、市场等公共场所6000余块楼宇电视和户外大屏循环播放，增进了全社会对公平竞争审查制度的认识和理解。⑤ 江苏省苏州市公平竞争审查联席会议办公室发布《公平竞争审查操作指南》，为全市公平竞争审查工作提供了专业化、标准化、规范化操作指引。⑥

---

① 《宁夏建立健全公平竞争审查机制全力推进公平竞争审查制度实施》，载国家市场监督管理总局反垄断局网，https：//www. samr. gov. cnfldjtzgg/gpjzsc/202101/t20210129_ 325648. html，最后访问时间：2022年2月22日。

② 《江苏南京开展公平竞争审查内部集中审查试点》，载国家市场监督管理总局反垄断局网，https：//www. samr. gov. cnfldjtzgg/gpjzsc/202109/t20210914_ 334737. html，最后访问时间：2022年2月22日。

③ 《重庆出台涉公平竞争审查举报处理办法》，载国家市场监督管理总局反垄断局网，https：//www. samr. gov. cnfldjtzgg/gpjzsc/202103/t20210331_ 327452. html，最后访问时间：2022年2月22日。

④ 《公平竞争审查业务培训班在深圳成功举办》，载国家市场监督管理总局反垄断局网，https：//www. samr. gov. cnfldjtzgg/gpjzsc/202104/t20210419_ 327958. html，最后访问时间：2022年2月22日。

⑤ 《北京强化公平竞争审查制度宣传解读》，载国家市场监督管理总局反垄断局网，https：//www. samr. gov. cnfldjsjdtdfdt202111/t20211103_ 336391. html，最后访问时间：2022年2月22日。

⑥ 《苏州发布首个公平竞争审查操作指南》，载国家市场监督管理总局反垄断局网，https：//www. samr. gov. cnfldjsjdtdfdt202112/t20211222_ 338343. html，最后访问时间：2022年2月22日。

（四）反不正当竞争法实施工作稳步推进

2021年年初，中共中央办公厅、国务院办公厅印发的《建设高标准市场体系行动方案》指出“加强和改进反垄断与反不正当竞争执法。坚决反对垄断和不正当竞争行为”。[①] 同年5月26日召开的国务院常务会议指出“深入推进反垄断、反不正当竞争执法”。[②] 根据市场监管总局印发的《关于加强反不正当竞争执法推动高质量发展的通知》，各级各地市场监管部门应当加深对反不正当竞争工作的认识，对重点领域开展反不正当竞争执法工作，查办案件并曝光典型，对违法行为起到震慑作用，维护公平竞争的市场环境，推动高质量发展。通知还强调应当加强对商业秘密的保护，探索创新保护方式。

相关规范性文件（含征求意见稿）不断出台，健全执法工作依据。为了正确审理不正当竞争纠纷案件以及维护公平竞争的市场秩序，最高人民法院于2021年8月20日发布了《最高人民法院关于适用〈中华人民共和国反不正当竞争法〉若干问题的解释（征求意见稿）》向社会公开征求意见。为了防范和治理存在于网络上的不正当竞争行为，净化网络竞争环境，市场监管总局于8月15日发布了《禁止网络不正当竞争行为规定（公开征求意见稿）》。浙江省市场监管局在开展调研的基础上，形成了《浙江省反不正当竞争条例》（修订征求意见稿），也已向社会公开征求意见。在四川省，修订后的《四川省反不正当竞争条例》已经表决通过，涵盖了反不正当竞争的调查程序、调查措施、法律责任、环境建设等内容，并推动建立川渝跨区域反不正当竞争工作协作机制，助力区域协调发展和营商环境建设。广东省市场监管局紧跟修法进展，根据修订后的《反不正当竞争法》对《广东省实施〈中华人民共和国反不正当竞争法〉办法》进行了修改并公开征求意见。另外，深圳市制定了全国范围内第一个商业秘密管理市级地方标准《企业商业秘密管理规范》，经试点，该规范的全面性和可操作性得到了企业的认可。

---

① 《中共中央办公厅、国务院办公厅印发〈建设高标准市场体系行动方案〉》，载中央人民政府网，http：//www.gov.cn/zhengce/2021-01/31/content_5583936.htm，最后访问时间：2022年2月22日。

② 《国常会：深入推进反垄断、反不正当竞争执法　查处恶意补贴、低价倾销等行为》，载国家市场监督管理总局网，https：//www.samr.gov.cn/jjj/fbzdjz/202105/t20210531_330001.html，最后访问时间：2022年2月22日。

市场监管部门提高反不正当竞争执法力度，各地查处案件数量大、涉案总金额高。到2021年12月中旬，全国执法部门查办反不正当竞争案件共计7818件，罚没金额高达5.25亿元，为商业秘密保护建设了示范基地、维权联系点、示范企业共4234个。北京市市场监管局针对重点行业和群众反馈较多的领域加强反不正当竞争执法，全年查处598个不正当竞争案件，罚没金额共计5100多万元。广东省在全省查处了328起反不正当竞争相关案件，罚没金额超过3699万元，其中，特别重视平台、互联网领域的虚假宣传、混淆、使用技术手段进行不正当竞争的行为。而江西省在对重点领域进行不正当竞争专项执法行动时处理了137起不正当竞争案件，罚没金额达1486万余元。吉林省市场监管局重视对互联网平台和医药领域不正当竞争行为的执法，严厉打击市场混淆行为、虚假宣传行为、商业诋毁行为等不正当监管行为，并在执法中贯彻“加强反不正当竞争执法和加强企业商业秘密保护工作”精神。

在查办大量案件的基础上，执法部门争相发布反不正当竞争执法典型案例。2021年年中，市场监管总局发布了自总局成立以来的反不正当竞争十大影响力事件，体现出市场监管总局维护良好市场竞争秩序的决心和成果。价格监督检查和反不正当竞争局还安排执法人员向企业、行业协会解读典型案例，以案释法、以案普法。发布典型案例不仅有利于为后续反不正当竞争执法工作提供借鉴和引领，也有助于增强向市场主体释法、普法的效果。在本年度市场监管总局执法案件中，总局对橙心优选、美团优选等五家社区团购企业的不正当价格行为作出行政处罚的案件受到社会的广泛关注，体现了执法机构积极回应新业态中出现的不正当竞争问题的态度。市场监管总局还就医美领域的不正当竞争行为发布了一批典型案例，即2021年度重点领域反不正当竞争执法典型案例（第三批），着力整治医美市场中的虚假宣传等不正当竞争行为。江苏省通过“两反两保”行动方案加强对重点领域的执法，并公布了第一批反不正当竞争十大典型案例，涉及低价倾销等多种不正当竞争行为。广东省和江西省对重点领域开展专项整治工作，处理了大量案件，分别公布了10个网络领域的不正当竞争典型案例和5个典型案例。福建省也公布了一批典型案例，以期对市场主体起到警示作用。

（五）消费者权益保护工作效果显著

相关法律文件进一步完善，保障消费者权益实施。在刚刚过去的2021

年里，党中央、国务院高度重视消费的发展和消费者权益保护。改善消费环境、促进消费提质升级的政策法规不断出台，保护消费者权益的法律体系愈加完善。《国民经济和社会发展第十四个五年规划和 2035 年远景目标纲要》、2021 年政府工作报告、《建设高标准市场体系行动方案》等文献文件提出一系列加强消费者权益保护，营造良好消费的部署和要求。6 月 1 日，新修订的《未成年人保护法》正式施行，专门增设第五章“网络保护”，对未成年人网络信息保护、网络沉迷防治等作出全面规范，立法实现对未成年人的线上线下全方位保护，对未成年人消费权益的保护更加全面。7 月 22 日，新修订的《家用汽车产品修理更换退货责任规定》出台，并于 2022 年 1 月 1 日起施行。明确了“家用汽车产品自三包有效期起算之日起 7 日内，因质量问题需要更换发动机、变速器、动力蓄电池、行驶驱动电机或者其主要零部件的，消费者可以凭购车发票、三包凭证选择更换家用汽车产品或者退货，销售者应当免费为消费者更换或者退货”。作为大宗消费品的汽车产品从此进入“可退换”时代。11 月 1 日起正式施行的《个人信息保护法》，为个人信息权益保护、信息处理者的义务以及主管机关的职权范围提供了体系化的法律依据，涵盖个人信息收集、存储、使用、加工、传输、提供、公开、删除等多个环节以及自动化决策、个人信息跨境提供等特定场景，与《民法典》《网络安全法》《数据安全法》《电子商务法》《消费者权益保护法》等法律共同编织成一张消费者个人信息“保护网”。11 月 3 日，《食品生产经营监督检查管理办法》经市场监管总局第 15 次局务会议通过，该办法强化监管部门监管责任，构建检查体系，确定检查要点，充实检查内容，明确检查要求、严格落实食品生产经营主体责任，切实把全面从严贯穿于食品安全工作始终，保障消费者合法权益。

在金融消费领域，7 月 5 日发布《银行保险机构消费者权益保护监管评价办法》，通过建立消费者权益保护监管评价体系，并将最终评价结果纳入考核范围，建立消费者权益保护监管体系。9 月 27 日，央行发布《征信业务管理办法》，进一步明确征信全流程业务规则，对征信产业链的参与者都有所规范，并在业务层面规范了“替代数据”的采集和使用，将各类新兴征信活动纳入管理范围，以信用体系建设为抓手，保护金融消费者合法权益。

全国消费者权益保护工作得到加强。根据全国消协组织受理投诉情况统计，2021 年全国消协组织共受理消费者投诉 1 044 861 件，同比增长 6.37%，解决 836 072 件，投诉解决率 80.02%，为消费者挽回经济损失

151 592万元。其中，因经营者有欺诈行为得到加倍赔偿的投诉 10 675 件，加倍赔偿金额 1181 万元。全年接待消费者来访和咨询 131 万人次。[①] 其中热点问题包括：直播带货、会员经济、跨境网购、盲盒消费等新商业模式带来的维权新问题；新能源汽车、智能客服等智能消费领域给维权带来的新难点；“双减”背景下校外教育培训退款的突出问题；食品、质量安全等传统消费领域的问题。典型案例包括：10 月，消费者李某在网购平台观看直播的过程中购入国外品牌包一只，收到商品后发现外观与当初直播展示的不一致并且配件在使用过程中也存在问题，最后李某在中国消费者协会的调解帮助下，商家为其退还了购物款；7 月，消费者宋女士购买的电动汽车在充电时发生自燃，认为电动汽车存在质量问题，在温州市鹿城区消保委调解下，双方达成一致，4S 店退还购车款、车内烧毁的物品补助、误工补助和精神损害赔偿总计 16. 28 万元；5 月，重庆市沄晗艺术培训有限公司经营的“金鹿角”非学科类教育培训机构突然关门停业，既不履行合同又不退还剩余的教育培训费。黔江区消委会多次组织双方当事人调解，但经营者表示没钱退款、拒绝调解。因投诉涉及消费者人数众多且已引发多次群体性上访，黔江区消委会报请重庆市消委会同意后，由市、区两级消委会支持 151 名消费者向黔江区人民法院提起诉讼。12 月 23 日，黔江区人民法院作出一审判决，消费者胜诉。

各地消费者权益保护工作稳定推进。典型如：2021 年湖北省消费者委员会依托省市县消委网站和微信公众号开发建设了“湖北 315 消费投诉和解平台”，通过入驻和解平台企业内部协同和解、未入驻和解平台企业外部阳光和解、消费信用评价三种功能，实现消费者在线投诉、经营者在线接诉和解、消委在线督办、维权信息实时公示、消费信用实时评价，确保维权数据“一个口子录入，一个口子归集”，形成线上线下消费维权一体化闭环。和解平台 2021 年 3 月 15 日上线，截至 12 月 20 日，已入驻企业 1. 5 万多家，在线受理投诉 2359 件，和解 1815 件，和解成功率 76. 94%；广东省市场监管局全面推进消费纠纷快速便捷和解，在消费密集场所积极开展 12315“五进”活动，推进消费维权服务站和全国 12315 平台 ODR（在线纠纷解决）机制建设。截至 11 月底，广东全省建有消费维权服务站 6040 个，发展 ODR 单位 1081 家，共处理消费纠纷 13. 76 万件，涉及争议金额约 10

① 《2021 年全国消协组织受理投诉情况分析》，载中国消费者协会网，https：//www. cca. org. cntsdhdetail/30346. html，最后访问时间：2021 年 2 月 21 日。

亿元；安徽省消保委坚持以人民为中心，牢固树立“消费者至上”理念，与省检察院、省高级人民法院建立了协作机制，积极开展公益诉讼工作。①

（六）其他市场规制法领域

1. *完善产品质量法体系，加强产品安全监管*

2021 年在产品质量领域，全国产品质量安全监管战线坚决贯彻落实党中央、国务院决策部署和总局工作要求，严守质量安全底线，助力企业纾困解难。3 月，市场监管总局对提升直播带货平台产品质量开展行政指导。市场监管总局明确要求直播带货平台做学法守法模范，落实产品质量法、标准化法、消费者权益保护法、电子商务法等法律法规要求，切实增强守法合规的自觉性，依法依规规范发展。建立消费投诉“绿色通道”，及时回应处理消费者投诉举报。着力维护消费者权益，促进直播经济规范健康发展。② 7 月 16 日，市场监管总局在京举行产品质量国家监督抽查“双随机”现场活动，深入贯彻落实党中央、国务院关于全面推行“双随机、一公开”监管的决策部署。此次活动共涉及 82 种抽样产品，包括了电子产品、日用及纺织品等 8 大类 12 970 批次。抽样产品的类型根据以往抽查结果、消费者投诉、风险评估等多种因素并经过广泛征求意见确定。整个活动公开透明、公平公正、高效便捷、全程留痕。③ 为加强连锁食品经营企业食品安全监管，10 月 28 日，市场监管总局食品经营安全监督管理司发布《市场监管总局办公厅关于加强连锁食品经营企业食品安全监管的通知》，要求严格落实连锁食品经营企业主体责任，切实加大违法行为查处力度、强化违法行为曝光和联合惩戒。确保落实食品进货查验记录制度、规范原材料储存和食品加工制作、保持环境整洁，以守护好人民群众“舌尖上的安全”。④ 12

---

① 《让你放心就是我的初心 2021 年度各地消费者权益保护工作亮点展示》，载中国消费网，https：//www. ccn. com. cn/Content/2021/12－31/1354138451. html，最后访问时间：2021 年 2 月 22 日。

② 《市场监管总局对提升直播带货平台产品质量开展行政指导》，载国家市场监督管理总局网，https：//www. samr. gov. cn/xw/zj/202103/t20210316_ 326967. html，最后访问时间：2022 年 2 月 23 日。

③ 《2021 年产品质量国家监督抽查“双随机”现场活动在京举行》，载国家市场监督管理总局网，https：//www. samr. gov. cn/xw/zj/202107/t20210717_ 332777. html，最后访问时间：2022 年 2 月 23 日。

④ 《市场监管总局办公厅关于加强连锁食品经营企业食品安全监管的通知》，载国家市场监督管理总局网，https：//www. samr. gov. cn/spjystzgg202110/t20211022_ 335967. html，最后访问时间：2022 年 2 月 23 日。

月 15 日，市场监管总局产品质量安全监督管理司发布了《2021 年婴幼儿塑料奶瓶等 12 种食品相关产品质量安全国家监督抽查情况通报》。此次抽查工作共抽查了 1170 家企业生产的 1172 批次产品，涉及婴幼儿用塑料奶瓶、纸杯、一次性竹木筷、压力锅、餐具洗涤剂、密胺塑料餐具、塑料一次性餐饮具、复合膜袋、非复合膜袋、食品接触用纸容器、工业和商用电热食品加工设备、工业和商用电动食品加工设备等 12 种类型产品。其中，5 批次产品涉嫌超范围生产、无证生产等，已移送企业所在地市场监管部门处理。对 1165 家企业生产的 1167 批次产品进行了检验，检出 59 批次产品不合格，不合格发现率为 5.1%。食品相关产品近三年整体不合格发现率分别为 4.9%、4.3%、5.1%。① 此外，为了加强和规范对食品生产经营活动的监督检查，督促食品生产经营者落实主体责任，保障食品安全。市场监管总局于 12 月 24 日公布了《食品生产经营监督检查管理办法》，并将自 2022 年 3 月 15 日起正式施行。②

2. 违法虚假广告监管持续加强，互联网广告治理稳步推进

2021 年 4 月 29 日，修正后的《广告法》公布并开始实施，为广告领域执法活动提供了更加精准的法律依据，市场监管总局加强了对于医疗美容广告、校外培训广告、医疗、药品、保健食品虚假违法广告的监管。为了打击医疗美容机构利用消费者的“容貌焦虑”发布虚假违法医疗美容广告的行为，保护消费者的合法权益和健康，切实维护医疗美容广告市场的秩序，11 月 1 日市场监管总局发布了《医疗美容广告执法指南》。该指南对医疗美容、医疗美容机构、医疗美容广告的概念进行了清晰地界定，对医疗美容广告的规范性提出了高要求，并且明确列举了应当予以重点打击的医疗美容乱象类型，为地方各级市场监管部门监管医疗美容广告提供了指引。自该指南实施之后，各地方市场监管部门依法履行职责，加强对于医疗美容广告的监管，公布了广州专生美医疗美容门诊部有限公司发布违法医疗美容广告案、广州艺美医疗美容门诊部有限责任公司发布虚假广告案、杭州科伊医疗美容诊所有限公司发布违法医疗美容广告案、上海览海门诊部

① 《2021 年婴幼儿用塑料奶瓶等 12 种食品相关产品质量安全国家监督抽查情况通报》，载国家市场监督管理总局网，https：//gkml. samr. gov. cnnsjgzljdj/202112/t20211215_ 338112. html，最后访问时间：2022 年 2 月 23 日。

② 《食品生产经营监督检查管理办法》，载国家市场监督管理总局网，https：//www. samr. gov. cn/spscstzgg202201/t20220113_ 339097. html，最后访问时间：2022 年 2 月 23 日。

有限公司发布虚假广告案、扬州市邗江施尔美医疗美容医院有限公司发布违法医疗美容广告案等10件医疗美容虚假违法广告典型案例。[①] 在国家全面部署和大力推进“双减”政策的背景下，打击校外培训机构发布虚假广告，防止误导公众教育观念以及制造家长焦虑，加强校外培训广告监管成为一项重要举措。[②] 11月3日，市场监管总局会同中央宣传部、中央网信办、教育部、民政部、住房城乡建设部、国资委、广电总局研究出台《关于做好校外培训广告管控的通知》，就做好校外培训广告管控工作作出部署。该通知明确要求，有关部门应不区分学科、非学科类，全面排查清理校外培训广告，广告经营单位亦应自查自改；强化广告管控与校外培训机构审批管理的协同，将校外培训机构的广告活动情况作为对其相关资质管理的重要内容；要进一步健全多部门联合管控机制；各地要加强组织领导，强化督导指导，做好宣传引导，加强政策宣传解读，缓解焦虑情绪。自“双减”文件印发以来，市场监管部门在全国范围内组织开展“呵护青少年健康成长”教育培训类广告清理整治行动，公布了猿力教育科技有限公司发布违法广告案、北京万友映力科技有限公司发布违法广告案、小船出海教育科技（北京）有限公司发布违法广告案、北京高途云集教育科技有限公司发布违法广告案、河南省延津县优倍视眼镜店发布违法广告案、上海风创信息咨询有限公司发布违法广告案等10件校外培训虚假违法广告典型案例。[③] 据统计，截至7月15日，全国各级市场监管部门查办教育培训类虚假违法广告545件，处罚金额923万。

2021年，对于互联网广告的监管仍持续稳步推进。11月26日，市场监管总局公布《互联网广告管理办法（公开征求意见稿）》，公开征求意见。针对被诟病已久、处于模糊地带的诸多互联网广告行为，提出惩治措施。对于弹窗广告“霸屏”：要确保“一键关闭”；对于直播消费维权难：相关人员要履行经营、广告代言等责任；对于校外培训广告制造焦虑：明确禁

---

① 《市场监管总局集中曝光一批医疗美容虚假违法广告典型案例》，载国家市场监督管理总局网，https：//www. samr. gov. cn/xw/zj/202111/t20211104_ 336442. html，最后访问时间：2022年2月23日。

② 《健全创新校外培训广告管控机制》，载国家市场监督管理总局网，https：//www. samr. gov. cn/xwmtjj202111/t20211122_ 337137. html，最后访问时间：2022年2月23日。

③ 《总局集中曝光一批校外培训虚假违法广告典型案例》，载国家市场监督管理总局 广告监督管理司网，https：//www. samr. gov. cn/ggjgssjdtgzdt/202105/t20210511_ 329331. html，最后访问时间：2022年2月23日。

止网上发布；明确禁止在直播中发布药品、保健食品等广告；短视频平台上的“达人分享”“专业测评”应显著注明“广告”字样。[①] 另外，对于互联网广告的检测，同年10月1日，四川省更是正式开启了以市场主体互联网广告行为大数据分析为突破的新型监测模式，提升了互联网广告监管科学化、精细化、智能化水平。

3. 强化价格调控，扎实推进价格机制改革

2021年价监竞争工作应变局、开新局，实现多项“零的突破”和“质的提升”，为统筹疫情防控和经济社会发展作出了新的贡献。全国深入开展涉企收费治理，企业负担切实减轻；价格监管执法不断深化，积极宏观效应持续显现；价监竞争规则体系更加完备，基础性制度供给进一步增强。[②] 在价格监管方面，为了加强对自然垄断环节价格监管，推动天然气行业高质量发展，6月7日，国家发展改革委出台了《天然气管道运输价格管理办法（暂行）》和《天然气管道运输定价成本监审办法（暂行）》，进一步完善天然气管道运输价格管理体系。[③] 该管理办法提出，在坚持“准许成本加合理收益”定价原则不变的基础上，根据我国天然气市场结构和管道分布情况，把跨省管道分为西北、西南、东北、中东部四个价区，分区核定运价率，实行“一区一价”。成本监审办法明确，天然气管道运输定价成本由折旧及摊销费、运行维护费构成，并对固定资产折旧年限、运行维护费上限等主要参数取值作了具体规定，特别是将管道折旧年限由现行30年延长至40年，体现从严监管要求，有助于降低当期运价率，释放改革红利。[④] 为贯彻落实“双减”政策，整治培训机构过度逐利、乱收费的乱象，同年9

---

① 《弹窗广告“霸屏”、直播消费维权难……互联网广告新办法提出硬核规定!》，载国家市场监督管理总局网，https：//www. samr. gov. cn/xwmtjj202112/t20211203_ 337732. html，最后访问时间：2022年2月23日。

② 《全国价监竞争工作会议暨商业秘密保护创新试点工作部署会议在浙江宁波举行》，载证券日报网，http：//www. zqrb. cn/finance/hongguanjingji/2022-02-11/A1644582973131. html，最后访问时间：2022年2月23日。

③ 《国家发展改革委关于印发〈天然气管道运输价格管理办法（暂行）〉和〈天然气管道运输定价成本监审办法（暂行）〉的通知》，载国家发展和改革委员会网，https：//www. ndrc. gov. cnxxgkzcfb/ghxwj/202106/t20210609_ 1282912. html? code=&state=123，最后访问时间：2022年2月23日。

④ 《国家发展改革委出台跨省天然气管道运输定价机制》，载国家发展和改革委员网，https：//www. ndrc. gov. cnxxgkjd/jd/202106/t20210609_ 1282919. html? code=&state=123，最后访问时间：2022年2月23日。

月 2 日，国家发展改革委、教育部、市场监管总局发布《关于加强义务教育阶段学科类校外培训收费监管的通知》。通知明确要求对于义务教育阶段学科类校外培训收费实行政府指导价管理，各地应结合本地实际情况科学制定收费标准，并加强收费行为监管。同时应督促培训机构向社会公开培训市场、收费标准等内容，强化收费信息公开。[①]

2021 年我国继续深化价格机制改革，5 月 18 日，国家发展改革委出台了《关于"十四五"时期深化价格机制改革行动方案的通知》，明确要求为深化价格机制改革，助力"碳达峰、碳中和"目标实现，促进资源节约和环境保护，提升公共服务供给质量，更好保障和改善民生，深入推进价格改革，完善价格调控机制，提升价格治理能力。[②] 国家发展改革委等部门出台多部文件明确指示要加强和改进价格调控，深入推进能源价格改革，系统推进水资源价格改革，加快公共服务价格改革。

在公共服务价格改革方面，为贯彻落实党中央、国务院决策部署，加快营造市场化、法治化、国际化营商环境，不断提高公证服务的可及性、便利性，切实减轻企业和群众公证费用负担，促进公证行业高质量发展，国家发展改革委和司法部于 7 月 22 日发布《关于进一步完善公证服务价格形成机制的指导意见》。[③] 意见科学界定了政府定价范围和方式，健全规范了价格调整机制，严格规范了经营者价格行为，多措并举减轻了企业和群众公证费用负担，促进公证服务供给总量、质量、效率提升和行业高质量发展。在对于水资源、能源等价格进行改革方面，由国家发展改革委、住房城乡建设部修订印发，于 10 月 1 日开始施行的《城镇供水价格管理办法》和《城镇供水定价成本监审办法》，[④] 提出了更加明晰的定价方法，提

---

① 《关于加强义务教育阶段学科类校外培训收费监管的通知》，载国家发展和改革委员会网，https：//www. ndrc. gov. cnxxgkzcfb/tz/202109/t20210906_ 1296090. html？ code = &state = 123，最后访问时间：2022 年 2 月 23 日。

② 《国家发展改革委出台"十四五"时期深化价格机制改革行动方案》，载国家发展和改革委员会网，https：//www. ndrc. gov. cnxxgkjd/jd/202105/t20210525_ 1280791. html？ code = &state = 123，最后访问时间：2022 年 2 月 23 日。

③ 《国家发展改革委、司法部关于进一步完善公证服务价格形成机制的指导意见》，载国家发展和改革委员会网，https：//www. ndrc. gov. cnxxgkzcfb/tz/202107/t20210728_ 1291907. html？ code = &state = 123，最后访问时间：2022 年 2 月 23 日。

④ 《国家发展改革委住房城乡建设部修订印发城镇供水价格管理办法和定价成本监审办法》，载国家发展和改革委员会网，https：//www. ndrc. gov. cnxxgkjd/jd/202108/t20210806_ 1293278. html？ code = &state = 123，最后访问时间：2022 年 2 月 23 日。

升了城镇供水价格监管的科学化、精细化、规范化水平，对于“加快建立健全以‘准许成本加合理收益’为基础，提升供水质量、促进节约用水的价格机制”的要求得到贯彻落实具有重要意义。[①] 7月26日，国家发展改革委发布《关于进一步完善分时电价机制的通知》，该通知充分发挥分时电价信号作用，服务以新能源为主体的新型电力系统建设，促进能源绿色低碳发展。[②] 为了加快深化电价改革，进一步提升跨省跨区专项工程输电价格核定的科学性、合理性，支持新能源跨省跨区消纳，更好服务区域电力市场交易，促进电力资源在更大范围内优化配置，10月14日，国家发展改革委在研究总结、广泛听取意见基础上，修订出台《跨省跨区专项工程输电价格定价办法》。[③] 新办法第一次提出了对输电权交易的探索，明确在跨省跨区电力交易组织中，对具备条件的跨省跨区专项工程，可探索通过输电权交易形成输电价格，以进一步发挥市场机制在跨省跨区电力资源配置中的作用，提升专项工程利用效率。这为下一步适应电力市场加快建设发展需要，进一步提升专项工程输电价格机制灵活性，促进跨省跨区电力市场交易预留了空间。

此外，2021年我国对价格违法行为更是重拳出击。鉴于今年以来部分企业实施过度投机炒作行为，扰乱正常产销循环，对部分大宗商品价格持续大幅上涨起到了推波助澜的作用，5月23日，国家发改委、工业和信息化部、国务院国资委、市场监管总局、证监会等五个部门召开会议，联合约谈了铁矿石、钢材、铜、铝等行业具有较强市场影响力的重点企业，钢铁工业协会、有色金属协会参加了会议。会议上明确要求有关重点企业要强化法律意识，依法合规有序经营，带头维护大宗商品市场价格秩序，不

---

① 《国家发展改革委有关负责同志就修订印发城镇供水价格管理办法和定价成本监审办法答记者问》，载国家发展和改革委员会网，https：//www. ndrc. gov. cnxxgkjd/jd/202108/t20210806_1293279. html？code=&state=123，最后访问时间：2022年2月23日。

② 《国家发展改革委关于进一步完善分时电价机制的通知》，载国家发展和改革委员会网，https：//www. ndrc. gov. cnxxgkzcfb/tz/202107/t20210729_ 1292067. html？code=&state=123，最后访问时间：2022年2月23日。

③ 《国家发展改革委有关负责同志就修订出台〈跨省跨区专项工程输电价格定价办法〉答记者问》，载国家发展和改革委员会网，https：//www. ndrc. gov. cnxxgkjd/jd/202110/t20211015_1299934. html？code=&state=123，最后访问时间：2022年2月23日。

得相互串通操纵市场价格、捏造散播涨价信息，不得囤积居奇、哄抬价格。[①] 6 月 1 日，市场监管总局集中公布了一批校外培训机构虚假宣传、价格欺诈典型案例，对新东方、学而思、精锐教育、掌门 1 对 1、华尔街英语、哒哒英语、卓越、威学、明师、思考乐、邦德、蓝天、纳思书院等 13 家校外培训机构予以顶格罚款。加上前期公布的对作业帮、猿辅导的查处情况，此次重点检查已对 15 家校外培训机构处以顶格罚款 3650 万元。此次检查依据《价格法》《反不正当竞争法》两部法律打出“组合拳”，发挥了市场监管的综合效益。有利于破除校外培训行业潜规则，形成有效震慑。[②] 7 月 2 日，市场监管总局发布对《价格违法行为行政处罚规定（修订征求意见稿）》公开征求意见的公告，明确列举了价格违法行为类型以及应当施加的处罚类型。[③] 9 月 10 日，市场监管总局发布一则“依法对三家汽车芯片经销企业哄抬价格行为作出行政处罚”的信息。信息显示，市场监管总局依法对上海锲特电子有限公司、上海诚胜实业有限公司、深圳市誉畅科技有限公司三家汽车芯片经销企业哄抬汽车芯片价格行为共处 250 万元人民币罚款。并且明确提出市场监管总局将继续密切关注芯片领域价格秩序，强化价格监测，严厉打击囤积居奇、哄抬价格等违法行为，维护良好市场秩序。[④]

二、2021 年度市场规制法实施的特点及存在的问题

（一）2021 年市场规制法实施的特点

1. 民生领域监管成为市场监管工作的重要内容

面对新冠肺炎疫情的影响，2021 年国家市场监管总局强化了民生领域

---

① 《五部委联合约谈大宗商品重点企业：不得囤积居奇、哄抬价格》，载国家市场监督管理总局网，https：//www. samr. gov. cn/xwmtjj202105/t20210525_ 329823. html，最后访问时间：2022 年 2 月 23 日。

② 《市场监管总局依法对 15 家校外培训机构虚假宣传、价格欺诈行为顶格罚款 3650 万元》，载国家市场监督管理总局网，https：//www. samr. gov. cn/xw/zj/202106/t20210601_ 330021. html，最后访问时间：2022 年 2 月 23 日。

③ 《市场监管总局关于对〈价格违法行为行政处罚规定（修订征求意见稿）〉公开征求意见的公告》，载国家市场监督管理总局网，https：//www. samr. gov. cn/hdzjdc202107/t20210702_ 332196. html，最后访问时间：2022 年 2 月 23 日。

④ 《市场监管总局依法对三家汽车芯片经销企业哄抬价格行为作出行政处罚》，载国家市场监督管理总局网，https：//www. samr. gov. cn/xw/zj/202109/t20210910_ 334620. html，最后访问时间：2022 年 2 月 23 日。

的市场监管工作。对于供电、供暖等与人民生活息息相关的领域，市场监管工作坚持为民众提供便利。3月施行由市场监管总局等5部门共同起草的《关于清理规范城镇供水供电供气供暖行业收费促进行业高质量发展的意见》，明确取消供水环节、供电环节、供暖环节、供气环节、接入工程等方面的不合理收费。11月国家能源局综合司印发《关于强化市场监管、有效发挥市场机制作用、促进今冬明春电力供应保障的通知》，在提高监管工作水平上提出六个方面20条的具体内容，引发行业广泛关注。

支持企业复工复产，注重为企业减负。5月，发布《市场监管总局办公厅关于聚焦中小企业质量提升开展质量基础设施"一站式"服务行动的通知》，提出探索建设区域"一站式"服务平台，围绕企业质量提升堵点和痛点，立足本地资源条件，推动"一站式"服务平台建设，提升了对于广大企业特别是中小微企业的监管质量。12月市场监管总局召开《"治理涉企收费减轻企业负担"专题新闻发布会》，有效规范行业协会商会涉企收费现象，执法部门将分行业分领域实施分类精准监管措施，通过规范监管行为减轻了企业负担。

2. 数字经济领域加强反垄断监管，营造公平竞争市场环境，推动经济高质量发展

2020年年末以来，"反垄断"被确定为国家经济工作的中心工作和核心任务，中央深改委会议、财经委会议和中央经济工作会议上，强化反垄断和防止资本无序扩张多次被强调，数字平台反垄断监管持续加码。2021年市场监管部门发挥反垄断职责作用，开拓进取、迎难而上，推动反垄断工作开辟新局面、迈上新台阶。

第一，反垄断监管全面强化，平台反垄断迎来强监管。反垄断监管在力度、广度、速度和案件公开程度上都得到较大提升，反垄断案件数量增多，显示了反垄断工作日趋常态化；并且反垄断执法机关开出多个巨额反垄断罚单，据统计，有14起案件的处罚总额超过1000万，[①] 包括阿里巴巴滥用市场支配地位被处罚182.28亿，美团滥用市场支配地位被处罚34.42亿等，显示了反垄断执法的威慑力。

第二，积极查处大案要案，其中不乏某些领域的首案。积极回应市场需要，对阿里巴巴的处罚在执法层面明确了"二选一"行为的违法性。虎

① 《2021年度反垄断行政执法全景报告》，载2022年1月11日"律商视点"微信公众号。

牙与斗鱼被禁止合并，成为我国互联网领域首例禁止经营者集中的案件；2021年7月，腾讯收购中国音乐集团未依法申报被罚，这是国内首例未依法申报责令采取必要措施恢复市场竞争状态的案件，有利于重塑数字音乐播放平台市场的竞争秩序。这些案件的查处显示出反垄断执法机关积极作为、严谨审慎的执法态度。

第三，深化民生领域反垄断执法。坚持以人民为中心，以原料药、公用事业、建材、汽车等领域为执法重点，查处扬子江药业垄断协议案、先声药业集团滥用市场支配地位案等，查处陕西省水务集团泾阳县供水有限公司滥用市场支配地位案，查处四川顺富县天然气有限公司滥用市场支配地位案，严厉打击垄断行为，切实保障人民群众日益增长的美好生活需要。

第四，强化互联网行业反垄断监管。“二选一”“大数据杀熟”“扼杀式并购”等多种涉嫌平台垄断问题受到竞争关注，《关于平台经济领域的反垄断指南》明确了平台经济领域反垄断规则。在经营者集中方面，互联网企业未申报实施集中行为被大量清理，经营者集中审查日趋常态化。众多互联网企业被处罚，鲜明地释放了互联网不是反垄断法外之地的政策信号。

第五，反垄断监管日益精准化专业化。尤其在多个平台经济垄断案件查处过程中，执法机关进行深入的调查和充分的论证，突出违法行为的危害性，显示了执法机关的专业性和权威性。在进行反垄断处罚的同时，下发行政指导书；要求主要互联网企业签署《互联网平台经营者反垄断自律公约》，注重监管的刚柔并济，注重监管执法和自律合规的结合。

第六，深化国际交流和合作。2021年第七届金砖国家国际竞争大会在我国成功举办，这是推动竞争治理合作，积极参与国际事务的典型实例，有利于扩大中国反垄断工作影响力，为完善全球经济治理贡献中国力量。

3. 公平竞争审查制度建设提速加力，制度刚性约束不断增强

总体而言，2021年，在公平竞争审查工作推进上，充分发挥了公平竞争审查联席会议办公室组织协调等职能作用，以优化营商环境为着力点，在制度体系化、审查全面化、督导常态化等方面多措并举，公平竞争审查制度不断健全，审查能力和水平得到提高，各项工作取得较好成效。

各地在公平竞争审查联席会议的指导下，健全公平竞争审查制度保障体系、创新公平竞争审查工作机制、积极推进政策措施清理工作、多途径全方位加强公平竞争审查制度宣传。中西部地区也建立了较为完善的公平竞争审查工作机制，大多数省市实现公平竞争审查省市县全覆盖，公平竞

争审查制度已在全国基本建立。出台了《公平竞争审查制度实施细则》，统筹力度更大、审查标准更高、监督考核更严，公平竞争审查制度规则逐步朝精细化方向发展。各个部门、地区坚持增量审查与存量清理并重，定期开展清理评估，推行第三方评估，公平竞争审查制度日益常态化。

4. 反不正当竞争执法工作总体呈加强趋势

本年度，市场监管部门贯彻落实了党中央、国务院决策部署，通过多种方式加强反不正当竞争执法，有效发挥了反不正当竞争执法工作对公平竞争的促进作用，为市场主体提供了公平竞争的良好指引。部分对热点问题的执法案件引起了社会热议，取得良好反响。同时，市场监管部门也不断开拓进取，多地成立反不正当竞争联席会议，出台各级各类文件健全监管规则，对重点领域展开专项执法行动，汇总典型案例回应突出问题，注重对商业秘密的保护。各级各地市场监管部门本年度反不正当竞争执法工作主要聚焦于前述几个方面，反映出执法部门规范市场竞争秩序的决心，彰显了市场监管部门面对新业态、新问题的勇气和态度，查处案件之多、涉及金额之大足以对不正当竞争行为产生震慑，引导公平竞争。

5. 统筹推进消费环境建设，激发市场消费活力

2021 年，市场消费环境建设取得明显成效。食品安全战略稳步实施，经市场监管总局第 15 次局务会议通过，总局推动出台《食品生产经营监督检查管理办法》，落实“四个最严”要求，实施“全覆盖”检查，强化食品安全风险意识，进一步加大监督检查力度，压实监管部门责任，督促问题隐患整改到位，坚决筑牢食品安全防线，坚决保障人民食品安全。工业产品质量安全监管不断强化，市场监管总局要求各地市场监管部门要强化抽查结果处理，做好监督抽查结果处理工作。同时开展质量专项治理、督促落实主体责任、加强质量技术帮扶，保障产品质量安全，促进行业质量水平的提高。市场监管投诉举报热线和信息化平台整合完成，认真开展放心消费创建工作，完善放心消费创建机制，优化放心消费创建路径，着力打造以提升消费环境安全度、消费者满意度、经营者诚信度为目标的消费环境，满足人民对消费环境的更高要求和期待。针对网络消费新业态，进一步明确了直播、社交、跨境电商等平台的义务和责任，加强消费者权益保护；针对智能产品、智能网联汽车、算法应用等新领域，明确经营者主体责任，明确伦理要求和行为规范，强化保护消费者权益措施。

6. 其他市场监管法领域重拳出击，不断强化监管实效

在产品质量法领域，2021 年产品质量监管制度不断完善，针对新兴的

网络直播带货的产品质量问题展开行政指导，并健全、完善消费者投诉渠道，促进直播经济向阳发展。食品安全监管不断加强，食品抽查工作有条不紊，抽查类型全面、抽查活动透明、抽查结果公开。并且为了进一步规范食品生产经营，发布了《食品生产经营监督检查管理办法》，将更加高效指导各地方主管部门的食品安全抽查工作。

在广告法领域，2021 年广告监管工作紧跟时事、回应当下热点问题。医疗美容行业、校外培训行业、网络直播带货行业，都在 2021 年的广告监管中得到了极大的重视。市场监管总局深刻意识到，当下违法虚假医疗美容广告猖獗，明显威胁到广大消费者的生命健康与安全；虚假违法的校外培训广告也有损国家“双减”政策落到实处。针对上述领域存在的问题，市场监管总局加大力度对于违法虚假广告的监管，分别整理并曝光了一系列的典型案例，在维护广告市场的良好秩序的同时，对广告主形成震慑。网络直播带货热潮不退，但以往的有关直播带货的广告监管规则却并不完善。11 月 26 日公开发布的《互联网广告管理办法（公开征求意见稿）》则紧跟热点，针对直播带货广告的问题做出了具体回应，促使互联网广告领域的规制规则得以完善。

在价格法领域，2021 年价格监管执法不断深化，积极宏观效应持续显现；价格竞争规则体系更加完备，基础性制度供给进一步增强。持续打击能源、水源、煤矿、芯片、医疗卫生等领域的哄抬价格行为；继续深化价格机制改革，优化定价方法，促进各种资源得到优化配置。

（二）2021 年市场规制法实施存在的问题

1. 监管力量不足，监管方式仍需创新

新产业、新业态、新模式的蓬勃发展使监管力量不足的窘状凸显，传统监管方式难以适应新形势下的监管需求。近年来，伴随大数据、人工智能、云计算、5G 技术的广泛应用和快速普及，各种新产业新业态层出不穷。相对于数字经济行业而言，政府监管手段的选择和监管方式的确定成为提升政府公信力的重要依据，更是实现政府对各行业监管原则一致性的前提和基础。[①] 在应对于数字经济时，现有的监管方式及出台的相关政策表现出一定的滞后性，存在监管方式疲软、法律依据有所欠缺的不足之处。传统

---

① 程数：《为营造公平竞争市场环境，“十四五”市场监管规划这样发力》，载《现代物流报》2022 年 2 月 21 日，第 A03 版。

的监管力量与监管方式较为单一，其有限的变通性也导致了政府对数字经济领域进行监管时较为吃力。面对数字经济的蓬勃发展给市场监管工作带来的难题，市场监管工作落实中已较为明显地呈现出案件复杂度高但执法人员专业性欠缺等矛盾，为市场监管工作带来了极大的挑战。因此，如何对新产业、新业态、新模式创新监管已成为我们亟待解决的问题。

2.《反垄断法》规范供给略显乏力

《反垄断法》亟待修改完成以回应现实问题。2008 年《反垄断法》实施至今已逾 14 年，其间对推动市场经济发展、维护公平竞争的市场秩序发挥了重要作用，但反垄断规则暴露出来的缺陷还需弥补，并应该妥善回应市场发展过程中遇到的新问题，完善反垄断规则，健全反垄断体制机制。2021 年反垄断工作所展现出来的不菲的成效值得肯定，但应该看到，“反垄断大年”的背后是中央的高位推动，反垄断工作能否坚持常态化仍然要经历实践检验。在执法高歌猛进的同时，容易出现选择性监管等问题，需要在制度和体制层面予以克服。

数字经济领域的垄断行为界定依然是难题。尽管发布了相关指南并有了一些执法司法实践经验，但数字经济的复杂性、垄断行为的隐蔽性、市场竞争的动态性等都给垄断行为界定带来困难，使得数字经济领域反垄断法的实施存在一定问题。

3. 竞争政策理念有待提高，公平竞争审查自觉性和专业性亟待提升

公平竞争审查工作虽已取得积极成效，但自 2016 年 7 月开始实施以来，至今不满 6 年，制度处于发展的初期，公平竞争审查制度推行上仍存在一些比较突出的问题。

第一，一些地区和部门思想认识不到位，制度发展不均衡。省一级对公平竞争审查制度的落实明显比县一级更好，深入推进公平竞争审查制度，需要抓好基层的公平竞争审查制度建设。第二，对审查工作的重视程度不够。部分审查工作浮于表面，仅停留在程序留痕上，实质性审查不到位，审查质量不高。第三，审查能力存在短板，宣传培训力度有待进一步加强，一方面是由于审查人员的不足，单位内部人员流动较快，另一方面则是审查人员的专业素养和能力并不满足工作需求。

4. 反不正当竞争法实施内容有待进一步完善

总体上，本年度反不正当竞争执法工作呈加强态势，但不可否认的是，传统行业中常见的不正当竞争问题依然存在。如何充分发挥反不正当竞争

联席会议制度的作用，如何扩大典型案例的影响力，如何提升专项执法行动的效果，都值得执法机构钻研。同时，在互联网和数字经济高速发展的背景下，随着新商业模式的产生，也产生了许多新型的不正当竞争行为，这些问题亟待解决，目前还存在着执法方式不适应新形势新要求、法律制度不完善、治理规则不健全等问题。在市场监管总局强调的重点工作之外，地方市场监管部门在反不正当竞争监管执法上的创新性还有待提升。在规制不正当竞争行为之外，市场监管部门在规范行业规则、引导市场主体形成公平竞争理念等方面发挥的作用不足。

5. 新业态下消费者权益保护任重道远

面对新形势，对消费者权益保护部门提出了更多要求和考验，需要推进企业自治、行业自律、政府监管、社会监管等多位一体。要进一步强化网络交易监管执法。聚焦网络交易监管领域风险压力最大、社会最关注的违法行为，查处一批大案要案和典型案件，并及时向社会公布，发挥“以案释法”的作用。同时需要进一步提升网络交易监管技术能力。加强大数据、人工智能等新技术应用，推进国家网络交易监管平台立项和建设，实现平台监测、分析预警、数据对接、线上执法、信息公示、技术支撑等一体化、穿透式监管，实施线上产品质量、食品安全、价格、不正当竞争、广告、电子商务等综合监管，为线上综合执法提供基础支撑。面对《个人信息保护法》的出台，要探索如何更好地衔接消费者保护和个人信息保护。政府部门和消费者保护组织要探索更多有效的技术手段来应对新业态下消费者权益保护问题。在面对消费者维权难的问题上，消费者保护组织需要运用互联网思维、法治意识和创新理念，提出既有力度又有温度的消费者权益保护体系，同时增强数字时代下消费者保护组织的队伍力量并要更多的唤醒消费者的权利保护意识，让消费者知道维权的渠道，降低维权的成本。

三、2022年度市场规制法实施的展望与建议

（一）2022年度市场规制法实施的展望

1. 优化适应新经济发展的市场监管机制

一方面，持续推进对市场监管相关理论和原理的研究，为应对新经济发展的监管需求提供理论支撑。注重对市场监管手段和方法的研究，在现行的标准、信用、行政等监管手段中，为了维护公平竞争，实现市场竞争

的核心目标，在不同监管方式和监管活动之间探索出效果最佳的排序，以此调试出市场监管的最优方式。深化对市场监管政策方向的创新研究，特别是针对引起广泛关注的线上平台、数字经济等新业态的监管模式有待深入研究，最终为配置监管资源、提高监管效能提供强有力的理论依据。①

另一方面，完善市场监管机制也离不开对于新经济模式的探索创新。探索符合平台经济、数字产业和共享经济等新经济特点的监管模式，优化完善新产业、新业态、新模式的登记注册服务，采用符合新经济发展特点的监管方式。创新可适用于新经济领域的监管工具，完善高效便捷的新型监管模式，引导平台企业提高服务水平。② 同时，建立新经济监管方式的“试点”区域，以实践检验适用的合理性。

2.《反垄断法》修改稳步推进，竞争政策有望进一步推动实施

2021年10月全国人大常委会会议首次审议了《反垄断法（修正草案）》，修订工作已经走到关键阶段，针对修正草案的各种意见建议也已被广泛征集，2022年《反垄断法》的修改工作有望完成，在此基础上制定配套规则也会成为工作重点。

2021年中央经济工作会议指出，要深入推进公平竞争政策实施，加强反垄断和反不正当竞争，以公正监管保障公平竞争，这也奠定了下一年反垄断工作的基调。市场监管总局近日印发的《法治市场监管建设实施纲要（2021—2025年）》提出，加强新兴领域尤其是数字经济领域立法，加强反垄断和反不正当竞争等方面立法。2022年公平竞争政策的深入实施将是工作重点，数字经济反垄断规则有望进一步完善，反垄断监管将进一步加强，公平竞争秩序进一步得到维护。

3. 进一步完善公平竞争审查制度，开创“十四五”公平竞争审查工作新局面

当前我国已基本建成全面覆盖、规则完备的公平竞争审查制度体系，公平竞争审查工作总体呈现“部署有力、推进有序、监督有效、成效显著”的良好态势。接下来，应当按照《国民经济和社会发展第十四个五年规划

① 程数：《为营造公平竞争市场环境，“十四五”市场监管规划这样发力》，载《现代物流报》2022年2月21日，第A03版。

② 《国务院关于印发“十四五”市场监管现代化规划的通知》，载中央人民政府网，http://www.gov.cn:8080/zhengce/zhengceku/2022-01/27/content_5670717.htm，最后访问时间：2021年2月24日。

和 2035 年远景目标纲要》对落实公平竞争审查制度提出的要求，围绕构建新发展格局、推动高质量发展、促进共同富裕等目标任务，深入贯彻党中央、国务院关于落实公平竞争审查制度决策部署，通过有效落实《公平竞争审查制度实施细则》、健全第三方审查与评估机制、加大监督考核力度、加强制度法治化建设等，提高审查质量与效果，提升制度权威与效能。在此基础上，根据完善社会主义市场经济体制、建设高标准市场体系的要求，进一步完善和发展公平竞争审查制度，更高质量更大力度推进公平竞争审查工作，奋力开创"十四五"公平竞争审查工作新局面，为从源头上打破行政性垄断，推动形成统一开放、竞争有序的市场体系，打造国际一流的营商环境提供更加有力的制度保障。

4. 形成反不正当竞争监管合力，优化营商环境

中央全面深化改革委员会第二十一次会议指出："党的十八大以来，我们围绕反垄断、反不正当竞争，作出一系列重大决策部署，完善公平竞争制度，改革市场监管体制，加强反垄断监管，推进高标准市场体系建设，推动形成统一开放、竞争有序的市场体系。"① 在未来，反不正当竞争执法工作将进一步适应新发展格局，既注重执法工作的有序开展，又重视制度规范的建设。协调横向和纵向上的市场监管力量，在各级各地充分发挥反不正当竞争协调机制的作用，形成监管合力，以加强反不正当竞争执法的力度和效果。突出反不正当竞争执法工作中的重点，解决执法工作中的难点，回应互联网领域和数字经济领域中的新型不正当竞争行为。各级各地市场监管部门将提升反不正当竞争执法工作质量，依法处理虚假宣传等不正当竞争行为，以更健全的规则、更科学的方式支持企业商业秘密保护，努力打造出更好营商环境。

5. 营造安心消费环境，强化消费者权益保护

消费者权益保护部门要做到加强消费领域制度建设，创新消费维权体制机制。坚持问题导向，完善消费者权益保护相关制度规范体系。按照"谁审批、谁监管，谁主管、谁监管"的原则，建立权责清晰、分工明确的消费维权体系。同时积极探索建立消费纠纷多元化解机制，强化经营者与消费者的协商和解，建立健全 12315 平台纠纷在线解决（ODR）机制，加

① 《习近平：加强反垄断反不正当竞争监管力度》，载环球时报网，https://baijiahao.baidu.com/s?id=1709523790739165148&wfr=spider&for=pc，最后访问时间：2022 年 2 月 24 日。

强消费领域市场监管执法，严守质量和安全底线。大力加强食品、药品、特种设备等关系人民群众生命财产安全的产商品质量监管，加大对侵害消费者权益违法行为的打击力度。努力推动创新，实现消费领域智慧监管，提升消费维权效能，强化12315平台功能，加强与政务服务热线的工作协同，畅通消费者投诉举报渠道，优化投诉举报处理流程和考核评价规则，依法及时高效处理消费者投诉举报，强化对消费者投诉举报数据的分析应用，着力提升消费维权的便利化和有效性。

与此同时，消费领域信用建设必不可少，构建以信用为基础的新型监管和维权机制。加强消费领域信用信息体系建设，建立健全消费投诉信息公示制度，健全消费售后评价制度；充分发挥行业组织的桥梁纽带作用和监督自律作用，通过行业规则、公约以及市场自治规则，规定事前、事中和事后的自律措施。加大违法行为曝光力度，充分发挥消费者和舆论对企业经营行为的监督作用，引导消费者理性消费，让失信主体在市场选择中逐步淘汰，促进市场环境的自我净化。针对各领域消费特点，积极开展有针对性的消费教育引导和宣传活动，进一步增强消费者事先防范意识和维权能力。

（二）2022年度市场规制法实施的建议

1. 创新监管方式，增强监管力量

面对当前新产业、新业态、新模式中出现的新问题，市场监管方式必须与时俱进。加强监管技术创新，通过深入分析数字经济领域监管中存在的问题，结合新经济的监管需求，研究应用区块链、云计算、人工智能等科学技术手段，构建出数字经济监管的新模式。运用高科技手段作为支撑，解决数字经济监管中存在的违法主体锁定难、证据固定难等问题，为市场监管执法工作提供技术保障。[①] 同时，各种社交平台、互联网交易等经营平台也应当承担起一定的监管义务，运用自身技术优势针对关键行为进行严格监控，辅助政府部门对数字经济中的违法行为进行识别与判断。由此落实平台企业对平台内经营者的资质、商品质量和服务质量等初步把关，强化数字平台的监督责任。推动国家网络交易监管平台的统一建设，加快完善线上市场准入、产品质量安全、价格、广告等监管制度机制，提高线上

① 程秀才、李晓雨、傅启国：《互联网广告新业态监管难点及对策研究》，载《中国市场监管研究》2021年第12期。

市场风险监测和预警能力。[①] 明确线上市场主体之间的责任分配，完善线上市场监管部门协作机制，推动各监管部门之间的信息共享，以此增强监管力量，提高市场监管工作的执法效率。

2. 继续完善反垄断法实施体系

完善反垄断法律制度，进一步筑牢法治根基，持续加快修订《反垄断法》，持续完善配套立法，不断健全市场准入制度、公平竞争审查机制、数字经济公平竞争监管制度、预防和制止滥用行政权力排除限制竞争制度等。[②] 加强和改进反垄断执法，保障消费者切身利益，回应市场需求，持续在群众反映强烈的领域开展执法工作。提升反垄断执法透明度，依法公开执法信息，加强行政指导，推进经营者依法合规。进一步提升反垄断监管效能，统筹推进线上线下一体化监管，建立事前事中事后全链条监管。充实反垄断力量，提升反垄断监管执法队伍素质，加强基层执法力量，塑造专业化复合型执法人才。推进科技赋能监管，提高现代科技手段在执法办案中的应用水平。创新监管方式，综合运用多种执法工具，不断提升反垄断监管效能。进一步培育公平竞争文化，加强反垄断法律宣传，定期发布典型案例，以案释法，强化公平竞争意识，引导全社会形成崇尚、保护和促进公平竞争的市场环境。

3. 更高质量推进公平竞争审查工作，提高公平竞争审查制度有效性和约束力

公平竞争审查是党中央、国务院深化经济体制改革、推动经济高质量发展的重要举措。当前，我国已建立了较为完备的公平竞争审查制度规则体系。提升公平竞争审查工作质量成为下一步的工作重点。要聚焦制度短板，通过加强统筹协调、狠抓能力建设、强化监督考核、加强信息化运用等，更高质量、更大力度地推进公平竞争审查工作。

具体而言，主要包括四个方面：一是要推进公平竞争审查制度的协调发展，在横向上加强部门间、省份间协同，强化示范效应、建立健全定期交流机制；在纵向上促进上下联动，建立健全信息报送、情况通报、统计分析、规范指导等工作机制，继续推动公平竞争审查国家、省市县四级政

---

① 《国务院关于印发“十四五”市场监管现代化规划的通知》，载中央人民政府网，http：//www.gov.cn：8080/zhengce/zhengceku/2022-01/27/content_ 5670717.htm，最后访问时间：2021 年 2 月 24 日。

② 《改革创新开创反垄断工作新局面》，载《中国纪检监察报》2021 年 12 月 19 日，第 4 版。

府全覆盖。二是要扎实推进审查队伍专业化能力建设，不断加强业务培训，提升业务能力；配齐配强公平竞争审查工作力量，确保人员数量与审查工作任务相匹配。三是要创新工作方式，鼓励建立公平竞争审查数据库，注重全程留痕和可回溯管理，实现公平竞争审查全流程监管。四是强化公平竞争审查的监督机制，定期开展文件的抽查，及时曝光典型案例等。

4. 加强对网络不正当竞争行为的监管，完善互联网治理体系，形成规则协同合力

在新的经济发展趋势下，加强对存在于互联网中的不正当竞争行为的监管是十分必要的。市场监管部门应当对市场主体参与市场竞争的行为底线画出清晰的标识，积极处理引起社会广泛关注和讨论的网络不正当竞争问题，整治不正当竞争行为，努力建设和维护公平的网络竞争环境。通过健全制度和相关规则，及时有效治理新型网络不正当竞争行为，解决立法的滞后性所带来的问题，推进网络反不正当竞争执法工作取得新的突破。协调监管力量，发挥执法的能动性，回应网络中影响公平竞争的重点、难点问题。在信息技术快速发展的背景下，更应当加强对商业秘密的保护，推进商业秘密保护的培训和宣传工作，提升市场主体尊重商业秘密的意识，探索建设商业秘密保护的示范地，健全和畅通商业秘密保护的维权渠道。

5. 以消费者权益保护为中心，加强消费品质监管与消费创新

要以消费者为中心，坚守消费安全底线，高效履行法定职责，加强消费维权政策理论研究，畅通消费者维权渠道，提升参与立法立标工作质量，抓紧落实投诉便利化、规范化措施，组织国家监督抽查工作，加大对重点消费领域社会监督力度，有序展开消费品召回，加强质量基础设施建设，强化消费教育引导，着重加强电商平台、直播购物、社区团购等新兴领域重要民生商品价格等行为监管，畅通 12315 热线电话和网络、微信、公众号等诉求渠道，提高消费者咨询、投诉、举报处理效能，促进消费维权便利化。着力在消费端打通影响经济循环畅通的关键堵点，助力构建新发展格局，推动经济高质量发展。加快完善消协理事会治理机制，动员理事单位等社会各方面力量发挥各自优势、协同参与共治，推动全社会形成关注、重视、解决消费者问题的良好氛围。另外，要鼓励平台企业拓展互联网消费场景，提供高质量产品和服务，促进发展智能产品普及应用，发展新兴零售方式。引导平台企业开展品牌消费、品质消费等网上促销活动，培育消费新增长点。

6. 其他市场规制法领域

持续加大价格领域，广告领域的执法。2022 年，应进一步推进重点领域价格改革，重视数字经济领域价格监管，特别是在疫情反复期间，维护好正常市场价格秩序，持续打击任何价格违法行为；把握数字经济发展的新趋势，将网络监管作为价格监管竞争工作的发力点，服务好国家经济发展的工作大局，进一步激发市场活力。持续加大对教育培训、医疗器械等领域广告的执法力度，严惩发布虚假违法广告的行为，引导广告主体严格遵守相关法律规定，规范广告宣传行为，切实维护人民群众合法权益。

继续推进计量法实施。紧抓《计量法》修订契机，制定与高质量发展相适应的大计量战略和中长期规划，大力传播计量思维、计量文化、计量教育、计量观念，建设蕴含上千年的中国计量历史、融汇中外计量成果的中国计量文明；深化计量管理体制改革，打破以行政区域为主，层层量传、溯源的旧体制，构建新体制，坚持法治化、市场化、国际化、量子化的改革方向，让市场在计量应用方面起决定性作用，让政府在法治计量方面更好地发挥主导作用，让专家、政府、市场和社会在科学计量方面共同发挥更大作用。

撰稿专家

孙晋，安徽金寨人，武汉大学法学院教授、博士生导师，武汉大学与国家发改委原价监反垄断局共建基地——武汉大学竞争法与竞争政策研究中心主任、国家社科基金重大项目首席专家，美国加州大学伯克利分校法学院访问学者。兼任中国商业法研究会副会长、中国法学会经济法研究会常务理事、亚洲竞争法协会（ACA）常务理事，国家社科基金项目评审鉴定专家、教育部学位与研究生教育评估专家，国家市场监督管理总局反垄断专家，上海、湖北、海南、浙江、四川、甘肃等多省市反垄断/公平竞争审查专家库专家，湖北省人民政府法律顾问、湖北省高级人民法院咨询委员会专家、新疆维吾尔自治区检察院咨询委员会专家，湖北省第四届十大杰出法学家。2007~2008 年被中组部教育部选拔援疆任新疆大学法学院副院长；2014~2015 年入选国家“双千计划”，任江苏省镇江市中级人民法院副院长；2019

年 2~3 月在中共中央党校全国人文社科科研骨干培训班进修学习。曾应邀在美国斯坦福大学、加州大学伯克利分校、日本国士馆大学、我国澳门大学、澳门科技大学讲学。主持国家社科基金重大项目、国家社科基金重点项目、国家社科基金一般项目、最高人民法院司法调研重大课题、教育部规划基金一般项目、中国法学会部级课题等 60 项；在《中国社会科学》、《中国法学》、《新华文摘》、《中国社会科学文摘》、《高等学校文科学术文摘》、《中国社会科学》（英文版）、《中国法学》（英文版）、《人民日报》、《光明日报》、《中国社会科学报》、《人民论坛》等权威和核心报刊发表或转载论文 180 余篇；出版专著 10 部、主编教材 7 本。多项成果获得中国法学会优秀成果奖、湖北省社科优秀成果奖、湖北省高校优秀成果奖、武汉市社科优秀成果奖等奖项。

第五章　2021 年社会法实施报告

2021 年劳动和社会保障法实施报告

刘文华　江　峰

报告要旨

2021 年，是实施“十四五”规划的开局之年，也是巩固脱贫攻坚成果、全面衔接乡村振兴的起步之年。劳动法和社会保障法实施，着眼于统筹疫情防控和经济社会发展，着力于巩固脱贫攻坚成果，全面衔接乡村振兴战略，聚焦群众和市场主体的“急难愁盼”问题，进一步完善劳动保障政策，创新优化法规政策实施环境，办实事解民忧，防风险开新局，以民生改善的实际成效书写优异答卷，为第二个百年奋斗目标贡献力量。

核心建议

1. 完善社会保障制度体系。
2. 稳妥推进劳动法律法典化。
3. 健全劳动关系协调机制。
4. 加强社会保险基金监管法律体系建设。
5. 落实好新就业形态劳动者权益保障。

2021 年，是党和国家历史上具有里程碑意义的一年。这一年，我们党团结带领全国人民隆重庆祝中国共产党成立一百周年，胜利召开党的十九届六中全会，如期打赢脱贫攻坚战，全面建成小康社会，胜利实现第一个百年奋斗目标，踏上全面建设社会主义现代化国家新征程。以习近平同志为核心的党中央统筹国内国际两个大局，统筹疫情防控和经济社会发展，团结带领全党全国各族人民，沉着应对、迎难而上，民生得到有力保障。以此为背景，2021年度劳动法和社会保障法的实施坚持以人民为中心，贴近时代，服务大局，切实增强了广大人民群众的获得感、幸福感和安全感。

一、劳动立法及政策制定实施情况

（一）推动共同富裕

党的十九届五中全会强调“扎实推动共同富裕”，在描绘2035年基本实现社会主义现代化远景目标时，明确提出“全体人民共同富裕取得更为明显的实质性进展”。《中共中央关于制定国民经济和社会发展第十四个五年规划和2035年远景目标的建议》提出，坚持居民收入增长和经济增长基本同步、劳动报酬提高和劳动生产率提高基本同步，持续提高低收入群体收入，扩大中等收入群体，更加积极有为地促进共同富裕。以人民为中心，推动共同富裕，描绘了新阶段劳动法和社会保障法发展的方向和理论蓝图。

（二）实施三孩生育政策

2021年6月26日，中共中央、国务院发布《关于优化生育政策促进人口长期均衡发展的决定》（以下简称《决定》），《决定》提出，实施三孩生育政策及配套支持措施具有十分重要的意义，有利于改善人口结构，落实积极应对人口老龄化国家战略；有利于保持人力资源禀赋优势，应对世界百年未有之大变局；有利于平缓总和生育率下降趋势，推动实现适度生育水平；有利于巩固全面建成小康社会成果，促进人与自然和谐共生。《决定》部署了三大类十个方面40余项配套支持措施，聚焦解决群众在生育、养育、教育等方面的后顾之忧，推动释放生育潜能，促进家庭和谐幸福。《决定》的突出特点表现在以下几个方面：

一是“优化”，即部署了一揽子的配套支持措施。此次优化生育政策不是简单地从两孩到三孩的数量调整，更重要的是全面部署了配套支持措施。这些措施聚焦群众关切，坚持问题导向，涵盖了提高优生优育服务水平、发展普惠托育服务体系、降低生育养育教育成本等领域。

二是“包容”，即增强生育政策的包容性，取消社会抚养费等制约措施。《决定》提出，取消社会抚养费等制约措施，清理和废止相关处罚规定，将入户、入学、入职等与个人生育情况全面脱钩。这是服务管理制度的一项重要改革，顺应了新时代人口发展战略的要求，进一步尊重家庭在生育中的主体地位，尊重生育的社会价值。

三是“保障”，即对计划生育家庭保障制度作了充实完善。《决定》要求对独生子女家庭和农村计划生育双女家庭，继续实行现行各项奖励扶助制度和优惠政策。对计划生育特殊家庭，建立健全全方位帮扶保障制度，建立健全政府主导、社会组织参与的扶助关怀机制。这充分体现了对计划生育家庭的重视，进一步健全完善了各项帮扶保障制度。

（三）《工会法》修改

2021 年 12 月 24 日，第十三届全国人大常委会第三十二次会议通过关于修改《工会法》的决定，自 2022 年 1 月 1 日起施行。《工会法》是明确工会法律地位和工作职责的重要法律，是工会组织依法开展工作的重要制度保障。现行《工会法》于 1992 年公布施行，2001 年、2009 年进行了两次修改。《工会法》实施以来，为各级工会履行团结引导职工群众听党话跟党走的政治责任提供了有力法治保障，在发挥工会职能作用、维护职工合法权益、构建和谐劳动关系等方面起到了有力的推动作用，总体上适应经济社会发展需要。

党的十八大以来，党和国家事业取得历史性成就、发生历史性变革，对工会工作提出了新要求。习近平新时代中国特色社会主义思想已经写入党章、宪法，成为党和国家长期坚持的指导思想，也是工会组织和工会工作必须长期坚持的指导思想。工会要认真履行维护职工合法权益、竭诚服务职工群众的基本职责，构建联系广泛、服务职工的工会工作体系，切实保持和增强政治性、先进性、群众性。各级工会在推进产业工人队伍建设改革和工会改革中也积累了宝贵经验。有必要通过修改《工会法》，贯彻落实党中央决策部署和习近平总书记重要指示精神，及时将行之有效的经验做法上升为法律规定。本次工会法修改的主要内容包括：

1. 突出坚持党的领导。明确工会是中国共产党领导的职工自愿结合的工人阶级的群众组织，是中国共产党联系职工群众的桥梁和纽带，应当保持和增强政治性、先进性、群众性，建立联系广泛、服务职工的工会工作体系。

2. 落实党中央对工会改革的新要求。明确新就业形态劳动者参加和组织工会的权利，增加规定：“工会适应企业组织形式、职工队伍结构、劳动关系、就业形态等方面的发展变化，依法维护劳动者参加和组织工会的权利。”

3. 完善工会法和工会工作指导思想。明确将习近平新时代中国特色社会主义思想同马克思列宁主义、毛泽东思想、邓小平理论、“三个代表”重要思想、科学发展观一道，确立为工会法和工会工作的指导思想。

4. 完善工会基本职责。将工会的基本职责由“维护职工合法权益”扩展为“维护职工合法权益、竭诚服务职工群众”。同时，增加工会组织职工参与本单位的民主选举、民主协商，加强对职工的思想政治引领，以及开展劳动和技能竞赛活动的规定。

5. 体现中央对产业工人队伍建设改革的新要求。增加规定：“工会推动产业工人队伍建设改革，提高产业工人队伍整体素质，发挥产业工人骨干作用，维护产业工人合法权益，保障产业工人主人翁地位，造就一支有理想守信念、懂技术会创新、敢担当讲奉献的宏大产业工人队伍。”

6. 做好与相关法律的衔接。法律援助法规定，工会等群团组织开展法律援助工作，参照适用其相关规定。据此明确县级以上各级总工会可以为所属工会和职工提供法律援助等法律服务。

7. 扩大基层工会组织覆盖面。明确社会组织中的劳动者有依法参加和组织工会的权利，将工会组织以及工会工作的覆盖面由“企业、事业单位、机关”扩展为“企业、事业单位、机关、社会组织。”

（四）《人口与计划生育法》修改

2021年8月20日，第十三届全国人大常委会第三十次会议审议通过了关于修改《人口与计划生育法》的决定，自公布之日起施行。《人口与计划生育法》自2002年9月1日起施行，2015年实施全面两孩政策时进行了修改。这部法律施行以来，对落实计划生育基本国策，促进人口与经济、社会、资源、环境协调发展，发挥了重要作用。党的十八大以来，以习近平同志为核心的党中央高度重视人口问题，根据我国人口发展变化形势，作出逐步调整完善生育政策、促进人口长期均衡发展的重大决策，各项工作取得了显著成效。此次修改《人口与计划生育法》，就是在这一大的时代背景下进行的。此次修法是贯彻落实党中央决策部署的重要举措，是运用法治方式保障人口发展战略目标顺利实现的必然要求，也是在法治轨道上统筹推进三孩生育政策及配套支持措施的客观需要。

全国人大常委会审议通过的关于修改《人口与计划生育法》的决定，立足促进人口长期均衡发展，重点围绕实施三孩生育政策、取消社会抚养费等制约措施、配套实施积极生育支持措施等进行修改，同时完善对全面两孩政策实施前计划生育家庭合法权益的保障。

优化生育政策是此次修改的主要内容。重点在以下方面作出规定：一是规定“一对夫妻可以生育三个子女”。这是此次修法的核心内容之一。二是规定国家采取综合措施，调控人口数量，提高人口素质，推动实现适度生育水平，优化人口结构，促进人口长期均衡发展；县级以上各级人民政府制定的人口与计划生育实施方案，应当规定调控人口数量，提高人口素质，推动实现适度生育水平，优化人口结构，加强母婴保健和婴幼儿照护服务，促进家庭发展的措施。三是提倡适龄婚育、优生优育。提倡适龄婚育，有利于形成良好社会氛围。党的十九届五中全会提出“提高优生优育服务水平”，此次修改也在法律中予以体现。同时，此次修法删除了原来有关社会抚养费征收、计划生育证明等与实施三孩生育政策不适应的规定。

在完善积极生育支持措施方面，修改后的《人口与计划生育法》作出了以下有针对性的规定。

一是国家采取财政、税收、保险、教育、住房、就业等支持措施，减轻家庭生育、养育、教育负担。法律对主要的积极生育支持措施作出规定，有利于引导各级政府提升公共服务水平，采取有效措施，切实降低生育、养育、教育成本，破解“生不起”“养不起”的矛盾，解决群众后顾之忧。

二是推动建立普惠托育服务体系。规定县级以上各级人民政府综合采取规划、土地、住房、财政、金融、人才等措施，推动建立普惠托育服务体系，提高婴幼儿家庭获得服务的可及性和公平性。同时，明确规定国家鼓励和引导社会力量兴办托育机构，支持幼儿园和机关、企业事业单位、社区提供托育服务。

三是促进婴幼儿活动场所及配套服务设施建设。规定县级以上地方各级人民政府应当在城乡社区建设改造中，建设与常住人口规模相适应的婴幼儿活动场所及配套服务设施。公共场所和女职工比较多的用人单位应当配置母婴设施，为婴幼儿照护、哺乳提供便利条件。这样的规定有利于巩固和拓展母婴设施建设成果，有助于建立健全母婴设施建设的长效机制，在全社会形成爱母爱婴的氛围，支持母乳喂养，保障母婴权益。

四是加强婴幼儿照护支持与指导。同时，此次修法还增加“国家支持有条件的地方设立父母育儿假”的规定，倡导夫妻共同承担育儿责任，增强家庭育儿能力。

五是积极促进优生优育。贯彻落实党的十九届五中全会及决定关于提高优生优育服务水平有关要求，此次修法规定医疗卫生机构应当针对育龄人群开展优生优育知识宣传教育，对育龄妇女开展围孕期、孕产期保健服务，承担计划生育、优生优育、生殖保健的咨询、指导和技术服务，规范开展不孕不育症诊疗。

在保障计划生育家庭的合法权益方面，此次修法对全面两孩政策实施前的计划生育家庭，在现行法律规定奖励扶助措施基础上，进一步完善相关规定。一是在国家提倡一对夫妻生育一个子女期间，按照规定应当享受计划生育家庭老年人奖励扶助的，继续享受相关奖励扶助，并在老年人福利、养老服务等方面给予必要的优先和照顾。二是获得《独生子女父母光荣证》的夫妻，独生子女发生意外伤残、死亡的，按照规定获得扶助。县级以上各级人民政府建立、健全对上述人群的生活、养老、医疗、精神慰藉等全方位帮扶保障制度。

（五）《保障农民工工资支付条例》具体配套制度陆续出台

1. 印发《工程建设领域农民工工资专用账户管理暂行办法》

2021年7月7日，人力资源社会保障部等十部门印发《工程建设领域农民工工资专用账户管理暂行办法》（以下简称《暂行办法》），根治工程建设领域拖欠农民工工资问题，规范农民工工资专用账户管理，切实维护农民工劳动报酬权益。

近年来，在解决拖欠农民工工资工作实践中，针对欠薪与欠款相互交织、劳动权益与民事纠纷等问题，一些地方探索建立了工资专用账户制度，实施工资和工程款分账管理。多年实践证明，这一举措对解决工程建设领域欠薪问题发挥了重要作用。2016年，国务院办公厅下发《关于全面治理拖欠农民工工资问题的意见》，明确提出建立健全工资专用账户管理，从制度层面确立了优先保障农民工工资支付的政策地位。2020年5月1日，《保障农民工工资支付条例》（以下简称《条例》）施行，将专用账户制度上升为法定制度，设定了相应的法律责任。出台《暂行办法》，旨在进一步规范农民工工资专用账户管理，确保农民工工资“有钱发”和专款专用，推动解决工程建设领域拖欠农民工工资问题，切实维护农民工劳动报酬权益。

作为《条例》的配套文件，在制定《暂行办法》时着重考虑四个方面。一是具体详细。对《条例》确定的专用账户制度作出更加详细、具体的程序性规定，使制度更具可操作性，如对账户属性、名称、开立流程、监管职责等作出具体规定。二是严格规范。依法对落实制度明确了监管程序和职责，保障制度有效运行。如明确人工费用拨付异常时加强预警、及时处理，对专用账户开立、备案及撤销作出明确要求等。三是有机融合。建立工资专用账户、总包代发、实名制等三项核心制度之间的衔接机制，加强制度之间的融合。借鉴地方成功做法，明确以实名制管理信息为基础，按月考核农民工工作量并编制工资支付表，由总包单位通过专用账户代发农民工工资，缩短支付链条，形成专户有钱发、总包负责发、精准发到人的制度闭环。四是补充完善。《暂行办法》对《条例》未规定但在实施中又必不可少的操作措施，予以明确。如对账户设置特殊标识以防止被查封冻结划拨、同一账户下分项目管理以减轻企业开户负担、金融机构防范账户被用于非法活动、优先办理具有金融功能的社会保障卡等方面作出规定。

2. 印发《工程建设领域农民工工资保证金规定》

为依法保护农民工工资权益，发挥工资保证金在解决拖欠农民工工资问题中的重要作用，2021年8月17日，人力资源社会保障部、住房和城乡建设部、交通运输部、水利部、银保监会、铁路局、民航局印发《工程建设领域农民工工资保证金规定》（以下简称《规定》）。《规定》共五章29条，明确了工资保证金存储、使用、监管等内容。第一章为总则，明确了工资保证金的概念、适用范围、监管部门及管理层级等；第二章为工资保证金存储规则，主要规定了工资保证金的存储主体、存储方式、存储比例及差异化存储机制等；第三章为工资保证金使用方法，主要规定了工资保证金的使用、返还机制和权利救济渠道；第四章为工资保证金监管办法，主要明确了工资保证金的监管责任，不履行工资保证金存储义务的法律责任；第五章为附则，主要规定了其他施行事项。《规定》有以下突出特点：

一是理顺了管理体制。以往有的地方是人力资源社会保障部门主管，有的是行业部门分别管理，还有的是几个部门共同管理。《规定》统一明确由省级人力资源社会保障部门负责组织实施，地市级人力资源社会保障部门具体管理，有助于提高监管效能。

二是减轻了企业负担。从资金存储比例来看，以前有的地方要求5%，甚至更高，《规定》统一要求降到3%以下。从资金存储形式来看，《规定》明确，可以选择使用银行保函、工程担保公司保函或工程保证保险替代现金存储，有助于释放企业资金压力。

三是体现了奖优罚劣。《规定》明确了差异化存储规则，连续2年未发生欠薪的，新项目存储比例降50%；3年未薪则欠免于存储。相应地，前2年内有欠薪的，存储比例增加50%以上；被纳入欠薪“黑名单”的，增加

100%以上。从制度上鼓励守法企业、惩罚失信主体。

四是优化了动用程序。《规定》要求，对发生欠薪拒不清偿的，人力资源社会保障部门通知银行动用工资保证金，5天内支付到农民工本人银行账户，10天内要求企业补足账户资金。同时，明确工资保证金只能用于清偿欠薪，不得用于其他用途，也不得无故查封、冻结或划拨，确保这笔民生保障资金专款专用。

五是明确了返还时限。《规定》明确，工程完工监管部门收到返还申请，5天审核无欠薪、3天银行确认后，立即解除账户监管，资金由企业自由支配。同时，针对以往个别企业忘记申请返还的问题，建立至少半年清查一次沉淀资金的机制，确保返还及时、到位。

六是降低了制度风险。以往一些地方监管部门设立财政专户存储工资保证金，容易产生账户违规风险，实践中也曾发生多起挪用案件。《规定》要求工资保证金要存储在施工总承包单位的自有账户，明确工资保证金本金和利息归企业所有，企业可随时自由提取使用利息，从制度上封堵漏洞。

3. 发布《拖欠农民工工资失信联合惩戒对象名单管理暂行办法》

2021年11月10日，人力资源社会保障部发布《拖欠农民工工资失信联合惩戒对象名单管理暂行办法》（以下简称《管理办法》），自2022年1月1日起施行。《管理办法》对适用范围、职责分工、列入条件和期限、惩戒措施、信用修复和工作程序等作出规定。

《管理办法》的颁布实施，是深入贯彻习近平总书记关于根治欠薪重要指示批示精神的重大举措，是实施《条例》、维护农民工工资权益的具体措施，对构建以信用为基础的新型监管机制，进一步提升劳动保障监察执法效能，营造守法诚信劳动用工环境具有重要意义。

《管理办法》明确，用人单位克扣、无故拖欠农民工工资达到认定拒不支付劳动报酬罪数额标准，或者因拖欠农民工工资违法行为引发群体性事件、极端事件造成严重不良社会影响，经人力资源社会保障行政部门依法责令限期支付工资，逾期未支付的，人力资源社会保障行政部门应当按照《管理办法》规定的程序，将该用人单位及其法定代表人等有关责任人员列入失信联合惩戒名单，按照规定公开并共享至同级信用信息共享平台。相关部门在各自职责范围内按照《条例》等有关规定，在政府资金支持、政府采购、招投标、融资贷款、市场准入、税收优惠、评优评先、交通出行等方面依法依规予以限制。

《管理办法》规定，列入失信联合惩戒名单期限为 3 年。列入期间偿还拖欠工资的，自改正之日起满 6 个月，且作出守信承诺，可申请提前移出。

（六）人力资源社会保障部发布《电子劳动合同订立指引》

2021 年 7 月 1 日，为指导用人单位和劳动者依法规范订立电子劳动合同，人力资源社会保障部根据《劳动合同法》《民法典》《电子签名法》等法律法规，印发了《电子劳动合同订立指引》（以下简称《指引》）。

《指引》所指电子劳动合同，是指用人单位与劳动者按照《劳动合同法》《民法典》《电子签名法》等法律法规规定，经协商一致，可以视为书面形式的数据电文为载体，使用可靠的电子签名订立的劳动合同。

关于电子劳动合同订立，《指引》明确，用人单位与劳动者订立电子劳动合同的，要通过电子劳动合同订立平台订立。电子劳动合同订立平台要通过有效的现代信息技术手段提供劳动合同订立、调取、储存、应用等服务，具备身份认证、电子签名、意愿确认、数据安全防护等能力，确保电子劳动合同信息的订立、生成、传递、储存等符合法律法规规定，满足真实、完整、准确、不可篡改和可追溯等要求。鼓励用人单位和劳动者使用政府发布的劳动合同示范文本订立电子劳动合同。劳动合同未载明《劳动合同法》规定的劳动合同必备条款或内容违反法律法规规定的，用人单位依法承担相应的法律责任。双方同意订立电子劳动合同的，用人单位要在订立电子劳动合同前，明确告知劳动者订立电子劳动合同的流程、操作方法、注意事项和查看、下载完整的劳动合同文本的途径，并不得向劳动者收取费用。用人单位和劳动者要确保向电子劳动合同订立平台提交的身份信息真实、完整、准确。电子劳动合同订立平台要通过数字证书、联网信息核验、生物特征识别验证、手机短信息验证码等技术手段，真实反映订立人身份和签署意愿，并记录和保存验证确认过程。具备条件的，可使用电子社保卡开展实人实名认证。用人单位和劳动者要使用符合《电子签名法》要求、依法设立的电子认证服务机构颁发的数字证书和密钥，进行电子签名。电子劳动合同经用人单位和劳动者签署可靠的电子签名后生效，并应附带可信时间戳。电子劳动合同订立后，用人单位要以手机短信、微信、电子邮件或者 App 信息提示等方式通知劳动者电子劳动合同已订立完成。

关于电子劳动合同的调取、储存、应用，《指引》规定，用人单位要提示劳动者及时下载和保存电子劳动合同文本，告知劳动者查看、下载电子劳动合同的方法，并提供必要的指导和帮助。用人单位要确保劳动者可以使用常用设备随时查看、下载、打印电子劳动合同的完整内容，不得向劳动者收取费用。劳动者需要电子劳动合同纸质文本的，用人单位要至少免费提供一份，并通过盖章等方式证明与数据电文原件一致。

鼓励用人单位和劳动者优先选用人力资源社会保障部门等政府部门建设的电子劳动合同订立平台。用人单位和劳动者未通过政府平台订立电子劳动合同的，要按照当地人力资源社会保障部门公布的数据格式和标准，提交满足电子政务要求的电子劳动合同数据，便捷办理就业创业、劳动用工备案、社会保险、人事人才、职业培训等业务。非政府平台的电子劳动合同订立平台要支持用人单位和劳动者及时提交相关数据。电子劳动合同订立平台要留存订立和管理电子劳动合同全过程证据，包括身份认证、签署意愿、电子签名等，保证电子证据链的完整性，确保相关信息可查询、可调用，为用人单位、劳动者以及法律法规授权机构查询和提取电子数据提供便利。

关于信息保护和安全，《指引》规定，电子劳动合同信息的管理、调取和应用要符合《网络安全法》《互联网信息服务管理办法》等法律法规，不得侵害信息主体合法权益。电子劳动合同订立平台及其所依赖的服务环境，要按照《信息安全等级保护管理办法》第三级的相关要求实施网络安全等级保护，确保平台稳定运行，提供连续服务，防止所收集或使用的身份信息、合同内容信息、日志信息泄漏、篡改、丢失。电子劳动合同订立平台要建立健全电子劳动合同信息保护制度，不得非法收集、使用、加工、传输、提供、公开电子劳动合同信息。未经信息主体同意或者法律法规授权，电子劳动合同订立平台不得向他人非法提供电子劳动合同查阅、调取等服务。

（七）维护新就业形态劳动者劳动保障权益

1. 八部门发布《关于维护新就业形态劳动者劳动保障权益的指导意见》

2021 年 7 月 16 日，国家发展改革委、人力资源社会保障部、交通运输部、应急部、市场监管总局、国家医保局、最高人民法院、全国总工会发布《关于维护新就业形态劳动者劳动保障权益的指导意见》（以下简称《意见》），切实维护新就业形态劳动者劳动保障权益，促进平台经济规范健康持续发展。

近年来，随着我国平台经济的快速发展，新就业形态已成为劳动者就业增收的重要渠道。网约配送员、网约车驾驶员、网约货车司机、互联网营销师等新就业形态劳动者数量大幅增加。由于平台的用工形式和新就业形态劳动者的就业方式相对灵活，大量新就业形态劳动者难以与企业直接确认劳动关系，难以简单纳入我国现行劳动法律调整，其权益保障面临新情况新问题。维护好新就业形态劳动者劳动保障权益，事关更充分更高质量就业、事关公平正义、事关社会和谐稳定。党中央、国务院对此高度重视。习近平总书记多次作出重要指示批示，强调要及时补齐制度短板，维护好快递员、网约工、货车司机等就业群体的合法权益，明确平台企业劳动保护责任。李克强总理也要求千方百计为群众灵活就业创造更好条件，认真研究保障灵活就业人员基本权益的政策措施。①

按照党中央、国务院的决策部署，人力资源社会保障部与国家发改委、交通运输部、市场监管总局、全国总工会等8部门聚焦新就业形态劳动者劳动权益保障突出问题，深入各类平台企业进行调研，广泛听取企业、劳动者、地方、部门、专家学者等方面的意见，系统梳理国内外相关做法。经过反复研究，深入论证，制定了《意见》。《意见》的总体考虑是，坚持发展和规范并重，统筹促进平台经济发展与维护新就业形态劳动者权益，适应平台用工形式和新就业形态劳动者就业方式，健全权益保障制度机制，明确平台企业责任，优化权益保障服务，切实维护劳动者劳动保障权益。

《意见》共四个方面19条。一是明确了劳动者权益保障责任。要求企业依法合规用工，积极履行用工责任，对符合确立劳动关系情形、不完全符合确立劳动关系情形但企业对劳动者进行劳动管理的新就业形态劳动者权益保障承担相应责任。平台企业采取劳务派遣、外包等合作用工方式的，与合作企业依法承担各自的用工责任。二是健全了劳动者权益保障制度。《意见》聚焦新就业形态劳动者权益保障面临的突出问题，健全了符合确立劳动关系情形、不完全符合确立劳动关系情形的新就业形态劳动者公平就业、劳动报酬、休息、劳动安全、社会保险等方面的制度，强化了职业伤害保障，完善了劳动者诉求表达机制。三是优化了劳动者权益保障服务。《意见》针对所有新就业形态劳动者享受劳动保障等公共服务方面的痛点、难点问题，提出了优化就业服务、社会保险经办、职业技能培训、工作和

① 《国务院政策例行吹风会丨市场监管总局提出“三个强化”维护新就业形态劳动者权益》，载国家市场监督总局网络市场交易监督管理司网，https：//www.samr.gov.cn/wljys/sjdt/202109/t20210923_335032.html，最后访问时间：2022年4月3日。

生活服务保障等方面的措施。四是完善了劳动者权益保障工作机制。《意见》要求各地区各有关部门协同推进新就业形态劳动者权益保障工作，出台具体实施办法，做好政策宣传，拓宽工会维权和服务范围，加强矛盾纠纷调处，加大监管力度，努力营造良好环境，切实维护新就业形态劳动者权益。

2. 七部门联合印发《关于落实网络餐饮平台责任　切实维护外卖送餐员权益的指导意见》

2021年7月16日，市场监管总局、国家网信办、国家发展改革委、公安部、人力资源社会保障部、商务部、中华全国总工会联合印发《关于落实网络餐饮平台责任　切实维护外卖送餐员权益的指导意见》（以下简称《指导意见》），对保障外卖送餐员正当权益提出全方位要求。

保障劳动收入方面，要求平台建立与工作任务、劳动强度相匹配的收入分配机制，确保外卖送餐员正常劳动所得不低于当地最低工资标准。不得将“最严算法”作为考核要求，通过“算法取中”等方式，合理确定订单数量、准时率、在线率等考核要素，适当放宽配送时限。

完善绩效考核制度方面，网络餐饮平台及第三方合作单位要合理设定对外卖送餐员的绩效考核制度。在制定调整考核、奖惩等涉及外卖送餐员切身利益的制度或重大事项时，应提前公示，充分听取外卖送餐员、工会等方面的意见。优化算法规则，不得将“最严算法”作为考核要求，要通过“算法取中”等方式，合理确定订单数量、在线率等考核要素，适当放宽配送时限。

保障劳动安全方面，完善平台订单分派机制，优化配送路线，合理确定订单饱和度，降低劳动强度。加强交通安全教育培训，引导督促外卖送餐员严格遵守交通法规。

维护食品安全方面，落实平台企业食品配送环节安全主体责任，制定外卖送餐服务管理规范，加强食品安全知识培训，确保食品配送过程不受污染。

完善社会保障方面，督促平台及第三方合作单位为建立劳动关系的外卖送餐员参加社会保险，支持其他外卖送餐员参加社会保险，按照国家规定参加平台灵活就业人员职业伤害保障试点。鼓励探索提供多样化商业保险保障方案，提高多层次保障水平。

优化从业环境方面，鼓励支持新业态发展，推动设置外卖送餐员临时驻留点，推广铺设智能取餐柜，鼓励研发智能头盔等穿戴设备，营造良好从业环境，积极发挥稳定和扩大就业作用。

加强组织建设方面，推动建立适应新就业形态的工会组织，积极吸纳外卖送餐员入会，参与涉及劳动者权益的重要事项协商协调，完善支持保障体系，深入细致开展帮扶工作。

矛盾处置机制方面，督促平台建立外卖送餐员诉求反映的直接渠道，明确诉求处置程序和时限，加强民主协商和平等沟通，对于客观因素造成送单超时等常规问题，一般在 24 小时内合理解决。

适应灵活就业发展趋势方面，督促网络餐饮平台及第三方合作单位依法保障外卖送餐员合法权益。外卖送餐员的工作任务来源于平台，通过平台获得收入，平台应通过多种方式承担劳动者权益保障方面的责任。平台要加强对第三方合作单位保障外卖送餐员正当权益情况的监督。平台应严格落实国家关于维护灵活就业和新就业形态劳动者权益的法律规定和政策举措，不断提升外卖送餐员权益保障水平。

《指导意见》要求各地落实属地责任，建立健全餐饮外卖送餐员权益保障工作协调机制，加强组织实施，强化风险评估，有效化解矛盾，落实网络餐饮平台主体责任和社会责任，保障外卖送餐员合法权益，坚决维护社会稳定。

3. 八部门联合出台《关于加强交通运输新业态从业人员权益保障工作的意见》

2021 年 11 月 17 日，交通运输部、中华全国总工会等八部门联合出台《关于加强交通运输新业态从业人员权益保障工作的意见》（以下简称《保障意见》），《保障意见》指出，坚持以人民为中心的发展思想，坚持系统观念，统筹发展和安全，紧紧围绕解决交通运输新业态从业人员最关心最直接最现实的权益保障问题，注重标本兼治，完善治理体系，着力规范交通运输新业态企业经营行为，维护公平竞争市场秩序，健全完善从业人员权益保障制度，营造良好从业就业环境，全力维护从业人员合法权益，促进交通运输新业态规范健康持续高质量发展，主要措施如下：

完善平台和从业人员利益分配机制。要督促网络预约出租汽车（以下简称网约车）平台企业向驾驶员和乘客等相关方公告计价规则、收入分配规则，每次订单完成后，在驾驶员端应同时列明订单的乘客支付总金额、驾驶员劳动报酬，并显示乘客支付总金额减去驾驶员劳动报酬后与乘客支付总金额的比例（俗称“抽成”），保障驾驶员知情权和监督权。督促网约车平台企业加强与经营服务所在地工会组织、行业协会的沟通协商，合理设定抽成比例上限并在移动客户端和媒体上公开发布。督促网约车平台企业在确定和调整计价规则、收入分配规则等经营策略前，公开征求从业人员代表及工会组织、行业协会的意见，并提前1个月向社会公布。

支持从业人员参加社会保险。完善社会保险经办服务，提高交通运输新业态从业人员参保和享受待遇的服务便捷性。强化网约车驾驶员职业伤害保障，鼓励网约车平台企业积极参加职业伤害保障试点，为网约车驾驶员在线服务期间劳动安全提供保障。督促网约车平台企业依法为符合劳动关系情形的网约车驾驶员参加社会保险，引导和支持不完全符合确立劳动关系情形的网约车驾驶员参加相应的社会保险。

保障从业人员合理劳动报酬。相关行业主管部门、工会组织、行业协会等要持续关注行业运行情况及网约车驾驶员劳动报酬水平，并适时公开发布，引导驾驶员形成合理收入预期。各级工会组织要根据工作性质、劳动强度、工作任务、当地职工平均工资、市场经营状况等因素，与网约车平台企业、行业协会协商确定驾驶员劳动报酬计算规则和标准并向社会公布。督促网约车平台企业向提供正常劳动的网约车驾驶员支付不低于当地最低工资标准的劳动报酬。

保障从业人员获得合理休息。各地相关部门要督促网约车平台企业科学确定驾驶员工作时长和劳动强度，保障其有足够休息时间。督促网约车平台企业持续优化派单机制，提高车辆在线服务期间的运营效率，不得以冲单奖励等方式引诱驾驶员超时劳动。

改善从业环境和工作条件。各地相关部门要优化审批流程，为符合准入条件的网约车平台企业、车辆和驾驶员办理许可提供便利。积极推进出租汽车综合服务区建设，在医院、居民集中居住区、重要商业区、综合交通枢纽等场所设置出租汽车临时停靠点，允许巡游出租汽车和网约车临时停靠，破解出租汽车驾驶员“就餐难、停车难、如厕难”等问题。督促网约车平台企业加强对从业人员职业技能、劳动安全、运营服务的教育培训；加强对用工合作单位的管理，不得以高额风险抵押金、保证金转嫁经营风险，不得将驾驶员服务计分与服务时长、派单机制等挂钩，不得变相违法阻碍驾驶员自由选择服务平台。

（八）加强就业帮扶巩固拓展脱贫攻坚成果助力乡村振兴

2021年5月4日，人力资源社会保障部、国家发展改革委、财政部、农业农村部、国家乡村振兴局发布《关于切实加强就业帮扶巩固拓展脱贫攻坚成果助力乡村振兴的指导意见》（以下简称《助力乡村振兴意见》），健全脱贫人口、农村低收入人口就业帮扶领导体制和工作体系，促进脱贫人口稳定就业，增强脱贫稳定性，完善农村低收入人口和欠发达地区就业帮扶机制，助力提升脱贫地区整体发展水平，为巩固拓展脱贫攻坚成果、全面推进乡村振兴作出贡献。

《助力乡村振兴意见》明确提出，帮助有就业意愿的未就业人员实现就业，帮助已就业人员稳定就业，保持脱贫人口就业规模总体稳定。加大易地扶贫搬迁安置区、乡村振兴重点帮扶县等重点地区倾斜支持力度，促进当地群众就业水平稳中提质。及时为农村低收入人口提供就业帮扶，使有就业意愿的都可以得到就业服务和技能培训，符合条件的都可以享受就业政策，农村低收入人口就业帮扶长效机制健全完善。

（九）疫情下延续实施部分减负稳岗扩就业政策措施

2021年5月20日，人力资源社会保障部、国家发展改革委、教育部、财政部、中央军委国防动员部印发《关于延续实施部分减负稳岗扩就业政策措施的通知》。主要政策要点包括：

在延续实施部分减负稳岗扩就业政策期限方面，重点是突出稳岗位、保重点、兜底线，延续实施八方面就业创业扶持政策。包括：继续实施普惠性失业保险稳岗返还，继续实施以工代训扩围政策，继续发放困难人员培训生活费补贴，继续放宽技能提升补贴申领条件，继续实施就业见习补贴提前发放政策，继续实施失业保险保障扩围政策，支持毕业生基层就业和升学入伍，支持毕业生自主创业。

在进一步支持灵活就业方面，重点是坚持放开搞活和规范发展并重，顺势而为，补齐短板，清理取消不合理限制，强化政策服务供给，创造更多灵活就业机会，激发劳动者创业活力和创新潜能。包括：研究制定灵活就业人员参加城乡居民基本养老保险的兜底措施，推动放开灵活就业人员在就业地参加社保的户籍限制，开展平台灵活就业人员职业伤害保障试点，抓紧清理和取消不符合上位法或不合理的收费罚款规定，为灵活就业创造好的环境。

（十）印发《人力资源和社会保障事业发展“十四五”规划》

2021年6月29日，人力资源社会保障部印发《人力资源和社会保障事业发展“十四五”规划》（以下简称《规划》），《规划》分为8章37节，提出了“十四五”时期人力资源和社会保障事业发展指导思想和基本原则，明确了事业发展的6大主要目标和19项具体指标，部署了就业、社会保障、人才队伍建设、工资收入分配、劳动关系和基本公共服务六个方面的重点任务和重大举措，设置了13个专栏，对重大政策、重大项目、重大工程进行了统筹安排。同时提出了规划实施的保障措施。

《规划》在突破和创新方面，针对实现高质量就业，提出强化就业优先政策，实现经济增长与就业扩大良性互动；健全覆盖城乡的就业公共服务体系，推动城乡劳动者在就业地平等享受就业服务；健全终身职业技能培训制度；实施就业扩容提质工程，健全就业需求调查和失业监测预警机制，构建常态化援企稳岗帮扶机制，畅通职业技能培训补贴直达渠道；建设高标准人力资源市场体系。针对完善社保制度，提出实施全民参保计划，实现法定人员应保尽保；建立实施企业职工基本养老保险全国统筹制度，推进失业保险基金省级统筹；稳妥实施渐进式延迟法定退休年龄。针对和谐劳动关系建设，深化构建和谐劳动关系综合配套改革试点，推进数字仲裁庭、智能仲裁院建设，强化劳动保障监察机构在人社领域的综合执法职能；探索建立新就业形态劳动者权益保障机制。

二、社会保障立法及政策制定实施情况

（一）退役军人保障法实施

2021年1月1日，第十三届全国人大常委会第二十三次会议审议通过的《退役军人保障法》正式施行。

退役军人为国防和军队建设作出了重要贡献，是社会主义现代化建设的重要力量，是党和国家的宝贵财富。中华人民共和国成立以来，党中央、国务院、中央军委制定了一系列政策法规，对维护退役军人权益、做好退役军人工作发挥了重要作用。党中央、国务院、中央军委对退役军人工作作出系列重大部署，对新时代做好退役军人工作提出了新要求。在此背景下，2020年11月11日，《退役军人保障法》获通过，为做好新时代退役军人工作提供法治保障。

在退役军人教育培训方面，一是完善退役前的教育培训。军人退役前，所在部队可以提供职业技能储备培训，组织参加有关学历和非学历继续教育。二是完善教育优惠政策。高等学校可以通过单列计划、单独招生等方式招考退役军人；现役军人入伍前已被普通高等学校录取或者是正在就学

的学生，退役后在入学、复学等方面享受优惠政策。三是加强职业技能培训。规定国家依托相关教育资源为退役军人提供职业技能培训。

在退役军人就业创业的扶持方面，一是加强就业支持。规定机关、群团组织、事业单位和国有企业在招录、招聘时，对退役军人的年龄和学历条件可以适当放宽，同等条件下优先招录、招聘退役军人。二是拓宽就业渠道。要求各地设置一定数量的基层公务员职位，面向服现役满5年的高校毕业生退役军人招考。三是加大创业支持力度。相关创业孵化基地和创业园区优先为退役军人创业提供服务，退役军人创办小微企业，可以按规定申请创业担保贷款并享受有关融资优惠政策。

（二）《医疗保障基金使用监督管理条例》施行

2021年1月15日，国务院总理李克强签署第735号国务院令，公布《医疗保障基金使用监督管理条例》（以下简称《监督管理条例》），《监督管理条例》自2021年5月1日起施行。

医疗保障基金是人民群众的“看病钱”“救命钱”，其使用安全涉及广大群众的切身利益，关系医疗保障制度健康持续发展。医疗保障基金使用主体多、链条长、风险点多、监管难度大，监管形势较为严峻。党中央、国务院高度重视医疗保障基金使用监督管理工作。制定专门行政法规，以法治手段解决医疗保障基金使用监督管理中的突出问题，十分必要。

《监督管理条例》的适用范围。《监督管理条例》第2条规定：“本条例适用于中华人民共和国境内基本医疗保险（含生育保险）基金、医疗救助基金等医疗保障基金使用及其监督管理。”第49条规定：“职工大额医疗费用补助、公务员医疗补助等医疗保障资金使用的监督管理，参照本条例执行。居民大病保险资金的使用按照国家有关规定执行，医疗保障行政部门应当加强监督。”据此，基本医疗保险（含生育保险）基金、医疗救助基金等医疗保障基金适用本条例；职工大额医疗费用补助、公务员医疗补助参照本条例；居民大病保险资金按照国家有关规定执行。

《监督管理条例》在健全监督体制、强化监管措施方面，一是构建政府和医疗保障等行政部门的行政监管、新闻媒体舆论监督、社会监督、行业自律相结合的监督体制，畅通社会监督渠道，织密扎牢医疗保障基金使用监督管理的制度笼子。二是建立医疗保障、卫生健康、中医药、市场监督管理、财政、审计、公安等部门的沟通协调、案件移送等监管合作机制。三是要求国务院医疗保障行政部门制定服务协议管理办法，制作并定期修订服务协议范本。四是规定大数据智能监控、专项检查、联合检查、信用管理等监管形式。五是规范医疗保障行政部门监督检查的措施及程序。

对骗保等违法行为的惩处，《监督管理条例》针对不同违法主体、不同违法行为分别设置了法律责任。一是对医疗保障经办机构违法的，责令改正、责令退回、罚款、给予处分。二是对定点医药机构一般违法行为，责令改正、约谈负责人、责令退回、罚款、责令定点医药机构暂停相关责任部门一定期限的医药服务；对定点医药机构违反管理制度的，责令改正、约谈负责人、罚款；对定点医药机构骗保的，责令退回、罚款、责令定点医药机构暂停相关责任部门一定期限的医药服务、解除服务协议、吊销执业资格；造成医疗保障基金重大损失或者其他严重不良社会影响的，对其法定代表人或者主要负责人给予限制从业、处分。三是个人违法的，责令改正、责令退回、暂停其一定期限的医疗费用联网结算、罚款。四是侵占、挪用医疗保障基金的，责令追回、没收违法所得、给予处分。五是医疗保障等行政部门工作人员滥用职权、玩忽职守、徇私舞弊的，给予处分。

（三）加强新时代老龄工作

2021年11月18日，中共中央、国务院印发《关于加强新时代老龄工作的意见》，该意见共分八个部分24条，主要部署了健全养老服务体系、完善老年人健康支撑体系、促进老年人社会参与、着力构建老年友好型社会、积极培育银发经济等方面的老龄工作任务，充分体现了把积极老龄观、健康老龄化理念融入经济社会发展全过程的指导思想。

该意见具有五个突出特点：一是将加强党的领导作为首要原则贯穿文件始终。二是充分发挥政府主导作用。三是充分发挥市场机制作用，提供多元产品和服务。四是建立基本养老服务清单制度。五是强化地方和部门在老龄工作中的职责，压实责任，推动落实。

在健全养老服务体系方面，意见强调创新居家社区养老服务模式，以居家养老为基础，通过新建、改造、租赁等方式，提升社区养老服务能力，着力发展街道（乡镇）、城乡社区两级养老服务网络。在促进养老机构规范发展方面，意见提出，各地要通过直接建设、委托运营、购买服务、鼓励社会投资等多种方式发展机构养老。公办养老机构优先接收经济困难的失能、孤寡、残疾、高龄老年人以及计划生育特殊家庭老年人、为社会作出重要贡献的老年人，并提供符合质量和安全标准的养老服务。

完善老年人健康支撑体系方面，意见提出，加强老年人群重点慢性病的早期筛查、干预及分类指导，开展老年口腔健康、老年营养改善、老年痴呆防治和心理关爱行动；扩大医联体提供家庭病床、上门巡诊等居家医疗服务的范围。在解决失能老年人长期照护服务问题方面，意见提出，完善从专业机构到社区、家庭的长期照护服务模式；发展“互联网+照护服务”，积极发展家庭养老床位和护理型养老床位；完善现有试点，积极探索建立适合我国国情的长期护理保险制度。意见要求，深入推进医养结合，卫生健康部门与民政部门要建立医养结合工作沟通协调机制。

在促进老年人社会参与方面，意见提出，将老年教育纳入终身教育体系，采取促进有条件的学校开展老年教育、支持社会力量举办老年大学（学校）等办法，推动扩大老年教育资源供给。各地要通过盘活空置房、公园、商场等资源，支持街道社区积极为老年人提供文化体育活动场所。意见还要求，把老有所为同老有所养结合起来，完善就业、志愿服务、社区治理等政策措施，充分发挥低龄老年人作用。在学校、医院等单位和社区家政服务、公共场所服务管理等行业，探索适合老年人灵活就业的模式。着力构建老年友好型社会，从加强老年人权益保障、打造老年宜居环境、强化社会敬老等方面提出系列举措。

（四）国务院印发《中国妇女发展纲要（2011—2020 年）》和《中国儿童发展纲要（2011—2020 年）》

2021 年 9 月 8 日，国务院印发《中国妇女发展纲要》和《中国儿童发展纲要》，新的妇女发展纲要提出 75 项主要目标和 93 项策略措施，新的儿童发展纲要提出 70 项主要目标和 89 项策略措施。

坚持党对妇女儿童工作的全面领导。妇女儿童是亿万家庭的重要成员，是共建共享美好生活、全面建设社会主义现代化国家的重要力量。两部新纲要坚持以习近平新时代中国特色社会主义思想为指导，坚持正确政治方向，贯彻落实党中央关于妇女儿童事业发展的决策部署，切实把党的领导贯穿于纲要组织实施、贯穿于妇女儿童事业发展的全过程和各方面。

把以人民为中心的发展思想贯穿始终。新的妇女发展纲要和儿童发展纲要聚焦短板弱项，面向发展需求，强调加强公共服务体系和制度机制建设，强调重点保障特殊困难妇女儿童群体权益，强调缩小妇女儿童发展的城乡、区域、群体差距，强调家庭、学校、社会和网络对儿童全方位全过程的综合保护。比如，新的妇女发展纲要中，专门提出“促进平等就业，消除就业性别歧视”“优化妇女就业结构”“促进女性人才发展”“保障妇女获得公平的劳动报酬”等目标。新的妇女发展纲要和儿童发展纲要将反家庭暴力作为保障妇女儿童合法权益的重要内容，以对家庭暴力“零容忍”的态度明确提出了深入实施反家庭暴力法，预防和制止针对妇女一切形式的家庭暴力，依法严惩家庭暴力等侵犯未成年人人身权利的违法犯罪行为的目标，并提出了一系列针对性、可操作性很强的策略措施。

注重引导支持妇女儿童发扬主人翁精神。新的妇女发展纲要把“坚持共建共治共享”作为基本原则之一，强调促进妇女积极投身高质量发展，踊跃参与国家治理体系和治理能力现代化进程。呼应这一要求，“女性比例逐步提高”成为《中国妇女发展纲要（2021—2030 年）》中的一个关键句。纲要提出，采取有效措施，提升各级党委、人大、政府、政协、党政工作部门以及企事业单位、基层群众自治组织和社会组织中的女性比例。新的儿童发展纲要则把“坚持鼓励儿童参与”作为基本原则之一，强调尊重儿童主体地位，鼓励和支持儿童参与家庭、社会和文化生活，创造有利于儿童参与的社会环境。

增加新领域新内容。新时代新要求新期盼下，新的妇女发展纲要和儿童发展纲要与时俱进，针对更好发挥妇女在社会生活和家庭生活中的独特作用，发挥家庭家教家风在促进儿童健康成长和基层社会治理中的重要作用，新的妇女发展纲要和儿童发展纲要分别增加了“妇女与家庭建设”和“儿童与家庭”领域。为了落实党中央、国务院关于优化生育政策的重大决策，两个纲要还充实完善了支持家庭生育、养育、教育的政策措施。

（五）国务院印发《“十四五”残疾人保障和发展规划》

2021 年 7 月 8 日，国务院印发《“十四五”残疾人保障和发展规划》（以下简称《保障和发展规划》）。

《保障和发展规划》指出，“十四五”时期要坚持以习近平新时代中国特色社会主义思想为指导，贯彻落实习近平总书记关于残疾人事业的重要指示批示精神和党中央、国务院决策部署，立足新发展阶段、贯彻新发展理念、构建新发展格局，坚持弱有所扶，以推动残疾人事业高质量发展为主题，以巩固拓展残疾人脱贫攻坚成果、促进残疾人全面发展和共同富裕为主线，保障残疾人平等权利，增进残疾人民生福祉，增强残疾人自我发展能力，推动残疾人事业向着现代化迈进，不断满足残疾人美好生活需要。

《保障和发展规划》明确“十四五”时期残疾人事业的指导原则：坚持党的全面领导，坚持以人民为中心，坚持保基本、兜底线，坚持固根基、提质量，坚持统筹协调、形成合力。《保障和发展规划》提出，到 2025 年，残疾人脱贫攻坚成果巩固拓展，生活品质得到新改善，民生福祉达到新水平；到 2035 年，残疾人事业与经济社会协调发展，与国家基本实现现代化目标相适应，残疾人的全面发展和共同富裕取得更为明显的实质性进展。

《保障和发展规划》提出以下重点任务：一是完善残疾人社会保障制度，为残疾人提供更加稳定更高水平的民生保障；二是帮扶城乡残疾人就业创业，帮助残疾人通过生产劳动过上更好更有尊严的生活；三是健全残疾人关爱服务体系，提升残疾人康复、教育、文化、体育等公共服务质量；四是保障残疾人平等权利，为残疾人提供无障碍环境和便利化条件。《保障和发展规划》还从八个方面完善支持保障条件，包括强化党委领导、政府负责的领导体制，健全多元化投入格局，加强基础设施和信息化建设，加快科技创新和人才培养，促进残疾人事业城乡、区域协同发展，增强基层为残疾人服务的能力，发挥残疾人组织桥梁纽带作用，积极营造残疾人事业发展的良好国际环境。

（六）国务院办公厅印发《国家残疾预防行动计划（2021—2025 年）》

2021 年 12 月 22 日，国务院办公厅印发《国家残疾预防行动计划（2021—2025 年）》（以下简称《行动计划》），对进一步加强残疾预防，有效减少和控制残疾发生、发展，保障人民群众生命安全和身体健康作出部署。

《行动计划》以习近平新时代中国特色社会主义思想为指导，全面贯彻党的十九大和十九届历次全会精神，围绕贯彻落实习近平总书记关于残疾预防工作的重要指示批示精神和党中央、国务院决策部署，明确了“十四五”时期我国残疾预防工作的指导思想、基本原则、工作目标、主要行动和保障措施。

《行动计划》强调，要坚持以人民为中心的发展思想，贯彻预防为主的方针，以基层为重点，以改革创新为动力，将残疾预防融入经济社会发展各领域，全民动员、科学施策、依法推进，提高全社会残疾风险综合防控能力，有力保障人民群众生命安全和身体健康。

《行动计划》提出，到 2025 年，覆盖经济社会发展各领域的残疾预防政策体系进一步完善，全人群全生命周期残疾预防服务网络更加健全，全民残疾预防素养明显提升，遗传和发育、疾病、伤害等主要致残因素得到有效防控，残疾康复服务状况持续改善，残疾预防主要指标处于中高收入国家前列。

（七）巩固拓展社会保险扶贫成果助力全面实施乡村振兴战略

2021年8月13日，人力资源社会保障部会同民政部、财政部、国家税务总局、国家乡村振兴局、中国残疾人联合会发布《关于巩固拓展社会保险扶贫成果助力全面实施乡村振兴战略的通知》，巩固拓展社会保险扶贫成果，持续做好脱贫人口、困难群体社会保险帮扶，促进社会保险高质量可持续发展，助力全面实施乡村振兴战略。主要内容包括：

一是减轻困难群体参保缴费负担。完善困难群体参保帮扶政策。对参加城乡居民养老保险的低保对象、特困人员、返贫致贫人口、重度残疾人等缴费困难群体，地方人民政府为其代缴部分或全部最低缴费档次养老保险费。在提高最低缴费档次时，对上述困难群体和其他已脱贫人口可保留现行最低缴费档次。支持和鼓励有条件的集体经济组织和其他社会经济组织、公益慈善组织、个人为参加城乡居民养老保险的困难人员参保缴费提供资助。对灵活就业的进城务工人员，引导其参加企业职工基本养老保险，对符合就业困难人员条件的，按规定落实社会保险补贴政策。

二是推进社会保险法定人员全覆盖。精准实施全民参保计划，开展精准登记服务，推动放开外地户籍灵活就业人员在就业地参加职工养老保险的户籍限制，组织未参加企业职工基本养老保险的灵活就业人员按规定参加城乡居民基本养老保险，推动基本养老保险应保尽保。“十四五”时期，中央确定的城乡居民基础养老金不计入低保家庭、特困人员收入。扩大失业保险覆盖范围，使更多农民工按规定参加失业保险并享受政策保障。推进职业伤害保障试点，加强平台灵活就业人员职业伤害保障。落实《工伤预防五年行动计划（2021-2025）》，重点在工伤事故和职业病高发的行业企业实施，切实降低工伤事故发生率，防止因伤致贫、因伤返贫。

三是提高社会保险待遇水平。完善落实城乡居民基本养老保险待遇确定与基础养老金正常调整机制，适时提高城乡居民基础养老金标准，鼓励引导符合条件的城乡居民早参保、多缴费，规范个人账户记账利率办法，提高个人账户养老金水平。推进各省统一农民工和城镇职工失业保险参保缴费办法，享受同等待遇。按规定落实失业保险参保职工技能提升补贴政策，助力乡村振兴人才培养。落实工伤保险待遇调整机制，切实保障工伤农民工返乡后各项工伤保险待遇的落实，稳步提升工伤保险保障效能。

四是提升基金安全性和可持续性。加快推进企业职工基本养老保险全国统筹，进一步均衡地区之间基金负担，确保基本养老金按时足额发放。全面推进工伤保险基金省级统收统支，推动失业保险基金省级统收统支，提高基金互助共济能力。继续推动城乡居民基本养老保险基金委托投资运营，将 2017 年以来每年新增结余不低于 80%用于委托投资，不断提高投资收益，实现基金保值增值。健全政策、经办、信息、监督“四位一体”基金管理风险防控体系，持续推进风险防控措施“进规程、进系统”，完善经办内控制度，防范基金跑冒滴漏风险，确保基金安全。

五是加强社会保险经办服务能力。加强脱贫地区基本公共服务能力建设，重点支持国家重点帮扶县社保经办服务能力提升，补齐区域性社保经办管理服务短板，增强乡镇（街道）、村（社区）社保服务平台管理和服务水平。推进养老保险关系转移接续实现“跨省通办”。优化城乡养老保险制度衔接流程，实行城乡居民养老保险转移和城乡养老保险制度衔接的网上申请。落实超期业务督办等工作机制，提升转移业务经办效率。加大农村地区社会保障卡发行和应用力度，基本实现人口全覆盖。加强全国统一的社会保险公共服务平台建设，推动农村地区社保公共服务资源整合和综合柜员制服务。加快社保经办数字化转型，让“数据多跑路，群众少跑腿”。深入推进失业保险待遇“畅通领、安全办”。根据农村特点，坚持传统服务方式和智能化服务创新并行，为老年人、残疾人等群体提供更加便捷的服务。

（八）国务院办公厅印发《“十四五”全民医疗保障规划》

2021 年 9 月 23 日，国务院办公厅印发《“十四五”全民医疗保障规划》（以下简称《医疗规划》）。《医疗规划》是医保领域第一次编制的专项规划，也是“十四五”时期指导我国医疗保障改革发展的行动指南。

《医疗规划》坚持以习近平新时代中国特色社会主义思想为指导，以《国民经济和社会发展第十四个五年规划和 2035 年远景目标纲要》《中共中央国务院关于深化医疗保障制度改革的意见》为依据，对“十四五”时期全民医疗保障发展的主要目标和重点任务作了全面系统的部署。

《医疗规划》共有六个部分、21 项内容，第一、第二部分重点阐述了发展基础和总体要求，明确了“十四五”时期医疗保障发展的指导思想、基本原则和发展目标。第三至第五部分提出了医保建设的三大体系，也就是健全多层次医疗保障制度体系、优化医疗保障协同治理体系、构筑坚实的医疗保障服务支撑体系。第六部分是《医疗规划》的组织实施。总体来看，在《医疗规划》编制中体现了“五个更加注重”：

一是更加注重健全制度体系。《医疗规划》坚持制度公平统一，坚持尽力而为、量力而行，立足保基本，巩固基本医疗保障制度，健全重特大疾病医疗保险和救助制度，强化基本医疗保险、补充医疗保险与医疗救助互补衔接，增强基础性、兜底性保障功能，鼓励商业健康保险发展、医疗互助有序发展，满足人民群众多层次的医疗保障需求。积极应对人口老龄化，稳步实施长期护理保险制度，完善生育保险政策措施。

二是更加注重体制机制建设。《医疗规划》提出了完善责任均衡的多元筹资机制，健全基本医疗保障待遇保障机制，提高医保基金的统筹层次，全面做实市级统筹，推动省级统筹。持续优化医疗保障支付机制，完善医药价格形成机制，加快健全基金监管体制机制，努力为群众提供更加优质高效的医疗服务。

三是更加注重解决群众需求。《医疗规划》直面群众看病就医难题，提出在稳定基本医保住院待遇的基础上，稳步提高门诊待遇，深化药品和高值医用耗材集中带量采购改革，动态调整优化医保药品目录，进一步减轻人民群众的用药负担，建立覆盖省、市、县、乡、村的五级医疗保障服务网络，提升全流程数字化服务水平，提高跨省异地就医直接结算率，为群众提供更加优质的服务。

四是更加注重三医联动发展。《医疗规划》由医保局和卫生健康委联合编制，是从顶层设计的层面推动三医联动的一次有益的实践。《医疗规划》提出，通过完善医保支付机制，引导合理就医，协同促进分级诊疗体系发展，建立健全以市场为主导的医药价格和采购机制，充分发挥医保基金战略购买作用，遏制药品医用耗材价格虚高，稳妥有序推动医疗服务价格改革，推动医疗保障和医药服务高质量协同发展。

五是更加注重强化综合管理。《医疗规划》提出了一系列规范管理措施，坚持依法依规分类参保，推动全国基本医保用药范围基本统一，加强医保医用耗材管理，提升医疗服务项目管理水平。加强医保基金管理，守好群众“救命钱”。加强医保机构自身管理，建立统一规范的医保公共服务和稽核监管标准体系，推进信息化、标准化建设，提升依法治理能力，不断增强服务效能。

（九）印发《“十四五”积极应对人口老龄化工程和托育建设实施方案》

2021 年 6 月 17 日，国家发展改革委、民政部、国家卫生健康委印发

《“十四五”积极应对人口老龄化工程和托育建设实施方案》。实施方案提出，到 2025 年，在中央和地方共同努力下，坚持补短板、强弱项、提质量，进一步改善养老、托育服务基础设施条件，推动设施规范化、标准化建设，增强兜底保障能力，增加普惠性服务供给，提升养老、托育服务水平，逐步构建居家社区机构相协调、医养康养相结合的养老服务体系，不断发展和完善普惠托育服务体系。

（十）巩固拓展医疗保障脱贫攻坚成果有效衔接乡村振兴战略

2021 年 1 月 29 日，国家医保局联合民政部、财政部、国家卫健委、国家税务总局、银保监会、乡村振兴局印发了《关于巩固拓展医疗保障脱贫攻坚成果有效衔接乡村振兴战略的实施意见》（以下简称《实施意见》）。在总结运用医保脱贫攻坚实践经验的基础上，细化政策接续衔接要求，优化调整完善相关配套措施，有针对性研究解决保障不足和过度保障问题，探索建立防范化解因病返贫致贫长效机制，确保医保脱贫成果更加稳固，成效更可持续。

《实施意见》明确了医保脱贫攻坚与乡村振兴衔接的指导思想、工作思路和目标任务。《实施意见》强调，在过渡期内，通过优化调整医保扶贫政策，健全防范因病返贫致贫长效机制，统筹完善过渡期和助力乡村振兴战略实施的常态化帮扶政策，扎实推动共同富裕。

《实施意见》提出四方面工作原则：一是坚持以人民为中心，坚持共同富裕方向，持续完善脱贫人口待遇保障政策，巩固拓展医疗保障脱贫攻坚成果，确保政策有效衔接、待遇平稳过渡、制度可持续。二是坚持问题导向、目标导向，围绕解决农村居民最关心、最直接、最现实的医疗保障问题，加快补齐民生短板。三是坚持尽力而为、量力而行，立足经济社会发展水平和基金收支情况，实事求是确定农村居民医疗保障标准，既要应保尽保，又要防止泛福利化倾向。四是坚持构建多层次医疗保障格局，夯实基本保障制度基础，完善三重制度综合保障政策，统筹推进医疗保障和医疗服务高质量协同发展，整体提升农村医疗保障和健康管理水平。

《实施意见》聚焦巩固医保脱贫攻坚成果，从调整医疗救助资助参保人员范围和标准、延续完善大病保险和医疗救助倾斜保障政策、持续加大过度保障治理等方面细化了政策措施。

一是优化资助参保政策。将原有的全员定额资助贫困人口参保政策，调整为对特困人员、低保对象、返贫致贫人口以及脱贫不稳定且纳入农村低收入人口监测范围的脱贫人口以实施分类资助。稳定脱贫人口转为按规定享受居民医保参保普惠性财政补贴。二是分类调整大病倾斜和救助托底政策。过渡期继续实施大病保险对特困人员、低保对象和返贫致贫人口的倾斜支付，符合医疗救助条件的进一步夯实救助托底保障。三是坚决治理过度保障政策。严禁超越发展阶段、超出承受能力设定待遇保障标准，确保制度可持续。

（十一）推动三孩政策与生育保险衔接工作

为贯彻落实党中央关于优化生育政策促进人口长期均衡发展的任务部署，2021 年 7 月 6 日，国家医疗保障局办公室印发《关于做好支持三孩政策生育保险工作的通知》，积极支持三孩生育政策落地实施，确保参保女职工生育三孩的费用纳入生育保险待遇支付范围，通知督促各地医保部门要按规定及时、足额给付生育医疗费用和生育津贴待遇，切实保障参保人员生育保障权益。同步做好城乡居民生育医疗费用待遇保障和新生儿参保工作。

（十二）做好新时代民政领域退役军人服务保障工作

为贯彻落实中共中央、国务院关于做好新时代退役军人工作的决策部署，深入推进民政领域退役军人服务保障相关工作，2021 年 5 月 31 日，民政部、退役军人事务部印发《关于做好新时代民政领域退役军人服务保障工作的意见》，要求切实履行好民政部门在退役军人救助帮扶、社区服务、养老服务以及引导社会力量参与退役军人保障工作等方面的职责，扎实推进困难退役军人脱困解困，不断增强广大退役军人的荣誉感、获得感和幸福感。

三、劳动保障执法、劳动争议仲裁和诉讼情况

（一）劳动保障执法情况

2021 年，各级劳动保障监察机构立案查处工资类违法案件 6.3 万件，为 45 万名农民工追发工资等待遇 56.5 亿元。各地公布恶意欠薪等重大劳动保障违法行为 2056 件，将 779 个失信主体纳入“黑名单”管理；向公安机

关移送涉嫌拒不支付劳动报酬罪案件 3441 件，公安机关立案 2614 件。[①]

（二）裁审衔接方面

2021 年 6 月 30 日，人力资源社会保障部、最高人民法院联合发布超时加班典型案例，这对于切实提高劳动人事争议案件处理质效，及时纠正用人单位违法行为，有效保障劳动者休息权及劳动报酬权具有重要意义。

近年来，一些行业、企业超时加班问题受到社会广泛关注。劳动者依法享有相应的劳动报酬和休息休假权益，遵守国家工时制度是用人单位的法定义务。超时加班极易引发劳动争议，影响劳动关系和谐与社会稳定。对此，人力资源社会保障部、最高人民法院高度重视，通过联席会议、联合培训等方式，加大仲裁机构和人民法院办案指导力度，准确适用法律政策，统一裁判尺度。本次两部门联合向社会公开发布典型案例，一方面提示用人单位违法行为风险，促进依法规范用工；另一方面明确劳动者维权预期，引导劳动者依法理性维权。

“仲裁前置、一裁两审”是中国特色的劳动人事争议处理制度。近年来，人力资源社会保障部与最高人民法院积极指导各地落实《关于加强劳动人事争议仲裁与诉讼衔接机制建设的意见》（人社部发〔2017〕70 号），裁审衔接工作机制已实现全覆盖，当事人权益救济渠道更加畅通。两部门将继续联合开展制定指导意见、发布案例、加强信息比对等工作，不断推进裁审程序衔接和法律适用统一，更好实现仲裁与司法的高效、有序衔接，实现劳动争议纠纷化解政治效果、法律效果与社会效果的有机统一。

四、2021 年劳动法和社会保障法实施的主要特点

（一）更加突出人民性，切实保障劳动报酬

劳有所得是民生大事，更是民之关切。2021 年，一系列切实维护农民工劳动报酬权益、推动解决拖欠农民工工资问题的法规密集出台。7 月，人力资源社会保障部等十部门印发《工程建设领域农民工工资专用账户管理暂行办法》。8 月，人力资源社会保障部、住房和城乡建设部、交通运输部、水利部、银保监会、铁路局、民航局印发《工程建设领域农民工工资保证

---

① 《人社部：2021 年为 45 万名农民工追发工资待遇 56.5 亿元》，载快资讯网，https://www.360kuai.com/pc/96f4b2c1245a161d6?cota=3&kuai_so=1&sign=360_57c3bbd1&refer_scene=so_1，最后访问时间：2022 年 4 月 15 日。

金规定》，进一步保护农民工工资权益，发挥工资专用账户、工资保证金在解决拖欠农民工工资问题中的重要作用。11月，人力资源社会保障部发布《拖欠农民工工资失信联合惩戒对象名单管理暂行办法》，对适用范围、职责分工、列入条件和期限、惩戒措施、信用修复和工作程序等作出规定，为相关政府部门开展欠薪失信联合惩戒名单管理、实施失信约束提供了法律依据，标志着拖欠农民工工资信用约束进入法治化新阶段。江山就是人民，人民就是江山。2021年，劳动法和社会保障法实施始终树立以人民为中心的发展思想，为实现人民对美好生活的向往不懈努力，不负历史、不负时代、不负人民。

（二）更加凸显时代性，大力推动共同富裕

巩固脱贫攻坚成果，全面推进乡村振兴，是当前中国经济社会发展的重中之重，是实现全面建成社会主义现代化强国的战略之举。2021年，劳动法和社会保障法实施，紧扣巩固拓展脱贫攻坚成果，助力全面推进乡村振兴这一时代主题，各项就业社保惠企惠民政策落地见效，有效增进了民生福祉，促进了经济社会平稳发展，百姓有了更多切实获得感。5月，人力资源社会保障部、国家发改委等部门联合印发《关于切实加强就业帮扶巩固拓展脱贫攻坚成果助力乡村振兴的指导意见》，健全脱贫人口、农村低收入人口就业帮扶领导体制和工作体系，持续做好脱贫人口、农村低收入人口就业帮扶，巩固拓展脱贫攻坚成果，助力全面推进乡村振兴。8月，人力资源社会保障部、民政部、财政部、国家税务总局、国家乡村振兴局、中国残疾人联合会联合印发《关于巩固拓展社会保险扶贫成果助力全面实施乡村振兴战略的通知》，提出完善困难群体社会保险帮扶政策，推动社会保险法定人员全覆盖，提高社会保险保障能力，提升社会保险经办服务水平，充分发挥社会保险在保障和改善民生、维护社会公平、增进人民福祉等方面的积极作用，有效防止参保人员因年老、工伤、失业返贫致贫，为巩固拓展脱贫攻坚成果、全面推进乡村振兴贡献力量，推动人的全面发展、全体人民共同富裕取得更为明显的实质性进展。

（三）更加注重兜底性，加强保护弱势群体

外卖员、网约车驾驶员、互联网营销师……近年来，依托互联网平台经济的迅速发展，一大批新就业形态劳动者出现。由于平台用工方式和这些劳动者的就业方式相对灵活，他们的劳动保障权益也随之面临一些新问题：劳动合同签订比例不高、职业安全保护不到位等。为切实维护新就业

形态劳动者劳动保障权益，2021 年 7 月，人力资源社会保障部等八部门共同印发《关于维护新就业形态劳动者劳动保障权益的指导意见》。该意见明确要求企业依法合规用工，积极履行用工责任，对符合确立劳动关系情形、不完全符合确立劳动关系情形但企业对劳动者进行劳动管理的新就业形态劳动者权益保障承担用工责任；平台企业采取劳务派遣、外包等合作用工方式的，与合作企业依法承担各自相应责任。该意见聚焦新就业形态劳动者权益保障面临的突出问题，提出要健全公平就业、劳动报酬、休息、劳动安全、社会保险制度，强化职业伤害保障，完善劳动者诉求表达机制。

（四）更加强调创新性，积极推动信息化

2021 年，人力资源社会保障部适应信息化发展趋势，发布《电子劳动合同订立指引》，指导用人单位和劳动者依法规范订立电子劳动合同，确保电子劳动合同真实、完整、准确、不被篡改。同时提出，要加快建设电子劳动合同业务信息系统和公共服务平台，及时公布接收电子劳动合同的数据格式和标准，逐步推进电子劳动合同在人力资源社会保障政务服务中的全面应用。这也标志着延续 30 多年的纸质劳动合同将逐步进入电子化新时代。自 2020 年北京市人力资源社会保障局首倡电子劳动合同以来，上海、江苏、山东、天津、海南等省市相继发布订立电子劳动合同指引、政策，深圳盐田区在全国首次发布电子劳动合同争议处理规则。相关政策紧扣时代特征，贴近群众需求，体现了“民有所呼、法有所应”。

（五）更加注重安全性，切实加强基金监管

2021 年，社会保险基金监管力度空前，基金风险防控和保值增值能力进一步增强，公众对社保制度信心更强。加强基金监管，以城乡居民养老保险和医疗保险为重点，人力资源社会保障部、国家医保局组织开展专项整治行动，实现全国 31 个省、自治区、直辖市和新疆生产建设兵团全覆盖检查，织密扎牢社保基金管理风险防控网。养老保险改革进展顺利，渐进式延迟法定退休年龄改革稳妥推进，各项参保缴费和待遇支出政策得到进一步规范和落实，养老保险基金中央调剂力度逐步加大，有力缓解了省际之间、地区之间的养老保险基金不平衡的矛盾，多层次养老保险体系建设不断完善，蹄疾步稳推进全国统筹工作。工伤保险积极功能得到进一步发挥。围绕职工生命健康安全，我国工伤预防、补偿、康复“三位一体”制度体系建设更加完善，新就业形态就业人员职业伤害保障办法加快研究推进，工伤预防五年行动计划稳步实施，确保工伤职工待遇足额及时发放。

失业保险稳岗位惠企纾困取得新成效。聚焦支持市场主体稳岗扩岗，延续实施普惠性失业保险稳岗返还政策，享受政策门槛不断降低，中小微企业获得更大支持，受益主体不断扩大，继续放宽技能提升补贴申领条件，减负稳岗促就业成果显著。

五、做好2022年劳动法和社会保障法实施工作的几点建议

（一）完善社会保障制度体系

随着我国社会主要矛盾发生变化和城镇化、人口老龄化、就业方式多样化加快发展，我国社会保障制度体系仍存在不足，必须高度重视并切实加以解决。完善社会保障制度体系，在规范省级统筹制度、加大基金中央调剂力度基础上，建立实施企业职工基本养老保险全国统筹制度，适当加强中央在养老保险方面的事权。按照小步调整、弹性实施、分类推进、统筹兼顾等原则，稳妥实施渐进式延迟法定退休年龄，逐步提高领取基本养老金最低缴费年限。发展多层次、多支柱养老保险体系，大力发展企业年金、职业年金，提高企业年金覆盖率，规范发展养老保险第三支柱，推动个人养老金发展。研究完善失业保险相关制度，进一步畅通失业保险待遇申领渠道，扩大失业保险保障范围。要立足国情、积极探索、大胆创新，注重学习借鉴国外社会保障有益经验，准确把握社会保障各个方面之间、社会保障领域和其他相关领域之间改革的联系，提高统筹谋划和协调推进能力。加快发展多层次、多支柱养老保险体系，更好满足人民群众多样化需求。把农村社会救助纳入乡村振兴战略统筹谋划，健全农村社会救助制度，完善日常性帮扶措施。健全农民工、灵活就业人员、新业态就业人员参加社会保险制度，健全退役军人保障制度，健全老年人关爱服务体系，完善帮扶残疾人、孤儿等社会福利制度。

（二）稳妥推进劳动法律法典化

我国现行《劳动法》自1995年1月1日起施行，《劳动合同法》自2008年1月1日起施行。目前，我国已初步建立了以《劳动法》和其他劳动法律为主体，行政法规、部门规章、地方性法规和地方政府规章、司法解释和国际公约等为辅助的劳动法律制度体系。但是，《劳动法》已经实施26年，《劳动合同法》也实施了13年。随着经济社会的发展进步、互联网技术的革新，劳动方式不断改变，劳动法遇到前所未有的挑战，很多规定已经无法适应我国劳动实践的发展变化，需要系统考量、修改。基于这些

现实困境，稳妥推进劳动法典制定，推动劳动法律法典化已逐步进入专家学者研讨议题。将法律体系法典化是我国法制建设的重要目标，它代表着法律体系建设的进一步成熟，也是节约立法资源并促使立法质量更高的具体体现。关于劳动法律法典化，可以在制定单行法的同时，适时启动劳动法典的编纂工作。即多数学者所赞同的编纂式立法而非汇编式立法。因此，在编纂劳动法典时，可以将需要完善的相关内容直接规定在法典中。通过编纂劳动法典，可以将目前劳动法体系中需要完善的内容如劳动基准法、就业歧视法、集体劳动法、特别劳动者保护法直接予以规定，补齐相关的法律短板，最终实现劳动法体系的科学化和规范化。

（三）健全劳动关系协调机制

进一步健全构建和谐劳动关系工作体制。实施劳动关系“和谐同行”能力提升三年行动计划。推进构建中国特色和谐劳动关系改革创新。加强协调劳动关系三方机制建设。完善工时、休息休假制度。完善劳动合同制度，加强劳务派遣监管，规范劳务派遣用工行为，保障劳动者同工同酬。开展对重点行业的突出用工问题治理，加强对国有企业劳动用工的指导和服务。建立健全新就业形态劳动者劳动权益保障机制，维护新就业形态劳动者权益。完善劳动关系形势分析制度，建立健全劳动关系风险监测预警制度，加强劳动关系风险监测预警和防范工作，推动劳动关系重大舆情监测和处置，进一步推动劳动关系法治化治理。稳慎调整最低工资标准，稳步实施《保障农民工工资支付条例》。推动“劳动标准法”立法，结合各不同行业的特征，对劳动定额、工时标准、工资标准和支付方法的具体标准、工作场所的环境设置、休息休假、社会保险等具体劳动标准进行细致的调研和测定，在此基础上制定专业、系统的国家劳动基准，有效引导和监督企业科学管理，改善劳动者工作条件，切实维护劳动者权利。推动裁审衔接，确保劳动法律适用平衡。处理好劳动基准全国普适性与地方独立性的关系，完善劳动基准国家标准和规制体系，地方应尽量减少涉及劳动基准解释口径，提高劳动基准地方立法层级，加强裁审衔接，统一裁判口径和适用尺度。

（四）加强社会保险基金监管法律体系建设

社会保险基金是人民群众的“养老钱”“看病钱”“救命钱”，基金的使用安全涉及广大群众的切身利益，关系社会保障制度的健康持续发展。社会保障基金使用主体多、链条长、风险点多、监管难度大，欺诈骗保问题持续高发频发，监管形势一直比较严峻。现阶段，骗取社会保险案件的多发频发、社会保险基金积累的持续增长、社会保险自身发展所面临的内部环境及外部环境的变化等原因，需要我们建立完善的社会保险基金监管法律体系，坚决打击欺诈骗保行为，切实保障基金安全。具体来说，需要在建立与基本养老保险全国统筹以及失业、工伤、医疗保险省级统筹相适应的基金监督体制方面深入研究。健全政策、经办、系统、监督“四位一体”的基金管理风险防控体系，探索开展智慧监督，提升风险识别、监测、防控能力。完善欺诈骗保行为惩戒机制，严厉打击欺诈骗保行为，切实保障基金安全。

（五）落实好新就业形态劳动者权益保障

人力资源社会保障部、市场监管总局、交通运输部等部门先后印发了《关于维护新就业形态劳动者劳动保障权益的指导意见》《关于加强交通运输新业态从业人员权益保障工作的意见》《关于落实网络餐饮平台责任　切实维护外卖送餐员权益的指导意见》，从不同侧面进一步规范平台用工关系，对维护好新就业形态劳动者的劳动报酬、合理休息、社会保险、劳动安全等权益都作出明确要求。意见对维护新业态劳动者劳动保障权益发挥了重要作用，相关部门要认真落实支持引导资本规范健康发展对维护劳动者权益工作提出的新要求，及时了解正常实施情况，掌握相关企业和劳动者的反映诉求，不断完善政策措施，开展专项劳动保障监察行动，切实解决政策落实中的难点问题。一方面，大力推进新就业形态下从业人员权益保障，积极落实新就业形态劳动者的劳动基准，落实新就业形态劳动者的基本劳动条件，使其获得劳动法规范下的基本权益保障；另一方面，平台企业应积极响应国家有关新型职业伤害保障的试点工作，并及时总结试点经验向全国推广，努力解决新就业形态劳动者的后顾之忧。

撰稿专家

刘文华，湖南省人力资源和社会保障厅人事教育处处长。

江　峰，湖南省人力资源和社会保障厅法规处副处长。

第五章　2021年社会法实施报告

2021年环境法实施报告

张　宝

报告要旨

2021年，是中国共产党成立100周年，也是“十四五”开局之年。这一年，我国坚持用最严格制度最严密法治保护生态环境，不断筑牢美丽中国建设的制度保障，用优秀成绩为“十四五”生态环境保护开局。主要表现在：一是生态文明体制改革稳步推进，碳达峰碳中和纳入生态文明建设总体布局，生态保护损害赔偿制度改革阶段性目标基本完成，启动生态保护补偿制度改革，印发《黄河流域生态保护和高质量发展规划纲要》；二是环境资源法律体系不断完善，制定《湿地保护法》《噪声污染防治法》，修改《草原法》《动物防疫法》，审议《黄河保护法（草案）》；三是环境监管执法不断深化，第二轮第三、四、五批中央生态环保督察覆盖17个省份和2家央企，环境行政处罚数量同比有所回升，生态环境执法规范化建设显著提升，环评“放管服”改革进一步推进；四是环境司法专门化力度持续加大，“两高”出台司法解释和司法政策文件8件，环境资源专门审判机构达到2149家，最高人民法院发布了7起指导性案例和3批30起典型案例，最高人民检察院发布了4起指导性案例和6批60起典型案例；五是环境信息公开力度不断加大，政府环境信息公开的渠道和方式有所优化，启动环境信息披露制度改革，对特定企业实行强制性信息披露。总的来说，本年度环境法治实施保持了稳中求进的总基调，降污减碳协同增效成为环境治理新目标，生态环境法典编纂被提上日程，党内法规在环境治理中的作用得到强化。但与此同时，环境法实施也面临一些制度挑战：一是碳达峰碳中和法治化程度不高；二是环境资源立法的重复和冲突加剧；三是环境司法规则的协调性和系统性不足等。在环境保护法制体系日趋严密的背景下，需要夯基础补短板强弱项，持续筑牢生态文明建设的“法治之墙”。

核心建议

1. 研究制定“碳中和促进法”，构建气候变化应对法律体系。

2. 加快推动环境法典的研究起草工作，为环境法典编纂奠定基础。

3. 梳理整合环境司法的各项规则，推动各项环境公益保护机制有机衔接。

2021年，是中国共产党成立100周年。党的十九届六中全会审议通过的《中共中央关于党的百年奋斗重大成就和历史经验的决议》明确指出：党的十八大以来，党中央以前所未有的力度抓生态文明建设，全党全国推动绿色发展的自觉性和主动性显著增强，美丽中国建设迈出重大步伐，我国生态环境保护发生历史性、转折性、全局性变化。① 这一年，在习近平生态文明思想和法治思想的指引下，我国坚持用最严格制度最严密法治保护生态环境，不断筑牢美丽中国建设的制度保障，年度国民经济和社会发展计划确定的生态环境领域8项约束性指标顺利完成，污染物排放持续下降，生态环境质量持续改善，人民群众生态环境获得感、幸福感和安全感持续增强。②

---

① 《中共中央关于党的百年奋斗重大成就和历史经验的决议》，载《人民日报》2021年11月17日第，1版。

② 《生态环境部召开2月例行新闻发布会》，载生态环境部网，https：//www. mee. gov. cnywdtz bft/202202/t20220223_ 969793. shtml，最后访问时间：2022年2月28日。

一、生态文明体制改革进展情况

（一）碳达峰碳中和纳入生态文明建设总体布局

2021年9月22日，中共中央、国务院印发《关于完整准确全面贯彻新发展理念做好碳达峰碳中和工作的意见》，对做好碳达峰碳中和工作作出总体战略部署，为“双碳”目标的实现绘制出了清晰的蓝图。这意味着，我国碳达峰碳中和目标已经正式进入部署实施阶段。10月12日，习近平总书记在《生物多样性公约》第十五次缔约方大会领导人峰会上的主旨讲话指出，中国将陆续发布重点领域和行业碳达峰实施方案和一系列支撑保障措施，构建起碳达峰、碳中和“1+N”政策体系。[①] 10月26日，国务院印发“1+N”政策体系中的“1”——《2030年前碳达峰行动方案》，对推进碳达峰工作做出总体部署。11月2日，中共中央、国务院印发《关于深入打好污染防治攻坚战的意见》，针对如何深入打好污染防治攻坚战作出系统部署和总体安排，提出要以实现减污降碳协同增效为总抓手。12月召开的中央经济工作会议进一步提出，要加快形成减污降碳的激励约束机制。统计显示：2021年，全国单位GDP能耗同比下降2.7%，清洁能源消费占能源消费总量比重达25.3%，同比提高1个百分点；截止到2021年10月，339个地级及以上城市中，全年空气质量达标的城市占64.3%，达标率首超60%；PM2.5年平均浓度为30微克/立方米，同比下降9.1%。[②] 各地各部门正统筹有序做好碳达峰碳中和工作，采取更加有力的政策和措施，努力建设人与自然和谐共生的现代化。

（二）构建生态环境损害赔偿制度阶段性目标基本完成

生态环境损害赔偿制度改革是生态文明体制改革“1+6”组合拳的重要组成部分，自2016年起开始试行。根据2017年年底印发的《生态环境损害赔偿制度改革方案》，到2020年年底要力争在全国范围内初步构建责任明确、途径畅通、技术规范、保障有力、赔偿到位、修复有效的生态环境损害赔偿制度。从试点实践看，这一阶段性目标已经基本完成：一是建章立

---

① 习近平：《共同构建地球生命共同体——在〈生物多样性公约〉第十五次缔约方大会领导人峰会上的主旨讲话》，载中国政府网，http://www.gov.cn/xinwen/2021-10/12/content_5642048.htm，最后访问时间：2022年2月28日。

② 《2021年国民经济和社会发展统计公报》，载中国政府网，http://www.gov.cn/xinwen/2022-02/28/content_5676015.htm，最后访问时间：2022年2月28日。

制，明确推进路径和职责分工。31 个省（区、市）和新疆生产建设兵团制定了省一级实施方案，388 个地级市（含直辖市区、县）印发了实施方案，各地针对赔偿磋商、调查鉴定评估和赔偿资金的使用、管理和监督制定了 327 份配套文件。二是开展案例实践，推动修复受损的生态环境。从 2016 年 1 月至 2021 年 11 月底，全国各地共办理 7600 余件生态环境损害赔偿案件，赔偿金额超过 90 亿元，其中 2021 年办理案件超过 3300 件。三是推动生态环境损害赔偿立法和司法解释。《民法典》《森林法》《固体废物污染环境防治法》《长江保护法》等专门规定了生态环境损害赔偿责任制度，上海、河北、安徽等 19 个省份在地方立法中规定了生态环境损害赔偿责任条款，《中央生态环境保护督察工作规定》和 13 个省级生态环境保护督察办法专门规定了督察与生态环境损害的衔接机制，最高人民法院《关于审理生态环境损害赔偿案件的若干规定（试行）》和最高人民检察院《人民检察院公益诉讼办案规则（试行）》对生态环境损害赔偿案件办案规则作出了具体规定。①

（三）生态保护补偿制度改革工作深入推进

我国生态保护补偿制度历经多年实践，在森林、草原、湿地、荒漠、海洋、水流、耕地 7 个领域建立了生态补偿机制，取得积极成效。与此同时，生态保护补偿制度还存在补偿覆盖范围有限、政策重点不够突出、奖惩力度偏弱、相关主体协调难度大等问题。② 为进一步落实生态保护权责、调动各方参与生态保护积极性，2021 年 5 月 21 日，中央全面深化改革委员会第十九次会议审议通过《关于深化生态保护补偿制度改革的意见》，并由中共中央办公厅、国务院办公厅于 9 月 12 日印发。该意见对未来 15 年生态保护补偿制度进行了全局谋划和系统设计，清晰描绘出我国生态保护补偿制度改革路线图，要求加快健全有效市场和有为政府更好结合、分类补偿与综合补偿统筹兼顾、纵向补偿与横向补偿协调推进、强化激励与硬化约束协同发力的生态保护补偿制度。该意见确立的改革目标是，到 2025 年，与经济社会发展状况相适应的生态保护补偿制度基本完备；到 2035 年，适

---

① 《我国生态环境损害赔偿制度改革工作全面开展　各地办理 7600 余件生态环境赔偿案件》，载生态环境部网，http：//www. mee. gov. cnywdtspxw/202111/t20211126_ 961834. shtml，最后访问时间：2022 年 2 月 28 日。

② 《生态保护补偿迈出重要一步》，载中国政府网，http：//www. gov. cn/zhengce/2021-09/22/content_ 5638611. htm，最后访问时间：2022 年 2 月 28 日。

应新时代生态文明建设要求的生态保护补偿制度基本定型。为实现上述目标，《意见》从五个方面提出了深化生态保护补偿制度改革的举措：一是聚焦重要生态环境要素，完善分类补偿制度；二是围绕国家生态安全重点，健全综合补偿制度；三是发挥市场机制作用，加快推进多元化补偿；四是完善相关领域配套措施，增强改革协同；五是树牢生态保护责任意识，强化激励约束。

（四）《黄河流域生态保护和高质量发展规划纲要》印发

黄河是中华民族的母亲河，孕育了古老而伟大的中华文明，但黄河也是世界上治理难度最大的河流之一。推进黄河流域生态保护和高质量发展，是事关中华民族伟大复兴的千秋大计。习近平总书记多次强调，黄河流域生态保护和高质量发展是重大国家战略，要“共同抓好大保护，协同推进大治理，着力加强生态保护治理、保障黄河长治久安、促进全流域高质量发展、改善人民群众生活、保护传承弘扬黄河文化，让黄河成为造福人民的幸福河”。[①] 为此，2021 年 10 月 8 日，中共中央、国务院印发了《黄河流域生态保护和高质量发展规划纲要》，明确了黄河流域作为大江大河治理的重要标杆、国家生态安全的重要屏障、高质量发展的重要实验区、中华文化保护传承弘扬的重要承载区等四个战略定位，并从加强上游水源涵养能力建设、加强中游水土保持、推进下游湿地保护和生态治理、加强全流域水资源节约集约利用、全力保障黄河长治久安、强化环境污染系统治理、建设特色优势现代产业体系、构建区域城乡发展新格局、加强基础设施互联互通、保护传承弘扬黄河文化、补齐民生短板和弱项、加快改革开放步伐等方面作出细化部署。与此同时，黄河流域立法也已提上日程：4 月 29 日，《黄河保护法草案（征求意见稿）》及其说明全文公布；10 月 8 日，国务院常务会议审议通过《黄河保护法（草案）》；12 月 20 日，《黄河保护法（草案）》提请全国人大常委会首次审议。《草案》聚焦黄河流域突出问题，围绕规划与管控、生态保护与修复、水资源节约集约利用、水沙调控与防洪安全、黄河文化保护传承弘扬等方面规定了相应制度措施，通过后将成为继《长江保护法》之后的又一部流域法律。

① 习近平：《在黄河流域生态保护和高质量发展座谈会上的讲话》，载求是网，http://www.qstheory.cn/dukan/qs/2019-10/15/c_1125102357.htm，最后访问时间：2022 年 2 月 28 日。

二、环境资源立法进展情况

2021 年，环境资源领域法律体系建设继续稳步推进。《动物防疫法》《草原法》修改通过，《噪声污染防治法》《湿地保护法》制定通过，《海南自由贸易港法》出台专章规定生态环境保护。此外中央和地方还制定与修改了多部有关环境资源法规、规章。

（一）环境资源法律制定和修改情况

1 月 22 日，第十三届全国人大常委会第二十五次会议修订通过《动物防疫法》，自 2021 年 5 月 1 日起施行。此次修订着力解决动物防疫面临的制度性难题，调整动物防疫方针，强化人畜患病的处理和预警机制，加大生产经营者和地方政府的防疫主体责任，致力于有效保障公共卫生与安全。

4 月 29 日，第十三届全国人大常委会第二十八次会议修正通过《草原法》，自 2021 年 4 月 29 日起施行。此次修正共完善两处内容：一是在草原上开展经营性旅游活动应当符合草原的相关规划；二是无论是否授权，造成草原环境污染的经营者均应当承担法律责任。上述修改明确了草原旅游活动经营者的活动底线和处罚红线，有利于在保护环境的前提下，推动草原经营性旅游活动的顺利发展。

12 月 24 日，第十三届全国人大常委会第三十二次会议通过《湿地保护法》，共七章 65 条，自 2022 年 6 月 1 日起施行。该法作为我国保护湿地生态系统的首部法律，强调了湿地生态系统的整体性，厘清了湿地保护和合理利用的关系，专门规定了泥炭沼泽和红树林湿地的保护方式，有利于完善环境法律体系，扭转当下重环境、重资源、轻生态的失衡局面，加快推动我国生态法治建设。

12 月 24 日，第十三届全国人大常委会第三十二次会议通过了重新制定的《噪声污染防治法》，共九章 90 条，自 2022 年 6 月 5 日起施行，1996 年制定、2018 年修正的《环境噪声污染防治法》同时废止。该法重新界定了噪声污染的概念，扩大了适用范围，分类加强各类噪声污染防治，建立噪声污染防治工作协调联动机制，完善规划和标准制度，夯实企业主体责任，加大处罚力度等，有效解决了实践中存在的监管空白和职责不清等现象。

（二）环境资源行政法规、部门规章立改废情况

2021 年，新制定环境资源行政法规 2 项，修改 1 项；新制定部门规章 8 项，修改 3 项。其中涉水体治理的 5 项，涉核安全、信息管理等领域 8 项。

同时，主管部门积极推动规章的立改废工作。1月4日，生态环境部公布《关于废止、修改部分生态环境规章和规范性文件的决定》以及《关于废止固体废物进口相关规章和规范性文件的决定》，废止《汽车排气污染监督管理办法》《建设项目竣工环境保护验收管理办法》《固体废物进口管理办法》3部规章，修改《建设项目环境影响评价行为准则与廉政规定》《放射性同位素与射线装置安全许可管理办法》《放射性物品运输安全许可管理办法》3部规章。12月13日，生态环境部公布《关于修改部分部门规章的决定》，修改《环境信访办法》《环境统计管理办法》《环境保护档案管理办法》《环境影响评价审查专家库管理办法》《国家级自然保护区监督检查办法》《环保举报热线工作管理办法》6部规章（详见表1）。

表1　2021年度环境资源领域行政法规和部门规章制定和修改情况

序号	名称	颁布日期	制定部门	立改情况
1	排污许可管理条例	2021年1月24日	国务院	新制定
2	土地管理法实施条例	2021年7月2日	国务院	修订
3	地下水管理条例	2021年10月21日	国务院	新制定
4	放射性同位素与射线装置安全许可管理办法	2021年1月4日	生态环境部	修改
5	放射性物品运输安全许可管理办法	2021年1月4日	生态环境部	修改
6	企业环境信息依法披露管理办法	2021年12月11日	生态环境部	新制定
7	民用核设施操作人员资格管理规定	2021年1月27日	生态环境部、国家发改委	新制定
8	危险废物转移管理办法	2021年11月30日	生态环境部、公安部、交通运输部	新制定
9	节能环保清洁产业统计分类（2021）	2021年7月26日	国家统计局	新制定
10	公路、水路交通实施《节约能源法》办法	2021年8月11日	交通运输部	新制定
11	海上船舶污染事故调查处理规定	2021年9月3日	交通运输部	修正
12	长江水生生物保护管理规定	2021年12月21日	农业农村部	新制定
13	农作物病虫害监测与预报管理办法	2021年12月24日	农业农村部	新制定

（三）环境资源地方性法规、地方政府规章立改废情况

2021年，全国31个省（区、市）（不含港澳台地区）共制定或修改涉

环境资源地方性法规 222 件，其中省级地方性法规 60 件，设区的市地方性法规 153 件，经济特区法规 1 件，自治条例和单行条例 8 件，其中主要集中在大气污染防治、湿地保护等领域；制定或修改涉环境资源地方政府规章 54 件，其中省级政府规章 11 件，地市级政府规章 43 件，主要集中在垃圾分类、扬尘污染防治等领域（详见图 1）。

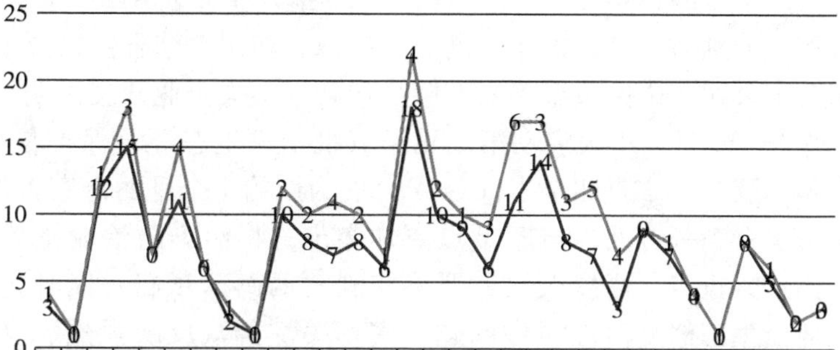

	北京	天津	河北	山西	内蒙古	辽宁	吉林	黑龙江	上海	江苏	浙江	安徽	福建	江西	山东	河南	湖南	湖北	广东	广西	四川	贵州	云南	陕西	甘肃	宁夏	新疆	海南	重庆	西藏	青海
地方政府规章	1	0	1	3	0	4	0	1	0	2	2	4	2	1	4	2	1	3	6	3	3	5	4	0	1	0	0	0	1	0	0
地方性法规	3	1	1	1	7	1	6	2	1	1	8	7	8	6	1	1	9	6	1	1	8	7	3	9	7	4	1	8	5	2	3

图 1　地方性法规、政府规章制定或修改情况

（四）环境资源相关法律的制定和修改情况

6 月 10 日，第十三届全国人大常委会第二十九次会议通过《海南自由贸易港法》，共 8 章 57 条，自 2021 年 6 月 10 日起施行。该法设立生态环境保护专章，明确规定海南将实行最严格的生态环境保护制度、实行生态空间管控和生态风险防控，坚持从海南的生态特点出发，建立生态优先、绿色发展的理念，创新生态文明体制机制，大力推进建设国家生态文明试验区，为其他自由贸易试验区的生态领域法律制定提供经验支撑。

三、环境资源监管执法进展状况

习近平总书记强调："法规制度的生命力在于执行。贯彻执行法规制度关键在真抓，靠的是严管。"[①] 2021 年生态环境执法持续保持高压态势，依法行政稳步推进，中央生态环保督察持续发力，生态环境监管执法规范化

① 《习近平：用最严格制度最严密法治保护生态环境》，载央广网，http：//news. cnr. cn/native/gd/20180523/t20180523_ 524244032. shtml，最后访问时间：2022 年 2 月 28 日。

水平逐步提升。

（一）中央生态环境保护督察持续发力

2021 年 4 月，中央启动第二轮第三批中央生态环境保护督察，分别对山西、辽宁、安徽、江西、河南、湖南、广西、云南 8 个省（区）开展为期约 1 个月的督察工作。[①] 8 月，中央启动第二轮第四批中央生态环境保护督察，分别对吉林、山东、湖北、广东、四川 5 个省份以及中国有色矿业集团有限公司、中国黄金集团有限公司两家中央企业开展为期约 1 个月的督察工作。[②] 12 月，中央启动第二轮第五批中央生态环境保护督察，对黑龙江、贵州、陕西、宁夏四个省（区）开展为期约 1 个月的督察工作。[③] 从三批督察情况看，一方面，督察重点更加突出，将污染防治攻坚战任务落实情况作为督察重点，高度关注、严格控制“两高”项目，紧盯自然保护区生态破坏、生态修复治理缓慢问题，密切关注群众反映强烈、反复投诉的环境污染问题；另一方面，督察机制更完善，中央生态环境保护督察办公室于 5 月出台了《生态环境保护专项督察办法》，明确了督察对象和重点，规范了督察程序和权限，并严格了督察纪律和要求，进一步提升中央环保督察制度的法治化程度。三批督察开展以来，已受理群众举报约 6.56 万件，已办结或阶段办结约 6.25 万件，曝光典型案例 87 个，有效发挥警示震慑作用，生态文明建设和生态环境保护政治责任进一步压实。[④]

作为中央生态环境保护督察的延伸和补充，省级生态环境保护督察工作也在稳步推进。各省（区、市）依据《中央生态环境保护督察工作规定》和各省（区、市）工作制度对市、县两级党委和政府及有关部门落实生态环境保护责任情况进行了督察。

（二）环境行政处罚数量有所回升

2021 年，我国积极推进生态环境领域依法行政，为贯彻落实习近平生

---

① 《第二轮第三批中央生态环境保护督察全面启动》，载中央人民政府网，http：//www. gov. cn/xinwen/2021-04/06/content_ 5597989. htm，最后访问时间：2022 年 2 月 28 日。

② 《第二轮第四批中央生态环境保护督察全面启动》，载中央人民政府网，http：//www. gov. cn/xinwen/2021-08/25/content_ 5633175. htm，最后访问时间：2022 年 2 月 28 日。

③ 《第二轮第五批中央生态环境保护督察全面完成督察进驻工作》，载中央人民政府网，http：//www. gov. cn/xinwen/2022-01/09/content_ 5667314. htm，最后访问时间：2022 年 2 月 3 日。

④ 黄润秋：《凝心聚力　稳中求进　不断开创生态环境保护新局面——在 2022 年全国生态环境保护工作会议上的工作报告》，载生态环境部网，https：//www. mee. gov. cnywdthjywnews/202201/t20220114_ 967163. shtml，最后访问时间：2022 年 2 月 28 日。

态文明思想、习近平法治思想，贯彻落实党中央全面依法治国重大决策部署，落实《关于深入打好污染防治攻坚战的意见》，生态环境部印发了《关于深化生态环境领域依法行政持续强化依法治污的指导意见》，目的是在法治轨道上推进生态环境治理体系和治理能力现代化，依法深入打好污染防治攻坚战，深入推进依法治污，以高质量生态文明法治建设推动生态环境高水平保护。

各级生态环境执法部门持续以高压震慑、零容忍的态度严厉打击环境违法行为，敢于动真碰硬，依法严肃追究相关人员责任。全年共下达处罚决定书 13.28 万份，罚没款数额 116.87 亿元，案件平均罚款金额 8.8 万元，其中行政处罚案件数量排名前五的省份为河北、江苏、广东、山东、河南；罚款金额排名前五的省份为山东、广东、江苏、河北、浙江。全年《环境保护法》配套办法执行案件总数为 15 454 件，其中，按日连续处罚案件数量为 199 件，罚款金额为 18 580.62 万元；适用查封、扣押案件数量为 8897 件；适用限产、停产案件数量为 1093 件；移送拘留案件数量为 3397 件；移送涉嫌环境污染犯罪案件数量为 1868 件。五类案件数量排名前五的省份为：江苏、广东、安徽、浙江、河北。[①] 相比 2020 年，行政处罚案件数量和金额均有所增长，与 2019 年的处罚情况基本持平（详见图 2）。

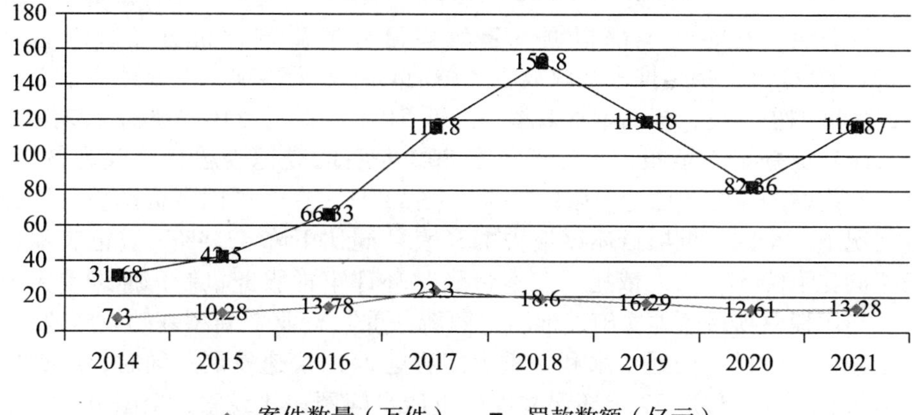

图 2　全国环境行政处罚案件查处情况（2014~2021）

① 《生态环境部通报 2021 年 1-12 月环境行政处罚案件与〈环境保护法〉配套办法执行情况》，载生态环境部网，http：//www.gov.cn/xinwen/2022-01/24/content_ 5670106.htm，最后访问时间：2022 年 2 月 28 日。

（三）生态环境执法规范化建设持续推进

2021年，生态环境部门深化落实生态环境保护综合行政执法改革、深入实施正面清单制度，明确国家、省级、市级生态环境部门的职责分工，不断严格执法责任、优化执法方式、完善执法机制、规范执法行为，全面提高生态环境执法规范化水平。一是实施正面清单，推动差异化监管执法。生态环境部先后印发了《关于优化生态环境保护执法方式提高执法效能的指导意见》《关于加强生态环境监督执法正面清单管理推动差异化执法监管的指导意见》《关于进一步加强生态环境“双随机、一公开”监管工作的指导意见》，各省均制定出台了相应的实施方案，全国纳入监督执法正面清单企业3.1万多家，开展非现场检查7.1万余次。[①] 二是推动执法队伍规范化建设。4月，生态环境部召开全国生态环境保护执法工作会，公布了生态环保综合行政执法制式服装；7月，生态环境部印发的《关于加强生态环境保护综合行政执法队伍建设的实施意见》，强调机构规范化、装备现代化、队伍专业化、管理制度化；同时，各地继续实施环境执法大练兵，将日常监督执法、专项执法以及违法案件查处等实际工作作为练兵主要内容，切实提升生态环境执法队伍的规范化运作。

（四）环评“放管服”改革进一步推进

2021年，生态环境部根据《建设项目环境影响评价分类管理名录（2021年版）》，持续推进简政放权，精简环评审批事项，下放环评审批权限，实施网上审批，提高审批效率。降低51个二级行业环评类别，取消40个二级行业登记表填报，占环评总量80%左右的登记表项目已改为备案，平均审批时间压缩至法定时限的一半。1~11月，在全国固定资产投资增长的情况下，全国审批项目环评报告书（表）同比下降43.4%，登记表项目备案同比下降57.4%。依托“三本台账”环评审批服务机制，推进重大项目和能源保供项目落地实施，推动“两新一重”行业（新型基础设施建设，新型城镇化建设，交通、水利等重大工程建设）快速发展。同时，严查环评造假，向地方移送27个环评文件严重质量问题违法线索，全国有213家

---

① 黄润秋：《凝心聚力　稳中求进　不断开创生态环境保护新局面——在2022年全国生态环境保护工作会议上的工作报告》，载生态环境部网，https://www.mee.gov.cnywdthjywnews/202201/t20220114_967163.shtml，最后访问时间：2022年2月28日。

单位和 207 人被列入环评失信“黑名单”或限期整改名单。[①]

四、环境资源司法保护进展情况

2021 年，环境司法继续服务和保障生态文明建设与绿色发展，出台多部司法解释和政策文件，环境资源案件数量不断增加，环境资源专门审判机构建设持续推进。

（一）环境资源司法规范性文件制定情况

2021 年，最高人民法院出台了环境资源司法解释 1 部、司法政策文件 6 部，最高人民检察院出台环境资源政策文件 1 件。

2 月 24 日，最高人民法院发布《关于贯彻〈中华人民共和国长江保护法〉的实施意见》，共 4 个部分 16 条。该意见强调，要将水污染治理作为长江流域污染防治的重点，坚持自然恢复为主、自然恢复与人工修复相结合的系统治理；同时加大生物多样性保护，确保长江十年禁渔顺利实施，扭转长江生态功能恶化和水生生物资源衰退的趋势。

10 月 8 日，最高人民法院发布《关于新时代加强和创新环境资源审判工作　为建设人与自然和谐共生的现代化提供司法服务和保障的意见》，共 5 个部分 20 条。该意见强调，要依法严厉打击各类破坏生态违法犯罪，妥善处理涉休耕轮作、退耕还林还湿、海洋工程项目建设引发的矛盾纠纷；要依法审理各类自然资源权属案件，提高自然资源产权司法保护水平；同时要准确把握碳排放权、碳汇、碳衍生品等涉碳权益的法律属性，依法审理相关案件，助力形成清洁低碳安全高效能源体系。

11 月 11 日，最高人民检察院发布《关于充分发挥检察职能服务保障黄河流域生态保护和高质量发展的意见》，共 5 个部分 18 条。该意见聚焦黄河领域生态保护中的短板弱项，明确了检察工作思路、方向、举措和要求，以“零容忍”的态度，坚决惩治非法采砂采矿、破坏水土保持等危害河道安全犯罪；综合运用抗诉、检察建议、违法行为调查等多元化监督手段，加强对案件共性问题的监督。

11 月 24 日，最高人民法院发布《服务保障黄河流域生态保护和高质量发展工作推进会会议纪要》，共 4 个部分。该纪要主要聚焦于黄河水“跑冒

---

① 黄润秋：《凝心聚力　稳中求进　不断开创生态环境保护新局面——在 2022 年全国生态环境保护工作会议上的工作报告》，载生态环境部网，https：//www. mee. gov. cnywdthjywnews/202201/t20220114_ 967163. shtml，最后访问时间：2022 年 2 月 28 日。

滴漏”、盲目上马高耗能高耗水项目、生态破坏和环境污染、文物古迹破坏、违法成本低等突出问题，要求坚持综合治理、系统治理、源头治理，统筹谋划山水林田湖草沙冰一体化保护和修复，统筹推进上中下游、干流支流、左右两岸的保护和治理，统筹适用刑事、民事、行政法律责任。

11月24日，最高人民法院发布《贯彻实施〈长江保护法〉工作推进会会议纪要》，共四个部分。该纪要对非法采砂、非法捕捞案件、资源开发利用案件、环境污染防治案件审理、绿色低碳发展案件的审理中出现的疑难法律适用问题作出了统一规定，要求人民法院在审理相关案件时应当综合考虑多重因素作出判决，要落实损害担责、全面赔偿原则，依法适用环境侵权惩罚性赔偿，通过刑事、民事、行政三大审判有机衔接，强化对环境污染者、生态破坏者的相应责任追究。

12月27日，最高人民法院发布《关于生态环境侵权案件适用禁止令保全措施的若干规定》，共14条。该司法解释主要涉及生态环境侵权案件适用禁止令的程序性事项，包括禁止令的适用情形、申请禁止令应当提交的材料、法院作出裁定的期限等等，为生态环境侵权案件适用禁止令提供了统一依据。

此外，最高人民法院12月14日与12月23日印发的《关于为新时代推进西部大开发形成新格局提供司法服务和保障的意见》和《关于为新时代推动中部地区高质量发展提供司法服务和保障的意见》也涉及推进环境保护审判机制建设的规定。

（二）环境资源审判机构建设和案件审理情况

经过十余年的探索，我国环境司法机制改革日益深化，环境资源审判组织体系基本形成，审判职能归口模式广泛推行，跨区划集中管辖及司法协作更加成熟，跨部门联动治理不断拓展，队伍专业化建设不断加强。截至2021年11月，全国法院已设立2149个环境资源审判专门机构（详见图3）。最高人民法院实现环境资源刑事、民事、行政审判职能归口至环境资源审判庭行使，进一步完善监督指导、确保法律正确统一适用。29家高级法院以及新疆生产建设兵团分院成立环境资源审判庭，其中28家高级法院实行审判职能“三合一”归口模式。南京、兰州、昆明和郑州设立了专门的环境资源法庭。黄河流域9家高级法院签署框架协议，湖北、河南、陕西三省高级法院开展环丹江口水库司法协作等，构建了不同层级的流域司法协作机制。2021年5月26日至27日，世界环境司法大会在云南省昆明市举行，最高人民法院起草并推动通过《世界环境司法大会昆明宣言》，明确了环境司法的“三大原则”“四大措施”“三个着力点”，在加强全球环境危机的司法应对方面，提出了司法解决方案。①

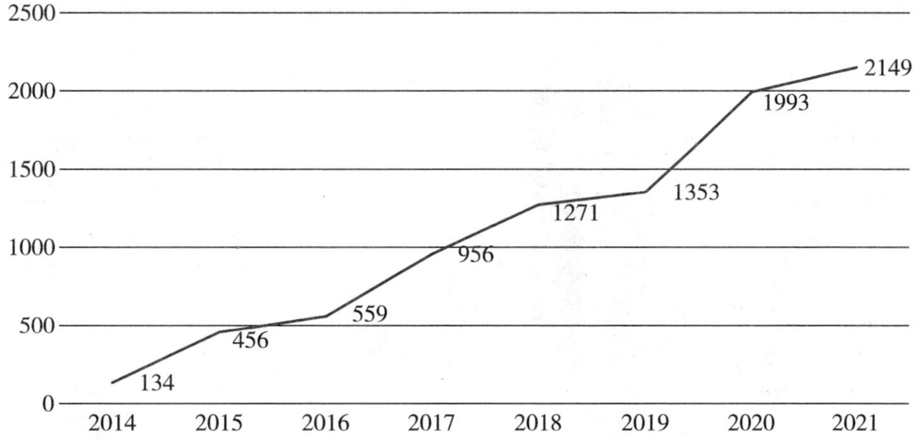

图 3　2014~2021 年环境资源审判机构变化情况

结合生态环境保护需要和环境资源案件特点，各地法院探索多元化跨行政区划集中管辖模式，不断深化司法协作机制。全面推进在线诉讼规则适用，以更加智能的方式预防和解决环境纠纷。如浙江法院建立了刑事制裁、民事赔偿与生态补偿有机衔接的环境修复责任制度，按照“谁破坏、谁修复”的原则，积极探索适用“补植复绿”“增殖放流”“限期修复”“劳务代偿”等多种责任方式，让破坏的生态环境得到有效修复。② 同时，2020 年 11 月 10 日，浙江上线了全国首个统一智能环境治理平台——“绿源智治”系统，实现全省环境案件同一平台在线办理，开启生态环境执法司法协同保护“e”时代。

在案例数量方面，近 3 年来，各级法院审结各类环境资源审判案件超 70 万件。2019 年 1 月至 2021 年 11 月，全国法院受理环境资源刑事一审案件 109 544 件，审结 100 300 件；受理环境资源民事案件 526 184 件，审结 479 206 件；受理环境资源行政案件 166 623 件，审结 141 272 件；受理环境

① 《为山青水绿天蓝的美丽中国贡献司法力量——人民法院司法护航生态文明建设综述》，载《人民法院报》2021 年 12 月 21 日，第 1 版。

② 《李占国在世界环境司法大会作专题发言时表示践行“两山”理念　守护绿水青山》，载最高人民法院网，https：//www. court. gov. cn/zixun-xiangqing-305491. html，最后访问时间：2022 年 2 月 28 日。

公益诉讼案件 13 024 件，审结 9706 件；受理生态环境损害赔偿案件 329 件，审结 206 件（详见图 4）。①

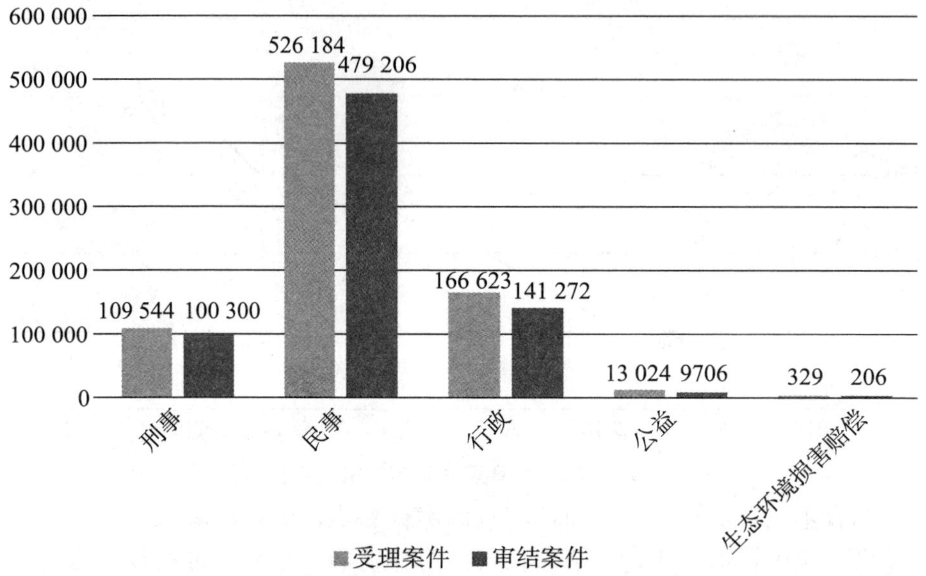

图 4　2019 年 1 月至 2021 年 11 月全国法院受理环境资源案件情况

（三）环境资源指导案例和典型案例发布情况

1. 最高人民法院指导案例和典型案例发布情况

2021 年，最高人民法院共公布环境资源指导性案例 7 件，典型案例 3 批 30 件。

12 月 1 日，最高人民法院发布第 31 批指导性案例（生物多样性专题），包括刑事附带民事公益诉讼案件 1 件、民事公益诉讼案件 4 件、行政诉讼案件 2 件，涉及濒危野生动植物保护、资源开发利用、生态环境修复等类型（详见表 2）。

① 《全国法院近三年来审结环境资源案件超七十万件》，载最高人民法院网，https：//www. court. gov. cn/zixun-xiangqing-336541. html，最后访问时间：2022 年 2 月 28 日。

表2　最高人民法院第三十一批指导性案例（生物多样性专题）

	案件名称	裁判要点
指导案例172号	秦某学滥伐林木刑事附带民事公益诉讼案	确定森林生态环境修复义务时，可以参考专家意见及林业规划设计单位等出具的专业意见，明确履行修复义务的树种、存活率及完成时间等具体要求。被告人自愿交纳保证金作为履行生态环境修复义务担保的，人民法院可以将该情形作为从轻量刑情节
指导案例173号	北京市朝阳区自然之友环境研究所诉中国水电顾问集团新平开发有限公司、中国电建集团昆明勘测设计研究院有限公司生态环境保护民事公益诉讼案	人民法院审理环境民事公益诉讼案件应当贯彻保护优先、预防为主原则。原告提供证据证明项目建设将对濒危野生动植物栖息地及生态系统造成毁灭性、不可逆转的损害后果，法院应当从被保护对象的独有价值、损害结果发生的可能性、损害后果的严重性及不可逆性等方面，综合判断被告的行为是否具有损害社会公共利益重大风险
指导案例174号	中国生物多样性保护与绿色发展基金会诉雅砻江流域水电开发有限公司生态环境保护民事公益诉讼案	人民法院审理环境民事公益诉讼案件，应当贯彻绿色发展理念和风险预防原则，根据现有证据和科学技术认为项目建成后可能对案涉地濒危野生植物生存环境造成破坏，存在影响其生存的潜在风险，从而损害生态环境公共利益的，可以判决被告采取预防性措施
指导案例175号	江苏省泰州市人民检察院诉王某朋等59人生态破坏民事公益诉讼案	收购者明知其所收购的鱼苗系非法捕捞所得，仍与非法捕捞者建立固定买卖关系，形成完整利益链条，共同损害生态资源的，应当与捕捞者对共同实施侵权行为造成的生态资源损失承担连带赔偿责任。侵权人使用禁用网具非法捕捞，严重损害生物多样性的，应当承担生态资源损失赔偿责任
指导案例176号	湖南省益阳市人民检察院诉夏某安等15人生态破坏民事公益诉讼案	人民法院审理环境民事公益诉讼案件应当贯彻损害担责、全面赔偿原则，对于破坏生态违法犯罪行为不仅要依法追究刑事责任，还要依法追究生态环境损害民事责任。认定非法采砂导致的生态环境损害范围和损失时，应当根据水环境质量、河床结构、水源涵养、水生生物资源等方面的受损情况进行全面评估、合理认定
指导案例177号	海南临高盈海船务有限公司诉三沙市渔政支队行政处罚案	行为人非法运输《濒危野生动植物种国际贸易公约》附录一、附录二中的珊瑚、砗磲，行政机关依照《野生动物保护法》等有关规定作出行政处罚的，人民法院应予支持

续表

	案件名称	裁判要点
指导案例178号	北海市乃志海洋科技有限公司诉北海市海洋与渔业局行政处罚案	行为人未依法取得海域使用权，在海岸线向海一侧以平整场地及围堰护岸等方式，实施筑堤围割海域，将海域填成土地并形成有效岸线，改变海域自然属性的用海活动可以认定为构成非法围海、填海。同一海域内，行为人无共同违法意思联络，先后各自以其独立的行为进行围海、填海，并造成不同损害后果的，不属于共同违法的情形

2月25日，最高人民法院发布10起长江流域生态环境司法保护典型案例，包括环境民事公益诉讼4起、刑事案件1起、刑事附带民事公益诉讼2起、检察行政公益诉讼1起、行政案件2起，聚焦长江流域生态环境保护最突出的水污染、尾矿库治理、非法采砂、野生动植物保护等案件类型，强调不同诉讼类型案件统筹适用刑事、民事、行政三大责任方式，加大对破坏生态环境违法犯罪惩处力度。

6月4日，最高人民法院发布2020年度人民法院环境资源典型案例，包括民事公益诉讼5件、刑事附带民事公益诉讼1件、刑事诉讼2件、行政诉讼1件以及生态环境损害赔偿1件；涵盖了古墓保护、矿产资源保护、水产品保护、大气污染防治、土壤污染防治等领域，体现人民法院运用司法手段推动环境保护的努力。

11月25日，最高人民法院发布10件黄河流域生态环境司法保护典型案例，涉及黄河流域林木资源和野生动物资源保护、文化遗产保护、水资源利用、水污染防治等案件类型。

2. 最高人民检察院指导案例和典型案例发布情况

2021年，最高人民检察院共发布环境资源指导性案例4件，典型案例6批60件。

8月19日，最高人民检察院发布第二十九批指导性案例，包括2例行政公益诉讼与2例民事公益诉讼，涉及海洋生态损害、破坏自然遗迹与风景名胜、传统村落保护等内容（详见表3）。

表3　最高人民检察院第二十九批指导性案例

	案件名称	要旨
检例第111号	海南省海口市人民检察院诉海南A公司等三被告非法向海洋倾倒建筑垃圾民事公益诉讼案	对于海洋生态环境损害，行政机关的履职行为不能有效维护公益，又未提起生态环境损害赔偿诉讼的，检察机关可以依法提起民事公益诉讼。公益诉讼案件二审开庭，上一级人民检察院应当派员出庭，与下级检察机关共同参加法庭调查、法庭辩论、发表意见等，积极履行出庭职
检例第112号	江苏省睢宁县人民检察院督促处置危险废物行政公益诉讼案	对犯罪行为造成的持续污染，检察机关可综合运用刑事检察和公益诉讼检察职能，对损害国家利益和社会公共利益的情形进行全方位监督。公安机关调查取证完成后，犯罪嫌疑人无力处置污染物，行政机关又不履行代处置义务的，检察机关应当督促其依法履职
检例第114号	江西省上饶市人民检察院诉张某某等三人故意损毁三清山巨蟒峰民事公益诉讼案	破坏自然遗迹和风景名胜的行为，属于“破坏生态环境和资源保护”的公益诉讼案件范围，检察机关依法可以提起民事公益诉讼。对独特景观的生态服务价值损失，可以采用“条件价值法”进行评估，确定损害赔偿数额
检例第115号	贵州省榕江县人民检察院督促保护传统村落行政公益诉讼案	纳入《中国传统村落名录》的传统村落属于环境保护法所规定的“环境”范围。地方政府及其相关职能部门对传统村落保护未依法履行监管、保护职责的，检察机关应发挥行政公益诉讼职能督促其依法履职。对具有一定普遍性的问题，可以结合办案促进相关政策转化和地方立法完善

6月3日，最高人民检察院发布13件大运河保护公益诉讼检察专项办案典型案例，主要涉及沿河环境污染、资源破坏、文物受损等案件类型。

7月22日，最高人民检察院发布12件公益诉讼检察听证典型案例，其中环境资源类案件5件，主要涵盖流域、湿地、水产品保护等案件类型。

9月1日，最高人民检察院发布23件检察公益诉讼起诉典型案例，其中环境资源类案件17件，含民事公益诉讼8件、行政公益诉讼7件，主要涉及环境污染防治、生态保护等内容。

9月9日，最高人民检察院发布13件“公益诉讼守护美好生活”专项监督活动典型案例，其中环境资源类案件8件，主要涉及水资源保护、固体废物污染等内容。

10月9日，最高人民检察院发布14件生物多样性保护公益诉讼典型案例，其中8件行政公益诉讼案件、3件民事公益诉讼案件、3件刑事附带民事公益诉讼案件，保护对象既有国家保护的陆生、水生野生动物、植物，也有动物栖息地、自然保护区，还有对外来入侵物种的防治和本地重要生物种群的保护，涉及物种多样性、生态系统多样性和遗传资源多样性。

11 月 5 日，最高人民检察院发布 5 件检察机关依法惩治长江流域非法捕捞水产品犯罪典型案例，既有起诉后依法从严惩处的，也有因情节轻微作出不起诉处理的，体现了宽严相济、不枉不纵的办案精神。

五、环境信息公开和公众参与进展状况

2021 年，中国继续加快建设高质量法治政府的步伐，环境信息公开继续深化，公开工作机制趋于成熟，信息公开水平大幅度提升，公众正逐步形成生态环境共同保护意识。

（一）生态环境部环境信息公开进展情况

相比上一年度，2021 年生态环境部政府环境信息公开呈现以下特点：一是提升主动公开时效性，通过优化内部流程尽量压减办理时长；二是增强政策解读可读性，更多通过“一图读懂”等通俗易懂的形式解读生态环境专业问题，便于公众理解；三是完善互动交流功能，优化生态环境部网站和政务新媒体互动栏目，及时回应公众关切。①

在主动公开方面，生态环境部及时发布生态环境质量信息，公开深入打好污染防治攻坚战信息，公布应对气候变化相关信息以及生态环境监管信息。全年共出台部门规章 6 件，废止 3 件，现行有效的规章 84 件；出台行政规范性文件 20 件，废止 18 件，现行有效文件 409 件；全年实施行政许可 13 185 件，进行行政处罚 2 件，行政强制 0 件。

在依申请公开方面，2021 年生态环境部接收并办理信息公开申请 711 件。从申请内容看，主要是申请环境影响评价、生态环境监测、应对气候变化和固体废物环境管理相关信息。从申请形式看，主要通过网络提出申请（占比 87%）。从申请主体看，自然人提出申请的 684 件，商业企业 6 件，社会公益组织 21 件。从办理结果看，予以公开的 411 件，部分公开的 12 件，不予公开的 175 件，无法提供的 34 件，因信访举报投诉类不予处理的 4 件，因重复不予处理的 14 件，其他处理的 36 件，共计处理 686 件，其余 25 件结转下一年度办理。在不予公开的情形中，属于国家秘密的 3 件，因危及“三安全一稳定”的情形有 156 件，属于四类过程性信息的 16 件；

① 参见《生态环境部 2021 年政府信息公开工作年度报告》。

无法提供的情形中，不属于本机关掌握的信息有 32 件，没有现成信息需要另行制作的 2 件。全年因信息公开提起的行政复议 124 件，其中结果维持 104 件，纠正 5 件，其他 13 件，未审结 2 件；未经复议直接起诉的 52 件，其中结果维持 11 件，纠正 1 件，其他 6 件，尚未审结 34 件；复议后起诉的 21 件，其中结果维持 9 件，其他 2 件，尚未审结 10 件。

（二）企业环境信息公开进展情况

5 月 24 日，生态环境部印发《环境信息依法披露制度改革方案》，旨在推动企业落实环境信息强制性披露法定义务，聚焦对生态环境、公众健康和公民利益有重大影响，市场和社会关注度高的企业环境行为，明确了企业、管理部门、社会公众和组织在环境信息依法披露制度改革的责任，综合运用法治化、强制性和自律性措施，强化政府监管和社会监督，保障社会公众知情权，保护企业合法权益，确保企业依法合规披露环境信息。

12 月 11 日，生态环境部公布《企业环境信息依法披露管理办法》，自 2022 年 2 月 8 日起施行，要求重点排污单位、实施强制性清洁生产审核的企业、特定上市企业、特定发债企业以及法律法规规定的其他企业应当于每年 3 月 15 日前披露上一年度 1 月 1 日至 12 月 31 日的环境信息。其中需要强制披露的上市企业和发债企业包括因生态环境违法行为被追究刑事责任、被依法处以 10 万元以上罚款、被依法实施按日连续处罚、被依法实施限制生产、停产整治、被依法吊销生态环境相关许可证件以及其法定代表人、主要负责人、直接负责的主管人员或者其他直接责任人员被依法处以行政拘留的情形。

12 月 18 日，中国环境记协与北京化工大学连续第九年发布《中国上市公司环境责任信息披露评价报告（2020 年度）》。从报告看，上市公司环境责任信息披露水平有所提升，相比 2019 年上升 11.7%，增幅为历年最高。不同所有制的上市公司信息披露水平差距明显，外资企业披露指数得分最高（39.5 分），其次为国有企业（38.4 分），集体企业得分最低（31.3 分）。《报告》同时增加了碳信息披露评价报告模块，并首次对企业碳信息披露进行专题介绍，其中深市企业碳信息披露得分率略高于沪深两市总体平均得分率。[①] 部分上市公司因环保问题被生态环境部通报或处罚后，未在其企业官网、企业社会责任报告或其他环境报告中披露该类信息。

① 参见《中国上市公司环境责任信息披露评价报告（2020）》。

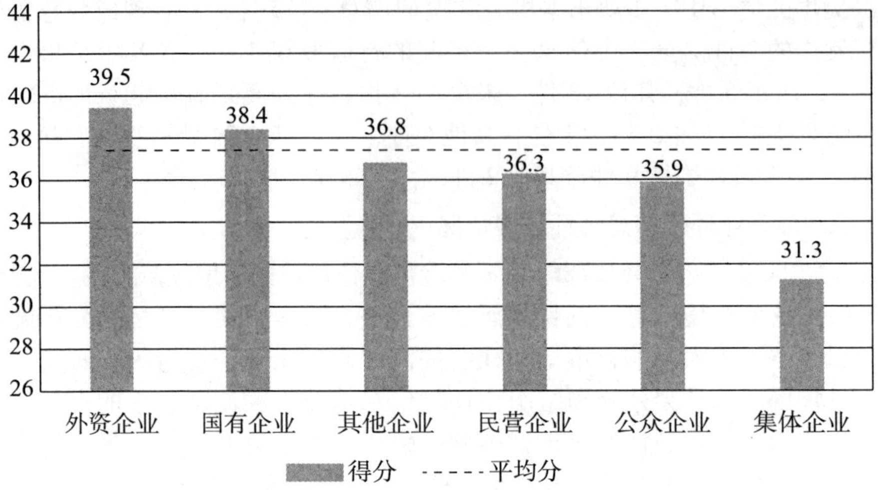

图 5　各类所有制企业平均得分

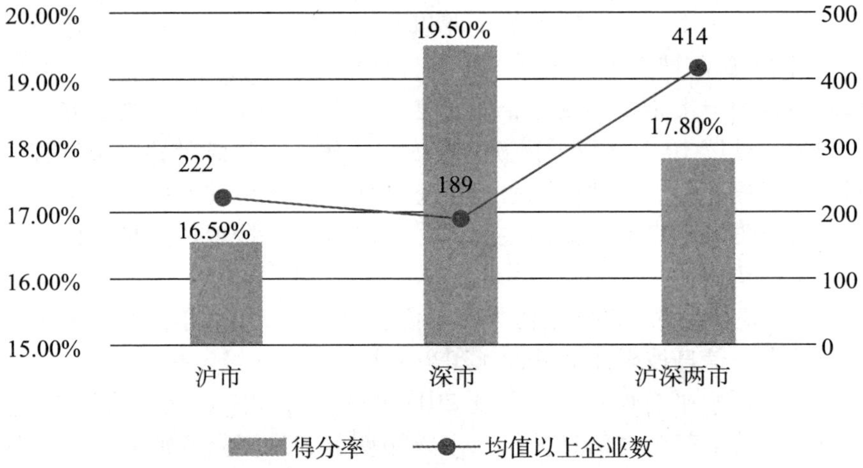

图 6　沪深两市碳信息得分率对比

六、年度环境法实施的问题与对策

（一）2021 年度环境法实施的特征与趋势

总体而言，作为“十四五”规划的开局之年，2021 年在生态环境保护历程中具有特殊意义。为了建设美丽中国，环境法治实施牢固树立“绿水青山就是金山银山”的理念，坚持生态优先、绿色发展，突出精准、科学、依法治污，深入打好蓝天、碧水、净土保卫战。与往年相比，本年度环境法治实施呈现出如下特征和趋势：

一是降污减碳协同增效成为环境治理新目标。2020年，习近平总书记在第七十五届联合国大会一般性辩论上发表重要讲话，首次提出中国将于2030年前实现碳达峰、2060年实现碳中和的愿景目标，之后数次在公开场合强调中国治理气候变化的态度和决心。习近平总书记指出："'十四五'时期，我国生态文明建设进入了以降碳为重点战略方向、推动减污降碳协同增效、促进经济社会发展全面绿色转型、实现生态环境质量改善由量变到质变的关键时期。"① 推动减污降碳协同治理成为促进经济社会发展全面绿色低碳转型的重要抓手，要求在继续加强大气、水、土壤污染等传统环境问题解决和常规污染物治理的同时，治理重点将逐步拓展到应对全球气候变化、生物多样性保护、海洋环境保护、化学品环境风险防控等更广泛的领域，更加重视新污染物治理，更加关注人体健康和生态系统服务功能。②

二是环境法典编纂正式提上日程。1月29日，全国人大常委会办公厅举行专题新闻发布会，介绍三年以来生态环境执法检查情况，表示将积极推进生态环境立法领域法典编纂研究论证工作。4月21日，全国人大常委会公布2021年度立法工作计划，明确将研究启动环境法典、教育法典、行政基本法典等条件成熟的行政立法领域的法典编纂工作。③ 环境法典编纂的动因源于环境法制碎片化引发的重叠和冲突问题。近五年，我国生态环境保护领域制定或修改法律共23部，已经形成以环境保护法为总领，污染防治法、自然资源法、生态保护法为主干，行政法规、部门规章和地方性法规为补充的环境法律体系，但各法之间存在职能重叠、规则冲突的现象，法典化有利于解决现存的矛盾与争议，统筹和理顺生态环境法律体系，为生态环境治理提供有力的法律支撑，推动生态文明建设和美丽中国目标早日实现。

三是通过党规国法"组合拳"压实生态文明建设和生态环境保护责任。

---

① 《习近平主持中央政治局第二十九次集体学习并讲话》，载中国政府网，http://www.gov.cn/xinwen/2021-05/01/content_5604364.htm，最后访问时间：2021年2月28日。

② 参见曹俊：《开启减污降碳协同治理新阶段》，载《中国生态文明》2021年第1期。

③ 参见《全国人大常委会2021年度立法工作计划》，载中国人大网，http://www.npc.gov.cn/npc/c30834/202104/1968af4c85c246069ef3e8ab36f58d0c.shtml，最后访问时间：2022年2月28日。

2021年8月，中共中央办公厅法规局发布《中国共产党党内法规体系》，截至2021年7月1日，全党现行有效党内法规共3615部，包括党章1部，准则3部，条例43部，规定850部，办法2034部，规则75部，细则609部。[①] 生态文明建设是其中的重要组成部分，中央层面的党内法规主要包括《中央生态环境保护督察工作规定》《领导干部自然资源资产离任审计规定（试行）》《党政领导干部生态环境损害责任追究办法（试行）》等。2021年，湖南、陕西、海南、甘肃等省也出台了关于本省实施生态环境保护督察的党内法规。这些党内法规主要围绕压紧压实生态文明建设和生态环境保护政治责任，与国家立法关于政府环境责任的规范相结合，形成了"党政同责、一岗双责"的中国特色问责模式，通过党规国法"组合拳"，有效破解了传统分责模式带来的责任虚化与不到位问题。

（二）年度环境法实施存在的主要问题与对策

相较于以往年份，2021年环境法实施中存在的问题有其共通之处，但也存在一些突出问题需要关注。具体表现为：

一是碳达峰碳中和的法治化程度有待提升。实现碳达峰碳中和既有赖于绿色低碳技术的科技创新和推广应用，更需要完善的法律体系提供法治保障。当前我国碳达峰碳中和领域相关立法仍存在缺失，法治化程度有待提高：(1) 保障碳达峰碳中和目标实现的专门立法缺失。目前我国促进碳达峰碳中和主要举措仍是以国家政策和部分地方立法为主，如天津市于2021年9月27日出台了《天津市碳达峰碳中和促进条例》，是国内首个直接规范碳达峰碳中和相关活动的地方立法，但国家层面尚缺乏统一立法。(2) 促进碳达峰碳中和的配套制度尚不完善。现有法律法规如《大气污染防治法》《森林法》《促进科技成果转化法》只是零星、间接地涉及碳达峰碳中和的某个侧面，2月1日起施行的《碳排放权交易管理办法（试行）》也仅是对交易的管理作出了初步规定，尚不能满足实践需要。为此，在碳达峰碳中和"1+N"政策体系已经逐步出台的背景下，立法也应及时跟进，鉴于规范对象的复杂性，宜从以下三方面推进：(1) 可以制定"碳中和促进法"，确立碳达峰碳中和的基本制度框架；(2) 统筹推进资源、能源等相关领域的立法，将碳达峰碳中和要求融入其中；(3) 通过行政法规、部门规章对具体配套制度进行规范，并鼓励地方立法进行先行先试，积累经验。

---

① 中共中央办公厅法规局：《中国共产党党内法规体系》，载《人民日报》2021年8月4日，第1版。

二是环境资源法律的冲突性和重叠性亟须解决。随着生态文明建设的不断推进，环境资源法律、法规、规章的制定与修改进入密集期。尽管全国人大常委会已经提出要研究启动环境法典编纂工作，但由于环境资源领域规范供给的复杂性，法典编纂工作也难以一蹴而就，需要加快推进研究起草工作，凝聚共识，力争制定一部高质量的精品法典，为生态文明建设提供体系化、规范化的法治保障。

三是环境资源司法规则协调性和系统性不足。司法是环境治理体系的重要组成部分，在生态文明建设中承担着重要职责。截至 2021 年，最高人民法院从已经审结的环境资源案件中先后选取发布 25 起环境资源指导性案例、22 批共 235 起环境资源典型案例，除此之外最高人民检察院也发布了大量指导案例和典型案例。随着绿色司法规则供给日益密集，不同规则之间的协调性不足的问题日渐凸显：一方面，现有环境司法规则散见于各种司法解释、指导案例等规范性文件，任意性、变动性较大；另一方面，不同的程序规则协同与衔接不够，如我国环境司法存在检察机关提起的环境行政公益诉讼、刑事诉讼、刑事附带民事公益诉讼、环境民事公益诉讼，社会组织提起的环境民事公益诉讼以及行政机关提起的生态环境损害赔偿诉讼等“六诉并存”的局面，但是不同规则如磋商程序与公益诉讼的衔接、环境刑事附带民事公益诉讼审理模式选择等问题仍需进一步规范。[①] 需要超越还原主义，坚持系统和整体思维，对各种环境公益保护机制进行整体考量，整合现有司法规则，制定“环境诉讼特别程序法”或者在环境法典编纂过程中对环境诉讼程序进行专门规范，以更好助力生态文明建设。

撰稿专家

张宝，安徽阜阳人，法学博士（中美联合培养）、博士后，现为中南财经政法大学法学院副院长，教授。兼任中国法学会环境资源法学研究会理事、中国行为法学会理事、湖北法院环境资源与公益诉讼审判咨询专家等。主持国家社科基金 2 项，国家社科基金重大项目子课题 3 项，其余各级各类

① 参见张宝：《我国环境公益保护机制的分化与整合》，载《湖南师范大学社会科学学报》2021 年第 2 期。

项目20余项。独著《环境侵权的解释论》（2015）、《环境规制的法律构造》（2018），合著10余部，在《现代法学》《中国人口·资源与环境》《人民日报（理论版）》等发表论文40余篇，多篇文章为《新华文摘》、《中国社会科学文摘》、人大复印资料等转载。

第六章　2021 年刑法实施报告

焦俊峰

报告要旨

2021 年是中国共产党建党 100 周年，是“十四五”规划的开局之年，是习近平法治思想提出后推进依法治国的关键年。2021 年在习近平法治思想的引领下，中国刑法实现了新发展新突破，开启了新时代中国刑法的新征程。本文从十个方面汇聚刑法实施的历程和关切：(1) 2021 年中国刑法实施的总体状况；(2) 总体国家安全观与刑法保障；(3) 积极刑法观的现实化；(4) 涉未成年人犯罪治理的新构建；(5) 企业合规的刑法应对；(6) 破坏金融管理秩序犯罪的再规制；(7) 治理网络犯罪的新方案；(8) 强化食品药品安全的刑法保护；(9) 环境资源保护的刑法完善；(10) 个人信息犯罪的持续治理。

核心建议

1. 将总体国家安全观作为国家安全法律规范体系建设的总遵循写入立法，总体国家安全观应当成为以《国家安全法》为核心的国家安全法律规范体系包括《反恐怖主义法》《反间谍法》等法律法规的立法指导。

2. 高度重视未成年人犯罪的预防与治理，贯彻落实修订后的《未成年人保护法》《预防未成年人犯罪法》，进一步完善相关法律法规与刑法的衔接，建立衔接紧密、运行畅通的矫治、执法、司法机制。

3. 通过立法完善企业合规的刑事应对，全面修订单位犯罪的犯罪主体范围和双罚制、扩大“附条件不起诉”的范围，脚踏实地构建法治化的营商环境。

4. 强化对破坏金融管理秩序犯罪的刑法规制，进一步完善有关“洗钱”“自洗钱”行为的前置法规定，建立相应的前置壁垒，降低刑法的冲动性，实现刑法对破坏金融管理秩序犯罪治理的最后保障性，促进金融的有序发展和繁荣兴盛。

本报告基于客观、中立、严肃的立场，梳理了2021年我国刑事立法、刑事司法运行轨迹，以此展现2021年度中国刑法实施状况，以飨读者。

一、2021年刑法实施的总体状况

（一）2021年刑法立法

2021年3月1日，《刑法修正案（十一）》正式施行。该修正案对未成年人刑事责任年龄进行了调整，新增了妨害安全驾驶罪等罪名。本次修订回应了社会关切，体现了刑法与时俱进的特点。

（二）2021年刑事司法解释

2021年共出台关于刑事司法解释、指导意见、其他司法性文件及指导性案例共计14部（例）。司法解释2部，由“两高”[①]出台；指导意见共7部，其中最高人民法院出台1部，最高人民检察院出台1部，“两高”出台1部，“两高一部”[②]出台2部，“两高两部”[③]出台2部；其他司法性文件1部，由“两高”出台。指导性案例4例，均由最高人民检察院发布。具体如下表所示：[④]

① “两高”，指最高人民法院、最高人民检察院。

② “两高一部”，指最高人民法院、最高人民检察院、公安部。

③ “两高两部”，指最高人民法院、最高人民检察院、公安部、司法部。

④ 数据来源系笔者据最高人民法院、最高人民检察院、公安部等官方平台与北大法宝平台公开的资料整理。

表1　2021年刑事司法解释、指导意见、其他司法文件及指导性案例

发布时间	出台部门	文件名称	涉及罪名（指导意义）
2021年8月9日	最高人民法院、最高人民检察院	《关于办理窝藏、包庇刑事案件适用法律若干问题的解释》	妨害社会管理秩序罪之窝藏罪、包庇罪
2021年12月30日	最高人民法院、最高人民检察院	《关于办理危害食品安全刑事案件适用法律若干问题的解释》	生产、销售不符合安全标准的食品罪，生产、销售有毒、有害食品罪
2021年3月4日	最高人民法院、最高人民检察院、公安部、司法部	《关于进一步加强虚假诉讼犯罪惩治工作的意见》	妨害社会管理秩序罪之虚假诉讼罪
2021年12月1日	最高人民法院、最高人民检察院、公安部、司法部	《印发〈关于加强减刑、假释案件实质化审理的意见〉的通知》	对减刑、假释案件进行严格监管，明确减刑、假释的实体条件等
2021年6月17日	最高人民法院、最高人民检察院、公安部	《关于办理电信网络诈骗等刑事案件适用法律若干问题的意见（二）》	侵犯财产罪之诈骗罪
2021年12月28日	最高人民法院、最高人民检察院、公安部等十部门	《关于依法惩治涉枪支、弹药、爆炸物、易燃易爆危险物品犯罪的意见》	危害公共安全罪之爆炸罪；违规制造、销售枪支罪；抢劫（盗窃）枪支、弹药、爆炸物、危险物质罪；非法持有、私藏枪支、弹药罪；非法携带枪支、弹药、管制刀具、危险物品危及公共安全罪
2021年6月17日	最高人民法院、最高人民检察院	《印发〈关于常见犯罪的量刑指导意见（试行）〉的通知》	进一步规范量刑和量刑建议工作，落实宽严相济刑事政策和认罪认罚从宽制度，增强量刑公开性，实现量刑公正
2021年11月4日	最高人民法院	《关于深入开展虚假诉讼整治工作的意见》	妨害社会管理秩序罪之虚假诉讼罪

续表

发布时间	出台部门	文件名称	涉及罪名（指导意义）
2021年12月3日	最高人民检察院	《关于印发〈人民检察院办理认罪认罚案件开展量刑建议工作的指导意见〉的通知》	深入贯彻落实宽严相济刑事政策，规范人民检察院办理认罪认罚案件量刑建议工作，促进量刑公开公正，加强对检察机关量刑建议活动的监督制约
2021年2月26日	最高人民法院、最高人民检察院	《关于执行〈中华人民共和国刑法〉确定罪名的补充规定（七）》	根据《刑法》第十一修正案，对“两高”有关罪名的司法文件进行了补充和修改

（三）2021年审结的十大刑事案件

2021年度审结的具有重大社会影响力、公众关注度高、对公序良俗有重要示范引领作用、关切最多的“十大刑事案件”① 分别为：徐某某高空抛物案；快递女子被造谣案；吴某红申请再审无罪赔偿案；赖某全侵犯公民个人信息罪案；“辣笔小球”侵害英雄烈士名誉、荣誉案；麻某钢故意杀人、强奸案；病患母亲代购“毒品”救子案；孙某、符某涛被拐案；程某昌缺席审判案；张某、叶某尘故意杀人死刑案。如下表所示：

表2　2021年度十大刑事案件

案件	罪名	刑罚	社会影响
徐某某高空抛物案	高空抛物罪	判处被告人有期徒刑6个月，并处罚金2000元	本案系“高空抛物”入刑以来，以“高空抛物罪”定罪的第一案
快递女子被造谣案	诽谤罪	判处被告人郎某某、何某某有期徒刑一年，缓刑二年	本案是近年来涉及网络空间治理的典型案件，其中既涉社会公众在网络空间切身利益的保障，又关乎刑事诉讼法学中自诉转公诉的理论争讼。首先，本案将有严重社会危害性的网络诽谤、侮辱行为纳入公诉案件范围，拓宽了网络暴力维权的路径；其次，本案也是司法机关对“自诉转公诉”问题交上的一份“司法实践答卷”

① 《公布2021年度十大刑事案件》，载澎湃新闻网，https：//m. thepaper. cn/baijiahao_16454761，最后访问时间：2022年2月2日。

续表

案件	罪名	刑罚	社会影响
吴某红申请再审无罪赔偿案			本案是最高人民法院适用精神损害司法解释审理并作出国家赔偿决定的第一起案件，对于人民法院如何认定精神损害程度及如何确定精神损害抚慰金数额具有重要指导意义。案件审结后，吴某红及家人对最高人民法院的处理表示很满意，多家媒体也给予了正面报道，实现了法律效果和社会效果的有机统一
赖某全侵犯公民个人信息罪案	非法获取公民个人信息罪	判处被告人有期徒刑一年二个月，并处罚金 30 000 元	随着人工智能技术的不断成熟，人脸识别所取得的数据、信息作为身份识别的一种方式，被广泛运用。但是，人脸识别的大量使用也对个人数据保护带来了新的挑战。本案作为个人信息保护视域下人脸识别类信息保护的典型案例，对网络时代下数据安全、个人信息和财产安全的保护具有重大启示意义
“辣笔小球”侵害英雄烈士名誉、荣誉案	侵害英雄烈士名誉、荣誉罪	判处被告人有期徒刑八个月，并责令其通过国内主要门户网站及全国性媒体公开赔礼道歉，消除影响	本案系《刑法修正案（十一）》实施后，全国首例以侵害英雄烈士名誉、荣誉罪定罪处罚的案件。人民法院以本罪对“辣笔小球”仇某明进行定罪处罚，鲜明地向社会传递了“英烈不容诋毁、法律不容挑衅”的强烈信号，不仅及时贯彻了法律，同时更是很好地普法宣传，对社会法治意识具有重要引领作用
麻某钢故意杀人、强奸案	故意杀人罪 强奸罪	一审：被告人麻继钢犯故意杀人、强奸罪，数罪并罚，判处死刑； 二审：裁定驳回上诉，维持原判	本案时间跨度长达 28 年，社会影响重大，案件办理过程中，公安机关在当年案发后，现场勘验工作非常认真细致，保留了关键的痕迹物证，并妥善保管至今，为案件的侦破打下了坚实的基础；另外，从案发到破案历经 28 年，《刑法》几经修订，如何适用《刑法》也成为焦点。最后经核准追诉程序，司法公正得以维护

续表

案件	罪名	刑罚	社会影响
病患母亲代购“毒品”救子案	走私、运输、贩卖毒品罪		新修订的《药品管理法》中，将未获国家有关部门批准的进口药拟制为假药的规定删除，即“非法进口药”不再被认定为假药，不构成“生产、销售假药罪”。此举体现了我国法律的温情和对于人伦道德的尊重
孙某、符某涛被拐案	拐卖儿童罪收买被拐卖儿童罪	主要犯罪嫌疑人吴某龙已被检察院批捕，其同犯也正在申请批捕中。除正在生病的孙卓养父，孙卓的养母及另一名被拐孩子符某涛的养父母，也被采取强制措施取保候审	随着社会的发展与文明的进步，打击拐卖儿童犯罪的刑事法律在不断完善，但就现状而言，拐卖与收买儿童行为在全国范围内不容忽视的是，被拐儿童顺利落户，并“漂白”拥有合法身份，加大了亲生父母寻亲之路的障碍；再者，打拐应当是系统发力，从事前预防、事后打击和后续被拐儿童的社会回归全方面进行干预，这都是在此类案件背后需要值得思考的问题
程某昌缺席审判案	贪污罪	尚未宣判	程某昌缺席审判案反映了我国运用法律手段追逃追赃的能力不断提升，彰显了纪检监察机关开展追逃追赃的规范化法治化正规化水平的不断提高
张某、叶某尘故意杀人死刑案	故意杀人罪	判处被告人张某、叶某尘死刑，剥夺政治权利终身	张某、叶某尘二人的行为突破了法律底线、道德底线、人伦底线，主观恶性极其严重，作案手段特别残忍，犯罪情节、后果和罪行极其严重，社会影响极其恶劣，依法应当严惩

“十大刑事案件”反映了2021年度国家切实回应社会关切、推动公平正义实现所做的努力，展示了国家在推进以审判为中心的刑事诉讼制度改革方面所取得的成就，体现了我国在社会主义法治建设、弘扬公序良俗、引领社会风尚、打击各类刑事犯罪、维护社会和谐稳定、保障人权等方面取得的显著成就。

二、总体国家安全观与刑法保障

（一）总体国家安全观指导下的刑事法治体系完善

当前全球正面临着高频率、立体式、交错复杂的各种安全威胁，以恐怖主义等为代表的非传统安全威胁对全球安全造成了巨大的现实危害和潜在隐患，以总体国家安全观为指导，将国家安全纳入法治轨道，建立起完善的国家安全法治体系，是有效解决各种安全威胁的必由之路。

党的十八大以来，在总体国家安全观的指导下，我国出台或修正了《国家安全法》（2015）、《网络安全法》（2016）、《反恐怖主义法》（2018 年修正）、《核安全法》（2017）、《境外非政府组织境内活动管理法》（2018 年修正）、《国家情报法》（2018 年修正）、《香港特别行政区维护国家安全法》（2020）、《生物安全法》（2020）、《数据安全法》（2021）等多部重要法律。《刑法》《民法典》《刑事诉讼法》《民事诉讼法》等基本部门法律的修订中也融入了总体国家安全观的理念。

国家安全法与刑法、刑事诉讼法等法律目的和任务相同，都是为了更好地维护国家安全以及预防、打击和惩处危害国家安全违法犯罪行为，因此，国家安全法律与其他法律渊源互为补充、相互支持，形成统一协调的国家安全法律体系。这其中，《宪法》是我国的根本大法，具有最高的法律效力，是其他所有法律的依据。宪法序言、第 28 条、第 40 条、第 54 条均涉及国家安全的内容，作为根本法，宪法在国家安全问题上有着较为充分的立法体现。《国家安全法》是国家安全领域的“基本法”。它依据宪法而产生，对国家安全进行了全面和总体的顶层设计，统领我国国家安全领域，覆盖了国家安全事务应有的内容，对国家安全事务作出了一系列原则性和指导性的法律安排，处于国家安全立法的核心位置。《刑法》是最重要的部门法律之一，它以强制力为后盾，规定了刑事犯罪、刑事责任和刑罚处罚等内容，其否定性的评价具有最强的严厉性，在我国国家安全法律体系中发挥着不可或缺的保障作用。《刑法》除了在分则第一章专门规定危害国家安全罪之外，其他刑事犯罪规定也与人民安全、经济安全、社会安全、科技安全等总体国家安全的有机组成部分密切相关。《反恐怖主义法》《网络安全法》《生物安全法》《数据安全法》等国家安全领域的特别法专门集中对国家安全某一领域进行了法治规范与制度构建，通过法律的形式确认了国家在反恐怖主义、网络安全、生物安全等各具体领域的安全战略，并根据法治精神，结合相关领域的理论研究与实践经验提供了该领域法治化安全保障的操作指南。在总体国家安全观的指导下，国家安全相关的各类法律规范不断发展演进，汇聚成了我国统一协调、结构严密的国家安全法律体系。

（二）总体国家安全观指导下的刑法保障进路

1. 调和好国家安全刑法传统理念和安全价值之间的关系

刑事法律对国家安全的保障是国家安全法治建设中极其关键的一部分。刑法的国家安全保障理念本身并非固定不变的，不同主体、不同时期的安全诉求都各有侧重，这些不同的诉求推动刑法保障不断发展并构建成为复杂的体系。刑事法在不同维度上保持着相应的扩张性和适应性，满足不同时期不同层面的安全保障需求。

国家和人民对安全的需求汇集到一起，形成了对刑事政策制定的压力，最终通过目的管道传递至刑法体系内，驱使刑法向预防目的方向演进。在保护法益和保障社会安全这一纬度的两方面之间，大致是循着“从法益保护为中心的传统刑法观、风险刑法观、安全刑法观、敌人刑法观”这一趋势走向。一般预防和控制成为2021年度刑法实施的主要任务之一。

2. 处理好国家安全刑法保障与行政保障之间的衔接问题

刑法在维护国家安全中作用显著，必不可少，但刑法作为一部保障法，在维护国家安全的过程中，对于非犯罪部分刑法不能介入、无能为力。同时，在面对反恐怖主义、跨境互联网犯罪等新型国家安全犯罪问题，单纯的预防、控制已不是刑法本身所能规制的，往往需要依靠其他方面的综合手段进行前置处理。

国家安全某一领域的专门立法只有与刑法衔接紧密，才能使国家安全法治在充满确定性和合理性的轨道上平稳运行。考虑到危害国家安全行为严重的破坏性以及对国家各领域安全保障的迫切要求，一些法律在对危害国家安全行为进行规制的过程中，为了达到立法上的周延和覆盖范围上的全面，对类似的行为模式往往会规定尽可能多的应对措施和处罚结果，这样一来，就难以避免将刑事处罚和行政处罚都规定在某一特定的条款之中，比如《反间谍法》第30条的规定就属于一个典型的例子，对于其中规定的“严重后果”与“情节较轻”难以进行区分判断，以至于对于一些已经符合特定危害国家安全犯罪构成要件的行为，由于经办机关的不同、标准判断存在的差异，有可能“以罚代刑”。

3. 协调好国家安全法律中维护国家安全与保障人权的关系

“以人民安全为宗旨”是总体国家安全观的第一要义。在我国，国家安全监督机制包括：第一，内部监督。包括国安委对下属机构的监督、各机构上级部门对下级部门的业务监督及不同机构不同职能部门的交叉监督。第二，党内监督。纪委（监察部门）对国家安全领域的机构及人员执行党的纪律和工作纪律的监督。第三，立法监督，即各级人大机构和人大代表的监督。建议在人大下设专门的国家安全委员会等，一方面加强国家安全理论研究、完善相关立法；另一方面加强对国家安全机构活动合法性的监督。第四，司法监督。即人民法院和人民检察院的监督，从业务上对同级别相关机构司法和执法活动进行监督，特别是人民检察院，要强化对国家安全工作中的渎职行为的监督。第五，公民监督。强化专门的网络举报平台、邮箱和电话等，加强知情人对国家安全机构活动的合法性监督。在权利救济上，完善相应的救济制度和救济程序，建立健全国家安全奖励制度、国家安全行政复议制度和国家赔偿制度等。

三、积极刑法观的现实化

积极刑法观主张通过犯罪化与刑法干预前置化，积极介入社会生活。衡量一项立法是否为积极刑法观的体现，有两个指标，一个是在刑事实体领域的犯罪化，另一个是在刑事制裁领域的重刑化。以此为衡量标准，《刑法修正案（十一）》是典型的积极刑法观的现实化。

（一）刑事立法中积极刑法观的体现

2021 年实施的《刑法修正案（十一）》当属积极刑法观在刑事立法领域中贯彻的集中体现。一方面，《刑法修正案（十一）》通过增设新罪名扩大刑法处罚范围的条文数量为所有 11 部修正案之最，总共新增了 18 个罪名，主要分布在刑法分则第二章、第三章、第四章和第六章，如负有照护职责人员性侵罪、袭警罪、高空抛物罪以及催收非法债务罪等；另一方面，通过修改原有条文或旧罪扩大处罚范围的条文总共 15 个，总则部分将未成年人犯罪刑事责任年龄“限制性下调”，分则对诸多罪名如生产销售假药罪、生产销售劣药罪、洗钱罪、侵犯著作权罪以及妨害传染病防治罪等进行了犯罪构成加重和处罚范围扩张的修改。

法者，天下之程式也，万事之仪表也。理念决定导向，价值引领立法。立法动向背后蕴藏着立法者所要倡导的价值观念，是诸多价值观念的聚合体，即“以人民为中心”。《刑法修正案（十一）》是对近年来在社会上引发热议的一些案件的积极回应。例如，加强未成年人保护的相关条文与近几年发生的多起恶性未成年暴力杀人事件、性侵害未成年人案件有密切联系。前者如大连10岁女孩遇害事件，不断激化公众情绪，推动了未成年人犯罪刑事责任年龄的下调。后者如鲍毓明案，公众对于刑法严惩负有特殊职责人员性侵未成年人的呼声与日俱增。《刑法修正案（十一）》通过对奸淫幼女、猥亵儿童，以及特殊职责人员性侵害未成年人犯罪规定作出修改完善，进一步加大对性侵害未成年人犯罪的惩治，更好保护未成年人。

（二）刑事司法中积极刑法观的落实

2021年中国裁判文书网所公开的刑事文书中涉及《刑法修正案（十一）》新增的罪名，诸如妨害安全驾驶罪、危险作业罪、妨害药品管理罪、袭警罪、冒名顶替罪、高空抛物罪、催收非法债务罪的，分别为72份、27份、2份、1105份、2份、96份、13份，这表明《刑法修正案（十一）》增设的新罪并非仅是安抚社会舆论，而是司法真正贯彻落实以惩罚犯罪、保护人民、维护社会秩序的有力之举。

积极刑法观与刑法干预前置化是我国当今刑立实施的真实表现，其并不是天然带有“贬义”的概念，理论与实务界需要将其与“象征性立法”“情绪性立法”等有违法治价值的概念相区别。我们不能逆势而为、故步自封，要借鉴他国经验，结合本土国情，正确引导积极刑法观与刑法干预前置化，助力中国法治建设。

四、涉未成年人犯罪治理的新构建

（一）修订涉未成年人犯罪的法律

2021年实施的《刑法修正案（十一）》以及修订实施的《预防未成年人犯罪法》《未成年人保护法》，构建起涉未成年人犯罪治理新格局，为严格规制涉未成年人犯罪提出了一系列新思路、新举措。

1. 调整刑事责任年龄

依据《刑法修正案（十一）》规定，已满12周岁不满14周岁的人，犯故意杀人、故意伤害罪，致人死亡或者以特别残忍手段致人重伤造成严重残疾，情节恶劣，经最高人民检察院核准追诉的，应当负刑事责任。这一修改并不是我国的刑事责任年龄“普降”，而是针对已满12周岁不满14周岁的未成年人犯罪在个案情节满足特定条件时，经由法定程序进行逐案判断、个别下调。

2. 强化对未成年人性权益的保护

《刑法修正案（十一）》加强了对未成年人性权益的保护。一是对刑法第236条关于强奸罪的规定进行了修改，在加重处罚的情形中增加了“在公共场所当众奸淫幼女”“奸淫不满十周岁的幼女或者造成幼女伤害的”两种情形，这就意味着对不满10周岁的幼女进行奸淫行为或者造成幼女伤害的行为的法定刑由原本的三年以上十年以下有期徒刑变为十年以上有期徒刑、无期徒刑，甚至是死刑，加重其刑罚。二是增设了一个新的罪名——负有照护职责人员性侵罪，该罪专门保护已满14周岁不满16周岁的未成年女性的性权利。弥补了曾经对已满14周岁不满16周岁未成年女性权益保护不周延的问题。三是修改了第237条第3款的猥亵儿童罪，增加了四项法定刑升格条件，明确补充规定了猥亵儿童。对上述四项条件，司法者应基于履行维护未成年人受保护权之国家义务，坚守严惩性侵儿童犯罪的立法初衷，严格执行，不能限制或缩小其适用范围。

3. 专门矫治教育的理念遵循与实践应用

《刑法修正案（十一）》提出将“收容教养”制度修改为“专门矫治教育”制度，不仅进一步与新修订的《预防未成年人犯罪法》中“专门教育”制度实现系统衔接，而且再次明确，法律法规层面就未成年人犯罪问题始终秉持“重罪重罚，轻罪宽宥”、以教育为主的基本理念。

从收容教养到专门矫治教育，不仅是一个名称的转变，更不是单纯形式意义上的概念更替，而是深层次的司法处遇逻辑的转换，“以对犯罪人是该处以刑罚、保安处分还是专门矫正保护处分，即处遇措施的选择，以及应当以什么程度的刑罚和处分，即决定处遇的量为中心”。[①] 专治教育制度取代收容教养制度，基本淡化“收容”特性，在实体、程序与执行上都更能符合以“教育为主，惩罚为辅”为核心的制度设计，做到了关爱保护和教育挽救两方面的并重。这些触法未成年人在专门学校接受法治教育、义务教育、职业教育，做到为社会所用，实现自我触发。在一定程度标志着我国法制教育制度逐渐步入司法化、规范化与体系化的轨道。它既是对专门矫治教育制度的期待，更是对中国未成年人的期盼。

---

① 周峰、薛淑兰、赵俊甫、肖凤：《〈关于依法惩治性侵害未成年人犯罪的意见〉的理解与适用》，载《人民司法》2014年第1期。

（二）涉未成年人犯罪治理的新路径

1. 坚持法德并举

目前很多学校都开设法律基础知识课程，这是一件好事，让未成年人懂得法律常识，懂得保护自己的合法权益。但如前文所述，小部分未成年人因此而“知法避法”。针对这一问题，应该在普及法律知识的同时注重对未成年人的道德教育。不管是家庭、学校还是社区，都要营造符合社会主义核心价值观的良善氛围，父母教养、家庭环境、学校教育、社区环境都影响着未成年人的行为模式。除了对未成年人加强道德教育，也要对父母、学校、社区宣讲父母教养、家庭环境、学校教育、社区环境对于预防未成年人犯罪的重要性，未成年人是国家的明天，除了法律规制，各方面都要调动起来。

2. 完善立法规定

从以下几方面明确未成年人犯罪的刑事立法：第一，处理未成年人犯罪的原则；第二，未成年人的刑事责任年龄与刑事责任范围；第三，未成年人犯罪的刑罚体系与非刑罚处置方法，即《刑法》中哪些刑种适用于未成年犯，并且完善非刑罚方法在预防未成年人犯罪方面的功能、地位及其体系等；第四，未成年人犯罪的刑罚裁量原则与量刑制度；第五，未成年人犯罪的行刑制度，即对未成年犯的缓刑、假释、减刑等作出特别规定。此外，还可以针对未成年人增设某些新的刑罚制度，如前科消灭等。

3. 贯彻宽严相济

防治未成年人犯罪，应该把宽严相济刑事政策落实到底，一对未成年人是一种警示和教育，二能维护受害者的权益，抚慰其家属的心灵，三能促进正面的社会影响，让民众感知法律的公平公正。《刑法修正案（十一）》的实施，是我国防治未成年人犯罪立法的重大变化，体现了宽严相济的基本刑事政策，在处理未成年人犯罪问题时，不能一味保护和纵容，而应“该宽则宽，当严则严”。

五、企业合规的刑法应对

2021 年 3 月最高人民检察院在工作报告中将“督促涉案企业合规管理”作为检察系统司法改革的重要工作，着力打造法治化的营商环境。

（一）企业合规的当前模式

针对企业合规，最高人民检察院在全国范围内开展两轮试点，各地检察机关在借鉴国外处理方式的同时，因地制宜，结合国情，初步形成了极具特色的“检察建议不起诉”和“附条件不起诉”两种处理模式。

检察建议不起诉模式在具体适用中分为四个阶段，分别对应检察机关办案时的审查逮捕、审查起诉、作出不起诉决定以及正式提起公诉的四个程序。在这四种情形下，检察建议的提出时间、对企业合规计划建设的限制力有所不同。在审查逮捕、审查起诉阶段的具体做法是，对涉案企业，涉案企业家提出建设、完善、实际履行企业合规计划的检察建议，然后协同相关部门对企业合规计划进行考察，依照考察结果确定是否批准逮捕，是否提起公诉。采取检察建议前置的方法可以有效约束企业，确保检察建议得到有效落实，但在具体适用中由于检察院审查批准逮捕的时限较短，企业难以建设完整的合规计划，考察机关也没有充足的时间论证合规计划实施情况，故而在实践中大多采取在审查起诉阶段提出检察建议的做法。

附条件不起诉是实践中检察机关探索出来的处理模式。具体做法是为涉事企业设置一定期间的考察期，以及相应的第三方监管设置合规监管人，在考察期满后对企业合规计划进行多方听证，对符合标准的企业作出不起诉决定。形式上与审查起诉阶段提出检察建议的方式相似，但相较于检察建议来说，附条件不起诉的条件更为严苛，更有保障力，因为在检察建议模式中检察机关没有相应的监管措施，缺乏执行力。而附条件不起诉借鉴美国的暂缓起诉制度，在对企业作出起诉后，与企业达成撤回起诉的协议，要求企业承认指控的犯罪事实，在设定的期限内作出建设合规计划的承诺，并且接受第三方的监管，如果企业履行了协议，检察机关可以撤回起诉，企业不会做犯罪处理。企业与检察机关签订独立的合规监管协议，也可以对其建设实施提出传统意义上的检察建议。

（二）企业合规的应对改进

1. 完善立法为司法提供合法性依据

附条件不起诉作为特殊的不起诉制度，在我国只能适用于未成年犯罪案件，这就导致在企业合规领域检察机关实施附条件不起诉于法无据，因此，在立法上应当将附条件不起诉的适用范围扩大，将企业犯罪包含在内。同时也要控制可以适用企业合规的犯罪类型，划分轻刑犯罪与重刑犯罪，在这两者之间做好平衡，折中取之，作为附条件不起诉的基线标准。再者也要统一考察期和考察认定标准。以考察期为例，目前各地的检察机关大多采用发布地方性法律规范文件的方式，各地规定有较大差异，辽宁省规定的是3个月以上5个月以下，浙江省宁波市检察院的规定为6个月以上12个月以下，而浙江岱山县检察院规定的是6个月以上至24个月，[①] 法律应当根据犯罪类型、情节严重程度、社会危害性程度以及企业经营规模作出明确的适用标准，保证适用的统一性。

2. 降低合规成本，提高企业参与积极性

虽然合规计划的制定与有效实施可以阻却犯罪，量刑轻缓，但仍有大部分企业不愿意参与合规计划，原因之一在于合规的投入与最后获得的产出不成正比。合规计划的制定需要专业人士的参与，需要设立相应的职能部门配备相应的职员，需要企业承担监管义务，需要企业预先实施一系列的经营性投入，才能在最后获得刑罚减免，可是一旦进入诉讼程序后果就难以预料，生产经营会受到影响。相较于后置性的刑事激励，给予企业前置性的可获取性较强的激励会更有效。其次应当根据企业的经营规模区分应对，避免“一刀切”式的适用。可以根据企业的经营规模、企业收入、员工人数、行业领域来设定不同的合规计划，设置不同程度的监管义务。

3. 单位犯罪与企业合规的内在统一性

国外在运用企业合规时，对企业犯罪以及企业员工的犯罪，都是按照单位犯罪处理。其对企业进行处罚的法理依据是替代责任，如果员工在职期间违法，且出于为企业谋取利益的目的，则企业应对其员工的潜在罪行负责。[②] 不考虑企业是否有主观过错，类似于严格责任。正因如此，企业合规制度的引进才具备合理性，在严格立法的前提下通过企业合规制度予以纠正。企业通过内部的自我控制与管理可以减免刑事责任就具备积极性，合规计划就可以良性推进。而我国现行对单位犯罪的归责标准是要体现单位的意志，为单位谋取利益，严格区分单位犯罪与单位人员实施的自然人犯罪。企业合规在面对企业犯罪时可以与我国刑法规定有很好的契合，但在对员工犯罪进行替代归责时与我国单位犯罪归责原则背道而驰，因此有的学者认为应当扩大单位犯罪的范围，激励企业建立合规计划，但这种因果倒置的改革措施并不具备合理的逻辑，削足适履的行为终究难以长久。因此在企业合规中是否可以排除掉企业人员犯罪这部分值得讨论。

企业合规是法律不断适应社会的体现，是风险社会针对企业实施的积

① 黎宏：《〈刑法修正案（十一）〉述评——从预防刑法观的立场出发》，载《上海政法学院学报（法治论丛）》2022年第2期。

② 陈珊珊：《刑事合规试点模式之检视与更新》，载《法学评论》2022年第1期。

极预防，是司法机关寻求效率与企业寻求利益之间的平衡，通过企业的预防机制做到社会管理权的下放，使犯罪治理在某种程度上和某个领域中变成了国家和企业合作的模式，犯罪预防在这种合作治理的模式中，由国家责任变成了国家和企业的共同责任。[①] 我国的刑事合规起步晚，改进空间很大，需要不断完善，提高企业的道德感参与度，优化营商环境，提高企业竞争力。

六、破坏金融管理秩序犯罪的再规制

（一）破坏金融管理秩序犯罪立法的新发展

《刑法修正案（十一）》旨在通过加大惩治多样金融犯罪行为的力度，维护金融秩序的稳定。其对破坏金融管理秩序犯罪的修订体现在以下方面。

1. 洗钱罪

《刑法修正案（十一）》对洗钱罪的规定作出了一定改变。在犯罪客观方面，删除了“帮助”“协助”等词，这一改变使得该罪的犯罪主体不再局限于那些帮助上游犯罪并使得其违法收入在形式上合法化的人。如果洗钱罪不能由上游犯罪主体实施，则对于通过各种手段掩饰隐瞒非法收入的人，需要认定其是否与上游犯罪主体达成事先预谋。但在现实生活中，判断是否事前存在合意并不太容易。而《刑法修正案（十一）》的改变，让“自洗钱”也能成立洗钱罪，对于认定洗钱罪的成立以及对实施洗钱行为的犯罪者予以相应的惩罚有重要作用。

在犯罪主观方面，删除对上游犯罪性质的“明知”态度，即间接故意也可构成洗钱罪，如果金融机构人员或者某些“地下钱庄”放任其洗钱行为，同样应该构成洗钱罪。虽然法律认定了间接故意也可成立洗钱罪，但是成立该罪还是应当要求行为人认识到非法收入的上游犯罪的行为性质，如果不知道该资金属于上游七种类型的犯罪行为所得，依然无法成立洗钱罪。[②]《刑法修正案（十一）》还取消了对洗钱罪的罚金限制，一定程度上加强了反洗钱的惩罚力度，对社会上实施洗钱犯罪行为的人敲响警钟。

2. 非法吸收公众存款罪

在《刑法修正案（十一）》中，对非法吸收公众存款罪作出了修改，

---

① 周振杰：《企业刑事责任二元模式研究》，载《环球法律评论》2015 年第 6 期。

② 吴立志、张慧君：《洗钱罪适用研究——以〈刑法修正案（十一）〉的实施为背景》，载《西南石油大学学报（社会科学版）》2021 年第 5 期。

一方面将固定罚金改为了无限额，同时增设了数额特别巨大或者有其他特别严重情节的情形。在此犯罪中，金融管理秩序无疑属于刑法所保护的法益，但与此同时，此类犯罪不仅仅是对金融管理秩序的破坏，也损害了他人的财产权益。[①] 在修正案中增设了在提起公诉前，如果犯罪分子积极退赃退赔，减少损害结果发生的，可以从轻或减轻处罚。与《最高人民法院关于审理非法集资刑事案件具体应用法律若干问题的解释》中"非法吸收或者变相吸收公众存款，主要用于正常的生产经营活动，能够及时清退所吸收资金，可以免予刑事处罚；情节显著轻微的，不作为犯罪处理"[②] 的规定不同。

此类犯罪在司法适用中也出现了一些问题。比如，如果一味对募集资金等行为认定非法吸收存款行为而使其成为一个口袋罪名，会阻碍中小企业的投融资发展，同时还会使得部分民间借贷行为被扣上犯罪的帽子，所以在具体个案中，要紧扣犯罪构成条件，防止司法滥用。

（二）防范破坏金融管理秩序类犯罪的建议

1. 贯彻宽严相济刑事政策，体现刑法的谦抑性

在科技和经济高速发展的今天，经济的发展衍生出了许多金融创新，同时新的犯罪手段和方式更加隐蔽。对于新型金融产品，应及时制定相应法规。对涉及危害金融管理秩序方面的行为，不能一开始就直接采用刑法规制方式，这样无法降低金融犯罪的比例，而是通过行政法、民法等对一些事前行为进行惩治教育。用刑法规制金融犯罪时，应遵循适当性、必要性以及衡平性的原则，既要合理划定破坏金融管理秩序行为的犯罪范围，又要对性质恶劣的犯罪行为给予严厉打击，使得金融管理秩序和金融创新同步稳进。

2. 提高金融机构工作人员业务素质和大众辨别能力

《中国金融机构从业人员犯罪问题研究白皮书（2021）》指出，在破坏金融管理秩序领域，金融机构工作者的犯罪也十分严重。主要原因为金融机构内部监管制度不当，金融机构内部审核程序简单，明知材料不充足而

① 赵姗姗：《非法吸收公众存款罪法益新论及对司法适用的影响——结合货币银行学对〈刑法修正案（十一）〉的审读》，载《中国刑事法杂志》2021年第2期。

② 《最高人民法院关于审理非法集资刑事案件具体应用法律若干问题的解释》（2022年修正）第6条第2款修正为："非法吸收或者变相吸收公众存款，主要用于正常的生产经营活动，能够在提起公诉前清退所吸收资金，可以免予刑事处罚；情节显著轻微危害不大的，不作为犯罪处理。"

发放贷款等。要着力纠正金融工作人员把一些违法行为认为是普遍做法的固有观念，扫清他们的法律认识错误，提高工作人员的法律素质。随着2021年《个人信息保护法》的实施，公民个人信息得到进一步的保障，通过互联网骗取大众的信任，杜撰虚假金融业务，并诱导大众投融资，从而破坏金融秩序的难度加大。司法机关、公安部门、宣传部门等可以在网络和线下宣传公众增强警惕意识，对新型金融犯罪作出说明描述，普及金融知识，提高公众对诈骗等犯罪行为的辨别力和风险意识。由于新型金融犯罪涉及领域广泛，公安部门、工商部门、金融机构等都可能聚集到同一犯罪行为，各工作部门和机关应加强合作，对犯罪行为精准打击。

七、治理网络犯罪的新方案

（一）网络犯罪的新特点

1. 犯罪借势社会热点

随着时代的快速变化与网络的迅速发展，社会热点问题层出不穷，在吸引人们注意力的同时也吸引了大量的资金，借此背景，犯罪分子不断地借助社会热点问题来改造诈骗脚本，让人难以辨别，吸引更多的被害人上当受骗。以利用网络实施诈骗为例，犯罪分子的诈骗话术往往与社会热点问题同步，一旦社会上出现最新的技术进步、热点新闻、焦点人物等，犯罪分子总能够迅速地将其利用到骗术之中。随着纳米、5G、元宇宙等新鲜事物和概念的出现，网络上马上就能出现与其概念相关的诈骗方式，借助互联网+风靡全国之机，诈骗手段借助时下社会热点问题，不断更新换代。

2. 犯罪跨越时空局限

在网络世界里，物理上的空间限制已经不复存在。[①] 由于网络打破了物理空间的限制，犯罪行为人可以在全国任何一个角落、任何一个场所、任何网络端口对任何人实施犯罪，受害人也分散在网络的另外一个终端，遍布全国乃至世界不同的区域和场所。[②] 网络使犯罪打破了原有犯罪的地域限制，将其扩散至世界各个角落，让不可能成为可能，甚至在人工智能等技术的帮助下使犯罪行为和犯罪结果两者相互分离，使得犯罪行为可以突破

① 李晓明、李文吉：《跨国网络犯罪刑事管辖权解析》，载《苏州大学学报（哲学社会科学版）》2018年第1期。

② 王浩：《网络语境下侵财犯罪的演变、异化与趋势分析》，载《犯罪研究》2018年第5期。

时间的限制，让其行为持久地产生危害结果。以色情诈骗为例，以往的网络色情诈骗需要一对一地实施聊天，被害人范围有限，而现在可以通过直播软件一对多进行聊天，使被害人遍布全球各地，在借助人工智能系统之后，甚至实现了按照程序播放视频和聊天实施诈骗，克服时间的局限，实现24小时全天候的诈骗。

3. 犯罪成本小、规模大

网络犯罪的成本越来越小，犯罪分子往往只需要借助一台电脑、一个终端，便能实现犯罪，同时，网络犯罪越来越不局限于传统的小规模，而逐渐趋向于形成犯罪集团。从单人单干逐步转向集团化，从一人或几人实施犯罪，转向一群人分工合作，互相配合，犯罪变得和生产一辆汽车一样，从集中转向分散，被害人从身边人转变为任何人，从几个几十个变成成百上千个，犯罪金额从万元转变为百万千万甚至上亿。

4. 犯罪痕迹数据化

传统的犯罪发生在客观物理世界之中，往往在现场遗留下犯罪的痕迹物证等，容易被侦查机关发现，通过专业的技术手段通常能够还原犯罪过程。而网络犯罪发生在网络虚拟空间中，其犯罪行为和犯罪结果往往是没有物理实体的，转而以数字化的方式来呈现。犯罪只需要一台电脑、一部手机，使用私人或公共的网络就可以实施，并没有传统意义上的犯罪现场，除了电脑或手机等实物，更多的是留在网络空间的虚拟电子数据，需要专业的人员和设备才能够提取的数字化犯罪痕迹。

（二）网络犯罪的新趋势

1. 犯罪手法更新迭代迅速

网络犯罪手段跟随技术的进步而迅速更新换代。从最初的利用网络聊天室、邮箱实施犯罪，演进到利用QQ、微信、支付宝、App、AI等最新技术实施犯罪，从人工聊天到利用智能机器人聊天，网络犯罪的手段更新迭代十分明显。不仅如此，犯罪的方法在不断地打击中更新换代，甚至借鉴“新零售”等先进商业模式，如在“套路嫖”诈骗案中，犯罪分子使用美女微信头像，利用微信附近人功能添加好友，定向发放诱惑性宣传，吸引人前来实体店，再由线下人员通过性暗示的话术，诱导客人充值，从而实现了诈骗的线上和线下融合。

2. 犯罪人工智能化凸显

利用人工智能，电信网络诈骗活动实现了诈骗环节的智能化，先通过大数据库获取公民信息，同时使用大数据筛选技术确定犯罪对象，再利用人工智能语音模仿软件进行通讯联络，诱导被害人转入资金，后通过智能支付系统瞬间将赃款分散至千百个账户，经过多次流转完成赃款的转移。另外，一个充分利用人工智能的8人诈骗团队能发挥8000人的水平，人工操作成本被大大的缩减。①

3. 犯罪溢出效应显著

技术的鸿沟不仅存在于不同国家之间，也存在于一国之内，因经济社会发展的不同，国内各省份及地区之间在网络资源上也存在差异。伴随着技术的溢出效应，不同地区的差异会慢慢变小，在技术溢出的同时，也带来了网络犯罪的溢出，犯罪总是先产生在网络技术发达地区，随着当地司法机关的打击，逐渐溢出到其他地区。

4. 犯罪趋向扁平化

与以往的单打独斗不同，网络犯罪已经摆脱了原有的一个人或者一群人从犯意的提出——犯罪预备——着手实施全过程的旧有格局，把原有的犯罪环节进行拆分，网络犯罪从立体走向扁平，专业化分工明显，形成了产业链和产业集群。

（三）网络犯罪的刑法应对

1. 完善立法

网络犯罪不断发展演化的新特点和新趋势造成了网络犯罪治理的难度，惩治网络犯罪必须严格遵守罪刑法定原则，在法律的框架下依法严厉打击网络犯罪，同时，根据网络技术、时代发展的要求，逐步完善我国的网络犯罪刑事立法，构建严密的刑事法网，严惩网络犯罪，构建安全、和谐、健康的网络社会。

2021年1月22日，最高人民检察院颁布《人民检察院办理网络犯罪案件规定》，分7章对网络犯罪的一般规定、引导取证和案件审查、电子数据审查、出庭公诉、跨区域跨国（边）境司法协作等方面进行了详细规定。6月和8月，我国又相继出台《数据安全法》《个人信息保护法》，将严重侵犯公民个人信息与数据的违法行为纳入打击范围，重点保护公民的个人信息安全与数据安全。6月，“两高一部”出台《关于办理电信网络诈骗等刑事案件适用法律若干问题的意见（二）》，对电信网络诈骗、帮助信息网络

① 详见中国信息通信研究院发布的《电信网络诈骗治理与人工智能应用白皮书（2019年）》。

犯罪活动罪等网络犯罪活动提供了更切实有效的法律依据（详见下表）。

表3　近年我国治理网络犯罪的相关规范性文件

发布时间	发布机关	法律法规名称
2014	最高人民法院	《关于审理利用信息网络侵害人身权益民事纠纷案件适用法律若干问题的规定》
2015	全国人大常委会	《国家安全法》
2015	全国人大常委会	《反恐怖主义法》
2016	最高人民法院、最高人民检察院、公安部、工业和信息化部、中国人民银行、中国银行业监督管理委员会	《关于防范和打击电信网络诈骗犯罪的通告》
2016	全国人大常委会	《网络安全法》
2016	国家互联网信息办公室	《国家网络空间安全战略》
2017	国家互联网信息办公室	《互联网新闻信息服务管理规定》
2018	公安部	《公安机关互联网安全监督检查规定》
2019	国家互联网信息办公室	《区块链信息服务管理规定》
2019	全国人大常委会	《密码法》
2019	国家互联网信息办公室	《网络信息内容生态治理规定》
2021	最高人民检察院	《人民检察院办理网络犯罪案件规定》
2021	全国人大常委会	《数据安全法》
2021	全国人大常委会	《个人信息保护法》
2021	最高人民法院、最高人民检察院、公安部	《关于办理电信网络诈骗等刑事案件适用法律若干问题的意见（二）》

为应对网络犯罪的新特点新趋势，应在立法上作出一定调整。一是及时更新立法。将违法犯罪内容及时纳入刑事法律，以法律手段制裁。同时可以通过司法解释等方式对具体的犯罪行为进行规制，强化法律的可操作性，减少公安、司法机关执法的肆意性，确保案件无误。二是加强监督管理。要大力加强对网络安全的监管监督力度，及时完善网络环境漏洞，确保网络安全，同时也要注重对于网络硬件系统设备的保护与监管，确保网络的软件、硬件安全。三是完善网络犯罪救济。健全网络安全犯罪的司法机制，强化打击犯罪的司法手段，构建完整的打击网络犯罪路径，成立工

作专班应对网络犯罪。

2. 更新治理模式

网络安全关乎国家网络命脉，政府对于防范和打击网络犯罪有绝对的责任和义务，但仅有政府是远远不够的，必须从当前公安机关为主的单一治理模式转换成国家和社会共同参与的立体模式，搭建国家级的网络犯罪协同治理平台。一是执法机关要改变以往条块结合，以块为主的打击体制，公安、司法机关内部要畅通协助机制，尤其是公检法三家要在网络犯罪的定性、证据认定标准等问题上达成共识，同时增强跨区域间的沟通协作，避免网络犯罪在沿海发达城市被打击而在中西部欠发达地区迅速生长的情况出现。二是强化顶层设计，构建工信、公安、金融等主要相关行业或部门深度协同参与的全方位立体化电信网络诈骗综合治理体系，加强电信、互联网、资金、公安等各方数据汇聚分析，建立完善跨行业、跨部门的联合防范治理机制管理方式。三是加强与网络服务商的合作，网络犯罪的基础服务都离不开通讯、银行、网络公司等大型网络服务商，尤其是提供社交及结算网络平台的大型网络公司，他们在互联网中占据主导地位，是网络服务的提供者、网络生态的创建者，有强大先进的技术支撑，通过资源整合，可以有效地防范和打击网络犯罪。四是强化国际合作。加强并拓宽同美国、欧盟以及东南亚等重点国家和地区之间在打击网络犯罪领域的合作，推动在国际框架下制定防范治理标准和规则，建立国际层面的网络犯罪预警、防范及打击机制。

3. 强化能力建设

公安机关要适应信息时代，拥抱新技术，提升专业化水平，强化打击力量。一是人才培养。网络犯罪是高科技犯罪，公安执法人员必须知己知彼，才能百战百胜，要加大新技术培训，增进与大型网络服务商的人员交流，打造“互联网+法律”跨界人才，尤其需要注意的是沿海发达地区要向中西部地区传授网络犯罪的办案经验。二是使用新技术。要提升新技术的使用，借助当前信息化和智能化的改造，提升装备建设，尤其是身处打击一线的公安机关，要充分利用以大数据分析和智能预警算法为基础的人工智能技术，提升网络犯罪的打击能力，推动人工智能等新技术在防范和打击网络犯罪中的应用。三是提升电子证据收集认定能力。公安机关改变侦查思维，重视电子证据的收集，善于发现电子证据，注意电子证据的收集程序和方法要符合法律和相关技术规范，保证电子证据的原始性、完整性和同一性。

八、强化食品药品安全的刑法保护

（一）食品药品安全保护的立法变化

2021年，我国主要修订颁布了《食品安全法》《反食品浪费法》等法律，《粮食流通管理条例》等行政法规，《进出口食品安全管理办法》《进口食品境外生产企业注册管理规定》《网络交易监督管理办法》等部门规章，修订颁布了《食品安全国家标准　较大婴儿配方食品》等55项食品安全国家标准，食品安全监管体系进一步完善。

1. 修订《食品安全法》

2021年4月29日，全国人大常委员会对《食品安全法》第35条的第1款进行了修改，增加了“仅销售预包装食品的，不需要取得许可”的规定。仅销售预包装食品的，应当报所在地县级以上地方人民政府食品安全监督管理部门备案。

2. 颁布《反食品浪费法》

2021年4月29日，全国人大常委员会颁布了《反食品浪费法》。明确了反食品浪费的原则和要求、政府及其部门职责、各类主体责任、监管措施、法律责任等。餐饮服务经营者应当采取相应的措施，防止食品浪费。餐饮服务经营者不得诱导、误导消费者超量点餐。餐饮外卖平台应当以显著方式提示消费者适量点餐。超市、商场等食品经营者应当对其经营的食品加强日常检查，对临近保质期的食品分类管理，作特别标示或者集中陈列出售。食品生产经营者应当采取措施，改善食品储存、运输、加工条件，防止食品变质，降低储存、运输中的损耗；提高食品加工利用率，避免过度加工和过量使用原材料。

3. 颁布《乡村振兴促进法》

2021年4月29日，全国人大会常委员会颁布了《乡村振兴促进法》。根据该法规定，国家完善粮食加工、储存、运输标准，提高粮食加工出品率和利用率，推动节粮减损。国家对农业投入品实行严格管理，对剧毒、高毒、高残留的农药、兽药采取禁用限用措施。农产品生产经营者不得使用国家禁用的农药、兽药或者其他有毒有害物质，不得违反农产品质量安全标准和国家有关规定超剂量、超范围使用农药、兽药、肥料、饲料添加剂等农业投入品。

4. 颁布《粮食流通管理条例》

2021 年 2 月 15 日，国务院颁布《粮食流通管理条例》，取消粮食收购资格行政许可、建立粮食经营者信用档案等；提出建立健全粮食流通质量安全风险监测体系，规定粮食收购者收购粮食应当按照要求进行质量安全检验，粮食不得与有毒有害物质混装运输，粮食储存期间应当定期进行品质检验等；提出建立健全被污染粮食收购处置长效机制；将防止和减少粮食损失浪费作为粮食经营活动的原则要求。

5. 颁布《进口食品境外生产企业注册管理规定》

2021 年 4 月 12 日，海关总署发布第 248 号令，颁布《进口食品境外生产企业注册管理规定》，普及（扩大）注册的范围，并采取分类管理的思路，依类进行境外当局推荐注册或是企业申请注册；调整了境外工厂注册申请材料；明确注册评审方式会通过书面检查、视频检查、现场检查等形式及其组合来开展；明确注册编号的管理；将进口食品境外生产企业注册有效期由 4 年延长为 5 年；明确变更及延续申请材料，放宽延续申请时间；缩小了境外生产企业主管当局范围；删除了对于我国港澳台地区的相关规定。

6. 颁布《进出口食品安全管理办法》

2021 年 4 月 12 日，海关总署发布第 249 号令，颁布《进出口食品安全管理办法》，引入“合格评定”概念，并明确合格评定所涵盖的监管措施；明确对境外国家审查和评估的内容和方式；明确海关总署可制定并实施视频检查计划；明确进口保健食品和特殊膳食用食品标签不得加贴；细化了对境外输华食品的暂停和禁止进口制度。出口食品监管主要变化：明确出口食品监督管理措施的主要内容；完善对于出口食品企业的食品安全管理制度要求；出口食品不再加施检验检疫合格标志；增加“申报前监管申请”的规定。

7. 颁布《全国人大常委会 2021 年度立法工作计划》

2021 年 4 月 22 日，全国人民代表大会颁布《全国人大常委会 2021 年度立法工作计划》，其中继续审议的法律案有《动物防疫法》（修改）、《野生动物保护法》（修改）等；初次审议的法律案有《农产品质量安全法》（修改）、《粮食安全保障法》等；预备审议项目包括《进出境动植物检疫法》等。

（二）食品药品安全保护的司法变化

2021 年 12 月 30 日，最高人民法院、最高人民检察院发布新版《关于办理危害食品安全刑事案件适用法律若干问题的解释》（以下简称《解释》），新版《解释》共计 26 条，主要对六个方面的内容进行了修订。

1. 加强对未成年人、老年人等群体食品安全的保护力度

为加大面向未成年人、老年人等群体实施的危害食品安全犯罪的惩治力度。《解释》规定了多个对未成年人、老年人等群体食品安全特殊保护的条款，如第 3 条和第 7 条分别将“专供婴幼儿的主辅食品”“在中小学校园、托幼机构、养老机构及周边面向未成年人、老年人销售的”作为加重处罚情节，体现了司法机关对未成年人和老年人群体食品安全的特殊保护。

2. 依法惩治利用保健食品等骗取财物的行为

针对老年人实施的保健食品诈骗违法犯罪，《解释》第 19 条明确规定：以非法占有为目的，利用销售保健食品或者其他食品诈骗财物，符合《刑法》第 266 条规定的，以诈骗罪定罪处罚。同时构成生产、销售伪劣产品罪等其他犯罪的，依照处罚较重的规定定罪处罚。

3. 依法惩治食品相关产品造成食品被污染的行为

针对生产经营被包装材料、容器、运输工具等污染的食品，《解释》第 12 条明确规定：在食品生产、销售、运输、贮存等过程中，使用不符合食品安全标准的食品包装材料、容器、洗涤剂、消毒剂，或者用于食品生产经营的工具、设备等，造成食品被污染的，分别以生产、销售不符合安全标准的食品罪或者生产、销售有毒、有害食品罪定罪处罚。

4. 依法惩治用超过保质期的食品原料生产食品等行为

针对生产、销售用超过保质期的食品原料、超过保质期的食品、回收食品作为原料的食品，或者销售超过保质期的食品、回收食品的行为，《解释》第 15 条明确规定：实施此类行为，符合《刑法》第 140 条规定的，以按照生产、销售伪劣产品罪定罪处罚。同时构成生产、销售不符合安全标准的产品罪等其他犯罪的，依照处罚较重的规定定罪处罚。

5. 依法惩治在农药、兽药、饲料中添加禁用药物等行为

司法实践中，在农药、兽药、饲料中添加禁用药物的违法犯罪问题突出，此类行为虽不直接构成危害食品安全犯罪，但属于危害食品安全的上游犯罪，严重威胁食用农产品的质量安全，具有严重社会危害性，亟待规

制。据此，《解释》第 16 条第 2 款明确规定：实施此类行为，可按照非法经营罪定罪处罚。

6. 依法惩治畜禽屠宰相关环节注水注药行为

为有效破解注水肉案件难打击的问题，明确法律依据，统一法律适用。《解释》第 17 条第 2 款明确规定：在畜禽屠宰相关环节，对畜禽使用禁用药物等有毒、有害的非食品原料，以生产、销售有毒、有害食品罪定罪处罚；对畜禽注水或者注入其他物质，足以造成严重食物中毒事故或者其他严重食源性疾病的，以生产、销售不符合安全标准的食品罪定罪处罚；虽不足以造成严重食物中毒事故或者其他严重食源性疾病，但符合《刑法》第 140 条规定的，以生产、销售伪劣产品罪定罪处罚。

九、环境资源保护的刑法完善

（一）环境资源保护的刑法变更

2021 年《刑法修正案（十一）》针对环境犯罪的修订采“双轨制”，一方面修订原有的条文，在犯罪设定、量刑情节以及量刑轻重上，予以了大篇幅的修改；另一方面，根据当下环境犯罪的新形势和新样态，增添了新的罪名。

1. 提升了对“资源领域”犯罪的重视度

针对过去对于环境领域的刑法规制侧重“环境”，忽视“资源”的状况，《刑法修正案（十一）》以新增罪名的方式，强化对于生物资源领域的规制与保护。具体而言，新增了 5 个罪名，其中新增的第 334 条之一非法采集人类遗传资源、走私人类遗传资源材料罪以及第 336 条之一非法植入基因编辑、克隆胚胎罪都是围绕着人类的生物资源展开，即人类遗传资源和基因片段。第 342 条之一破坏自然保护地罪，针对的是环境资源本身，即国家公园和自然保护区，第 344 条之一非法引进、释放、丢弃外来入侵物种罪以及第 341 条第 3 款非法猎捕、收购、运输、出售陆生野生动物罪则针对的是生物本身，前者为外来野生物种，后者则为陆生野生动物。体现了我国针对环境犯罪的保护已经从单一“环境”层面转向了双层次“资源”和“环境”并行的保护。

2. 规范环境犯罪罪名与量刑情节的设置

针对过去环境犯罪的罪名设置存在不合理之处进行了全面修订，表现为：第一，与环境犯罪相关的罪名设置相对分散。我国虽然在《刑法》中设置了专门一章来规定环境犯罪的相关罪名（即分则第六章第六节“破坏环境资源保护罪”），但是在第三章第二节以及第六章第四节中也涉及一些环境犯罪的罪名。除此之外，与环境污染相关联的罪名也分布在离环境犯罪较远的章节，例如环境监管失职罪就是在渎职罪这一章节中存在，而这一罪名又与环境污染罪紧密相接。像这样的相互之间有联系与重叠的罪名被分散在不同的章节之间，使得从纵向上来看，环境刑法的体系混乱，不易于法官的判案，降低了司法效率。第二，环境犯罪的罪名设置相对单一。我国虽然设置了众多与环境犯罪相关的罪名，但这些罪名都体现着一个特点，即覆盖面广，包含性强。但与之相对应的就是，我国环境犯罪的罪名设置缺乏针对性。无法对具体细微的罪名进行针对性的惩处。第三，环境犯罪的罪名设定种类少，不全面。

3. 修改量刑幅度

在污染环境罪中，首先对刑期进行了调整，将刑期上限最高量刑为三年以上七年以下的区间，修改为最高量刑 7 年以上，即本罪的最高量刑最高可达十五年。同时将原本的罚金刑由“并处或者单处罚金”变更为并处罚金。除此之外，由于第 338 条新增了第 2 款的规定，从某种程度上来说变相增加了污染环境罪的量刑幅度。倘若行为人在实施犯罪行为时，一方面构成了污染环境罪；另一方面又构成了以危险方法危害公共安全罪时，可根据第 2 款的规定，从重处罚。而以危险方法危害公共安全罪的最高刑可达 10 年以上有期徒刑、无期徒刑或者死刑。这样的量刑幅度与原来相比可以说是有了显著的提高。

（二）从惩罚主义到预防主义+恢复主义的理念转变

2021 年环境犯罪立法者的理念已经从惩罚主义向预防主义+恢复主义转变。前者往往采用的是事后惩罚的处理模式，后者则采用的是对于危险行为的提前介入，立法者真正将环境视为环境刑法保护的中心，环境法益具有了独立的存在价值，而不再是保护人类法益的副产品。这一转变在《刑法修正案（十一）》中主要体现以下两个方面：

第一，从结果犯向抽象危险犯转变。在本次新增的 5 个罪名中即第 334 条之一非法采集人类遗传资源、走私人类遗传资源材料罪，第 336 条之一非法植入基因编辑、克隆胚胎罪，第 341 条第 3 款非法猎捕、收购、运输、出售陆生野生动物罪，第 342 条之一破坏自然保护地罪，以及第 344 条之一非法引进、释放、丢弃外来入侵物种罪都针对的是危害环境的抽象危险行为，立法模式也是以抽象危险犯予以立法。环境犯罪一节中的 18 个罪名里，有 15 个罪名是抽象危险犯，只有剩下 5 个罪名是结果犯。第二，环境法益从人类中心主义价值观向环境本位价值观转变。《刑法修正案（十一）》设立数个环境罪名，不再仅仅是为了人类的生存与发展服务的，而是为了环境资源本身的可持续发展，使得环境资源本身具有了独立的意义与价值。《刑法修正案（十一）》出台后，环境法益就彻底完成了从人类中心主义价值观向环境本位价值观的转变，实现了从惩罚主义向预防主义+恢复主义转变。

恢复主义将环境保护的重点聚焦在如何修复被破坏的环境资源上，将治理的重心放在事后的环境恢复中。采取“补种复绿”“增殖放流”的生态恢复措施，通过司法手段有效地修复生态环境。这种模式重视的不再是对犯罪人的惩罚，使其受到否定性评价，更重要的是通过司法审判使得生态环境得以修复，社会关系得以复原，生态发展呈现量刑循环的趋势。

2021 年在“预防主义+恢复主义”立法理念下，司法一方面从环境犯罪的源头入手，尽可能地减少破坏环境即生态的行为所带来的危害结果的产生，将环境犯罪扑灭在萌芽状态之中；另一方面从事后修复入手，努力将被破坏的生态环境予以恢复，防止犯罪行为给生态环境带来的危害蔓延。这种双管齐下的治理举措，加强了维护生态平衡和生物多样的司法保护力度，真正做到了治理环境犯罪是为了环境朝着人与自然和谐共生的目标前进。

十、个人信息犯罪的持续治理

大数据开启了一个全新的时代，掌握了信息就掌握了主动权。信息资源的价值性伴随着社会各主体的竞相挖掘呈现出指数式增长态势，与此同时，个人的信息安全面临着日益严峻的挑战。2021 年，《数据安全法》《个人信息保护法》以及相关配套规定的出台与生效使得个人信息保护获得了前所未有的热度。

（一）侵犯个人信息犯罪的新变化

1. 立法态势趋严

表4　侵犯个人信息犯罪立法发展趋势

颁布时间	变化情况	名称	内容意义
2009年	《刑法修正案（七）》	新增非法获取公民个人信息罪和出售、非法提供公民信息罪	首次将侵犯公民个人信息情节严重的行为归为犯罪行为
2013年	《最高人民法院、最高人民检察院、公安部关于依法惩处侵害公民个人信息犯罪活动的通知》	"狭义的可识别性+个人隐私"作为界定公民个人信息的核心要素	对公民个人信息概念初步界定：能够识别公民个人身份和涉及公民个人信息的电子信息
2015年	《刑法修正案（九）》	刑法修正案（七）增设两罪修改合并为侵犯公民个人信息罪一罪；取消原有特殊主体限制、最高刑期升至七年、违反行政规范行为入罪	（1）犯罪主体扩大化； （2）惩治对象扩大化； （3）加大惩治力度； （4）扩展入罪边界
2017年	《最高人民法院、最高人民检察院关于办理侵犯公民个人信息刑事案件适用法律若干问题的解释》	"反映特定自然人活动情况的各种信息"如行踪轨迹甚至是账号密码、财产状况等不具有严格的广义识别可能性的个人信息亦囊括在内	进一步扩展个人信息概念边界，信息可识别性标准降低，对该罪的理解与适用作出明确而详尽的规定
2021年	《个人信息保护法》	对《民法典》个人信息保护规则的具体化，延续"权益保护"基本立场，包括信息处理规则、个人权利、处理者义务、法律责任等方面的内容	旨在建立独立的部门法体系，协调现有个人信息保护规则，有重要的里程碑意义

2. 犯罪产业化明显

为了顺利实施侵犯公民的个人信息的行为，犯罪人团伙作案趋势愈加明显，团伙内部有明确的分工，犯罪资源高度共享，不断扩大实施犯罪的信息源及手段。以个人信息为载体和主线，实行"流水式作业"，其间衍生出类型各异的下游犯罪，已经形成了庞大的“黑色经济链”。[①] 按照个人信息流转和利用方式可以将“黑色经济链”分为三个层次。第一层：信息获取阶段，信息的直接获取者非法收集个人信息，并泄漏或提供给他人。第二层：信息传播阶段，信息中介者首先对零散的个人信息进行建库储存和分类整理，然后通过建立的个人信息交易平台将其出售给他人，在实现提供者和需求者结合的同时获得高额的利益。第三层：信息使用阶段，直接使用者将个人信息用于实施盗窃、诈骗、敲诈勒索等各类犯罪中。这种“黑色产业链”的犯罪模式的形成，一方面使犯罪分子获得高额的利益，极大增加了犯罪收益；另一方面信息交易通过不定向传播加深犯罪复杂程度，降低了实施犯罪的风险，增加了侦查难度。

3. 犯罪手段智能化

随着信息科技不断加深，互联网、大数据、云计算实现深度结合并广泛应用，侵犯个人信息犯罪呈现手段多样化且具有极强的技术性特征。利用互联网和即时通信工具实施犯罪是当前侵犯个人信息类犯罪的主要方式，尤其体现在通过暗网等非法交易平台售卖个人信息或利用微信、QQ等应用软件获取公民个人信息，这两种方式是侵犯个人信息的主要手段，占犯罪总量的66%。在其他的几种途径中，犯罪嫌疑人通过使用高科技手段达到自己的犯罪目的，植入木马病毒和卫星跟踪定位对技术性要求高，这两者占比之和接近10%。利用网络作为犯罪手段既可以通过网络攻击有效获取大量的个人信息，又可以利用网络空间中的海量数据作为“掩体”有效逃避侦查。

4. 法律规制和适用问题

从《刑法》第253条之一的规定内容来看，成立侵犯公民信息罪在构成要件上要求达到情节严重程度。关于“情节严重”的认定标准，《最高人民法院、最高人民检察院关于办理侵犯公民个人信息刑事案件适用法律若干问题的解释》第5~6条作了具体规定，可以从四个方面来评价：一是根据侵犯信息的数量，分别以50条、500条或5000条为入罪门槛；二是根据行为人的获利金额，违法所得基本要求在5000元以上；三是考察行为人的前科情况，包括曾经因该类行为受到刑事处罚，或者在2年内因此类行为受过行政处罚而又实施的；四是根据上下游犯罪的关系，事前没有预谋，但

① 何玲：《个人信息保卫战——数字经济时代个人信息泄露与安全保护扫描》，载《中国信用》2020年第7期。

明知他人用于实施其他犯罪而为其出售、提供个人信息。对于信息条数的认定看似简单，但在具体司法认定中较为复杂。

侵犯个人信息的案件涉及的个人信息数量庞大，少则数千上万，多则上亿条。在数量如此庞大的案件中，对于信息的真实性如何审查，以及对于虚假、失效的个人信息是否可以计入成立本罪的条数。《最高人民法院、最高人民检察院关于办理侵犯公民个人信息刑事案件适用法律若干问题的解释》第 11 条第 3 款规定："对批量公民个人信息的条数，根据查获的数量直接认定，但是有证据证明信息不真实或者重复的除外。"对于该条文的精神解读，应当对涉案信息的真实性进行核实，从法益保护的角度看，虚构的、失效的个人信息对个人利益和社会秩序的破坏还未达到需要启动刑法保护的程度。但是由谁来承担对于信息的真实性的举证责任，司法解释对此并未明确。

刑法作为所有部门法的后盾与保障，通常来说，在行政犯罪处罚方面，在程序上以行政优先适用，在实体上应并合衔接。个人信息权益包含了个人信息上所承载的多层次、多类型的法益。个人信息权益不只是民事权益，而是具有多元多层级构造的权益集合。刑法只能规制犯罪，但犯罪却并非由刑法单独规制，而是由刑法及其保障的第一保护性规范与调整性规范即前置法共同规制。因而侵犯公民个人信息犯罪实际上都是具备双重违法性即刑事违法性与前置法违法性。不具有前置法违法性，或者虽具有前置法违法性，但却不能产生前置法上之法律制裁的行为，当前对于侵犯个人信息的违法犯罪行为，行政法和刑法以及民法在规范的前置和处罚的层级出现真空的地带。

（二）侵犯个人信息犯罪的防控

1. 完善刑事法规

在公民个人信息的概念界定上，无论是在《网络安全法》《民法典》，还是《公民个人信息保护法》，基本都采用以"可识别性"为核心的判断标准。可识别性可以按照识别出特定的自然人程度为标准，可以分为单独识别性和复合识别性。在具体的司法实践中，应当以是否可以识别特定的自然人为认定一条的标准，可独立认定的为一条，结合其他信息共同认定的整体为一条。在《最高人民法院、最高人民检察院关于办理侵犯公民个人信息刑事案件适用法律若干问题的解释》中，根据信息的敏感程度，将个人信息分为高度敏感信息、一般敏感信息和非敏感信息。对于高度敏感和一般敏感，由于其指向性和识别性强，可以单独将其作为“一条”来计算，然而对于非敏感信息，不能简单地将任何一条非敏感信息都单独认定为“一条”，通过信息间的组合能够明确具体的身份时，才能认定为“一条”，同时对于重叠的相似信息不得重复计算。对于指向单个人的不同类型的信息，从本质上只是侵害了特定自然人的信息权益，而对人身权益的损害并不以信息种类的不同而进行叠加计算，而应当去重处理。

只有真实有效的个人信息才会造成法益的侵犯，对于虚构的、失效的个人信息基本不会对法益产生威胁和危害。所以有必要对于涉及的个人信息有效性进行判定，但数量巨大的信息极大影响司法效率。对于这一难题，学界有人提出采用“推定”的方法来解决，即通过已知的事实来推定可能存在的假定，其中已知的事实的成立与否是假定成立的前提。首先对信息进行分类后，再进行分组，然后对每个组的信息采取随机抽样的方式核实，以随机样本的真实有效比例来确定整组信息的真实性。既要求检察机关，对个人信息的基本事实——数量、来源等承担相应的证明责任，又允许辩护人或者被告人针对推定的结果进行反证，以增强内心的确信。

2. 优化个人信息犯罪刑种配置

对于牟利型犯罪，罚金刑的威慑力往往高于自由刑。犯罪人的主要意图是获取高额利益，而罚金刑的提高可以增加犯罪的预期司法成本。我国《刑法修正案（九）》首次将罚金刑纳入侵犯公民个人信息罪的法定刑范围，对于罚金数额的确定，应根据涉案金额和侵犯公民信息数量实行阶梯式分段处罚，同时在司法实践中注重考虑行为人的经济能力来确定实际罚金数额和执行方式。在完善罚金刑的同时，应加强刑事司法与行政执法的衔接，对于尚不足以构成犯罪的侵犯公民个人信息的行为，实施递进式行政处罚。

3. 强化社会综合治理能力

党的十九大提出推进社会治理体系和治理能力现代化，构建全民共建共治共享的社会治理格局。随着个人信息利益化的加深，侵犯公民个人信息犯罪手段和势力越来越广，仅依靠某个领域或某个部门的力量是难以对抗。因此，应在我国政府主导之下，在互联网企业之间协作的基础上，加强跨行业部门以及警方的协同，共同参与到信息安全的治理中，共同预防侵犯公民个人信息犯罪及其关联犯罪。在应对黑色产业和信息泄露问题的中，政府与企业、企业与企业之间不应是管理被管理关系，而是通力合作关系。首先，加强政府与企业的合作，共同阻挡侵犯公民个人信息犯罪的发生。建立警企合作型模式，双方强化网络的联合监管，定位个人信息数据的来源和去向，加快现代化警务侦查制度建设。政府可以与企业合作建立数据开放平台，由掌握先进智能技术的企业为政府提供技术支持，但应将个人信息监管权交由政府进行统一调度，亲自承担对个人信息收集、存储和开放的职责。这样既有利于保护公民的个人信息不受侵犯，也有利于企业自身发展。其次，互联网企业之间可以考虑结成行业联盟，共同抵御黑色产业侵袭。为了防止信息泄漏，企业间应建立一套自主交换和信息共享的长效机制，合力阻断非法产业的渗入，形成行业间的保护网，共同维护客户信息安全。最后，由于侵犯个人信息会衍生大量其他犯罪，各行业之间也应通力合作，将“反黑色产业联盟”的范围扩大到金融、医疗、教育等领域。依托行业联盟，配合行政机关，对个人信息泄漏的高风险行业实施常态化监督，及时察觉犯罪的苗头，采取有效的管控。

4. 加强企业合规建设

网络数据是个人信息的“集散中心”，为了实现商业化的精准推送，企业有必要对于个人信息数据的收集、处理、留存，一般而言，大企业资金、技术雄厚，更加注重长远发展，其内部会有较为健全的客户个人信息保护机制，但是部分小企业为了获取高额利润、缩短运转周期，大量不法收集和使用个人信息，从而给信息主体和公众带来一定的经济损失、权利侵犯。当前，企业不仅要考虑内部业务的数据安全需求，还要兼顾合规性需求。加强企业数据合规建设，是增强企业全球竞争力的必由之路，也是我国从数据大国到数据强国的转型之路。刑事追责应当成为侵犯公民个人信息犯罪防治的最后一道屏障，而防治更加需要通过相关产业的自律和更加健康有序的市场规范进行。我国各级、各类行业协会同样需要肩负起这样的社会责任，应当通过对自身行业定期开展针对性培训和自检自查，引导企业建立自上而下的用户信息合规制度，个人信息安全规定的国家标准，制定相关行业自控自律标准，并赋予行业自律组织应有的法律地位，从而有效地防治目前行业内部人员泄露信息的行为。

撰稿专家

焦俊峰，中南财经政法大学刑事司法学院院长助理、教授。

第七章　2021年诉讼法实施报告

2021年刑事诉讼法实施报告*

王敏远

报告要旨

2021年是中国共产党成立100周年，也是“十四五”规划开局之年，这一年刑事诉讼法的实施是在刑事诉讼制度继续改革与完善以及相关政策推进的背景下展开的。本年度刑事诉讼法实施的主要背景是继续常态化的扫黑除恶专项治理，推动实现“长效常治”。在诸多社会大背景下，司法机关与公安部门恪守其本职工作，通过依法依规打击与惩治犯罪，为社会运行提供刑事司法力量的保障。2021年刑事诉讼法实施的重点和特点，主要是贯彻落实“少捕慎诉慎押”等刑事政策；通过企业合规等创新方式，以司法治理助力社会治理；回应民众关切，严惩与预防网络犯罪；围绕刑事诉讼新出台的相关司法解释，以及探索《法律援助法》等相关法律在刑事领域的适用，推动刑事程序在各方面的深化发展。2021年，刑事诉讼法的实施紧紧围绕“我为群众办实事”这一主题，努力回应人民群众对公平、正义、安全、环境等提出的新要求，努力达标新时代对刑事诉讼法在社会治理资源的配置效率与质量方面提出的新要求。

* 浙江大学光华法学院博士研究生李嘉为本报告的撰写中做了大量工作，特此致谢。

核心建议

1. 扩大诉源治理在刑事诉讼领域的适用，落实习近平法治思想的指导，促成刑事司法治理的现代化转型。

2. 重视法律职业共同体的发展，合力促成人权保障的继续提升。

3. 围绕“司法+互联网”模式，加强司法对科技应用的规制，促进“数字法治”“智慧司法”的可持续规范化发展。

4. 提升企业刑事合规的试点效应，推动相关法律的完善。

一、2021 年刑事诉讼法实施概况

2021 年是中国共产党成立 100 周年，是“十四五”规划开端之年，也是常态化防疫之年，开展政法队伍的整顿之年，刑事司法系统坚决贯彻落实以习近平同志为核心的党中央的工作部署，顺应疫情防控常态化大局，把人民群众的生命安全和身体健康放在第一位，在惩治犯罪的同时，为社会治理提供服务与保障。

（一）继续常态化的扫黑除恶专项治理

2021 年是全国常态化扫黑除恶斗争的第一年，司法机关在扫黑除恶常态化进程中坚决贯彻宽严相济的主基调。针对部分涉黑涉恶案件办理难度大、进度慢的情况，全国扫黑办筛选了 30 起案件作为 2021 年全国扫黑办挂牌督办案件，通过领导包案、一月一调度等方式，推动北京周某森涉黑案、辽宁沈阳张某民涉黑案等，“钉子案”“骨头案”等取得重大突破。目前，30 起挂牌案件已审结 4 起，移送审查起诉 7 起，尚在侦查 19 起。[①] 司法机关把握“宽严相济”的刑事政策，对涉黑涉恶的案件杜绝人为“拔高”或者“降格”，把三年专项斗争始终坚守的“是黑恶犯罪一个不放过、不是黑恶犯罪一个不凑数”融入日常。

---

① 《一涉黑案，“保护伞”人数比抓获的嫌疑人还多》，载 2021 年 12 月 21 日“环球时报”微信公众号。

（二）人民法院刑事司法的运行概况

人民法院坚持贯彻总体国家安全观，坚决维护国家政治安全和社会稳定，对于严重影响人民群众安全感的犯罪，坚决依法严惩；对于有益提升人民幸福感的司法服务，全力提供相应保障。2021年，人民法院刑事审判领域的各项工作均得到了全方位的发展。

1. 以司法服务保障社会秩序

2021年，人民法院依法惩治各类犯罪，加强人权司法保障，审结一审刑事案件125.6万件，判处罪犯171.5万人，严重暴力犯罪案件持续处于低位。其中，维护社会安定，审结涉黑涉恶犯罪案件3409件18 360人；服务防疫大局，审结涉疫犯罪案件9653件，对扰乱正常防疫秩序的犯罪分子依法判处刑罚。人民法院坚持罪刑法定与疑罪从无等原则，依法宣告511名公诉案件被告人和383名自诉案件被告人无罪，确保无罪的人不受刑事追究。2021年，人民法院通过再审纠正涉企刑事冤错案件30件39人，坚决防止把民事责任变为刑事责任。①

2021年，人民法院通过刑事审判守护人民安宁，针对人民群众深恶痛绝的犯罪加大惩治力度，推动综合治理。一是依法严惩电信网络诈骗犯罪，审结网络传销、网络赌博、非法利用信息网络等犯罪案件9.2万件，审结相关电信网络诈骗犯罪案件7.9万件14.9万人，对“5·09”特大跨境电信网络诈骗案590名被告人判处刑罚，重拳惩治校园贷、套路贷以及利用投资理财等进行的诈骗犯罪；二是加大个人信息安全保护力度，审结侵犯个人信息犯罪案件4098件，同比上升60.2%；三是严厉打击食品、药品“黑作坊”，审结危害食品药品安全犯罪案件6002件；四是依法严惩重大责任事故、校园欺凌、暴力伤医、毒品等犯罪，及时发布司法解释和典型案例，坚决维护人民群众生产生活安全。②

2. 以《最高人民法院关于适用〈中华人民共和国刑事诉讼法〉的解释》深化审判中心

在全面总结我国刑事审判实践的新情况、新问题的基础上，最高人民

---

① 《最高人民法院工作报告（全文）》，载最高人民法院网，https：//www. court. gov. cn/zixun-xiangqing-349601. html，最后访问时间：2022年3月8日。

② 罗莎：《践行为民宗旨 严格公正司法——访最高人民法院分管日常工作的副院长贺荣》，载新华网，http：//www. news. cn/legal/2022-03/01/c_ 1128427967. htm，最后访问时间：2022年3月4日。

法院吸收和把握司法改革的相关要求，发布《关于适用〈中华人民共和国刑事诉讼法〉的解释》（法释〔2021〕1 号，以下简称《新刑诉法解释》），对刑事审判程序的有关问题作了系统规定，是对我国刑事诉讼审判制度的又一次十分重要的改革与完善。《新刑诉法解释》共计 27 章、655 条，是最高人民法院有史以来条文数量最多的司法解释，也是内容最为丰富、最为重要的司法解释之一。《新刑诉法解释》公布施行后，对于人民法院严格依照法定程序正确履行审判职责，规范办案活动，保障诉讼权利，确保修改后《刑事诉讼法》的准确、有效实施，实现惩罚犯罪与保障人权的有机统一，具有重要意义。①

相比 2012 年的刑事诉讼法司法解释，《新刑诉法解释》增加“认罪认罚从宽的审理”“速裁程序”“缺席审判程序”三章，增加 107 条，作了实质性修改的条文超过 200 条。依据以审判为中心的要求，《新刑诉法解释》强化证据裁判原则，细化审理程序，确保庭审在查明事实、认定证据、保护诉权、公正裁判中发挥决定性作用，实现案件裁判的实体公正和程序公正，提高司法公信力。《新刑诉法解释》在落实庭审实质化、明确刑事诉讼中财产权的保护、加强刑事诉讼与监察法的衔接等方面多有建树。

其一，多方面落实庭审实质化发展。一是强化证据裁判要求。依据《新刑诉法解释》第 73 条规定，针对实践中有的案件证据材料移送不全的问题，经法院通知后，检察机关未全部移送证明被告人有罪、无罪、罪重、罪轻的证据材料，导致相关事实存疑的，应当按照有利于被告人的原则作出认定。二是强化庭审中心地位。强化裁判文书说理，要求裁判文书应当写明裁判依据，阐释裁判理由，反映控辩双方的意见并说明采纳或者不予采纳的理由。三是明确死缓二审案件一律开庭审理。进一步贯彻落实两审终审制，完善死刑案件审判程序，保证死刑案件质量。依据《新刑诉法解释》第 393 条，被判处死刑立即执行、死刑缓期二年执行的被告人没有上诉，同案的其他被告人上诉的案件，二审法院也应当开庭审理。

其二，多方面规范涉案财物处理。随着经济社会发展，越来越多的刑事案件涉及财物处理问题，涉案财物的数量也越来越多、价值越来越大，

---

① 《最高人民法院关于适用〈中华人民共和国刑事诉讼法〉的解释》新闻发布会，载最高人民法院网，https：//www. court. gov. cn/zixun-zhuanti-aHR0cHM6Ly93d3cuY2hpbmFjb3VydC5vcmcvYXJ0aWNsZS9zdWJqZWN0ZGV0YWlsL2lkL016QXdOTWd6Z0FNQS5zaHRtbA. html，最后访问时间：2022 年 2 月 24 日。

利益关系也越来越复杂。《刑事诉讼法》并未专门就财产权的保护做相关要求，《新刑诉法解释》增加第十八章涉案财物处理，合计14条，与其他章节充实完善对涉案财物审查、处理、执行的相关规定，要求对定罪量刑和涉案财物处理并重。首先，进一步强化对涉案财物的庭前审查。规定在立案审查阶段，要审查涉案财物是否随案移送并列明权属情况，以及是否有证明相关财物系违法所得或者依法应当追缴的其他涉案财物的证据材料；在庭前会议中，可以就涉案财物的权属情况和处理建议听取意见。其次，进一步强化对涉案财物的当庭调查。《新刑诉法解释》规定在法庭审理过程中，应由公诉人说明情况、出示证据、提出处理建议，并听取被告人、辩护人等诉讼参与人的意见；案外人对涉案财物提出权属异议的，人民法院应当听取案外人的意见，必要时，可以通知案外人出庭。最后，进一步强化对涉案财物的处理执行，并且根据涉案财物集中保管改革，完善了涉案财物执行的相关规定。

其三，多层次做好监察法与刑事诉讼法的衔接。《新刑诉法解释》完善审判程序与监察调查的衔接机制，细化完善违法所得没收程序和缺席审判程序的规定，为新时代反腐败斗争和国际追逃追赃工作提供有力司法保障。一是明确监察调查证据的使用规则，规定了监察机关依法收集的证据材料，在刑事诉讼中可以作为证据使用；对于监察机关收集的证据的审查判断，适用刑事审判关于证据的要求和标准。二是健全审判程序与监察调查的衔接机制。明确监察讯问录音录像的审查规则，规定在法庭决定对证据收集的合法性进行调查时，可以有针对性地播放监察调查讯问的录音录像；明确监察调查人员出庭的有关问题。三是完善违法所得没收程序。四是细化缺席审判程序。

3. 以《人民法院在线诉讼规则》规范在线审判程序

2021年6月最高人民法院发布《人民法院在线诉讼规则》和《人民法院司法改革案例选编（十一）》以促进在线诉讼的规范化运作与推动其可持续发展。“探索构建适应互联网时代需求的新型管辖规则、诉讼规则，推动审判方式、诉讼制度与互联网技术深度融合”是《人民法院第五个五年改革纲要（2019—2023）》确定的重点改革任务。

《人民法院在线诉讼规则》共39条，采取“总分”结构，其一，从总体上明确了在线诉讼的基本内涵、基本原则、法律效力、适用条件等基础性规定；其二，在具体规则中明确了从起诉立案到庭审、执行等主要诉讼环节的程序规范，有效覆盖了诉讼活动的全流程各方面，确保在线诉讼合法规范有序。《人民法院在线诉讼规则》在强调程序规范性和实践操作性的同时，也保留一定的规则弹性，例如设置了兜底条款，将“其他适宜在线审理的案件”包含在内，以及在立案、调解、证据交换、庭审、送达环节，其他诉讼环节均用“等”字涵盖。这些问题还有待进一步探索完善。[①]《人民法院在线诉讼规则》内容涵盖从起诉立案到宣判执行等主要诉讼环节在线程序规则，为各方诉讼主体参与在线诉讼提供明确的程序指引。

在刑事审判方面，依据《人民法院在线诉讼规则》第 3 条，在综合考虑案件情况、当事人意愿和技术条件等因素前提下，可以对“刑事速裁程序案件，减刑、假释案件，以及因其他特殊原因不宜线下审理的刑事案件”“刑事附带民事诉讼执行案件”“其他适宜采取在线方式审理的案件”适用在线诉讼。结合第 37 条的规定，对刑事被追诉人的在线讯问、开庭审理、宣判等，需经公诉人、当事人、辩护人同意，并且根据是否被羁押以确定不同场所进行。此外，证人、鉴定人一般应当在线下出庭，但法律和司法解释另有规定的除外。总体而言，《人民法院在线诉讼规则》主要以民事诉讼规则为主，对于刑事在线诉讼规则的进一步细化，仍有待司法实践的开拓。

配合《人民法院在线诉讼规则》的适用，最高人民法院同时发布的指导性案例，其中，案例 174 是安徽省合肥市中级人民法院探索建设跨部门大数据办案平台，实现减刑假释案件“查、控、管”一网通办。[②]

（三）人民检察院刑事检察的运行概况

2021 年，人民检察制度创立 90 周年。这一年检察系统以高度的政治自觉、法治自觉、检察自觉担当作为，在各项工作取得新进展。2021 年检察系统深入贯彻习近平法治思想，落实“少捕慎诉慎押”的刑事司法政策。并通过全国检察业务应用系统 2.0 的全面应用，加强检察信息化与智能化建设，为未来检察机关数字化发展打下坚实基础。[③]

---

① 《全面规范在线诉讼活动　健全完善互联网司法新模式——相关负责人就〈人民法院在线诉讼规则〉答记者问》，载最高人民法院网，https：//www.court.gov.cn/zixun－xiangqing－309791.html，最后访问时间：2022 年 2 月 19 日。

② 《建设跨部门大数据办案平台　实现减刑假释案件“查控管”一网通办》，载《人民法院报》2021 年 7 月 16 日，第 4 版。

③ 史兆琨：《检察业务应用系统 2.0：让机器做“加法”，人工做“减法”》，载《检察日报》2021 年 11 月 4 日，第 2 版。

1. *以刑事检察助推社会发展*

2021 年，全国检察机关共办理各类案件 363.7 万件，同比上升 20.9%；批准逮捕各类犯罪嫌疑人约 86.8 万人，提起公诉近 174.9 万人，同比分别上升 12.7%和 11.2%，其中占比前四的罪名分别为危险驾驶罪 20%、盗窃罪 11.5%、帮助信息网络犯罪活动罪（以下简称“帮信罪”）7.4%、开设赌场罪 4.8%。与 2020 年相比，起诉涉黑涉恶犯罪下降 70.5%，杀人、抢劫、绑架犯罪下降 6.6%，聚众斗殴、寻衅滋事犯罪下降 20.9%，毒品犯罪下降 18%。受理各级监委移送职务犯罪 2 万余人，已起诉近 1.7 万人，同比分别上升 5%和 8.8%。与国家监委等共同推进受贿行贿一起查，起诉受贿犯罪 9083 人、行贿犯罪 2689 人，同比分别上升 21.5%和 16.6%。依据检察机关 2021 年办案数据，不批捕 38.5 万人、不起诉 34.8 万人，比 2018 年分别上升 28.3%和 1.5 倍。配合辅以公开听证等方式，促进多方形成共识，公安机关提出不同意见、提请复议复核下降 37.4%，被害人不服提出申诉下降 11.2%。2021 年，检察机关将开展羁押必要性审查专项活动作为检察工作的重点之一，对捕后可不继续羁押的，依法建议释放或变更强制措施 5.6 万人，诉前羁押率从 2018 年 54.9%降至 2021 年 42.7%。其中涉企等单位犯罪不起诉率 38%，同比增加 5.9 个百分点。[①]

2021 年，最高人民检察院制定司法解释 19 件，制发指导性案例 8 批 37 件、典型案例 76 批 563 件，持续通过案例与专项工作助推社会的高质量发展。一是从严治理拐卖人口犯罪。司法机关与公安机关协同共同努力，贯彻《中国反对拐卖人口行动计划（2021—2030 年）》，持续开展“打拐”“团圆”行动。2000 年至 2021 年，检察机关起诉拐卖妇女儿童犯罪从 14 458人降至 1135 人，年均下降 11.4%；起诉收买被拐卖的妇女儿童犯罪由 155 人增至 328 人。二是进行常态化依法战疫。深化运用疫情初期发布的 10 批 55 件涉疫典型案例，接续发布伪造疫苗接种证明犯罪等 5 批 24 件典型案例，维护良好防疫秩序，起诉涉疫犯罪 4078 人，同比下降 63.7%。三是落实公益诉讼。立案办理公益诉讼 16.9 万件，其中民事公益诉讼 2 万件、行政公益诉讼 14.9 万件，比 2018 年分别上升 50%、3.6 倍和 37.3%。积极稳妥拓展公益诉讼案件范围，英雄烈士保护法、未成年人保护法、军人地位和权益保障法、安全生产法、个人信息保护法制定修改时，均写入公益

① 《最高人民检察院工作报告（审议版）》，载最高人民检察院网，https：//www.spp.gov.cn/xwfbh/wsfbt/202203/t20220308_ 548080.shtml，最后访问时间：2022 年 3 月 8 日。

诉讼检察条款。四是严惩网络犯罪，全年起诉网络犯罪28万余人，协同推进“断卡”行动，起诉非法买卖电话卡和银行卡、帮助提款转账等犯罪12.9万人，是2020年的9.5倍。①

2. 以检察监督维护公平正义

2021年检察机关监督侦查机关立案和撤案数据同比分别上升；抗诉意见采纳率同比增加15.3个百分点，撤回抗诉率同比减少2.5个百分点，四川等地抗诉意见采纳率达到80%以上。检察机关介入引导侦查同比上升幅度高达70%以上，自行补充侦查上升2.6倍，撤回起诉和无罪判决率都呈下降趋势。②

检察机关发展了检察监督的全面性。为全面维护刑事执行公平公正，最高人民检察院发布《人民检察院巡回检察工作规定》。2021年4月至10月，最高人民检察院在20个省（区、市）部署开展看守所巡回检察试点工作，共发现看守所存在的问题4230个，发出纠正违法通知书565份，检察建议书335份；发现职务犯罪和违法违纪线索62件，已立案侦查4件6人，移送纪委监委线索25件；发现罪犯又犯罪线索2件；发现派驻检察存在的问题763个。截至2021年10月，全国检察机关共开展监狱巡回检察3856次，发现监狱问题30 253个，提出书面检察建议4159个，提出纠正违法3105个，已监督纠正26 653个；发现职务犯罪案件线索682个，已立案查办职务犯罪138人；发现派驻检察存在的问题1062个。并且，自2022年1月起，最高人民检察院将在全国范围内全面推开看守所巡回检察。③

此外，检察系统于2021年年初启动对2018年以来纠正冤错案件全面排查，逐案提出追责意见，最高人民检察院对错误关押10年以上的22件冤错案件挂牌督办，已全部提出严肃追责意见。2018年1月至2021年8月，按照审判监督程序提出刑事抗诉3881件，法院同期审结2720件，其中改判和发回重审2289件，占同期审结数的84.2%。④

应予持续保持关注的是，最高人民检察院决定将自2021年7月1日部

---

① 《2022年最高人民检察院工作报告》，载最高人民检察院网，https://www.spp.gov.cn/spp/ttzgjgzbg/index.shtml，最后访问时间：2022年3月8日。

② 蒋安杰：《全国检察机关刑事检察工作电视电话会议强调　以更优能动履职提升刑事检察工作质效》，载《法治日报》2022年2月15日，第3版。

③ 于潇、单鸽：《巡回检察全面规范运行有了“参考答案”》，载《检察日报》2021年12月28日，第1版。

④ 《2021年度十大检察新闻》，载2022年1月21日最高人民检察院微信公众号。

署开展为期半年的羁押必要性审查专项活动，延至2022年12月31日。案件范围由三类重点案件拓展为全部在办羁押案件。据统计，2021年下半年，诉前羁押率降至40.47%，比上半年下降近5个百分点，比2020年同期下降3个百分点；第四季度诉前羁押率降至36.31%。①

3. *以检察衔接贯彻全流程司法*

其一，为解决“以罚代刑”“不刑不罚”现象、检察监督手段单一等行刑衔接不畅问题，2021年最高人民检察院出台了《关于推进行政执法与刑事司法衔接工作的规定》，共17条以促进与司法行政机关、行政执法机关、公安机关以及监察机关的协调配合。据数据显示，2021年1月至8月，全国检察机关建议行政执法机关移送涉嫌犯罪案件2706件，同比上升5.5%；行政执法机关已移送2390件，同比上升2.2%。②

其二，加强检监衔接，严格贯彻国家监委、最高人民检察院等四部门联合印发的《关于加强和完善监察执法与刑事司法衔接机制的意见（试行）》。据数据显示，2018年1月至2021年11月，全国检察机关共受理各类职务犯罪案件74 869件89 650人，已提起公诉58 122件73 488人，其中对82名原省部级干部提起公诉；对48名外逃和死亡的贪污贿赂犯罪嫌疑人提出违法所得没收申请。值得一提的是，河南省郑州市检察院首次适用缺席审判程序对潜逃境外19年的贪污犯罪嫌疑人程某昌提起公诉。③

此外，在最高人民检察院的推动下，2021年我国检察系统继续推进企业刑事合规的试点改革工作。

二、2021年刑事诉讼法实施的重点

2021年刑事诉讼法的实施紧紧围绕着习近平法治思想的指引而展开，刑事诉讼法的实施重点所涵盖的范围很广，在此，就如下三个方面的情况

① 《最高检决定将羁押必要性审查专项活动延长一年案件范围由三类重点案件拓展为全部在办羁押案件》，载最高人民检察院网，https：//www.spp.gov.cn/spp/xwfbh/wsfbt/202202/t20220218_544918.shtml#1，最后访问时间：2022年2月20日。

② 《最高检发布〈关于推进行政执法与刑事司法衔接工作的规定〉》，载最高人民检察院网，https：//www.spp.gov.cn/sppzdgz202110/t20211011_ 531904.shtml，最后访问时间：2022年2月24日。

③ 王冬、朱玲：《近三年来检察机关受理各类职务犯罪案件7.4万余件8.9万余人》，载正义网，http：//news.jcrb.com/jsxw/2021/202112/t20211209_ 2345256.html，最后访问时间：2022年2月20日。

予以概述。

（一）颁布《法律援助法》，加强人权保障

制定《法律援助法》不仅是全面推进中国特色法律援助制度发展与完善的关键举措，更是利国利民的重大法治工程。[①]《法律援助法》是保障困难群众获得法律援助以维护其合法权益的重要法律制度，对于维护社会公平正义具有重大意义。《法律援助法》的出台，标志着我国人权保障达到了一个新阶段。《法律援助法》分为七章共 71 条，从法律援助的概念与范围、法律援助提供的主体、值班律师法律帮助的相关内容、法律援助的程序、法律援助的保障措等多方面作了全面规定。其中，如下几个方面对于日后法律援助的展开有特别重要的意义，需要我们着重关注。

首先，《法律援助法》扩大了刑事法律援助的范围。一是在刑事诉讼法规定的基础上，将死刑复核案件纳入了强制辩护的范围。二是将普通程序案件也纳入指定辩护的范围，由此受援主体上实现了从特殊主体向一般主体的全覆盖。此处的普通案件在之前草案及论证阶段为“无罪案件”，定稿中改为普通程序案件，无疑这将利好于所有刑事被追诉之人。[②] 三是申诉案件和再审案件被纳入法律援助的范围，当事人本人及其近亲属均可提出法律援助申请。此外，法律援助覆盖人群除了包括经济困难的公民以外，还包括其他特殊群体，例如“英雄烈士近亲属为维护英雄烈士的人格权益”，还有“因见义勇为行为主张相关民事权益”。

其次，加强法律援助队伍的建设。《法律援助法》对特殊案件的法律援助律师设定了准入门槛，依据该法第 26 条，在办理无期徒刑、死刑及死刑复核案件时，提供法律援助的辩护律师要有 3 年以上相关的执业经历。

最后，明确法律援助为国家责任、政府义务，概况性地规定了职权机关应为法律援助提供相应的便利以及保障。这其中应注意的是如何真正建立一个完善的法律援助领导体系或指挥机制，以防止上级对下级法律援助工作的监督变成“软”监督。[③] 并且，尤为重要的是，依据该法第 27 条，办案机关不得以法律援助、值班律师为由，以此限制或者损害刑事被追诉人委托辩护人的权利。这就确立了一个重要的原则——委托辩护优先于法

---

① 樊崇义：《我国法律援助立法与实践的哲理思维》，载《江西社会科学》2021 年第 6 期。

② 陈卫东：《〈法律援助法〉的三点创新》，载《中国检察官》2021 年第 19 期。

③ 樊崇义：《〈法律援助法〉的学习、理解和实施》，载《中国检察官》2021 年第 19 期。

援辩护。[1]

（二）发展企业刑事合规，服务社会治理

服务保障各类市场主体在法治轨道上发展，近年来是刑事诉讼法实施的重要课题之一。2021 年 3 月 12 日，全国人民代表大会通过了《国民经济和社会发展第十四个五年规划和 2035 年远景目标纲要》，强调要全面完善产权制度，要“健全以公平为原则的产权保护制度，依法平等保护国有、民营、外资等各种所有制企业产权。健全产权执法司法保护制度，完善涉企产权案件申诉、复核、重审等保护机制，推动涉企冤错案件依法甄别纠正常态化机制化，畅通涉政府产权纠纷反映和处理渠道”。还特别强调要优化民营企业发展环境，“健全支持民营企业发展的法治环境、政策环境和市场环境，依法平等保护民营企业产权和企业家权益”。据此，在习近平法治思想引导下，我国检察系统继续推进企业刑事合规的试点改革工作，企业刑事合规在刑事诉讼法领域持续受到广泛关注，是 2021 年刑事诉讼法实施的关键之一。

2020 年，因新冠肺炎疫情给民营企业特别是中小民营企业带来很大冲击，不少民营企业甚至处在“生死存亡”的边缘。对此，最高人民检察院形象化地提出要做服务保障民营企业发展的“老娘舅”，办理案件时采“为守法经营而管、为健康发展而究”的政策。[2] 为此，检察机关适时调整工作方向与策略，根据当地实际情况创新开展服务保障企业生存和发展的工作，提高涉企案件办理质量，其中企业刑事合规便为关键的方法。在第一期企业合规试点改革被全国人大常委会认可后，全国人大常委会继而将“平等保护民营企业，促进企业合规经营”列为 2021 年“两会”重点督办建议，交由最高人民检察院主办。[3]

自 2020 年 3 月起，最高人民检察院以“企业犯罪相对不诉适用机制改革”为切入点推动我国企业合规的引入与建设。在办理涉企刑事案件过程中，围绕推进企业合规建设做了一些探索实践，积累了一些经验做法，受

① 顾永忠：《〈法律援助法〉立法历程中的六个重要问题》，载《中国检察官》2021 年第 19 期。

② 《“2021 企业合规国际论坛 · 刑事合规交流研讨会”：为守法经营而管、为健康发展而究》，载最高人民检察院网，https：//www. spp. gov. cnzdgz202107/t20210719_ 524234. shtml，最后访问时间：2021 年 9 月 21 日。

③ 徐日丹：《医治成长“病症”，引导企业扣好“第一粒扣子”——检察机关涉案企业合规改革试点综述》，载《检察日报》2021 年 9 月 1 日，第 1 版。

到相关企业欢迎，也得到当地党委政府和社会各界的认可、支持。2021年3月，最高人民检察院决定扩大试点范围，部署在北京、江苏、广东等10个省份开展为期一年的第二期试点工作。目前，10个省级检察院共选取确定27个市级检察院165个基层检察院作为试点院开展改革，各项相关工作正在稳步推进。这其中，最高人民检察院通过联合全国工商联等九部委发布《关于建立涉案企业合规第三方监督评估机制的指导意见（试行）》致力于建立“检察主导、各方参与、客观中立、强化监督”的第三方监督评估机制，护航企业合规经营、行稳致远。[①] 此外，最高人民检察院发布两批共10个企业刑事合规指导性案例，以进一步加强企业合规改革试点工作，积极推进第三方监督评估机制适用。[②]

然而，如何将相关的经验积累转化为新的企业刑事合规程序与制度的发展“增长点”，如何推进企业刑事合规的规范化和可持续发展乃至日后的创新有待未来解答。

（三）回应民众关切，严惩与预防网络犯罪

中共中央印发的《法治社会建设实施纲要（2020—2025年）》明确提出：全面推进网络空间法治化，营造清朗的网络空间。各地司法机关与公安机关把打击治理电信网络诈骗违法犯罪等网络治理作为深入开展“我为群众办实事”实践活动的一项重要工作，迅速掀起新一轮打击攻势，打击治理工作取得明显成效。

1. 有关网络犯罪的现状与特点

当前网络犯罪呈现如下趋势。一是犯罪案件数量上升迅猛。近年来，检察机关办理网络犯罪案件以年均近40%的速度攀升，2020年达到了54%。特别是战“疫”期间检察机关办理的诈骗犯罪案件中，有1/3是利用网络实施。二是网络诈骗、网络赌博（包括开设赌场罪和赌博罪）高位运行，成为当前主要网络犯罪。黑灰产上游为犯罪集团提供技术工具、收集个人信息，或为导流获客、广告推广；中游实施诈骗或开设赌场等犯罪；下游利用支付通道“洗白”资金，构建起完整黑灰产生态圈。规模庞大的地下黑产密切配合，为网络犯罪持续“输血供粮”，成为网络犯罪多发高发的重

① 徐日丹：《真严管真厚爱，做好服务企业“后半篇文章”》，载《检察日报》2021年6月4日，第1版。

② 《最高检发布第二批企业合规典型案例》，载最高人民检察院网，https：//www. spp. gov. cn/xwfbh/wsfbt/202112/t20211215_ 538815. shtml#1，最后访问时间：2022年2月24日。

要原因。据不完全统计，当前网络诈骗手法多达6大类300多种，而且还在不断“推陈出新”。三是网络犯罪涉及面广，社会影响恶劣。网络犯罪非接触性降低犯罪悖德感和罪恶感、超长的黑灰产业链细化犯罪分工，降低犯罪专业门槛，加之超高的收益，致使一些法律意识薄弱、社会经验不足的人步入犯罪“陷阱”。网络犯罪主体开始向低龄、低学历、低收入“三低”人群发展，一些在校学生、社会务工人员都深陷其中。①

2. 有关网络犯罪治理的司法实务

2021年，网络治理作为司法机关与公安机关的办案重点，职权机关出台了相应的司法文件、公布了多起典型案例与组织了多次专项行动。

其一，最高人民法院、最高人民检察院、公安部联合发布《关于办理电信网络诈骗等刑事案件适用法律若干问题的意见（二）》，进一步明确法律标准，依法严厉惩治、有效打击电信网络诈骗及其关联犯罪。该意见在《关于办理电信网络诈骗等刑事案件适用法律若干问题的意见（一）》的基础上，对于电信网络诈骗犯罪以及涉手机卡、信用卡犯罪等关联犯罪，提出更加明确具体的适用法律依据。该意见共17条，针对司法实践中存在的新的突出问题，如电信网络诈骗犯罪案件及关联犯罪案件的管辖，跨境电信网络诈骗犯罪案件的取证，涉手机卡、信用卡即所谓“两卡”犯罪案件的处理，办理电信网络诈骗犯罪案件的政策适用等问题进行了规定。

其二，最高人民检察院发布《人民检察院办理网络犯罪案件规定》以及10个检察机关推进网络空间治理典型案例。检察机关从“惩”“治”“防”三个层面重点谋划落实网络空间治理。针对重点领域、高发地区、特殊群体，持续加强以案释法，强化风险警示教育；同时推动互联网行业自律和平台治理责任，加强网络领域行政执法和刑事司法衔接联动，协同推进社会共治。《人民检察院办理网络犯罪案件规定》共七章65条，指引检察机关按照刑事诉讼流程规范网络犯罪案件办理；10个刑事典型案例涉及9个罪名，均为当前网络犯罪常见多发罪名。包括诈骗罪、帮助信息网络犯罪活动罪、非法经营罪、非法控制计算机信息系统罪、侵犯公民个人信息罪、组织、领导传销活动罪、敲诈勒索罪、开设赌场罪和贩卖毒品罪。②

---

① 薛永利、谷芳卿：《推进网络空间治理！最高检这场发布会传递强烈信号》，载2021年1月25日最高人民检察院微信公众号。

② 《最高检举行“充分发挥检察职能　推进网络空间治理”新闻发布会》，载最高人民检察院网，https：//www.spp.gov.cn/jqwlfzcz/xwfbh2020.shtml，最后访问时间：2022年2月19日。

其三，公安系统以“全民反诈App”为支点，构建“全民反诈、全警反诈、智慧反诈”工作体系，阻止632万名群众被骗，挽回经济损失923.3亿元。[①] 公安系统深入推进“云剑2021”专项行动，持续开展大案攻坚，组织集群战役，深挖幕后“金主”，严厉打击犯罪分子嚣张气焰。

以广东省为例，广东省公安厅成立了“反诈联勤作战中心”，全省抓获犯罪嫌疑人3070名，破获案件3503起，协助止付银行账户2.3万个，成功止付涉案资金7.78亿元。广东省2021年上半年共破获电信网络诈骗案件1.03万起，同比上升9.92%，抓获犯罪嫌疑人1.17万名，同比上升88.17%，电信诈骗警情同比下降19.14%。全警打防效能明显提升，全社会共治电诈格局初步形成。[②]

3. 有关治理“电诈罪”“赌场罪”“帮信罪”的相关情况

第一，随着司法机关、公安机关、政府部门在社会层面掀起的“全民反诈潮”，电信网络诈骗罪持续高发的势头得到了一定的遏制。2021年1至5月，全国共破获电信网络诈骗案件11.4万起，打掉犯罪团伙1.4万余个，抓获犯罪嫌疑人15.4万名，同比分别上升60.4%、80.6%和146.5%。成功劝阻771万名群众免于受骗，为群众挽回经济损失991亿元。2021年5月，全国共立电信网络诈骗案件8.46万起，与4月相比下降14.3%，案件持续高发的势头得到了一定遏制。[③] 针对信息网络行业，截至2021年11月底，共破获电信网络诈骗案件37万起，抓获犯罪嫌疑人54.9万名。[④]

第二，开设赌场犯罪持续高发，打击与惩治所面临的形势严峻。2021年3月1日生效实施的《刑法修正案（十一）》对《刑法》第303条进行了修改，增加了组织参与国（境）外赌博罪的新规定，涉嫌该罪主要表现为境外赌博犯罪集团以高额回报为诱惑，发展我境内人员成为代理，由代理组织我境内公民赴境外赌博以及为逃避打击将服务器放在境外，借助互

① 《陈一新：全国第一批政法队伍教育整顿取得“四个阶段性成效”》，载2021年6月10日中央政法委长安剑微信公众号。

② 李喆：《广东：推进“全民反诈”警情下降近两成》，载《人民公安报》2021年6月19日，第3版。

③ 《“两高一部”相关部门负责人就〈关于办理电信网络诈骗等刑事案件适用法律若干问题的意见（二）〉答记者问》，载最高人民检察院网，https：//www.spp.gov.cn/xwfbh/wsfbt/202106/t20210622_522041.shtml#3，最后访问时间：2022年2月20日。

④ 《陈一新：常态化扫黑除恶第一年，“十件实事”取得丰硕战果!》，载最高人民检察院网，https：//www.spp.gov.cnzdgz202112/t20211227_539962.shtml，最后访问时间：2022年2月20日。

联网在我境内招赌吸赌，实施网络开设赌场犯罪。江苏检察机关办理的唐某某等9人开设赌场案，被告人在“德扑圈”App内通过平台的分组功能建立了“云巅俱乐部”，招揽赌客利用该款软件在俱乐部内玩德州扑克，在不到1年的时间内，该俱乐部共接受赌客赌资人民币近700万元，严重侵害人民群众财产安全。①

从办案数据上看，全国检察机关2021年1至9月起诉涉国（境）外犯罪（涉外犯罪、涉港澳犯罪）13 329人，其中开设赌场罪1376人，占比10.32%，仅次于偷越国（边）境罪，居第二位。2021年1至9月，全国检察机关起诉开设赌场罪6.3万人，同比上升40%，上升趋势明显。该数据与2018年至2020年三年同期平均办案数相比较，全国检察机关受理审查逮捕2.4万余件5.2万余人，上升22.85%和14.18%；批准逮捕1.8万余件3.6万余人，上升17.79%和6.4%；受理审查起诉近3万件7.4万余人，上升46%和33.26%；提起公诉2.5万件6.3万余人，上升49.27%和45.71%。2021年1至9月，全国检察机关对于开设赌场犯罪共计侦查监督立案369起，纠正漏捕1833人，纠正移送起诉遗漏罪行610人，纠正遗漏同案犯2068人，书面提出纠正侦查活动违法1308件，提出抗诉233件。依据同时段的数据显示，检察机关在办理开设赌场犯罪的案件中，不批准和不予决定逮捕1.4万余人，不捕率28.67%，不起诉4041人，适用认罪认罚从宽制度5.8万余人，占同期审查起诉审结人数的88.37%，一审宣告、判决开设赌场犯罪5.3万余人，其中刑期在三年以下（含3年）人数4.7万余人，占同期法院一审宣告、判决总人数的88.21%。②

陕西省检察院在指导办理“吉瑞彩”网络赌博系列案件中，针对该案由9个基层检察院同时办理的实际，省院加强研究，统一批捕、起诉的证据标准，确保案件办理质量；广东省检察院在指导办理“亚博体育”网络赌博系列案件时，针对该案由9个地市的26个检察院办理的实际，省院通过制定案件办理工作指引、现场观摩庭审指导等方式，确保共计283件重点案件的办理效果。③

---

① 张璁：《检察机关前三季度起诉6万余人　遏制开设赌场犯罪高发态势》，载《人民日报》2021年11月30日，第12版。

② 《最高检举行“依法履行检察职能，从严惩治开设赌场犯罪”新闻发布会》，载最高人民检察院网，https：//www.spp.gov.cn/spp/cyczksdcfz/xwfbh.shtml，最后访问时间：2022年2月20日。

③ 史兆琨：《新型开设赌场犯罪高发，严格依法惩治“不手软”》，载正义网，http：//news.jcrb.com/jsxw/2021/202111/t20211130_ 2341922.html，最后访问时间：2022年3月4日。

第三，依据与诈骗相关的帮助信息网络犯罪活动罪（以下简称“帮信罪”）的犯罪特点，做到惩治与预防并举。随着《刑法》的修改特别是相关司法解释的出台有一定关系，在适用诈骗罪定案较为困难的情况下，对电信网络诈骗的外围犯罪打击力度明显加大，因而“帮信罪”的打击数据在 2021 年到达“小高峰”。

依据深圳市的统计数据，电信网络诈骗犯罪 2019 年是最高发的一年；2020 年，受疫情等因素影响，电信网络诈骗犯罪案件的数量有所下降。但是，随着打击“两卡”行动的开展，“帮信罪”案件激增。从适用“帮信罪”处理的案件数据看，2020 年深圳市全市受理的批捕案件数比 2019 年增长了 53 倍，人数增长了 42 倍。受理的审查起诉案件也有类似的情况，仅 2021 年上半年受理的“帮信罪”审查起诉案件就比 2020 年全年受理的审查起诉案件增长 439.8%。根据相关统计，2021 年上半年，“帮信罪”审查逮捕人数已经跃居检察机关办理刑事案件审查逮捕人数的第二位，仅次于盗窃罪，占全市半年审查逮捕人数的 11.4%。而在审查起诉案件类型中，“帮信罪”人数也提升到了第四位，占全市半年审查起诉人数的 7%。①

依据上海市所提供的数据，帮助信息网络犯罪活动罪受案数量增幅明显，成为网络犯罪占比最高的罪名。同时，网络犯罪整体呈年轻化趋势，受理的审查起诉案件中“90 后”占比 52.0%，是网络犯罪最高发人群。2021 年，上海市检察机关受理网络犯罪案件审查逮捕、审查起诉共计 11 643件 22 881 人，为 2017 年以来之最。②

三、2021 年刑事诉讼法实施的特点

回顾 2021 年刑事诉讼法的实施，主要特点是推进刑事司法公正与提升权利保障的程序与制度施行和推广。在此，我们三方面概括本年度的刑事诉讼法实施特点。

（一）围绕《新刑诉法解释》，形成理论与实践联动

《新刑诉法解释》出台后，触发了司法实务界与理论研究界的大规模与持续性讨论。讨论焦点主要集中在证据制度、辩护权保障、强制措施、认

① 汪林丰：《电信网络诈骗犯罪呈高发态势——深圳市检察院首次发布电信网络诈骗犯罪检察白皮书》，载《检察日报》2021 年 9 月 28 日。

② 林中明、潘志凡：《上海网络犯罪检察白皮书发布》，载《检察日报》2022 年 1 月 8 日，第 1 版。

罪认罚案件审判程序、二审程序等重大领域。在此，选取其中对刑事司法实践影响较大的四方面变化进行分析。

1.《新刑诉法解释》焦点之一：并案审理与分案审理

《新刑诉法解释》对管辖的规定主要延续了原有司法文件的规定并作了一定完善。在司法实践中如何适用，以及在立法上如何完善，仍需探讨。有关管辖的讨论集中在分案审理与并案审理等问题。《新刑诉法解释》第220条，重申同案同审的一般原则，要求分案审理应当以有利于保障庭审质量和效率为前提，强调分案审理不得影响当事人质证权等诉讼权利的行使。特别是，审理过程中，必要时可以传唤分案审理的共同犯罪或者关联犯罪案件的被告人等到庭对质。对于分案起诉的共同犯罪或者关联犯罪案件，人民法院经审查认为，合并审理更有利于查明案件事实、保障诉讼权利、准确定罪量刑的，可以并案审理。在该司法解释的制定过程中，“有意见建议明确分案审理或者并案审理的具体操作事宜”，最高人民法院经研究认为“相关问题可以在司法实践裁量把握”。①

此前，司法实践中存在分案随意、过度，对辩方程序权利保障不足等问题，其中处理难度最大且亟待规制完善的是有组织犯罪案件的分案审理。有组织犯罪案件审理，具有人员众多、罪行多样、关联性紧密，以及须查明组织状态与框架等特点。有组织犯罪刑事案件的合并与分离应考量案件关联性的性质与强度，保障司法公正、效率及当事人权利，且注意司法能力约束。相关类似案件中，应妥当处理对组织、领导者及骨干成员的审理方式，慎重对待认罪认罚案件的分案审理；同时应注意分案时的审判组织构成与裁判协调，加强分案问题上的诉审协调并确认法院的审理决定权，需利用庭前会议解决相关证据与程序问题。对于他案被告人在本庭陈述，仍应视为被告人供述而非证人证言。②

2.《新刑诉法解释》焦点之二：有关律师自行调查的补充与完善

律师的调查与收集相关证据是《刑事诉讼法》中明确规定的基本权利，一方面在职权机关已经搜集到的证据的范围内，律师可进行相应的查阅、摘抄与复制。另一方面对于尚未在职权机关搜集范围内的证据，辩护律师既可在法律的框架内自己进行调查，亦可申请职权机关调取。然而现行法

① 《刑事诉讼法解释》起草小组：《〈关于适用刑事诉讼法的解释〉的理解与适用》，载《人民司法》2021年第7期。

② 龙宗智：《有组织犯罪案件分案审理问题研究》，载《法学研究》2021年第3期。

律框架内，辩护律师的自行取证面临多重风险。一方面，依据《刑事诉讼法》第43条规定，律师自行取证需经法院或检察院许可且以被害人及其近亲属、被告人提供的证人同意，如此一来，可能对案件结果有影响的证据因欠缺同意而无法获得，影响司法公正。另一方面，《刑法》第306条伪证罪高悬于每位律师头顶，律师自行调查往往风险很大，造成律师调查取证的困境。

《新刑诉法解释》第58条、第59条与第60条规范为辩护律师调查取证权提供了相对完整的保障。这三条解释是递进式的关系。首先，依据第58条，人民法院认为确有必要的，应当签发准许书。应予注意的是，该条中的“法院认为确有必要”，不该成为否认律师自行调查权的限制条件，只要证人证言或者单位所掌握的情况对于定罪量刑有重大影响的，法院都应当认为确有必要并为此应当同意。其次，第59条规定因证人或者有关单位、个人不同意律师相关取证，经申请后，人民法院认为确有必要的，应当同意调取。该条堵住了此前因有关单位、个人“不同意”而无法取证的漏洞。最后，第60条规定实际上相当于律师自行取证权的另一种保障，对申请律师调查的证据，不适宜的情形下由法院调取。总体而言，《新刑诉法解释》第58~60条作为保障律师调查取证的组合条款，是推动刑事诉讼法律师调查取证往前进的很重要的一步。

3.《新刑诉法解释》焦点之三：委托辩护优于指定辩护

《新刑诉法解释》第51条规定：“对法律援助机构指派律师为被告人提供辩护，被告人的监护人、近亲属又代为委托辩护人的，应当听取被告人的意见，由其确定辩护人人选。”该规定明确了当同时存在委托律师和法援律师时应当征求被告人意见并让被告人自行确认的规则，在很大程度上尊重了被告人的自主选择权。但是，该规定没有承认委托律师优于指派律师的原则，应当说是一大缺憾。新近出台的《法律援助法》第27条作出规定：“人民法院、人民检察院、公安机关通知法律援助机构指派律师担任辩护人时，不得限制或者损害犯罪嫌疑人、被告人委托辩护人的权利。”应该说，这一规定标志着我国法律正式确立了委托辩护应当优先法援辩护的重要原则。[①] 然而，《法律援助法》第27条与《新刑诉法解释》第51条还有待实践进一步落实。

---

① 顾永忠：《论“委托辩护应当优先法援辩护”原则》，载《上海政法学院学报》2022年第1期。

4.《新刑诉法解释》焦点之四：庭前会议阶段对控方证据的实质审查

《新刑诉法解释》第232条规定："人民法院在庭前会议中听取控辩双方对案件事实、证据材料的意见后，对明显事实不清、证据不足的案件，可以建议人民检察院补充材料或者撤回起诉。建议撤回起诉的案件，人民检察院不同意的，开庭审理后，没有新的事实和理由，一般不准许撤回起诉。"这个新规定所针对的主要是在法院经庭审后讨论并决定作无罪判决之后，检察院才迟迟提出撤诉的请求。因为此时若以撤诉方式结案，便意味着法院此前为无罪判决而做出的诸多"额外"工作完全变成了一种司法资源的浪费。这一新的规定如果能充分发挥其作用，有助于促进控审之间的有效制约关系以及防止滥诉，并且在庭前对控方证据展开实质审查的前提下，亦可进一步杜绝检察院在审判过程中以证据不足为由撤回起诉的做法。①

（二）各地发挥主动精神，推动刑事司法的深化发展

如前所述，企业刑事合规的试点时各级检察院在最高人民检察院的统一部署下，依据各地不同的情况，各自探索不同的适用路径。各地的刑事诉讼实施中的具有地方特色的探索和做法，还体现在多个方面。

2021年浙江省宁波市检察院在浙江省率先出台《宁波市检察机关认罪认罚案件控辩协商同步录音录像规定（试行）》，为2021年最高人民检察院出台《人民检察院办理认罪认罚案件听取意见同步录音录像规定》提供了可推广的参照。各地的有效积极经验，作为日后推广的窗口，持续推动刑事程序的发展与完善。

移动微法院一般适用于民商事案件，宁波微法院运用移动微法院对一起没有羁押必要性的轻微刑事案件进行在线庭审，拓宽了移动微法院在刑事领域的适用。该案中，因刑事被追诉人罪行较轻、社会危害性不大，案发后一直被办案机关采取取保候审的强制措施。考虑到案件受疫情影响等实际情况，在符合《人民法院在线诉讼规则》第3条规定"因其他特殊原因不宜线下审理的刑事案件可以适用在线诉讼"的前提下，承办法官在征询了公诉人、被告人、辩护人的意见后，决定采用移动微法院对本案进行

① 孙远：《论庭前会议环节对控方证据的实质审查——以新〈刑诉法解释〉第232条为中心》，载《上海政法学院学报》2022年第1期。

开庭审理并当庭宣判。该案是在线刑事庭审的一次重要尝试。①

此外，《人民法院在线诉讼规则》中提出的非同步审理机制也是一种新型的在线诉讼尝试。在该制度尚未被适用“激活”时，也仅仅是一种可能性，而当该条文开始运行时，便能挖掘其在刑事程序中的可能性限度。成都、苏州等人民法院纷纷围绕在线异步质证展开了相应的探索。② 由地方到全国，再由民事到刑事都需地方身先士卒，以此推动刑事法治的不断发展。

在一些地方实施刑事诉讼法的探索中，注重权利保障的创新尤为引人关注。继 2020 年宁夏回族自治区在全区将律师辩护全覆盖试点向前延伸到检察机关审查起诉阶段，2021 年 8 月，浙江省金华市检察院探索审查起诉阶段律师辩护全覆盖试点工作，检察院联合金华市司法局出台了《开展审查起诉阶段律师辩护全覆盖试点工作方案》，在浙江省范围内率先探索试行审查起诉阶段律师辩护全覆盖。2021 年 5 月，厦门市人民检察院与司法局共同制定的《关于开展外国人和港澳台地区犯罪嫌疑人刑事案件审查起诉阶段律师辩护全覆盖工作的意见》。这些探索，可以为全国范围今后不断拓展刑事辩护向审查起诉阶段全覆盖提供经验。

四、2021 年度刑事诉讼法实施中的问题及建议

我国刑事诉讼实践在 2021 年取得了显著成绩，然而，也应关注存在的问题。只有对存在的问题有清醒的认识，找到其原因，才能有效地解决问题，推动刑事诉讼实践的不断发展。我们在此从如下四方面对问题进行分析。

（一）拓宽刑事诉讼与诉源治理的衔接，落实习近平法治思想

习近平总书记高度重视社会矛盾纠纷的多元化解和源头治理，强调“法治建设既要抓末端、治已病，更要抓前端、治未病”。③ 中央深改委第十八次会议审议通过了《关于加强诉源治理推动矛盾纠纷源头化解的意见》，强调“加强矛盾纠纷源头预防、前端化解、关口把控，完善预防性法律制

---

① 《宁波中院首次利用移动微法院对一起轻微刑事案件进行远程庭审并当庭宣判》，载 2022 年 1 月 15 日宁波市中级人民法院微信公众号。

② 江苏省苏州市中级人民法院、苏州市虎丘区人民法院联合课题组：《异步质证机制在民商事案件中的适用研究——以江苏省苏州市虎丘区人民改革试点为样本》，载《中国审判》2021 年第 9 期。

③ 习近平：《坚定不移走中国特色社会主义法治道路，为全面建设社会主义现代化国家提供有力法治保障》，载《求是》2021 年第 5 期。

度，从源头上减少诉讼增量”，这对刑事诉讼法的实施在强化矛盾纠纷源头治理、增强多元解纷效能等方面提出了新的更高要求。

1. 对于多元化解决纠纷机制在刑事领域的关注仍然不够

目前，依据《中国法院的多元化纠纷解决机制改革（2015-2020）》法院在民事等方面推进多元化纠纷解决的发展与深化。然而在刑事领域，关注仍然不够，在该文件中，只提及了最高人民法院、司法部在安徽合肥召开刑事案件律师辩护全覆盖和律师调解试点工作推进会，并未指明其他方向。

“检察机关践行新时代‘枫桥经验’，重在化解矛盾、案结事了，不能止于程序结案。”近年来，按照最高人民检察院的要求，检察机关立足法律监督职能，以“案结事了人和政和”为司法价值目标，运用法治思维和法治方式，积极化解社会矛盾纠纷，为助力国家治理体系和治理能力现代化建设贡献了司法智慧和检察方案。“提前告知风险、降低抗诉期待，坚持检群面谈、平衡利益诉求，强化法检沟通、寻求多赢共赢”的“以和促解”工作机制，专门设立“以和促解工作室。”① 遗憾的是，目前仍未看到检察机关在刑事领域就诉源治理更大范围的有力举措。

2. 应扩大诉源治理在应对醉驾犯罪等刑事案件中的适用

依据全国检察机关主要办案数据，2021 年第一季度“醉驾”稳坐第一大罪，检察机关起诉 74 713 人，同比上升 1.1 倍；数量远超起诉人数 45 662 人的第二名盗窃罪。② 危险驾驶罪近年来成为“第一大罪”，每年将 30 万左右的人贴上罪犯标签并使之承担过重的犯罪附随后果，这无论对于国家、社会还是对该罪案的个人及其家庭来说，都是巨大损失，属于司法和个人的“两败俱伤”。③

醉驾虽是轻罪，最高刑仅为拘役，但行为人一旦被定罪就会被“标签化”，需承担除刑罚外的附随后果。并且依据目前司法实务的数据所显示，

---

① 徐日丹：《情法兼顾，倾力“案结事了人和政和”》，载《检察日报》2021 年 1 月 1 日，第 1 版。

② 周斌：《最高检数据：今年一季度“醉驾”稳坐第一大罪》，载法治网，http://www.legaldaily.com.cn/index_article/content/2021-04/23/content_8490830.htm，最后访问时间：2021 年 10 月 8 日。

③ 周光权：《论刑事一体化视角的危险驾驶罪》，载《政治与法律》2022 年第 1 期。

醉驾入刑的规制效果呈边际效益递减趋势。[①] 由此，不应再沿用此前治理“醉驾”的思路。诉源治理强调在党的领导下，秉持以人民为中心的治理理念，从“治标”转为“治本”，通过全域治理、多元治理、共享治理，实现案件矛盾风险的全息化解，有效推动犯罪治理体系和治理能力现代化。[②] 在治理“醉驾”中如何实现诉源治理，是个亟待解决的问题。

（二）重视法律共同体的发展，合力促成人权保障的实质化提升

2015 年 12 月，中共中央办公厅、国务院印发的《关于完善国家统一法律职业资格制度的意见》，将我国法律职业人员范围界定为具有共同的政治素养、业务能力、职业伦理和从业资格要求，专门从事立法、执法、司法、法律服务和法律教育研究等工作的职业群体。当今中国的法律职业共同体是由法官、检察官、律师以及法学家等从事法律事业所组成的法律职业群体。习近平总书记强调，“全面推进依法治国，建设一支德才兼备的高素质法治队伍至关重要。”[③] 在刑事诉讼领域，打造一支高素质的政法队伍以合力促成刑事法治的发展，应重视如下方面。

1. 保障法律共同体的权利，有效维护其合法权益

法律职业共同体的人身安全保障问题已经不容忽视。法官、检察官、律师等群体作为承担化解纠纷的一线人员，长期以来面临着不可忽视的职业风险，甚至人身安全遭受威胁，而刑事诉讼领域所提供的保障仍不充分，并且，对于唤起整个社会对于法律职业共同体的尊重与关照也存在较大的缺位。

应尽快重视法律职业共同体的人身安全，并加快相应机制的建立。例如建立并强化保障法官人身安全的事先预防机制，设立法官、律师等安全威胁评估数据库，将有安全风险的案件和当事人录入数据库，并加强法律从业人员对于人身安全风险识别方面的培训。除此之外，也应建议设立专门的法律从业人员人身安全保障基金及保险，作“兜底式”的人身安全

① 王美鹏、李俊：《“醉驾”入刑十年的反思与治理优化——以浙江省 T 市和 W 市检察机关办理案件为分析样本》，载《人民检察》2021 年第 18 期。

② 王敏远：《“醉驾”型危险驾驶罪综合治理的实证研究——以浙江省司法实践为研究样本》，载《法学》2020 年第 3 期。

③ 习近平：《加快建设社会主义法治国家》（2014 年 10 月 23 日），载《求是》2015 年第 1 期。

保障。[①]

2. 加深法律职业共同体的认同感，合力促成人权保障的实质化提升

习近平总书记深刻指出，律师队伍是依法治国的一支重要力量。毫无疑问律师是法律共同体的重要一环，与法官、检察官等从事法律的工作者共同构成了专业的法律职业队伍。目前全国律师已超过51万人，律师事务所3.4万多家，广大律师认真履职尽责，已经成为全面依法治国的一支重要力量。[②] 在法律共同体中，刑事辩护律师相对而言处于弱势地位，其权利以及其在实践中履行职责，都有赖于职权机关的保障，尤其是司法机关的维护。[③]

2021年，检察系统从严监督纠正执法司法人员侵犯律师执业权利1770件，同比上升84.8%。[④] 围绕更好发挥律师在服务和保障民生等方面重要作用目标，以解决律师在参与诉讼中面临的困难问题为着力点，一些地方进行了积极探索。浙江省检察院联合浙江省司法厅、浙江省律协研究制定了《关于深化检律协作构筑新型检律关系的意见》，从“彼此尊重、相互监督、平等相待、正常交往、良性互动”五个维度对新型检律关系进行精准诠释。在该规范性文件的指引下，检律关系持续深化，协作领域进一步拓宽，不断取得新的工作成效。截至2021年11月15日，全省律师提交网络在线阅卷服务申请57 880件，已完成网络在线阅卷服务32 318件。据省检察院第十检察部（控告申诉检察部）主任朱世洪的介绍，按照律师阅卷跑一次3小时计算，网上阅卷举措已为律师同行节约96 954小时。[⑤]

总体而言，刑事辩护在2021年得到了不断发展，然而是否达到“有效辩护”或者“有效帮助”则不无疑问。以刑事值班律师为例，值班律师理

---

① 花蕾：《2021年度十大典型案例之四：湖南高院女法官周春梅遇害案》，载《中国审判》2022年第1期。

② 《〈最高人民法院　司法部关于为律师提供一站式诉讼服务的意见〉暨律师服务平台上线新闻发布会》，载最高人民法院网，https://www.court.gov.cn/zixun-xiangqing-284221.html，最后访问时间：2022年2月19日。

③ 王敏远、胡铭、陶加培：《我国近年来刑事辩护制度实施报告》，载《法律适用》2022年第1期。

④ 《2021年检察机关从严监督纠正执法司法人员侵犯律师执业权利1770件，同比上升84.8%》，载最高人民法院网，https://www.spp.gov.cn/spp/ttzgjgzbg/202203/t20220308_548064.shtml，最后访问时间：2022年3月8日。

⑤ 王春、阮家骅：《深化良性互动“听见律师声音”——浙江检察机关努力建设“检律关系标杆省份”》，载《法治日报》2022年2月16日，第3版。

应有《刑事诉讼法》第 37 条辩护律师的权利，但是《法律援助值班律师工作办法》公开宣示值班律师“见证化”功能，在第 10 条第 2 款规定：值班律师有量刑异议时，只要其认可犯罪嫌疑人认罪认罚的自愿性，就应在具结书上签字。而要改变现状，“实质性参与”应是目前完善值班律师制度的基本方向。[①]

（三）围绕“司法+互联网”模式，发展规范的科技助力司法的可持续道路

习近平总书记指出，推进国家治理体系和治理能力现代化，信息是国家治理的重要依据，要发挥其在这个进程中的重要作用。[②] 我国《新一代人工智能发展规划》在谈及推进社会治理智能化时，明确提出：建设集审判、人员、数据应用、司法公开和动态监控于一体的智慧法庭数据平台，促进人工智能在证据收集、案例分析、法律文件阅读与分析中的应用，实现法院审判体系和审判能力智能化。我国在“数字法治”与“智慧司法”领域积极探索，走在世界的前列，但迅速发展的司法人工智能逐渐暴露出一些问题，亟待从司法以及科技领域进行解决。

1. “数字法治”与“智慧司法”发展的瓶颈及困境

第一，我国智能智慧司法逐渐暴露出了相关技术缺乏法律的有效规制问题，数据垄断、算法黑箱等问题在刑事司法领域同样存在。针对刑事司法人工智能的既有评估多为实务部门的自我评价，对智慧审判、法院信息化建设进行的第三方评估则缺乏对于刑事司法人工智能的专门关注。例如刑事案件智能辅助办案系统在公检法三机关之间实现互联互通，有助于强化配合、弱化制约，加剧本已失衡的控辩关系，降低当事人权利的保障水平。[③]

第二，目前智能智慧司法的发展可持续性不强，发展“后劲不足”的现象阻碍了智能智慧司法的进一步应用。

第三，目前缺乏相应规范以对运用技术作为载体或是方式的电子证据进行有效审查，相应的规范仍是框架性的，并且主要审查内容是相关性和

---

① 贾志强：《回归法律规范：刑事值班律师制度适用问题再反思》，载《法学研究》2022 年第 1 期。

② 《习近平：在网络安全和信息化工作座谈会上的讲话》，载央广网，http：//news. cnr. cn/native/gd/20160425/t20160425_ 521980060. shtml，最后访问时间：2022 年 2 月 22 日。

③ 李训虎：《刑事司法人工智能的包容性规制》，载《中国社会科学》2021 年第 2 期。

可靠性，[①] 而证据的合法性审查处于边缘化状态。例如，新近出台运行的《人民法院在线诉讼规则》对于证据的审核只进行了概括性地规定，该规则第21条第2款规定：在线询问的适用范围和条件参照在线庭审的相关规则。

2. 构建“司法+互联网”发展模式，以推动“数字法治”“智慧司法”的可持续发展

面对世界范围内“法律+科技”融合发展的制度竞争态势，我国应以固本强基促制度发展，以实现习总书记所指示的“提升国际话语权和规则制定权”。[②] 未来应按照“构建智能社会的法律秩序”这一重要命题，要以法治的理性、德性和力量引领和规制智能科技革命，让智能化系统更加安全可控、科技运用更合乎伦理法理，使之成为促进社会有序发展、共享发展、公平发展、开放发展、和谐发展的生产力基础。[③]

为此，首先应澄清“互联网司法”的理念误区，转而构建“司法+互联网”理念。这并不是文字游戏，而是为了表明司法本就应该占主导地位，互联网等其他的技术革新都是在为司法服务。“互联网司法”是司法实务者所总结的一个“中国特色、世界领先”的“互联网司法新模式”的概念。[④] 尽管现代科学技术为案件的侦查、起诉、审判等带来的便利和高质量办案的效果，的确应该肯定。然而，若将法院等作为互联网的附属，则会导致很多问题。更为重要的是应对互联网等技术引入赋权理念和技术正当程序，通过法律规范予以制约，并通过机制推动“司法+互联网”模式的有益经验可持续发展，成为未来司法实践中的主流。

（四）提升企业刑事合规的试点效应，推动相关法律的完善

企业刑事合规试点两年后，最高人民检察院为此制定了相关的规定，并发布两批共10个企业刑事合规指导性案例，以进一步加强企业合规改革试点工作，“企业犯罪相对不诉适用机制改革”“检察主导、各方参与、客观中立、强化监督”的第三方监督评估机制等改革初见成效。企业刑事合规的进一步发展应以规范和可持续为目标，即需要在积极评估的基础上，

---

① 马国洋：《论刑事诉讼中人工智能证据的审查》，载《中国刑事法杂志》2021年第5期。

② 此为2019年10月24日习近平在中共中央政治局集体学习“区块链技术发展现状和趋势”时提出的要求。转引自刘品新：《论区块链证据》，载《法学研究》2021年第6期。

③ 张文显：《构建智能社会的法律秩序》，载《东方法学》2020年第4期。

④ 代小佩：《互联网司法，中国已从跟跑走向领跑!》，载《科技日报》2021年6月18日，第3版。

提升其中有益的经验，并“上升”为法律的规定。

如何积极推进企业刑事合规，既需要总结试点工作中具有可复制、可推广的经验，也需要依据刑事实体法和刑事程序的基本原理与原则，例如确定不同职权部门的职权界限及遵循分工负责、互相配合、互相制约的原则，提升权利保障以及确保律师等相关主体充分且有效参与。与此同时，企业刑事合规制度的构建也应遵循刑事一体化的要求，以期将企业刑事合规构建成为预防和打击犯罪并举、惩罚与挽救同行的程序与制度。

撰稿专家

王敏远，浙江大学文科领军人才、教授、博士生导师。现为中国刑事诉讼法学研究会副会长、中国廉政法制研究会副会长、最高人民检察院专家咨询委员、最高人民法院案例指导专家委员会委员、中国残疾人联合会法律顾问、公安部治安咨询专家、浙江省人民检察院专家咨询委员，享受国务院政府特殊津贴；2016 年获中国法学会优秀科研成果奖；参与全国人大常委会法制工作委员会组织的与司法相关的多部法律的立法草案研究工作，主持多项国家社科基金重大项目、重点项目和中央政法委等部门委托课题。

第七章　2021年诉讼法实施报告

2021年民事诉讼法实施报告*

唐东楚

报告要旨

本年度中国民事诉讼法的实施，可谓高潮迭起、精彩纷呈，且必将载入史册。本年度的《民事诉讼法》修正，是我国民事诉讼法历史上第一次经过专项试点改革优化后的修法行动，开启了“先试后改、边改边立、立施协同”的先河；本年度最高人民法院在宣布两个“一站式”多元解纷和诉讼服务体系已经基本建成的同时，又根据党中央的要求，启动了完善四级法院审级职能定位的试点改革，贯彻了党的十八大以来“顶层设计+试点先行”的法律改革重要方法论。本年度民事诉讼法实施的重点是繁简分流试点改革取得预期成果并且修正了《民事诉讼法》，亮点是两个“一站式”以及跨域立案、在线诉讼、在线调解等在常态化“抗疫”中持续发力。本年度民事诉讼法实施的主要特征是：（1）系统集成效应明显，《民事诉讼法》开启了“试点——优化——修正”的专项修法先河；（2）诉源治理成效

---

* 本报告沿袭上年度（2020年）民事诉讼法实施报告的框架，不再包括民事执行的内容，只针对民事诉讼的立案、审判、调解等相关内容。尽管本报告在个别事实的陈述上，仍然不免与本书的民法、商法、知识产权法、环境法等其他部门法实施报告，以及司法改革、执行工作、互联网法治理、涉外法专题报告等，存在一定的交叉和重叠，但是角度和侧重点始终围绕民事诉讼的程序效能而展开。本报告写作过程中，中南大学法学院硕士研究生高松琼、章灵诗、王佳燕、汤毅婷、万刚、肖世瑾、陆梦晴、孙鑫、储石为等同学，参与了资料收集与讨论分析工作。特此致谢！

显著，民事诉讼日益融入多元化纠纷“解决”与“化解”的社会治理体系之中；（3）在秉承“服务”“保障”“便民”“绿色”的同时，民事诉讼的部分领域呈现出专业化、集中化、类型化等特征；（4）线上运行日益成为民事诉讼法实施的重要途径。本年度民事诉讼法实施的主要问题是：审判重心下沉给基层法院增加的压力，需要多措并举提升审判质效；《民事诉讼法》与《民法典》的“民事一体化”衔接协调尚需推进；电子诉讼制度尚需深化，以回应互联网司法与司法智能化的时代挑战与技术机遇。

核心建议

1. 尽快完成《民事诉讼法》与《民法典》的全面衔接与协调统一。

2. 多元化纠纷解决与化解以及提高审判质效，要向系统集成要效益；在民事诉讼中要坚决反对“和稀泥”式的调解或审判，使得调解与审判二者相得益彰。

3. 继续推进深化电子诉讼制度的改革创新。

一、本年度民事诉讼法实施的基本情况

本年度是中国共产党建党100周年，是国家“十四五”规划开局、开启全面建设社会主义现代化国家新征程的第一年，也是人民法院推进落实第五个“五年改革纲要”的关键之年。人民法院“一站式”多元解纷和诉讼服务体系，在历经两年建设后已经基本建成；《民事诉讼法》在繁简分流立法试点的基础上，进行了有史以来第一次经过试点改革后的专项修正，开启了“先试后改”“立施协同”的修法先河；与此同时，本年度又开启了全国四级法院审级职能定位的立法改革试点。这些都得力于本年度全国司法机关在实施民事诉讼法的各项措施中，坚持以习近平新时代中国特色社会主义思想为指导，深入学习习近平法治思想，认真贯彻党的十九大和十九届历次全会精神，在司法为民中对“民诉何以为民”“民诉以何为民”的不懈追求与坚守。

（一）全国各省法院案件受理数在总体上升的同时，年度同比增幅渐趋减低，个别省份如山东的案件受理数仍然出现较大的负增长

继续得力于这几年诉源治理、多元化纠纷解决与化解的成效，以及民事诉讼程序繁简分流试点改革的集成效应等，本年度在去年全国法院受理一审民商事案件数量出现 15 年以来第一次下降“拐点”的基础上，[①] 各省法院的所有案件受理数在总体上升的同时，收案数增幅渐趋降低。通过北京等 9 个省（直辖市）的 2019～2021 连续三年的收案数同比增减百分比（详见表 1），可以看出，除了北京市法院收案数在上年度出现了较大的负增长（-14.7%）后，在本年度又同比增长了 22.8%之外，其他如江苏、浙江、河南、福建几个上年度出现负增长的省份，尽管有社会经济的发展带来收案总量不可避免的增长因素，但是总体呈现出增长势头放缓的趋势：其中，江苏省的“反弹”同比增幅仅为 1.1%；作为案件大省的广东，虽然还没有出现收案数的同比负增长，也是一路从 2019 年度的同比增幅 24.8%，降到了本年度的 4.9%；在全球新冠肺炎疫情形势依然严峻、全国“抗疫”进入常态化的情况下，个别省份如山东的案件受理数，仍然出现了较大的负增长（-11.3%）。而且，这种普遍放缓的同比增长幅度，还包含了本年度年底最高人民法院开展整治年底不立案专项行动所带来的，相比以往年度收案数更多的“额外增长”因素在内。与 2020 年同期相比，本年度 11 月 29 日至 12 月 17 日，全国法院新收案件数增长 71.8673 万件，同比增长 93.80%。[②] 可见，两个“一站式”的诉讼服务，以及诉源治理、诉前调解等纠纷的多元化解决与预防式化解等，已经取得了较好的效果。

---

① 参见唐东楚：《2020 年民事诉讼法实施报告》，载江必新主编：《中国法治实施报告 · 2021》，人民法院出版社 2021 年版，第 335 页。

② 参见孙航：《最高人民法院提出整治年底不立案“四个严禁”》，载《人民法院报》2021 年 12 月 29 日，第 1 版。

表1　9省（直辖市）法院近三年收案数同比增减百分比①

序号	地区	2019年	2020年	2021年
1	北京市	9.9%	-14.7%	22.8%
2	浙江省	-5.0%	-9.2%	2%
3	江苏省	4.3%	-10.4%	1.1%
4	河南省	17.3%	-6.3%	7.7%
5	福建省	8.4%	-3.1%	5.0%
6	山东省	11.9%	11.8%	-11.3%
7	甘肃省	11.6%	-2.0%	11.8%
8	云南省	15.1	5.0%	10.5%
9	广东省	24.8%	9.7%	4.9%

根据最高人民法院在全国法院整治年底不立案的新闻发布会上发布的数字，自2021年1月1日至11月15日，全国法院共受理案件3051.7万件，② 同比2020年同期，新收案件数量增长10.8%；与2019年同期相比，新收案件增长3.8%，两年平均增长1.9%；结案2391.9万件，结案数增长6.9%。案件审理平均用时67.2天，同比缩短4.6%。可见，在诉源治理带来新收案件数增幅放缓的同时，人民法院的审判质效得到明显提高，这主要得力于民事诉讼程序繁简分流的改革试点成功，以及在线诉讼、在线调解以及智慧法院的建设成果，使得“简案快审”“云法庭”“云调解”等审判调解“零接触”“不掉线”成为现实。

（二）重点是繁简分流试点改革取得了预期成果，并且在讨论优化的基础上修正了《民事诉讼法》

始于2020年年初的民事诉讼程序繁简分流改革试点工作，是全国人大常委会授权最高人民法院开展的重大立法改革试点任务，对于优化司法资源配置、完善民事诉讼规则意义重大。经过在北京、广东等15个省（自治

① 该表格中的受理案件数都是根据各省（直辖市、自治区）高级人民法院，向同级人大所作的2021年度工作报告的数据统计而成，没有区分和剔除刑事、行政、国家赔偿以及执行案件的收案数，但是从民商事一审案件在受理案件总数中约占一半以上的大致估算，仍然可以看出本年度民商事收案数的变化趋势。

② 这个数据与2022年1月10日全国高级法院院长会议上公布的2021年全年各级法院受理案件3351.6万件，因为统计时间不同而略有不同。

区、直辖市）20 个城市的 305 家人民法院，为期两年的试点与优化完善，本次繁简分流立法试点改革取得了预期成果，并且在本年度年底对《民事诉讼法》进行了第四次修正，新增 7 个条文，修改调整 26 个条文；在这所有 33 个条文中，有 13 个条文的修改是为了与《民法典》的表述衔接相一致，另外 20 个条文的修改则是本次繁简分流改革试点工作即将结束时，基于实效并进行讨论优化完善之后，而作出的专项修正；修正后的内容自 2022 年 1 月 1 日起施行。实践充分证明，党中央的决策部署和全国人大常委会的立法改革试点授权决定是完全正确的。

首先，本次修法体现了“先试后改”的方法论与“资源有限”的价值观。与以往繁简分流、分调裁审等司法系统内部的改革所不同的是，本次民事诉讼程序繁简分流的试点改革，是立法层面的专项修正（而非全面修订），是党的十八大以来重要改革方法论的实践运用，即“制定方案——立法授权——试点先行——修改法律”，是一个经过顶层设计后“先试后改”“边改革边完善”“立法与实施相统一”的修法过程。其中包含了试错测压、成效检验、风险评估等，从一开始就没有指望，也并未固执于“一试就行”或者“一试就灵”。[①] 本次修法既不是对预期方案的照单全收，也不是在司法公共资源的配置上做简单的加减，而是在“做大蛋糕”的同时，认识到司法资源在特定时间内总量增长的有限性，从优化配置的角度“切好蛋糕”，始终贯彻了“系统集成”的理念。这也是共和国历史上，首次以先行试点的方式专项修改民事诉讼法。

其次，本次修法是建立在试点改革取得实效的基础上优化完善而成的。本次试点改革在合理拓宽司法确认程序适用范围、加大小额诉讼程序适用力度、完善简易程序适用规则、有序扩大独任审判适用范围、加强和规范在线诉讼、充分保护当事人的程序选择权等方面取得了预期的效果。除与《民法典》相关规定表述衔接一致的内容外，其余内容的修正都是试点成果的固化与优化。

仅从“优化司法确认程序”任务的试点成效看，试点法院诉前委派调解化解纠纷成功的数量大增，但是受理司法确认数、裁定确认调解协议有效数，则被控制在合理的增幅范围之内。从试点开始到本年度的前三季度，即 2020 年 1 月到 2021 年 9 月，试点法院诉前委派调解纠纷 325.05 万件，

① 参见何帆：《2021 年修正民事诉讼法评述（附新旧条文对照）》，载 2021 年 12 月 24 日微信公众号“法影斑斓”，最后访问时间：2022 年 2 月 26 日。

成功化解 113.97 万件，纠纷的诉前化解率达到 35.06%。在诉前委派调解成功化解的纠纷数中，2020 年试点后的全年为 54.34 万件，相比 2019 年试点前全年的 33.95 万件，超过了 60%；而本年度的前三个季度的数量为 59.63 万件，是试点前 2019 年全年的 1.76 倍，比试点后的 2020 年全年，也要高出 9.7%。也就是说，如果按照正常的增数比例预测，本年度全年诉前委派调解成功化解的纠纷案件数，有可能会达到试点前 2019 年的两倍半。尽管司法案例的增长，并不能按照单纯的数学计算来加以预测，但是从司法的实践理性来看，诉前调解成功的案件数，在修正民事诉讼法后还会有望拥有更大的增幅空间。在这种情况下，试点改革前后申请司法确认的调解协议案件数量，也并没有像人们当初担心的那样“激增”，而是维持在一个相对合理的增幅之内：试点以来申请司法确认的诉前调解案件，仅仅占到全部诉前委派调解案件数量的 7.6%。[①] 这主要得力于，在试点前，法院仅能对人民调解委员会达成的调解协议进行确认，且只能由人民调解委员会等调解组织所在地的基层人民法院受理司法确认。但是，在试点后，除了人民调解外，法院还可以对包括行政调解、行业调解、专业调解、商事调解及律师调解等特邀调解，所达成的调解协议进行确认。调解协议所涉纠纷应当由中级人民法院、专门人民法院管辖的，则可以向相应的中级人民法院、专门人民法院提出。特邀调解制度在扩大司法确认程序适用范围的同时，充分发挥了调解解决、化解纠纷的功能，构建起了“大调解”格局，同时也方便了当事人及时对接调解协议的司法确认。这种特邀调解、司法确认管辖法院的拓展与优化，经过《繁简分流改革试点授权决定》《繁简分流改革试点实施办法》《民事诉讼法（修正草案）》《修改民事诉讼法的决定（草案）》，最后固化在全国人大常委会第三十二次会议于 2021 年 12 月 24 日通过的《全国人民代表大会常务委员会关于修改〈中华人民共和国民事诉讼法〉的决定》第 15 条，即重新排序后的 2021 年《民事诉讼法》第 201 条之中，同时取消了《民事诉讼法（修正草案）》及其之前关于专门人民法院对于调解协议司法确认案件管辖权的规定。

最后，本次修法承前启后、系统集成，本身也是本年度民事诉讼法实

① 以上包括以下关于繁简分流改革试点成效的原始数据，除特别注明的以外，均来源于人民法院新闻传媒总社发布的《数说民事诉讼程序繁简分流改革试点成效》，载最高人民法院微信公众号网，转载澎湃新闻，https：//www.thepaper.cn/newsDetail_ forward_ 14994791，最后访问时间：2022 年 2 月 26 日。

施的最为重要的内容之一。不仅拓展优化了诉前委派调解以及调解协议司法确认，而且还取得了以下积极可观的实施效果：一是激活了小额诉讼程序。其适用率从试点前的5.7%，上升至本年度前三季度的20.74%，平均审理期限27天，差不多为一般简易程序案件平均审限的一半，再审发改率仅为万分之一左右。二是使得简易程序“简、快、灵”的制度优势充分发挥。各试点法院的简易程序适用率达到65.11%，平均审理期限47天，较法定审限差不多缩短一半。三是独任审判的适用范围有序扩大。一审独任制适用率达到89.78%，二审独任制适用率达到36.32%，其中一审普通程序有将近1/10的案件适用了独任制审理，而且一审适用独任制的案件上诉率仅为7.23%，独任制上诉二审案件发改率仅为0.63%，也就是说一百个一审独任制的案件里提起上诉的，只有不到七个；而这些上诉的案件中二审发回改判的，一百个里都不到一个；而在二审中适用独任制的案件，其提起再审的比率仅为1.48%，而再审改判或者发回重审的比率仅为0.08%。可见试点后，独任制审理的案件质量指标，在一定程度上还要优于合议制审理的案件。四是在线诉讼应用规模和质量不断提升。试点法院在线立案率59.83%，在线立案593.2万件。在线庭审占所有庭审的近30%，在线诉讼应用规模和质量不断提升。电子送达2869.45万次。网上开庭66.07万件，平均庭审时长54分钟，较线下庭审缩短47%。

以上民事诉讼程序繁简分流改革试点的实施成效，不仅与本次改革的顶层设计及实施办法有关，也与试点前就已经开始而且一直不曾中断的“分调裁审”改革，以及“多元调解+速裁”机制等多元化纠纷解决与化解、诉源治理等密切相关，还与本年度启动的四级法院审级职能改革有关。比如北京全市法院，简易程序平均审理期限不到法定审限的一半，基层法院调解成功与速裁结案41.19万件；山西全省法院，建立速裁审判团队154个，综合运用小额诉讼、简易程序等方式审理案件8.47万件，一审案件简易程序适用率达79.71%；云南全省法院，小额诉讼和简易程序平均审理期限分别比法定审限缩短38天和49天，办结速裁快审案件16.68万件；广西全区法院，诉前调解纠纷110 447件，适用简易程序审结案件415 640件，78.7%的一审案件通过简易程序快速办结；广东全省法院，86.3%的民商事一审案件以简易程序、小额程序审结，办案周期缩短一半；山东全省法院，小额诉讼程序使用率 24.1%，简易程序使用率 90.9%，等等。[①] 这些，无一不在“数说”繁简分流立法改革试点的成效，这些成效也并非一朝一夕或者一个试点改革能成，而是综合了多方面民事诉讼法实施的集成效应。

（三）亮点是两个“一站式”以及在跨域立案、在线诉讼、在线调解等在常态化“抗疫”中持续发力

通过 2020~2021 年度各个省份（直辖市、自治区）的民商事案件审结数量以及同比增幅的对比（详见表 2），可以发现，本年度各个省份审结民商事案件的数量普遍在 40 万件到 60 万件左右，只有个别面积小、人口少、地方偏、经济不那么发达的省份，比如海南只有 17.19 万件、青海只有 7.96 万件、西藏则只有 3.86 万件；而相对较高的省份，如安徽有 84.4 万件、江苏有 94.3 万件，唯独只有广东超过了 100 万件，达到一审民商事案件审结 135.8 万件的“一骑绝尘”，在俗称的“北上广”的发达地区中比北京与上海的总和还要多。可见，民商事案件的数量与人口数量、经济发展是成正比的，反之亦然。而在本年度一审民商事审结案件的同比增幅中，除了发达地区的上海、广东增长率相比 2020 年度而言，分别只有 7.1%、11.6%，以及青海因为相对缓慢只有 14.7%之外，其他省份（直辖市）都超过了 20%以上，黑龙江省甚至高达同比增长 35.4%。[②]

表 2　9 省（直辖市）法院 2020~2021 年一审民商事案件审结数对比[③]

（单位：万件）

序号	省市、年份	2020 年	2021 年	增加审结数	增长率
1	北京市	44.3851	53.1819	8.8068	20%
2	江苏省	78.1000	94.3000	16.2000	21%
3	上海市	53.9000	57.7000	3.8000	7.1%
4	安徽省	69.2307	84.4025	15.1718	21.91%

① 以上关于北京、山西、云南、广西、广东全省（直辖市、自治区）的小额诉讼、简易程序适用率等原始数据，均可见各省（直辖市、自治区）高级人民法院院长向各自“两会”所作的工作报告。

② 除了表 2 所列数据之外，本年度所有各省（直辖市、自治区）一审民商事案件审结案件数的原始数据或同比增幅，均可见各省（直辖市、自治区）高级人民法院院长向各自“两会”所作的工作报告。

③ 该表格中的一审民商事案件审结数都是根据各省（直辖市）高级人民法院向同级人大所作的 2021 年度工作报告的数据统计而成。

续表

序号	省市、年份	2020 年	2021 年	增加审结数	增长率
5	湖南省	51. 4000	62. 1000	10. 7000	21%
6	陕西省	37. 4300	46. 7500	9. 3200	25%
7	海南省	12. 0608	14. 5504	2. 4896	20. 64%
8	青海省	6. 9351	7. 9571	1. 0220	14. 7%
9	黑龙江省	45. 7000	61. 9000	16. 2000	35. 4%

习近平总书记提出要“把非诉讼纠纷解决机制挺在前面”,① 是适应新时代我国社会主要矛盾变化，推动社会治理创新的重要论断与重大理论创新，为推动多元化纠纷化解体系建设，促进国家治理体系和治理能力现代化，指明了方向，提供了根本遵循。自 2015 年全国法院诉讼服务中心建设推进会召开以来，各地法院围绕系统化、信息化、标准化、社会化建设要求，积极推动多元化纠纷解决机制建设和诉讼服务中心提档升级，创造了多元解纷化解和诉讼服务的“中国经验”。本年度因为全球新冠肺炎疫情依然严峻，但是因为两个“一站式”的建设建成，以及跨域立案、在线诉讼、在线调解在常态化的“抗疫”中持续发力，可谓亮点纷呈、贯穿始终。

首先，在线诉调对接机制的构建与深化。10 月 13 日，最高人民法院与中国中小企业协会就《关于建立中小企业领域矛盾纠纷在线诉调对接机制合作备忘录》举行了签约仪式，正式建立中小企业领域矛盾纠纷在线诉调对接机制。

其次，诉讼服务的“一站式”平台和举措。1 月 10 日，中共中央印发了《法治中国建设规划（2020-2025 年）》并发出通知，提出要全面建设集约高效、多元解纷、便民利民、智慧精准、开放互动、交融共享的现代化诉讼服务体系；加快推进跨域立案诉讼服务改革，2022 年年底前实现诉讼服务就近能办、同城通办、异地可办。1 月 14 日，最高人民法院召开新闻发布会，联合司法部共同发布《关于为律师提供一站式诉讼服务的意见》暨律师服务平台上线，为律师提供 35 项在线诉讼服务。1 月 22 日，最高人民法院印发《关于为跨境诉讼当事人提供网上立案服务的若干规定》的通知，依托通过中国移动微法院为跨境诉讼当事人提供网上立案服务。2 月 1

① 《践行习近平法治思想　推进非诉讼纠纷解决机制建设》，载中国法院网，https：//www. chinacourt. org/article/detail/2020/12/id/5682731. shtml，最后访问时间：2022 年 4 月 7 日。

日，最高人民法院联合人民网、中国法院网共同举办跨域立案服务全覆盖全媒体访谈。即日起，跨域立案服务在全国四级法院实现全覆盖，当事人可以就近选择一家中基层法院或者人民法庭，申请对四级法院管辖的案件提供跨域立案服务。[①] 2 月 20 日，最高人民法院举行人民法院调解平台应用成效暨《中国法院的多元化纠纷解决机制改革报告（2015-2020）》新闻发布会，系统介绍在线多元调解的应用成效和人民法院多元化纠纷解决机制改革成果。3 月 4 日，最高人民法院召开新闻发布会，宣布人民法院一站式多元解纷和诉讼服务体系（即两个“一站式”）基本建成，标志着诉讼服务迈入现代化发展新阶段。“一站式建设的核心是最大限度消除当事人的诉讼不便”，诉讼服务大厅、诉讼服务网、12368 诉讼服务热线、巡回审判这四种渠道相互融合、连为一体的诉讼服务格局基本形成，“让老百姓打官司只进一个门、最多跑一次、可以不用跑”。[②] 7 月 21 日，最高人民法院“一站式”国际商事纠纷多元化解决平台，在国际商事法庭网站上线启动试运行。该平台的建成，实现了国际商事法庭诉讼机制与调解、仲裁机制的在线对接和信息共享，将形成协同效应，有力推动国际商事纠纷多元化解决机制的落地见效显著。8 月 24 日，最高人民法院在全媒体新闻发布厅发布《建设智慧法院　促进绿色发展　成效分析报告》，从服务人民群众、服务审判执行、服务司法管理三个方面，分析了智慧法院应用，相较传统线下方式对于减少出行、降低能耗、减少碳排、节约纸张、节省成本等方面的成效显著。9 月 28 日，最高人民法院发布《关于深化人民法院一站式多元解纷机制建设推动矛盾纠纷源头化解的实施意见》，其在总结提炼近年来人民法院参与诉源治理实践成果的基础上，对推动一站式多元解纷向基层延伸、向社会延伸、向网上延伸、向重点行业领域延伸，健全预防在先、分层递进、专群结合、衔接配套、全面覆盖、线上线下的一站式多元解纷机制作出部署，促进矛盾纠纷多元化解、一网通调。10 月 18 日，最高人民法院印发《关于加快推进人民法院调解平台进乡村、进社区、进网格工作的指导意见》，通过人民法院调解平台的“三进”，推动矛盾纠纷村村可解，使得人民法院调解平台变得更加“接地气”，有了更多“乡土味”。

---

① 全国四级法院实现跨域立案服务全覆盖，被人民法院报编辑部评为“2021 年度人民法院十大新闻”之一。

② 参见孙航：《人民法院一站式多元解纷和诉讼服务体系基本建成》，载《人民法院报》2021 年 3 月 5 日，第 1 版。一站式多元解纷和诉讼服务体系基本建成，被人民法院报编辑部评为“2021 年度人民法院十大新闻”之一。

再次，在线诉讼与在线调解规则的建立与平台的“并联”。1月21日，最高人民法院发布《关于人民法院在线办理案件若干问题的规定（征求意见稿）》向社会公开征求意见的公告。6月17日，最高人民法院在全媒体新闻发布厅发布《人民法院在线诉讼规则》。12月28日，国务院台办与最高人民法院合作，正式启用在“人民法院调解平台”建立的涉台纠纷诉调对接机制，为两岸同胞提供多元调解、司法确认、登记立案等高质量、一站式、全流程在线化解纠纷服务。12月30日，最高人民法院审判委员会全体会议审议并原则通过人民法院在线运行规范性文件，其与《人民法院在线诉讼规则》《人民法院在线调解规则》一起，共同构成互联网时代在线开展法院工作、提供在线司法服务的规则体系，对于加快构建中国特色、世界领先的互联网司法模式具有重要意义。12月30日最高人民法院发布的《人民法院在线调解规则》，系首部指导全国法院开展在线调解工作的司法解释。

最后，相关的研究基地与主题论坛也相继成立、举办，在全球疫情防控的司法保障方面不断发出“中国声音”。5月26日，最高人民法院与中国人民大学揭牌共建了人民法院纠纷解决研究基地。6月2日，最高人民法院与上海交通大学揭牌共建了人民法院矛盾纠纷源头治理研究基地。6月17日，“多元解纷机制及治理现代化”主题论坛在浙江丽水举行，提出要在坚持创新发展新时代“枫桥经验”，要将多元化纠纷解决机制建设置于社会治理现代化的大局中进行谋划和推进，依托人民法庭促进基层社会治理，为中国特色的纠纷解决和治理模式贡献更多的“中国方案”，推动中国成为全球治理体系中的重要参与者和践行者。11月25日，由最高人民法院、最高人民检察院、科学技术部、司法部、中国科学院、中国工程院联合举办的“区块链在司法领域应用研讨会暨信息技术与法治建设科学与技术前沿论坛”在最高人民法院举行。11月29日，中华人民共和国二级大法官、北京市高级人民法院院长寇昉出席中国—上合组织国家地方法院大法官论坛，就“非诉讼为主的纠纷多元解决机制”作专题发言。12月3日，第五届中新法律和司法圆桌会议专题研讨中，最高人民法院院长周强就“在线诉讼规则”议题作专题发言。

总之，本年度全国各级法院运用近年来“智慧法院”的建设成果，大力开展远程立案、网上审判，做到“立案不打烊”、审案“走云端”，把疫情带来的负面影响降到了最低。而且在后疫情时代的大背景下，广泛应用“非接触式”诉讼，不断开展在线庭审、网上调解等，不断拓展电子卷宗、智能阅卷、文书生成、上诉移转等智能应用，是“互联网+”司法模式的不断革新，也是深化民事诉讼体制改革的必然要求。

二、2021 年民事诉讼法实施的主要特征

本年度民事诉讼法实施的主要特征是：系统集成效应明显，《民事诉讼法》开启了“先试后改”的专项修法先河；诉源治理成效显著，民事诉讼日益融入多元化纠纷解决与化解的社会治理体系之中；在秉承“服务”“保障”“便民”“绿色”的同时，民事诉讼的部分领域呈现出专业化、集中化、类型化的特征；线上运行日益成为民事诉讼法实施的重要途径。

(一) 系统集成效应明显，《民事诉讼法》开启了“试点—优化—修正”的专项修法先河

与以往历史上我国民事诉讼法修正“未试先改、先改后施”所不同的是，本年度的《民事诉讼法》修正，是边实施、边完善、边优化，最后再体现为繁简分流改革修法成果的专项修正典范，而不仅仅是传统意义上没有先行立法改革试点授权、没有顶层设计指导、没有专项修法任务的“讨论加完善式”的修法活动。本次立法改革试点，与之前已经启动而且正在进行的多元化纠纷解决与化解体系建设、智慧法院建设、分调裁审、在线诉讼与在线调解、四级法院审级职能定位的立法试点改革等，相互影响、相互促进，呈现了明显的系统集成效应，开启了《民事诉讼法》“先试后改”的专项修法先河。

本年度是民事诉讼繁简分流改革试点的第二年，也是固定优化该成果于《民事诉讼法》修正的收官之年。在 2 月 27 日周强院长向全国人大常委会作《关于民事诉讼程序繁简分流改革试点情况的中期报告》之后，最高人民法院即按照审议意见，启动了配合立法机关修改民事诉讼法的工作。经过反复研究论证、广泛征求意见，于 2021 年 10 月提出修法议案和修正草案，最终于年底由全国人大常委会作出了关于第四次修正《民事诉讼法》的决定。

此次民事诉讼繁简分流改革试点是对之前《民事诉讼法》部分规定的突破和创新，核心任务在于通过充分发挥试点对全局改革的示范、突破、带动作用，为完善民事诉讼制度、修改民事诉讼法“先试先行”。比如对独任制的扩大适用，在立法授权试点改革之初，就将相关的《民事诉讼法》条款明确为“调整适用”，突破了独任制过去对于“一审”的审级依赖，以

及对“简易程序”的程序依赖，最后将其扩展到中级人民法院二审程序中的当事人合意选择适用，以及一审程序中的普通程序。同时，在修正后的《民事诉讼法》第 42 条，列举了 6 种情形不得适用独任制的负面清单；还在第 43 条规定了当事人对独任制的异议、审查、裁定救济，以及转由合议庭审理的机制。这样就优化了审判组织，推进了审判资源的优化配置和充分利用。而且本次修法充分体现了全过程的民主性，真正做到了立法的科学性，并非对最高人民法院提交的《民事诉讼法（修正草案）》的“照单全收”。当初修正草案在中级人民法院的二审适用独任制时还并列规定了“专门人民法院”，但是在最后修改决定时却删除了这种不太合适的表达。其他还有，一是在修改决定中删除了司法确认中作为调解协议制作主体的“依法任职的调解员”的表述，将当初《民事诉讼程序繁简分流改革试点实施办法》规定的“人民调解委员会、特邀调解组织或者特邀调解员”进行了限缩和优化，即人民法院邀请的调解组织也必须是“依法设立的调解组织”，这就为未来的多元化纠纷解决机制立法预留了空间，事实上在实践中的试点法院，绝大部分地区的调解员都加入了依法设立的调解组织，极少以个人名义主持达成调解协议的；二是将修正草案中当事人合意适用小额诉讼的程序的上限额度，由各省（直辖市、自治区）上年度就业人员平均工资的三倍降低为两倍；三是恢复了修正草案中原本基于不因当事人对立程度和主观认识差异影响程序适用的考虑，当初打算删除作为简易程序适用条件之一的“争议不大”，使得该“争议不大”的适用条件在简易程序和小额诉讼的程序中得以“一体化”地保留；四是新增了修正草案之前从未涉及过的简易程序审限延长的规定：“有特殊情况需要延长的，经本院院长批准，可以延长一个月”，等等。

尤其是上述关于简易程序审限延长的“临时增加”，粗看似乎开了“简案快审”的历史倒车。因为改革试点前的《民事诉讼法》第 116 条一直都没有关于简易程序审限延长的规定，为什么在“繁简分流、简案快审”的试点改革之后，在之前包括修正草案在内的所有法律文件都没有涉及的情况下，反而在最后的修改决定中竟然增加规定简易程序的审限可以延长一个月呢？这就是本次修法与试点改革、法院实践所寻求的“最大公约数”。因为 30 年前我国《民事诉讼法》关于审限的规定，本来就是基于“繁案精审”的模式设计的，但是当时全国法院一审民商事案件数量还不到 200 万件，而现在已经是当初的 10 倍，已经将近 2000 万件，而且现在我国法院的审判效率早就已经处于世界的“第一方阵”，现在的审判实践也并非当初想象的“审完一个，再审下一个”，早就已经是交替开展调解、送达、阅卷、审查、庭审、宣判等活动的“并线作业”或者“多线作业”了。所以，本次修法规定简易程序的审限可以延长 1 个月，不仅不是开历史的倒车，反而是在案件“分流”上另辟蹊径、保持主动的明智之举。因为只有这样，才不至于仍然停留在简易程序审限不可延长的老路上“空转程序、平均用力”。[①] 当初最高人民法院基于最大程度地践行“以人民为中心”即“民诉为民”的理念，并未将审限改革纳入本次改革试点，反而在其提交的民事诉讼法修正草案第 169 条中，将小额诉讼案件的审限，从以前的 3 个月缩减为 2 个月，同时规定“有特殊情况需要延长的，经本院院长批准，可以延长一个月”，这些规定最后已被固化在修正后的 2021 年《民事诉讼法》第 168 条之中。

与本年度民事诉讼程序繁简分流立法试点专项改革相配套的是，6 月 16 日，最高人民法院发布了《关于进一步健全完善民事诉讼程序繁简分流改革试点法院特邀调解名册制度的通知》。同时，针对四级法院审级职能定位不清、案件过滤分层功能不足等问题，按照关于加强审级监督体系建设的决策部署，经深入调研论证，最高人民法院向中央提交了相关改革方案稿。中央深改委于本年度 5 月审议通过了《关于完善四级法院审级职能定位的改革方案》，并于 6 月由中央司法体制改革领导小组印发。第十三届全国人大常委会第三十次会议于 8 月 20 日作出《关于授权最高人民法院组织开展四级法院审级职能定位改革试点工作的决定》，授权最高人民法院在本院和 12 个省、直辖市组织开展为期 2 年的立法改革试点。

9 月 17 日，最高人民法院印发了《关于调整中级人民法院管辖第一审民事案件标准的通知》，大幅调高了中级人民法院管辖第一审民事案件受案起点金额：当事人住所地均在或者均不在受理法院所处省级行政辖区的，中级人民法院管辖诉讼标的额 5 亿元以上的第一审民事案件；当事人一方住所地不在受理法院所处省级行政辖区的，中级人民法院管辖诉讼标的额 1 亿元以上的第一审民事案件；战区军事法院、总直属军事法院管辖诉讼标的额 1 亿元以上的第一审民事案件。本通知自 10 月 1 日起施行。

9 月 27 日，最高人民法院印发了《关于完善四级法院审级职能定位改

---

① 参见何帆：《2021 年修正民事诉讼法评述（附新旧条文对照）》，载 2021 年 12 月 24 日微信公众号“法影斑斓”，最后访问时间：2022 年 2 月 26 日。

革试点的实施办法》，自10月1日起启动为期两年的改革试点。[①] 本年度民事诉讼程序繁简分流改革试点尚未结束，另一场关于四级法院审级职能定位的立法改革试点又已经启动，真可谓大幕拉开、高潮迭起、精彩纷呈。该办法涉及民事诉讼的内容，主要包括：第一，审判重心下沉，完善民事案件级别管辖标准，大幅调高第一审民事案件的管辖标的额；第二，完善案件提级管辖机制，明确“特殊类型案件”[②] 的识别标准和“自下而上流转”的操作流程；第三，改革再审程序，完善有限再审的制度设计，调整再审申请原则“上提一级”的规定，完善向最高人民法院申请再审的标准和程序；第四，完善最高人民法院审判权力运行机制，完善再审申请初步审核机制、跨审判机构的合议庭组成机制、专业法官会议机制和案件审理方式。

完善四级法院审级职能定位是一项系统工程，必须确保各项改革举措配套协同、相得益彰、形成合力。经立法授权，《关于完善四级法院审级职能定位改革试点实施办法》第1条即开宗明义，要求“在实现审判重心进一步下沉的同时，推动将涉及重大国家利益、社会公共利益和具有普遍法律适用指导意义的案件交由较高层级法院审理，逐步实现基层人民法院重在准确查明事实、实质化解纠纷；中级人民法院重在二审有效终审、精准定分止争；高级人民法院重在再审依法纠错、统一裁判尺度；最高人民法院监督指导全国审判工作、确保法律正确统一适用”。该办法并且对特殊类型案件的审核识别、审判组织的组成人员、新设程序的监督管理、法律分歧的协调解决，作出了新的更高要求。

当然，法律的条文修正是一回事，修正后的条文在实践中的落地又是一回事。所以12月28日，最高人民法院印发了关于认真学习贯彻《全国人民代表大会常务委员会关于修改〈中华人民共和国民事诉讼法〉的决定的通知》（法〔2021〕341号），在第一时间要求各级人民法院准确把握民事诉讼法修改决定的精神和内容，积极应对修法对民事审判工作带来的影响变化，配套完善相关工作机制，加强基础设施建设，优化平台系统，调配人力资源，确保民事审判工作在修法前后有序衔接、平稳过渡，将体现人

---

① 四级法院审级职能定位改革试点启动，被人民法院报编辑部评为“2021年度人民法院十大新闻”之一。

② 实践中一些具有规则意义或可能存在“诉讼主客场”现象的案件，因受诉讼标的额等因素影响，不能进入较高层级法院审理范围。

民利益、反映人民愿望、维护人民权益、增加人民福祉贯穿于新法推进实施的全过程。

（二）诉源治理成效显著，民事诉讼日益融入多元化纠纷“解决”与“化解”的社会治理体系之中

作为社会治理的手段之一，民事诉讼的目的最终是无讼。民事诉讼作为“多元”纠纷解决与化解体系中的核心“一元”，并不是人民法院受理或者审判的民商事案件越多越好，而是凭借诉讼或者审理裁判这一纠纷解决的“最后一道防线”，通过其核心示范或者支持保障的作用，使得调解、仲裁、协商谈判等非诉讼纠纷解决机制充分发挥其各自的功能与作用，共同实现社会治理能力与治理体系的现代化。本年度在诉源治理的政策指导下，传承创新新时代的“枫桥经验”，诉前调解成效显著，繁简分流试点改革后的民事诉讼法修正也将调解协议的司法确认进行了优化，民事诉讼日益融入多元化纠纷“解决与化解”的社会治理体系之中。

本年度加强与中央有关部门“总对总”在线诉调对接机制建设，逐步形成了以人民法院调解平台为主干，知识产权、商事纠纷、证券期货等类型化纠纷解决平台为支干的在线多元解纷平台体系。11月23日，最高人民法院在全媒体新闻发布厅举行的全国法院整治年底不立案新闻发布会的数据显示，诉前调解成效显著：本年度1月1日至11月15日，全国人民法院调解平台共入驻调解组织5.8万个，调解员22.8万人，调解案件873.8万件，同比增长36.94%，月均调解75.9万件。其中，诉前调解成功468.1万件，同比增长53.12%。平均每个工作日就有4.26万件纠纷在平台进行调解，每分钟就有47件纠纷在诉前被成功地调解。在省份法院层面，本年度山东省诉前成功调解44.2万件，同比上升33.7%，全省人民法庭结案37.2万件，占一审民商事案件的38.6%；青海省诉前成功调解8928起，成功率达64.17%；湖北省调解案件30.67万件，调解成功率达72.41%；湖南省设立1518个诉源治理工作站，诉前调解纠纷33.8万件，万人成讼率全国最低。各省不论是调解组织和调解人员的数量，还是调解案件的数量，都有较大幅度的增长，这说明诉源治理的成效是比较显著的，非诉讼纠纷解决机制逐渐走向成熟，越来越多的人愿意选择调解“解决与化解”纠纷。

北京市海淀区人民法院大力推进一站式多元解纷工作，汇聚代表委员调解、律师调解、高校法律援助等多元力量，以“身份公信”“专业公信”“知识公信”凝聚司法公信，快速化解矛盾纠纷，满足人民群众多样诉讼需

求。1月20日，北京法院国际商事纠纷一站式多元解纷中心在北京四中院挂牌成立。5月20日，北京房山法院多元解纷诉调对接中心正式启用，与房山区司法局矛盾纠纷多元调解中心无缝对接，形成“一站两中心”多元解纷诉调对接建设平台。9月18日，北京市通州区人民法院举办北京环球度假区一站式多元解纷中心揭牌仪式，现场发布了《北京环球度假区一站式多元解纷中心工作方案》。上海法院近年来充分运用现代化信息技术，打造了“一个平台+法院诉调对接中心窗口和司法局非诉讼争议解决中心入驻法院调解窗口+人民调解、专业调解、法院调解3支队伍+一系列制度规范”的“1+2+3+X”诉源治理新格局，取得显著成效。重庆市高级人民法院4月22日联合重庆市公安局、重庆市司法局出台了《关于全面建立“一庭两所”矛盾纠纷联调机制的意见》，进一步加强人民法庭与派出所、司法所之间的协作配合，整合力量、集中化解发生在街镇、乡村的矛盾纠纷。同时，重庆高院出台了《全面设立“人民法院老马工作室”扎实推进一站式多元解纷机制建设工作方案》，统领驻院调解力量参与纠纷化解工作。云南高院4月出台《进一步加强和规范立案诉服工作的二十条措施》丰富多元立案，全省法院在诉讼服务中心设立“诉调对接中心”“调裁对接中心”，整合多种非诉解纷资源入驻法院，同时还将诉讼服务和多元解纷触角延伸至社区、村寨等基层组织。江西法院近年来积极建立“法院+工会”劳动争议诉调对接机制，下发《关于在全省开展“法院+工会”劳动争议诉调对接工作的通知（试行）》，并在此基础上推进“法院+N”模式，法院与工会、人社局、司法局、检察院、律师协会联合建设劳动争议诉调对接、多元化解机制，使得劳动争议预防、协商、调解、仲裁和诉讼，相互协调、有序衔接、一站解决。① 本年度江西省高级人民法院大力推进一站式多元解纷和诉讼服务体系建设，同时与江西省司法厅等13个部门建立常态化协调对接机制，共同推动道交、金融、医疗等纠纷的诉源治理体系建设，促进行业解纷能力提升，服务当地产业发展需求、重大项目建设、营商环境优化等中心工作。四川法院则将非诉讼纠纷解决机制挺进民族地区，打造民族地区法院“石榴籽”调解品牌建设，共建立调解室117个，贯彻落实习近平总书记“各

① 参见陈慧、王白如、陈佳：《“法院+工会”高效化解劳动争议》，载《新法制报》2021年9月2日，第1版。

民族就要像石榴籽一样仅仅抱在一起”的指示精神。[①]

人民法庭是人民法院最基层的单位，是化解矛盾纠纷、服务人民群众的第一线。截至2021年6月，全国法院实际运行的人民法庭有10 145个。9月15日，最高人民法院举行新闻发布会，发布《〈关于推动新时代人民法庭工作高质量发展的意见〉暨案例选编（一）》，该意见自9月22日起实施，将传统的便于当事人诉讼、便于人民法院行使审判权的“两便原则”，加上“便于人民群众及时感受到公平正义”的原则，从而提出了新时代人民法庭高质量发展的“三便原则”。10月，山东省高级人民法院出台《人民法庭加强多元解纷和诉讼服务实施办法》，围绕基层社会治理、诉前调解等方面提出12条措施，推进人民法庭多元解纷和诉讼服务水平提升。

实践已经证明，而且必将继续证明：中国特色一站式多元纠纷解决和诉讼服务机制是解决“案多人少”矛盾，从源头上减少诉讼增量，从根本上预防和化解矛盾纠纷的有效之举、关键之举、制胜之举。

（三）在秉承“服务”“保障”“便民”“绿色”的同时，民事诉讼的部分领域呈现专业化、集中化、类型化特征

本年度的民事诉讼法实施，“服务”“保障”“便民”“绿色”，在最高人民法院和最高人民检察院出台的司法文件、工作活动，以及全国的实践中，继续成为高频词或者关键词。

第一，与《民法典》正式施行带来的民事诉讼新气象。自本年度第一天起即开始正式实施《民法典》，各地涌现出实施民法典的“第一案”“首例案”，比如自甘风险案、婚前重大疾病信息披露案、英烈民事检察公益诉讼案、“无烟列车”公益诉讼案等。1月10日，全国高级法院院长会议部署了本年度的人民法院工作，发出了“十大强音”，其中就包括民事审判要大力弘扬社会主义核心价值观，人民法庭的职能要在城乡基层社会治理中得到充分发挥，加强数据权利和个人信息保护，等等。“《民法典》正式施行”“人脸识别第一案”[②] 这两件事，因此分别被评为本年度的“（2021）中国

① 参见《省法院召开民族地区法院“石榴籽”调解品牌建设视频推进会》，载四川省高级人民法院网，http：//scfy. chinacourt. gov. cn/article/detail/2021/09/id/6298288. shtml，最后访问时间：2022年1月25日。

② 该案被《人民法院报》编辑部评为“2021年度人民法院十大案件”之一。除了《民法典》的适用外，本案还与本年度11月1日生效的《个人信息保护法》、8月1日起施行的《最高人民法院关于审理使用人脸识别技术处理个人信息相关民事案件适用法律若干问题的规定》有关。保护人民群众“人脸”安全，被评为“2021年度人民法院十大司法政策”之一。

法治实施十大事件”之一。1月19日，最高人民法院印发《关于深入推进社会主义核心价值观融入裁判文书释法说理的指导意见》，自3月1日起施行，提出裁判文书要“讲道理”，民事审判要明辨是非、释法说理、惩恶扬善，平衡利益、定分止争、弘扬正气，要立“明规则”、破“潜规则”、坚决不能“和稀泥”。[①] 4月6日，最高人民法院发布《关于印发〈全国法院贯彻实施民法典工作会议纪要〉的通知》。9月15日，最高人民法院发布《〈关于推动新时代人民法庭工作高质量发展的意见〉暨案例选编（一）》，自9月22日起实施。全国四级法院领导深入贯彻习近平总书记关于“强基导向”的重要指示精神，进行了力度、范围、参与人数前所未有的基层人民法庭调研活动。

第二，与民生有关的未成年人与老年人权益保护，同时解决老百姓打官司“急难愁盼”的问题。新修订的《未成年人保护法》于2021年6月1日正式施行。3月2日，最高人民法院成立少年法庭工作办公室，并在六个巡回法庭设立少年法庭巡回审判点，其后全国各地法院纷纷跟进。据统计，截至2021年5月底，全国法院共成立1800多个少年法庭。在民事领域，涉及青少年的案件主要为未成年人参与直播打赏、监护权纠纷、校园暴力等，倾力呵护未成年人健康成长。家事审判改革不断深化，少年法庭在各省、市法院挂牌，旨在推进少年审判专业化、队伍职业化建设。2月24日，最高人民法院在全媒体新闻发布厅发布人民法院老年人权益保护十大典型案例，并回答记者提问。随着老龄社会的到来，老旧社区的住宅电梯安装事关老年人的养老、就医，安徽合肥的“阻扰住宅加装电梯施工案”因此被《人民法院报》编辑部评为“2021年度人民法院十大案件”之一。北京市昌平法院开展夜间法庭工作，打造“夜间+线上”融合的“云端夜间法庭”，及时解决超大型社区上班族诉讼难问题。[②] 因地域涵盖大量山区库区，偏远农村存在交通不便等问题，重庆法院推行“车载便民法庭”，将法庭“搬上”车，既发挥巡回审判职能，又提升法治宣传和诉讼服务功能。[③] 同时，为配合本年度出台的进一步减轻义务教育阶段学生作业负担和校外培训负

① “以公正裁判引领社会风尚”的司法政策，被评为“2021年度人民法院十大司法政策”之一。

② 参见牟文洁：《昌平法院通报夜间法庭工作机制情况》，载北京法院网，https：//bjgy. chinacourt. gov. cn/article/detail/2021/02/id/5804858. shtml，最后访问时间：2022年1月25日。

③ 参见郭文君、张志清：《让“车载法庭”助力司法为民》，载《人民法院报》2021年12月27日，第2版。

担的“双减”政策，各地法院积极受理和妥善审理该类案件，北京市本年度共受理涉义务教育阶段“双减”工作纠纷6264件，广东省本年度审理教育培训合同纠纷案件5444件，确保社会处于一个和谐稳定的状态。本年度最高人民法院支持在苏州中院，设立了全国首家劳动法庭，推动构建和谐劳动关系。另外，本年度整治年底不立案“四个严禁”① 是对立案登记制的坚决贯彻，是对“有案必立、有诉必理”的严格执行，消除年底限制立案、拖延立案的现象，保障当事人诉讼权利的行使，为纠纷解决及时提供诉讼服务。

第三，绿色生态环保。2月25日，最高人民法院发布了关于贯彻《长江保护法》的实施意见和长江流域生态环境司法保护典型案例；11月25日发布了贯彻实施《长江保护法》工作推进会会议纪要和服务保障黄河流域生态保护和高质量发展工作推进会会议纪要。《长江保护法》是我国首部流域专门法律，对于推动长江流域生态环境治理具有重大基础性、保障性作用。② 最高人民法院支持在昆明铁路运输中院设立环境资源法庭，服务保障生态文明建设；12月27日，最高人民法院出台了《关于生态环境侵权案件适用禁止令保全措施的若干规定》。数据显示，2019年1月至本年度11月，全国法院受理环境资源民事案件526 184件，审结479 206件；受理环境公益诉讼案件13 024件，审结9706件；受理生态环境损害赔偿案件329件，审结206件。“云南绿孔雀”公益诉讼案，被人民法院报编辑部评为“2021年度人民法院十大案件”之一。

第四，继续加强知识产权保护，并且探索知识产权诉讼的规则创新。与9月22日中共中央、国务院印发《知识产权强国建设纲要（2021-2035年）》相关，最高人民法院在本年度发布了系列司法文件。这些系列文件站位高、范围广、数量多、内容细，③ 既有宏观纲领，如4月22日发布的《人民法院知识产权司法保护规划（2021-2025年）》、9月24日发布的《关于加强新时代知识产权审判工作为知识产权强国建设提供有力司法服务和保障的意见》；也有中观指南，如3月3日起施行的《关于审理侵害知识产权民事案件适用惩罚性赔偿的解释》；还有具体规则，如7月5日起施行的《关于审理申请注册的药品相关的专利权纠纷民事案件适用法律若干问

① “四个严禁”是指严禁发号拖延立案、严禁限号限制立案、严禁以调代立、严禁增设门槛。

② 加强环境资源和生态保护，被评为“2021年度人民法院十大司法政策”之一。

③ 服务保障知识产权强国建设，被评为“2021年度人民法院十大司法政策”之一。

题的规定》、7月7日起施行的《关于审理侵害植物新品种权纠纷案件具体应用法律问题的若干规定（二）》、9月10日发布的《关于审理侵犯商业秘密民事案件适用法律若干问题的规定》等。[①] 同时，最高人民法院支持在沈阳中院、重庆一中院、温州中院设立知识产权法庭，助推知识产权和创新驱动发展战略实施。

第五，商事审判亮点纷呈，具体表现为北京金融法院的建立、为中小企业保驾护航、推进破产重整、优化营商环境等。虽然我国立法具有“民商合一”的传统，但是在民事诉讼实践中，商事案件相比单纯的民事案件的“人际交往伦理”而言，要更加注重经济发展与互赢共利的商业伦理。3月2日，最高人民法院办公厅转发十三部门发布的《关于推动和保障管理人在破产程序中依法履职进一步优化营商环境的意见》的通知。本年度最高人民法院支持在北京四中院、成都中院设立国际商事法庭，推进高水平对外开放；在海口中院、武汉中院设立破产法庭，服务保障供给侧结构性改革；本年度8月，山东省高级人民法院会同多家银行证监局等联合出台《关于推进金融纠纷多元化解的实施意见（试行）》，就金融纠纷多元化解工作联络机制建设各项工作提出了15条措施。最高人民法院在北京市第一中级人民法院成立了民事审判第二庭破产审判研究中心（北京）研究基地。深圳的全国首例个人破产重整案，是《深圳经济特区个人破产条例》自3月1日起实施以来，深圳中级人民法院受理的个人破产第一案、顺利审结的个人破产重整第一案，也是全国真正意义上的个人破产第一案，为“诚实而不幸”的债务人提供了“走向新生”的裁判保障，被评为“2021年度人民法院十大案件”之一。康美药业特别代表人诉讼案，被评为“2021中国法治实施十大事件”之一。该案是《证券法》自2020年3月1日起实施以来的第一起证券虚假陈述特别代表人诉讼案，也是迄今为止赔偿金额最大、获赔人数最多的证券虚假陈述民事赔偿诉讼案，极大地丰富和拓展了我国民事诉讼中的代表人诉讼制度。该案被誉为“中国法治史上的里程碑，也是资本市场法治建设的新标杆”。同时，该案的康美药业虚假陈述责任纠纷集体诉讼程序与康美药业破产重整程序同步推进，也为今后类似案件的处

---

① “香兰素”技术秘密侵权案，被评为“2021年度人民法院十大案件”之一，该案是我国司法史上判决赔偿额度最高的侵害商业秘密案件。

理提供了范例。[①] 1 月 13 日，最高人民法院发布实施《关于为成渝地区双城经济圈建设提供司法服务和保障的意见》。5 月 24 日，最高人民法院发布了《关于审理银行卡民事纠纷案件若干问题的规定》，5 月 25 日起开始施行。7 月 26 日，为配合 6 月 1 日起在全国施行的《乡村振兴促进法》，最高人民法院发布了《关于为全面推进乡村振兴　加快农业农村现代化提供司法服务和保障的意见》。11 月 24 日，最高人民法院关于印发《服务保障黄河流域生态保护和高质量发展工作推进会会议纪要》的通知。本年度在北京设立了金融法院，并且调整了上海金融法院的管辖范围。[②] 为服务和保障国家金融管理中心建设，根据《民事诉讼法》和全国人民代表大会常务委员会《关于设立北京金融法院的决定》等规定，3 月 1 日，最高人民法院审判委员会审议通过了《最高人民法院关于北京金融法院案件管辖的规定》，自 3 月 16 日起施行。《最高人民法院关于修改〈关于上海金融法院案件管辖的规定〉的决定》也已于 3 月 1 日由最高人民法院审判委员会通过，自 4 月 22 日起施行。另外，本年度的民事诉讼法实施，更加重视涉外商事海事案件审判工作，积极推进涉外司法协助。

第六，民事检察监督以及检察民事公益诉讼蓬勃发展。2021 年年初印发的《法治中国建设规划（2020-2025 年）》，提出要完善民事检察监督和检察公益诉讼案件办理机制、健全法律监督机制、拓展公益诉讼案件范围、完善公益诉讼法律制度、探索建立民事公益诉讼惩罚性赔偿制度、完善检察建议制度等。2 月 19 日，最高人民检察院、国家市场监督管理总局、国家药品监督管理局联合发布 15 件落实食品药品安全“四个最严”要求专项行动典型案例，其中的“案例十五：四川省李某某等 5 人生产、销售有毒、有害食品民事公益诉讼案”，由检察机关于 2020 年提起，最后判令五被告连带支付销售金额 10 倍的惩罚性赔偿金 49.5 万元，并在市级以上公开媒体向社会公众赔礼道歉。3 月 15 日，最高人民检察院发布 8 件“3·15”食品药品安全消费者权益保护检察公益诉讼典型案例，其中包括 2 件民事公益诉讼案、2 件刑事附带民事公益诉讼案。3 月 30 日，最高人民检察院与最高人民法院、农业农村部等七部门，发出关于印发《探索建立食品安全民事公益诉讼惩罚性赔偿制度座谈会会议纪要》的通知，建立健全办理食品安全

① 参见董星雨：《人民法院报评出 2021 年度人民法院十大案件》，载《人民法院报》2022 年 1 月 6 日，第 1 版、第 4 版。

② 北京金融法院正式成立并对外办公，被评为“2021 年度人民法院十大新闻”之一。

民事公益诉讼惩罚性赔偿案件的常态化沟通协作机制，完善案件线索移送和信息共享机制。4 月 22 日，最高人民检察院发布 11 件检察机关个人信息保护公益诉讼典型案例，其中包括 2 件民事公益诉讼案、3 件刑事附带民事公益诉讼案。6 月 3 日，最高人民检察院发布 13 起检察机关大运河保护公益诉讼检察专项办案典型案例。6 月 26 日，最高人民检察院发布新修订后的《人民检察院民事诉讼监督规则》，新增 2 年申请监督期限，适度扩大依职权监督范围，自 8 月 1 日起施行，之前的《人民检察院民事诉讼监督规则（试行）》同时废止。8 月 11 日，最高人民检察院决定自 2021 年 8 月 1 日至 2022 年 7 月 31 日，在全国检察机关部署开展为期一年的“为民办实事 破解老大难”公益诉讼质量提升年专项活动，并开展“千案展示、百案评析、十案示范”活动。12 月 11 日，由最高人民检察院检察技术信息研究中心主办，第八检察厅和检察日报社、“正义网”支持举办的以“科技助力公益诉讼办案质效提升——聚焦生态环境公益诉讼案件中的鉴定评估问题”为主题的第二期“论鉴”研讨会召开，提出要充分发挥检察技术在公益诉讼办案中的支撑助推作用。

第七，整治虚假诉讼。11 月 9 日，最高人民法院发布《关于深入开展虚假诉讼整治工作的意见》和 10 件人民法院整治虚假诉讼典型案例。[①] 该意见规定了属于虚假诉讼情形，为认定虚假诉讼提供了“标尺”。同时，还总结了虚假诉讼八大特征表现，列举了十类常见虚假诉讼，为甄别虚假诉讼提供指南，为整治虚假诉讼划出重点。这 10 件整治虚假诉讼典型案例中，有 5 件为民事虚假诉讼典型案例，涉及执行异议之诉、民间借贷、伪造离婚协议逃避执行、虚构劳动债权骗取拆迁补偿款等实践中常见的虚假民事诉讼形式和手段。

（四）线上运行日益成为民事诉讼法实施的重要途径

本年度是“世界领先，中国特色”互联网司法新模式的建章立制之年。[②] 最高人民法院先后印发《人民法院在线诉讼规则》《人民法院在线调解规则》和在线法院运行规则，建成涵盖各审判领域、覆盖诉讼全流程，线上线下双轨并行、有序衔接的在线诉讼、调解和运行规则体系。“三大在

① 加大力度惩治虚假诉讼，被《人民法院报》编辑部评为“2021 年度人民法院十大司法政策”之一。

② 健全完善互联网司法新模式，被《人民法院报》编辑部评为“2021 年度人民法院十大司法政策”之一。

线规则”有机联系，相互支撑，形成了新时代互联网司法的制度框架。

作为后疫情时代的开端之年，人民法院进行诉讼、解决纠纷的方式发生了根本性变革。借助于近几年人民法院智慧法院的建设红利，线上诉讼逐渐在全国范围内推广开来，在疫情反复的背景下充分实现了“审判不停摆，正义不止步”。北京、杭州、广州三家互联网法院建设进一步深化，工作重心逐步实现从机制探索、技术创新，向输出裁判规则、发挥依法治网功能方面转变，审理了一大批类型新颖、疑难复杂、规则确立意义强的互联网案件。截至本年度年底，三家互联网法院共审结案件近 23 万件，案件平均上诉率为 4.09%，提起再审率 0.003%，服判息诉率 95.91%，案件质量相关指标均优于传统法院。

据统计，本年度北京市网上立案率达到了 71.20%，线上庭审率从 2020 年的 40%提高到了 67.40%，其线上庭审率为全国第一。浙江省杭州市中级人民法院优化在线庭审智能支持手段，为法官提供知识图谱、案卷材料分析、实时归纳庭审争议焦点、同步制作裁判文书等智能化辅助。浙江省，全省法院网上立案 79.4 万件、调解 67 万次、证据交换 39.4 万次，案件平均审理天数 52.6 天，同比缩短 5.5 天，浙江智慧法院建设蝉联全国第一。广东省广州市中级人民法院、河南省郑州市中级人民法院建设 5G 全流程多场景智慧庭审系统，为当事人和法官提供超高清、无延时的庭审体验。南京、昆明、苏州等地法院与当地司法局、律师协会、企事业单位等开展合作，建立专用固定电子送达地址库，推动相关主体事前作出适用电子送达承诺，大大提升送达工作质量和效率。随着在线诉讼日益普及，人民群众普遍感受到诉讼方式更加便捷、诉讼成本大大降低、解纷效率明显提升，诉讼服务的“数字红利”进一步释放，“指尖诉讼”更加便利。

5 月 18 日，最高人民法院审议通过《人民法院在线诉讼规则》，首次从司法解释层面构建形成系统完备、指向清晰、务实管用的在线诉讼规则体系，涵盖在线诉讼的法律效力、基本原则、案件范围、使用条件、程序规则等内容。6 月 16 日，最高人民法院发布了该规则，并于 8 月 1 日起开始施行。该规则试图探索构建适应互网时代需求的新型管辖规则、诉讼规则，推动审判方式、诉讼制度与互联网技术深度融合，是《人民法院第五个五年改革纲要（2019-2023）》确定的重点改革任务。

最高人民法院 8 月 24 日发布的《建设智慧法院促进绿色发展成效分析报告》显示，各级法院全面应用诉讼服务网、中国移动微法院、人民法院调解平台、电子送达平台等线上平台，积极发展“互联网+”诉讼服务，囊括网上立案、跨域立案、缴费、证据交换、开庭、调解、破产会议、司法拍卖等多项信息化服务。

本年度年底的《民事诉讼法》修正，新增了第16条关于在线诉讼的法律效力基本原则条款，明确在线诉讼适用需以当事人同意为前提，且在线诉讼活动与线下诉讼活动具有同等法律效力；优化了电子送达规则，在遵循当事人自愿原则的基础上，加大了电子送达的适用力度。这是首次以立法的形式，对互联网诉讼活动的认可。

除在线诉讼规则与《民事诉讼法》的基本原则条款以外，《人民法院在线调解规则》于本年度12月30日公布，并且最高人民法院还起草了《关于人民法院在线办理案件若干问题的规定（征求意见稿）》。《人民法院在线调解规则》对在线调解的适用范围、活动内涵、调解组织和人员、调解程序等内容作出了规定。截至本年度12月31日，全国法院在线调解案件累计达2437万件，调解量年均增长85.6%，在线音视频调解案件数量占27.45%。①

三、2021年民事诉讼法实施存在的问题与建议

本年度民事诉讼法实施存在的主要问题仍然是如何方便人民群众诉讼，如何解决人民法院案多人少的矛盾，具体表现在：审判重心下沉给基层法院增加的压力，需要多措并举提升审判质效；《民事诉讼法》与《民法典》的“民事一体化”衔接协调尚需推进；电子诉讼制度尚需深化。

（一）审判重心下沉给基层法院增加的压力，需要多措并举提升审判质效

本年度启动的四级法院审级职能定位的立法改革试点，试图通过调整四级法院案件结构，构建梯次过滤、层级相适的案件分布格局：基层人民法院负责绝大多数一审案件，中级人民法院主要负责二审（终审）案件，高级人民法院主要负责再审案件，最高人民法院主要负责对全国审判工作的指导。② 要想缓解本轮法院审级职能定位立法改革试点给基层人民法院带来的案多人少压力，除了增加员额法官等人力资源外，还要继续推广本年度《民事诉讼法》修正的成果，实现快慢分道、轻重分离、繁简分流、简

---

① 参见孙航：《最高法发布〈人民法院在线调解规则〉》，载《人民法院报》2022年1月1日，第1版。

② 参见何帆：《中国特色审级制度的形成、完善与发展》，载《中国法律评论》2021第6期。

案快审、繁案精审，通过简易程序、小额诉讼程序、速裁程序等高效化解纠纷，并且完善多元化纠纷解决机制，借助调解等非诉讼解纷资源将案件解决在诉前。

如何破解案多人少的现实矛盾，提高审判质效，本年度北京市朝阳区人民法院给出的答案是“案行云端”和具有“朝阳特色”的“1+N”速裁团队。其中的“1+N”速裁团队，以一名速裁法官为核心，配备一名书记员、2~3 名特邀调解员，实现了诉调深度配合、高效衔接，取得了全院占比 36.36%的民商事法官办结了全院 83.18%的民商事案件的成绩。这些经验值得借鉴。

（二）《民事诉讼法》与《民法典》等的“一体化”衔接协调尚需推进

本年度的第一天，就标志着我国正式进入了民法典时代，要求民事诉讼法要与《民法典》相配套。因为民事诉讼法本身，就是《民法典》最为重要的实施法之一。《民法典》给民事诉讼法实施带来的挑战绝不仅仅是几个字的改变，还有理念和一些根本内容的改变，民法典中也有许多民事程序规范的内容，例如民事纠纷案件的管辖、诉讼时效以及请求权基础等。《民法典》作为一部基础性法典，既是民事行为规范，又是民事裁判规范，作为裁判规范的《民事诉讼法》，必须透彻理解《民法典》条文的内涵及其规范的意义，才能让正义以“看得见的方式”实现。2020 年年底最高人民法院基于贯彻实施《民法典》而发布的《关于修改〈最高人民法院关于人民法院民事调解工作若干问题的规定〉等十九件民事诉讼类司法解释的决定》，也自本年度 1 月 1 日实施。这些司法解释的变动，既有语言表述、法律条文序号等方面的形式变化，也民事诉讼主体、法律理念等方面的实质变化。

本年度年底前完成出台的第四次《民事诉讼法》修正案，虽然是对繁简分流试点改革成果的吸收，但是其本身各部分的内容协调，以及与《民法典》《人民陪审员法》等的“一体化”衔接与协调，还需推进和完善。

第一，独任制扩大适用带来的与简易程序的混淆与区分，以及与“合议制为原则”的基本审判制度的冲突。本次《民事诉讼法》修正，在遣词造句上可谓谨慎，比如最后的修改决定，在修正草案的“小额诉讼程序”中，仅仅加上了一个“的”字，即变为现行《民事诉讼法》第 165 条、第 166 条、第 167 条、第 168 条、第 169 条中的“小额诉讼的程序”，“一字传神”地表明了小额诉讼案件仍然适用第 13 章的“简易程序”，只不过是这种简易程序实行一审终审而已；换言之，“小额诉讼的程序”并非与一审“简易程序”“普通程序”并列的“第三种程序”，即“小额诉讼程序”，其只不过是小额诉讼的案件所适用的一种特殊的简易程序而已。但是，修正后的现行《民事诉讼法》第40条规定一审普通程序适用独任制的案件必须“基本”事实清楚，而第41条第2款则规定第二审程序中适用独任制却不需要“基本”这一限定要求，因为二审独任制适用必须建立在当事人合意基础之上。可见立法对于这个“基本”一词的谨慎使用。但是随之而来的问题就是，以前基本上将独任制与简易程序画等号式地来加以理解和适用，而现在二审有独任制却没有简易程序，到底在法理和适用条件上如何区分二者就成了一个问题。而且，一审普通程序和简易程序适用独任制审理的范围和情形，也容易产生混淆，必须明确厘清两者之间的划分标准。[①] 何况，这种独任制的扩大适用，是否会在某种意义上打破传统的“合议制为原则、独任制为例外”的基本审判制度，也需进一步观察与研究。

第二，简易程序中案件“争议不大”这一适用条件的去留。关于《民事诉讼法（修正草案）》将简易程序适用条件中“争议不大”一项删除，有利于规范简单民事案件的判断标准，排除主观意志因素的影响，然而最终修改决定又恢复了“争议不大”这一适用条件，并且将其扩大到了小额诉讼的程序，到底是否需要这个“争议不大”的适用条件，仍然值得探讨与完善。

第三，特邀调解与调解协议司法确认优化之间的内在紧张。从法院内部看，部分改革法院因经费保障等问题，导致特邀调解力量配备不足、积极性不高，法院对特邀调解组织的管理职责权限不清，相关调解主体的资质审核、管理主体和权利义务缺乏统一明确规范。适当的时候需要制定专门的调解法，健全诉讼与非诉讼解纷机制之间的程序衔接和效力规则。

第四，本年度修正后的《民事诉讼法》与《民法典》《人民陪审员法》的进一步衔接与统一。本次《民事诉讼法》修正有13个条文的修改是与《民法典》的表述相一致而做的，比如将“诚实信用原则”改成“诚信原则”、将《民法通则》《物权法》等改为《民法典》、将“抚育”改成“抚养”等，但是这种衔接统一可能做得不彻底，比如现行《民事诉讼法》中的“公民”，在《民法典》中早就已经改成“自然人”了，这不仅涉及形

---

① 参见张卫平、曹建军：《民事诉讼法学：深化基础理论研究　促进程序法与实体法衔接》，载《人民检察》2022年第1期。

式上遣词造句的统一，而且涉及实质上法律内容和理念上的衔接与统一。所以，建议下次修正《民事诉讼法》，一是将“公民”改成“自然人”、将“其他组织”改为“非法人组织”、将所有的“但”改成“但是，”或者“，但是”，以实现与《民法典》的彻底衔接统一；二是将第 40 条第 1 款中的“陪审员”改成“人民陪审员”、将第 40 条第 3 款“陪审员在执行职务时，与审判员有同等的权利义务”改成“人民陪审员在执行职务时，根据人民陪审员法等依法享有权利、承担义务”，这样就兼顾了人民陪审员的“人民性”及其与《刑事诉讼法》相关表述的统一，以及《人民陪审员法》与公益诉讼等关于“7 人制”人民陪审合议庭中，4 名人民陪审员只负责事实认定，而不享有与其他 3 名审判员一样的法律适用（表决）权的实际情况。

（三）电子诉讼制度尚需深化以回应互联网司法与司法智能化的时代挑战

要合理准确适用在线审理机制，保障当事人选择权和知情权。坚决摒弃“在线审理”就是“简化审理”的错误认识，确保在线诉讼“降成本不降质量、提效率不减权利”。

本年度响应最高人民法院的号召，地方法院也深入钻研电子诉讼的创新与发展。天津市河西区人民法院构建“集约管理+协同运作”电子送达工作新机制；江苏省苏州市虎丘区人民法院创新“异步审判”新模式；浙江省宁波市北仑区人民法院建立“智能化、制度化、隔离实质化”的证人在线出庭作证机制；陕西省汉中市中级人民法院建设在线“司法鉴定管理平台”。① 以及河北省法院，就知识产权民事侵权类型化案件，通过规范庭审准备工作、电子签名程序、调解协议特别条款等方式，有效破解了线上调解成功率低、笔录无法及时签字、当事人反悔不签收调解书等难题，等等。这些都值得进一步发掘、整理与提升。

民事诉讼法的实施要着力服务保障常态化疫情防控和全面恢复经济社会秩序，具体而言：第一，要全面推进电子诉讼深度应用，拓展移动微法院服务功能，健全一站式诉讼服务体系，挖掘调解资源和系统功能，实现全国法院“一站通办、一号通办、一网通办”全覆盖，引导当事人利用互联网服务办理诉讼事项。第二，要提升审判智能化水平，深化全流程在线

① 《人民法院司法改革案例选编（十一）》，载最高人民法院网，https：//www.court.gov.cn/zixun-xiangqing-309541.html，最后访问时间：2022 年 1 月 25 日。

办案，提升办案平台综合性能，完善智能辅助功能模块。第三，要提升司法大数据分析服务能力，拓展大数据管理和知识服务平台资源范围，夯实司法区块链平台基础存证验证能力，形成裁判文书结构化、图片识别、语音识别等人工智能通用服务平台。第四，要升级完善综合类办公和管理平台、队伍信息化系统、机关党委信息化平台、老干部管理系统、智能审务督察系统等，全面提升司法管理平台的便捷化水平。针对不熟悉新兴技术的老年人，各地各级人民法院必须畅通诉讼服务的最后一公里，不断推出适老诉讼服务措施，避免在审判领域出现“数字鸿沟”。

四、结语

本年度民事诉讼法的实施效果总体来说令人满意，真实地践行了“民诉为民”的理念。告别不平凡的“丑牛”2021本年，踏进充满希望的“寅虎”2022来年，希望民事诉讼法的实施，继续发扬孺子牛、老黄牛、拓荒牛的“三牛精神”，借由冰雪冬奥会的喜气，以“虎虎有生气”的昂扬姿态和骄人成绩，迎接党的二十大的胜利召开。

撰稿专家

唐东楚，中南大学法学院教授，法学博士、伦理学博士后，曾为美国东北大学法学院访问学者、国家法律“双千计划”挂职湖南省人民检察院民事行政处副处长，主要研究民诉法与司法制度。兼湖南省真勍律师事务所律师、长沙仲裁委员会仲裁员，任中国法律伦理专业委员会常务理事兼学术委员会委员、中国法学会民事诉讼法学研究会理事、湖南省诉讼法学研究会常务理事兼学术委员会委员等。曾获中南大学讲课“十佳”、中南大学（西南铝奖励金）优秀教师和湖南省教学成果二等奖等。主讲的中国大学慕课《生活中的民诉法》被认定为湖南省省级网络精品课程。主持国家社科基金一般课题、中国法学会重点课题、湖南省社科基金及教育教改课题等，代表性教材专著有《民事诉讼法》《诉讼主体诚信论》《诉讼诚实义务论》等，发表法学论文60余篇。

第七章　2021 年诉讼法实施报告

2021 年行政诉讼法实施报告*

黄先雄

报告要旨

2021 年，是“十四五”的开局之年，也是迈向全面建设社会主义现代化国家新发展阶段的重要一年。这一年，随着各地疫情防控进入常态化，行政案件收结案数小幅增长；行政诉讼和解撤诉率持续向好，行政机关败诉率有所回落；民法典的适用在行政诉讼中逐步推开；检察行政公益诉讼案件数量持续增长，但占比降低；行政机关负责人出庭应诉制度持续深入实施；行政审判服务党政工作大局的意识继续增强。这一年，行政诉讼法实施的主要亮点是：两部关于案件管辖的司法解释发布并实施；四级法院审级职能定位改革拉开序幕；行政诉讼程序繁简分流改革推向全国；检察机关实质性化解行政争议举措纷呈；“两高”继续发布指导性案例和典型案例；一站式多元解纷机制建设加速推动；检察行政公益诉讼领域范围不断拓展。不过，这一年也存在一些新老问题，如行政争议实质性化解中诉讼程序空转现象亟待关注、各地行政机关负责人出庭应诉率依旧不均衡；智慧法院建设给行政审判工作带来新的挑战；多元纠纷解决机制之间需要有效衔接与整合。

* 本报告写作过程中，中南大学法学院博士研究生郭理就报告前期资料的整理与初稿的草拟做了大量工作，中南大学法学院硕士研究生李洁、刘岩松、袁武锋参与了资料收集工作。特此致谢！

核心建议

1. 为尽可能减少行政诉讼“程序空转”现象、实质性化解行政争议，除了不断完善行政诉讼法的相关规范及其适用规则、加强行政审判法官的专业化及职业保障、充分利用检察监督外，更为重要的是，要不断改善行政审判的内外部环境。

2. 全面提高行政机关负责人的法治思维和法治意识，完善行政机关负责人出庭应诉的监督保障机制，提升行政机关负责人出庭应诉的整体质效。

3. 积极应对人工智能、大数据等数字技术给行政审判工作带来的新挑战，在加快智慧法院建设与实现行政诉讼制度功能之间寻找平衡。

4. 立足实质法治立场，围绕实质性化解行政争议，推动多元解纷机制有效衔接与整合。

2021年，是“十四五”的开局之年，也是迈向全面建设社会主义现代化国家新发展阶段的重要一年。在这一新的历史节点，年度行政诉讼法的实施极具时代性和导向性，是贯彻习近平法治思想、推动行政诉讼法治新发展的集中反映和展现。本报告着重回顾了2021年行政诉讼法实施的基本情况，总结了实施中的主要亮点，同时结合实施中存在的问题与不足，对2022年行政诉讼法实施提出了建议与展望。

本报告中出现的资料和数据基本来源于四级法院、检察院、中国裁判文书网等官方网站和公众号刊载的工作报告、办案数据以及新闻报道等。囿于篇幅以及资料、数据的可获取性，本报告所总结提炼的内容无法面面俱到地展现2021年行政诉讼法实施的所有成就与问题，但从资料、数据的来源以及涵盖的法院、检察院层级上看，仍具有一定的典型性和代表性，能够描述出2021年行政诉讼法实施的基本样态。报告难免有遗漏或以偏概全之处，祈盼各位专家学者赐正。

一、行政诉讼法实施概况

（一）行政案件收结案数小幅增长

由于目前无法获取官方关于 2021 年全国法院受理行政案件的统计数据，往年报告在中国裁判文书网上进行的相关数据检索和统计与官方公布的数据差距较大，难以真实科学地反映行政诉讼的受案情况，因此本报告仅结合各地人民法院工作报告等公布的数据略作说明。[①] 从最高人民法院已公布的数据来看，2021 年全国各级法院共受理案件 3351.6 万件，同比上升 8.8%。[②] 结合 2020 年行政案件因受新冠肺炎疫情影响数量有所下降的情况，随着疫情形势趋稳，各地疫情防控进入常态化，2021 年全国行政案件总量应当有所回升。部分法院公布的数据也反映了这一态势，例如，四川省各级法院依法审理行政案件 1.39 万件，[③] 比 2020 年多受理 1600 件，约上升 13%。[④] 其中成都市各级法院受理行政案件 7967 件，[⑤] 比 2020 年多受理 1058 件，约上升 15.3%。[⑥] 也有部分地区受案数量下降。例如，浙江全省一审行政收案同比 2019 年下降 20.9%，[⑦] 但相比于其 2020 年 20.3%的降幅，

① 以 2020 年为例，2020 年行政诉讼法实施报告中在中国裁判文书网上统计的行政一审、行政二审、非诉执行裁判文书分别为 157 381 份、113 102 份以及 167 788 份，而最高人民法院 2020 年全国法院司法统计公报中公布的数据分别为 260 220 份、130 462 份以及 216 300 份。上述数据参见黄先雄：《2020 年行政诉讼法实施报告》，载江必新主编：《中国法治实施报告（2021）》，人民法院出版社 2021 年版；参见《2020 年全国法院司法统计公报》，载最高人民法院网，http：//gongbao. court. gov. cn/Details/0bce90201fd48b967ac863bd29059b. html，最后访问时间：2022 年 2 月 10 日。

② 参见《全国高级法院院长会十大看点》，载最高人民法院网，https：//www. court. gov. cn/zixun-xiangqing-342581. html，最后访问时间：2022 年 2 月 10 日。

③ 参见《一图读懂丨四川高院工作报告来了!》，载四川省高级人民法院网，http：//scfy. chinacourt. gov. cn/article/detail/2022/01/id/6492349. shtml，最后访问时间：2022 年 2 月 15 日。

④ 参见《一图读懂丨四川高院工作报告》，载最高人民法院微信公众号，https：//mp. weixin. qq. com/s/G-KO_ LcU15x3yYv1X-DoFA，最后访问时间：2022 年 2 月 15 日。

⑤ 参见《成都两会丨成都中院工作报告刚刚出炉，请您审阅!》，载成都市中级人民法院微信公众号，https：//mp. weixin. qq. com/s/NU79FWwsc4xdVg9xkYLXlA，最后访问时间：2022 年 2 月 5 日。

⑥ 参见《图说法院丨成都中院工作报告有哪些重点?》，载成都市中级人民法院微信公众号，https：//mp. weixin. qq. com/s/WAWRUUvrEU6wg9L-6f2P5g，最后访问时间：2022 年 2 月 15 日。

⑦ 参见《一图读懂丨浙江高院 2021 年工作报告速览》，载最高人民法院微信公众号，https：//mp. weixin. qq. com/s/frVP0Q30hvakSZAOqHfF0g，最后访问时间：2022 年 2 月 16 日。

变化并不明显。[①] 河北省邢台市各级法院新收一审行政案件同比下降5%。[②]

从各地法院公布的数据来看，2021年大部分地区法院行政案件的审结率呈增长态势，行政审判效率不断提升。例如，黑龙江省各级法院审结行政诉讼案件1.4万件，同比上升25.7%。[③] 海南省各级法院审结行政案件6570件，同比上升18.23%。[④] 上海市各级法院审结一审行政案件5786件，同比上升12.8%。[⑤] 陕西省各级法院审结一审行政案件1.04万件，同比上升45.99%。[⑥] 安徽省各级法院审结行政案件16 568件，同比上升21.83%。[⑦] 湖北省各级法院审结行政案件23 183件，[⑧] 比2020年多审结2501件。[⑨] 北京市各级法院审结行政案件25 667件，[⑩] 比2020年多审结6147件。[⑪] 重庆市各级法院审结一审行政案件9314件，[⑫] 比2020年多审结

---

① 参见《一图读懂丨浙江高院工作报告》，载最高人民法院微信公众号，https://mp.weixin.qq.com/s/3032YFtBSmcOBKQzE1tXrw，最后访问时间：2022年2月16日。

② 参见《两会时间丨一图速览邢台市中级人民法院工作报告》，载河北高院微信公众号，https://mp.weixin.qq.com/s/6cdNgorB6Am1kJypV81egQ，最后访问时间：2022年2月10日。

③ 参见《黑龙江高院院长石时态向黑龙江省十三届人大六次会议作工作报告》，载黑龙江法院网，http://www.hljcourt.gov.cn/public/detail.php?id=34436，最后访问时间：2022年2月17日。

④ 参见《一图读懂丨快速了解海南高院工作报告》，载最高人民法院微信公众号，https://mp.weixin.qq.com/s/o-MCI_T9kpibCP7IdjC6QA，最后访问时间：2022年2月17日。

⑤ 参见《一图读懂丨回眸上海法院这一年》，载最高人民法院微信公众号，https://mp.weixin.qq.com/s/B6SaqBWh3iKC_gJCqDyEVg，最后访问时间：2022年2月15日。

⑥ 参见《一图读懂丨陕西省高级人民法院工作报告》，载最高人民法院微信公众号，https://mp.weixin.qq.com/s/daMg-XCjLsSIGDYl-H9p2A，最后访问时间：2022年2月16日。

⑦ 参见《长图丨横屏回顾安徽高院的2021》，载最高人民法院微信公众号，https://mp.weixin.qq.com/s/eZk_1POsDJWgC-7jGWzQ2w，最后访问时间：2022年2月10日。

⑧ 参见《一图读懂丨2021年湖北高院工作报告来了》，载最高人民法院微信公众号，https://mp.weixin.qq.com/s/lXe_4SBam8e0Pfj3LIbDAQ，最后访问时间：2022年2月10日。

⑨ 参见《地方两会丨湖北高院2020司法为民答卷》，载最高人民法院微信公众号，https://mp.weixin.qq.com/s/zXlw7mXnRvJYL_4uDfdJUw，最后访问时间：2021年2月16日。

⑩ 参见《北京市高级人民法院工作报告》，载北京法院网，https://bjgy.chinacourt.gov.cn/article/detail/2022/01/id/6505748.shtml，最后访问时间：2022年2月16日。

⑪ 参见《2021年北京市高级人民法院工作报告》，载北京市人民政府网，http://www.beijing.gov.cn/gongkai/jihua/bg/202102/t20210219_2283529.html，最后访问时间：2022年2月15日。

⑫ 参见《一图读懂丨数说公平正义，2021重庆高院成绩单来了》，载最高人民法院微信公众号，https://mp.weixin.qq.com/s/sZJyjrxIeiATAYJztQZsyw，最后访问时间：2022年2月15日。

722 件。[①] 甘肃省各级法院审结行政案件 6863 件,[②] 比 2020 年多审结 1240 件。[③] 福建省各级法院审结一审行政案件 7714 件,[④] 比 2020 年多审结 1120 件。[⑤] 山西省各级法院审结行政案件 12 088 件,[⑥] 比 2020 年多审结 1356 件。[⑦] 广东省各级法院审结行政案件 2.4 万件,[⑧] 比 2020 年多审结约 1000 件。[⑨] 广西壮族自治区各级法院审结行政案件 23 853 件,[⑩] 比 2020 年多审结 2467 件。[⑪] 西藏自治区各级法院审结行政案件 249 件,[⑫] 比 2020 年多审结 60 件。[⑬] 部分地区行政案件的审结数量有所下降，但数量变化不大。例如，

---

① 参见《重庆市高级人民法院代理院长李永利作工作报告》，载重庆法院网，http：//cqfy. chinacourt. gov. cn/article/detail/2021/01/id/5780150. shtml，最后访问时间：2022 年 2 月 16 日。

② 参见《一图读懂丨甘肃省高级人民法院工作报告》，载最高人民法院微信公众号，https：//mp. weixin. qq. com/s/tngxoNRf5sfjCdCkVwdS_ g，最后访问时间：2022 年 2 月 16 日。

③ 参见《一图读懂丨甘肃高院工作报告》，载最高人民法院微信公众号，https：//mp. weixin. qq. com/s/VFbNXas3d_ lxe-AI8npdGw，最后访问时间：2022 年 2 月 16 日。

④ 参见《图解 2021丨一图读懂福建高院工作报告》，载福建省高级人民法院网，http：//www. fjcourt. gov. cn/page/court/news/ArticleTradition/ef5f93bb - d1b9 - 48d6 - 92f5 - e849fa27e58a. html，最后访问时间：2022 年 2 月 16 日。

⑤ 参见《一图读懂丨福建法院工作报告》，载最高人民法院微信公众号，https：//mp. weixin. qq. com/s/BjZQRhhXrcgHaqqddEmYxA，最后访问时间：2022 年 2 月 16 日。

⑥ 参见《花式解读丨冯军在省十三届人大六次会议上作法院工作报告》，载山西省高级人民法院网，https：//shanxify. chinacourt. gov. cn/article/detail/2022/01/id/6498138. shtml，最后访问时间：2022 年 2 月 18 日。

⑦ 参见《花式解读丨孙洪山在山西省十三届人大四次会议上作法院工作报告》，载最高人民法院微信公众号，https：//mp. weixin. qq. com/s/Kuse - n1wQ9DsrauU8N16kQ，最后访问时间：2022 年 2 月 10 日。

⑧ 参见《一图读懂丨广东省高级人民法院工作报告》，载最高人民法院微信公众号，https：//mp. weixin. qq. com/s/3QzoWVjpCUCrjPbmdu972g，最后访问时间：2022 年 2 月 17 日。

⑨ 参见《一图读懂丨广东高院工作报告》，载最高人民法院微信公众号，https：//mp. weixin. qq. com/s/4Ht0p12ZZv05r2bmQHMDFQ，最后访问时间：2022 年 2 月 16 日。

⑩ 参见《一图读懂丨数读 2021 年广西高院工作报告》，载中国法院网，https：//www. chinacourt. org/article/detail/2022/01/id/6499316. shtml，最后访问时间：2022 年 2 月 16 日。

⑪ 参见《地方两会丨一图划重点！广西高院工作报告速览》，载最高人民法院微信公众号，https：//mp. weixin. qq. com/s/2_ 1PP7g4h66raIcFoWTzvg，最后访问时间：2022 年 2 月 16 日。

⑫ 参见《西藏自治区高级人民法院工作报告》，载中国西藏网，http：//www. tibet. cn/cn/culture/wx/202201/t20220118_ 7131799. html，最后访问时间：2022 年 2 月 16 日。

⑬ 参见《一图读懂丨西藏高院工作报告》，载最高人民法院微信公众号，https：//mp. weixin. qq. com/s/ZjvpdXEHryvtuklV98rZcw，最后访问时间：2022 年 2 月 16 日。

河南省各级法院审结一审行政诉讼案件 21 179 件，[①] 比 2020 年少审结 280 件。[②] 青海省各级法院审结一审行政案件 715 件，[③] 比 2020 年少审结 169 件。[④] 还有部分地区的行政案件审结数保持稳定，例如，湖南省各级法院审结行政诉讼案件 2.2 万件，[⑤] 与 2020 年持平。[⑥]

（二）行政诉讼和解撤诉率持续向好，行政机关败诉率有所回落

2021 年各地法院加大了协调办案的力度，和解撤诉率持续增长。例如，上海市设立“行政争议调处中心”，一审行政争议实质性化解 1815 件，同比上升 23.4%。[⑦] 浙江全省县级行政争议调解中心全部入驻当地矛调中心，协调化解 39.2%的行政争议。[⑧] 河北省全力推动行政争议诉前实质性化解，成功化解 2466 件，约占审执结案件的 19.4%。[⑨] 山东省各级法院审前和解行政案件 4529 件，约占审结案件的 19.7%。[⑩] 河南省推动建立 77 个行政争议实质化解平台，和解、撤诉行政案件 4219 件，约占一审审结案件的 19.9%。[⑪] 天津市上半年一审行政案件和解撤诉同比增长 49.1%。[⑫]

---

① 参见《河南省高级人民法院工作报告 e 起读》，载河南省高级人民法院网，http://www.hncourt.gov.cn/public/detail.php? id=189593，最后访问时间：2022 年 2 月 16 日。

② 参见《河南省高级人民法院工作报告 e 起读》，载河南省人民政府门户网，https://www.henan.gov.cn/zt/2021/780421/index.html，最后访问时间：2022 年 2 月 16 日。

③ 参见《一图读懂丨青海高院工作报告》，载最高人民法院微信公众号，https://mp.weixin.qq.com/s/A3dnIOOMbBdwm9WXe0G6Bg，最后访问时间：2022 年 2 月 16 日。

④ 参见《一图读懂丨青海高院工作报告》，载最高人民法院微信公众号，https://mp.weixin.qq.com/s/Hec5MZ03TehzS7XgeDAVOg，最后访问时间：2022 年 2 月 16 日。

⑤ 参见《一图读懂丨2021，湖南法院这些画面“湘”当不易》，载最高人民法院微信公众号，https://mp.weixin.qq.com/s/tGtaEYMPFy9CIkuAvEqa5w，最后访问时间：2022 年 2 月 16 日。

⑥ 参见《H5 丨湖南高院工作报告》，载最高人民法院微信公众号，https://mp.weixin.qq.com/s/zBY1-yy9WE0G43LtUulvgw，最后访问时间：2022 年 2 月 19 日。

⑦ 参见《一图读懂丨回眸上海法院这一年》，载最高人民法院微信公众号，https://mp.weixin.qq.com/s/B6SaqBWh3iKC_gJCqDyEVg，最后访问时间：2022 年 2 月 15 日。

⑧ 参见《一图读懂丨浙江高院 2021 年工作报告速览》，载最高人民法院微信公众号，https://mp.weixin.qq.com/s/frVP0Q30hvakSZAOqHfF0g，最后访问时间：2022 年 2 月 16 日。

⑨ 参见《邀您来审丨河北省高级人民法院工作报告》，载河北法院网，https://hbfy.chinacourt.gov.cn/article/detail/2022/01/id/6491344.shtml，最后访问时间：2022 年 2 月 16 日。

⑩ 参见《一图读懂丨山东高院工作报告》，载最高人民法院微信公众号，https://mp.weixin.qq.com/s/hq0MkAFoXRDDi8tK_devRQ，最后访问时间：2022 年 2 月 16 日。

⑪ 参见《河南省高级人民法院工作报告 e 起读》，载河南省高级人民法院网，http://www.hncourt.gov.cn/public/detail.php? id=189593，最后访问时间：2022 年 2 月 16 日。

⑫ 参见《民告官能见官，既出庭又出声》，载天津高法微信公众号，https://mp.weixin.qq.com/s/H9DjtM4AAGwL3-ZK_bzAsQ，最后访问时间：2022 年 2 月 16 日。

行政机关败诉率虽然相较往年有所回落，但幅度不大。一方面这可能与协调和解等非判决方式审结的案件数量上升有关；另一方面可能与各地行政机关依法行政、应诉水平提升有关。例如，贵州省各行政机关一审败诉率下降6.05%。① 浙江省各行政机关败诉率同比2020年下降1%，② 其中丽水市积极采取“规范行政行为，发力源头治理”“聚焦争议化解，落准专项治理”“加强全域联动，形成系统治理”三项举措，行政诉讼败诉率下降效果显著，一审败诉率仅为3.3%。③ 重庆市判决行政机关败诉926件，④ 比2020年判决败诉的1027件少101件。⑤ 福建省三明市出台《三明市行政败诉责任追究办法（试行）》，同时贯彻落实《三明市进一步完善行政复议与应诉工作的指导意见》，行政诉讼败诉率与2020年相比下降9.43%，创近年新低。⑥

（三）民法典在行政诉讼中的适用逐步推开

2021年1月1日，《民法典》开始实施，我国正式步入《民法典》时代。事实上《民法典》并非纯私法性质的法典，其中包含了较多的公法规范。⑦ 既为行政机关行使职权划定了新的范围和界限，也为法院的行政审判活动提供了可援引的规范依据。笔者在中国裁判文书网上，以“案件类型：行政案件”+“案由：行政案由”+“全文检索：民法典”为检索条件，共检索到相关行政裁判文书353份，其中2020年11份，可见在《民法典》颁布但尚未生效之前，已有法院在行政审判活动中结合《民法典》的精神与内容进行裁断；2021年342份。

---

① 参见《一图读懂丨贵州法院工作报告来了》，载最高人民法院微信公众号，https://mp.weixin.qq.com/s/KR1WdQhccRUkel308TICKw，最后访问时间：2022年2月11日。

② 参见《一图读懂丨浙江高院2021年工作报告速览》，载最高人民法院微信公众号，https://mp.weixin.qq.com/s/frVP0Q30hvakSZAOqHfF0g，最后访问时间：2022年2月16日。

③ 参见《丽水市三项举措降低行政诉讼败诉率成效显著》，载浙江省司法厅网，http://sft.zj.gov.cn/art/2022/2/9/art_1659554_58934460.html，最后访问时间：2022年2月11日。

④ 参见《一图读懂丨数说公平正义，2021重庆高院成绩单来了》，载最高人民法院微信公众号，https://mp.weixin.qq.com/s/sZJyjrxIeiATAYJztQZsyw，最后访问时间：2022年2月11日。

⑤ 参见《重庆市高级人民法院代理院长李永利作工作报告》，载重庆法院网，http://cqfy.chinacourt.gov.cn/article/detail/2021/01/id/5780150.shtml，最后访问时间：2022年2月16日。

⑥ 参见《法治政府建设丨三明市2021年行政败诉率创近年新低》，载“三明司法”微信公众号，https://mp.weixin.qq.com/s/6Ork0XpZAULVb6uZfEG5LA，最后访问时间：2022年2月11日。

⑦ 黄先雄：《论〈民法典〉财产权规范中的政府行为边界》，载《行政法学研究》2021年第3期。

尽管上述案件体量不大，但也能够在一定程度上说明中级人民法院是适用《民法典》裁判行政案件的主要层级法院。另外值得注意的是，在上述342份行政裁判文书中，法院适用《民法典》时，结合不同的案情进行了分别处理，其中有232份行政裁判文书中法院直接根据《民法典》判决行政机关承担相应法律责任或驳回相对人的诉讼请求，还有110份行政裁判文书中法院则是在根据专门性行政法律法规作出裁断的同时，参照或引用了《民法典》的相关条文。

（四）检察行政公益诉讼案件数量持续增长，但占比降低

根据最高人民检察院公布的数据，2018~2021年（1~9月）全国检察机关办理行政公益诉讼案件的情况统计如表1所示：①

表1　2018~2021年1~9月全国检察机关办理的行政公益诉讼案件情况

年份	行政公益诉讼案件数量（件）	公益诉讼案件数量（件）	行政公益诉讼在公益诉讼案件的占比（%）
2018	108 767	113 160	96.1
2019	119 787	126 912	94.4
2020	137 000	151 260	90.6
2021（1~9月）	110 143	124 067	88.8

结合表1数据分析可知，第一，2018年以来，全国检察机关办理的行政公益诉讼案件数量持续上升（其中绝大部分案件通过诉前程序解决），2019年同比2018年上升10.1%，2020年同比2019年上升14.4%，仅2021

① 表中数据参见《最高人民检察院工作报告——2019年3月12日最高人民检察院检察长张军在第十三届全国人民代表大会第二次会议上》，载最高人民检察院网，https：//www.spp.gov.cn/spp/gzbg/201903/t20190319_412293.shtml，最后访问时间：2022年2月15日；参见《最高人民检察院工作报告——2020年5月25日最高人民检察院检察长张军在第十三届全国人民代表大会第三次会议上）》，载最高人民检察院网，https：//www.spp.gov.cn/spp/gzbg/202006/t20200601_463798.shtml，最后访问时间：2022年2月15日；参见《最高人民检察院工作报告——2021年3月8日最高人民检察院检察长张军在第十三届全国人民代表大会第四次会议上）》，载最高人民检察院网，https：//www.spp.gov.cn/spp/gzbg/202103/t20210315_512731.shtml，最后访问时间：2022年2月15日；参见《最高人民检察院发布1月至9月全国检察机关主要办案数据》，载最高人民检察院网，https：//www.spp.gov.cn/spp/xwfbh/wsfbt/202110/t20211018_532387.shtml#1，最后访问时间：2022年2月15日。

年（1~9 月）在检察公益诉讼案件总量同比上升 13.4%的情况下，行政公益诉讼案件同比 2020 年下降 1.5%；[①] 第二，2018 年以来全国检察机关办理的行政公益诉讼案件占比始终保持在检察公益诉讼案件总量约 88%以上；第三，行政公益诉讼案件在检察公益诉讼案件中的占比逐年下降。个中原因值得关注，可能与检察机关存在选择诉讼问题有关，针对同一公益受损事实，检察机关选择提起何种类型的公益诉讼有足够的裁量空间；也可能与检察机关工作重心转移至刑事附带民事公益诉讼、民事公益诉讼等有关。

（五）行政机关负责人出庭应诉制度持续深入实施

进入国家治理体系和治理能力现代化建设的新时期，行政机关负责人出庭应诉工作得到进一步的重视和强调。2021 年 8 月，中共中央、国务院发布《法治政府建设实施纲要（2021-2025）》，指出各行政机关要认真执行行政机关负责人出庭应诉制度。[②] 对行政机关负责人出庭应诉制度的常态化、规范化运行起到了重要的促进作用。各地也将行政机关负责人出庭应诉工作摆在更加突出的位置，出庭应诉率普遍出现增长。例如，黑龙江省全省行政机关负责人出庭应诉率 100%，连续 5 年位列全国第一。[③] 江苏省行政机关负责人出庭应诉率 94.8%，其中盐城地区达到 100%。[④] 青海省行政机关出庭应诉率达到 60.84%，同比 2020 年上升 21.98%。[⑤] 贵州省行政机关负责人出庭应诉率提高 18.98%。[⑥] 广西壮族自治区行政机关负责人出

① 参见《最高人民检察院发布 1 月至 9 月全国检察机关主要办案数据》，载最高人民检察院网，https：//www.spp.gov.cn/spp/xwfbh/wsfbt/202110/t20211018_ 532387.shtml#1，最后访问时间：2022 年 2 月 15 日。

② 参见《中共中央　国务院印发〈法治政府建设实施纲要（2021-2025 年）〉》，载中央人民政府网，http：//www.gov.cn/zhengce/2021-08/11/content_ 5630802.htm，最后访问时间：2022 年 2 月 17 日。

③ 参见《黑龙江高院院长石时态向黑龙江省十三届人大六次会议作工作报告》，载黑龙江法院网，http：//www.hljcourt.gov.cn/public/detail.php? id = 34436，最后访问时间：2022 年 2 月 17 日。

④ 参见《江苏省高级人民法院工作报告》，载江苏法院网，http：//www.jsfy.gov.cn/art/2022/01/21/23_ 106542.html，最后访问时间：2022 年 2 月 16 日。

⑤ 参见《一图读懂丨青海高院工作报告》，载最高人民法院微信公众号，https：//mp.weixin.qq.com/s/A3dnIOOMbBdwm9WXe0G6Bg，最后访问时间：2022 年 2 月 17 日。

⑥ 参见《一图读懂丨贵州法院工作报告来了》，载最高人民法院微信公众号，https：//mp.weixin.qq.com/s/KR1WdQhccRUkel308TICKw，最后访问时间：2022 年 2 月 17 日。

庭应诉3496件，同比2020年上升10.14%。[①] 陕西省行政机关负责人出庭应诉率同比上升4.2%。[②]

此外，部分地区为了更好地贯彻落实行政机关负责人出庭应诉制度，继续因地制宜地开展了制度创新和实践尝试。例如，河南省印发《河南省行政机关负责人出庭应诉工作规定》，明确了行政案件中行政机关、行政机关负责人和行政机关相应工作人员的范围，规范了县级以上政府及其行政应诉工作机构的职责与义务等，提升了河南省各地行政机关负责人出庭应诉的可操作性。[③] 内蒙古自治区建立行政机关负责人出庭应诉通报机制，实质性化解行政争议，助推法治政府建设。[④] 海南省在“东方绿洲实业有限公司诉海南省人民政府行政复议一案”中授权副省长作为省政府负责人出庭应诉。[⑤] 广东省佛山市修改完善《佛山市行政应诉工作规定（试行）》，首次建立行政机关负责人出庭应诉和败诉行政案件“双报告”制度。[⑥] 宁夏回族自治区中卫市中院积极采取多项措施，如随案送达《行政机关负责人出庭通知书》、建立行政机关负责人出庭应诉工作台账、将出庭应诉情况按期向市依法治市委员会报送，编发行政审判白皮书、发挥府院联动优势，加强行政机关负责人出庭应诉典型案例宣传工作等，保障行政机关负责人出庭应诉制度功能的切实发挥。[⑦]

---

① 参见《一图读懂丨数读2021年广西高院工作报告》，载中国法院网，https：//www.chinacourt.org/article/detail/2022/01/id/6499316.shtml，最后访问时间：2022年2月16日。

② 参见《一图读懂丨陕西省高级人民法院工作报告》，载最高人民法院微信公众号，https：//mp.weixin.qq.com/s/daMg-XCjLsSIGDYl-H9p2A，最后访问时间：2022年2月16日。

③ 参见《河南省行政机关负责人出庭应诉工作规定》，载河南省人民政府网，https：//www.henan.gov.cn/2021/10-12/2325955.html，最后访问时间：2022年2月16日。

④ 参见《内蒙古自治区高级人民法院工作报告》，载内蒙古自治区高级人民法院网，https：//nmgfy.chinacourt.gov.cn/article/detail/2022/01/id/6500088.shtml，最后访问时间：2022年2月16日。

⑤ 参见《海南首例副省长出庭应诉行政案件昨开审》，载《海南日报》2021年12月11日，第2版。

⑥ 参见《佛山市积极落实行政机关负责人出庭应诉制度化、常态化、规范化》，载广东省司法厅网，http：//sft.gd.gov.cn/sfw/fzgz/xzfy/content/post_3753398.html，最后访问时间：2022年2月16日。

⑦ 参见《中卫中院向市委专题汇报推进行政机关负责人出庭应诉工作情况》，载中卫市中级人民法院微信公众号，https：//mp.weixin.qq.com/s/M3C76hf1GlPCPEJ3Sn_29w，最后访问时间：2022年2月18日。

（六）行政审判服务党政工作大局的意识继续强化

通过行政审判服务党政工作大局，既是法院坚持党的领导的直接体现，也是当下法院发挥审判职能作用的现实路径。2021年，全国各级法院继续以更积极主动的姿态，将行政审判工作融入党委政府的中心工作。例如，最高人民法院第四巡回法庭分党组成员、副庭长汪斌在河南省行政审判业务交流座谈会上强调，要坚持以习近平新时代中国特色社会主义思想为指导，深入贯彻习近平法治思想，坚持服务大局、司法为民、公正司法，加强上下级法院的审判业务沟通协调，确保审判效果；要高度重视疑难复杂、在巡回区乃至全国具有重要指导价值、涉及裁判标准统一的案件，确保案件处理符合法律和司法解释的精神，不断提升案件质效，切实做到法律效果、社会效果和政治效果的有机统一。[①] 云南省高院强调，全省法院将继续依法履行行政审判职能，强化行政审判为推动高质量发展提供司法服务和保障的功能和作用，坚决落实党中央关于优化营商环境的决策部署，把握行政审判新常态，服务保障大局，促进经济社会稳步发展。[②] 北京市第四中院强调，要进一步深入学习贯彻习近平法治思想，为建设国际一流和谐之都打造良好法治环境。[③] 西藏自治区拉萨中院强调，行政审判法官要把握政治观、大局观，自觉将党和国家的大政方针与具体案件实际情况结合，把握为民情怀这一行政审判工作的重点，注重“三个规定”的执行、行政审判中类案检索及行政审判专业法官会议的重要性，充分发挥行政审判在处理社会矛盾中的重要作用。[④] 重庆市第五中院强调，要强化政治引领，坚持以党建带队建促审判，注重政治与业务的深度融合；同时要坚持服务大局，坚决贯彻落实市委决策部署，切实找准行政审判服务大局的结合点、着力

① 参见《最高人民法院第四巡回法庭在省法院召开行政审判业务交流座谈会》，载河南省高级人民法院网，http：//www. hncourt. gov. cn/public/detail. php？id＝188934，最后访问时间：2022年2月13日。

② 参见《云南发布2020年度行政审判白皮书》，载云南法院网，http：//ynfy. chinacourt. gov. cn/article/detail/2021/06/id/6086936. shtml，最后访问时间：2022年2月13日。

③ 参见《北京四中院召开行政审判白皮书新闻通报会》，载北京市第四中级人民法院网，https：//bj4zy. chinacourt. gov. cn/article/detail/2021/08/id/6200374. shtml，最后访问时间：2022年2月11日。

④ 参见《拉萨中院召开全市法院行政审判工作会议》，载西藏法院网，https：//xzgy. chinacourt. gov. cn/article/detail/2021/02/id/5802847. shtml，最后访问时间：2022年2月13日。

点和切入点。[①] 广州铁路运输法院强调，要坚持以习近平法治思想为引领，不断提高把握新发展阶段、贯彻新发展理念、构建新发展格局的政治能力和专业水平，更加自觉将行政审判工作融入粤港澳大湾区发展的大局中规划，为广东在全面建设社会主义现代化国家新征程中走在前列，提供更加有力的司法服务和保障。[②]

二、行政诉讼法实施的亮点

（一）两部关于案件管辖的司法解释发布并实施

为了适应当前行政诉讼制度改革的新形势、新任务，促进行政审判良性发展，2021 年最高人民法院在行政案件管辖方面共制定两部新的司法解释。一是 2021 年 2 月 22 日最高人民法院审判委员会第 1832 次会议通过的《最高人民法院关于正确确定县级以上地方人民政府行政诉讼被告资格若干问题的规定》，该规定共 8 条，主要就土地征收中的强制拆除以及县级以上地方人民政府责成有关职能部门对违法建筑实施强制拆除情形下被告资格确定规则、法定具体职能部门经县级以上地方人民政府指导作出行政行为情形下被告资格确定规则、县级以上地方人民政府将履责申请转送法定下级人民政府或者相应职能部门情形下被告资格确定规则、涉不动产登记以及政府信息公开案件中被告资格确定规则、人民法院释明义务等，作了明确规定。二是 2021 年 3 月 1 日最高人民法院审判委员会第 1833 次会议通过的《最高人民法院关于办理行政申请再审案件若干问题的规定》，该规定共 6 条，主要就最高人民法院应当裁定再审的案件类型、可交由高级人民法院审查的案件类型、再审裁驳标准以及向人民检察院申请抗诉或者检察建议的权利进行了规定。这两部司法解释中反映出的以人民为中心的新时代司法理念，为行政诉讼制度的改革注入了新活力，对全面加强行政诉讼法的实施，及时有效保障人民群众合法权益起到了推动作用。

---

① 参见《重庆五中院召开行政执法与行政审判工作联席会》，载重庆市第五中级人民法院网，https：//cq5zy. chinacourt. gov. cn/article/detail/2021/05/id/6051732. shtml，最后访问时间：2022 年 2 月 13 日。

② 参见《广铁法院集中管辖行政案件改革试点五周年座谈会在穗召开》，载广州铁路运输法院网，http：//gtyy. gov. cn/courtweb/web/content/1223-？ lmdm = 1022，最后访问时间：2022 年 2 月 13 日。

（二）四级法院审级职能定位改革拉开序幕

2021 年 5 月，中央全面深化改革委员会审议通过《关于完善四级法院审级职能定位的改革方案》，8 月 20 日，第十三届全国人民代表大会常务委员会第三十次会议通过《关于授权最高人民法院组织开展四级法院审级职能定位改革试点工作的决定》，授权最高人民法院在最高人民法院以及北京、天津、辽宁等 12 个省（市）的人民法院开展试点工作。9 月 27 日，最高人民法院发布《关于完善四级法院审级职能定位改革试点的实施办法》（以下简称《实施办法》），《实施办法》共 23 条，其中与行政诉讼法实施密切相关的内容包括行政案件级别管辖制度、提级管辖机制以及行政申请再审制度等方面的试点改革。

首先，《实施办法》完善了行政案件级别管辖的范围。根据《行政诉讼法》第 15 条第 1 项规定，对县级、地市级人民政府所作行政行为提起诉讼的第一审行政案件，由中级人民法院管辖。[①] 实践中，部分以县级以上地方人民政府为被告的行政案件审理难度较低，也不会受到地方干预，《实施办法》第 3 条结合实际，将政府信息公开、不履行法定职责、行政复议机关不予受理或者程序性驳回复议申请、土地与山林等自然资源权属争议行政裁决四类行政案件，调整为基层人民法院管辖，有助于促进行政争议妥善解决。其次，《实施办法》改革了提级管辖机制。考虑到下级法院的人员编制、审判能力以及抗干预能力有限，部分可能对相对人合法权益造成较大影响的行政案件很难在基层法院得到妥善解决，《实施办法》第 4 条、第 5 条将涉及重大国家利益、社会公共利益、新类型且案情疑难复杂、具有普遍法律适用指导意义等五种特定类型的行政案件，纳入可以提级管辖的范围。第 6~10 条还对提级管辖的申请主体、操作流程、审理时限、处理方式等内容进行了说明。在保障行政审判重心下移的同时，实现上下级法院之间的协同高效。最后，《实施办法》优化了行政申请再审的标准和程序。根据《行政诉讼法》第 90 条的规定，当事人申请再审需要向上一级法院提起。[②]《实施办法》第 11~16 条将对高级人民法院作出的生效裁判申请再审的行政案件交由高级人民法院审理，同时建立了最高人民法院将申请再审

① 《行政诉讼法》第 15 条第 1 项规定："中级人民法院管辖下列第一审行政案件：（一）对国务院部门或者县级以上地方人民政府所作的行政行为提起诉讼的案件……"

② 《行政诉讼法》第 90 条规定："当事人对已经发生法律效力的判决、裁定，认为确有错误的，可以向上一级人民法院申请再审，但判决、裁定不停止执行。"

案件交高级人民院审查的机制，并列举了最高人民法院应当提审的三类情形，与《最高人民法院关于办理行政申请再审案件若干问题的规定》形成有序衔接，有助于推动最高人民法院将更多的精力放在制定司法解释和出台司法政策等方面。

（三）行政诉讼程序繁简分流改革推向全国

2021年5月14日，最高人民法院发布《关于推进行政诉讼程序繁简分流改革的意见》（以下简称《繁简分流改革意见》），并于2021年6月1日开始施行。《繁简分流改革意见》共23条，主要对繁简分流改革的指导思想、简单案件的范围、诉前和解与调解机制、简易程序的适用规则、简单案件的便捷审理程序等进行了明确。《繁简分流改革意见》的实施对于切实通过构建分层递进、繁简结合、供需适配的多元纠纷化解机制，提升人民群众的获得感和满意度具有重要的意义，[①] 也标志着我国行政诉讼程序繁简分流改革正式由地方试点探索阶段进入全国推广实施阶段。

各地积极学习贯彻《繁简分流改革意见》，在行政诉讼程序繁简分流改革中取得新进展、新成效。例如，哈尔滨铁路运输中院举办《行政诉讼程序繁简分流改革》专题讲座，强化对《繁简分流改革意见》的理解和适用。[②] 北京知识产权法院积极就商标授权确权案件诉讼程序繁简分流进行探索，力争在庭前实现行政争议的实质性化解，同时开展案件诉讼材料送达工作，既辅助调解工作的推进，也可以在“当事人拒绝调解或者未达成和解协议，符合法定立案条件的”情况下，为法院依法及时登记立案后的审判工作做好必要的准备，提高工作效率。[③]

（四）检察机关实质性化解行政争议举措纷呈

2021年6月15日，中共中央发布《关于加强新时代检察机关法律监督工作的意见》，明确要求全面深化行政检察监督，在履行法律监督职责中开

① 参见《〈最高人民法院关于推进行政诉讼程序繁简分流改革的意见〉答记者问》，载最高人民法院网，https：//www.court.gov.cn/zixun-xiangqing-306071.html，最后访问时间：2022年2月15日。

② 参见《【教育整顿】哈铁中院举办〈行政诉讼程序繁简分流改革〉专题讲座》，载哈尔滨铁路运输中院网，http：//hrbtlzy.hljcourt.gov.cn/public/detail.php？id = 14395，最后访问时间：2022年2月15日。

③ 参见《北京知识产权法院就商标授权确权案件　推进行政诉讼程序繁简分流试点》，载“知产北京”微信公众号，https：//mp.weixin.qq.com/s/WuC_ mEpHovs5w8ysVmO9iA，最后访问时间：2022年2月15日。

展行政争议实质性化解工作，促进案结事了。2021 年全国检察机关积极融入行政纠纷多元解决机制，将实质性化解行政争议工作作为一项常态化工作开展，亮点纷呈。首先，制定司法文件，规范指导行政争议实质性化解工作。最高人民检察院修订《人民检察院行政诉讼监督规则》，为检察机关办理行政诉讼监督案件提供了明确统一的规范指引。各地也积极出台与此相关的实施意见，例如，江西省南昌市人民检察院联合市司法局印发《关于推进社会治理促进行政争议实质性化解工作的实施意见》，明确了检察机关、司法行政机关共同开展行政争议实质性化解工作的原则、案件范围和工作流程。[①] 湖南省常德市武陵区检察院联合区司法局出台《关于联合推进行政争议实质性化解的工作意见》，要求武陵区检察院、区司法局充分发挥各自职能优势，坚持支持与监督相结合，积极探索行政争议实质性化解的有效方法，形成工作合力，共同推进行政争议实质性化解，促进依法行政。[②] 其次，立足行政检察职能，多举措促进行政争议实质性化解。辽宁省开展加强行政诉讼监督促进行政争议实质性化解专项活动，将开展行政争议实质性化解作为解难题办实事、解民忧纾民困的重要举措，共化解行政争议案 140 件。[③] 山东省济南市检察院建立完善全链条、全方位、全要素"三位一体"的工作模式，第一，着眼"全链条"，全程动态化解争议。一是参与诉源治理；二是对接审前和解；三是融入庭审阶段。第二，布局"全方位"，用足用好监督职能。一是用好行政诉讼监督职能，破解程序空转；二是用精非诉执行监督职能，主动靠前履职；三是用活多种沟通渠道，解决合理诉求。第三，紧抓"全要素"，探索形成长治长效机制。一是建立完善行政争议多元化解机制；二是建立完善以听证促公正的工作机制；三是建立完善规范性文件审查机制。[④] 安徽省亳州市检察院积极运用公开听

---

① 参见《市检察院、市司法局联合出台〈关于推进社会治理促进行政争议实质性化解工作的实施意见〉》，载"南昌掌上 12348"微信公众号，https：//mp. weixin. qq. com/s/UJP9XkT1FdQNlqd9Xz-MWg，最后访问时间：2022 年 2 月 15 日。

② 参见《武陵区检察院联合区司法局出台〈关于联合推进行政争议实质性化解的工作意见〉》，载"常德武陵检察"微信公众号，https：//mp. weixin. qq. com/s/c7QV6E70aiPa_ V7Qy5aJWA，最后访问时间：2022 年 2 月 15 日。

③ 参见《【辽宁日报】全省检察机关开展专项活动实质性化解行政争议推动解决群众难题》，载辽宁省人民检察院网，http：//www. ln. jcy. gov. cn/art/2021/5/12/art_ 142_ 45285. html，最后访问时间：2022 年 2 月 15 日。

④ 参见张江涛：《"三位一体"推进行政争议实质性化解》，载《检察日报》2021 年 9 月 29 日，第 7 版。

证，以公开促公正赢公信，深入推进行政争议实质性化解工作。[①] 最后，最高人民检察院围绕“行政争议实质性化解”发布指导性案例和典型案例，详见下述。

（五）“两高”继续发布指导性案例和典型案例

指导性案例和典型案例作为司法实践智慧的结晶，在统一法律适用标准、监督指导全国行政审判工作方面，有着非常重要的作用。2021 年，最高人民法院和最高人民检察院继续在不同领域发布指导性案例和典型案例。

关于指导性案例。最高人民法院于 2021 年 7 月 15 日发布第 28 批指导性案例，其中有 1 件行政案例，即重庆江小白酒业有限公司诉国家知识产权局、第三人重庆市江津酒厂（集团）有限公司商标权无效宣告行政纠纷案。[②] 2021 年 12 月 3 日发布生物多样性保护专题指导性案例，其中有 2 件行政案例，即海南临高盈海船务有限公司诉三沙市渔政支队行政处罚案、北海市乃志海洋科技有限公司诉北海市海洋与渔业局行政处罚案。[③] 最高人民检察院于 2021 年 9 月 2 日发布第 29 批指导性案例，其中有 3 件行政公益诉讼案件，即江苏省睢宁县人民检察院督促处置危险废物行政公益诉讼案、河南省人民检察院郑州铁路运输分院督促整治违建塘坝危害高铁运营安全行政公益诉讼案、贵州省榕江县人民检察院督促保护传统村落行政公益诉讼案。[④] 2021 年 9 月 27 日发布第 30 批指导性案例，其中有 5 件行政诉讼检察监督案件，即某材料公司诉重庆市某区安监局、市安监局行政处罚及行政复议检察监督案，陈某诉江苏省某市某区人民政府强制拆迁及行政赔偿检察监督案，魏某等 19 人诉山西省某市发展和改革局不履行法定职责检察监督案，王某凤等 45 人诉北京市某区某镇政府强制拆除和行政赔偿检察监督系列案，姚某诉福建省某县民政局撤销婚姻登记检察监督案；1 件行政非诉执行检察监督案件，即山东省某包装公司及魏某安全生产违法行政非诉

① 参见《安徽亳州：检察长主持公开听证，推进行政争议实质性化解》，载安徽省人民检察院网，http://www.ah.jcy.gov.cn/dwjs/dfdt/202111/t20211105_3417405.shtml，最后访问时间：2022 年 2 月 15 日。

② 参见《最高人民法院发布第 28 批指导性案例》，载最高人民法院网，https://www.court.gov.cn/zixun-xiangqing-316271.html，最后访问时间：2022 年 2 月 15 日。

③ 参见《最高法发布生物多样性保护专题指导性案例》，载最高人民法院网，https://www.court.gov.cn/zixun-xiangqing-335151.html，最后访问时间：2022 年 2 月 15 日。

④ 参见《第二十九批指导性案例》，载最高人民检察院网，https://www.spp.gov.cn/spp/jczdal/202109/t20210902_528296.shtml，最后访问时间：2022 年 2 月 15 日。

执行检察监督案。[①]

关于典型案例。最高人民法院于2021年5月11日首次集中发布行政协议典型案例，包括卡朱米公司诉福建省莆田市荔城区人民政府请求撤销征收补偿安置协议案、温红芝诉上海市虹口区住房保障和房屋管理局请求确认房屋征收补偿协议无效案、张某春诉重庆市綦江区新盛镇人民政府不履行土地复垦行政协议案等10个案例；[②] 2021年7月29日发布行政机关负责人出庭应诉典型案例，包括北京富宁经贸有限责任公司宁夏特产连锁超市诉北京市东城区市场监督管理局行政处罚决定及北京市东城区人民政府行政复议案、江苏中厦集团有限公司诉黑龙江省大庆市让胡路区人民政府住房和城乡建设局行政处罚案等15个案例。[③] 最高人民检察院于2021年2月23日发布“加强行政检察监督　促进行政争议实质性化解”典型案例，包括杨某某与云南省昆明市某区人民政府行政补偿检察监督案、徐某某与贵州省某县政府辞退决定行政复议检察监督案、曾某某与江西省某县政府房屋行政征收决定检察监督案等12个案例。[④] 2021年8~12月共发布四批行政检察与民同行系列典型案例，包括第一批4个案例，第二批4个案例，第三批6个案例，第四批7个案例。[⑤] 2021年9月29日与退役军人事务部联合发布烈士纪念设施保护行政公益诉讼典型案例，包括陕西省延安市南泥

---

① 参见《第三十批指导性案例》，载最高人民检察院网，https://www.spp.gov.cn/spp/jczdal/202109/t20210927_531081.shtml，最后访问时间：2022年2月15日。

② 参见《最高人民法院发布行政协议典型案例》，载最高人民法院网，https://www.court.gov.cn/zixun-xiangqing-301081.html，最后访问时间：2022年2月15日。

③ 参见《最高人民法院发布行政机关负责人出庭应诉典型案例》，载最高人民法院网，https://www.court.gov.cn/shenpan-xiangqing-316121.html，最后访问时间：2022年2月15日。

④ 参见《最高人民检察院发布“加强行政检察监督　促进行政争议实质性化解”典型案例》，载最高人民检察院网，https://www.spp.gov.cn/spp/xwfbh/wsfbh/202102/t20210223_509722.shtml，最后访问时间：2022年2月15日。

⑤ 参见《“‘检察为民办实事’——行政检察与民同行”系列典型案例（第一批）》，载最高人民检察院网，https://www.spp.gov.cn/spp/xwfbh/wsfbt/202108/t20210806_525904.shtml#2，最后访问时间：2022年2月15日；参见《“检察为民办实事”——行政检察与民同行系列典型案例（第二批）》，载最高人民检察院网，https://www.spp.gov.cn/spp/xwfbh/wsfbt/202110/t20211025_533330.shtml#2，最后访问时间：2022年2月15日；参见《“检察为民办实事”——行政检察与民同行系列典型案例（第三批）》，载最高人民检察院网，https://www.spp.gov.cn/spp/xwfbh/wsfbt/202111/t20211123_535585.shtml#2，最后访问时间：2022年2月15日；参见《“检察为民办实事”——行政检察与民同行系列典型案例（第四批）》，载最高人民检察院网，https://www.spp.gov.cn/spp/xwfbh/wsfbt/202112/t20211216_538720.shtml#2，最后访问时间：2022年2月15日。

湾三五九旅革命史迹保护行政公益诉讼案、甘肃省榆中县兴隆山烈士纪念设施保护行政公益诉讼案、广西壮族自治区河池市金城江区烈士遗骸保护行政公益诉讼案等9个案例。①

（六）一站式多元解纷机制建设加速推动

2021年2月19日中央全面深化改革委员会第十八次会议审议通过《关于加强诉源治理推动矛盾纠纷源头化解的意见》，为了贯彻落实该意见，最高人民法院于2021年9月28日发布《关于深化人民法院一站式多元解纷机制建设推动矛盾纠纷源头化解的实施意见》，该意见在总结各地人民法院成熟经验与做法的基础上，对推动构建源头防控、排查梳理、纠纷化解、应急处置的社会矛盾综合治理机制作出部署。② 各地纷纷响应，积极作为。例如，四川省各级法院升级一站式多元解纷和诉讼服务体系，健全“厅网线巡”立体化诉讼服务渠道，集齐多项诉讼服务，实现“一站式全办”。③ 江苏省各级法院创新发展新时代“枫桥经验”，法官进网格参与纠纷化解，深入一站式多元解纷，强化诉讼与非诉讼衔接，推动“示范诉讼+集中调解”，实现“解决一个、化解一片”的目标；同时深化行政诉讼法律援助试点，提供援助的案件增长82.6%。④ 云南省出台《进一步加强和规范立案诉服工作的二十条措施》丰富多元立案，全省法院在诉讼服务中心设立“诉调对接中心”“调裁对接中心”，省法院建立295个党委领导下的多元解纷机制，1397个法院主导的诉前联动纠纷解决机制，设立覆盖国家一级边境口岸的14个国门诉讼服务站；设置676个调解工作室，9928名特邀调解员入驻调解平台；配备192名双语法官、选聘585名双语调解员，设立了“金花调解室”“梅葛调解室”等35个民族特色调解室。整合多种非诉解纷资源入驻

---

① 参见《烈士纪念设施保护行政公益诉讼典型案例》，载最高人民检察院网，https：//www.spp.gov.cn/xwfbh/wsfbt/202109/t20210929_531298.shtml#2，最后访问时间：2022年2月15日。

② 参见《最高人民法院关于深化人民法院一站式多元解纷机制建设推动矛盾纠纷源头化解的实施意见》，载最高人民法院网，https：//www.court.gov.cn/fabu-xiangqing-324741.html，最后访问时间：2022年2月15日。

③ 参见《一图读懂丨四川高院工作报告来了!》，载四川省高级人民法院网，http：//scfy.chinacourt.gov.cn/article/detail/2022/01/id/6492349.shtml，最后访问时间：2022年2月15日。

④ 参见《江苏省高级人民法院工作报告》，载江苏法院网，http：//www.jsfy.gov.cn/art/2022/01/21/23_106542.html，最后访问时间：2022年2月16日。

法院，同时还将诉讼服务和多元解纷触角延伸至社区、村寨等基层组织。[①]

（七）检察行政公益诉讼领域范围不断拓展

检察行政公益诉讼制度自建立实施以来，在维护公益、促进依法行政以及完善国家治理等方面展示出其独特的制度价值和发展潜力，取得了明显的成效。为了满足国家和人民群众对公益诉讼的新期待，拓展检察行政公益诉讼的领域范围成为检察行政公益诉讼制度发展重要着力点。一方面，单行法对检察行政公益诉讼等外领域探索的成果进行确认和固化，扩大了检察行政公益诉讼的法定范围。《军人地位和权益保障法》《安全生产法》《个人信息保护法》从法律层面分别将军人荣誉名誉权益保障、安全生产、个人信息保护纳入检察行政公益诉讼的法定范围。[②] 另一方面，各地检察机关继续在新领域开展实践探索。天津市人民检察院开展平安铁路“清朗行动”，摸排铁路沿线安全隐患线索44件，立案29件，深化军地检察协作，办理涉军公益诉讼案件34件，军地协作经验得到最高人民检察院充分肯定。[③] 山东省各级检察院围绕群众关注的个人信息保护、公共卫生、生物安全、道路交通、文物保护等问题，健全线索发现、信息共享、联合调查等机制，办理相关案件1666件，同比上升67.8%。[④] 海南省各级检察院积极在个人信息保护、消防安全等新领域立案117件，同比增长1.9倍。[⑤] 贵州省各级检察院对特殊群体、红色文化等领域发出诉前检察建议1201件，提

---

① 参见《云南法院全面推进一站式多元解纷和诉讼服务体系建设》，载云南法院网，http://ynfy.chinacourt.gov.cn/article/detail/2021/05/id/6025217.shtml，最后访问时间：2022年2月15日。

② 《军人地位和权益保障法》第62条规定：“侵害军人荣誉、名誉和其他相关合法权益，严重影响军人有效履行职责使命，致使社会公共利益受到损害的，人民检察院可以根据民事诉讼法、行政诉讼法的相关规定提起公益诉讼。”《安全生产法》第74条第2款规定：“因安全生产违法行为造成重大事故隐患或者导致重大事故，致使国家利益或者社会公共利益受到侵害的，人民检察院可以根据民事诉讼法、行政诉讼法的相关规定提起公益诉讼。”《个人信息保护法》第70条规定：“个人信息处理者违反本法规定处理个人信息，侵害众多个人的权益的，人民检察院、法律规定的消费者组织和由国家网信部门确定的组织可以依法向人民法院提起诉讼。”

③ 参见《2022年天津市人民检察院工作报告》，载天津市人民检察院网，http://www.tj.jcy.gov.cn/jwgk/gzbg/202202/t20220215_3552911.shtml，最后访问时间：2022年2月15日。

④ 参见《【地方两会播报】“数读”山东省检察院工作报告》，载最高人民检察院微信公众号，https://mp.weixin.qq.com/s/4VXdVIDhgu4quwm7zPcYMQ，最后访问时间：2022年2月15日。

⑤ 参见《2022年海南省人民检察院工作报告》，载最高人民检察院微信公众号，https://fk-wcd.cn/v/2m1odZfi/?slv=1&sid=cm3j&v=oosnVwoqKDZHcKXif3hx1rzxPbRY&from=singlemessage，最后访问时间：2022年2月15日。

起诉讼36件。[①] 山西省各级检察院开展红色文化遗址和英烈纪念设施保护专项行动，发布8件典型案例，成功办理某军用场站净空保护及周边环境污染公益诉讼案。[②] 陕西省各级检察院办理未成年人、个人信息保护等新领域公益诉讼2701件，同时开展了十四运和残特奥会无障碍环境建设专项监督。[③] 北京市各级检察院开展窨井盖、无障碍环境建设等公益诉讼检察，西城区检察院助力全国文化中心建设，办理北京市首例涉中轴线申遗保护行政公益诉讼案。[④] 河南省各级检察院探索个人信息保护、校外培训机构规范运营等新领域公益保护，立案876件。[⑤] 湖南省对历史文化遗产保护全面"加码"，明确将历史文化遗产领域作为检察公益诉讼新领域的重点予以部署推进。[⑥] 浙江省检察院与浙江省妇女联合会共同出台《关于建立公益诉讼配合协作机制的意见》，建立了涉妇女权益保护公益诉讼配合协作的沟通联络机制、信息共享机制、线索移送机制、办案协作机制、法治宣传联动机制等，形成妇女权益保护的整体合力和综合效应。[⑦]

三、2021年行政诉讼法实施中的不足与建议

（一）行政争议实质性化解中诉讼程序空转现象亟待关注

行政争议实质性化解作为当前行政法治建设中不可忽视的一个问题，正日益成为影响人民群众安全感、获得感、幸福感的重要因素，也必然是

---

① 参见《【地方两会播报】一图读懂2022年贵州省检察院工作报告》，载最高人民检察院微信公众号，https://mp.weixin.qq.com/s/QiTRZ8O3q01ydxlGxo4vrw，最后访问时间：2022年2月16日。

② 参见《山西省人民检察院工作报告》，载山西省人民检察院网，http://www.sx.jcy.gov.cn/jwgklm/gzbg/202201/t20220129_3543488.shtml，最后访问时间：2022年2月16日。

③ 参见《2021年陕西省人民检察院工作报告全文发布》，载陕西检察网，http://www.sn.jcy.gov.cn/jwgk/gzbg/202201/t20220121_265259.html，最后访问时间：2022年2月16日。

④ 参见《【地方两会播报】一图读懂北京市检察院工作报告》，载最高人民检察院微信公众号，https://mp.weixin.qq.com/s/GNoUddTSIMV-O5X1Emsm1Q，最后访问时间：2022年2月16日。

⑤ 参见《河南省人民检察院工作报告2021年》，载河南省人民检察院网，http://www.ha.jcy.gov.cn/jwgk/jcbg/202201/t20220118_3532118.shtml，最后访问时间：2022年2月16日。

⑥ 参见《湖南"加码"保护历史文化遗产，列入检察公益诉讼新领域重点》，载新湖南网，http://hunan.voc.com.cn/xhn/article/202109/202109212124518665.html，最后访问时间：2022年2月16日。

⑦ 参见王春霞、范跃红、黄丁文：《公益诉讼助力妇女平等就业权益保护》，载《中国妇女报》2021年12月13日，第1版。

目前乃至未来几年内法院、检察院的工作重心与落脚点。2014 年全国人大常委会修改《行政诉讼法》，将“解决行政争议”加入该法的第 1 条，确立为立法目的之一；2019 年最高人民法院公布《关于深化人民法院司法体制综合配套改革的意见——人民法院第五个五年改革纲要（2019—2023）》，首次将“推动行政争议实质性化解”作为行政诉讼制度改革的主要目标之一；随后，各地高院纷纷下发推动行政争议实质性化解的司法文件；最高人民检察院从 2019 年 10 月开始至 2020 年 12 月首次组织开展了“加强行政检察监督促进行政争议实质性化解”专项活动；随后 2021 年中共中央在《关于加强新时代检察机关法律监督工作的意见》中，明确肯定了检察机关在促进行政争议实质性化解中的地位，要求检察机关“在履行法律监督职责中开展行政争议实质性化解工作，促进案结事了”。从党中央到全国人大常委会，从最高人民法院到最高人民检察院，近些年频繁强调要促进行政争议的实质性解决，一方面说明了贯彻习近平总书记“努力让人民群众在每一个司法案件中感受到公平正义”这一指示的强烈意愿，但另一方面也说明了行政诉讼存在“程序空转”的现象，说明了行政案件中司法供给与社会需求之间的矛盾比较突出。为尽可能减少行政诉讼“程序空转”现象、实质性化解行政争议，除了不断完善行政诉讼法的相关规范及其适用规则、加强行政审判法官的专业化与职业保障、充分利用检察监督外，更为重要的是，要不断改善行政审判的内外部环境。

（二）各地行政机关负责人出庭应诉率依旧不均衡

行政机关负责人出庭应诉制度作为新行政诉讼法的一项亮点制度设计，近几年在助力法治政府建设，促进行政争议实质性化解方面持续发力。在各地法院和政府的共同努力下，2021 年各地行政机关负责人出庭应诉率继续稳步上升，但各地区之间行政机关负责人出庭应诉率不均衡的问题依然明显。由于无法获得行政机关负责人出庭应诉率的全国统计数据，笔者仅结合各地公布的数据，选取几个具有代表性的省份进行横向分析，统计情况如图 1 所示：

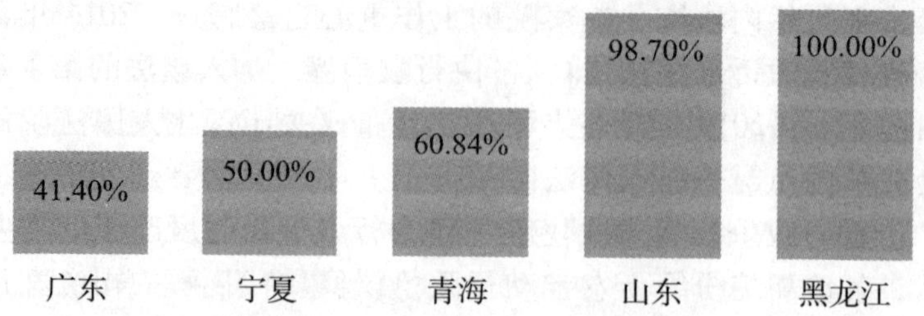

图1　2021年部分省（市）行政机关负责人出庭应诉率统计图①

从上图可知，② 2021年这些省出庭应诉率的最大差额将近60%，广东省仅41.4%，山东省和黑龙江省近或达100%。这可能与各省行政案件数量基数差异较大以及行政案件的难易程度不同有关，也可能与各省法治政府建设的侧重点不同有关，但在一定程度上反映了《最高人民法院关于行政机关负责人出庭应诉若干问题的规定》的实施并没有达到理想的状态。为了更好地推进这项极具中国本土特色的制度设计，各地要加强府院良性互动，从以下几方面发力：一是抓住领导干部这个"关键少数"，全面提高行政机关负责人的法治意识和法治思维；二是要完善行政机关负责人出庭应诉的监督保障机制，提高出庭应诉率与出庭效果在领导班子和干部政绩考核指标体系中的占比；三是要进一步优化行政审判的外部司法环境，营造法治国家、法治政府、法治社会一体建设的良好氛围。

（三）智慧法院建设给行政审判工作带来新的挑战

党的十八大以来，在党中央的指导和推动下，最高人民法院统筹全国各级法院进行信息化建设，随着"互联网+"思维在司法实践中的深入以及

① 图中数据参见《一图读懂丨广东省高级人民法院工作报告》，载最高人民法院微信公众号，https：//mp. weixin. qq. com/s/3QzoWVjpCUCrjPbmdu972g，最后访问时间：2022年2月17日；参见《2022年宁夏高级人民法院工作报告》，载"宁夏政法"微信公众号，https：//mp. weixin. qq. com/s/idY4OjLC_ eBIPjfl85b1NA，最后访问时间：2022年2月16日；参见《一图读懂丨青海高院工作报告》，载最高人民法院微信公众号，https：//mp. weixin. qq. com/s/A3dnIOOMbBdwm9WXe0G6Bg，最后访问时间：2022年2月16日；参见《一图读懂丨山东高院工作报告》，载最高人民法院微信公众号，https：//mp. weixin. qq. com/s/hq0MkAFoXRDDi8tK_ devRQ，最后访问时间：2022年2月16日；参见《黑龙江高院院长石时态向黑龙江省十三届人大六次会议作工作报告》，载黑龙江法院网，http：//www. hljcourt. gov. cn/public/detail. php？id=34436，最后访问时间：2022年2月17日。

② 宁夏的数据在《2022年宁夏高级人民法院工作报告》中表述为："行政机关负责人出庭应诉率达到50%以上。"

人工智能、大数据等数字技术的发展，智慧法院建设成效显著。在促进司法为民、公正司法，取得显著社会效益的同时，也通过推行电子诉讼、开展基于电子卷宗的网上办案、推进执行案件跨部门协同办理等方式，减轻当事人诉累、提高审判执行工作效率，促进“节能降碳，绿色发展”。① 但随着智慧法院建设的力度越来越大，覆盖面越来越广，智慧法院建设在给行政审判带来新发展空间的同时，也给行政审判带来了前所未有的挑战。我们应当铭记大数据、云计算、信息技术、人工智能等数字技术都只是实现合法正义的辅助手段这一基本原则。② 在加快智慧法院建设与实现行政诉讼制度功能价值之间寻找平衡，推动智慧法院建设的科学化、规范化、稳定化发展。

（四）多元纠纷解决机制之间需要有效衔接与整合

2021 年 3 月 4 日，最高人民法院召开新闻发布会宣布人民法院一站式多元解纷和诉讼服务体系基本建成。③ 标志着我国多元纠纷解决机制体系完成了形式意义上的建构。行政纠纷领域形成了诉讼、复议、检察、调解、信访等制度组成的多元行政纠纷解决机制，各纠纷解决路径的制度定位与手段方式不尽相同，在解决行政争议中各有优势，但也有各自难以突破的自身规则的限制。例如，根据行政诉讼法的要求，法院对行政争议的解决通常建立在行政行为的合法性审查之上，而民众向法院提起行政诉讼的目的往往在于救济自身的合法权益，因此在某些行政案件中，即使检察机关通过抗诉等方式介入，法院也难以在行政诉讼的框架中回应民众的全部真实诉求。鉴于此，未来应当在实质法治的理念指导下，围绕行政争议实质性化解，进一步推动多元化解纠纷机制的有效衔接与整合，以充分发挥各行政争议解决制度的解纷优势。

四、结语

2021 年行政诉讼法的实施有创新、有亮点，虽然存在一些新老问题，

---

① 参见《建设智慧法院　促进绿色发展　成效分析报告》，载最高人民法院网，https：//www. court. gov. cn/zixun-xiangqing-318821. html，最后访问时间：2022 年 2 月 18 日。

② 参见季卫东：《人工智能时代的司法权之变》，载《东方法学》2018 年第 1 期。

③ 参见《最高人民法院召开新闻发布会宣布人民法院一站式多元解纷和诉讼服务体系基本建成》，载最高人民法院网，https：//www. court. gov. cn/zixun-xiangqing-289021. html，最后访问时间：2022 年 2 月 18 日。

但也取得了一定的成效。随着行政诉讼制度在国家治理体系现代化中的地位进一步明确，在提升国家治理能力现代化方面，行政诉讼法的实施将被赋予更高的期望。让我们共同参与并期待，未来行政诉讼法的实施取得更好的成效，为早日实现法治中国目标，贡献更大的力量！

撰稿专家

黄先雄，法学博士，中南大学法学院教授、博士生导师，中国行为法学会理事，湖南省法学会行政法学研究会副会长，湖南省诉讼法学研究会常务理事，湖南省宪法学研究会常务理事，执业律师。主要研究领域：行政诉讼法、行政法、司法制度。

第三编　法治实施专题报告

- 2021年党内法规制度建设专题报告
- 2021年财税法治专题报告
- 2021年司法改革专题报告
- 2021年强制执行专题报告
- 2021年反腐败专题报告
- 2021年网络法治专题报告
- 2021年涉外商事海事法治专题报告

第八章　2021 年党内法规制度建设专题报告

宋功德

报告要旨

2021 年，是中国共产党成立 100 周年，也是党内法规制度建设取得丰硕成果的“大年”。这一年，习近平总书记针对坚持依规治党作出许多新的重要指示，依规治党的指导理论得到进一步创新发展；这一年，以习近平同志为核心的党中央推出党内法规制度建设“三部曲”：宣布形成了比较完善的党内法规体系、召开第二次全国党内法规工作会议、全面总结 100 年来特别是党的十八大以来党内法规制度建设的重要成就和历史经验；这一年，紧扣“十四五”开局起步和推动高质量发展进一步加大建章立制和贯彻执行力度，党内法规的制度优势更加巩固、政治保障功能更加彰显。总之，2021 年的党内法规制度建设具有承前启后、继往开来的里程碑意义，必将载入史册。

核心建议

2022 年，伴随着迈上全面建设社会主义现代化国家新征程、向第二个百年奋斗目标进军，党内法规制度建设站在新的历史起点上。2022 年，既要以钉钉子精神贯彻落实党中央有关决策部署，把本年度党内法规的制定和实施各项具体任务完成好，又要从战略上把未来一个时期党内法规制度建设蓝图描绘好，书写党内法规制度建设新篇章。要紧紧围绕学习贯彻党的二十大精神，以推动党内法规制度建设高质量发展为主题，以深化党内法规制度供给侧结构性改革为主线，以强化党的领导和党的建设的制度保障为目标，以编制中央党内法规制定工作第三个五年规划为抓手，以更高站位、更广视野、更大力度开辟依规治党新境界，推动党内法规体系更加完善、贯彻执行更加彻底、治理效能更加强劲，发挥好党内法规保障政治大局的重大作用、彰显依规治党事关党和国家全局的政治功能。

一、依规治党指导理论的创新发展和系统集成

2021年12月19日，在第二次全国党内法规工作会议召开前夕，习近平总书记专门作出重要指示强调："我们党历来重视党内法规制度建设，注重运用党内法规管党治党、提高党的执政能力和领导水平。党的十八大以来，党中央坚持全面从严治党、依规治党，严格执行党章，形成比较完善的党内法规体系，制度权威性和执行力不断增强，党内法规制度建设取得显著成绩，积累了新的重要经验。要增强依规治党的自觉性和坚定性，把牢政治方向，提高政治站位，扛起政治责任，紧紧围绕党和国家工作大局继续推进党内法规制度建设。要发挥好党内法规在维护党中央集中统一领导、保障党长期执政和国家长治久安方面的重大作用，在推进新时代党的建设新的伟大工程、落实全面从严治党方面的重大作用，确保党在坚持和发展中国特色社会主义的历史进程中始终成为坚强领导核心，为全面建设社会主义现代化国家、实现中华民族伟大复兴的中国梦提供坚强政治保证。"习近平总书记强调要发挥好党内法规的"两个重大作用"——"要发挥好党内法规在维护党中央集中统一领导、保障党长期执政和国家长治久安方面的重大作用，在推进新时代党的建设新的伟大工程、落实全面从严治党方面的重大作用"，这表明了党中央对党内法规制度建设的极为重视，体现出党内法规在党和国家工作大局中的战略定位，反映出依规治党的事关根本。党内法规的"两个重大作用"，凸显了党内法规的核心功能在于政治保障——党内法规无论是发挥规范引领作用还是评价奖惩作用，都具有极强的政治性，它紧紧围绕服从服务政治大局展开，充分彰显其在确立党的指导思想、明确党的奋斗目标、阐明党的政治路线、巩固党的领导地位、保障"两个维护"、增进党的团结统一、保持党的先进性和纯洁性等方面的强基固本作用。党内法规的"两个重大作用"，依凭的是党的领导核心地位——正是由于党总揽全局、协调各方，从而使党内法规的规范作用至关重要、

规范方式别具一格、规范效果辐射广泛，在治党治国治军实践中产生贯通上下、四通八达的影响力，深刻影响着党和国家事业发展的方方面面。党内法规的“两个重大作用”，揭示了立规兴党强国富民间的内在逻辑——人民幸福必须国家强盛、国家强盛要靠党的领导、党的领导有力的前提是把党建好治好管好、党的建设新的伟大工程要在党内法规制度轨道上推进，因此，坚持依规治党、加强党内法规制度建设必须始终以践行党的初心使命为出发点和落脚点，紧紧围绕服务党和国家工作大局“公转”。

习近平总书记关于党内法规“两个重大作用”的重要论断，既是习近平总书记关于依规治党重要论述的最新内容，也是一系列重要论述的点睛之笔。党的十八大以来，习近平总书记着眼统揽“四个伟大”，对坚持依规治党、加强党内法规制度建设作出一系列重要论断和深刻论述，这些重要论述，在第二次全国党内法规工作会议上被概括为“十个坚持”，这就在把依规治党指导理论的系统集成上往前推进了一大步。

“十个坚持”是指：(1)坚持把依规治党摆在事关党长期执政和国家长治久安的战略位置。要更多用制度治党、管权、治吏，向制度建设要长效，把制度优势充分释放出来。加强党内法规制度建设是全面从严治党的长远之策、根本之策。要把党内存在的突出矛盾和问题解决好，要有效化解党面临的重大挑战和危险，很重要的一条就是要完善规范、健全制度。(2)坚持完善“两个维护”制度保障。“两个维护”是党的最高政治原则和根本政治规矩，党的领导制度在中国特色社会主义制度中居于统领地位，其关键是维护党中央权威和集中统一领导，必须完善坚定维护党中央权威和集中统一领导的各项制度，健全党中央对重大工作的领导体制，以统一的意志和行动维护党的团结统一。(3)坚持把党章作为管党治党总依据。党章是党的根本大法，是全党必须共同遵守的根本行为规范，是全面从严治党的总依据和总遵循，也是全体党员言行的总规矩和总遵循。党章是一切党内法规制度的源头，建立健全党内法规制度体系，要以党章为根本依据。(4)坚持贯彻民主集中制。民主集中制是党的根本组织制度和领导制度，是党的各级领导班子的根本工作制度，也是中国特色社会主义民主政治的鲜明特点。要健全和认真落实民主集中制的各项具体制度，促使全党同志按照民主集中制办事，促使各级领导干部特别是主要领导干部带头执行民主集中制；要做到民主基础上的正确集中，就要严格按照程序办事、按照规则办事、按照集体意志办事。(5)坚持围绕党和国家工作大局推进党内法规制度建设。要坚持服务党和国家工作大局健全制度，为党的事业发展和全面从严治党提供制度保障。要把党中央作出的重大决策及时转化为具体政策和法规，加强部门间协调配合，增强战略一致性。要把握全面深化改革的阶段性特点和要求，注重系统集成、协同高效，一体推进坚持和巩固制度、完善和发展制度、遵守和执行制度。（6）坚持高质量构建党内法规体系。要把“四梁八柱”和“添砖加瓦”都搞好，加快形成覆盖党的领导和党的建设各方面的党内法规制度体系。建立制度，不能大而全也不能小而碎，不能“牛栏关猫”也不能过于烦琐，制度不在多，而在于精，在于务实管用，于法周延、于事简便，突出针对性和指导性。要坚持科学立规、民主立规，确保每项党内法规都立得住、行得通、管得了。（7）坚持执规必严、违规必究。坚持依规治党，必须一手抓制定完善，一手抓贯彻执行，制定制度很重要，更重要的是抓落实。要坚决维护制度的严肃性和权威性，增强制度执行力，做到用制度管权管事管人，确保各项法规制度落地生根，真正让铁规发力、让禁令生威。（8）坚持思想建党和制度治党同向发力。从严治党要靠思想教育，更要靠制度保障，既要解决思想问题，也要解决制度问题，使加强制度治党的过程成为加强思想建党的过程，也要使加强思想建党的过程成为加强制度治党的过程。要坚持依规治党和以德治党相统一，坚持高标准和守底线相结合，把从严治党实践成果转化为道德规范和纪律要求。（9）坚持依法治国和依规治党有机统一。新形势下我们党要履行好执政兴国的重大职责，必须依据党章从严治党、依据宪法治国理政。依法执政，既要求党依据国家法律治国理政，也要求党依据党内法规管党治党，要发挥依法治国和依规治党的互补性作用。依规治党深入党心，依法治国才能深入民心，必须坚持依法治国和制度治党、依规治党统筹推进、一体建设。全面推进依法治国，必须努力形成国家法律法规和党内法规制度相辅相成、相互促进、相互保障的格局。（10）坚持抓好“关键少数”尊规学规守规用规。要使制度真正生根生效，关键是领导干部要发挥带头作用；正人必先正己，正己才能正人，领导干部都要严格按法规制度办事，坚持法规制度面前人人平等、遵守法规制度没有特权、执行法规制度没有例外；越是主要领导干部，越要自觉增强法规制度意识，以身作则，以上率下。

以上“十个坚持”，全面阐述了坚持依规治党、加强党内法规制度建设的基本问题，深化了对党的建设和党长期执政的规律性认识，是习近平新时代中国特色社会主义思想的重要组成部分，为推进新时代党内法规制度建设、坚持依规治党提供了科学的理论指导。

二、党内法规制度建设里程碑式“三部曲”

2021 年，以习近平同志为核心的党中央推出党内法规制度建设“三部曲”：宣布形成比较完善的党内法规体系、召开第二次全国党内法规工作会议、全面总结党内法规制度建设的重要成就和历史经验，使 2021 年成为党内法规制度建设史上具有里程碑意义的“大年”。

（一）“三部曲”之一：宣布形成比较完善的党内法规体系

2021 年 7 月 1 日，习近平总书记在庆祝中国共产党成立 100 周年大会上宣布，我们党已经“形成比较完善的党内法规体系”。这一制度建设重大成果来之不易，是我们党 100 年来持续推进建章立制特别是党的十八大以来全面深化党的建设制度改革的结果；这一党的建设重要成就彪炳史册，是党的建设史特别是党内法规制度建设史上的一个重要里程碑，标志着党内法规制度建设由此迈入高质量发展新阶段，全面从严治党、依规治党站在新的历史起点上；这一基础性制度支撑事关根本，为保证全党团结统一、行动一致，为党统揽“四个伟大”提供了坚强有力制度保障，对于党以史为鉴、开创未来，团结带领全国人民实现中华民族伟大复兴具有重要意义。

截至 2021 年 7 月 1 日，全党现行有效党内法规共 3615 部。其中，党中央制定的中央党内法规 211 部，中央纪律检查委员会以及党中央工作机关制定的部委党内法规 163 部，省、自治区、直辖市党委制定的地方党内法规 3241 部。党内法规使用党章、准则、条例、规定、办法、规则、细则 7 类名称，现行有效党内法规中，党章 1 部，准则 3 部，条例 43 部，规定 850 部，办法 2034 部，规则 75 部，细则 609 部。

治国必先治党，治党务必从严，从严必依法度。这个“法度”，主要就是以党内法规为脊梁的党的制度。我们党形成了一个比较完善的党内法规体系，并以此为主干形成了一套系统完备的党的制度，这在世界上是独一无二的，彰显出中国共产党作为世界上最大的政党具有的大党的气派、大党的智慧、大党的治理之道。坚持依规治党、加强党内法规制度建设，是“中国之治”的一个独特治理密码，是呈现中国特色社会主义制度优势的一张金色名片，也为世界政党治理贡献了中国智慧和中国方案。

2021 年 8 月 4 日，《中国共产党党内法规体系》一文以中共中央办公厅法规局名义在《人民日报》发布，后由人民出版社以白皮书形式出版。《中国共产党党内法规体系》全面阐述了党内法规体系的发展历程、加快形成、框架构成、守正创新等基本问题。（1）关于党内法规体系的发展历程。党内法规因党而生、因党而立、因党而兴。自中国共产党诞生以来，党内法规制度建设紧紧围绕政治大局推进，始终与党的奋斗历程相伴相随，与党的建设和党的事业同向同行。在这一历史进程中，党内法规制定从无到有、从少到多，由点到面、由面到体，逐步提出体系化要求，适时作出体系化安排，日益呈现体系化特征，不断接近体系化目标。经过100年的持续努力，包括新民主主义革命时期党内法规制定的奠基初创、社会主义革命和建设时期党内法规制定的曲折发展、改革开放和社会主义现代化建设新时期党内法规制定的恢复前进、中国特色社会主义新时代党内法规制定的全面加强等发展阶段，终于在建党100周年时如期形成比较完善的党内法规体系。（2）关于党内法规体系的加快形成。党内法规体系建设是一个久久为功、持续推进的历史过程，是在党内法规达到相当数量基础上对其提出的集成集约结构性要求。党的十八大后，党内法规体系进入加速形成阶段，这既是长期以来党内法规制度建设逐步推进的结果，也是适应新形势新任务要求对新时代党内法规制度建设作出的新部署。党的十八大以来，以习近平同志为核心的党中央统揽“四个伟大”，立足党和国家事业发展全局，明确提出到建党100周年时形成比较完善的党内法规体系，并有针对性地作出一系列理论指导和决策部署，包括加大制度建设理论指导力度、加大体系构建顶层设计力度、加大制度缺项短板补齐力度、加大制度协调统一维护力度、加大制定体制机制保障力度，多措并举、综合施策，推动党内法规体系加快形成。在这个由3615部党内法规共同构成的党内法规体系中，党章居于统领地位，覆盖党的领导和党的建设各方面的基础主干党内法规基本上应有尽有，各板块的党内法规比较齐全，各领域各层级的配套党内法规比较完备，党内法规体系内部总体做到了内容科学、协调统一，我们党管党治党、执政治国全面实现了有规可依、有章可循。（3）关于党内法规体系的框架构成。党内法规体系，是以党章为根本，以民主集中制为核心，以准则、条例等中央党内法规为主干，以部委党内法规、地方党内法规为重要组成部分，由各领域各层级党内法规组成的有机统一整体。按照“规范主体、规范行为、规范监督”相统筹相协调的原则，党内法规体系以“1+4”为基本框架，即在党章之下分为党的组织法规、党的领导法规、党的自身建设法规、党的监督保障法规四大板块。其中，党的组织法规，是调整党的各级各类组织产生、组成、职权职责等的党内法规，为党管党治党、执政治国提供组织制度保障。现行有效党的组织法规共153部，包括中央党内法规 15 部、部委党内法规 1 部、地方党内法规 137 部；党的领导法规，是规范和保障党对各方面工作实施领导，明确党与人大、政府、政协、监察机关、审判机关、检察机关、武装力量、人民团体、企事业单位、基层群众性自治组织、社会组织等领导与被领导关系的党内法规，为党发挥总揽全局、协调各方领导核心作用提供制度保障。现行有效党的领导法规共 772 部，包括中央党内法规 44 部、部委党内法规 29 部、地方党内法规 699 部；党的自身建设法规，是调整党的政治建设、思想建设、组织建设、作风建设、纪律建设等的党内法规，为提高党的建设质量、永葆党的先进性和纯洁性提供制度保障，现行有效党的自身建设法规共 1319 部，包括中央党内法规 74 部、部委党内法规 76 部、地方党内法规 1169 部；党的监督保障法规，是调整党的监督、激励、惩戒、保障等的党内法规，为保证党组织和党员干部履行好党和人民赋予的职责提供制度保障，现行有效党的监督保障法规共 1370 部，包括中央党内法规 77 部、部委党内法规 57 部、地方党内法规 1236 部。（4）关于党内法规体系的守正创新。党内法规制度建设只有进行时、没有完成时。随着新时代党的建设和党的事业昂首阔步前进，党内法规制度建设必须与时俱进、改革创新，要紧紧围绕贯彻党的指导思想不断完善党内法规体系，紧紧围绕坚持党的全面领导不断完善党内法规体系，紧紧围绕保持党同人民群众血肉联系不断完善党内法规体系，紧紧围绕全面从严治党向纵深发展不断完善党内法规体系，紧紧围绕服务党和国家工作大局不断完善党内法规体系，紧紧围绕坚持和完善中国特色社会主义制度、推进国家治理体系和治理能力现代化不断完善党内法规体系，紧紧围绕推进中国特色社会主义法治建设不断完善党内法规体系。站在新的历史起点上，要深刻总结运用长期以来特别是党的十八大以来加强党内法规制度建设的宝贵经验，适应新形势新任务要求，把牢政治方向、遵循客观规律、深化制度改革，使党内法规体系更加完善、党内法规制度更有活力，为党团结带领人民实现中华民族伟大复兴的中国梦提供更加坚强有力的制度保障。

2021 年，为推动党内法规体系的学习宣传，帮助广大党员干部树牢尊规学规守规用规意识，中共中央办公厅法规局组织开展《中国共产党党内法规汇编》工作，首次完成对现行有效且向社会公开的中央党内法规和中央部委党内法规的全面汇编和公开出版工作。

（二）“三部曲”之二：召开第二次全国党内法规工作会议

2016 年 12 月，党中央召开党的历史上第一次全国党内法规工作会议。

时隔5年，2021年12月20日，党中央召开第二次全国党内法规工作会议。值此全党上下深入学习贯彻党的十九届六中全会精神之际，党中央召开这次全国党内法规工作会议，总结成绩，分析形势，部署任务，对于新征程上坚持依规治党、推动党内法规制度建设高质量发展，具有重要意义。会前，习近平总书记专门作出重要指示，从统筹中华民族伟大复兴战略全局和世界百年未有之大变局的高度，深刻阐明党内法规制度建设在管党治党、提高党的执政能力和领导水平中的重要地位，充分肯定党的十八大以来党内法规制度建设的显著成绩，强调要增强依规治党的自觉性和坚定性，紧紧围绕党和国家工作大局继续推进党内法规制度建设，发挥好党内法规在维护党中央集中统一领导、保障党长期执政和国家长治久安方面的重大作用，在推进新时代党的建设新的伟大工程、落实全面从严治党方面的重大作用。习近平总书记的重要指示，为我们在新征程上做好党内法规工作、深化依规治党提供了根本遵循。这次会议主要从政治上强调了3个重要问题：一要提高政治站位、充分认识新时代党内法规制度建设的显著成绩和重大意义。会议用“五个前所未有”对此作出全面总结：党的十八大以来，党中央对党内法规制度建设重视程度之高前所未有，在擘画党和国家事业发展大局时同步加强党内法规制度建设；出台党内法规数量之多前所未有，形成比较完善的党内法规体系，成为坚持和完善中国特色社会主义制度、推进国家治理体系和治理能力现代化的一个标志性成果；党的领导制度保障之强前所未有，党总揽全局、协调各方的领导核心作用得到充分发挥；党的建设制度改革力度之大前所未有，为推动全面从严治党向纵深发展提供了强劲制度支撑；党内法规制度执行之严前所未有，党的制度优势有效转化为治理效能。实践充分证明，坚持依规治党，是我们党的一大创举，是推进党的自我革命的重要保障。以史为鉴、开创未来，党内法规制度建设只能加强、不能削弱，全面从严治党、依规治党必须向纵深推进。二要把牢政治方向、坚持以习近平总书记关于依规治党的重要论述指导党内法规制度建设。会议将习近平总书记依规治党的重要论述概括为“十个坚持”，并要求认真学习贯彻这些重要论述，自觉用以武装头脑、指导实践、推动工作。三要扛起政治责任、谱写新时代党内法规制度建设新篇章。会议指出，踏上全面建设社会主义现代化国家新征程，党内法规制度建设站上了新的历史起点，要贯彻落实党中央决策部署和习近平总书记重要指示精神，深入推进党内法规制度建设，使党内法规体系更加完善、制度执行更为严格、制度优势更好转化为治理效能。会议提出6项重点任务：全面贯彻落实习近平新时代中国特色社会主义思想，更好坚持和运用党的历史经验，完善党的集中统一领导体制机制，强化党的自我革命制度保障，全面提高党内法规工作质量，加强对党内法规工作的组织领导。

（三）“三部曲”之三：全面总结党内法规制度建设的重要成就和历史经验

党的十九届六中全会通过的《中共中央关于党的百年奋斗重大成就和历史经验的决议》（以下简称《决议》），表明了中国共产党领导中国人民的百年奋斗书写了中华民族几千年历史上最恢宏的史诗：创造的“四个伟大成就”成为彪炳史册的不朽篇章，实现的“四个伟大飞跃”层层递进迈向伟大复兴，“五个历史意义”充分彰显党的丰功伟绩，“十个坚持”深刻揭示我们党高超的治理之道。《决议》用“十个坚持”总结概括的党百年奋斗的历史经验，是我们党百年来洞察历史发展规律、把握时代发展大势，得出的立党立国、强党强国最重要、最深刻、最系统的认识。《决议》在对新时代坚持党的全面领导、全面从严治党重大成就进行的总结中，充分肯定了党内法规制度建设在管党治党中的重要作用，强调要坚持思想建党和制度治党同向发力，坚持依规治党，严格遵守党章，严格制度执行，等等。为贯彻落实党中央有关部署，各地区各部门紧密结合庆祝建党 100 周年、开展党史学习教育、学习贯彻党的十九届六中全会精神等，组织开展一系列理论研讨、课题研究、主题征文等活动，并组织编写《中国共产党党内法规制度建设历程研究》《中国共产党党风廉政建设百年纪事》《中国共产党组织建设一百年》《中国共产党百年法治大事记》等书籍。其中，《中国共产党党内法规制度建设历程研究》一书首次对制度治党、依规治党的百年征程作了全面总结阐述。该书由导论、正文构成，导论侧重梳理呈现党内法规制度建设历程的发展脉络，正文包括 4 编，依次对新民主主义革命时期、社会主义革命和建设时期、改革开放和社会主义现代化建设新时期、中国特色社会主义新时代等 4 个历史时期的党内法规制度建设的历程进行回顾总结。

回望党的百年征程，党内法规制度建设史是党史的重要一维，坚持依规治党、在制度建设上一以贯之，坚持继往开来、在制度变革上一脉相承，坚持系统观念、在制度框架上一体布局，坚持正确方向、在制度保障上一纲二目，走出了一条特色鲜明的党内法规制度建设之路，形成了卓有成效的政党治理之道。

其一，制度建设的一以贯之。一百年来，从发端于党的一大纲领和二大党章到形成一个比较完善的党内法规体系，无论是建党之时即立规还是与时俱进建章立制，党内法规制度建设是一以贯之的。（1）理论指引。从党内法规制度建设角度看，主要在两个意义上同时接受党的基本理论的指引：一个是党的指导思想中面向党和国家事业发展的“通论”。党内法规要“走进”党和国家事业、提供“内行”制度保障，就必须符合党的指导思想关于管党治党、执政治国的基本立场观点方法，遵循经济社会发展规律，契合治理之道。另一个是党的指导思想中针对党内法规制度建设的“专论”。它专门阐明党内法规是什么、为什么、干什么、怎么干等基本问题，为确定党内法规制度建设的立场、方向、功能、目标、路径等提供直接指引。党的十八大以来，习近平总书记鲜明提出坚持依规治党，专门针对加强党内法规制度建设作出一系列重要论述，为推进党内法规制度建设提供了行动指南。（2）决策部署。党中央把握时代主题和历史方位，坚持顶层设计、擘画蓝图，推动党内法规制度建设持续前行。党的十八大以来，一方面，党中央把党内法规制度建设置于党和国家工作大局中定位，推动其贯穿于中国特色社会主义事业“五位一体”总体布局和“四个全面”战略布局之中，确保党内法规制度建设始终紧紧围绕保障政治大局“公转”。另一方面，党中央专门针对加强党内法规制度建设作出部署安排，推动新时代党内法规制度建设更加有序高效“自转”。2016年，党中央召开党的历史上第一次全国党内法规工作会议，并出台关于加强党内法规制度建设的意见，作出系统谋划、顶层设计。着眼构建集制定、规划、解释、评估、备案审查、清理、执行等环节于一体的党内法规制度建设链条，推动党内法规制度建设驶入快车道。（3）建章立制。着眼于坚持党的领导、加强党的建设，党坚持不懈建章立制，党内法规从无到有、从少到多、连点成线、连面成体，经过百年努力终于形成一个比较完善的党内法规体系。历经百年日积月累，党内法规已从一个纲领、一部党章发展为一个比较完善的体系。据对中央党内法规制定修订数量的粗略统计，1921~1927年约10部，年均不到2部；1927~1937年约10部，年均1部；1937~1945年约10部，年均不到2部；1946~1949年约10部，年均约2部；1949~1978年约30部，年均1部；1978~1989年约20部，年均不到2部；1989~2002年约50部，年均近4部；2002~2012年约80部，年均8部；2012~2021年146部，年均约15部。由此可见，一百年来，中央党内法规的制定修订在前70年基本保持匀速，最近30年加速推进，特别是党的十八大以来处于高位运行。

其二，制度变革的一脉相承。综观党内法规制度百年变革，犹如一棵树的成长，它是基于同一根脉之上的发展。这个“根脉”，主要包括党的指导思想、人民立场、初心使命、民主集中制等“党之要者”，它们内在地规定着党内法规的属性不变，从根本上决定着制度建设的方向不偏。（1）党内法规以党的指导思想为理论根基。党内法规既是经验的凝结、实践的产物，也是意志的体现、思想的结果，它是党的指导思想之“道”以“制”的方式呈现。党内法规制度变革，从制度创新上回答如何保障党的建设、党的领导、社会主义建设、人类事业发展进步等基本问题，而这些基本问题已由党的指导思想在理论上给出了答案。党的指导思想中的真理性认识和思想观点、重大政治判断和理论主张，奠定了党内法规制度建设的理论根基，制定党内法规必须贯彻落实党的指导思想，遵循指导思想之“理”建章立制，将指导思想的要求转化为制度规定并付诸实施。正是由于思想是制度之魂、制度是思想之体，因此，贯彻落实党的指导思想和贯彻执行党内法规是高度统一的。（2）党内法规以党的政治立场为基本立场。从来就不存在所谓不持政治立场的“中性制度”。制度，总是基于特定政治立场解决“做蛋糕”和“分蛋糕”问题，而基于不同政治立场会作出殊异制度安排，政治立场乃是制度建设的逻辑基点。中国共产党作为马克思主义政党，其所制定的党内法规彰显强烈政治属性，始终坚守人民立场这一根本政治立场，坚持以人民为中心建章立制，厚植党的群众基础，巩固党的执政根基，维护党的领导核心地位。党内法规制度建设坚持人民立场，这就决定着一切制度变革都万变不离其宗，始终站在人民立场上建立健全党的领导体制机制、规定党组织职权职责和党员义务权利、设定党的纪律处分和组织处理等，是非标准清晰、爱憎态度分明。（3）党内法规以党的初心使命为价值导向。中国共产党一经成立，就把实现共产主义作为党的最高理想和最终目标，把为中国人民谋幸福、为中华民族谋复兴确立为自己的初心使命。无论党内法规制度怎么变革，都以保障党矢志不移践行初心使命、为实现伟大复兴而不懈奋斗为己任，一以贯之地要求党员坚持党和人民的利益高于一切，公而忘私、大公无私，努力把最广大人民根本利益实现好维护好发展好，这是党规之治所要维护的最大公平正义。（4）党内法规以党的民主集中制为核心制度。民主集中制浓缩着治党之道，早已成为本中之本、制中之制。本中之本，是指民主集中制作为党的根本领导制度和组织原则，属于最根本的制度，是实现实体正义的本源性程序制度安排。制中之制，是指民主集中制属于“种子制度”，蕴藏着党内法规制度的基因、源代码，包含着认知和创制党内法规制度的核心要素，整个党内法规制度建设都是围绕“在民主基础上的集中和集中指导下的民主相结合”这个核心命题展开，是民主与集中这个基因“双螺旋”的衍生。

其三，制度框架的一体布局。党内法规体系以“1+4”为基本框架，这集中体现为党章历来面向党的组织、领导、自身建设和监督保障等作出一体布局，并统领着整个党内法规制度建设各领域各方面一体推进，据此一体构建相辅相成的党的组织体系、领导体系、自身建设体系和监督保障体系。以党章为统领构建和完善党内法规体系，一方面坚持左右联动，统筹推进党的组织领域、党的领导领域、党的自身建设领域、党的监督保障领域等各方面党内法规制定工作；另一方面坚持以上率下，制定中央党内法规重在规范“面”上重要问题，配套制定部委党内法规重在规范“条”上事项，配套制定地方党内法规重在规范“块”上事项。在党内法规体系中，（1）党的组织法规制度侧重建构党的组织体系“一体三翼”组织架构。党的组织体系如同“一体三翼”大飞机，“一体”是指党的代表大会及其选举产生的党委，自上而下包括党的中央组织、地方组织、基层组织3个层级，分别对应于飞机机身的前中后3个部位；“三翼”分别指的是作为尾翼的党的纪律检查机关，以及作为两个侧翼的党委工作部门和党委设立的党组。（2）党的领导法规制度侧重铺设党的领导“一核四驱”运行轨道。形象地讲，为坚持和加强党的全面领导提供法规制度保障，其原理类似于打造一个动力强劲的四轮驱动车。其中，“发动机”对应于“党的领导核心地位”，制度建设的使命任务是巩固党的长期执政地位，捍卫党的领导核心地位毫不动摇。在此基础上分别解决“四轮驱动”问题，第一个轮子侧重解决在制度化轨道上产生和释放对党的向心力，第二个轮子侧重解决在制度化轨道上产生和释放党的领导力，第三个轮子侧重解决在制度化轨道上产生和释放党的执行力，第四个轮子侧重解决在制度化轨道上产生和释放党的创造力。（3）党的自身建设法规制度侧重强化党建布局“一纲四目”制度保障。党的自身建设法规，主要功能是按照党建“一纲四目”总体布局来有效回应全面从严治党、依规治党提出的制度需求，即以党的政治建设为统领，统筹推进党的思想建设、组织建设、作风建设、纪律建设，依靠制度把党建设得更加坚强有力。（4）党的监督保障法规制度侧重打造“一链六环”激励约束机制。建立健全党的监督保障法规制度，主要任务是构建一套确保党的决策部署令行禁止的激励约束机制，打造一个由严明纪律、严格监督、有效激励、严肃惩戒、处理异议、工作保障等6个环节前后相续、环环相扣的制度链条，为党务关系主体输送正向激励的动力与反向遏制的压力，构筑起权力制约和权利保障的制度防线，从而为管党治党、执政治国目标的实现提供坚强制度保证。

其四，制度保障的“一纲二目”。中国共产党居于领导核心地位、肩负长期执政使命，这就使得党内法规制度建设始终紧紧围绕党领导人民实现中华民族伟大复兴这个中心主题展开，形成了以维护政治大局为“纲”、以坚持党的领导与加强党的建设为“目”的“一纲二目”制度保障格局。（1）维护政治大局。作为国家事业的领导核心，党必须洞察国际国内形势、把握社会主要矛盾、定准历史方位，在此基础上，确立政治目标和政治路线、建立政治体制和政治制度、制定政治方针和政治策略，并与时俱进加以发展完善。这个擘画政治大局、保障政治大局、发展政治大局的重任，首先要靠党的根本大法来担负。每次党章修订，都集中反映那次党的全国代表大会对政治大局的擘画，通过一次接一次加色润色而形成的这幅既凸显时代特征又保持历史传承、将历史与现实融为一体的“油画”，就成了当下的党章。一部党章史就是一部政治大局发展史，而现行党章则是对当前政治大局的全面擘画。（2）坚持党的领导。党内法规制度建设要承担起保障政治大局的重任，关键是要紧扣坚持党的领导建章立制，正确解决党领导什么、怎么领导问题，把党的领导贯彻落实到国家治理和经济社会发展各方面全过程。着眼坚持和加强党的领导制定党内法规，需在巩固党的领导地位、明确党的领导任务、确定党的领导主张、阐明党的领导原则等基础上，科学规定党的领导体制机制、职权职责、方式方法等问题。坚持党的领导，重中之重是坚持党中央权威和集中统一领导，着力建立健全保障“两个维护”体制机制。要在党的全面领导“两个同心圆”中定位党中央权威和集中统一领导，其中，圆心是党中央的核心、全党的核心，内圆是党中央权威和集中统一领导，外圆是各级各类发挥领导作用的党组织。只有维护党中央的核心、全党的核心，才能真正维护党中央权威和集中统一领导；只有坚持党中央权威和集中统一领导，才能确保党组织在同级各种组织中发挥领导核心作用。（3）加强党的建设。坚持党的领导必须加强党的建设，加强党的建设目的在于坚持党的领导。党成立之初，就以党的根本大法确定党的建设行动框架，揭开依据党章党规管党、治党、建设党的序幕，并在革命建设改革时期和新时代书写各自精彩篇章。加强新时代党内法规制度建设，要以服务政治大局为目标，以坚持全面从严治党为方针，以贯穿党的建设各方面之中为路径，以配置职权职责健全体制机制为要务，在制度轨道上推动党的建设高质量发展，提高党拒腐防变和抵御风险的能力，不断增强党自我净化、自我完善、自我革新、自我提高能力，不断增强党的阶级基础和扩大党的群众基础，不断提高党的创造力、凝聚力、战斗力，建设学习型、服务型、创新型的马克思主义执政党，使我们党始终走在时代前列，成为领导全国人民沿着中国特色社会主义道路不断前进的坚强核心。

三、党内法规工作链条各环节整体发力

党的十八大以来，党内法规工作形成了一个比较完整的链条，涵盖立项、起草、审核、审议批准、解释、备案审查、清理、督促落实、理论研究等多个环节。第二次全国党内法规工作会议强调指出，要根据新形势新任务要求，统筹做好党内法规全链条工作。其中，立项工作要坚持系统观念，加强谋划、有的放矢，着眼推动党内法规体系更加完善，补短板、强弱项。起草工作要坚持质量为上，充分调研论证、广泛听取意见，多搞“开门立规”、注重集思广益，善于运用新鲜经验支撑制度创新，通过制度创新推动解决实际问题。审核工作要坚持严细深实，切实把好政治政策关、法律法规关、文风文字关。审议批准工作要更加认真负责，绝不能降格以求，让法规制度“带病出台”。解释工作要提高准确性及时性，真正发挥解疑释惑、推动制度更好实施的作用。备案审查工作要坚持“有件必备、有备必审、有错必纠”，彰显监督功能、发挥纠错作用，有效维护党内法规制度的统一性。清理工作要及时跟进，解决好现行有效党内法规制度中的不适应不协调不衔接不一致等问题。督促落实工作要抓住关键环节、关键条规、关键人，多措并举推动党内法规制度执行有力、落地见效。理论研究工作要把握党内法规研究跨学科特点，统筹基础研究和应用研究，为加强党内法规制度建设提供有力学理支撑。

2021年，党内法规工作链条诸环节环环紧扣、整体发力，有力承接了党内法规制度建设各项任务，体现了建章立制与贯彻执行并重、实践发展与理论研究并举，推动党内法规制度建设取得新的进展和成效。

（一）建章立制工作取得新进展

2021年，共制定修订党内法规约200部，包括中央党内法规14部、部委党内法规13部、地方党内法规170余部。就制定修订的14部中央党内法规而言，在党内法规体系中具有“四梁八柱”作用的法规主要有《中国共

产党纪律检查委员会工作条例》《中国共产党组织工作条例》《中国共产党领导国家安全工作条例》《中国共产党党徽党旗条例》《军队功勋荣誉表彰条例》《中国共产党普通高等学校基层组织工作条例》《中国共产党组织处理规定（试行）》等。

1. 关于《中国共产党纪律检查委员会工作条例》

该条例于2021年12月6日由中共中央政治局会议审议批准，2021年12月24日由中共中央发布。纪律检查机关是党进行伟大自我革命的重要力量，是管党治党的利器重器，党中央在建党百年之际制定出台该条例，充分体现了我们党推进自我革命、深化全面从严治党的坚定决心和意志。该条例由总则、领导体制、产生和运行、主要任务、工作职责、派驻派出机构、队伍建设和监督、附则构成，共8章59条，为规范和加强纪检工作提供了基本遵循。该条例以习近平新时代中国特色社会主义思想为指导，深入贯彻党的十九大和十九届历次全会精神，以党章为根本遵循，充分运用党的十八大以来全面从严治党、推进党风廉政建设和反腐败斗争、深化纪检监察体制改革的理论成果、实践成果、制度成果。该条例的制定出台，对于坚持和加强党的全面领导、坚持党中央集中统一领导，推进新时代纪检监察工作高质量发展，充分发挥监督保障执行、促进完善发展作用，具有重要意义。

2. 关于《中国共产党组织工作条例》

该条例于2021年4月30日由中共中央政治局会议审议批准，2021年5月22日由中共中央发布。党的十八大以来，习近平总书记统揽中华民族伟大复兴战略全局和世界百年未有之大变局，科学把握我们党所处的历史新方位和面临的新形势新任务，紧紧围绕“长期执政条件下建设什么样的党、怎样建设党”这一根本问题，对党的建设和组织工作提出一系列新理念新思想新战略，亲自谋划、亲自部署、亲自推动一系列重大方针政策、重大举措、重大工作，引领新时代组织工作取得历史性成就、发生历史性变革，为制定出台该条例奠定了坚实的思想理论和实践基础。该条例共7章、46条，分为三个板块，第一板块包括第一章和第二章，明确组织工作的地位作用、指导思想、原则和组织工作的领导体制、组织部门的主要职责；第二板块包括第三、四、五章，明确组织工作的总体布局和基本要求，分别对党的组织体系建设、干部工作、人才工作的主要内容作出规定；第三板块包括第六章和第七章，明确组织工作的保障机制、该条例执行督查以及附则相关内容。该条例是我们党历史上第一部关于组织工作的统领性、综合性基础主干法规，为做好新时代党的组织工作、加强党的组织建设提供了基本遵循。该条例的制定出台，对于坚持和加强党对组织工作的全面领导、深入贯彻新时代党的组织路线、推进组织工作科学化制度化规范化、全面提高组织工作质量，具有重要意义。

3. 关于《中国共产党党徽党旗条例》

该条例于2021年6月17日由中共中央政治局常委会会议审议批准，2021年6月26日由中共中央发布。中国共产党的党徽党旗是中国共产党的象征和标志，党徽党旗鲜明表明中国共产党是中国工人阶级的先锋队，同时是中国人民和中华民族的先锋队，是为中国人民谋幸福、为中华民族谋复兴，为坚持和发展中国特色社会主义、为实现共产主义远大理想而不懈奋斗的马克思主义政党。该条例以党章为根本遵循，继承已有好做法，吸收实践新经验，对党徽党旗工作作出全面规范。该条例共24条，涵盖党徽党旗生产制作、使用管理、监督问责等方面，主要包括5个方面内容：一是对该条例制定的目的依据、党徽党旗的图案、内涵和工作原则作出规定，强调党的各级组织和每一个党员都要维护党徽党旗的尊严；二是分别对党徽、党旗的通用尺度、应当使用情形、可以使用情形以及禁止使用和网络使用情形等作出规定；三是明确党徽党旗知识应当作为党史学习教育、党员教育培训、入党积极分子培训等的重要内容，并对各级党组织和新闻、出版单位作出相应规定；四是对党徽党旗生产企业作出规定，明确制作企业由省（自治区、直辖市）党委组织部在具有生产资质的企业中确定；五是对党徽党旗的配发管理、生产监管、监督问责等作出规定；此外，以附件形式提供了中国共产党党徽和党旗的制法说明。该条例是我们党历史上第一部关于党徽党旗的基础主干法规，为党徽党旗的制作、使用、管理提供了基本遵循。该条例的制定出台，对于充分发挥党徽党旗的政治功能，增强党的凝聚力、战斗力，激发党员党的意识，激励全党不忘初心、牢记使命，坚定理想信念，团结带领全国各族人民在党的旗帜下奋勇前进，具有十分重要的意义。

4. 关于《军队功勋荣誉表彰条例》

该条例于2021年11月18日由中共中央政治局会议审议批准，2021年12月9日由中共中央、国务院、中央军委发布。该条例共9章72条，分为3个板块，第一章总则为第一板块，主要明确制定该条例的目的依据，军队功勋荣誉表彰工作原则、类别项目、管理体制；第二章至第七章为第二板块，是该条例的主体部分，区分勋章、荣誉称号、奖励、表彰、纪念章和军队涉外功勋荣誉表彰，分别规范授予对象、授予时机、权限程序、颁授方式等内容；第八章、第九章为第三板块，主要明确军队功勋荣誉表彰获得者相关待遇、军队功勋荣誉表彰管理要求等。该条例鲜明体现了毫不动摇坚持党对军队绝对领导的根本原则和制度，贯彻军委主席负责制，围绕培养有灵魂、有本事、有血性、有品德的新时代革命军人，锻造具有铁一般信仰、铁一般信念、铁一般纪律、铁一般担当的过硬部队，打牢绝对忠诚、绝对纯洁、绝对可靠的思想根基，引导激励官兵坚定不移听党话、跟党走；鲜明体现了加强典型示范，坚持功绩导向，注重以德为先，严格掌握标准，注意发现官兵身边可学可做、可追可及的典型，广泛开展新时代立功创模活动；鲜明体现了继承发扬我军功勋荣誉表彰工作优良传统，统筹设计功勋荣誉表彰待遇体系。该条例的制定出台，对加强党对军队功勋荣誉表彰工作的领导、完善党和国家功勋荣誉表彰制度体系，对增强军事职业吸引力和军人使命感荣誉感、教育引导官兵发扬我军大无畏的英雄气概和英勇顽强的战斗作风，激励全军官兵奋力实现建军百年奋斗目标，具有重要意义。

5. 关于《中国共产党普通高等学校基层组织工作条例》

该条例于 2009 年 11 月 5 日由中共中央政治局常委会会议审议批准，2010 年 8 月 13 日由中共中央发布；2021 年 2 月 26 日由中共中央政治局会议修订，2021 年 4 月 16 日由中共中央发布。党的十八大以来，以习近平同志为核心的党中央高度重视加强党对高校的全面领导和高校党的建设，作出一系列重大部署。习近平总书记多次对高校党建作出重要指示批示，多次到高校考察指导，特别是 2016 年 12 月、2018 年 9 月先后出席全国高校思想政治工作会议、全国教育大会并发表重要讲话，为做好新形势下的高校党建和思想政治工作指明了前进方向、提供了根本遵循。各地各高校深入学习贯彻习近平新时代中国特色社会主义思想，全面贯彻党的教育方针，落实立德树人根本任务，坚持和加强党对高校的全面领导，推进全面从严治党向纵深发展、向基层延伸，强化党组织政治功能和组织力，不断提高高校基层党组织建设质量，取得了明显成效，积累了重要经验。新修订的条例保持原有框架基本不变，章节有所调整，内容作了充实和完善，共 10 章 39 条，主要在以下几个方面作了修改：一是完善高校基层党组织工作的指导思想、目标原则。将坚持教育为人民服务、为中国共产党治国理政服务、为巩固和发展中国特色社会主义制度服务、为改革开放和社会主义现代化建设服务，坚守为党育人、为国育才、培养德智体美劳全面发展的社会主义建设者和接班人等要求写入条例，提出高校党组织工作应当遵循5个方面原则。二是适当调整组织设置和职责。根据党中央有关要求，围绕坚持和加强党的全面领导，对高校各级党组织的主要职责作进一步充实。完善高校党委常委会人员组成结构，规范高校院（系）级单位党组织、党支部任期，明确党支部设置方式和党支部书记选拔标准。三是健全高校纪检工作领导体制和机制，强化高校纪委监督执纪问责职责，规范处理违犯党的纪律的线索和案件的要求。四是在党员队伍建设上，突出加强政治理论教育和党史教育，推进“两学一做”学习教育常态化制度化，建立和落实不忘初心、牢记使命的制度，规范和严肃党组织生活，加强党员发展工作。五是在干部和人才工作方面，要求建设忠诚干净担当的高素质专业化干部队伍，加强对人才的政治引领和政治吸纳。六是强化对高校党组织开展思想政治工作以及领导群团组织的要求。七是增写“领导和保障”章节，压实各级党委、有关部门党组织抓高校基层党组织建设的工作责任和高校党委的主体责任，对加强高校党建和思想政治工作队伍建设，强化考核评价等提出要求。条例的修订出台，对于全面贯彻党的教育方针，落实立德树人根本任务，建设高质量教育体系，培养社会主义建设者和接班人，具有十分重要的意义。

6. 关于《中国共产党组织处理规定（试行）》

该规定于2021年2月23日由中共中央政治局常委会会议审议批准，2021年3月19日由中共中央办公厅发布。组织处理是教育干部、管理干部的必备手段，是全面从严治党的重要措施。近年来，许多党内法规都对组织处理工作提出了要求，各级党委（党组）及其组织（人事）部门坚持从严管理监督干部，在组织处理工作方面也积累了一定的经验。但从实践看，组织处理在方式、程序、要求等方面还缺少统一规定，工作还不够规范。为进一步加强组织处理工作，推进组织处理与纪律处分、法律责任追究有机衔接，构建更加完备的干部管理监督制度体系，党中央制定出台该规定。该规定共19条，主要包括4个方面内容：一是明确了组织处理的指导思想、方式、原则、适用对象等。二是明确了组织处理的适用情形，以及不予或者免予组织处理的情形。三是对组织处理的程序、影响期、申诉、纠正等作了规定。四是对组织处理文书材料制作保管，受到组织处理干部的后续管理、重新使用等作了规定。该规定是第一部专门就组织处理作出全面规定的党内法规，其制定出台为贯彻落实新时代党的组织路线，从严管理监督干部，建设忠诚干净担当的高素质干部队伍提供了有力保障。

（二）备案审查工作向纵深发力

2021年，备案审查工作严格执行“有件有备、有备必审、有错必究”原则，加大备案审查力度，细化备案审查标准，把握备案审查工作时度效，积极推进深度备案审查、精准备案审查。各地区各部门全年共向党中央报备党内法规和规范性文件3700多件，经过审查发现和处理的“问题文件”有250多件；各省区市全年共审查规范性文件19 000多件，经过审查发现和处理的“问题文件”约2000件。2021年的备案审查向纵深发力，在充分发挥保障“两个维护”、确保政令统一作用的同时，注重贯彻落实党中央关于为基层减负的部署要求，把精简配套法规文件、改进文风放在突出位置，对发文过多、篇幅过长、穿靴戴帽、照抄照搬等问题予以严肃处理，切实解决法规文件制定中的形式主义问题。同时，注重把贯彻落实党中央决策部署与保护地方、部门改革创新统一起来，综合运用纠正、提醒、告知、建议等方式，及时对备案审查中发现的普遍性和倾向性问题进行提醒通报，不断提高备案审查工作的科学化、规范化水平，备案审查工作效能进一步提升，有效维护党内法规制度和党的政策的统一性权威性。

（三）党内法规学习宣传有声有色

2021年，在加强党内法规制度的学习上，通过将重要党内法规列入党委（党组）理论学习中心组学习、会前学规、党组织“三会一课”、党校（行政学院）和干部学院主体班次、任前考试内容等，运用专题辅导、研讨班、知识竞赛等方式，推进党内法规制度学习教育常态化规范化，推动党员干部严格按照制度履行职责、行使权力、开展工作。比如，中央有关部门将党内法规学习宣传作为“八五”普法规划实施的重要内容，抓好重要党内法规宣传解读，指导各地开展面向基层的对象化、互动化党内法规宣讲活动；推动各部门组织学好用好《中央和国家机关党员干部应知应会党内法规文件选编》口袋书，将党内法规作为中央和国家机关党史学习教育接力赛、青年党史知识大赛等的重要内容。在加强党内法规制度的宣传上，充分发挥《人民日报》《求是》和新华社等中央媒体的权威导向作用，积极用好“学习强国”学习平台和部门地方的门户网站、公众号等新媒体平台，抓好重要党内法规出台后的跟进宣传解读；同时，有的地方灵活运用电子屏、宣传板、张贴画、小视频、微动漫、文艺巡演等方式，面向党员群众开展融入式、嵌入式、渗入式宣传，让党章党规党纪入脑入心，营造尊规学规守规用规的浓厚氛围。此外，注重加大党内法规对外宣传，编辑出版《中国共产党党内法规体系》英文版。

（四）查处违规违纪行为不折不扣

教育千次不如追责一次，对违规违纪行为发现一起查处一起，这是维护党内法规权威性、保证党内法规真正落实的“撒手锏”。2021年，各地区各部门认真贯彻落实《中国共产党党内法规执行责任制规定（试行）》，严格执行党内法规，切实让党内法规制度“带电”“长牙”。其中，全国纪检监察机关共接收信访举报386.2万件次，其中检举控告类135万件次。运用“四种形态”批评教育和处理212.5万人次，其中，运用第一种形态谈话函询、提醒批评148.7万人次，占总人次的70%；运用第二种形态给予轻处分、组织调整49.4万人次，占23.2%；运用第三种形态给予重处分、职务调整7万人次，占3.3%；运用第四种形态处理严重违纪违法、触犯刑律的7.4万人次，占3.5%，其中涉嫌职务犯罪、移送检察机关的1.8万人，因其他犯罪被开除党籍、开除公职的5.6万人。①

（五）理论研究和人才培养可圈可点

2021年，各地区各部门继续贯彻落实《中共中央关于加强党内法规制度建设的意见》有关部署要求，在推动党内法规理论研究和人才培养上采取了新举措、取得了新进展。中央有关部门在国家社科基金项目、人文社科项目中设立20余项党内法规研究课题，注重发挥对党内法规理论研究的“风向标”作用。新出版党内法规研究著作5本，武汉大学获批创办第一本党内法规学术期刊。《人民日报》《中国法学》《法学研究》《党内法规研究》等报刊发表数百篇理论研究文章，特别是在研究阐释习近平总书记关于依规治党的重要论述上，在研究阐释100年来特别是党的十八大以来党内法规制度建设取得的显著成就上，在研究分析党内法规制度建设站在新的历史起点上面临的新形势新任务上，在研究思考如何深化依规治党上，等

① 赵乐际：《运用党的百年奋斗历史经验推动纪检监察工作高质量发展　迎接党的二十大胜利召开——在中国共产党第十九届中央纪律检查委员会第六次全体会议上的工作报告（2022年1月18日）》，载《人民日报》2022年2月25日，第2版。

等，作出了许多积极理论探索，进一步强化了党内法规制度建设的学理支撑。继续加大党内法规研究机构建设力度，全国新设立党内法规研究中心 11 个，研究力量和研究水平得到新提升。截至目前，全国共有党内法规研究机构 82 个，党内法规学术团体 11 个。同时，一批重点高校在法学等学科设立党内法规研究方向、开展博士硕士研究生教育，部分高校还探索开设面向本科生的党内法规学通识课程，高层次高学历的党内法规后备人才培养加速推进。此外，在 2021 年新出台的有关中央文件中，对党内法规学科建设、理论研究队伍建设、人才培养等作出了新部署、提出了新要求，这必将对进一步强化党内法规制度建设的学理支撑和人才支持产生有力推动和重要影响。

撰稿专家

宋功德，中共中央办公厅法规局局长、机关党委书记，法学博士、教授、中国法学会常务理事，主持完成“马工程”课题《党内法规学》等国家级、省部级课题十余项，出版《行政法的均衡之约》等法学专著十多部，发表《坚持依规治党》等文章百余篇，获中国法学优秀成果奖论文类一等奖和著作类一等奖、全国十大杰出青年法学家提名奖等奖励十余项。

第九章　2021年财税法治专题报告

蔡巧萍

报告要旨

2021年财税法的实施更加注重法治建设，在财政收入、财政支出、财政管理和财政监督等方面取得了显著成果，同时进一步深化财税体制改革，加快建立现代财税制度。“十四五”规划纲要的通过，为加快建立现代财税制度指明了方向。2021年我国加快税收立法和实施工作，全面落实税收法定原则再进一步；持续加强税收征收管理，提升“以数治税”征管能力，统筹推进减税降费和组织收入；保障财政支出强度、力度和进度，做好“六稳”“六保”工作，优化支出重点和结构，增强国家重大战略任务财力保障；进一步深化预算管理，提高资金使用效益和效率，完善预算绩效评价体系；加强财政监督，防范化解债务风险，健全人大审查监督、审计监督、财会监督等体制机制，增强审查监督实效。2022年将召开党的二十大，这是党和国家政治生活中的一件大事，继续推进财税法的实施意义重大。要准确把握稳字当头、稳中求进的要求，落实好积极的财政政策，加快推进财税立法，力争在财税法治的道路上取得更加辉煌的成就。

核心建议

1. 加快税收和非税收入立法，健全财政收入法律体系。
2. 落实好积极的财政政策，提高财政资金使用绩效。
3. 加强财政预算管理，完善政府间财政关系法律制度。
4. 持续推进财政监督，增强审查监督实效。

一、“十四五”规划纲要对加快建立现代财税制度作出部署

建立现代财税体制是全面建设社会主义现代化国家的重要保障。2021 年 3 月 11 日，第十三届全国人民代表大会第四次会议通过《第十三届全国人民代表大会第四次会议关于国民经济和社会发展第十四个五年规划和 2035 年远景目标纲要的决议》，对“十四五”时期我国财税体制提出了重要要求，要更好发挥财政在国家治理中的基础和重要支柱作用，健全符合高质量发展要求的财税制度。

在建立现代财政制度方面，“十四五”规划纲要提出，加快建立现代财政制度，深化预算管理制度改革，强化对预算编制的宏观指导和审查监督。加强财政资源统筹，推进财政支出标准化，强化预算约束和绩效管理。完善跨年度预算平衡机制，加强中期财政规划管理，增强国家重大战略任务财力保障。建立权责清晰、财力协调、区域均衡的中央和地方财政关系，适当加强中央在知识产权保护、养老保险、跨区域生态环境保护等方面事权，减少并规范中央和地方共同事权。健全省以下财政体制，增强基层公共服务保障能力。完善财政转移支付制度，优化转移支付结构，规范转移支付项目。完善权责发生制政府综合财务报告制度。建立健全规范的政府举债融资机制。

在完善现代税收制度方面，“十四五”规划纲要提出，优化税制结构，健全直接税体系，适当提高直接税比重。完善个人所得税制度，推进扩大综合征收范围，优化税率结构。聚焦支持稳定制造业、巩固产业链供应链，进一步优化增值税制度。调整优化消费税征收范围和税率，推进征收环节后移并稳步下划地方。规范完善税收优惠。推进房地产税立法，健全地方税体系，逐步扩大地方税政管理权。深化税收征管制度改革，建设智慧税务，推动税收征管现代化。

建党百年之际，中国财税制度也在风雨中走过了近百年，并不断地向着现代化财税体制迈进。“十四五”规划纲要不仅开启了我国全面建设社会主义现代化国家新征程，更为现代化建设开篇谋局、为现代财税制度建立和完善指明了方向。财政是国家治理的基础和重要的支柱，财税改革不仅关乎现代化建设全局，更对构建新发展格局具有长远和必要的基础意义。蓝图已经绘就，“十四五”时期，要系统谋划财政发展新思路、新举措，持续深化财税体制改革，扎实推进财政改革发展各项工作，建立健全有利于高质量发展的现代财税体制。

二、财政收入方面的法治实施情况

（一）税收立法持续推进，落实税收法定原则工作再进一步

1.《印花税法》正式通过

2021 年 6 月 10 日，第十三届全国人民代表大会常务委员会第二十九次会议表决通过了《印花税法》，自 2022 年 7 月 1 日起施行。本次制定《印花税法》，总体上按照税制平移的思路，保持现行税制框架和税负水平基本不变，将暂行条例和证券交易印花税有关规定上升为法律，同时根据实际情况对部分内容作了必要调整，适当简并税目、降低部分税率。主要内容包括：（1）纳税人。在中华人民共和国境内书立应税凭证或者进行证券交易的单位和个人为印花税的纳税人。（2）征税范围。草案所附《印花税税目税率表》列明的合同、产权转移书据、营业账簿和证券交易为印花税的征税范围，应当依法缴纳印花税。（3）税目税率。基本维持现行税率水平，适当简并税目税率、减轻税负，将加工承揽合同、建设工程勘察设计合同、货物运输合同的税率由万分之五降为万分之三，将营业账簿的税率由万分之五降为万分之二点五，取消对权利、许可证照每件征收 5 元印花税的规定。（4）计税依据。应税凭证的计税依据为合同和产权转移书据所列的金额、营业账簿记载的金额，证券交易的计税依据为证券交易成交金额。（5）税收优惠。总体维持现行税收优惠政策不变，在保留《印花税暂行条例》中免税规定的同时，将现行有关文件规定的部分税收优惠政策上升为法律。

2.《契税法》和《城市维护建设税法》正式实施

《契税法》自 2021 年 9 月 1 日起施行，在中华人民共和国境内转移土地、房屋权属，承受的单位和个人为契税的纳税人，应当依法缴纳契税。2021 年 6 月 30 日，财政部、税务总局发布《关于贯彻实施契税法若干事项执行口径的公告》，明确了土地、房屋权属转移若干计税依据的具体情形，免税的具体情形，纳税义务发生时间的具体情形，纳税凭证、纳税信息和退税等事项的执行口径。此外，财政部和税务总局还及时延续有关优惠政策，回应社会和市场主体的关切。2021 年 4 月 26 日，财政部、税务总局发布《关于继续执行企业事业单位改制重组有关契税政策的公告》，规定继续执行企业改制、事业单位改制、公司合并、公司分立、企业破产、资产划转、债权转股权、划拨用地出让或作价出资等情形的免税、减半征收等相关政策。2021 年 8 月 27 日，财政部、税务总局发布《关于契税法实施后有

关优惠政策衔接问题的公告》，明确夫妻因离婚分割共同财产发生土地、房屋权属变更的，免征契税；城镇职工按规定第一次购买公有住房的，免征契税；其他继续执行的契税优惠政策按原文件规定执行，社会关切的个人购买住房优惠政策继续执行。

《城市维护建设税法》自2021年9月1日起施行，在中华人民共和国境内缴纳增值税、消费税的单位和个人，为城市维护建设税的纳税人，应当依法缴纳城市维护建设税。2021年8月24日，财政部、税务总局发布《关于城市维护建设税计税依据确定办法等事项的公告》，明确以纳税人依法实际缴纳的增值税、消费税税额为计税依据的具体含义。2021年8月24日，财政部、税务总局发布《关于继续执行的城市维护建设税优惠政策的公告》，规定继续执行黄金交易所、上海期货交易所、国家重大水利工程建设基金、退役士兵和重点群体创业就业等涉及的城市维护建设税有关优惠政策。

党的十八届三中全会通过的《中共中央关于全面深化改革若干重大问题的决定》提出"落实税收法定原则"，在全国人民代表大会常务委员会有关工作机构和国务院有关部门的共同努力下，截至2021年年底我国现行18个税种中已有12个税种制定了法律，税收法定原则加快落实，税收立法再进一程，将为税收执法司法实践提供有力的法治保障。

（二）全国人大常委会出台决定，授权国务院开展房地产税改革试点

为积极稳妥推进房地产税立法与改革，引导住房合理消费和土地资源节约集约利用，促进房地产市场平稳健康发展，2021年10月23日，第十三届全国人民代表大会常务委员会第三十一次会议通过《全国人民代表大会常务委员会关于授权国务院在部分地区开展房地产税改革试点工作的决定》。

房地产税改革试点授权决定的主要内容包括：（1）试点地区的房地产税征税对象为居住用和非居住用等各类房地产，不包括依法拥有的农村宅基地及其上住宅。土地使用权人、房屋所有权人为房地产税的纳税人。非居住用房地产继续按照《房产税暂行条例》《城镇土地使用税暂行条例》执行。（2）国务院制定房地产税试点具体办法，试点地区人民政府制定具体实施细则。国务院及其有关部门、试点地区人民政府应当构建科学可行的征收管理模式和程序。（3）国务院按照积极稳妥的原则，统筹考虑深化试点与统一立法、促进房地产市场平稳健康发展等情况确定试点地区，报全

国人民代表大会常务委员会备案。（4）授权的试点期限为5年，自国务院试点办法印发之日起算。试点过程中，国务院应当及时总结试点经验，在授权期限届满的6个月以前，向全国人民代表大会常务委员会报告试点情况，需要继续授权的，可以提出相关意见，由全国人民代表大会常务委员会决定。条件成熟时，及时制定法律。（5）决定自公布之日起施行，试点实施启动时间由国务院确定。

在总结上海市、重庆市个人住房房产税改革试点经验的基础上，结合新形势新情况，我国进一步深化房地产税改革试点，可以发挥试点对整体改革的示范、突破、带动作用，强化房地产调控需求侧管理，稳定市场预期，也为今后全国统一立法积累经验、创造条件。按照“先深化地方试点、再国家统一立法”的原则，全国人大常委会出台了试点决定，依法授权国务院在部分地区开展房地产税改革试点工作，为稳妥推进改革试点提供了法律保障。

（三）《海南自贸港法》正式出台，自贸港税制改革迈出关键步伐

2021年6月10日，第十三届全国人民代表大会常务委员会第二十九次会议通过《海南自由贸易港法》。制定《海南自由贸易港法》，是贯彻落实以习近平同志为核心的党中央的决策部署，以高质量立法引领推动高质量发展，为海南自由贸易港的建设和平稳有序运行提供法律保障的重要举措，具有重要意义。支持海南逐步探索、稳步推进中国特色自由贸易港建设，分步骤、分阶段建立自由贸易港政策和制度体系，是习近平总书记谋划、部署、推动的改革开放重大举措，是党中央着眼国内国际两个大局，深入研究、统筹考虑、科学谋划作出的战略决策。

《海南自由贸易港法》对于自贸港税制作出了四个方面的规定：（1）简税制，规定海南自由贸易港逐步简化税制，按照税种结构简单科学、税制要素充分优化、税负水平明显降低、收入归属清晰、财政收支基本均衡的原则，结合国家税制改革方向，建立符合需要的海南自由贸易港税制体系。（2）“一线”零关税，规定全岛封关运作、简并税制前，对部分商品免征关税、进口环节增值税和消费税；全岛封关运作、简并税制后，对进口征税商品目录以外的商品免征进口关税。（3）货物、物品进出“二线”的税收管理，规定货物由海南自由贸易港进入内地，原则上按照进口货物征税；物品由海南自由贸易港进入内地以及货物、物品由内地进入海南自由贸易港的税收管理办法，由国务院有关部门会同海南省制定。（4）低税率，规

定对海南自由贸易港内符合条件的企业和个人实行所得税优惠。

财政税收制度安排是海南自贸港建设的核心和重要支撑。除《海南自由贸易港法》之外，2021年有关部门为推进自贸港税制建设，也出台了多项财税政策措施。2021年2月2日，财政部、海关总署、税务总局发布《关于增加海南离岛旅客免税购物提货方式的公告》，进一步方便旅客购物，便捷购物提货，加快建设国际旅游消费中心；2021年4月19日，商务部等20部门发布《关于推进海南自由贸易港贸易自由化便利化若干措施的通知》，加快货物贸易和服务贸易自由化和便利化，放宽投资限制、推进管理体制、促进机制、发展模式、监管制度等方面的改革；2021年7月2日，财政部、海关总署、税务总局、民航局发布《关于海南自由贸易港进出岛航班加注保税航油政策的通知》，进一步降低自贸港航空运输业经营成本，吸引更多的人流、物流向海南集聚。

（四）继续实施减税降费，助力企业减负纾困

2021年以来，减税降费政策继续发力，助企减负纾困取得积极成效。2021年3月5日，李克强总理在政府工作报告中提出“优化和落实减税政策。市场主体恢复元气、增强活力，需要再帮一把。继续执行制度性减税政策，延长小规模纳税人增值税优惠等部分阶段性政策执行期限，实施新的结构性减税举措，对冲部分政策调整带来的影响”。

2021年，在继续执行制度性减税降费政策基础上，我国实施新的结构性减税降费举措，主要包括五个方面：（1）继续执行制度性减税政策。如降低增值税税率，继续实施增值税留抵退税、个人所得税专项附加扣除等减税政策，让政策叠加效应持续释放。（2）阶段性的减税降费政策有序退出。对2020年出台应对疫情的阶段性减税降费政策，分类调整、有序退出。不再实施阶段性减免和缓缴企业养老、失业、工伤保险费政策。适时延长小规模纳税人减征增值税等政策执行期限，保持对经济恢复的必要支持力度。对涉及疫情防控保供等临时性、应急性政策，到期后停止执行。（3）突出强化小微企业税收优惠。在落实好小微企业普惠性减税降费政策的同时，进一步加大小微企业和个体工商户的税收减免力度，将小规模纳税人增值税起征点，从月销售额10万元提高到15万元；对小微企业和个体工商户年应纳税所得额不到100万元的部分，在现行优惠政策基础上，再减半征收所得税。（4）加大对制造业和科技创新支持力度。延续执行企业研发费用加计扣除75%政策，将制造业企业加计扣除比例提高到100%，激励企业加大

研发投入。对先进制造业企业按月全额退还增值税增量留抵税额。（5）继续清理规范收费基金。取消港口建设费，降低航空公司民航发展基金征收标准。加大各类违规涉企收费整治力度，严控非税收入不合理增长，防止弱化减税降费政策红利。

据税务部门统计，2021 年我国新增减税降费约 1.1 万亿元，2016 年至 2021 年我国新增减税降费累计超过 8.6 万亿元，宏观税负由 2012 年的 18.7%预计降至 2021 年的 15.2%左右，减税降费在重点支持中小微企业发展、帮扶困难行业企业复工复产、促进企业研发和制造业高质量发展、大力支持稳就业和保民生等方面起到了重要作用。

（五）深化税收征管改革，加快推进以数治税

2021 年 3 月 24 日，中共中央办公厅、国务院办公厅公布了《关于进一步深化税收征管改革的意见》。该意见以习近平新时代中国特色社会主义思想为指导，围绕把握新发展阶段、贯彻新发展理念、构建新发展格局，对深入推进精确执法、精细服务、精准监管、精诚共治，深化税收征管改革作出了全面部署。

该意见主要提出：（1）全面推进税收征管数字化升级和智能化改造，加快推进智慧税务建设、稳步实施发票电子化改革、深化税收大数据共享应用；（2）不断完善税务执法制度和机制，健全税费法律法规制度、严格规范税务执法行为、不断提升税务执法精确度、加强税务执法区域协同、强化税务执法内部控制和监督；（3）大力推行优质高效智能税费服务，确保税费优惠政策直达快享、切实减轻办税缴费负担、全面改进办税缴费方式、持续压减纳税缴费次数和时间、积极推行智能型个性化服务、维护纳税人缴费人合法权益；（4）精准实施税务监管，建立健全以“信用+风险”为基础的新型监管机制，加强重点领域风险防控和监管，依法严厉打击涉税违法犯罪行为；（5）持续深化拓展税收共治格局，加强部门协作、加强社会协同、强化税收司法保障、强化国际税收合作等。

近年来，我国税收制度改革不断深化，税收征管体制持续优化，纳税服务和税务执法的规范性、便捷性、精准性不断提升。2021 年税务部门不断拓展“非接触式”办税缴费服务，实现近 90%的涉税事项、99%的纳税申报可网上办理，新办涉税市场主体预计约 1300 万户，同比增长 13.6%。聚焦解决纳税人缴费人急难愁盼问题，持续开展“便民办税春风行动”，通过推出全国通办税费事项清单、压缩出口退税平均办理时间至 6 个工作日以

内等新举措为市场主体减负纾困。同时，2021 年税务部门依法依规严肃查处一批重大偷逃税案件，进一步加强税收监管和税务稽查，对各种偷逃税行为，一律严惩不贷，进一步加强对明星艺人、网络主播等文娱领域从业人员的税收管理，对郑某、朱某慧、林某珊、黄某等案件，依法严肃查处涉税违法行为，切实提高税法遵从度，营造法治公平的税收环境。

三、财政支出方面的法治实施情况

（一）2021 年预算获得全国人大通过，支出重点领域持续加强

2021 年 3 月 11 日，第十三届全国人大四次会议表决通过了《关于 2020 年中央和地方预算执行情况与 2021 年中央和地方预算的决议》。2021 年我国坚持将政府过紧日子作为预算编制和执行的基本方针，优化支出结构，把严把紧预算支出关口，削减或取消低效无效支出，优化财政资源配置，切实保障好重点领域支出。一是保持适度支出强度。加强财政资源统筹，着力保障国家重大战略任务资金需求，发挥财政资金在支持科技创新、加快经济结构调整、调节收入分配等方面的重要作用。2021 年全国一般公共预算支出安排 25.01 万亿元，增长 1.8%。二是大力压减一般性支出。大幅压减非刚性、非重点项目支出和公用经费，重点项目和政策性补贴也按照从严从紧、能压则压的原则审核，腾出更多财政资源用于改善基本民生等重点领域。三是加大对地方转移支付力度。在中央财力有限的条件下，通过压减本级、调整结构，增加对地方转移支付规模，特别是增加一般性转移支付规模，加大对欠发达地区的财力支持，支持地方做好基层“三保”工作。四是硬化预算执行约束。严格按照预算安排支出，严禁无预算超预算拨款，除应急救灾等特殊事项外，执行中一般不再追加预算，确保年初预算安排的重点领域支出得到有效保障。

2021 年 8 月 18 日，第十三届全国人民代表大会常务委员会第三十次会议审议《国务院关于今年以来预算执行情况的报告》。报告提出，国务院有关部门认真贯彻预算法和《关于人大预算审查监督重点向支出预算和政策拓展的指导意见》，落实第十三届全国人大四次会议预算决议要求，坚持积极的财政政策提质增效、更可持续，增强国家重大战略任务财力保障，有力促进经济稳定恢复和民生持续改善。常态化实施财政资金直达机制，扩大直达资金范围，2021 年直达资金总量达到 2.8 万亿元，比上年增加 1.1 万亿元，重点用于支持全面落实“六保”任务、做好基层“三保”工作等

方面。优化和落实减税降费政策，加大对市场主体支持力度，推动创新发展和产业升级。继续做好疫情防控相关工作，落实就业优先政策，完善社会保障体系，保障和改善基本民生。

（二）完善财政支出的资金管理，提高财政支出的效益和效率

2021 年在财政支出的资金管理方面，尤其是在科学技术和生态环保等领域，国务院及其有关部门出台了多项政策规范，提高相关领域的资金使用效益。在科学技术领域，国务院办公厅 2021 年 8 月 5 日公布《关于改革完善中央财政科研经费管理的若干意见》，针对科研经费政策落实不到位、项目经费管理刚性偏大、经费拨付机制不完善、间接费用比例偏低、经费报销难等问题，从扩大科研项目经费管理自主权、完善科研项目经费拨付机制、加大科研人员激励力度、减轻科研人员事务性负担、创新财政科研经费投入与支持方式、改进科研绩效管理和监督检查、组织实施等 7 个方面，提出改革政策和工作要求，及时回应科技界关切，增强科研人员获得感，激发科研创新创造活力。根据党中央、国务院关于科研经费管理改革有关要求和《关于改革完善中央财政科研经费管理的若干意见》，财政部、国家自然科学基金委员会 2021 年 9 月 28 日对《国家自然科学基金资助项目资金管理办法》作出修订；财政部、科技部 2021 年 9 月 29 日对《国家重点研发计划资金管理办法》作出修订；财政部、全国哲学社会科学工作领导小组 2021 年 10 月 31 日对《国家社会科学基金项目资金管理办法》作出修订；财政部、科技部、国家发展改革委 2021 年 11 月 5 日发布《关于国家科技重大专项（民口）资金管理有关事项的通知》；财政部、教育部 2021 年 11 月 30 日对《中央高校基本科研业务费管理办法》作出修订。这些政策文件的出台进一步改革完善科研经费管理，能够进一步激励科研人员多出高质量科技成果、为实现高水平科技自立自强作出更大贡献。

在生态环保领域，财政部 2021 年 6 月 2 日发布《水污染防治资金管理办法》，防治资金采取项目法与因素法相结合的方式分配，支出方向为重点流域、重点区域、重点项目水污染防治，以及长江、黄河、其他重点流域横向生态保护补偿机制建设，重点支持范围包括：流域水污染治理、流域水生态保护修复、集中式饮用水水源地保护、地下水生态环境保护、水污染防治监管能力建设、其他需要支持的事项。财政部 2021 年 6 月 2 日发布《土壤污染防治资金管理办法》，防治资金重点用于土壤污染源头防控；土壤污染风险管控；土壤污染修复治理；土壤污染状况监测、评估、调查；

土壤污染防治管理改革创新；应对突发事件所需的土壤污染防治支出，以及其他与土壤环境质量改善密切相关的支出。财政部 2021 年 6 月 9 日发布《大气污染防治资金管理办法》，防治资金重点用于北方地区冬季清洁取暖、大气环境治理和管理能力建设（用于此项的经费不得超过资金总规模的 5%）、细颗粒物（PM2.5）与臭氧（O_3）污染协同控制、党中央、国务院交办的其他有关重要事项。财政部 2021 年 10 月 26 日发布《重点生态保护修复治理资金管理办法》，修复治理资金采取项目法和因素法相结合的方式分配，用于开展山水林田湖草沙冰一体化保护和修复、历史遗留废弃工矿土地整治等生态保护修复工作，提升生态系统质量和稳定性的资金。

（三）加强财政支出绩效评价建设，完善绩效评价方法和指标体系

根据《预算法》《预算法实施条例》和《中共中央、国务院关于全面实施预算绩效管理的意见》等有关规定，财政部 2021 年 1 月 28 日发布《关于委托第三方机构参与预算绩效管理的指导意见》，对预算部门或单位委托第三方机构参与预算绩效管理进行规范，通过明确范围、规范管理、有效引导、强化监督，合理界定委托方、第三方机构以及预算绩效管理对象等相关主体的责任关系，保障委托第三方机构参与预算绩效管理有序实施，严格第三方机构执业质量监督管理，推动预算绩效管理提质增效，更好发挥预算绩效管理在优化财政资源配置中的作用。财政部 2021 年 4 月 29 日发布《第三方机构预算绩效评价业务监督管理暂行办法》，对第三方机构及其工作人员从事预算绩效评价业务进行管理和监督，进一步规范选择第三方机构、拟订预算绩效评价实施方案、出具预算绩效评价报告、从事预算绩效评价业务的禁止性行为和相关责任等。

绩效目标是绩效管理的基础和起点。财政部 2021 年 8 月 18 日发布《中央部门项目支出核心绩效目标和指标设置及取值指引（试行）》，通过具体绩效指标对绩效目标予以细化、量化描述，明确了指标设置的步骤分解和思路，突出了指标设置的高度关联、重点突出、量化易评三项原则，规范了绩效指标的成本指标、产出指标、效益指标和满意度指标四类一级指标和设置要求、细化了绩效指标的具体编制方法，有利于提升中央部门项目支出绩效目标编制质量，推动加强和改进绩效自评工作。

自 2016 年以来，有关部门持续加大重点绩效评价力度，每年选择贯彻落实党中央重大决策部署，覆盖面广、影响力大、社会关注度高、实施期限长的政策或项目，开展绩效评价，累计实施评价 260 项，涉及年度预算金额约3万亿元。2021年开展重点绩效评价41项，涉及资金超过9000亿元。努力加强绩效评价结果的运用，对于2020年绩效评价结果为“中”的项目，减少2021年预算支出安排。同时，持续推进绩效信息的公开工作，2021年将所有中央与地方共同财政事权转移支付和专项转移支付、中央政府性基金预算项目、100个中央部门本级重点项目的绩效目标及493个中央本级项目绩效自评表、29个重点民生政策和重大项目绩效评价报告报送全国人大审议或参阅。①

四、财政管理方面的法治实施情况

（一）进一步深化预算管理制度改革

党中央、国务院高度重视预算管理工作。党的十九届五中全会对建立现代财税金融体制、深化预算管理制度改革作出部署。当前和今后一个时期，我国财政处于紧平衡状态，收支矛盾较为突出，加之随着改革的逐步深入，预算管理中一些深层次问题逐步暴露出来，如预算统筹力度不足、政府过紧日子意识尚未牢固树立、预算约束不够有力、资源配置使用效率有待提高等，影响了财政资源统筹和可持续性，迫切需要通过进一步深化预算管理制度改革，规范管理、提高效率、挖掘潜力、释放活力。2021年3月7日，国务院发布《关于进一步深化预算管理制度改革的意见》，进一步完善预算管理制度，更好发挥财政在国家治理中的基础和重要支柱作用。

该意见立足于前期改革形成的基础，将有关改革成果制度化，提出24条具体改革措施，并在以下几个方面重点突破：（1）加强重大决策部署财力保障。各级预算安排要将落实党中央、国务院重大决策部署作为首要任务，贯彻党的路线方针政策，增强对国家重大战略任务、国家发展规划的财力保障。完善预算决策机制和程序，各级预算、决算草案应当按程序报本级党委和政府审议，各部门预算草案应当报本部门党组（党委）审议。（2）加强财政资源统筹。加大收入统筹力度，盘活存量，充分挖掘释放各种闲置资源潜力。加强政府性资源统筹管理，将依托行政权力、国有资源（资产）获取的收入以及特许经营权拍卖收入等按规定全面纳入预算。强化部门和单位收入统筹管理，要求部门和单位依法依规将取得的包括事业收入、事业单位经营收入等非财政拨款收入在内的各类收入纳入部门或单位

① 参见财政部：《中国财政·2021》，中国财政经济出版社2021年版。

预算，未纳入预算的收入不得安排支出。（3）规范预算支出管理。合理安排支出预算规模，充分发挥财政政策逆周期调节作用。优化财政支出结构，坚持“三保”支出在财政支出中的优先顺序。推进支出标准体系建设，将支出标准作为预算编制的基本依据。不折不扣落实过紧日子要求，严控一般性支出。完善财政资金直达机制，确保资金直达使用单位、直接惠企利民。（4）加强预算控制约束和风险防控。实施项目全生命周期管理，预算支出全部以项目形式纳入预算项目库，未入库项目一律不得安排预算。强化中期财政规划对年度预算的约束。加强财政运行风险防控，加强重大政策、重大政府投资项目等财政承受能力评估。健全地方政府依法适度举债机制，坚决遏制隐性债务增量，稳妥化解隐性债务存量。（5）提高预算管理信息化水平。将制度规范与信息系统建设紧密结合，以省级财政为主体建设覆盖本地区的预算管理一体化系统并与中央财政对接，动态反映各级预算安排和执行情况。建立完善全覆盖、全链条的转移支付资金监控机制。积极推动跨部门基础信息共享共用。

（二）加强行政事业性国有资产管理

行政事业性国有资产是国有资产的重要组成部分，是党和国家事业发展的物质基础和重要保障。为了加强行政事业性国有资产管理与监督，健全国有资产管理体制，根据 2020 年 12 月全国人民代表大会常务委员会作出的关于加强国有资产管理情况监督的决定，国务院 2021 年 2 月 1 日公布了《行政事业性国有资产管理条例》。该条例是我国行政事业性国有资产管理的第一部行政法规，将保障行政单位履行职能和事业单位提供基本公共服务的行政事业性国有资产纳入法治轨道，加强管理和监督，促进国有资产管理的法治化、规范化、科学化，对于构建安全规范、节约高效、公开透明、权责一致的国有资产管理机制，提高国有资产治理水平和治理能力，将起到积极作用。

在预算管理方面，该条例规定：（1）关于预算编制与执行，行政事业单位购置、建设、租用资产应当提出资产配置需求，编制资产配置相关支出预算，并严格按照预算管理规定和财政部门批复的预算配置资产。（2）关于收入管理，行政单位国有资产出租和处置等收入，应当按照政府非税收入和国库集中收缴制度的有关规定管理。事业单位国有资产的处置收入，除国家另有规定外，应当按照政府非税收入和国库集中收缴制度的有关规定管理；事业单位国有资产使用形成的收入，由本级人民政府财政部门规定具体管理办法。行政事业单位应当及时收取各类资产收入，不得违反国家规定多收、少收、不收、侵占、私分、截留、占用、挪用、隐匿、坐支。（3）关于决算管理，行政事业单位应当在决算中全面、真实、准确反映其国有资产收入、支出以及国有资产存量情况。（4）关于绩效管理，行政事业单位应当按照国家规定建立国有资产绩效管理制度，建立健全绩效指标和标准，有序开展国有资产绩效管理工作。

在基础管理方面，该条例规定：（1）行政事业单位应当按照国家规定设置行政事业性国有资产台账，依照国家统一的会计制度进行会计核算，不得形成账外资产。（2）行政事业单位应当定期或者不定期对资产进行盘点、对账，出现资产盘盈盘亏的，应当按照财务、会计和资产管理制度有关规定处理，做到账实相符和账账相符。（3）行政事业单位将国有资产进行转让、拍卖、置换、对外投资等，应当按照国家有关规定进行资产评估；以市场化方式出售、出租的，依照有关规定可以通过相应公共资源交易平台进行。（4）行政事业单位在资产清查中发现账实不符、账账不符的，应当查明原因予以说明，并随同清查结果一并履行审批程序。由于资产使用人、管理人的原因造成资产毁损、灭失的，应当依法追究相关责任。（5）对需要办理权属登记的资产应当依法及时办理。（6）发生资产纠纷的，应当依照有关法律法规规定采取协商等方式处理。（7）国务院财政部门应当建立全国行政事业性国有资产管理信息系统，推行资产管理网上办理，实现信息共享。

为做好该条例的实施工作，财政部2021年4月13日发布《关于做好〈行政事业性国有资产管理条例〉贯彻实施工作的通知》，要求全面落实该条例，梳理现有管理文件，对照该条例规定做好“立改废”工作，持续推进制度创新、优化政策供给，及时研究出台和完善相关制度办法。加强预算管理，严格按照预算管理规定和财政部门批复的预算配置资产，在决算中全面、真实、准确反映国有资产收入、支出以及国有资产存量情况，建立国有资产绩效管理制度。加强行政事业性国有资产基础管理，完善账务管理，做到账实相符和账账相符，建立资产管理信息系统。认真落实行政事业性国有资产管理情况报告制度，细化报告内容，完善报告程序。要按规定开展监督工作，接受人大、政府、财政、审计、行业监督。此外，财政部2021年9月10日发布了《国有资产报告编报工作暂行办法》，财政部2021年9月28日发布了《中央行政事业单位国有资产处置管理办法》，规范中央行政事业单位国有资产报告编报工作和国有资产处置行为，进一步加强国有资产管理制度建设。

（三）推动基本公共服务标准建设

2021 年 2 月 4 日，国务院发布《关于国家基本公共服务标准（2021 年版）的批复》，要求以满足人民日益增长的美好生活需要为根本目的，按照兜住民生底线、保障基本民生的总体要求，坚持尽力而为、量力而行，聚焦人民群众最关心最直接最现实的利益问题，明确现阶段政府兜底保障的基本公共服务范围与标准，为各级政府履职尽责和人民群众享有相应权利提供重要依据。2021 年 3 月 30 日，国家发展改革委等 21 个部门发布《关于印发〈国家基本公共服务标准（2021 年版）〉的通知》，对幼有所育、学有所教、劳有所得、病有所医、老有所养、住有所居等领域的服务内容和服务标准进行了规定，明确各地要结合实际抓紧制定本地区基本公共服务具体实施标准，并与国家标准和行业标准规范充分衔接，进行财政承受能力评估，确保内容无缺项、人群全覆盖、标准不攀高、财力有保障、服务可持续。要进一步细化充实本地区的相关服务标准和服务流程，确保国家标准落地落实，要加强基本公共服务资金预算管理，完整、规范、合理编制基本公共服务项目预算，保障基本公共服务资金的及时下达和拨付，推动建立可持续的投入保障长效机制并平稳运行。

五、财政监督方面的法治实施情况

（一）全国人大常委会修订《关于加强中央预算审查监督的决定》，进一步加强和完善中央预算审查监督工作制度

2021 年 4 月 29 日，第十三届全国人民代表大会常务委员会第二十八次会议修订《全国人民代表大会常务委员会关于加强中央预算审查监督的决定》，进一步贯彻落实党中央关于加强人大预算决算审查监督职能的部署要求，健全完善中国特色社会主义预算审查监督制度。

在加强人大对政府预算的全口径审查和全过程监管方面，该决定贯彻落实中共中央办公厅印发的《关于人大预算审查监督重点向支出预算和政策拓展的指导意见》，结合预算法关于预算、决算审查重点内容的规定，对加强财政政策审查监督；加强一般公共预算审查监督，审查监督支出总量和结构、重点支出和重大投资项目、部门预算、转移支付和预算收入；加强政府债务审查监督；加强政府性基金预算、国有资本经营预算、社会保险基金预算审查监督；进一步推进预算决算公开等作出了详细规定。

在加强和改善预算初步审查方面，依据该决定规定，全国人大常委会预算工作委员会充分听取全国人大代表和社会各界意见建议，研究提出关于年度预算的分析报告；财政经济委员会对中央预算草案进行初步审查，就有关重点问题开展专题审议；在预算初步审查阶段，有关专门委员会对相关领域部门预算初步方案、转移支付资金和政策开展专项审查，提出专项审查意见。

在加强预算执行监督工作方面，依据该决定规定，国务院财政部门和有关部门定期提供预算执行等信息。国务院在每年八月向全国人大常委会报告当年预算执行情况。全国人大常委会综合运用听取和审议专项工作报告、执法检查、专题调研等监督方式，加强预算执行监督。全国人大常委会利用现代信息技术开展预算联网监督，实现预算审查监督的网络化、智能化。

在加强预算绩效的审查监督工作方面，依据该决定规定，各部门、各单位实施全面预算绩效管理，强化事前绩效评估，严格绩效目标管理；完善预算绩效指标体系，提升绩效评价质量；加强绩效评价结果运用，促进绩效评价结果与完善政策、安排预算和改进管理相结合，推进预算绩效信息公开。全国人大常委会加强对重点支出和重大项目绩效目标、绩效评价结果的审查监督；必要时，召开预算绩效听证会。

在加强审计监督和审计查出问题整改情况监督方面，依据该决定规定，加强对中央预算执行和决算的审计监督。审计工作报告全面客观反映审计查出的问题，揭示问题产生的原因，提出改进工作的建议。加强审计结果运用，完善审计查出问题整改工作机制，健全整改情况公开机制。对审计查出突出问题整改情况开展跟踪监督，推动建立健全整改长效机制。健全人大预算审查监督与纪检监察监督、审计监督的贯通协调机制。

时隔近 22 年，全国人大常委会对该决定进行修订，这是坚持和完善人民代表大会制度，推进人大预算审查监督法律制度与时俱进的重要举措，有利于规范预算行为，提高预算绩效，厉行节约，更好地发挥中央预算在推进国家治理体系和治理能力现代化、推动高质量发展、促进社会进步、改善人民生活和全面深化改革开放中的重要作用。

（二）加强人大对政府债务的审查监督

党的十八大以来，以习近平同志为核心的党中央就防范化解重大风险、加强人大对政府债务审查监督作出重要部署。2021 年 7 月，中共中央办公厅印发了《关于加强地方人大对政府债务审查监督的意见》。该意见提出，要高度重视政府债务风险防范化解工作，依法推动政府严格规范债务管理，建立健全向人大报告政府债务机制，明确人大审查监督的程序和方法，深入开展全过程监管，强化违法违规举债责任追究。

在加强政府债务限额的审查监督方面，该意见要求，地方各级政府应当在上级政府下达的债务限额之内，依据本地区经济发展和财政收入情况，统筹考虑政府存量债务水平，在保持财政可持续发展前提下，科学编制本级政府和下级政府债务限额分配方案。地方各级人大及其常委会在上级政府下达的债务限额内，按照正向激励原则，统筹平衡各级综合财力，通过债务率、偿债资金保障倍数、利息支出率等指标，衡量和评价政府债务风险，对本级政府和本级政府对下分配的新增政府债务限额总规模的合理性作出评价。

在加强专项债务的审查监督方面，该意见要求，加强专项债务项目科学性审查。重点审查本级政府新增专项债务规模是否控制在上级政府下达的债务限额内，是否用于有一定收益的公益性项目，债务资金投向是否符合相关政策规定；审查项目的方向和用途、收益测算、还款资金来源、最终偿债责任等内容；审查项目平衡方案是否根据项目建设运营周期、资金需求、项目对应的政府性基金收入和专项收入等因素，经过合理测算确定。

在规范审查监督政府债务的程序方面，该意见要求，地方各级人大及其常委会围绕政府预算草案、预算调整方案、决算草案的审查批准和预算执行监督，规范工作程序，完善工作机制，开展全过程监管。地方各级人大及其常委会要依法审查政府债务。预算草案、预算调整方案、决算草案经本级人大或其常委会审查批准后，本级人大常委会按规定及时将关于预算的决议、预算调整的决议、决算的决议及相应的审查结果报告和有关审议意见等，送本级政府研究处理。地方各级政府及其财政等部门要认真研究，并在规定期限内向本级人大常委会报告研究处理情况。

在加强对地方政府债务风险管控的监督方面，该意见明确：一要加强监督问责，加强对以政府投资基金、政府和社会资本合作、政府购买服务等名义变相举债行为的监督；严格对下一级人大及其常委会违法担保、承诺等行为的监督；加强对违法违规建设项目和使用债务资金的监督；加强对政府通过地方国有企业变相融资行为的监督。二要监督政府建立完善债务风险评估预警和应急处置机制，重点监督政府是否定期分析评估债务风险并进行警示、举借债务是否考虑未来偿债压力、是否按规定对出现的风险及时启动应急处置措施等。三要推动政府债务信息公开透明，推动政府建立统一的政府债务信息披露机制，明确披露责任，规范披露内容、时间节点和渠道等。

该意见的印发和实施，为加强地方人大对政府债务的审查监督提供了坚实依据和指引，对压实地方政府债务管理主体责任，打好防范化解重大风险攻坚战，更好统筹发展和安全，实现经济持续健康发展和社会大局稳定，必将产生重要意义和深远影响。

（三）加强审计查出突出问题整改

2021 年 6 月 7 日，第十三届全国人民代表大会常务委员会第二十九次会议审议了《国务院关于 2020 年度中央预算执行和其他财政收支的审计工作报告》。报告指出，财政财务收支总体良好，但在财政预算方面还存在一些问题：（1）预算编报和审核批复缺乏刚性约束。一些部门预算意识不强，编制预算时仍习惯于“基数+增长”，财政部门对各部门预算审核把关有待进一步加强，预算执行评估结果与下年度预算安排挂钩机制还需强化。（2）预算管理存在制度空白。随着预算管理体制改革的不断深化，一些预算相关领域旧制度已废止，但新制度未及时建立，出现管理盲区。（3）部门财务管理能力滞后。近年来，按照党中央、国务院部署要求，中央财政推出全面预算绩效管理、三年支出规划、预决算公开、政府会计制度等改革举措，但一些部门财务管理建设相对滞后，财务人员能力不适应，难以精准把握和落实政策意图。（4）追责问责制度执行不到位。预算执行链条长、环节多、涉及面广，很多违反财政法规的问题实际都是单位行为。实际工作中多以通报批评、下不为例为主，警示教育效果不明显。

2021 年 7 月，中共中央办公厅、国务院办公厅印发《关于建立健全审计查出问题整改长效机制的意见》，为审计整改工作提供了制度遵循。2021 年 12 月 21 日，第十三届全国人民代表大会常务委员会第三十二次会议审议了《国务院关于 2020 年度中央预算执行和其他财政收支审计查出问题整改情况的报告》。报告指出，今年的审计整改质量进一步提高，要求立行立改的问题基本整改到位，要求分阶段整改和持续整改的问题进展顺利；有关地区和部门制定修订了一批针对性、操作性强的规章制度，屡审屡犯现象初步得到遏制，审计整改责任意识明显增强。

对于后续整改工作，审计部门和地方政府作出了进一步安排：一是分类制订整改计划，系统梳理未整改到位问题，明确整改时限及整改目标等，健全整改跟踪机制。二是强力推进整改落实，强化责任担当，拿出真招实招，统筹推动解决整改中的困难。三是大力推动标本兼治，对新情况、新问题，深入研究分析原因，主动探索，完善制度机制，加强管理。审计部门要严格落实《意见》各项要求，持续加强对审计整改的跟踪督促检查，确保整改合规到位、扎实有效，推动党中央、国务院决策部署落实落地。

（四）贯彻落实全国人大常委会有关决定，加强国有资产管理情况的监督

自 2017 年党中央印发《中共中央关于建立国务院向全国人大常委会报告国有资产管理情况制度的意见》以来，人大国有资产管理情况监督的职能作用不断发挥并拓展。2020 年 12 月 26 日，第十三届全国人民代表大会常务委员会第二十四次会议审议通过了《关于加强国有资产管理情况的监督的决定》，进一步总结监督工作实施情况和经验成果，将党中央的要求转化为法律规范，完善人大国有资产监督相关法律制度。2021 年，全国人大常委会预算工委认真贯彻落实党中央的决策部署，做好落实全国人大常委会有关决定的具体工作，起草并贯彻实施决定的工作方案，明确具体实施任务清单。2021 年 10 月 21 日，第十三届全国人民代表大会常务委员会第三十一次会议审议了《国务院关于 2020 年度国有资产管理情况的综合报告》和《国务院关于 2020 年度国有自然资源资产管理情况的专项报告》，实现了中央意见确定的金融企业国有资产、非金融企业国有资产、行政事业性国有资产和国有自然资源资产四类主要国有资产管理情况专项报告的全覆盖。同时，全国人大常委会预算工委进一步加强国有资产管理情况的监督调研，推动落实常委会审议意见的研究处理和整改问责工作，建立健全国有资产联网监督系统和监督评价指标体系，积极推进国有资本经营预算制度改革工作。

（五）适应新形势新要求，修改《审计法》，进一步完善审计制度

党的十九大以来，党中央作出改革审计管理体制的重大决策部署，组建中央审计委员会，加强党对审计工作的集中统一领导；整合优化审计监督力量，将国家发展改革委的重大项目稽察、财政部的中央预算执行情况和其他财政收支情况的监督检查、国务院国资委的国有企业领导干部经济责任审计和国有重点大型企业监事会的职责划入审计署。党中央、国务院印发多个重要文件，要求完善审计制度，保障审计机关依法独立行使审计监督权，更好发挥审计在党和国家监督体系中的重要作用。

随着我国经济社会发展日新月异，审计环境、审计对象以及审计内容等都发生了很大变化。党中央、国务院对审计工作提出了更高要求，社会各界也对审计工作有了更多期盼，审计理论和实践不断创新发展，现行审计法已经不能完全适应形势发展，亟须对其进行修改完善。2021 年 10 月 23 日，第十三届全国人民代表大会常务委员会第三十一次会议审议通过了《关于修改〈中华人民共和国审计法〉的决定》。

本次对《审计法》的修改着重四个方面：（1）坚持党中央对审计工作的集中统一领导，完善党领导审计工作的运行机制。为巩固和深化审计管理体制改革成果、把加强党的领导落实到审计工作全过程各环节，新修改的审计法在总则中增加规定，坚持中国共产党对审计工作的领导，构建集中统一、全面覆盖、权威高效的审计监督体系。（2）完善审计监督职责，构建全面覆盖的审计工作格局。为拓展审计监督的广度和深度，消除监督盲区，新修改的审计法在现行审计法规定的相关审计范围基础上，将国有资源、国有资产、关系国家利益和公共利益的重大公共工程项目以及国家重大经济社会政策措施贯彻落实情况等纳入审计范围，并明确领导干部自然资源资产离任审计的法律地位。（3）坚持权责相符，形成权威高效的审计工作运行机制。新修改的《审计法》既赋予审计机关必要的权限和措施，压实被审计单位配合审计的责任，又在加强审计机关自身建设、规范审计监督行为、回应“谁来监督审计机关”等方面提出新要求。（4）明确被审计单位对审计查出问题的整改责任。新修改的审计法规定了各级政府、有关主管机关、单位和审计机关对被审计单位整改情况的监督责任，健全了审计结果及其整改情况的运用机制。

本次修改《审计法》，贯彻落实党中央、国务院关于审计工作的决策部署，将改革成果法治化，更好发挥审计在党和国家监督体系中的重要作用。在保持审计法规定的基本制度不变的基础上，着力解决审计工作中的突出问题，在宪法框架下扩展审计范围，强化审计监督手段，增强审计监督的独立性和公信力，坚持权责相符，既保障审计监督作用充分发挥，又严格规范审计行为，完善审计程序，维护被审计单位的合法权益，必将能够更好地服务经济社会发展和推进国家治理现代化的需要。

六、未来的展望和建议

（一）加快税收和非税收入立法，健全财政收入法律体系

1. 加快落实税收法定原则

自党的十八届三中全会明确提出“落实税收法定原则”以来，我国已先后制定了环境保护税法、烟叶税法、船舶吨税法、车辆购置税法、耕地占用税法、资源税法、契税法、城市维护建设税法、印花税法等 9 部法律，出台了房地产税试点授权决定，增值税法、消费税法和关税法等立法工作也在继续推进中，落实税收法定原则取得了历史性进展。下一步，要进一步深化对税收法定原则的认识，加快税收立法进度、提高税收立法质量、充分发挥人大在税收立法工作中的主导作用。

2. 加快非税收入立法，推进财政收入法定

政府收入由税收和非税收入组成。非税收入作为政府收入的重要组成部分，与税收一起参与到国民收入的再分配中，在优化资源配置、提高公共服务水平、调节经济利益主体行为、促进社会公平等方面同样发挥着重要作用。实现政府收入法定则既要落实税收法定，还要落实非税收入法定。相比于税收立法，我国非税收入法治化建设还较为滞后。以作为非税收入重要组成部分的政府性基金和行政事业性收费为例，其征收依据主要是规范性文件，设立目标、征收范围、征收标准、设立程序等法律法规依据不够明确，一些基金收费项目征收范围、征收标准等与实际发展的需要不相适合，未建立定期评估调整机制，公开透明度不足，人大审查监督难以深入，一定程度上存在无法可依问题。下一步，要进一步推进行政事业性收费、政府性基金等非税收入法治化建设，提高非税收入立法的科学性、规范性和可执行性，总体上加强财政收入法治建设，提高立法质量，推进财政收入法定。

3. 研究推进税法总则立法

完善的税收法律体系是推进国家治理体系和治理能力现代化的需要，是贯彻落实习近平法治思想和全面依法治国基本方略的需要。2020 年 11 月 16 至 17 日，习近平总书记在中央全国依法治国工作会议上指出，应适时推动条件成熟的立法领域法典编纂工作。在税法领域，税种立法的工作已取得成效，但也存在一些法律基本原则、基本规则不够明确，导致执法司法争议较多等突出问题，有必要借鉴《民法典》的立法经验，推动制定税法

总则进而编纂税法典，以进一步提高税收法律规范的系统性、规范性、科学性。

4. 减税降费政策更加精准可持续

减税降费是深化供给侧结构性改革的重要举措，也是直接、有效地惠企利民并实现逆周期调节的重要政策。在经济下行压力加大的情况下，要认真贯彻落实中央经济工作会议精神，继续面向市场主体实施新的减税降费政策，强化对中小微企业、个体工商户、制造业等的支持力度。同时，减税降费也要从稳当前、利长远的角度统筹谋划，既要能够应对短期经济波动，也要兼顾中长期对经济社会发展、市场主体行为、财政可持续发展等方面的影响。在积极总结以往年度减税降费经验、分析实施效果的基础上，进一步提升减税降费的精准度和可持续性，统筹推进减税降费和优化税费制度。下一步，要按照党中央的决策部署，延续执行部分涉及科技、就业创业、医疗、教育等领域的税收优惠政策，加大工业、服务业所得税减免力度，对于餐饮、零售、旅游、交通客运等特殊困难行业加大支持力度等。

（二）落实好积极的财政政策，提高财政资金绩效

中央经济工作会议明确提出，2022 年经济工作要稳字当头、稳中求进，宏观政策要稳健有效。积极的财政政策要更加积极，政策发力要适当靠前，积极推出有利于经济稳定的政策。下一步，要按照党中央的决策部署，坚持总量和结构并重，保持财政支出在较高水平，加强财政资源统筹，大力优化支出结构，用好存量和增量资金，加大对国家重大战略任务和重大项目的支持力度，保障和改善基本民生。同时，提高财政资金绩效，强化各类预算支出编制、审核和管理，全过程实施财政资金绩效评价，推进评价结果与预算安排相衔接。

（三）加强财政预算管理，完善政府间财政法律制度

近年来，我国财政收支矛盾不断加大，更加要求钱要花在刀刃上，预算管理越来越重要。下一步，要深入贯彻落实《国务院关于进一步深化预算管理制度改革的意见》，加快完善全方位、全过程、全覆盖的预算绩效管理体系。严格执行人大批准的预算，坚持先有预算、后有支出。深化预算执行分析，加快预算执行进度，提高资金使用效益。深入推进预算和绩效管理一体化，加大绩效管理结果应用和信息公开力度。强化预算电子化管理，推进预算管理一体化系统建设。同时，要不断调整完善中央和地方财

政关系，持续推进政府间财政关系改革，加快建立权责清晰、财力协调、区域均衡的中央和地方财政关系，加强法治财政建设研究，完善政府间财政关系法律法规体系。

（四）持续推进财政监督，增强审查监督实效

按照党中央有关改革部署的要求，全面贯彻实施预算法、监督法和关于加强中央预算审查监督的决定等，深入推进预决算审查监督工作、国有资产管理监督工作，不断拓展监督的广度、深度和力度。下一步，要持续做好全国人民代表大会审查和批准预算的有关工作，做好审查和批准2021年中央决算、听取审议2021年度审计工作报告和审计查出问题整改情况报告等工作，推动加强地方人大对政府债务审查监督意见的具体实施，继续深入推进预算联网监督系统建设。进一步做好国有资产管情况的监督工作，健全全口径、全覆盖的国有资产范围，推动完善国有资产报表体系和经营管理评价指标体系，建立健全监督评价、跟踪督办和督促整改问责等机制。加快开展新修订的审计法贯彻实施工作，提高审计工作质量和效能。加快推进会计法、注册会计师法的修订工作，完善行业监管法规制度。

撰稿专家

蔡巧萍，河北唐山人，全国人大常委会预算工委法案室副主任。

第十章　2021年司法改革专题报告

刘　峥

报告要旨

2021年，全国法院在党中央坚强领导下，坚持以习近平新时代中国特色社会主义思想为指导，深入贯彻习近平法治思想，全面贯彻落实党的十九大和十九届二中、三中、四中、五中、六中全会精神，加快推进司法体制综合配套改革，推动各项制度更加成熟更加定型。截至目前，人民法院“五五改革纲要”提出的65项改革举措中，85%已全面推开。人民法院坚持党对司法工作的绝对领导，健全完善改革统筹管理推进落实机制，积极开展改革督察总结评估，服务保障国家发展大局和开放格局，推动审判权力制约监督体系改革、民事诉讼程序繁简分流改革试点、四级法院审级职能定位改革、互联网司法和智慧法院建设、司法人事配套改革、法院组织机构设置、司法经费保障制度改革等十三个方面重大改革举措取得重要进展。

核心建议

1. 加强司法权制约监督体系改革。完善案件全流程监督管理机制。加强司法责任考核和追究落实机制建设。推进落实防止干预司法“三个规定”。

2. 深化民事诉讼程序繁简分流改革试点。推动《民事诉讼法》修改，试点成果实现立法转化。

3. 开展四级法院审级职能定位改革试点。提请全国人大常委会授权开展试点。制定《最高人民法院关于完善四级法院审级职能定位改革试点的实施办法》。建立完善试点工作组织实施体系。

4. 推进互联网司法和智慧法院建设。制定出台《人民法院在线诉讼规则》《人民法院在线调解规则》。深化互联网法院建设，推动明确互联网法院专门法院地位。建设互联网司法研究机构。制定人民法院信息化建设五年发展规划。制定完善中国移动微法院建设标准和人民法院互联网统一身份认证系统技术规范。

5. 深化司法人事制度改革。完善法院人员分类管理制度。畅通法院各类人员内部交流渠道。推动调整完善法官逐级遴选制度。完善法官违纪违法与员额退出的衔接适用政策。

6. 优化人民法院组织机构设置。健全完善少年法庭运行模式。加强国际商事法庭建设。健全完善金融审判体系。推进环境资源法庭、知识产权法庭、破产法庭、劳动法庭等专门审判机构建设。

7. 完善司法经费保障机制。制定推进落实省以下法院财物统管改革指导意见。推动修改《诉讼费用交纳办法》。

2021年是中国共产党成立100周年，是“十四五”规划和第二个百年奋斗目标的开局之年，也是推进人民法院“五五改革纲要”的攻坚之年。面对百年变局加速演进和世纪疫情冲击，全国法院在党中央坚强领导下，坚持以习近平新时代中国特色社会主义思想为指导，深入贯彻习近平法治思想，全面贯彻落实党的十九大和十九届中央历次全会精神，加快推进司法体制综合配套改革，各项工作取得重要进展。

一、深化司法体制综合配套改革总体情况

2021年，政法战线坚决贯彻落实党中央决策部署，在维护国家政治安全和社会稳定、政法领域全面深化改革、常态化扫黑除恶、政法队伍教育整顿等方面取得新成效。要坚持党对政法工作的绝对领导，从党的百年奋斗史中汲取智慧和力量，弘扬伟大建党精神，提升防范化解重大风险的能力，完善执法司法政策措施，全面深化政法改革，巩固深化政法队伍教育整顿成果，切实履行好维护国家安全、社会安定、人民安宁的重大责任，

让人民群众切实感受到公平正义就在身边。[①]

7月24日，中央政法委召开政法领域全面深化改革推进会，中共中央政治局委员、中央政法委书记郭声琨出席会议并讲话。郭声琨强调，“加快构建与新型执法司法权力运行机制相适应的执法司法责任体系，是一项基础性和具有牵引作用的重大改革举措，直接关系政法领域改革成效成色，直接关系广大人民群众切身利益，直接关系党的形象、法治的权威。要遵循执法司法权力运行规律，按照职权法定、权责一致的原则，科学界定执法司法责任，聚焦主体明确、范围明晰、层次分明，加快构建涉及政治、办案、监管、指导各方面，贯通侦查、检察、审判、执行各环节，覆盖刑事、民事、行政、民事执行、公益诉讼各领域的执法司法责任链。”

（一）党对司法工作绝对领导制度机制更加成熟定型

最高人民法院党组第一时间传达学习党中央重大改革决策，传达学习习近平总书记重要批示指示精神，切实把思想和行动统一到党中央改革决策部署上来。不折不扣贯彻执行重大事项请示报告制度，全年共向中央改革办、中央政法委报送相关改革方案、意见、报告20余份。组织召开贯彻落实政法领域全面深化改革推进会精神专题会议，确保中央有关会议精神、改革任务在人民法院工作中落地见效，切实把党的绝对领导贯穿司法改革工作各领域、全过程。最高人民法院全年共召开3次司法改革领导小组会议，审议7份改革文件，协调推进“五五改革纲要”落实、改革试点管理、司法改革宣传等重要改革事项。

（二）改革举措规划管理机制不断健全完善

最高人民法院制定《2021年人民法院司法改革工作要点》及其分工方案，拟订106项年度工作重点，明确责任部门和成果形式。建立重大司法改革试点工作台账管理和审核备案制度，健全重大改革试点工作归口管理机制。健全改革落实情况分析管理机制，全面优化升级司法改革台账系统，推动改革任务项目化、精准化。组织召开全国法院司法体制综合配套改革推进会，交流改革经验，总结改革成效，分析存在问题，明确下一步深化改革的重点任务。

---

① 《市委政法工作会议暨全市政法队伍教育整顿总结会召开》，载腾讯网，https://new.qq.com/omn/20220130/20220130A07YVW00.html，最后访问时间：2022年4月15日。

（三）改革督察总结评估机制效果更加凸显

最高人民法院开展党的十八大以来司法体制改革情况评估工作，向中央政法委、中央改革办报送《关于党的十八大以来人民法院深化司法体制改革情况评估报告》。按照中央部署，对最高人民法院知识产权法庭成立以来的工作成效开展第三方评估。赴湖北、江苏等地实地调研执法司法权力制约监督工作，向中央政法委报送《关于健全完善审判权力制约监督体系的调研报告》。

（四）改革更好服务融入党和国家工作格局

最高人民法院紧扣党和国家中心工作和重大发展战略，积极履行司法服务保障职能。先后围绕服务新发展阶段生态文明建设，海南自由贸易港建设、北京“两区”建设、推动区域协调发展、推动中部地区高质量发展等战略，全面推进乡村振兴和基层社会治理，以及推进知识产权强国战略，制定印发 8 份司法规范性文件。与香港特别行政区政府律政司签署《关于内地与香港特别行政区法院相互认可和协助破产程序的会谈纪要》，印发《关于开展认可和协助香港特别行政区破产程序工作的试点意见》，完善中国特色区际司法协助体系。积极参与全球治理体系改革，与联合国环境规划署共同举办世界环境司法大会，通过《世界环境司法大会昆明宣言》，凝聚推动构建人与自然生命共同体的广泛共识。积极服务“一带一路”倡议，举办海上丝绸之路（泉州）司法合作国际论坛、中国—上合组织国家地方法院大法官论坛、第五届中新法律和司法圆桌会议，与新加坡最高法院签署《关于推进法官继续教育的合作谅解备忘录》《关于法律查明问题的合作谅解备忘录》。

（五）改革系统宣传促进形成更好舆论氛围

最高人民法院印发《关于加强司法改革宣传工作的方案》，坚持推进改革与加强宣传同步推进，系统总结提炼人民法院在党的坚强领导下深化司法改革取得的重要成就。顺利举办首届“人民法院改革创新奖”评选活动，充分调动地方各级法院总结提炼改革经验、创新改革举措积极性。成功开展第四届“羊城杯”司法体制综合配套改革征文活动，继续扩大司法改革专题研究平台品牌效应。组织 2020~2021 年度改革专项调研课题结项验收，将理论研究与改革实践深度结合。持续编发《人民法院司法改革案例选编》《多元化纠纷解决机制典型经验与实践案例》《司法改革动态》，编写《中国法院司法改革年鉴（2020 年卷）》《中国法院多元化纠纷解决机制改革报告（2015—2020）》《劳动争议多元化解工作指南》，及时总结、宣传、推广专项改革经验。

二、深化司法体制综合配套改革重大举措

（一）审判权力制约监督机制框架更加清晰

2021 年，中共中央印发《关于加强新时代检察机关法律监督工作的意见》，中央政法委先后印发《关于加强政法领域执法司法制约监督制度机制建设的意见》《关于加快推进政法领域执法司法责任体系改革和建设的指导意见》，体现了党中央对加强国家监督体系的高度重视。最高人民法院制定印发贯彻落实意见，积极部署落实中央文件精神。配合中央司法责任制专项督察和政法队伍教育整顿，出版发行《人民法院全面落实司法责任制读本》，全景式描绘司法责任制改革总体框架，说清讲明全面落实司法责任制与严格执行民主集中制的关系，构建有序放权与有效监督相统一的制约监督体系。进一步落实审判权责清单“分级制定落实、逐级上报备案”工作机制，全国 31 个高院和新疆生产建设兵团分院已全部完成备案工作。江苏法院细化 8 类办案人员 203 条权责清单，防止行权错位、缺位、越位。吉林高院将负面清单纳入廉政风险防控范畴，梳理形成 115 个风险点，进一步厘清了权力运行边界。

随着司法责任制改革深入推进，通过完善审判人员权责清单，落实“有序放权、科学配权、规范用权、严格限权”，破解司法公正难题、构建司法权力运行和监督管理新机制新格局，是完善司法责任制综合配套改革的重点任务。有研究者认为，法官责任制度蕴含着“保障法官依法独立行使职权”的司法技术逻辑与“令人民群众满意”的政治逻辑。有必要在法官责任制度的双重逻辑之间进行适当调适，通过建立责任类型的区隔机制、细化法官责任的认定事由、完善法官责任的追究程序，构建多元化、外向化的法官评价机制，同时以信息化手段限缩科层式权力的边界，祛除信息化管理中的“唯数据化”问题，以促进司法目标与国家善治的实现。① 随着改革的深入，审判团队的运行出现诸如科层组织叠床架屋、庭与队衔接不畅、主体权责不明等与改革初衷或诉讼机理不相适应的弊病，主要原因在于审判团队的定位模糊，与现行司法管理制度有待磨合。未来应以司法责

① 贺宁：《法官责任制度的双重逻辑与价值衡量》，载《法制与社会发展》2021 年第 1 期。

任制为核心，充分考虑法院审级、人员结构、案件情况等现实因素，按照“组织-角色-运行-考评-责任”结构模式，建立权责明晰、配合顺畅、运行高效的审判团队。①

（二）案件全流程监督管理机制更加定型

中央关于加强执法司法制约监督机制建设的意见下发以后，最高人民法院第一时间下发通知、作出部署。针对司法实践中的突出问题，紧紧围绕“明责”“履责”“督责”“考责”“追责”等关键环节，健全各领域、各环节闭环覆盖的责任制度，完善权责清晰、权责统一、监管有效、保障有力的制度体系，确保审判权力在制度框架内运行、在责任约束下行使。

1. 制定印发《最高人民法院关于完善人民法院专业法官会议工作机制的指导意见》

《最高人民法院关于完善人民法院专业法官会议工作机制的指导意见》（以下简称《指导意见》）以问题为导向，全面规定了专业法官会议的组织形式、人员组成、讨论范围、召开程序、议事规则、衔接机制、配套保障等，优化调整了部分政策要求，有利于各级人民法院专业法官会议规范运行。对专业法官会议是否属于审判组织，多年来争议不断。把握专业法官会议的制度定位，必须将其置于中国特色社会主义审判权力运行体系下统筹考虑。《指导意见》明确了“专业法官会议是人民法院向审判组织和院庭长履行法定职责提供咨询意见的内部工作机制”。换言之，专业法官会议既非法定审判组织，亦非法定诉讼程序，只是嵌入审判权力运行体系的内部机制或咨询平台。

基于上述制度定位，《指导意见》对专业法官会议讨论意见的效力作了适度区分：经专业法官会议讨论的“四类案件”，独任庭、合议庭应当及时复议；专业法官会议没有形成多数意见，独任庭、合议庭复议后的意见与专业法官会议多数意见不一致，或者独任庭、合议庭对法律适用问题难以作出决定的，应当层报院长提请审判委员会讨论决定。对于“四类案件”以外的其他案件，专业法官会议没有形成多数意见，或者独任庭、合议庭复议后的意见仍然与专业法官会议多数意见不一致的，可以层报院长提请审判委员会讨论决定。

① 黎晓露：《我国法院内设机构的结构性变革：审判团队模式探讨》，载《法治现代化研究》2021 年第 5 期。

关于组成人员。《指导意见》规定：专业法官会议由法官组成。换言之，凡是员额法官，均为专业法官会议的组成人员，均有参加专业法官会议的权利，不宜另外设立门槛，把一部分法官排除在外。当然，所有法官都有权利参加专业法官会议，并不意味着所有会议要由全体法官参加。按照《指导意见》，各级人民法院可以结合所涉议题和会议组织方式，兼顾人员代表性和专业性，明确不同类型会议的最低参加人数，确保讨论质量和效率。为确保讨论效果，“最低参加人数”一般不宜低于五人。参加会议的具体人员，可以由主持人与相关审判组织、审判团队商讨后确定，综合考虑法官排庭时间、审判业务专长、统一法律适用、审判监督需要等因素，但不得为控制多数意见而故意排除观点不同者参会。

关于讨论范围。《指导意见》列举了五类应当提交专业法官会议讨论的情形：一是独任庭认为需要提交讨论的；二是合议庭内部无法形成多数意见，或者持少数意见的法官认为需要提交讨论的；三是有必要在审判团队、审判庭、审判专业领域之间或者辖区法院内统一法律适用的；四是属于《最高人民法院关于完善人民法院司法责任制的若干意见》第 24 条规定的“四类案件”范围的；五是其他需要提交专业法官会议讨论的。

关于与审判委员会的衔接。《最高人民法院关于深化司法责任制综合配套改革的实施意见》明确：“对于依法应当提交审判委员会讨论决定、但不存在内部分歧的案件，可以不提交专业法官会议讨论。”《指导意见》细化了可以直接提交审判委员会讨论的情形，即：（1）依法应当由审判委员会讨论决定，但独任庭、合议庭与院庭长之间不存在分歧的；（2）专业法官会议组成人员与审判委员会委员重合度较高，先行讨论必要性不大的；（3）确因其他特殊事由无法或者不宜召开专业法官会议讨论，由院长决定提交审判委员会讨论决定的。

关于绩效考核。主持或参加专业法官会议不属于办案，不计入办案数量，但是，高质量的发言对于充分发挥专业法官会议作用、推动案件公正高效审理具有重要意义。为鼓励法官积极参与、贡献智慧，法官参加专业法官会议的情况应当计入工作量，并作为绩效考核、等级晋升的参考，将专业法官会议当作培养、发掘优秀审判人才的重要平台。因此，《指导意见》明确，法官在会上发表的观点对推动解决法律适用分歧、促成公正高效裁判发挥重要作用的，可以综合作为绩效考核和等级晋升时的重要参考因素；经研究、整理会议讨论意见，形成会议纪要、典型案例、裁判规则等统一法律适用成果的，可以作为绩效考核时的加分项。

2. 制定印发《最高人民法院关于进一步完善"四类案件"监督管理工作机制的指导意见》

近年来，各级人民法院不断深化司法责任制综合配套改革，司法质量、效率和公信力明显提升，但是，随着政法队伍教育整顿工作逐步深入，也暴露出实践中存在的一些问题。有研究者认为，实践中如何贯彻落实改革精神，促使院庭长个案监督转型以提高案件审判质效，是亟待探讨和解决的现实问题。院庭长特定类型案件监督运行不畅受制于对院庭长监督权正当性的误读、审判权与监督权的边界难以把握、监督权运行制度设计尚不完善等多方因素。因此，应合理拟定并细化监督案件范围，根据案件类型特点制定差异化的监督方式，明确追责机制、强化信息留痕、建立标准化办案机制和完善院庭长办案制度，提升监督的整体效能，促成院庭长审判职能、监督管理职能的有机融合。①

为有效破解上述问题，最高人民法院严格按照政法队伍教育整顿工作要求，经深入调研，并广泛征求意见，研究起草了《最高人民法院关于进一步完善"四类案件"监督管理工作机制的指导意见》（以下简称《指导意见》）。根据实践应用情况和监督管理需要，《指导意见》适当优化调整了2015 年《最高人民法院关于完善人民法院司法责任制的若干意见》规定的"四类案件"范围：将"疑难、复杂且在社会上有重大影响的"，调整为"重大、疑难、复杂、敏感的"；将"涉及群体性纠纷，可能影响社会稳定的"，调整为"涉及群体性纠纷或者引发社会广泛关注，可能影响社会稳定的"；将"与本院或者上级人民法院的类案判决可能发生冲突的"，调整为"与本院或者上级人民法院的类案裁判可能发生冲突的"。《指导意见》以概括方式，明确了认定"四类案件"时应当考虑的因素。实践中，一些案件虽然不属于"四类案件"范围，但在案由、罪名、诉讼标的或诉讼程序上具有一定特殊性，有必要适用"四类案件"的监督管理措施。因此，《指导意见》明确，各级人民法院可以结合本院工作实际，对下列案件适用"四类案件"的监督管理措施：本院已经发生法律效力的判决、裁定、调解书等确有错误需要再审的；人民检察院提出抗诉的；拟判处死刑（包括死刑缓期二年执行）的；拟宣告被告人无罪或者拟在法定刑以下判处刑罚、免予刑事处罚的；指令再审或者发回重审的；诉讼标的额特别巨大的；其他

① 卢祖新：《院庭长监督特定类型案件的路径转型与程序优化》，载《人民司法》2021 年第 1 期。

有必要适用“四类案件”监督管理措施的。

《指导意见》要求各级人民法院结合本院实际，建立覆盖审判工作全过程的“四类案件”识别标注、及时报告、推送提醒、预警提示机制，并分阶段明确了立案部门、承办审判组织、院庭长和审判管理、审务督察、新闻宣传等职能部门的识别责任、报告义务和标注机制。《指导意见》规定了院庭长可以采取的监督管理措施，即：按权限调整分案；要求合议庭报告案件进展、评议结果；要求合议庭提供类案裁判文书或者制作类案检索报告；审阅案件庭审提纲、审理报告；调阅卷宗、旁听庭审；要求合议庭复议并报告复议结果，但同一案件一般不得超过两次；决定将案件提交专业法官会议讨论；决定按照工作程序将案件提交审判委员会讨论；决定按程序报请上一级人民法院审理；其他与其职务相适应的必要监督管理措施。院庭长在分管领域、职务权限范围内，按工作程序采取上述监督管理措施，或者对下级人民法院审理的“四类案件”依法履行监督指导职责，不属于违反规定干预过问案件。同时重申了全程留痕、组织化行权的要求。院庭长对“四类案件”履行监督管理职责时，应当在办案平台全程留痕，或者形成书面记录入卷备查。这里的“留痕”，包括在办案平台或者纸质材料上勾选、批注、圈阅，或者以视频音频等形式记录，只要能够完整、准确体现监督管理的主体和内容即可。需要强调的是，院庭长对“四类案件”的具体处理意见，应当在专业法官会议或者审判委员会会议上发表，并记入会议记录，签字确认后在办案平台或者案卷中留痕。

3. 制定印发《最高人民法院关于进一步完善执行权制约机制加强执行监督的意见》

《最高人民法院关于进一步完善执行权制约机制加强执行监督的意见》（以下简称《意见》）分为 6 个部分，共 43 条。围绕始终坚持执行工作正确的政治方向、深化审执分离改革、强化执行流程关键节点管理、加强层级指挥协调管理、主动接受外部监督、加强执行队伍建设等六个方面，全方位、系统性完善执行权监督制约长效机制。《意见》坚持问题导向，以有效解决“执行不廉”“作风不正”“拖延执行、消极执行、选择性执行”等顽瘴痼疾为着力点，全面系统设计制约监督执行权的制度机制，努力打造执行权运行的“制度铁笼”和“数据铁笼”。《意见》明确提出要深化审判权与执行权分离。有效发挥审判、破产、国家赔偿程序对执行权的制约作用，避免以执代审、违法个别清偿，以及不及时启动国家赔偿程序侵害当事人权益；深化执行裁决权与执行实施权的分离，加强执行裁决权对执行实施权的监督制约；健全事务集约、繁简分流的执行权运行机制，实现由办案人员一人包案到底到分段、集约办理的转变，加强对消极执行、选择性执行的监管，有效解决权力寻租顽疾。《意见》强调实现人民法院文书、电子卷宗自动生成，关键节点自动提醒等智能化功能，实现四级法院对执行程序关键节点可视化监管。明确要求财产处置参考价一律通过全国法院询价评估系统确定，彻底消除人为操纵评估的权力空间。强调抓好层级指挥协调管理，强化以信息化为支撑的"统一管理、统一指挥、统一协调"的执行管理模式，压实各层级监管责任，形成各层级法院对关键流程节点齐抓共管的工作能力，构建"层级分明、责任清晰、齐抓共管"的执行监督管理体系。

4. 制定印发《最高人民法院统一法律适用工作实施办法》《人民法院审判业务文件、参考性案例备案工作办法》

《最高人民法院统一法律适用工作实施办法》（以下简称《实施办法》）、《人民法院审判业务文件、参考性案例备案工作办法》的基本定位就是在最高人民法院建立起一个规范统一的工作制度，完善院级层面的统一法律适用工作机制，推动形成工作合力，规范法官裁量权行使，妥善解决法律适用分歧问题。《实施办法》共20条，主要包括五个方面内容：一是从总体上对统一法律适用工作的内容作了规定，从统一法律适用角度重申了案件办理、制定司法解释、发布案例的基本要求，确保司法解释和案例的规范指引作用充分发挥。二是进一步明确了类案检索的情形和范围，明确了类案检索说明或报告的制作规范，强化类案检索制度要求，促进"类案同判"。三是进一步补充明确了各部门专业法官会议讨论案件的范围，同时建立健全跨部门专业法官会议机制，研究解决跨部门的法律适用分歧或者跨领域的重大法律适用问题，为法官办理疑难复杂案件提供业务咨询。四是创新具体法律适用问题解决机制，通过审判委员会法律适用问题决议等形式，提高裁判规则指引的及时性、便捷性。五是明确建设统一法律适用平台及其案例数据库的要求，提升统一法律适用、规范裁量权行使的科技应用水平，解决实践中法官检索到无效类案信息过多、难以总结归纳参考等问题。

为解决现有类案检索平台提供的检索结果缺少直观的裁判规则、结果庞杂、匹配不精确，检索效率和效果均不理想等问题，最高人民法院还将适时组织相关审判业务部门对所作出的生效裁判进行系统梳理，提炼编纂裁判规则，将发布的指导性案例，各审判业务部门的二审案件、再审案件、请示案件、执行复议监督案件，经专业法官会议、赔偿委员会、司法救助委员会、审判委员会讨论的案件及其他具有普遍指导意义的典型案件等均纳入数据库，以方便法官全面掌握和运用最高人民法院的司法案例。

2021 年，最高人民法院在《关于规范高级人民法院制定审判业务文件编发参考性案例工作的通知》基础上，制定印发《人民法院审判业务文件、参考性案例备案工作办法》，进一步落实高院审判业务文件及参考性案例备案机制。全年共完成 88 个审判业务文件、110 多个参考性案例的审核备案。

有学者认为，由于类案识别标准不明、现有制度的刚性约束不强、类案体系尚未完善等原因，现阶段“类案不同判”情形依旧没有有效解决。应当明确类案裁判各环节的具体标准，构建一条以规范审判权运行为主线的“预防——识别——发现——决策——反馈——纠正”全流程类案裁判规范机制，建立全国法院类案大数据统一平台，保障“类案同判”的目标实现。① 类案检索机制有助于帮助法官发现可能的类案，真正具有实质相似性的类案依然取决于实践者的理性证成，即便通过相似性论证锁定了类案，还需从类案中抽取出作为法律具体化形式的裁判规则，在诸裁判规则发生冲突时还应有效地化解冲突，选择最佳解释或证成相应法律规则的类案裁判规则作为参照。类案的规范性源自其裁判内容的合理性和正确性，因此在类案的参照上应赋予法官较大裁量权，尽可能避免将这种判断权变相转交给法官会议或审委会，真正“让审理者裁判、由裁判者负责”。②

5. 制定印发《最高人民法院关于推进案例指导工作高质量发展的若干意见》

《最高人民法院关于推进案例指导工作高质量发展的若干意见》（以下简称《意见》）强调建立完善案例专业会议机制。最高人民法院、各高级人民法院要加强案例审查论证工作，可以根据工作需要建立案例专业会议机制，对拟推荐的指导性案例进行深入研究论证、修改完善。备选指导性案例提交审判委员会审议前，一般应召开案例专业会议进行论证。案例专业会议可由常设成员和临时成员组成。常设成员由案例编选部门相关人员

① 北京市第三中级人民法院课题组：《类案裁判的适法标准和规范机制研究》，载《中国应用法学》2021 年第 3 期。

② 孙海波：《类案检索在何种意义上有助于同案同判?》，载《清华法学》2021 年第 1 期。

担任，临时成员根据案例内容由相关业务部门法官、专家学者以及其他部门人员担任。《意见》要求进一步完善审判委员会讨论机制。中级、基层人民法院案例编选部门可以直接向高级人民法院推荐备选指导性案例。高级人民法院推荐备选指导性案例，应经审判委员会讨论决定，也可根据工作实际经审判委员会半数以上委员审核同意。高级人民法院审判委员会讨论案件时认为符合指导性案例要求的，裁判生效后可以由院领导签发推荐。最高人民法院、高级人民法院要提高审判委员会审议备选指导性案例的效率，增加审议会期频次。

《意见》强调加强对指导性案例的应用。在办理案件过程中，案件承办法官在进行类案检索时，应首先检索现行有效的指导性案例。检索到的类案为指导性案例的，应当参照作出裁判。在裁判文书中引述相关指导性案例的，应当在裁判理由部分引述指导性案例的编号和裁判要点。公诉机关、案件当事人及其辩护人、诉讼代理人引述指导性案例作为控（诉）辩理由的，案件承办人员应当在裁判理由中回应是否参照了该指导性案例并说明理由。

最高人民法院推动建立将大法官裁判、最高人民法院裁判转化为指导性案例的工作机制，2021 年发布 5 批、31 件指导性案例。有研究者认为，指导性案例具有约束性法源的属性，作为一种新的规范类型进入司法规范体系，成为通过司法引领法律发展的一个重要路径。指导性案例在完善司法规范体系方面起着重要作用，集中体现于提升司法规范供给的充分性、保持司法规范体系的周延性以及实现司法规范体系的融通性。基于非指导性案例产生指导性的普遍原理，案例指导制度应当重视司法判决发生指导作用的一般原理及机制，在认知和实践方面进行更具合理性的规划。要与法院的审级结构体系及其改革、司法职业共同体建设、裁判文书的释法说理制度相互衔接配合，从法律适用的方法论角度改进指导性案例的内容编撰，以促进案例指导功能的完善。①

（三）司法责任考核和追究机制落实到位

最高人民法院坚持保护依法履责与准确追责相结合，健全违法审判责任追究体系，完善案件质量评查、绩效考核与法官惩戒程序衔接机制，细化完善各类司法人员绩效考核办法，加强考核结果和案件质量评查结果转

---

① 杨知文：《非指导性案例的“指导性”与案例指导制度的发展》，载《清华法学》2021 年第 4 期。

化应用，提高法官惩戒制度公信力。

1. 印发《最高人民法院关于加强和完善法官考核工作的指导意见》

《最高人民法院关于加强和完善法官考核工作的指导意见》（以下简称《指导意见》）包括正文和一个附件，正文分为总则、考核内容、考核等次和标准、考核的组织实施、考核结果的运用、附则六个部分共40条，附件为《案件权重系数设置指引》。主要内容包括：一是明确考核范围及主体。明确考核工作的指导思想，规定了法官考核范围、工作原则，以及考评委员会的组成人员、办事机构、工作职责等。二是构建科学合理的考核指标体系。明确规定法官考核指标应当按照四级法院审级职能定位，根据不同法院层级、不同业务条线（岗位）特点，分层分类设置，对院庭长的考核指标单独作出规定，同时赋予各地结合实际对考核指标内容进行细化和针对性调整的权力。三是明确考核的等次和标准。明确法官考核实行平时考核和年度考核相结合，同时根据《公务员考核规定》相关规定，结合法官职业特点，明确法官年度考核确定为优秀、称职、基本称职、不称职四个等次分别应具备的条件和情形，并对短期交流、学习培训等特殊情形下办案任务核减的程序予以规范。四是强化考核的组织实施。对平时考核和年度考核的主要程序、相互关系等作出规定，对加强考核工作的组织领导、信息化建设、严肃考核工作纪律等内容提出要求。五是强化考核结果的运用。规定法官考核结果作为公务员考核结果记入公务员考核登记表，并作为法官等级升降、法官员额退出、绩效奖金分配等的重要依据，以考核促进法官队伍的良性发展。六是加强对权重系数设置的指引。以指引的方式对各地法院设置案件权重系数作出规范，着力实现不同业务条线、不同岗位法官办案工作可量化、可比较。

为充分体现司法改革精神，《指导意见》坚持聚焦主责主业、突出工作实绩的原则，侧重对法官办案业绩进行考核，从办案数量、办案质量、办案效率、办案效果四个维度设置考核指标，并对各项指标考核重点作出指导性规定。一是对办案数量的考核，提出以结案数量为基础，通过设置案件权重系数，实现不同业务条线（岗位）法官办案工作的量化比较。二是对办案质量的考核，以案件发回、改判等情况为基础，充分运用案件质量评查等机制，重点考核法官办案中证据审查、事实认定、法律适用、文书制作、释法说理、裁判结果等情况。三是对办案效率的考核，明确以审限内结案率等情况为基础，重点考核案件审理周期以及超过审理期限案件、长期未结案件等情况。四是对办案效果的考核，以案件取得的政治效果、法律效果和社会效果等情况为基础，重点考核维护国家安全和社会稳定、维护法律的严肃性和权威性、维护人民群众合法权益、弘扬社会主义核心价值观等情况。此外，考虑到法官除了承担办案工作外，还承担着调研、宣传、督导等其他工作，为了使考核结果能够全面、准确反映法官工作量和工作成果，《指导意见》明确规定将法官参与党和国家中心工作、重点工作，开展各类审判延伸工作，参加课题研究、案例研编等其他工作纳入法官业绩考核范畴。

有学者指出，法官绩效考核的终极目标是通过提高审判质效，来增强司法的信用。在我国，法官绩效考核的实践经历了一个由“结案率作为加分项、改判发回率作为减分项”的单一评价机制，然后到“办案数量、质量、效率、效果”四位一体的多元评价机制的转变。完善信用司法建设的有效路径在于以法官绩效考核为分析对象，通过实证研究，从司法效率、司法公正、司法效果三个方面科学测定指标权重和计算标准。[①] 一直以来，由于各地法院案件类型不同，案件复杂程度不一，同一考核体系下法官之间的办案工作量确实难以比较。为此，《指导意见》通过发布《案件权重系数设置指引》的形式，提出构建“固定系数+浮动系数”的办案工作量权重系数体系，按照“科学、简便、可行”的原则，合理测算法官实际办案工作量，最大程度实现不同业务条线、不同岗位法官办案工作的量化比较。其中，固定系数是根据案件普遍性特点设置的办案工作量基础系数，一般包括案件类型、审判程序、审级，以及审判团队配置等。浮动系数是根据案件性质、流程等特殊性因素设置的动态系数，一般考虑系列案件、疑难复杂案件、重大敏感案件、当事人人数众多案件、涉外案件、审判委员会讨论案件、专业法官会议讨论案件，以及鉴定、评估、审计、保全、公告、发送司法建议等因素。同时，区分刑事、民事、行政等案件类型，对各类案件特有的浮动系数设置因素作出规定，对合议庭成员审理案件的权重系数比重设置提出要求，为各地法院结合实际制定本辖区的案件权重系数提供原则性方向性的指引。

2. 印发《最高人民法院法官惩戒工作程序规定（试行）》

《最高人民法院法官惩戒工作程序规定（试行）》（以下简称《程序规

① 曾赟：《信用司法建设路径实证研究——以法官绩效考核为分析对象》，载《政法论丛》2021 年第 3 期。

定》）明确了法官惩戒的对象，限于实行法官员额制后进入员额的法官，司法辅助人员不属于法官惩戒的对象。院庭长因监督管理责任造成裁判错误的，也不适用法官惩戒程序。依据《程序规定》规定，法官惩戒工作由人民法院与法官惩戒委员会分工负责。人民法院按照干部管理权限对法官涉嫌违反审判职责的行为进行调查核实，根据法官惩戒委员会的审查意见，依照有关规定作出是否予以惩戒的决定，并给予停职、延期晋升、调离审判执行岗位、退出员额、免职、责令辞职等组织处理，以及按照有关法律规定给予处分。法官惩戒委员会根据人民法院调查的情况，从专业角度审查认定法官是否存在违反审判职责的行为，并提出构成故意违反职责、存在重大过失、存在一般过失或者没有违反职责等审查意见。《程序规定》还明确了当事法官在法官惩戒程序中享有的权利。人民法院对法官涉嫌违反审判职责行为进行调查的过程中，当事法官享有知情、申请回避、陈述、举证和辩解的权利。惩戒委员会审议惩戒事项时，当事法官有权出席听证，并进行陈述、举证、辩解。当事法官对审查意见有异议的，可以以书面形式通过承担督察工作的部门向法官惩戒委员会提出，法官惩戒委员会应当对异议及其理由进行审议，并作出书面决定。当事法官对惩戒决定不服的，可以向作出决定的人民法院申请复核，并有权向上一级人民法院提出申诉。当事法官不因申请复核、提出申诉而被加重处罚。

3. *稳步推进法官惩戒工作的顶层设计*

最高人民法院筹备设立最高人民法院法官惩戒委员会。截至目前，全国31个省区市和新疆生产建设兵团全部设立了法官惩戒委员会，北京、辽宁、吉林、黑龙江、山西、江苏、江西、云南等地按照惩戒程序对46名法官实施惩戒。

法官惩戒工作是司法体制改革的新生事物，没有先例可循，需要在中央确定的制度框架内积极探索、不断完善，通过明确惩戒主体、规范惩戒程序、严格惩戒标准，建立权责一致的违法审判责任追究机制，真正实现“让审理者裁判、由裁判者负责”。有学者认为，合理确定法官惩戒主体，对法官惩戒制度的科学构建至关重要。法官惩戒主体的中立性具有双重内涵，即组织层面的机构中立与职能层面的控审分离。只有在组织层面和职能层面分别实现机构中立与控审分离，惩戒主体的中立性才有切实的保障。我国目前的法官惩戒委员会方案在机构中立上取得了重要成果，但在职能层面距离实现控审分离目标仍存在相当的差距。未来应当降低法官惩戒委员会的行政化色彩，法官惩戒委员会成员的来源应多元化，法官惩戒委员会的作用应实质化。[①] 根据《法官法》相关规定，我国将法官裁判责任的追责事项限定为“故意违反法律法规办理案件的”和“因重大过失导致裁判结果错误并造成严重后果的”两种情况，但有关裁判错误的判断标准和确定裁判责任追究限度的法理仍不清晰。与域外法治国家相比，我国追究法官裁判责任的范围相对较大。根据审判独立和审判监督平衡原理，综合考量我国法官监督的制度格局，存在进一步限缩法官裁判责任的空间，对过失裁判错误追究相关责任宜采取谦抑态度。[②] 司法实践中，错案属于偶发现象，更可能出现的是瑕疵案。司法实践中的审判瑕疵内涵界定、评价指标、认定程序、结果运用等存在不同程度的混乱。如何建立区别于违法审判责任的审判瑕疵责任制度，防止审判瑕疵引发破窗效应，成为法院内部管理亟待解决的重大课题。审判瑕疵评价指标设置应具有司法属性，删除事务性、技术性、法官不可控指标。强化案件瑕疵评查主体的专业性，保障责任主体的申辩、异议权，完善责任认定和追责机制。同时，可确立“一般问题”“一般瑕疵”“严重瑕疵”的瑕疵等级和对应责任形式，增强瑕疵责任配置的科学性。此外，注重发挥审判瑕疵责任评定的规范、指引作用，实现司法活动的规范性和司法监督管理的合理性。[③]

（四）执行防止干预司法“三个规定”取得预期效果

最高人民法院制定印发《关于进一步强化日常监督管理严格执行防止干预司法“三个规定”的意见》，实化细化“三个规定”制度要求。组织全国法院开展“三个规定”执行情况“回头看”和突出问题专项整治，深入调研剖析，找准问题症结，堵塞制度漏洞。全国法院 47.9 万余名干警参加了集中申报，基本实现“全员覆盖”。针对法官与律师交往不够规范问题，会同最高人民检察院、司法部印发《关于建立健全禁止法官、检察官与律师不正当接触交往制度机制的意见》《关于进一步规范法院、检察院离任人员从事律师职业的意见》，打造严禁不正当接触交往的监管闭环。北京、黑龙江、西藏高院协调司法行政机关和律师协会，共同制定出台相关实施办法，开展法官与律师不正当接触专项整治。针对离职人员或法院工作人员

---

① 白冰：《论法官惩戒主体的中立性——以中立性的双重内涵为切入点》，载《法商研究》2021 年第 1 期。

② 郭延军：《我国法官裁判责任的追究限度》，载《法学评论》2021 年第 4 期。

③ 李琴：《审判瑕疵责任追究的检视和优化》，载《人民司法》2021 年第 31 期。

近亲属违规代理案件问题，上海高院、南京中院利用大数据和信息化技术，推动形成对离职人员、干警近亲属从事律师职业名录等信息的自动比对，组织开发代理人自动避让系统，加强实时监控。

（五）民事诉讼程序繁简分流改革试点成果上升为立法

最高人民法院深入推进民事诉讼程序繁简分流改革试点，周强院长向全国人大常委会作《最高人民法院关于民事诉讼程序繁简分流改革试点情况的中期报告》，指导督促各试点法院严格贯彻落实全国人大常委会审议意见。组织召开全国试点法院座谈会，总结试点阶段性成效，研究解决存在问题。持续编发试点专刊11期、工作季报4期、《人民法院司法改革案例选编（九）》等，编写出版《民事诉讼程序繁简分流改革试点工作读本》。制定印发《关于进一步健全完善民事诉讼程序繁简分流改革试点法院特邀调解名册制度的通知》。成功推动《民事诉讼法》修改，起草完成《民事诉讼法（修正草案）》议案及说明，提交第十三届全国人大常委会第31次、32次会议两次审议，并于12月24日表决通过，2022年1月1日正式实施，修改后的民事诉讼法将近年来人民法院落实推进的繁简分流、多元解纷等改革成果以立法形式予以确认。

2021年，学界围绕繁简分流改革试点工作进行了诸多具体研究。有学者认为，现行立法中，民事一审诉讼程序采取“简易程序——普通程序”二元模式，其中普通程序起到了通则作用，小额诉讼程序作为简易程序项下的“更简”模式，仅有一个条文。随着人民法院二十余年繁简分流程序制度改革的推进，各类民事一审诉讼案件占比发生了很大变化，简易程序、小额诉讼程序大大挤占了普通程序适用空间，普通程序的适用比例甚至低于简易程序项下的小额诉讼程序。重构小额、简易、普通三者并列的民事一审诉讼程序，实现简易、小额诉讼的“普通化”，普通程序的“特别化”，同时架构“分流、调解、速裁、精审”有机衔接工作机制，对推动建设分层递进、繁简结合、衔接配套的繁简分流制度具有重要制度意义。[①] 民事速裁程序的实践价值已经得到广泛认可，囿于现行法的规定，速裁程序的独立性尚未证成。按照略式程序原理，在适用条件、审理程序、程序保障和救济途径等方面构建独立的速裁程序，不仅有助于提高民事诉讼程序繁简

① 王韶华、李军波：《繁简分流改革背景下的民事诉讼程序设置研究》，载《中国应用法学》2021年第4期。

分流改革的系统集成效应，也可以为民事诉讼法修改供给新规则。①

围绕繁简分流改革试点的实践推进，有学者对知识产权审判领域开展繁简分流改革进行了专门研究，指出知识产权纠纷难易两极分布的案件特点与繁简分流制度的内在逻辑相统一，将知识产权民事诉讼纳入繁简分流系统工程中整体推进具有正当性和合理性，显著提高了知识产权司法保护质效。为适应知识产权纠纷的复杂性和多样性，应在程序保障的前提下，进一步细化立案分流的识别标准，确立审理分流漏斗式程序过滤机制，打造智能化审判辅助系统，完善多元化解决机制并加强配套措施建设，实现知识产权民事诉讼程序繁简分流改革系统集成、协同高效。②

有学者对扩大独任制适用范围进行了深入研究。扩大独任制适用范围是对我国现行审判组织模式的一次重大改革，对法官审判习惯、当事人诉讼方式、相关理论研究都会产生较大影响，要在司法责任制的主任务线下，与民事诉讼程序繁简分流推行的完善小额诉讼程序、完善简易程序规则等改革措施统筹推进。③ 应从审判组织、诉讼程序、审级制度 3 个维度考察独任制改革的目标路径，即以审判组织的决策质量为前提，确保审判资源与案件的适配性；以程序适用的繁简适当为原则，确保当事人的程序保障性；准确把握审级制度功能定位，确保二审裁判的正当性。同时，要以改革的目标导向性、改革实施协同性、试点推进统一性确保民事诉讼独任制改革的实际效果。④ 基于各方主体对独任制的接受程度，在一、二审中推行独任制改革应当采取不同的改革思路。一审改革的重点应当放在一审普通程序独任审案件清单的制定、法官廉政风险的防范，以及加强审判管理防止普通程序独任审压缩应当适用简易程序审理的案件范围。采取独任制审理的二审案件应占全部二审案件的小部分，同时坚持以开庭审理为原则，并通过适当简化庭审程序、简化二审文书等措施提高法官适用该程序的积极

---

① 吴英姿：《民事速裁程序构建原理——兼及民事诉讼繁简分流改革的系统推进》，载《当代法学》2021 年第 4 期。

② 姚志坚、柯胥宁：《知识产权民事诉讼程序繁简分流改革的实践检视及完善路径——以南京法院知识产权审判实践为样本》，载《人民司法》2021 年第 19 期。

③ 龚成、张引千：《独任制改革试点的发展路径与思路探索》，载《法律适用》2021 年第 6 期。

④ 陆伟：《民事诉讼独任制改革的逻辑和进路》，载《人民司法》2021 年第 16 期。

性。[①] 审判组织实际运行中独任制为主、合议制为辅的趋势凸显。为解决司法实践与立法定位脱节这一问题，应当明确基层法院“独任制为主、合议制为辅”的定位，将独任制范围扩大至中级法院简单二审案件和程序性案件，并在一定范围内赋予当事人审判组织选择权。[②]

有学者对小额诉讼作了专项研究。小额诉讼法定适用率有了明显提高，但当事人合意适用的状况依然不理想。小额案件的金额标准大幅度提升和小额案件的程序进一步简易化后，应当更加重视对当事人的程序保障。改变败诉当事人只能通过审判监督程序寻求救济的做法，赋予当事人更有效的救济手段，才能从根本上解决适用率低的问题。[③] 宜将申请再审的救济方式改为赋予不服裁判的当事人向原审法院提出异议的权利。在当事人提出异议后，由原审法院组成合议庭适用普通程序对案件重新审理并作出裁判。[④] 有学者提出，未来可考虑构建独立的小额诉讼程序，组建专门的小额速裁机构，灵活调整小额案件标的额，借力现代科技突出小额诉讼程序的简便性以及强化小额诉讼程序的福利色彩，同时引入小额案件诉前强制调解并扩充小额诉讼的救济途径等方面，进一步优化、细化小额诉讼程序的制度设计和程序规则。[⑤]

关于司法确认制度。有学者认为，司法确认程序属于非诉程序，价值取向在于满足当事人的多元解纷需求和实现司法效率，目的在于引领、推动和保障非诉讼调解的发展。为实现这一价值目标，应当完善司法确认启动方式，完善调解协议审查内容、审查方式以及司法确认裁定瑕疵救济程序，完善诉前调解制度以拓展司法确认程序的适用，完善审判质效指标体系以提升人民法院委派诉前调解和司法确认的积极性。[⑥]

（六）完善四级法院审级职能定位改革试点顺利开局

最高人民法院贯彻落实中央关于完善四级法院审级职能定位改革决策

① 四川省成都市中级人民法院课题组：《扩大独任制适用范围改革试点的主观认知分析——以1631份问卷调查为样本》，载《人民司法》2021年第16期。

② 广东省深圳市中级人民法院课题组：《扩大独任制适用范围问题研究》，载《人民司法》2021年第16期。

③ 李浩：《繁简分流改革视域下完善小额诉讼程序研究——以N市与S市试点法院为重点》，载《当代法学》2021年第4期。

④ 李浩：《小额诉讼程序救济方式的反思与重构》，载《法学》2021年第12期。

⑤ 石春雷：《小额诉讼程序的分流困境及其破解》，载《北方法学》2021年第6期。

⑥ 刘敏：《论优化司法确认程序》，载《当代法学》2021年第4期。

部署，研究制定《关于完善四级法院审级职能定位的改革方案》，于2021年5月经中央深改委审议通过，由中央政法委正式印发。制定中央相关职能部门层面《关于完善四级法院审级职能定位改革的分工方案》，组织召开部际联席会议，推动各项改革任务有效落实。起草《关于授权最高人民法院在该院和部分地区开展四级法院审级职能定位改革试点工作的决定（草案）》议案，提请全国人大常委会授权开展试点。2021年9月27日，最高人民法院制定印发《关于完善四级法院审级职能定位改革试点的实施办法》（以下简称《试点实施办法》），召开动员部署会，正式启动试点工作。建立完善试点工作组织实施体系，形成试点工作联席会议、文件审查备案、情况收集反馈、数据统计汇总等工作机制。加强跟踪指导，赴北京、上海等法院调研试点推进情况，推动试点工作实现平稳开局。

《试点实施办法》共23条，明确了改革试点的工作目标、主要任务、试点范围和期限及配套保障举措等内容，是开展试点工作的具体依据，内容主要包括五个方面：一是明确四级法院审级职能定位。《试点实施办法》明确了四级法院审级职能定位：基层人民法院重在准确查明事实、实质化解纠纷；中级人民法院重在二审有效终审、精准定分止争；高级人民法院重在再审依法纠错、统一裁判尺度；最高人民法院监督指导全国审判工作、确保法律正确统一适用。二是完善行政案件级别管辖制度。《试点实施办法》合理调整了第一审行政案件级别管辖标准，根据案件可能受地方因素影响程度，明确了对政府信息公开、不履行法定职责等四类以县级、地市级人民政府为被告的第一审行政案件，由基层人民法院管辖，推动行政争议实质性化解。三是完善案件提级管辖机制。《试点实施办法》完善了“特殊类型案件”提级管辖机制，明确了提级管辖的启动主体、程序机制、审理期限、处理方式等内容，推动将涉及重大国家利益、社会公共利益和具有普遍法律适用指导意义的案件交由较高层级法院审理，充分发挥较高层级法院在统一法律适用、打破“诉讼主客场”方面的职能作用。四是改革再审程序。《试点实施办法》完善了向最高人民法院申请再审的案件范围和情形，建立了将申请再审案件交高级人民法院审查的机制，规定了最高人民法院应当提审的情形，推动最高人民法院主要审理在全国范围内具有普遍法律适用指导意义、存在重大法律适用分歧等案件。五是完善最高人民法院审判权力运行机制。《试点实施办法》明确了最高人民法院受理再审申请的程序要求和审核机制，完善了最高人民法院跨审判机构的合议庭组成机制和专业法官会议机制，推动解决跨部门法律适用分歧或跨领域重大法律适用问题，优化了最高人民法院案件审理方式，推动形成适合最高审判机关职能定位和案件特点的庭审模式。此外，《试点实施办法》还就试点工作的范围、期限、组织实施及配套保障等方面作出规定，要求各高级人民法院及时制定具体实施方案和相关制度规定，积极优化司法资源配置，推动编制、员额配备向基层和办案一线倾斜，确保司法资源配置与各级法院审级职能定位相匹配。

随着四级法院审级职能定位改革试点工作的推进，相关研究逐渐繁荣。围绕改革如何开展的问题，有学者提出，四级法院审级职能定位改革事关司法资源的合理配置和诉讼制度的适度变动，应当坚持实现四级法院职能分层、合理配置司法资源和重大改革于法有据的基本原则，防范出现偏离现象。[①] 审级设置的功能在于保障诉讼利益、实现有效监督、推动案件分流、配置审判资源、分摊压力风险和统一法律适用，确保人民获得正确、周全、审慎的裁判结果。因此，科学定位四级法院的审级职能，必须兼顾法院层级和诉讼程序，同时着重考虑三个变量性因素：如何从制度上凸显最高人民法院作为最高审判机关的宪法地位、统一法律适用的功能应主要配置在哪一类诉讼程序、要不要设立专门的法律审程序。[②] 综合考量当事人权利救济、诉讼机制社会效用、司法效益最优配置等因素，改革应坚持“技术——规范”的改革进路，即在现行法律规范框架内，由最高人民法院对相关标准进行技术化调整，再通过修订法律规范予以立法确认。[③]

（七）一站式多元纠纷解决和诉讼服务体系持续健全

最高人民法院印发《关于深化人民法院一站式多元解纷机制建设推动矛盾纠纷源头化解的实施意见》《关于加快推进人民法院调解平台进乡村、进社区、进网格工作的指导意见》，推动一站式多元解纷向基层、社会、网上、重点行业领域延伸。截至 2021 年 12 月 31 日，全国法院调解平台应用率 100%，入驻调解组织 6.1 万个、调解员 25.4 万人，累计在线调解案件 1084.3 万件，诉前调解成功案件 610.5 万件，同比增长 43.19%。分别与中国人民银行、银保监会、证监会、全国总工会、中小企业协会联合出台在线诉调对接机制合作文件，召开全国法院“总对总”在线诉调对接工作推

① 宋朝武：《我国四级法院审级职能定位改革的发展方向》，载《政法论丛》2021 年第 6 期。

② 何帆：《中国特色审级制度的形成、完善与发展》，载《中国法律评论》2021 年第 6 期。

③ 梁平：《我国四级法院审级职能定位改革的规范与技术进路》，载《政法论丛》2021 年第 6 期。

进会。截至2021年12月31日，10家合作单位共有5627个调解组织、16 705名调解员对接或入驻人民法院调解平台，各级法院全年委派调解案件21.5万件，较2020年增加20万件，增长率1304.13%，较2021年上半年增加18.5万件，增长率629.14%。其中调解成功11.7万件，调解成功率63.4%。① 印发《最高人民法院、司法部关于为律师提供一站式诉讼服务的意见》《最高人民法院关于为跨境诉讼当事人提供网上立案服务的若干规定》，诉讼服务精准化水平明显提高。印发《最高人民法院关于推进行政诉讼程序繁简分流改革的意见》，明确简易程序的适用情形及规则，强化行政争议诉源治理和多元化解，促使审判资源配置更加精准对应人民群众多元解纷需求。

有学者认为，审判体系和审判能力现代化作为国家治理体系和治理能力现代化的重要组成部分，必然要求人民法院在立足审判职能的基础上主动参与社会治理，但对终端诉讼化解功能的过度依赖、矛盾纠纷多元化解协同功能机制性不足、社会秩序引导功能客观弱化等因素，影响人民法院参与社会治理现代化的实效性。面对日益复杂的矛盾纠纷，人民法院参与社会治理现代化的路径，应以“诉源共治——→非诉化解——→诉讼终结”矛盾纠纷化解体系的构建为进路，健全矛盾纠纷预防网络体系和“漏斗式”矛盾纠纷多元化解机制，从而形成人民法院参与社会治理现代化的新格局。② 近年来，公共法律服务和诉讼服务体系都在积极探索基层社会矛盾纠纷化解之道，但两种服务体系各自主导的纠纷解决机制在单独应对基层治理难题时，都面临着制度梗阻和运行机制不畅等问题，亟待通过制度协同方式来共同培育优化多元化纠纷解决机制。两种服务体系制度协同的理论基础在于其制度建构目标相同、化解纠纷环节相扣、服务供给标准相近。通过制度协同可促进两种服务体系纠纷解决机制协同运转，进一步整合政法公共服务资源，形成全覆盖的公共法律服务体系和社会矛盾纠纷化解关口有效迁移的“诉源治理”体系。③

有学者对行政诉讼繁简分流改革展开了深入研究。作为实现简案快审、繁案精审诉讼格局的基本理念，行政诉讼繁简分流是司法践行创新社会治

---

① 笔者根据最高人民法院相关信息平台数据汇总统计。

② 杜前、赵龙：《诉源治理视域下人民法院参与社会治理现代化的功能要素和路径构建》，载《中国应用法学》2021年第5期。

③ 杨凯：《论公共法律服务与诉讼服务体系的制度协同》，载《中国法学》2021年第2期。

理要求、回应行政争议实质性化解社会期待、优化行政审判资源科学配置的必然选择。理念的贯彻需要依托相应的规范构造，具体包括简易程序改造和繁案精审补强等存量制度的优化，诉前分流机制增设、案件繁简分流标准厘清、简案快审程序增设和标准诉讼采行等增量制度的规范。同时还要处理好程序简化与诉权保障、诉讼改革与绩效评价之间的辩证关系，实现诉讼制度改革在法律属性与政治属性间的平衡。① 行政调解具有其他调解制度所不具备的独特比较优势。为发挥其诉源治理功能，应当重塑行政调解的价值，对其进行法治化重构，尽快制定“行政调解法”，明确调解范围、规范调解程序、提高调解协议效力、完善“三调联动”机制、推动调解社会化，促进政府与社会良性合作。② 人民调解员是人民调解制度的主导者和行动者，其呈现的制度角色形态以及由此生成的公共意象直接决定了制度运行实效。目前，局部区域存在人民调解员文化程度和知识结构限制、工作动力和工作热情不足、技艺传授/传承的实践因应性较弱等实践之失。先进典型的宣传推广、品牌人民调解工作室的建立与运行、人民调解员职业准入制度的试行与探索、人民调解员评级制度的确立与实践、调解协议司法确认的探索与推广等制度设计，为人民调解员的制度角色塑造实现良好的公共意象提供了充分的制度推力。③

（八）刑事诉讼制度改革不断取得新成果

最高人民法院启动证人服务制度、专家辅助人制度等规则试点工作。组织开展全国法院量刑智能辅助系统试点运行工作，会同最高人民检察院印发《关于常见犯罪的量刑指导意见（试行）》，指导全国各高院制定实施细则，进一步规范量刑和量刑建议工作。指导下级法院适用刑事缺席审判程序审理外逃被告人贪污案，推进缺席审判程序落地实践。会同最高人民检察院、公安部、司法部印发《关于加强减刑、假释案件实质化审理的意见》，确保减刑、假释案件实质化审理公正、高效开展。推动国家赔偿法修改纳入全国人大常委会立法规划。

2021 年，学界对缺席审判程序进行了深入研究。有学者认为，对于依据被告人的主观意志对启动缺席审判程序作用力大小的不同，可以将刑事

---

① 章志远：《行政诉讼繁简分流的制度逻辑》，载《东方法学》2021 年第 5 期。

② 王聪：《作为诉源治理机制的行政调解：价值重塑与路径优化》，载《行政法学研究》2021 年第 5 期。

③ 吴元元：《人民调解员的制度角色考》，载《中国法学》2021 年第 4 期。

缺席审判程序划分为选择型缺席审判、交往型缺席审判和规范型缺席审判三种类型。依据人权保障理论，除特殊情况外，选择型缺席审判和交往型缺席审判无须设置“重审规则”，但规范型缺席审判需要设置“重审规则”来补偿被告人出庭权的减损。我国“重审规则”仅适用于规范型缺席审判，符合救济程序的设置规则，未来可以扩展适用于被告人因重病不能参加庭审，近亲属选择缺席审判的情况。① 缺席审判程序赋予外逃型缺席审判的罪犯要求法院重新审理的异议权，虽然对引渡有一定的积极意义，但异议权的具体内容并不能完全拘泥于我国引渡法的现有规定，在设计异议权时应当对有关国际条约和区域性多边条约中体现出的新趋势有所关注。异议权的设置应恪守异议权作为权利救济途径的根本定位、坚守公正与效率动态平衡的底线，进一步完善异议权适用的案件范围、异议的理由、异议权的行使期限和效力、异议后的重新审理程序等内容。②

有学者以人民陪审制改革为契机，重新审视刑事二审程序改革的必要性和复杂性。为保障第一审程序的中心地位并实现《人民陪审员法》的立法目标，第二审程序应在单一的复审制外，引入事后审查制，要求二审法院尊重陪审员参与所作的一审判决，原则上仅审查原判决是否“妥当”。目前，我国可在七人合议庭案件中率先试点事后审查制，同时在三人合议庭案件中维持复审制，逐步建立“双轨制”的上诉审模式。未来，在强化第一审品质的基础上，可扩大事后审查制的适用范围，并遵循“审级联动”的思路，塑造第一审和第二审之间“多元多轨”的上诉结构以及“金字塔型”的审级制度。③

（九）互联网司法建设实现新发展

最高人民法院印发《人民法院在线诉讼规则》《人民法院在线调解规则》，研究制定在线法院运行规则，建成涵盖各审判领域、覆盖诉讼全流程，线上线下双轨并行、有序衔接的在线诉讼规则体系和在线诉讼模式，“中国特色、世界领先”的互联网司法新模式更加成熟更加定型。三家互联网法院的工作重心逐步实现从机制探索、便民利民向输出裁判规则、发挥依法治网功能方面转变，审理了一大批类型新颖、疑难复杂、规则确立意

① 吴进娥：《我国刑事缺席审判“重审规则”的合理性证成——基于程序类型化的研究进路》，载《法学论坛》2021年第4期。

② 邵劭：《我国刑事缺席审判程序中的异议权》，载《中国法学》2021年第5期。

③ 牟绿叶：《人民陪审员参与刑事审判的上诉审构造》，载《当代法学》2021年第4期。

义强的互联网案件。推动加强中央层面顶层设计和统筹协调，起草《关于互联网法院建设情况及下一步发展规划的报告》，报送中央深改办。推进支持清华大学设立“互联网司法研究院”工作，发挥各自优势，持续推动司法与科技的深度融合。

《人民法院在线诉讼规则》共39条，内容涵盖了在线诉讼法律效力、基本原则、适用范围、适用条件以及从起诉立案到宣判执行等主要诉讼环节在线程序规则，为各方诉讼主体参与在线诉讼提供明确的程序指引。该规则在内容上主要有以下六个方面的特色和亮点。一是首次确立了在线诉讼的基本原则。该规则首次提出，在线诉讼应当坚持“公正高效”“合法自愿”“权利保障”“便民利民”“安全可靠”五个基本原则，明确了在线诉讼的价值取向和基本特征。根据基本原则的要求，该规则明确了在线诉讼的适用案件范围，包括各类民事、行政、特别程序和执行案件，对于刑事速裁程序和减刑假释案件等也可以在部分环节适用在线诉讼。同时，该规则要求，在线诉讼适用以当事人同意、案件适宜在线办理、诉讼主体具备相应技术能力为基本条件，充分尊重当事人审理方式选择权，确保案件审理的质量效率。二是明确了电子化材料的效力和审核规则。该规则坚持在安全可靠的前提下，明确了电子化材料“视同原件”效力，对经人民法院审核通过的电子化材料，可以直接在诉讼中使用，不必再提交原件，有效丰富了当事人提交诉讼材料的方式，有助于提升诉讼便利，降低诉讼成本。该规则针对电子化材料形式真实性审查和内容真实性认定，分别明确不同的审核规则和要求，促进防范化解诉讼风险，保障在线诉讼合法规范有序。三是确定了区块链存证效力范围和审查标准。该规则根据区块链技术的特点，确认了区块链存储数据具有推定上链后未经篡改的效力，并分别明确了上链后数据真实性和上链前数据真实性的审查认定规则，首次对区块链存储数据的真实性认定作出规则指引，这将有助于当事人积极利用区块链技术解决电子数据“存证难”“认证难”的困境，提升人民法院证据认定效率，推动完善互联网时代新型证据规则体系。四是系统建立了在线庭审规范。该规则对在线庭审规则作出全面系统规定，明确了在线庭审适用条件、适用范围和庭审方式，建立了线上线下庭审转换机制，并对在线庭审环境、在线庭审纪律、在线庭审公开、证人在线出庭等方面作出明确要求，保障在线庭审的合法性、规范性和权威性。五是确认了非同步审理机制效力。为进一步增强诉讼便利，该规则允许各方当事人在一定期限内，以非同步方式在线开展调解、证据交换、调查询问等诉讼活动。同时，该规则针对非同步庭审作出专门规定，严格限定适用范围、条件和方式，将其作为一种特定条件下的特殊庭审形式，而并非在线庭审的常态。六是细化完善了电子送达规则。该规则全面规定了电子送达的适用条件、内容范围、手段方式和生效标准，确立了“默示同意规则”，将“同意”形式扩展至事前的约定、事中的行为和事后的认可，推动加大电子送达适用力度。该规则明确了电子送达“到达生效”和“知悉生效”两种生效标准，有效兼顾送达的准确性和效率性，促进审判提速增效。此外，该规则还对身份认证、在线调解、在线立案、在线应诉、电子笔录、电子卷宗、在线执行以及刑事案件在线审理等方面作出了具体明确规定。

《人民法院在线调解规则》共 30 条，围绕便民利民、依法规范、提质增效、体系构建四个着力点，对在线调解适用范围、在线调解活动内涵、在线调解组织和人员、在线调解程序等作出规定。主要有以下几个亮点：一是界定了人民法院在线调解，明确具体采用条件。明确调解案件范围包括法律规定可以调解或者和解的民事纠纷、行政纠纷、执行案件、刑事自诉以及被告人、罪犯未被羁押的刑事附带民事诉讼案件，实现主要案件类型全覆盖。规定在线调解活动可以全部在线进行，也可以部分在线进行，充分尊重当事人意愿。人民法院采用在线调解方式必须征得当事人同意，并综合考虑案件具体情况、技术条件等因素。二是明确在线调解组织和人员范围，规定了调解组织和人员披露义务及当事人选择更换的权利。当事人可以共同选定调解组织或者调解员，并在调解过程中申请更换调解组织或者调解员。同时，要求调解组织和调解员对可能产生利益冲突的情形应当进行披露。三是明确在线调解程序。对在线调解的引导、调解组织和人员的接受及例外情形、音视频调解方式的采用、调解协议的制作、调解不成的处理、在线调解期限、在线调解程序终结等作出规定，填补了在线调解程序的空白。四是明确在线调解组织和人员的行为规范。对人民法院分级管理作出规定，同时要求，对在线调解组织或者调解员在调解过程中存在强迫调解等情形的，当事人可以投诉，由人民法院核查处理。五是明确在线调解资源共享。对建立全国性特邀调解名册、区域性特邀调解名册作出规定，方便下级人民法院共享上级人民法院调解资源库，提高解纷质效。

2021 年，学界围绕互联网司法进行了深入研究。有学者认为，与传统司法相比，互联网司法呈现出诉讼活动在线化、当事人账号化、诉讼规则现代化、法院电子化、审判智能化、网络治理司法化等新特征，并跨越了技术、组织、程序法、实体法等不同领域，需要重构具有自身特点的法理基础。未来，应重点关注司法程序的正当性、互联网法院的定位、人工智能的司法应用及限度、网络社会治理等问题。①

关于在线诉讼规则。随着《人民法院在线诉讼规则》的出台，我国在线法院的发展已进入规范化探索的新阶段。通过对C市两级人民法院在线诉讼情况进行实证研究，技术水平、适用效果以及司法实践者的需求是影响在线诉讼形态的关键因素，实践的效果性及运行机制的完整性决定了在线诉讼本身所具有的独立性，意味着其可能成为未来司法实践中的主流。未来需进一步在技术条件和社会条件上加以努力，在拓展前沿科技司法应用场景的同时，提升诉讼主体的参与意愿与参与体验，为在线诉讼的长远发展奠定相应基础。② 全面推广和完善电子诉讼方式，应当围绕以下三个方面进行：一是打通电子诉讼运行实践中的程序阻滞点；二是完善电子诉讼场域下当事人的诉权保障措施；三是利用电子诉讼公开化及司法数据集约化优势建立纠纷预防机制。③ 诉讼电子化推动着人证的作证方式由传统出庭作证向远程作证转变。远程作证在便利人证直接向法庭提供言词证据的同时，对作证主体的表情、下意识反映等情态证据也产生着过滤作用，一定程度上影响着法官对言词证据真实性的认定。为充分发挥情态证据的证据效力，有必要对远程作证制度进行改造：一是进一步规范作证环境、完善程序保障，消除远程作证对情态证据的过滤效应；二是降低适用条件、扩大适用范围，实现远程作证对情态证据的保障功能。④《人民法院在线诉讼规则》确立了"明示+默示"的电子送达同意规则。传统诉讼背景下的当事人同意原则是静态的、封闭的，不能兼顾不同在线诉讼形式程序保障要求的差异，造成电子送达实践与当事人同意原则脱节甚至背离。构建体现动态平衡理念的当事人同意原则，是常态化推进电子送达的必然选择，主要内容是根据不同在线诉讼形式的程序保障需求，动态调整诉讼效益与程序公正之间的关系，方式是从事前同意向事后异议转变，基础是建设统一电

---

① 李占国：《互联网司法的概念、特征及发展前瞻》，载《法律适用》2021年第3期。

② 左卫民：《后疫情时代的在线诉讼：路向何方》，载《现代法学》2021年第6期。

③ 李经纬：《疫情防控常态化背景下民事电子诉讼制度之完善》，载《法律适用》2021年第5期。

④ 张鸿绪：《论我国远程作证中情态证据的程序保障——兼评〈人民法院在线诉讼规则〉》，载《政法论坛》2021年第4期。

子送达平台、赋予法官自由裁量权、完善异议机制建设等。①

有学者对刑事案件在线审理进行了专门研究。《人民法院在线诉讼规则》在适用范围上涵盖了特定刑事案件，但整体上属于民事诉讼规则体系，刑事远程审判的适用空间较为狭窄。之所以面临此种规则“窘境”，核心原因在于，刑事远程审判的理论研究成果和制度参考样本殊为单薄，难以支撑起刑事远程审判的“基建大楼”。在梳理和总结刑事远程审判的实践样态、特征与运行规律的基础上，应当及时完成理论补给，包括明确程序定位、强化法律规则，以缓解实践、制度与理论之间的割裂、紧张关系。② 有学者以上海法院的运行实践为研究样本，提出刑事案件在线庭审已经成为庭审新常态，普遍适用于被告人较少且在押的案件，适用程序实现了速裁、简易和普通程序全覆盖，二审刑事案件的审判效率显著提升。从庭审效果看，在线庭审的规范性和权威性仍需加强。未来，需科学划定适用范围、严明法庭纪律规范、规范举证示证规则，同时加强信息技术保障，提升在线庭审安全性。③

关于互联网法院建设。有学者认为，目前，互联网法院审案规定采取“特点+案由”列举方式划定案件管辖标准，导致简易批案过多挤占司法资源，专业性、技术性较强的规则案件偏少，案件管辖范围不清晰，司法统计不够科学合理等实践问题。亟须建立以互联网特性突出、专业性强、技术性强的案件为主体的管辖范围，从而推动互联网法院所辖案件由“大而全”向“专而精”发展，在更高层面、更专领域、更新赛道发挥作用。④ 有学者以北京、杭州、广州的三家互联网法院的运行实践为分析样本，提出现行审判方式可分为同步审判模式与异步审理模式。两者在案件处理类型、庭审方式、证据交换等方面存在差异，并不意味着摒弃了以庭审为中心的审判方式。以调查问卷、实地调研所采集数据为研究基础，通过STATA多变量逻辑回归模型分析可知，互联网法院审理网络案件应坚持以庭审为中心，采取“简案简审、繁案精审”。对于简单的网络纠纷案件，可采用异步

---

① 韩学艳、王旺：《电子送达当事人同意原则的检视与完善》，载《人民司法》2021年第25期。

② 陈卫东、崔永存：《刑事远程审判的实践样态与理论补给》，载《中外法学》2021年第6期。

③ 余剑、潘自强：《刑事在线庭审的实践观察、法理检视和规则修缮》，载《人民司法》2021年第25期。

④ 姜颖、李文超：《互联网法院案件管辖范围的优化方案》，载《人民司法》2021年第19期。

审理模式简易、快捷地审结案件；对于重大、疑难、有争议的网络纠纷案件，且当事人选择使用同步审理模式进行的，应坚持以庭审为中心，调整庭前会议与庭审之间的关系，强调事实调查、证据展示和裁判说理在网络法庭，要求关键证人和鉴定人出庭等，实现有限司法资源的最优化配置。[①]从表面上看，异步审理模式突破了庭审同一时空维度限制，与强调法官亲历、证据原始、口头辩论、对席审判的直接言词原则存在冲突。但就直接言词原则设立的深层次价值取向而言，如果异步审理模式在合理限度内发挥其效用，二者间的矛盾并非不可调和。未来可从提高送达效率、保障当事人的程序选择权、保障程序转换协调、创新司法公开方式等方面进行规范完善，促进其制度价值的有效实现。[②]

（十）智慧法院建设实现新升级

最高人民法院印发《人民法院信息化建设五年发展规划（2021—2025）》，推进建设人民法院信息化4.0版。制定中国移动微法院标准版建设规范，在浙江法院升级上线移动微法院标准版，目前已完成全国23家高院及辖区法院推广应用。完成最高人民法院法院专网和涉密内网计算、存储设备的国产化替代，实现办公办案平台全面升级，推进刑事审判庭软硬件配置升级，解决机关信息互通问题。建设人民法院互联网统一账户管理中心，向全国法院发布互联网统一身份认证系统技术规范，推进与人民法院四大公开平台以及最高人民法院统建的诉讼服务系统对接，整合全国法院诉讼服务系统账号体系，满足人民群众“一次注册、全网通办”的司法需求。

有学者从宏观理论研究角度对智慧司法进行了反思。智慧司法进入了全面应用的阶段，也产生了新的实践问题。因此，有必要从本体论、方法论和技术视角进行法理反思，引导智慧司法理解法理，遵循司法规律，满足司法实践的需求，使之与法律人的思维和方法相适应，推动人工智能等新科技与法律的深度融合。[③] 目前，智慧法院建设存在着规划虚置化、建设碎片化等问题，在未来建设中应以司法业务本位、审判执行本位和法院整体本位为原则，通过加强与外部系统的连接与协同、司法与技术的融合、

---

① 自正法：《互联网法院的审理模式与庭审实质化路径》，载《法学论坛》2021年第3期。

② 陶杨、付梦伟：《互联网法院异步审理模式与直接言词原则的冲突与协调》，载《法律适用》2021年第6期。

③ 魏斌：《智慧司法的法理反思与应对》，载《政治与法律》2021年第8期。

提升数据质量、将应用进行整合等途径做好智慧法院建设的实践。① 近年来，以移动微法院为代表的移动电子诉讼模式克服了此前智慧法院建设中的一些不足，规范了审判和执行行为，降低了当事人诉讼成本，提高了审判执行效率，有效解决了沟通难问题，使司法更加阳光透明，并且为远程诉讼提供了便利。在移动微法院从个别法院试点向全国法院推广的过程中，应当看到移动电子诉讼在适用诉讼主体、案件类型和诉讼环节中的局限性，关注其在运行中功能运用、适用范围、统一标准、数据互通以及诉讼规则方面的瓶颈，引导电子诉讼范式规范、有序发展。②

有学者围绕人工智能如何融入司法改革问题进行了深入研究。司法创新与司法体制改革之间具有天然的密切联系。一方面，司法体制改革的许多难题可以依靠智慧司法创新予以消减或化解。另一方面，智慧司法创新的落地可以通过司法体制改革予以配套或确认。未来应当在坚持特色的基础上强化优化创新方略，包括转轨立法推动范式、夯实国家整体布局与健全“双轮驱动”机制，以加速创新走向成熟。③ 司法人工智能面临着公正和效率价值的失衡，实践上仍难以满足司法改革的需求，技术上存在算法不可解释和过拟合的瓶颈，还缺乏精细化评估司法改革成效的科学方法。未来路径需要从顶层设计上构建多维司法价值均衡发展的科学理论，研发遵循司法规律的智能化应用，建立以司法人员为中心的人机协同机制，构建司法改革成效评估的科学方法，制定司法人工智能的伦理规范，探索适应司法数字化改革的诉讼制度。④

关于人工智能应用。有学者指出，对智能裁判正当性的反思，需要从合法性和合理性两个层面同时反思。通过司法本质反思主体正当性，通过司法手段肯定逻辑正当性，借由司法过程确定智能裁判符合程序正义，进而肯定司法结局具有结果正当性的逻辑因由。从司法裁判的智能化辅助，到司法裁判的智能化有限参与，以及最后到智能化的全面实现，司法人工智能的应用保证了司法裁判的正当性，是司法现代化的重要彰显。⑤ 有学者认为，智能化技术在民事诉讼领域的应用，对传统的民事诉讼方式乃至诉

① 李鑫：《智慧法院建设的理论基础与中国实践》，载《政法论坛》2021 年第 5 期。

② 胡昌明：《移动电子诉讼的司法实践及其限度——以中国“移送微法院”为例》，载《中国应用法学》2021 年第 2 期。

③ 刘品新：《智慧司法的中国创新》，载《国家检察官学院学报》2021 年第 3 期。

④ 魏斌：《司法人工智能融入司法改革的难题与路径》，载《现代法学》2021 年第 3 期。

⑤ 彭中礼：《司法裁判人工智能化的正当性》，载《政法论丛》2021 年第 5 期。

讼观念、诉讼文化、法庭文化等都产生了极大的影响，也对以传统民事诉讼为规范对象的民事诉讼制度带来了挑战。有必要按照民事诉讼法的目的、价值追求和基本原则规范智能化在民事诉讼中的应用。① 民事诉讼事实认定的智能化的基本原理是具备事实认定知识的机器对民事证据作出合法律性、合逻辑性的判断，从而自动查明案件事实。但由于民事诉讼证明标准的抽象性、层次性，证明规则需要价值判断或解释等，现阶段还需要“人机协同”，共同提高民事诉讼事实认定的智能化水平：建立事实认定流式大数据知识库，使机器具备完备的法律知识；强化法官事实认定隐性知识的显性化，使该知识成为机器可识别的编码语言；推进算法研发，提高事实认定的精准度。② 辅助裁判模型是智能司法基础理论的核心内容。智能司法辅助裁判模型是以要件事实论为指引建立待决案件信息与法律本体库的匹配关系，达致匹配度要求后输出裁判结果的过程。法律选择及解释模型、诉讼证明模型、证据能力评价模型与证据推理模型具有不同的作用机理、功能定位与适用范围，需进行精细化构建，为法官裁判提供新的分析工具与辅助参考。③

有学者基于中外司法人工智能的对比，对 AI 法官的运用前景进行了展望。在域外，COMPAS 等 AI 裁判在一些边缘性司法决策活动中崭露头角。在我国，人工智能在审判决策环节的运用虽然尚未得见，但辅助性使用已现端倪。从整体而言，无论是域外还是国内，由于社会认同、技术发展与司法伦理等多重障碍，AI 法官的运用在中短期内都较难全面、深刻地推行。从长远来看，AI 法官的运用前景如何仍然具有不确定性，取决于诸多因素，包括社会对人工智能的合理预期与认同、从数据和算法层面切实推动司法人工智能技术发展、适配的司法伦理规则构建等。④ 人工智能使用于司法涉及突出的伦理问题，智能司法与司法伦理既有紧密关系又有紧张关系。司法公正的一个很重要因素是证据的获取，证据的获取与知识智慧有很大的关联性，人工智能使用于司法在证据获取等方面具有准确性、重复性、快速性、抉择性、无私性等优势。智能司法与司法伦理的紧张关系是指智能司法可能损害司法公正：算法歧视对司法伦理的冲击、改变司法公正的性

---

① 张卫平：《民事诉讼智能化：挑战与法律应对》，载《法商研究》2021 年第 4 期。

② 王琦：《民事诉讼事实认定的智能化》，载《当代法学》2021 年第 2 期。

③ 高翔：《智能司法的辅助决策模型》，载《华东政法大学学报》2021 年第 1 期。

④ 左卫民：《AI 法官的时代会到来吗——基于中外司法人工智能的对比与展望》，载《政法论坛》2021 年第 5 期。

质和法官主导地位、大数据和机器人出错、人工智能本身没有价值判断。对紧张关系下的司法伦理恶性风险需要未雨绸缪，作出预案：认清人工智能司法的伦理缺位，加强伦理审查；控制对人工智能司法的期望值，坚固法官在司法系统的主导地位；规制算法歧视，保护当事人的人格权。[①]

（十一）积极推进司法人事配套改革

最高人民法院印发《关于在加快推进司法责任体系改革和建设中进一步加强人民法院队伍建设的意见》（以下简称《队建意见》），围绕推动司法责任体系改革与法院队伍建设相互促进、一体发展，提出一系列制度举措，深化司法体制综合配套改革、推动法院队伍教育整顿常治长效。会同最高人民检察院等印发《关于适用新修订法官法、检察官法第十二条有关规定的答复意见》《关于〈关于招录人民法院法官助理、人民检察院检察官助理的意见〉有关问题的答复意见》，研究起草《法官、检察官单独职务序列规定》，不断完善法院人员分类管理制度。印发《关于建立健全人民法院人员内部交流机制的若干意见》，畅通法院各类人员内部交流渠道，推动内部交流常态化、制度化、规范化。研究起草《司法人事制度改革答复口径（六）》。向中组部报送关于落实法官逐级遴选制度的基本情况和问题建议，积极争取政策支持，推动调整完善法官逐级遴选制度。研究制定《人民法院法官违纪违法退额管理规定（试行）》，完善法官违纪违法与员额退出的衔接适用政策。

《队建意见》紧密结合法院实际，坚持问题导向，围绕推动法院队伍建设与司法责任体系改革相互促进、一体发展，提出 32 条制度措施。《队建意见》立足进一步强化司法办案政治责任，提出要坚持以习近平新时代中国特色社会主义思想武装头脑，健全坚持党对司法工作绝对领导的制度机制，运用经常性思想教育强化政治引领，有效发挥人民法院各级党组织的政治功能。《队建意见》聚焦进一步严明司法办案责任，强调要突出法官、合议庭主体地位，充分发挥合议庭、审判委员会及专业法官会议作用；严格员额遴选标准与程序，及时有效实施法官员额递补；落实院庭长办案机制，健全院庭长办案情况考核、通报制度；加强审判辅助人员配备管理，进一步明确审判辅助人员办案权责。《队建意见》着眼进一步压实司法监管责任，提出要全面落实院庭长审判监督管理职责，完善院庭长履行监督管

① 罗洪洋、李相龙：《智能司法中的伦理问题及其应对》，载《政法论丛》2021 年第 1 期。

理职责考评、追责机制；严格落实防止干预司法“三个规定”，健全对记录违规干预过问案件人员的保护激励机制；强化日常监督，细化内设职能部门在案件监督管理中的职责范围；加强外部制约，以深化公开强化监督实效。《队建意见》围绕进一步健全司法责任落实机制，强调要突出“督责”，严格落实督察、巡视制度；突出“考责”，综合考虑办案能力、司法业绩等健全法官等级升降的标准、条件和程序，分层分级构建科学合理、简便易行的法院工作人员考核机制；突出“问责”，健全法官违纪违法与员额退出衔接机制，完善法官惩戒制度，推动法官惩戒制度实质化运行等。《队建意见》紧扣进一步完善司法责任保障机制，提出要坚持突出政治标准做好选人用人工作，大力发现培养选拔优秀年轻干部，加强法院领导班子建设和干部队伍交流，完善法官培养选任机制；加强司法专业能力建设，有效发挥教育培训主阵地作用，加强专业化审判人才队伍建设，大力培养选树公正司法的先进典型；完善职业保障，加强履职保护，落实从优待警，优化司法资源配置，激励人民法院干警履职尽责担当作为。①

有学者认为，在司法改革进行了一个阶段之后，司法人员在形式上实现了“分类”，但在“管理”上仍然存在问题，如司法管理模式的行政化、人员管理的混同化、司法官选任程序的不规范化等。要将改革进行到底，建立双轨制管理模式，突出司法官的主体地位，理顺司法人员分类管理与全面落实司法责任制的相互关系，对司法官遴选委员会加以完善，使我国司法人员的分类管理更加符合司法运行的规律和司法职业的特点。②

有学者基于激励理论和制度现实的双重视角观察，认为现代工商社会应该在法官管理制度中确定并落实高遴选标准和高薪酬水平的“双高”标准。改革开放四十多年来，中国法官的薪酬与遴选呈现出一种二元制度结构，即在法官薪酬水平与行政级别挂钩的基础上，虽然对法官的初级遴选越来越强调法官的专业化和职业化，但法院内部的职务晋升却呈现出强烈的行政化和关系依附性特征。由于法官高薪的制度前提必然是对法官高标准的严格遴选，在实践中，入选标准多元化和法官薪酬的双重分配机制使法官员额制改革还有进一步完善的制度空间。③ 有学者对美国联邦法官高龄

---

① 《最高人民法院出台队伍建设意见——服务保障司法责任体系改革建设》，载《人民法院报》2021 年 12 月 28 日。

② 卞建林、王天保：《司法人员分类管理再思考》，载《内蒙古社会科学》2021 年第 6 期。

③ 艾佳慧：《转型中国法官薪酬与遴选制度的微观激励基础》，载《法制与社会发展》2021 年第 6 期。

现象进行了研究分析，提出为评估、检测候选联邦法官的政治可靠性，选定的手段之一是拉长候选人经历，提高法官初任年龄是基本做法。由于特殊政体所导致的法官终身任职，造成联邦法官普遍高龄。这为美国司法带来许多弊病。当代中国的基本干部政策是年轻化，避免了法官过度高龄造成的不期后果。基于比较法视野和当代中国经验，在司法改革中，如何区分普通法官和不同职务职级的法官，设定不同的任免年龄，政策设计者逐渐有了更丰富的认识。法官年龄作为一个微观制度成分，对于建立良好制度，实现内部激励等方面具有基础意义。①

司法人员人身安全保障成为学者关注的研究热点。有学者认为，近年来侵害司法人员人身权益的动机虽然未发生根本变化，但在手段方式上，表现出了一定的时代性，对履职安全保障提出了挑战。通过考察域外司法人员人身权益保护制度，可从以下几方面完善保障：完善事前预防机制建设、加强处置程序衔接的流畅性和实效性、健全对司法人员权益的救济。②虽然 2019 年新修订的《法官法》增设了关于扩大法官安全保障范围、保障对象等内容，仍缺乏针对人身安全保护方面的惩戒性规定。在立法时考虑增加惩戒措施方面的规定，明确惩戒措施的具体种类、适用情形等，增加可操作性，进一步发挥法律的威慑力。③ 信息化倡导数据共享，法院内部也在构建各类系统服务审判管理，这些载体若能充分整合利用，可以实现法官人身权益的多方保障。数据平台有助于实现审判风险信息互联互通，信息技术有助于实现风险数据及时高效采集，实时提醒有助于实现安全保护信息准确全面。④

（十二）优化人民法院组织机构设置

最高人民法院在 14 个审判部门全面设置综合办公室，设立少年法庭工作办公室，改造设立少年审判指导处，依托巡回法庭成立 6 个少年法庭巡回审判点，形成“1 室+1 处+6 审判点”的少年法庭运行模式。积极争取中央编办支持，完成为 6 个巡回法庭增加核定领导职数有关工作。加强国际商事法庭建设，上线运行最高人民法院“一站式”国际商事纠纷多元化解决平台，积极推动应邀提名及选派干部担任其他国家国际商事法院（庭）法官

---

① 刘忠：《改革开放以来法官任免年龄规定考》，载《环球法律评论》2021 年第 6 期。

② 陆伟、韩文江：《司法人员人身权益保障的制度完善》，载《人民司法》2021 年第 34 期。

③ 许宏林：《加强法官职业安全保障的路径探索》，载《人民司法》2021 年第 34 期。

④ 杨小丽：《法官人身权益立体化保障的现实思考》，载《人民司法》2021 年第 34 期。

工作。健全完善金融审判体系，设立北京金融法院，在成都中院设立金融法庭，研究起草《关于设立成渝金融法院的方案》报送中央政法委。指导相关高院积极探索依托铁路法院开展行政案件或环境资源案件集中管辖，在昆明铁路运输中院设立环境资源法庭。研究起草《关于完善知识产权法院布局的方案》，支持在沈阳中院、重庆一中院、温州中院设立知识产权法庭，在海口中院、武汉中院设立破产法庭，在北京四中院、成都中院设立国际商事法庭，在苏州中院设立全国首家劳动法庭。

有学者以域外国际商事法庭发展状况为背景，从国家驱动、国家资源和国际合作三个层面，探讨各国建设实践的发展历程和得失。未来，国际商事法庭应当把握国家发展的两个大局，对标国际标准，在建立审级架构、完善诉讼规则、提升法官能力等方面加强建设，发挥“一站式”纠纷化解机制的作用，加强裁判的国际流动性，走中国特色社会主义的内涵式发展路径。[①] 有学者认为，当前，国际商事法庭关于“国际案件”与“涉外案件”的区分标准不够清晰，可能导致国际商事法庭与各级法院涉外商事审判庭的受案范围难以区分，进而引发一系列受案职能分工和审理问题。对于“商事案件”的排除式认定，则可能导致适用范围过于广泛。因此，国际商事案件的正确认定是国际商事法庭国际本位回归的先决条件。最低诉讼标的额、实际联系的取消可以取得公信、影响力以及资源置换的倍增效应。提级管辖权作为设立初期的主要受案依据，规范的行使标准以及对当事人程序权利的保护可以为国际商事法庭的发展奠定良好声誉。[②]

（十三）完善司法经费保障机制

最高人民法院会同中央政法委、财政部、最高人民检察院联合印发《关于在推进省以下地方法院、检察院财物统一管理改革中进一步完善经费保障机制的指导意见》，全面推进落实省以下法院财物统管改革。对全国法院诉讼费用管理情况进行全面统计摸底，健全内部管理和工作流程，完善诉讼费用管理机制。与司法部沟通协商推进《诉讼费用交纳办法》修改工作，起草公开征求意见办法和风险评估报告，梳理汇总中央政法委、公安部等46个单位关于修改建议稿的反馈意见，向全国人大法工委民法室汇报修改建议稿情况，推动完善诉讼收费制度。

有学者基于近10年来法院经费保障状况，对未来经费保障形势与对策

① 张新庆：《中国国际商事法庭建设发展路径探析》，载《法律适用》2021年第3期。

② 朱怡昂：《中国国际商事法庭管辖权研究》，载《法律适用》2021年第7期。

进行了深入研究。从总体看，法院经费保障形势严峻，面临着法院需求加大与财政供给紧缩之间的矛盾，预算精细化要求与法院粗放型管理之间的矛盾。未来，大力争取中央财政对法院系统的转移支付经费，加大对法院基础设施建设支持力度，充分发挥地方各级法院主体作用，建立系统完备、运行有效的经费制度体系，以尽快推动财物统管改革为突破口，打造一支专业化、职业化的法院经费保障队伍。① 有学者对省级统管模式进行了反思，提出“中央事权——省级统管”的司法体制是我国司法改革的创举，具有过渡性和阶段性，也具有进一步完善的开放性。在坚持司法权属于中央事权原则不变的前提下，在改革成果的基础上，借鉴其他联邦制国家、单一制国家的有益经验，可以考虑将“省级统管”升级为“两级分管”，即中央管理最高法院和高级法院，省管理中级法院和基层法院，以实现公正独立行使审判权的最佳效应。② 有学者认为，新的经费保障机制应当以问题为导向，在两权分离原则下，对司法经费和行政经费适用不同的保障方案。通过诉讼费上收中央建立司法经费专项基金，为司法经费中央统一保障提供了充足、稳定的财政资源；司法经费与省级财政剥离，减轻了省级财政负担，有效缓解财政供给不足的问题；通过建立以案均成本为核心的经费动态调整机制，可有效均衡司法财政供给能力；通过设立司法经费管理委员会等专业机构广泛参与到经费管理过程，为法院赋权提供了制度依据。③

三、下一步深化司法改革建议

2022 年即将召开党的二十大，推进落实“五五改革纲要”也将进入冲刺阶段。建议 2022 年着重推进以下几个方面的改革：

一是深入推进司法责任体系改革和建设。加强司法责任制相关文件集成落实，进一步打通权责清单、权力运行、制约监督、惩戒问责、配套保障等领域制度闭环。加强“四类案件”监督管理指导意见的解读宣传和督促落实，指导各级法院及时制定或修订本院实施细则并完成备案。推动成立最高人民法院法官惩戒委员会。

二是稳步推进四级法院审级职能定位改革试点。强化试点统筹管理，健全试点工作机制，及时出台试点工作配套规范性文件。加强改革各项工

① 唐虎梅：《人民法院经费保障面临的形势与对策研究》，载《人民司法》2021 年第 4 期。

② 蒋惠岭：《论“中央事权——省级统管”模式及完善》，载《政法论丛》2021 年第 3 期。

③ 范丽思：《省级统管后法院经费保障机制再造》，载《人民司法》2021 年第 22 期。

作举措的跟踪督促检查，做好宣传、评估、总结和推广，积累实践经验，积极做好试点中期报告各项工作。强化与中央有关职能部门的沟通协调，推动全面修订《诉讼费用交纳办法》。

三是做好新修正的《民事诉讼法》贯彻落实。做好贯彻落实新修正的民事诉讼法配套工作，及时制定和修订相关司法解释，实现有效衔接、平稳有序。加快推进民事强制执行法起草工作。进一步完善国家赔偿审判和司法救助工作体系，推动修改国家赔偿法。完善司法救助制度，推动司法救助与社会救助衔接。

四是持续深化互联网司法建设。健全在线审判执行制度规则。进一步健全人民法院在线诉讼、在线调解、在线运行制度机制。优化互联网法院案件管辖范围，推动明确其法律地位。研究制定数据产权司法保护指导意见，积极参与推动数字治理。进一步提高智慧法院建设水平。拓展5G、区块链、人工智能等新兴技术在司法领域应用场景，持续推进诉讼服务、执行信息等平台系统优化升级，推动实现全国法院办公平台上下级贯通。

五是深入推进以审判为中心的刑事诉讼制度改革。健全与人民检察院和公安机关相互制约的体制机制，完善证人出庭作证制度，规范技侦证据审查和使用规则，规范撤回起诉、提出抗诉等制度，修改完善“三项规程”，切实维护刑事司法公正。

六是持续深化法院人事制度改革。探索推动人员编制动态调整，细化法官单独职务序列管理机制。会同中央有关职能部门对法官逐级遴选工作效果开展评估调研，优化调整法官逐级遴选政策，完善相关配套保障措施。进一步健全完善法官权益保障机制。建立健全法官助理分层培养机制，加强法官助理规范化管理。完善聘用制书记员管理机制，提升编制外审判辅助人员职业保障水平。完善人民陪审员法配套制度，推进人民陪审员制度中的法官指引机制建设。

七是推进专门审判体系改革。推动知识产权特别程序法纳入立法计划。研究提出完善国家层面知识产权上诉审理机制的方案。加强对下指导和调查研究，推行单独绩效考核标准，保障和促进未成年人审判专业化。完善国际商事法庭管辖制度，研究制定关于域外法查明若干问题的司法解释。

撰稿专家

刘峥，最高人民法院司法改革领导小组办公室副主任（主持工作），法学博士，中国法学会审判理论研究会司法改革委员会秘书长。在中级法院、高级法院工作多年，在最高人民法院长期从事司法制度研究和改革工作。深度参与《人民法院组织法》《法官法》《民事诉讼法》《人民陪审员法》的制定、修订工作，以及司法责任制综合配套改革、民事诉讼程序繁简分流、互联网司法、四级法院审级职能定位等改革任务的政策制定和实践推进。

第十一章　2021年强制执行专题报告*

邵长茂

报告要旨

2021年，全国法院坚持“一性两化”基本工作思路，不断巩固和深化“基本解决执行难”工作成果，全力推进解决执行难综合治理源头治理，执行工作质效进一步提升，执行队伍能力进一步增强，受理执行案件949.3万件，执结864.2万件，执行到位金额1.9万亿元。扎实开展党史学习教育和政法队伍教育整顿工作，深入开展执行领域突出问题集中整治专项行动，不断健全解决执行难长效机制，不断推动执行工作现代化建设，不断提升执行工作质效，坚定不移向着“切实解决执行难”目标稳步迈进。

核心建议

1. 进一步推进综合治理执行难工作格局制度化机制化，把执行工作纳入国家治理体系和治理能力现代化总体框架，从源头综合治理执行难。

2. 进一步深化执行体制机制改革，完善执行法律体系及配套制度，逐步形成成熟、稳定的中国特色执行制度、执行机制和执行模式。

3. 进一步推进现代信息科技在执行领域的广泛应用、深度应用，全面提升执行信息化、智能化水平，实现执行管理监督模

---

* 本文内容来源于最高人民法院和各地法院公开发布材料，主要是《最高人民法院工作报告》以及新闻发布等内容。

式、执行保障模式、执行查控模式、执行财产变现模式现代化。

4. 进一步转变执行理念，严格公正规范文明执行，更加注重执行方法与执行效果，切实提高执行公信力，努力实现执行工作政治效果、法律效果和社会效果的有机统一。

5. 进一步优化各种强制执行措施综合应用，努力实现高效、精准、精细打击规避执行、抗拒执行、干预执行及惩戒失信行为，推进社会诚信体系建设，大幅提高当事人主动履行生效法律文书的比例。

6. 进一步加强队伍建设，充实执行力量，优化人员结构，全面提升执行队伍“四化”水平，锻造一支对党忠诚、服务人民、勇于担当、执法公正、纪律严明的执行铁军。

一、执行工作开展情况

（一）进一步健全完善执行难综合治理、源头治理工作格局

一是进一步推动落实中央全面依法治国委员会《关于加强综合治理从源头切实解决执行难问题的意见》。31个省（区、市）和新疆生产建设兵团均出台了贯彻落实中央全面依法治国委员会2019年1号文件的实施意见或任务分解方案，市县级层面也不同程度出台了细化文件，推动执行联动工作取得新成效。围绕中央依法治国委员会2019年1号文件贯彻落实情况，配合开展调研式督察，深化执行难综合治理、源头治理。二是强化平安建设考评管理工作。加强执行难综合治理考核，印发《最高人民法院关于2021年上半年平安建设（执行难综合治理及源头治理部分）考评预扣分情况的通报》，充分发挥执行工作对平安建设的促进作用。三是持续深化执行联动机制建设。与自然资源部联合下发《关于加强闲置土地司法查封和处置相关衔接工作的意见》，进一步提升人民法院涉土地查封、处置工作的规范性和效率。与商务部等19部门开展“诚信兴商宣传月”活动，持续推动社会诚信体系建设。与民航局、北京市公安局、中航信召开座谈会，就限高人员数据库信息共享等方面建立工作机制、机场公安查获限高人员后续处理意见等问题进行研究，着力解决群众关心的限高人员通过“黄牛”违规购票规避执行的问题。

（二）依法高效办理执行案件

全力聚焦执行案件办理，着力破解人民群众“急难愁盼”问题。一是在全国法院组织开展“我为群众办实事——高效为民执行专项行动”。聚焦涉及群众最多、涉及利益最广的案件，精准发力、集中攻坚，大力推进涉执信访案件实质性化解，大力推进 10 万元以下小标的和涉民生，涉小微企业、涉金融、涉党政机关和涉“黑恶”刑事案件执行等六类案件执行到位，千方百计为人民群众排忧解难，解决了一批影响司法权威和司法公信力的“顽瘴痼疾”。二是加大信访案件实质化解力度，进一步完善多元化涉执信访案件化解机制。针对人民群众反映强烈、长期难以解决的“骨头案”，坚持多部门联合、系统联动，继续通过挂网督办、视频督办、约谈督办等形式，持续推进信访案件源头化解和实质化解，力争做到诉求合理地解决问题到位、诉求无据的法律释明到位、生活困难的通过司法救助等方式帮扶救助到位、违法执行的依规依纪处理到位。

（三）稳步推进执行规范化建设

一是推进民事强制执行法的起草工作。已完成草案主体部分的起草工作，就存在重大争议的问题继续攻坚。二是推进《民法典》贯彻落实工作。下发关于正确适用十八件新修订执行类司法解释的通知，促进执行规则在司法实践中的统一正确适用。三是推进涉执司法解释和规范性文件研究制定工作。最高人民法院、最高人民检察院、公安部、证监会联合出台关于《进一步规范人民法院冻结上市公司质押股票工作的意见》，出台《最高人民法院关于人民法院强制执行股权若干问题的规定》，强化善意文明执行理念，依法维护当事人、利害关系人合法权益。

（四）强化执行工作管理

一是深入推进“一案双查”工作。建立执行局与监察机构联席会议制度和线索移送制度，不断完善约谈工作机制和考核机制。坚持刀刃向内、刮骨疗毒，综合运用四种形态彻查“人”和“事”，坚决清除害群之马，促进司法为民、公正司法。二是开展全国法院执行指挥中心“大练兵”专项行动。在全国法院范围内开展为期 1 个月的执行指挥中心“大练兵”专项行动，形成常态化执行指挥中心值守应急调度工作机制。三是开展全国法院执行事项委托办理规范性抽查工作。以省为单位，从 2021 年第一季度事项委托中随机抽查 1000 件，进一步提升全国法院事项委托办理的规范化程度。四是继续强化执行指挥中心实体化运行工作。升级完善互联网执行指挥应急系统调度功能，完善执行指挥中心视频轮训检查工作，强化执行指挥中心通报工作机制。

（五）提升执行信息化水平

一是持续拓展网络执行查控系统。与自然资源部推进不动产总对总网络查封工作；与人民检察院探索建立全国执行与监督信息法检共享平台；与公安部、国家移民局研讨建立完善查找被执行人协作联运机制，探索网络化查人、扣车协作新机制，推进网络限制被执行人出境系统上线相关工作；与国家移民管理局合作建立网络边控工作机制，建设“总对总”限制出境系统，实现边控公文的网上传输、网上办理；与全国公民身份证号码查询服务中心、全国组织机构统一社会信用代码数据服务中心座谈协商，进一步提升被执行人身份核对正确率和效率，为执行工作提供有力支撑。二是推动“智慧执行App”及“执行头条App”研发上线工作。在互联网端建立GIS可视化实战管理系统、“智慧执行App（法官端）”，推出面向社会公众和当事人的“执行头条App”，同时推进“执行头条App”综合运用5G、大数据、人工智能等互联网新技术，与法院专网、GIS可视化实战管理系统、智慧执行App（法官端）等互联互通，为社会公众和当事人提供各项功能服务。三是研发上线全国四级法院“执行案款监管平台”。加强对各级法院执行案款收发情况的信息化、实时化监管，对发现的问题及时进行预警、提醒，及时督促纠正。各地法院全面推行“一案一账户”管理模式，解决执行案款与其他款项混同，影响发放效率，难以有效监管问题。四是推动执行区块链应用的理论研究、应用开发及推广工作。将执行业务与区块链技术深度融合，积极组织开展关于区块链的学习研讨。指导推动地方法院将区块链用于移动执行，着力推进区块链技术在执行工作中的应用。充分发挥区块链技术防篡改、安全可靠的特点，探索执行全业务上链模式。五是协调推进执行信息化系统建设。推进执行财产管理、终本案件管理等系统的建设以及执行信访系统、失信惩戒系统等升级改造工作，推进全国性评估行业协会完成系统对接联调，协调推进询价评估系统二期功能部署上线。

（六）积极开展执行法治宣传教育

一是联合《北京青年报》打造“执击现场”栏目，以网络司法拍卖为切入点，介绍群众喜闻乐见的有趣拍品。二是推动执行题材短视频系列剧《执行外传》开机拍摄工作，通过执行案例和执行小故事，生动反映人民法院攻坚“基本解决执行难”和为“切实解决执行难”、全面推进依法治国所做的不懈努力。三是先后发布两批涉执信访实质性化解典型案例，进一步规范执行行为，促进全民监督、全民参与、全民理解执行工作。四是组织发布“三个一批”案例，即执行领域先进人物典型事迹、惩戒规避和抗拒执行以及惩治执行领域腐败问题等典型案例。通过最高人民法院官方网站、微博微信、报刊杂志等多元化媒介，对外发布12名执行领域先进人物典型事迹，8个惩戒规避和抗拒执行的典型案例，积极推进人民法院队伍教育整顿成果转化，有力展现教育整顿和司法为民成效，为解决执行难营造更加良好的舆论氛围和社会环境。

二、执行领域突出问题集中整治情况

根据党中央关于政法队伍教育整顿的决策部署，人民法院深入推进执行条线顽瘴痼疾整治，自2021年9月中旬至11月中旬，在全国法院范围内开展执行领域突出问题集中整治专项行动。设立执行领域突出问题集中整治专项行动工作组及其办公室。先后召开全国第二批法院队伍教育整顿顽瘴痼疾专项整治暨执行领域突出问题集中整治推进会、全国第二批法院队伍教育整顿执行领域突出问题集中整治情况通报暨“回头看”推进会，加强督办指导，强化工作统筹，压紧压实各层级主体责任，有力有序有效推进教育整顿工作。

（一）全面推进执行款物集中清理专项整治

2021年，人民法院结合党史学习教育中“我为群众办实事”和政法队伍教育整顿的部署和要求，把执行案款集中清理纳入执行领域顽瘴痼疾整治重点内容，作为“我为群众办实事”的重要举措，全力推进。一是加强组织领导，压实清理责任。最高人民法院先后发布了《关于在全国法院开展执行款物集中清理专项整治行动的实施方案》《关于春节前后进一步做好执行案款清理发放工作的通知》，建立了工作专班，先后组织召开推进会、督导会，对清理执行案款、规范案款管理进行部署、调度、督促，对清理案款滞后的14个省进行了视频约谈、通报，督促限期完成清理任务。各地法院层层压实责任，细化整治方案，明确职责分工，对所有执行案款进行“拉网式”全面清查，彻底摸清了全国法院执行案款底数，建立了台账、倒排工期、挂图作战。二是随清随发，确保取得实效。截止到2021年11月18日，全国法院共办结首次执行和恢复执行案件722.9万件，发放执行案款 9456.01 亿元。全国法院队伍教育整顿开展以来，对历年陈年旧案进行全面清理，共清理无法定事由超过 30 天未发执行案款 1655.36 亿元，涉及案件 99.92 万件，目前所有超期执行案款已基本发放完毕。[①] 三是坚持“清、治”并举，健全长效机制。在执行案款集中清理中，坚持“当下清”和“长久治”相结合。研发上线了全国四级法院“执行案款监管平台”，加强了对各级法院执行案款收发情况的信息化、实时化监管，对发现的问题及时进行预警、提醒，及时督促纠正。各地法院全面推行“一案一账户”管理模式，彻底解决执行案款与其他款项混同，影响发放效率，难以有效监管问题，彻底改变执行案款“清了又积，积了又清”的恶性循环状态。目前，最高人民法院正在研究制定全国法院《执行案款管理细则》，进一步明确细化执行案款管理、审批、发放等程序和要求。

（二）组织开展执行终本案件评查工作

近年来，全国法院新收首次执行案件数量逐年增加，其中因被执行人部分或全部丧失履行能力，无财产可供执行，而以终结本次执行程序方式阶段性结案，也就是平时我们说的“终本”。以终本方式结案的原因是多方面的：首先，被执行人经营失败，出现商业风险、市场风险，资不抵债，全部或部分丧失对债务的清偿能力，甚至一些企业处于“僵尸企业”状态，本应破产清算，但不申请破产，沉淀在执行程序，成为“僵尸执行案件”。其次，部分执行案件虽有财产可供执行，但涉及多重因素而无法立即执行。比如，有 20%左右拍卖流拍后当事人不接受以物抵债；再如一些工程项目属于“半拉子”工程，债权人结构复杂，诉求多元，短期内无法拍卖，等等。最后，一些被执行人恶意转移财产，隐匿财产，隐藏行踪，法院穷尽现有执行查控手段仍无法查找到财产。上述情况是执行程序中面临的客观难题，但也存在一些执行人员消极懈怠，未穷尽必要的合理的执行措施就以终本方式结案的情形，损害了当事人的合法权益。为此，最高人民法院开展执行专项整治，重点之一就是整治违规以终结本次执行程序方式结案。对于以终本方式结案的案件，并不是一结了之，而是将其纳入终本库，进行模块化动态管理，并通过全国网络查控系统不断监控其财产变化情况，一旦发现财产或具备执行条件，立即恢复执行。比如，2020 年人民法院对终本库中的 124 万件终本案件恢复执行，执行到位金额达 5849 亿元；2021

---

① 《最高法：全国法院共办结首次执行和恢复执行案 722.9 万件，发放执行案款 9456 亿?》，载搜狐网，https：//www.sohu.com/a/501865091_116237，最后访问时间：2022 年 4 月 13 日。

年1~10月份恢复执行133万件，执行到位金额达5076亿元。在全国法院自行组织对132.54万件终本案件自查的基础上，最高人民法院在系统中随机抽取5000件终本案件，组织部分高院进行交叉评查，合格率为90.8%；最高人民法院又从全国不同层级的420家法院随机抽取500件终本案件，调取卷宗，解剖麻雀式深度评查，合格率为89.8%。[①] 对于不合格的终本案件，最高人民法院明确，将结合教育整顿“回头看”，督促各地法院及时整改到位，该恢复执行的及时恢复执行。对评查中发现的违纪违法问题，依法启动“一案双查”。同时，将进一步严格规范终结本次执行程序的程序标准和实质标准，细化工作流程，强化监督制约，坚决杜绝滥用终本程序，坚决杜绝把有财产可供执行案件作为无财产可供执行案件处理。

三、执行领域法制化建设情况

（一）制定《人民法院办理执行案件“十个必须”》

针对教育整顿过程中发现的作风不正、执行不廉、行为不规范等问题，最高人民法院提出了明确具体的“必为”事项和“严禁”事项。具体包括：（1）必须强化政治意识、宗旨意识，筑牢政治忠诚，践行执行为民，严禁“冷硬横推”、“吃拿卡要”、作风不正。（2）必须强化纪法意识，严守纪律规矩，严禁有令不行、有禁不止、弄权谋私、执行不廉。（3）必须严格遵守“三个规定”，严禁与当事人、律师不正当交往，违规干预过问案件。（4）必须高效公正执行，严禁消极、拖延执行，选择性执行。（5）必须规范文明执行，严禁违规评估、拍卖，超标的查封，乱执行。（6）必须严格把握无财产可供执行案件的结案标准，严禁未穷尽执行措施而以终结本次执行方式结案、应恢复执行而不及时恢复。（7）必须全面实行执行案款“一案一账号”管理模式，具备发放条件的15个工作日内完成案款发放，严禁截留、挪用、超期发放。（8）必须“接访即办”，件件有录入、事事有回应，严禁敷衍塞责、程序空转，化解不到位。（9）必须深化执行公开，关键节点信息实时推送，严禁暗箱操作，权力寻租。（10）必须强化执行权监督制约，自觉接受各方监督，严禁恣意妄为、滥用职权。人民法院工作人员凡违反上述规定，依纪依法追究纪律责任直至刑事责任。

---

① 《最高法：今年以来共发放执行案款9456.01亿元》，载环球网，https：//china.huanqiu.com/article/45dN8t7E6xE，最后访问时间：2022年4月13日。

（二）制定《最高人民法院关于建立健全执行信访案件“接访即办”工作机制的意见》

最高人民法院高度重视执行信访案件办理工作，把执行信访作为听取人民群众对执行工作呼声及发现执行领域突出问题的重要窗口，作为践行以人民为中心的重要工作平台。先后出台了一系列规范性文件，对执行信访案件的办理流程、督办、考核等作出明确规定，特别是 2017 年人民法院执行申诉信访办理系统正式上线后，对信访材料建立了无差别录入、即时交办、实时跟踪、“一案一报”核销制度，做到了“件件有落实，件件有回音”。在执行领域突出问题专项整治中，为进一步压实责任，及时高效处理涉执来信来访，最高人民法院制定了该意见。主要内容有以下几个方面：第一，明确了各个办理程序的时限要求。各级法院对收到的信访材料须在 5 个工作日内完成执行申诉信访系统登记，并确定承办人；对反映下级人民法院执行案件办理问题的信访材料，上级法院的承办人应当于 15 个工作日内完成甄别工作，紧急情况应即刻办理、及时报告、及时采取措施。也就是说，信访材料必须在 20 个工作日内得到初步处理；根据办理初访案件的要求及实践，各地法院承办人对反映本院问题的信访材料的办理时限是 30 日。第二，进一步压实高级、中级法院的执行信访工作职责。明确高、中级人民法院对辖区法院“接访即办”工作承担监督管理职责；各地法院对本院的初次信访承担主体责任。各高级人民法院每季度对辖区中级、基层人民法院办理执行信访案件情况进行分析并通报。对导致群体访、越级“赴省”“进京”信访的，对执行法院主要负责人和其他相关责任人进行约谈问责。第三，进一步便捷群众反映诉求。该意见对加强信息化应用和建设作出规定；一方面，要求各级人民法院要建立健全执行信访互联网申诉应用平台，引导鼓励信访当事人通过网络反映问题，方便其及时提出信访诉求，减少信访成本；另一方面，要求各级法院要发挥执行申诉信访办理系统上下贯通、节点控制的监督作用，加强系统数据分析，研判有效化解信访矛盾的对策和方法。

（三）制定《最高人民法院关于进一步完善执行权制约机制　加强执行监督的意见》

党的十八大以来，在以习近平同志为核心的党中央坚强领导下，全国法院坚决贯彻落实党的十八届四中全会提出的“切实解决执行难”重大决策部署，攻坚克难，锐意进取，如期实现“基本解决执行难”阶段性目标，执行工作取得重大成效，发生历史性变化，实现跨越式发展，基本形成中国特色执行制度、机制和模式，为“切实解决执行难”打下坚实基础。“基本解决执行难”阶段性目标实现以来，人民法院坚持以政治建设为统领，强化责任担当，以咬定青山不放松的精神和重整行装再出发的毅力，全力以赴抓办案，持之以恒抓管理，2019 年至 2021 年 11 月，全国法院共受理执行案件 3321.4 万件，执结 2963.2 万件，执行到位金额 5.39 万亿元，执行工作实现了良性循环，有了新发展。①

与此同时，一些长期困扰执行工作的难点、痛点、堵点问题仍未根本解决，执行难在有些方面、有些地区仍然存在，甚至还比较突出。从全国第一批法院队伍教育整顿情况看，执行人员违纪违法案件占比较高，执行领域仍是廉政风险高发地。客观分析，产生问题的原因是多方面的，但其中一个重要原因是执行监管不到位，执行权制约机制不完善。为深入贯彻落实党的十九届四中全会关于坚持和完善党和国家监督体系，强化对权力运行制约和监督的重大制度安排，贯彻落实党中央关于政法队伍教育整顿的决策部署，最高人民法院积极发挥执行条线指导、政策供给作用，深入分析，认真研判，制定了《最高人民法院关于进一步完善执行权制约机制加强执行监督的意见》（以下简称《意见》），全方位加强对执行权的监督制约，把执行权关进“制度铁笼”和“数据铁笼”，筑牢不敢腐不能腐不想腐的制度堤坝，确保高效公正规范善意文明执行，坚定不移向着“切实解决执行难”目标迈进。

《意见》分为 6 个部分，共 43 条。围绕始终坚持执行工作正确的政治方向、深化审执分离改革、强化执行流程关键节点管理、加强层级指挥协调管理、主动接受外部监督、加强执行队伍建设等六个方面，全方位、系统性完善执行权监督制约长效机制。《意见》坚持问题导向，以有效解决“执行不廉”“作风不正”“拖延执行、消极执行、选择性执行”等顽瘴痼疾为着力点，全面系统设计制约监督执行权的制度机制，努力打造执行权运行的“制度铁笼”和“数据铁笼”。

一是强调始终坚持执行工作正确政治方向。《意见》第一部分旗帜鲜明、开宗明义地提出，要始终坚持执行工作正确的政治方向，坚持党的绝

① 《最高法：2019 年至 2021 年 11 月全国法院共受理执行案件 3321.4 万件，执行到位金额 5.39 万亿元》，载央广网，http://news.cnr.cn/dj/20211221/t20211221_525693422.shtml，最后访问时间：2022 年 4 月 13 日。

对领导，突出政治教育，强化警示教育，压实全面从严治党主体责任。引导广大执行干警提高政治能力，夯实政治根基，践行政治忠诚，筑牢思想防线，营造廉洁生态，做到自我监督、自我制约、自我警醒，防止“执行不廉”“作风不正”。

二是强调深化审执分离改革。《意见》第二部分明确提出要深化审判权与执行权分离。有效发挥审判、破产、国家赔偿程序对执行权的制约作用，避免以执代审、违法个别清偿，以及不及时启动国家赔偿程序侵害当事人权益；深化执行裁决权与执行实施权的分离，加强执行裁决权对执行实施权的监督制约；健全事务集约、繁简分流的执行权运行机制，实现由办案人员一人包案到底到分段、集约办理的转变，加强对消极执行、选择性执行的监管，有效解决权力寻租顽疾。

三是强调执行流程关键节点管理。《意见》第三部分明确提出实现人民法院文书、电子卷宗自动生成，关键节点自动提醒等智能化功能，实现四级法院对执行程序关键节点可视化监管。明确要求财产处置参考价一律通过全国法院询价评估系统确定，彻底消除人为操纵评估的权力空间。同时，探索建立被执行人自行处置财产机制，赋予被执行人在一定期间内自行处置财产的权利，减少其对评估价格、财产处置行为的异议，提升执行工作效率和满意度。《意见》对执行案款管理提出了明确要求，全面推行“一案一账号”管理模式，在相关法律文书中一旦明确接受执行案款账户的，执行人员不得要求被执行人将案款打入指定账户以外的其他账户。同时配套下发《关于进一步规范人民法院执行案款收发的通知》，对案款收发节点、程序等予以规范，从源头上彻底解决款项混同、边清边积顽疾。

四是强调执行工作的层级管理。《意见》第四部分强调抓好层级指挥协调管理，强化以信息化为支撑的“统一管理、统一指挥、统一协调”的执行管理模式，压实各层级监管责任，形成各层级法院对关键流程节点齐抓共管的工作能力，构建“层级分明、责任清晰、齐抓共管”的执行监督管理体系。

五是强调主动接受外部监督。《意见》第五部分突出外部监督，强调人民法院执行工作要主动接受纪检监察监督、人大监督和政协民主监督、检察监督、社会舆论监督等，使各项监督制度协调联动，形成合力。

六是强调加强执行队伍建设。《意见》第六部分对执行队伍建设提出具体要求，要求根据四级法院审级职能定位进一步优化执行资源配置，强化执行工作力量配备，及时配齐执行局长，加强执行队伍党风廉政建设，从严管理执行队伍，加强专业培训，引导干警树牢公正、善意、文明执行理念。

（四）制定《最高人民法院关于人民法院强制执行股权若干问题的规定》

随着我国经济社会发展和公司法律制度日益完善，利用股权进行投资越来越受到青睐，股权已经成为人们一项重要财产权利，人民法院执行被执行人股权的情况也比较多。但在执行实践中，由于有关执行股权的法律规定非常少，加上执行股权与公司法等实体法律规定交织在一起，与执行其他财产相比，执行股权是个难点：一是冻结规则不明确。冻结股权应该向股权所在公司还是向公司登记机关送达冻结手续，还是向两个单位都要送达冻结手续，由于冻结规则不明确，实践中做法不一，尤其在不同法院向不同协助单位送达冻结手续时，如何确定冻结先后顺序，存在很大争议。二是评估难。由于公司和被执行股东拒不配合，或者股权所在公司本身缺乏评估所需的有关材料，导致实践中大量被冻结股权因未能评估而无法进行处置，造成司法和社会资源浪费。三是反规避执行难。股权被冻结后，被执行人为规避执行，会与其他股东恶意串通或者利用其对公司的控制地位，恶意贬损被冻结股权价值。比如，在金钱债权执行案件中，将公司名下仅有的土地使用权、房屋等低价转让，使公司成为空壳，股权价值大幅贬损。在交付股权案件中，公司恶意进行增资，大幅降低交付股权的比例，使债权人受让股权后丧失控股地位等。对于这些问题，在现行法律规则下，人民法院尚无有效反制措施。

为统一执行股权的法律适用，解决实践中的相关争议，依法保障当事人、利害关系人合法权益，最高人民法院研究制定了《最高人民法院关于人民法院强制执行股权若干问题的规定》（以下简称《规定》），《规定》共有 19 条，重点对四个方面的问题予以规范。

1. 明确了股权冻结的规则

为有效解决因股权冻结规则产生的争议，《规定》第 6 条明确：冻结股权的，应当向公司登记机关送达裁定书和协助执行通知书，由公司登记机关在企业信用信息公示系统进行公示，股权冻结自在公示系统公示时发生法律效力。多个人民法院冻结同一股权的，以在公示系统先办理公示的为在先冻结。

2. 规定了解决股权评估难的应对措施

为有效解决股权评估难问题，《规定》明确：一是人民法院可以向公司登记机关等部门调取相关材料，也可以责令被执行人、公司提供。同时，为解决实践中有些公司高管、控股股东控制相关材料拒不提供的问题，明确人民法院可以责令他们提供。相关主体拒不提供的，不仅可以强制提取，而且还可以按照相关规定进行处罚。二是为确保评估机构准确评估公司价值并依此确定被执行人股权价值，必要时，人民法院可以委托审计机构对公司进行审计。三是在评估机构无法出具评估报告时，人民法院可以结合案件具体情况和股权实际情况进行“无底价拍卖”，但起拍价要适当高于执行费用。这样规定，一方面可以对拒不配合执行的被执行人形成有力震慑，敦促其配合人民法院的评估工作；另一方面也能够有力推动股权处置工作，依法保障债权人合法权益，避免股权长期冻结不处置造成的司法和社会资源浪费。

3. 规定了防范股权价值被恶意贬损的应对措施

《规定》第 8 条第 1~2 款规定：冻结股权的，人民法院可以向股权所在公司送达协助执行通知书，要求公司在实施增资、减资、合并、分立等对股权价值产生重大影响的行为前，向人民法院报告；未报告即实施这些行为的，人民法院可以进行处罚。这在一定程度上可以起到抑制不法行为的功能。同时，在第 3 款规定：公司或者董事、高管故意通过这些行为导致被冻结股权价值严重贬损，规避执行的，申请执行人可以通过提起诉讼的方式进行救济。这种“事先报告”和“事后救济”的规则设计，既可以满足公司的正常经营需求，也为人民法院制裁不法行为和申请执行人寻求救济预留了规则空间。

4. 明确了交付股权类案件执行的相关规则

一是对于生效法律文书作出后公司增减资导致被执行人实际持股比例降低或者升高的问题，《规定》第 16 明确，如果生效法律文书已经明确交付股权的出资额，要按照该出资额交付股权；如果仅明确交付一定比例的股权，则按照生效法律文书作出时出资额所对应的比例交付股权，以确保严格按照执行依据的本意交付相应数量的股权。二是为解决股东资格确认判决中因无给付内容而无法申请人民法院强制变更登记的问题，《规定》第 17 条第 1 款明确，在审理股东资格确认纠纷案件中，当事人未提出变更股权登记的诉讼请求的，人民法院可以根据案件具体情况向其释明，以便在其主张成立时人民法院在判决中予以确定。同时，在第2款还明确，生效法律文书已经确认股权属于当事人所有的，当事人可以持该生效法律文书自行向公司、公司登记机关申请变更登记，尽可能降低当事人的负担。

（五）制定《最高人民法院关于充分发挥司法职能作用　助力中小微企业发展的指导意见》

中小微企业是国民经济和社会发展的“生力军”，是扩大就业、改善民生、促进创业创新的重要力量。党的十八大以来，以习近平同志为核心的党中央高度重视中小微企业发展，在财税金融、营商环境、公共服务等方面出台一系列政策措施，打出了支持中小微企业发展的“组合拳”，强力为中小微企业发展解忧纾困。不久前召开的中央经济工作会议再次强调，要“实施新的减税降费政策，强化对中小微企业、个体工商户、制造业、风险化解等的支持力度”。为完整、准确、全面贯彻新发展理念，有效落实中央经济工作会议精神，最高人民法院在充分调研的基础上，依据有关法律和司法解释规定，起草了该意见，主要内容有六个方面。

1. 积极为中小微企业发展营造公平竞争、诚信经营的市场环境

社会主义市场经济本质上是法治经济。营造公平竞争、诚信经营的市场环境，人民法院必须要大有作为。一是加强反垄断和反不正当竞争案件审理力度，依法严惩强制“二选一”、低价倾销、强制搭售、屏蔽封锁、刷单炒信等垄断和不正当竞争行为；依法认定经营者滥用数据、算法、技术、资本优势以及平台规则等排除、限制竞争行为，防止资本无序扩张，保护中小微企业生存发展空间。健全司法与执法衔接机制，支持反垄断行政执法机关依法履职，加强沟通协作，推动形成工作合力。二是支持保护市场主体自主交易，切实弘扬契约精神。对具有优势地位的市场主体利用中小微企业处于危困状态或者缺乏判断能力订立的显失公平的合同，依法支持中小微企业撤销该合同的诉讼请求；对受疫情等因素影响直接导致中小微企业合同履行不能或者继续履行合同对其明显不公的，按照不可抗力、情势变更规则，结合案件事实，公平合法地判令免除或者部分免除责任、变更或解除合同。三是支持引导市场主体依法诚信经营。强化预约合同违约责任、缔约过失责任等制度运用，提升市场主体的规则意识、责任意识。四是通过持续加大执行力度，严厉打击失信企业通过多头开户、关联交易、变更法定代表人等方式规避执行的逃废债行为，促使市场主体诚信经营。

2. 切实加强中小微企业产权司法保护

一是在坚持平等保护的基础上，考虑中小微企业的实际情况，人民法院通过依法行使释明权、依职权调取证据等方式，防止一些中小微企业在市场交易中的弱势地位转化为诉讼中的不利地位，努力实现程序公正与实体公正相统一。二是在审理案件中，严格区分经济纠纷与刑事犯罪的界限，严防把民事责任认定为刑事责任。三是切实贯彻《民法典》第 187 条规定，依法保障中小微企业等市场主体对债务人合法有效的民事债权优先于罚款、罚金、没收财产等行政、刑事处罚受偿。在刑事裁判涉财产执行过程中，应当依法保障中小微企业等市场主体作为案外人的合法财产权益不受损害。四是针对实践中存在的对中小微企业等市场主体与刑事案件犯罪嫌疑人或者被告人产生的民事纠纷，因刑事案件无法推进审理、无法维护其民事权益的问题，依据《最高人民法院关于充分发挥司法职能作用　助力中小微企业发展的指导意见》（以下简称《意见》）规定，除法律司法解释另有规定外，如果民事案件不是必须以刑事案件的审理结果为依据，不得以刑事案件正在侦查或者尚未审结为由对民事案件不予受理或者中止审理。

3. 建立办理拖欠中小微企业账款案件"绿色通道"

为依法高效办理拖欠中小微企业账款案件，缓解中小微企业流动性资金压力，《意见》在第四部分提出了三项具体的措施：一是将之前对拖欠农民工工资案件的"绿色通道"拓展延伸到拖欠中小微企业账款案件，以快立、快审、快执机制确保中小微企业账款及时回笼。二是推进协同治理，加大平安建设考评在拖欠中小微企业账款案件中的适用力度，推动将清欠情况纳入营商环境指标体系。三是支持、保障相关部门防范应对房地产项目逾期交付风险，确保农民工工资支付到位，确保商品房买受人的合法权益。依据《意见》规定，人民法院对于商品房预售资金监管账户内的资金，不得采取扣划措施，不得影响账户内资金依法依规使用；对于农民工工资专用账户和工资保证金账户内的资金，不得采取冻结或者划拨措施。

4. 依法保护有挽救价值的中小微企业

为贯彻落实党中央提出的保就业保民生保市场主体的决策部署，《意见》一是要求各级法院在执行过程中，对于中小微企业因资金流动性困难不能清偿债务的，要积极引导各方当事人达成减免债务、延期支付的执行和解协议，依法为企业缓解债务压力、恢复生产经营创造条件；二是对因疫情等因素影响无法清偿所有债务但具有挽救价值的中小微企业，债权人提出破产申请的，要积极引导双方当事人通过债务重组、资产重构等方式进行庭外和解，帮助企业渡过难关；三是对于已经进入破产程序但具有挽救价值的中小微企业，要积极引导通过破产重整、和解等程序全面解决企业债务危机，公平有序清偿相应债权，使企业再获新生。

5. 全面清查超标的查封、乱查封问题

《意见》提出，要开展专项清查行动，依托 12368 司法服务热线、执行信访等问题反映渠道，建立解决超标的查封、乱查封问题快速反应机制，对当事人反映的问题及时受理，快速处理；如果执行人员对超标的查封、乱查封问题存在过错，依法严肃追责，决不姑息。

6. 最大限度降低执行措施对中小微企业等市场主体的不利影响

在中小微企业等市场主体为被执行人的案件中，为保障申请执行人债权，人民法院应当依法对其采取执行措施。同时，在执行过程中也要考虑中小微企业尤其是小微企业抗风险能力差、流动性资金压力大等实际情况，在执行过程中，最大限度降低执行措施对它的不利影响。对此，《意见》要求，对中小微企业等市场主体的厂房、机器设备等生产性资料，在采取查封措施时，尽可能不影响查封财产的正常使用，不影响生产经营。对查封的财产，应当允许其以该财产自行融资的方式偿还债务。此外，如果查封的中小微企业等市场主体的不动产整体价值明显超出债权额的，应当对该不动产相应价值部分采取查封措施；因不动产未办理分割登记而对其进行整体查封后，应当及时协调相关部门办理分割登记并解除对超标的部分的查封。

四、对 2022 年执行工作的建议

（一）紧紧依靠党的领导，推动执行难综合治理源头治理工作机制落实落地

始终坚持党对司法工作的绝对领导，主动向党委和党委政法委汇报，积极争取人大、政府、政协及有关单位重视支持，构建综合治理、源头治理工作机制。深入贯彻落实社会治理共建共治共享要求，积极参与基层社会治理，依托基层综治中心，将协助执行工作纳入基层社会治安综合治理网格化管理，实现基层社会治理与人民法院执行工作的协同推进。认真贯彻落实中央全面依法治国委 2019 年 1 号文件精神，加强与相关部门的沟通协调，细化任务分工，确保各项执行联动机制落实到位。充分发挥平安建

设考评对相关联动单位的引导推动作用，将执行管理工作中的重要事项纳入其中，下大气力解决“联而不动、动而乏力”等问题，推动各项工作机制落地见效。

（二）确保“3+1”核心指标保持高水平运行

进一步加大执行力度，严厉打击规避执行、逃避执行、抗拒执行等失信行为，确保有财产可供执行案件尽快执结，让更多“真金白银”装进胜诉当事人口袋。继续强化终本案件规范办理，落实穷尽财产调查措施和终本约谈制度，严查虚假终本报结问题，严禁有财产可供执行案件以终本方式结案。积极清理积案，集中化解一批“骨头案”，努力消除风险隐患。进一步加强信访案件层级管理，抓监督、抓管理、抓落实、抓问责，对于执行信访案件，上级法院要切实担负起监督管理职责，层层压实责任，推动执行信访反映的问题得到实质性解决。

（三）健全完善执行权制约监督体系

认真贯彻落实政法领域全面深化改革推进会精神，加快推进执行权制约监督体系改革和建设，严格落实“统一管理、统一指挥、统一协调”工作机制，构建与执行权运行模式相适应的执行权制约监督体系。进一步优化四级法院执行职能配置，着力压实高、中级法院，尤其是中级法院对下监督管理职责，尽快形成“上级监督下级，层层落实管理”的监督管理体系。进一步完善“一案双查”工作机制，发挥执行机构和督察机构工作合力，对交办的线索，要及时督察跟进，确保件件落实、全面核查，同时注意严格规范适用程序，保障执行干警依法履职。进一步完善执行考核体系，建立符合执行工作特点的考核机制，将执行案件与审判案件分开统计，不断增强执行考核的科学性、精准性。加快推进全国执行与法律监督工作平台建设，让检察机关诉讼监督更加公开透明，让执行工作更加严格规范。

（四）进一步强化善意文明执行

深入贯彻落实习近平总书记在企业家座谈会上的重要讲话精神，不断加大执行力度，帮助胜诉市场主体及时回笼资金，减轻资金周转压力，同时也要强化善意文明执行理念，最大限度降低对被执行人的不利影响。严格规范执行行为，严禁超标的查封和乱查封，坚决防止因违法执行、过度执行影响企业正常运营。选择对被执行人生产经营影响较小的查封措施，能“活封”的不“死封”，释放查封财产的使用价值和融资功能。要发挥网络司法拍卖显著优势，加快财产变现流程，根据财产实际情况，适当选择自行变卖、融资等灵活处理方式，防止财产被低价处置。要认真调查、全面披露拍卖财产现状，保证买受人知情权，依法稳妥做好拍卖财产交接工作，保护买受人合法权益。充分发挥集约式执行和解、破产和解、破产重整制度的保护功能，帮助被执行企业走出困境，化解债务危机，恢复生产能力。精准采取失信惩戒和限制消费措施，将信用惩戒的着力点聚焦到打击少数规避执行、抗拒执行等违法失信行为上来，继续探索建立信用惩戒分级管理和失信修复机制。失信惩戒措施是党和人民赋予人民法院的权力，关系群众切身利益，必须保持敬畏、谨慎用权，特别是对已经履行义务的，必须按照管理权限和审批流程，尽快解除限制措施。

（五）着力提升执行管理信息化、智能化水平

继续推动执行工作与现代技术深度融合，提升执行信息化系统的集约化、精细化、智能化水平。继续推进执行指挥中心实体化运行，依托执行指挥管理平台，完善执行关键节点的可视化监管和自动化预警，健全对下督办、分级分时督办等工作机制，实现对“案、人、事”的全流程、全方位管理。积极推进执行管理由专网向互联网延伸拓展，全面部署应用移动执行平台，加快推进应急响应系统建设，充分发挥“智慧执行 App”的监督管理和服务保障作用，将“智慧执行 App”拓展到代表、委员端、当事人端和协助执行单位端，让代表、委员和人民群众更加全面理解执行、参与执行。

撰稿专家

邵长茂，法学博士，对外经济贸易大学法学院研究生导师，中宣部“学习强国”平台法治宣传专家团首批专家。

第十二章　2021 年反腐败专题报告

邓联荣　李仕豪

报告要旨

2021 年是中国共产党建党百年，是党的十八大以来的第十年，中央宣告反腐败斗争取得压倒性胜利并全面巩固。这一年，反腐败又呈现一些新变化新特点，如坚持风腐一体纠治，中央纪委国家监委公开通报中管干部“风腐一体”的严重违纪违法案件；纪检监察机关配合开展政法队伍教育整顿，大力惩治执法司法腐败，查处了傅振华、甘荣坤、杨福林、蒙永山、李文喜、孟祥等中管政法干部，处分政法系统 6.4 万人；《中共中央关于加强对“一把手”和领导班子监督的意见》出台实施，对“一把手”的监督进入新阶段；中央纪委国家监委、中央组织部等联合印发《关于进一步推进受贿行贿一起查的意见》，探索制定行贿人“黑名单”制度；深化金融领域反腐，一体推进惩治金融腐败和防控金融风险，中央纪委国家监委网站发布 50 名金融单位领导干部接受执纪审查的消息；首次披露中管干部涉及虚拟货币“挖矿”的腐败，“开发区建设”领域反腐力度加大。具体来说，在打“老虎”方面，中央纪委国家监委立案审查调查中管干部 63 人，处分省部级干部 36 人，严惩痛批孙立军政治团伙。14 名原中管干部受法院审判，依法判决赖小民案，对其执行死刑。在拍“苍蝇”方面，全国纪检监察机关处分农村、企业等其他人员首次突破 40 万，在全国范围内部署开展粮食购销领域腐败问题专项整治工作，常态化扫黑除恶开局显成效，全国纪检监察机关共立案查处涉黑涉恶腐败和“保护伞”问题 9931

个，给予党纪政务处分9569人，移送检察机关1037人。在追逃防逃追赃方面，“天网2021”行动追回外逃人员1273人，其中“红通人员”22人、监察对象318人，追回赃款167.4亿元。在巡视巡察方面，2021年开展了两轮中央常规巡视，分别对教育部和31所中管高校、25家金融单位开展监督检查，中央巡视组受理信访举报8.3万件次，上线联动形成合力。在反腐败党规国法方面，《监察官法》通过公布，第一部监察法规《监察法实施条例》公布并实施，第一部全面规范纪委工作的基础性党内法规《中国共产党纪律检查委员会工作条例》发布。

核心建议

1. 更加有力有效地用清官、惩贪官，巡视巡察应重点了解“谁不应该提拔而提拔了，谁应该提拔而没提拔”，倒查让不该提拔者提拔、该提拔者却没提拔的领导特别是“一把手”责任。

2. 借鉴表彰“见义勇为”的成熟做法，探索开展“护廉勇为”表彰奖励，设立“护廉勇为基金”，对敢于与贪污腐败现象做坚决斗争、在守护清廉方面表现突出的人员进行激励。

3. 清廉建设是党风廉政建设和反腐败工作、纪检监察工作等的升级版，是前述工作在新征程上实现高质量发展的必由之路，要全面推进清廉建设的理论研究阐释，不能把清廉建设等同于、局限于、停留于以上工作。

4. 廉洁文化建设既要形式生动活泼，又要紧扣本体与内容精髓，显明并运用好廉、贪、腐三字蕴含的廉洁文化。

2021年是党和国家历史上具有里程碑意义的一年，是中国共产党建党百年，举世瞩目。2021年11月召开的党的十九届六中全会从十三个方面全面总结了党的十八大以来的历史性成就与历史性变革，第二个方面“在全面从严治党上”共5个自然段、2356字，其中，第四个自然段专讲反腐败，共437字，充分彰显了反腐败在新时代的重要地位与重大成就。2021年也是党的十八大以来第十个年头。“十年磨一剑”，就反腐败而言，中央在

2021 年作出“反腐败斗争取得压倒性胜利并全面巩固”① 的重大新判断。本文先从总体上梳理 2021 年的新举措和新成效，继而围绕打“老虎”、拍“苍蝇”、猎“狐狸”、巡视巡察、反腐败党规国法五个方面，梳理 2021 年反腐败的具体进展，最后结合反腐败现实，就改进反腐败工作提出几点建议。

一、2021 反腐败总体上的新意

（一）力推风腐一体纠治

不正之风和腐败互为表里、交织缠绕，不正之风是腐败滋长蔓延的温床。“风腐一体”是 2021 年度反腐十大热词之一，② 坚持风腐一体纠治是 2021 年反腐败的一个重要特点。

一方面，持续保持高压态势，以钉钉子精神贯彻中央八项规定，对“四风”问题露头就打。2022 年 1 月 27 日，中央纪委国家监委公布了 2021 年 12 月全国共查处违反中央八项规定精神问题 13 431 起，批评教育帮助和处理 19 489 人，其中党纪政务处分 13 806 人，这是中央纪委国家监委连续第 100 个月公布全国查处违反中央八项规定精神问题月报数据。③ 2021 年，全国共查处违反中央八项规定精神问题 104 223 起，批评教育帮助和处理 150 362 人，其中党纪政务处分 101 224 人。④ 对比往年的公告，这是第一次使用“批评教育帮助和处理”而不仅是“处理”，在全面从严治党加大问责力度的背景下，对部分运用“四种形态”前两种形态处分的对象立足挽救，体现了惩前毖后、治病救人的方针，常态化作风建设持续向纵深推进，构筑防治“由风及腐”的高墙（详见表 1）。

---

① 《中共中央关于党的百年奋斗重大成就和历史经验的决议》，人民出版社 2021 年版，第 33 页。

② 《中央纪委国家监委网站发布 2021 年度十大反腐热词》，载中央纪委国家监委网，https：//www. ccdi. gov. cn/toutun/202112/t20211227_ 160410. html，最后访问时间：2022 年 2 月 28 日。

③ 陆丽环：《2021 年全国查处违反中央八项规定精神问题 104 223 起》，载《中国纪检监察报》2022 年 1 月 28 日，第 2 版。

④ 王昊魁：《2021 年全国共查处违反中央八项规定精神问题 104 223 起》，载《光明日报》2022 年 1 月 28 日，第 3 版。

表1 全国查处违反中央八项规定精神问题数据统计①

年份	查处问题数	处理（批评教育帮助和处理）人数	党纪政务处分人数
2018	65 055	92 215	65 558
2019	136 307	194 124	124 723
2020	136 203	197 761	119 224
2021	104 223	150 362	101 224

另一方面，风腐同查同治，曝光典型问题，纠治“四风”与惩治腐败同向并行。2021年9月16日，中央纪委国家监委公开通报10起违反中央八项规定精神典型问题，这是首次在同一个通报中出现中管干部和厅局级以下干部的案例，② 12月27日，中央纪委国家监委再度公开通报10起违反中央八项规定精神典型问题，③ 两次通报分别在中秋、元旦重要节点前，是为防止节日期间发生腐败问题进行的有意“敲打”。两次通报都有5起为厅局级以下干部违反中央八项规定精神的问题，细致披露其涉及“吃喝”“送礼”“游玩”“烟酒”“公车”等系列违纪问题，另外5起为中管干部风腐一体的严重违纪违法案件。两次通报中，共有3人被通报“长期违规打高尔夫球”，分别是原中国船舶重工集团有限公司党组书记、董事长胡问鸣，贵州省政协原党组书记、主席王富玉，中国兵器工业集团有限公司原党组书记、董事长尹家绪。紧盯中管干部“高尔夫腐败”，实质是直击滋生于球场内外的“围猎”。通报指出，这些典型案例都是享乐奢靡突出问题。2021年，全国纪检监察机关共查处享乐主义、奢靡之风问题5.4万个，批评教育帮助和处理7.3万人，其中给予党纪政务处分5.3万人。④ 首度将“纠风”

① 王昊魁：《2018年全国9.2万余人因违反中央八项规定精神受处理》，载《光明日报》2019年1月17日，第3版；姜洁：《2019年全国共查处违反中央八项规定精神问题136 307起》，在《人民日报》2020年1月19日，第4版；张洋：《2020年全国共查处13.6万余起违反中央八项规定精神问题》，载《人民日报》2021年1月27日，第4版；王昊魁：《2021年全国共查处违反中央八项规定精神问题104 223起》，载《光明日报》2022年1月28日，第3版。

② 《中央纪委国家监委公开通报十起违反中央八项规定精神典型问题》，载《光明日报》2021年9月17日，第3版。

③ 《中央纪委国家监委公开通报十起违反中央八项规定精神典型问题》，载《光明日报》2021年12月28日，第3版。

④ 赵乐际：《运用党的百年奋斗历史经验推动纪检监察工作高质量发展 迎接党的二十大胜利召开——在中国共产党第十九届中央纪律检查委员会第六次全体会议上的工作报告（2022年1月18日）》，载《人民日报》2022年2月25日，第2版。

和“反腐”一体通报，详细陈述风腐一体问题的表现及演变过程，坚持风腐同查、风腐同审、风腐同析，是要全党引以为戒、防微杜渐，树立腐由风起的风险意识，着重通报奢靡享受之风引发的腐败，且腐败分子最终受到党纪国法制裁，是违法必究、执纪必严，也是以案为鉴，警惕后人，凸显了党中央严厉惩治风腐一体的决心和魄力。

（二）严惩政法系统腐败

习近平总书记在十九届中央纪委五次全会上强调，要坚决整治政法战线违纪违法问题。中央纪委五次全会工作报告在“2021 年主要工作”部分，部署“加大对政法系统腐败惩治力度，严惩滥用职权、徇私枉法行为”。

2021 年 2 月 27 日，全国政法队伍教育整顿动员部署会议召开，围绕提高认识、学习教育、查纠整改、总结提升、加强组织领导五个方面提出了 18 点要求。① 政法队伍教育整顿自下而上分两批进行，分批次对市县、省、中央各级政法单位开展为期近 9 个月的整顿工作，掀起新时代政法战线自我革命的高潮。② 在政法队伍教育整顿期间，各级纪检监察机关加大力度惩治政法系统腐败，坚决清除害群之马。2021 年全国纪检监察机关共立案 63.1 万件，处分 62.7 万人，其中处分国有企业 5.9 万人、金融系统 1.2 万人、政法系统 6.4 万人，留置行贿人员 5006 人、处分 4806 人、移送检察机关 2822 人，③ 其中，政法系统人数最多，占比最大，高达 10.21%，显示出严惩政法系统腐败的力度。

2021 年中央纪委国家监委网站通报的受党纪政务处分的中管干部中，有邓恢林、龚道安、李文喜、刘新云、蒙永山、彭波、王立科、孙力军、杨福林、甘荣坤 10 人担任或曾任政法单位干部，占了全年通报人数的 1/3。从所属单位看，包括 5 名公安干部、4 名党委政法委干部、1 名检察院干部，从通报内容看，“政法虎”往往存在司法腐败、政治腐败与经济腐败交织的问题，如王立科被指长期为黑恶势力充当“保护伞”。

---

① 陈慧娟：《全国政法队伍教育整顿动员部署会议召开》，载《光明日报》2021 年 3 月 1 日，第 4 版。

② 靳昊等：《全国政法队伍教育整顿》，载《光明日报》2022 年 1 月 2 日，第 6 版。

③ 赵乐际：《运用党的百年奋斗历史经验推动纪检监察工作高质量发展　迎接党的二十大胜利召开——在中国共产党第十九届中央纪律检查委员会第六次全体会议上的工作报告（2022 年 1 月 18 日）》，载《人民日报》2022 年 2 月 25 日，第 2 版。

（三）《中共中央关于加强对“一把手”和领导班子监督的意见》出台实施

《中共中央关于加强对“一把手”和领导班子监督的意见》（以下简称《意见》）是党中央首次聚焦对“一把手”和领导班子监督制定的专门文件。[①]《意见》从加强对“一把手”的监督、同级领导班子监督、对下级领导班子的监督和党对监督工作的领导4个方面作出规定，要求“‘一把手’要自觉置身党组织和群众监督之下，强化责任担当，加强对领导班子其他成员和下级领导干部的监督”。[②] 其中，针对党委（党组）及其主要负责人为监督主体，规定了39项具体措施；针对纪检机关履行协助职责、监督责任规定了18项具体措施；针对组织部门等党的工作机关的职能监督职责，规定了11项监督措施；规定了6处具体责任追究内容。[③] 制定《意见》是完善党和国家监督体系、构建一体推进“三不”体制机制的重要举措。一分部署，九分落实，《意见》出台以来，各省推进落实“一把手”监督机制，如湖北省省纪委监委以构建“1+1+4+3”系列落实机制为支撑，以分条线部署推进为方法，制定《全省纪检监察机关加强对“一把手”和领导班子监督任务清单》，列出18项监督任务，以“清单化”方式破解对“一把手”监督难题。[④] 放眼全国，“一把手”和领导班子的日常监督不断强化，全国纪检监察机关共约谈领导班子成员、重点岗位人员94.3万人次，处分县处级以上“一把手”7581人。[⑤]

（四）中央纪委国家监委等联合印发《关于进一步推进受贿行贿一起查的意见》

中央纪委国家监委网站2021年9月8日发布消息，中央纪委国家监委

---

① 邹开红：《充分认识加强对“一把手”和领导班子监督的重要性紧迫性》，载《中国纪检监察》2022年第3期。

② 《中共中央关于加强对“一把手”和领导班子监督的意见》，载《人民日报》2021年6月2日，第1版。

③ 张洋：《以有效监督把“关键少数”管住用好——解读〈中共中央关于加强对“一把手”和领导班子监督的意见〉》，载《人民日报》2021年6月3日，第6版。

④ 《湖北构建系列落实机制　做实“一把手”监督》，载中央纪委国家监委网，https://www.ccdi.gov.cn/yaowenn/202202/t20220210_170563.html，最后访问时间：2022年2月27日。

⑤ 赵乐际：《运用党的百年奋斗历史经验推动纪检监察工作高质量发展　迎接党的二十大胜利召开——在中国共产党第十九届中央纪律检查委员会第六次全体会议上的工作报告（2022年1月18日）》，载《人民日报》2022年2月25日，第2版。

会同有关单位联合印发《关于进一步推进受贿行贿一起查的意见》（以下简称《意见》）。从该消息看，会同单位包括中央组织部、中央统战部、中央政法委、最高人民法院、最高人民检察院，规格很高。这是首次针对统筹推进受贿行贿一起查而出台的一个高规格文件。多部门联合印发，表明了坚定治理行贿的决心，对行贿人形成高强度的联合惩戒效应，释放出大力打击行贿犯罪行为的信号。2021 年，全国纪检机关留置行贿人员 5006 人、处分 4806 人、移送检察机关 2822 人，① 这是中央纪委全会工作报告中首次出现查处行贿人的相关数据。

《意见》高度重视贿赂犯罪源头治理，明确了查处行贿行为的五大重点，包括多次行贿、巨额行贿以及向多人行贿，特别是党的十八大后不收敛不收手的；党员和国家工作人员行贿的；在国家重要工作、重点工程、重大项目中行贿的；在组织人事、执纪执法司法、生态环保、财政金融、安全生产、食品药品、帮扶救灾、养老社保、教育医疗等领域行贿的；实施重大商业贿赂的行为。② 从个人来看，这五类行贿行为直接诱发党员干部走上腐败之路，导致腐败增量发生。从政治上来看，这五类行贿行为对一个地区和单位的政治生态会产生严重破坏，各方势力围绕“钱”和“权”交织渗透，形成腐败链接的利益集团。从经济上来看，这五类行贿行为会导致营商环境恶化和市场秩序紊乱，通过行贿的手段获取不正当利益，不仅扰乱正常市场秩序，还会对国家经济安全造成危害。③

《意见》则明文指出各主体单位要依据自身职能严肃惩治行贿行为，如纪检监察机关要对该立案的坚决予以立案，该处理的坚决作出处理，检察机关和审判机关要严格行贿犯罪从宽情节的认定和刑罚适用，加大财产刑运用和执行力度。《意见》出台后对涉及五大重点行为的行贿人不能擅自以“情节较轻”为由，不移送司法机关处理，④ 对抱有侥幸心理的行贿人员形成震慑。

---

① 赵乐际：《运用党的百年奋斗历史经验推动纪检监察工作高质量发展　迎接党的二十大胜利召开——在中国共产党第十九届中央纪律检查委员会第六次全体会议上的工作报告（2022 年 1 月 18 日）》，载《人民日报》2022 年 2 月 25 日，第 2 版。

② 《中央纪委国家监委会同有关单位联合印发〈关于进一步推进受贿行贿一起查的意见〉》，载《中国纪检监察报》2021 年 9 月 8 日，第 1 版。

③ 尹健：《抓住重点精准有效打击行贿》，载《中国纪检监察报》2021 年 10 月 8 日，第 2 版。

④ 《怎样把握行贿犯罪情节较轻不予移送起诉》，载中央纪委国家监委网，https://www.ccdi.gov.cn/hdjlnnwwd202111/t20211104_150514.html，最后访问时间：2022 年 2 月 27 日。

中央纪委国家监委案件监督管理室负责人在答记者问时表示，中央纪委国家监委正在建立行贿人“黑名单”制度，并就纪检监察机关与人大机关、政协机关和组织人事部门、统战部门、执法机关等对行贿人开展联合惩戒进行探索实践，以提高治理行贿的综合效能。[①]行贿人“黑名单”目的就是通过制度设计让行贿者无利可图甚至得不偿失，取消市场参与、资质吊销、评级下降、关闭融资通道等处罚对行贿者来说比行政罚款更能直击痛点。[②]

（五）一体推进惩治金融腐败和防控金融风险

2021 年 1 月 22 日，习近平总书记在十九届中央纪委五次全会上强调“做好金融反腐和处置金融风险统筹衔接”。[③] 这是习近平总书记连续第三年在中央纪委全会上谈到金融反腐问题，其重要程度可见一斑。十九届中央纪委五次全会报告把“深化金融领域反腐败工作，督促加强金融监管和内部治理，保障防范化解重大金融风险”作为“2021 年主要工作”板块的重要工作部署。[④] 围绕“一体推进惩治金融腐败和防控金融风险”主基调，2021 年 1 月 26 日，银保监会党委召开全系统 2021 年全面从严治党和党风廉政建设工作会议，明确要紧盯高风险单位和金融活跃地区，防范腐败导致的金融风险；8 月 17 日，习近平主持召开中央财经委员会第十次会议，研究防范化解重大金融风险、做好金融稳定发展工作问题；[⑤] 9 月 26 日起，十九届中央第八轮巡视对 25 家金融单位党组织开展巡视，聚焦一体推进惩治金融腐败和防控金融风险等重要部署，要求坚决守住不发生系统性金融风险底线。

从惩治成效来看，2021 年，中纪委网站通报执纪审查中央一级党和国家机关、国企和金融单位干部人数 93 人，创十九大以来新高，其中 38 人为

① 《进一步推进受贿行贿一起查　巩固发展反腐败斗争压倒性胜利》，载《中国纪检监察报》2021 年 9 月 8 日，第 3 版。

② 李韡：《压缩行贿者的生存空间》，载《中国纪检监察》2022 年第 4 期。

③ 《习近平在十九届中央纪委五次全会上发表重要讲话强调　充分发挥全面从严治党引领保障作用　确保“十四五”时期目标任务落到实处》，载《人民日报》2021 年 1 月 23 日，第 1 版。

④ 赵乐际：《推动新时代纪检监察工作高质量发展　以优异成绩庆祝中国共产党成立 100 周年——在中国共产党第十九届中央纪律检查委员会第五次全体会议上的工作报告（2021 年 1 月 22 日）》，载《人民日报》2021 年 3 月 16 日，第 2 版。

⑤ 《习近平主持召开中央财经委员会第十次会议强调　在高质量发展中促进共同富裕　统筹做好重大金融风险防范化解工作》，载《光明日报》2021 年 8 月 18 日，第 1 版。

中央一级金融单位干部，占比达 40.86%，比 2020 年多出 24 人，涨幅达到 171.42%，落马干部中有银行业 23 人，金融监管部门 10 人，其他金融单位 5 人。纵观中央纪委国家监委网站可检索的“审查调查”栏目全年各级别干部通报情况，接受执纪审查的有中管干部 2 人，省管干部 10 人，再加上述 38 名中央一级干部，全年共有 50 名金融单位领导干部接受执纪审查。金融事关社会经济发展大局，金融腐败涉及政治问题与经济问题相互交织，一体推进惩治金融腐败和防控金融风险是遏制系统性风险发生的重要举措。就数据而言，通报人员数量远超历年，深化金融领域反腐取得重要阶段性成果（详见表 2）。

表 2　中纪委网站通报执纪审查中央一级党和国家机关、国企和金融单位干部人数①

年份	2018	2019	2020	2021
通报人数	15	62	49	93

（六）打击虚拟货币“挖矿”背后的腐败

2021 年 9 月，国家发改委、人民银行等 11 个部门联合印发《关于整治虚拟货币“挖矿”活动的通知》，明确严禁以数据中心名义开展虚拟货币“挖矿”活动。2021 年 11 月 13 日，中央纪委国家监委网站通报江西省政协原党组成员、副主席肖毅被“双开”，通报内容指其“滥用职权引进和支持企业从事不符合国家产业政策要求的虚拟货币‘挖矿’活动”。② 这是中纪委首次披露因涉及“挖矿”被处分的案例。早在 2017 年，中国人民银行等七部委发布了《关于防范代币发行融资风险的公告》，要求中国境内融资代币和虚拟货币的交易作出全面清理整顿工作，恰是肖毅在抚州引进“挖矿”企业的同年。肖毅任职江西抚州的 6 年期间，力推“数字经济”，实质上所做的就是以区块链掩人耳目进行虚拟货币生产。明知故犯的背后是巨大的利益输送，暴露出假借新技术、新项目之名为“腐败”提供新土壤的问题。首次披露与虚拟货币“挖矿”有关的腐败现象，也是在强调，反腐需要与时俱进，用锐利的眼光审判时势，发现新情况新问题，用开拓的思维把握

---

① 本表根据中央纪委国家监委网站“审查调查”栏目“中央一级党和国家机关、国企和金融单位干部”板块的“执纪审查”部分整理。

② 《江西省政协原党组成员、副主席肖毅严重违纪违法被开除党籍和公职》，载中央纪委国家监委网，https：//www. ccdi. gov. cn/scdcnzggbdjcf/202111/t20211113_ 151087. html，最后访问时间：2022 年 2 月 27 日。

动向，采取新举措新动作。

虚拟货币“挖矿”活动不仅存在以虚拟货币直接行贿的隐蔽式腐败，还给利用公共资源“损公肥私”的变相腐败提供了条件。2021年，浙江省纪委监委、省委网信办等部门组成联合检查组，为查纠利用公共资源参与虚拟货币“挖矿”与交易的违规违纪行为，采取不提前通知、不打招呼、不听汇报、直查机房、循线倒查“矿机”等方式，突击抽查全省7个地区20家国有单位的36个IP地址。[①] 浙江全省全年查处利用公共资源主动“挖矿”48人，其中党政机关、国有企事业单位工作人员21人。[②] 2021年11月10日，国家发改委组织召开虚拟货币“挖矿”治理专题视频会议，强调严查严处国有单位机房涉及的“挖矿”活动。

（七）加大“开发区建设”领域反腐力度

十九届中央纪委六次全会议公报在总结2021年反腐工作时提到“加大国企、金融、政法、粮食购销、开发区建设等领域反腐败力度”。[③] 开发区建设领域反腐的一个典型例子是呼和浩特经济技术开发区党工委原书记李建平受贿案。该案涉案金额30亿余元，被称为“内蒙古反腐败斗争史上迄今第一大案”。案发后，呼和浩特市及经开区以李建平“十乱”问题为重点开展以案促改专项行动，追责问责经开区班子成员及处级干部13人，查处25人，移送检察机关2人，下发纪检监察建议16份。党的十九大以来，国家级经开区主要领导中有20名厅局级干部在任上落马，涉及19个国家级经开区。在其他岗位上落马的省部级、厅局级干部中，40余人有在国家级经开区担任主要领导的经历。[④]

开发区具有财物高度集中、部门职能集约、自由裁量权大的特点，各地纪检监察机关结合开发区的特定职责定位筑起廉洁防线。如北京市纪委监委自觉站在服务保障国家发展战略和首都发展大局的高度，在全市部署开展开发区领域腐败问题专项整治，并将专项整治工作方案印发至全市各

---

① 李华林：《虚拟货币“挖矿”监管不能留死角》，载《经济日报》2021年12月25日，第2版。

② 《一次突击抽查撬动“挖矿”专项整治》，载中央纪委国家监委网，http：//v.ccdi.gov.cn/2021/12/13/VIDEBFWSOoknnQdjGYppJgKF211213.shtml，最后访问时间：2022年2月27日。

③ 《中国共产党第十九届中央纪律检查委员会第六次全体会议公报》，载《人民日报》2022年1月20日，第1版。

④ 李灵娜：《清除经开区发展的绊脚石》，载《中国纪检监察报》2021年2月27日，第4版。

级纪检监察组织。[1] 江西将该省13个国家级开发区作为巡视对象，围绕推动高质量发展、重点领域和关键岗位的廉洁风险、基层党建和选人用人等三大类10个方面问题进行全面政治体检。[2]

二、2021年打“老虎”

（一）受执纪审查的“老虎”

2021年，中央纪委国家监委立案审查调查中管干部63人，[3] 2020年仅为24人，超出两倍之多。中央纪委国家监委网站总计公布执纪审查中管干部25人，是党的十九大以来公布执纪审查中管干部数量最多的一年：2018年为23人，2019年为20人，2020年为18人。“一严到底”是2021年全年党风廉政建设和反腐败斗争主基调，第一个公布落马的“老虎”是1月22日被查的中国政法大学原副校长于志刚，最后一个公布落马的“老虎”是12月1日被查的江苏省委原副书记张敬华，每个月都有中管干部被查，昭示着反腐决心：中国“打虎”，全年无休。2021年“打虎”呈现以下新的态势：

其一，高校反腐持续发力，近6年来首度公布执纪审查“高校虎”。2021年公布的“首虎”罕见出自高校，1月22日落马的于志刚曾于2015年5月任中国政法大学副校长，2018年3月起任十三届全国人大宪法和法律委员会委员。2021年7月8日，中央巡视组进驻北师大巡视接近尾声之际，北京师范大学党委原书记刘川生主动投案，又一“高校虎”落马。[4] 赵乐际在十九届中央纪委五次全会上作的工作报告中明确指出，深化中管高校纪检监察体制改革是2021年推进党内监督和国家监察全覆盖的重要工作之

---

① 《北京：部署开展全市开发区领域腐败问题专项整治》，载中央纪委国家监委网，https：//www.ccdi.gov.cn/yaowenn/202111/t20211115_151998.html，最后访问时间：2022年2月27日。

② 毛晖圆：《严防违规“挖矿”“穿新鞋走老路”江西监督保障开发区发展》，载《中国纪检监察报》2021年11月5日，第1版。

③ 赵乐际：《推动新时代纪检监察工作高质量发展　以优异成绩庆祝中国共产党成立100周年——在中国共产党第十九届中央纪律检查委员会第五次全体会议上的工作报告（2021年1月22日）》，载《人民日报》2021年3月16日，第2版。

④《十九届中央第七轮巡视将对教育部和31所中管高校党组织开展常规巡视》，载《光明日报》2021年4月29日，第3版。

一，[①] 高校“打虎”力度加强，严肃查处教育领域腐败问题，落实了“把严的主基调贯穿高校改革发展全过程”[②] 的要求，形成有力震慑。同时表明了坚决克服“高校特殊论”的决心，高校并非“净土”，“象牙塔”藏污纳垢必要一扫到底。

其二，高压态势持续震慑，有4人系主动投案。在2021年公布的接受执纪审查的25人之中，主动投案占比达16%，分别是：2021年6月2日公布的青海省人民检察院检察长蒙永山，2021年7月8日公布的北京师范大学党委原书记刘川生；2021年8月23日公布的辽宁省政协原副主席薛恒；2021年11月29日公布的江西省人大常委会副主任龚建华。其中，刘川生是党的十八大以来，首个主动投案的女性部级高官，也是2021年公布的25名落马“老虎”中唯一的女性官员。据《法治日报》统计，2021年共有68名领导干部主动投案，比2020年全年通报主动投案的35名领导干部多出九成多。[③] 主动投案人数的增多，充分折射出高压态势形成的震慑效应正在发挥作用，在坚持零容忍的背景下，腐败贪官的侥幸心理在逐渐消除。

其三，追查力度持续加强，“退休虎”成被查主力。从职务上看，被查时已经退休的有15人，占比高达60%，2020年为5人，占比27.77%。从年龄结构看，2021年公布落马的中管干部中，50后14人，60后10人，70后1人，1955至1959年之间出生的最多，有9人；1960至1964年之间出生的有8人；于志刚是公布落马的名单中最年轻的中管干部。被查时已经超过70岁的有三人，分别是出生于1950年的辽宁省政协原副主席李文喜，被查时71岁；出生于1950年的北京师范大学党委原书记刘川生，被查时71岁；出生于1951年的原中国银行业监督管理委员会副主席蔡鄂生，被查时70岁。随着反腐走向深水区，退休官员频频被查彰显中央反腐的决心，持续释放出反腐无禁区，越往后越严的强烈信号。对于腐败分子而言，没有所谓的“既往不咎”，退休并不意味着“安全着陆”。

---

① 赵乐际：《推动新时代纪检监察工作高质量发展以优异成绩庆祝中国共产党成立100周年——在中国共产党第十九届中央纪律检查委员会第五次全体会议上的工作报告（2021年1月22日）》，载《人民日报》2021年3月16日，第2版。

② 《十九届中央第七轮巡视完成反馈》，载《人民日报》2021年9月6日，第1版。

③ 陈磊：《2021年431名中管省管干部被执纪审查　记者梳理中央纪委国家监委网站审查调查栏目通报信息》，载《法治日报》2022年1月8日，第4版。

（二）受党纪政务处分的“老虎”

2021 年，全国纪检监察机关处分省部级干部 36 人，[①] 中央纪委国家监委网站发布了 30 名中管干部受处分消息。

2021 年是党的十九大以来中央纪委国家监委网站通报党纪政务处分中管干部数量最多的一年，其中，17 人被“双开”，占比 56.66%，30 人全部被开除党籍，占比 100%。被通报党纪政务处分的中管干部中，有 15 人是 2021 年被执纪审查，其余 15 人是 2020 年被执纪审查。从审查周期来看，历时最短的是青海省人民检察院党组原书记、检察长蒙永山，在其主动投案 75 天后便审查清楚并对其进行了党纪政务处分。[②] 历时最久的是公安部原党委委员、副部长孙力军，从执纪审查到党纪政务处分历时 529 天。[③] 全年首次通报党纪政务处分的时间是 1 月 4 日，与 2020 年相同，早于往年；最后一次通报时间是 12 月 30 日，是历年最晚。纵观全年，反腐斗争只有“进行时”，没有“完成时”，反腐冲锋号永远吹响（详见表 3）。

表 3 党的十九大以来中纪委网站通报“党纪政务处分”的中管干部人数[④]

年份	党纪政务处分	双开（占比）	开除党籍（占比）
2018	21	14（66.67%）	17（80.95%）
2019	23	11（47.82%）	20（86.96%）
2020	14	8（57.14%）	14（100%）
2021	30	17（56.66%）	30（100%）

2021 年 1 月 4 日，中央纪委国家监委网站发布 4 名中管干部受到党纪政务处分的通报，新年第一个工作日即通报 4 人，人数之众，前所未有。从工作领域来看，4 名受处分中管干部有的来自执法司法领域，有的涉及资源

① 张洋：《去年全国纪检监察机关处分 62.7 万人》，载《人民日报》2022 年 1 月 22 日，第 4 版。

② 根据中央纪委国家监委网站公布信息，青海省人民检察院检察长蒙永山 2021 年 6 月 2 日主动投案，接受执纪审查，2021 年 8 月 16 日，通报蒙永山严重违纪违法被开除党籍和公职。

③ 根据中央纪委国家监委网站公布信息，公安部党委委员、副部长孙力军 2020 年 4 月 20 日接受执纪审查，2021 年 9 月 30 日，通报孙力军严重违纪违法被开除党籍和公职。

④ 本表根据中央纪委国家监委网站“审查调查”栏目“中管干部”板块的“党纪政务处分”部分整理，载中央纪委国家监委网，https：//www.ccdi.gov.cn/scdcnzggbdjcf/，最后访问时间：2022 年 2 月 27 日。

领域，还有国有企业领导干部，覆盖面较为广泛。

2021年通报的受到党纪政务处分的30名中管干部中，李伟、邓恢林、文国栋、胡问鸣、肖毅等26人被指出“在党的十八大后不收敛不收手”；于志刚“违纪违法行为均发生在党的十八大后”；刘国强、史文清“在党的十八大甚至十九大后仍不收敛不收手”；王富玉在“党的十八大后不收敛不收手”，甚至“党的十九大后仍不知止”；蒙永山“在政法队伍开展教育整顿期间仍然不知收敛”，被定性为“性质严重，影响恶劣”，在处置方式上“应予严肃处理”。[①] 党的十九大把“全面从严治党”写进党章，而十八大以来“不收敛、不收手、不知止”的情形成为全面从严治党的障碍，是从严查处的重点对象，对这类不知敬畏、胆大妄为的“老虎”严惩不贷，发现一起查处一起。

2021年通报的30只“老虎”中，孙力军政治团伙案是党的十八大后，严重违反党的政治纪律的典型。习近平总书记指出：“党内绝不允许搞团团伙伙、结党营私、拉帮结派，搞了就是违反政治纪律。”[②] 孙力军等人就踩了这条红线，在对其“双开”的通报中称其“在党内大搞团团伙伙、拉帮结派、培植个人势力，形成利益集团”。随着他的落马，拔出萝卜带出泥，邓恢林、龚道安、王立科、刘新云、傅政华等一批政法领域的省部级干部陆续被查处。2021年，被通报的党纪政务处分的中管干部中有6只“政法虎”，占到了总人数的1/5，分别是2021年1月4日重庆市原副市长、公安局原局长邓恢林被“双开”；2021年2月10日上海市原副市长、公安局原局长龚道安被“双开”；2021年8月16日山西省原副省长、公安厅原厅长刘新云被“双开”；2021年8月16日青海省人民检察院党组原书记、检察长蒙永山被“双开”；2021年9月22日江苏省委原常委、政法委原书记王立科被“双开”；2021年9月30日公安部原党委委员、副部长孙力军被“双开”。在对孙力军政治团伙成员的通报中，措辞极为严厉，不少说法都是首次出现。2021年9月22日对王立科的通报内容指其“从未真正树立理想信念，从未对党忠诚老实”。这样“两个从未”的用法前所未有。随后，在9月30日对孙力军的通报内容指其“从未真正树立理想信念”，更是用

---

① 黄月：《反腐败要永远吹冲锋号——与会同志谈反腐败斗争形势与任务》，载《中国纪检监察》2022年第3期。

② 《习近平在十八届中央纪委五次全会上发表重要讲话 强调深化改革巩固成果积极拓展不断把反腐败斗争引向深入》，载《人民日报》2015年1月15日，第1版。

"三个极度"形容其行径之恶劣。中央全面依法治国委员会办公室副主任、中央政法委秘书长陈一新在《学习日报》刊文点名直言"近年来查处的孟宏伟、孙力军、王立科、龚道安、邓恢林等严重违纪违法案件，触目惊心、教训深刻！这些人是典型的'两面派''两面人'，严重违纪违法，严重违反政治纪律和政治规矩"。①

（三）受法院审理、判决的"老虎"

2021 年司法惩腐中，人民检察院对王富玉等 23 名原省部级干部提起公诉；② 人民法院审结贪污贿赂、渎职等案件 2.3 万件 2.7 万人，14 名原中管干部受到审判。③

表 4　最高人民法院官网"重大案件"栏目 2021 年发布的中管干部案件清单④

序号	姓名	身份	审理日期	宣判日期	宣判罪名
1	赖小民	中国华融资产管理股份有限公司原董事长	2020 年 8 月 11 日	2021 年 1 月 21 日	受贿罪、贪污罪、重婚罪
2	胡怀邦	国开行原董事长	2020 年 7 月 30 日	2021 年 1 月 7 日	受贿罪
3	徐光	河南省政府原党组成员、副省长	2020 年 9 月 8 日	2021 年 1 月 11 日	受贿罪
4	秦光荣	十二届全国人大内务司法委员会副主任委员、中共云南省委原书记	2020 年 9 月 10 日	2021 年 1 月 19 日	受贿罪
5	陈刚	中国科学技术协会原党组成员、书记处书记、常委	2019 年 11 月 7 日	2021 年 2 月 5 日	受贿罪
6	王勇	海南省政协原副主席	2021 年 5 月 13 日	2021 年 10 月 28 日	受贿罪
7	杨克勤	吉林省人民检察院原检察长	2020 年 8 月 13	2021 年 5 月 17	受贿罪
8	李谦	河北原副省长	2020 年 11 月 17 日	2021 年 8 月 31 日	受贿罪

① 陈一新：《发扬自我革命精神打造新时代政法铁军》，载《学习日报》2021 年 5 月 12 日，第 1 版。

② 《最高人民检察院工作报告（摘要）》，载《人民日报》2022 年 3 月 9 日，第 3 版。

③ 《最高人民法院工作报告（摘要）》，载《人民日报》2022 年 3 月 9 日，第 3 版。

④ 本表根据最高人民法院官网"重大案件"栏目整理，载最高人民法院官网，http://www.court.gov.cn/fabu-gengduo-15.html，最后访问时间：2022 年 2 月 27 日。

续表

序号	姓名	身份	审理日期	宣判日期	宣判罪名
9	张坚	安徽高院原院长	2020年11月26日	2021年9月14日	受贿罪
10	李伟	北京市政协原党组成员、副主席	2021年9月7日	2022年3月18日	受贿罪
11	张志南	中共福建省委原常委、福建省原副省长	2021年5月20日	2022年3月22日	受贿罪、滥用职权罪
12	文国栋	青海省人民政府原党组成员、副省长、中共青海省海西蒙古族藏族自治州委原书记、青海省柴达木循环经济试验区党工委原书记	2021年7月16日		
13	任华	新疆维吾尔自治区政府原副主席	2021年7月29日		
14	刘国强	辽宁省政协原党组副书记、副主席	2021年8月19日		
15	董宏	中央巡视组原副组长	2021年8月26日		
16	王富玉	贵州省政协原党组书记、主席	2021年11月30日		
17	彭波	原中央防范和处理邪教问题领导小组办公室副主任	2021年12月23日		
18	蒙永山	青海省人民检察院原检察长	2021年12月30日		

根据表4，司法惩腐呈现以下新的特点：

从审理日期看，2021年延续了2020年的特点，18只“老虎”的审理日期都是明确的，其中一审时间在2021年的有10人，在2020年的有7人，在2019年审理的有1人。宣判时间在2021年的有9人，2019、2020年遗留案件均已宣判，根据判决内容，审理过程中因“具有法定、酌定从轻处罚情节”遂“依法对其从轻处罚”的有8人，其中，秦光荣是中央纪委国家监委发布的第一个投案自首的原省部级一把手,[①] 通过罚当其罪的判决，来彰显宽严相济刑事政策。

2021 年已判决案件中，审理周期最短的案件是海南省政协原副主席王勇，用时不到 6 个月，审理周期最长的案件是中国科学技术协会原党组成员、书记处书记、常委陈刚，用时超 15 个月。除赖小民外，均为一审审理宣判，没有上诉。赖小民一审开庭时间为 2020 年 8 月 11 日,[②] 一审宣判时间为 2021 年 1 月 5 日,[③] 二审宣判时间为 2021 年 1 月 21 日。[④]

从宣判罪名来看，18 只“老虎”均被控受贿罪，且 16 人仅被控受贿罪，受贿仍是“司法惩虎”的主要目标。就涉贿数额而言，受贿金额过亿的有 5 人，中国科学技术协会原党组成员、书记处书记、常委陈刚受贿 1.288 773 28 亿元；辽宁省政协原副主席刘国强受贿 3.5247 亿余元；贵州省政协原党组书记、主席王富玉受贿 4.34 亿余元，利用影响力受贿 1735 万余元；中央巡视组原副组长董宏受贿 4.6 亿余元；中国华融资产管理股份有限公司原董事长赖小民受贿 17.88 亿余元，为历年之最。

另有其他罪名的有 3 人，除受贿罪，王富玉还被检察机关提请利用影响力受贿罪追究刑事责任，该指控系十九大以来首次出现在“老虎”身上。利用影响力受贿罪是《刑法修正案（七）》增设的罪名，根据天津市人民检察院第一分院起诉指控，2019 年至 2020 年，王富玉离职后还利用影响力收受他人给予的财物，共计折合人民币 1735 万余元,[⑤] 这一行为被称为以规避监督为目的的“期权式腐败”。中共福建省委原常委、福建省原副省长张志南被控受贿罪、滥用职权罪 2 项罪名，张志南受贿 3432.8758 万，该金额在一众“老虎”中不算突出，但据南昌市人民检察院指控：2007 年至 2017 年，张志南在其负责审批的相关项目中徇私舞弊，滥用职权，造成财政资金损失共计人民币 1.486 447 72 亿元,[⑥] 可见惩治腐败不只是“抓贪

---

① 《秦光荣受贿一审获刑七年》，载《人民法院报》2021 年 1 月 20 日，第 4 版。

② 孙航：《非法收受财物折合人民币 17.88 亿　华融公司原董事长赖小民受贿、贪污、重婚案一审开庭》，载《人民法院报》2020 年 8 月 12 日，第 1 版。

③ 孙航：《以受贿罪、贪污罪、重婚罪数罪并罚　中国华融资产管理股份有限公司原董事长赖小民一审被判死刑》，载《人民法院报》2021 年 1 月 6 日，第 1 版。

④ 孙航：《赖小民案二审维持死刑判决》，载《人民法院报》2021 年 1 月 22 日，第 1 版。

⑤ 《贵州省政协原党组书记、主席王富玉受贿、利用影响力受贿一案一审开庭》，载《人民法院报》2021 年 12 月 1 日，第 3 版。

⑥ 《福建原副省长张志南受贿滥用职权案一审开庭》，载《人民法院报》2021 年 5 月 21 日，第 3 版。

官”，更是维护国家财产和人民利益的“安全堤”。赖小民被判受贿罪、贪污罪、重婚罪3项罪名。

从影响度来看，赖小民案作为2021年度重大案件受到舆论高度关注，违法所得数额之巨令人瞠目，社会影响极其恶劣。赖小民违法事实符合《最高人民法院关于办理贪污贿赂刑事案件适用法律若干问题的解释》中贪污贿赂刑事案件适用死刑立即执行的“4个特别”情形，即犯罪数额特别巨大，犯罪情节特别严重，社会影响特别恶劣，造成损失特别重大。[①] 结合庭审查明的事实，生效判决认定赖小民的行为构成受贿罪、贪污罪、重婚罪，基于其使国家和人民利益遭受特别重大损失、社会危害极大、罪行极其严重，作出了“依法应予严惩”的法律评价，对其宣告死刑立即执行。与此同时，对于赖小民提供重大犯罪线索的事实，两审判决亦未回避，均依法认定其构成重大立功表现，但综合其所犯受贿罪的事实、性质、情节和对于社会的危害程度，不足以从宽处罚。经最高人民法院核准，2021年1月29日上午，天津市第二中级人民法院依照法定程序对赖小民执行了死刑。[②]

三、2021年拍“苍蝇”

坚持“老虎”“苍蝇”一起打，是新时代全面从严治党和反腐败斗争的一项重要经验。2021年，全国纪检监察机关共查处民生领域腐败和作风问题12.5万个，批评教育帮助和处理17.9万人，其中给予党纪政务处分11.5万人。[③]

---

① 段相宇：《赖小民伏法彰显依法严惩腐败决心贪腐没有免死牌》，载《中国纪检监察报》2021年1月30日，第1版。

② 《华融公司原董事长赖小民被执行死刑》，载《人民日报》2021年1月30日，第7版。

③ 赵乐际：《运用党的百年奋斗历史经验推动纪检监察工作高质量发展　迎接党的二十大胜利召开——在中国共产党第十九届中央纪律检查委员会第六次全体会议上的工作报告（2022年1月18日）》，载《人民日报》2022年2月25日，第2版。

（一）农村、企业等其他人员受处分人数创新高

表 5　十九大以来全国纪检监察机关处分人数①

处分对象 / 年度	省部级及以上	厅局级	县处级	乡科级	一般干部	农村、企业等其他人员
2018 年	51	0.35 余万	2.6 万	9.1 万	11.1 万	39 万
2019 年	41	0.4 万	2.4 万	8.5 万	9.8 万	37.7 万
2020 年	27	2859	2.2 万	8.3 万	9.9 万	39.8 万
2021 年	36	3024	2.5 万	8.8 万	9.7 万	41.4 万

如表 5 所示，2021 年全国纪检监察机关处分人数总计比 2020 年多出 1.2 万余人，除一般干部同比略有减少外，其他级别干部相对 2020 年都有所增长，省部级人数增长 33.33%，厅局级人数增长 5.77%，乡科级人数增长 6.02%，农村、企业等其他人员增长 4.02%，农村、企业等其他人员受处分人数首次突破 40 万，创十九大以来新高。上述数据表明，全面从严治党不断向基层一线、向群众身边延伸，有利于让群众在反腐“拍蝇”中增强获得感，② 打通全面从严治党的“最后一公里”。③

（二）捕“粮仓硕鼠”

仓廪实则天下安。2021 年，“粮仓硕鼠”成为年度十大反腐热词。④ 8 月，中央纪委国家监委在全国范围内部署开展粮食购销领域腐败问题专项整治工作，各级纪检监察机关铲除了一批“粮耗子”。11 月 30 日，中央纪委国家监委公开通报 10 起粮食购销领域违纪违法典型案例，其中判处最严

① 《中央纪委通报 2017 年全国纪检监察机关纪律审查情况》，载《中国纪检监察报》2018 年 1 月 11 日，第 1 版；《中央纪委国家监委网站发布数据》，载《人民日报》2019 年 1 月 10 日，第 4 版；《中央纪委国家监委通报 2019 年全国纪检监察机关监督检查、审查调查情况》，载《中国纪检监察报》2020 年 1 月 17 日，第 1 版；《2020 年全国纪检监察机关处分 60.4 万人包括 27 名省部级干部》，载《人民日报》2021 年 1 月 27 日，第 4 版；《中央纪委国家监委通报 2021 年全国纪检监察机关监督检查审查调查情况》，载《中国纪检监察报》2022 年 2 月 23 日，第 1 版。

② 《习近平在十九届中央纪委五次全会上发表重要讲话强调充分发挥全面从严治党引领保障作用确保“十四五”时期目标任务落到实处》，载《人民日报》2021 年 1 月 23 日，第 1 版。

③ 张艺瑶：《深入整治微腐败增强群众获得感》，载《中国纪检监察报》2021 年 3 月 9 日，第 4 版。

④ 《中央纪委国家监委网站发布 2021 年度十大反腐热词》，载中央纪委国家监委网，http://ccdi.gov.cn/toutun/202112/t20211227_160410.html，最后访问时间：2022 年 2 月 27 日。

的是云南省粮食产业集团有限公司原党委书记、董事长李海平贪污、受贿、挪用公款案，李海平被“双开”，判处有期徒刑19年，并处罚金。其他人等均受到“撤销党内职务”“政务撤职”“双开”等不同程度的党纪政务处分，构成违法犯罪的依法追究刑事责任。[①] 各地围绕“转圈粮”“空气粮”“升溢粮”“损耗粮”“价差粮”“坑农粮”等六类“靠粮吃粮”典型腐败问题，[②] 深挖细查，如湖南省各级纪检监察机关聚焦粮食购销领域责任、腐败和作风问题，从严查处了一批案件，推动专项整治走深走实。[③]

（三）常态化扫黑除恶赢得良好开局

2021年是扫黑除恶迈向常态化第一年。3月29日，全国扫黑除恶专项斗争总结表彰大会在北京召开，会议表彰了197个先进集体、540名先进工作者，充分肯定了扫黑除恶专项斗争取得的显著成效，总结了扫黑除恶专项斗争积累的宝贵经验，同时对扎实推进常态化开展扫黑除恶斗争各项工作提出了具体要求。[④] 12月27日，2021年度全国常态化扫黑除恶斗争新闻发布会在京举行，通报了2021年度全国常态化扫黑除恶斗争“十件实事”完成情况。2021年，全国纪检监察机关共查处涉黑涉恶腐败和保护伞问题9931个，其中通过开展行业整治，打掉“沙霸”“矿霸”背后腐败和“保护伞”1200余人，[⑤] 进一步净化了市场环境，切实维护了群众切身利益。

2021年还是市、县、乡集中换届年，1月，中共中央纪委机关、中共中央组织部、国家监察委员会联合印发《关于严肃换届纪律加强换届风气监督的通知》，从严禁结党营私、拉票贿选等方面提出“十个严禁”，又针对每种情形明确“十个一律”惩处方法。[⑥] 在村（社区）“两委”集中换届过

---

① 陆丽环：《中央纪委国家监委公开通报10起典型案例释放强烈信号严查粮仓“硕鼠”》，载《中央纪委监察报》2021年12月2日，第4版。

② 韩亚栋、管筱璞：《严查转圈粮、空气粮、升溢粮等靠粮吃粮腐败问题粮库除蛀》，载《中国纪检监察报》2021年10月22日，第4版。

③《湖南坚决整治粮食购销领域乱象》，载三湘风纪网，http：//www. sxfj. gov. cnnews222250784. html，最后访问时间：2022年2月27日。

④《全国扫黑除恶专项斗争总结表彰大会在京召开　部署常态化开展扫黑除恶斗争》，载中共中央政法委-中国长安网，http：//www. chinapeace. gov. cn/chinapeace/c100007/2021-03/30/content_12468913. shtml，最后访问时间：2022年2月27日。

⑤ 陆丽环：《纪检监察机关构建“打伞破网”常态化机制　查处沙霸矿霸保护伞1200余人》，载《中国纪检监察报》2022年2月14日，第1版。

⑥ 王卓：《坚持教育在先、警示在先、预防在先　严禁拉票贿选、跑官要官等行为　绷紧换届纪律弦》，载《中国纪检监察报》2021年4月12日，第4版。

程中，持续整治“村霸”等黑恶势力干扰侵蚀基层政权等问题，严格落实“两委”人员资格联审制度，细化候选人负面清单，共取消 9.3 万名不符合条件人员参选资格，把存在“村霸”、涉黑涉恶等问题人员挡在门外。[①] 常态化扫黑除恶合民意、得民心，向全社会释放了扫黑除恶始终在路上的强烈信号，有利于让人民群众切实感受到公平正义就在身边。

（四）围绕巩固拓展脱贫攻坚成果同乡村振兴有效衔接开展过渡期专项监督

2021 年全国纪检监察机关共查处巩固拓展脱贫攻坚成果同乡村振兴有效衔接方面腐败和作风问题 1.9 万个，批评教育帮助和处理 2.7 万人，其中给予党纪政务处分 1.7 万人。[②] 各地对“过渡期”群众身边出现的“微腐败”问题坚决亮剑，如湖南省出台的《“十四五”巩固拓展脱贫攻坚成果同乡村振兴有效衔接规划》提出，加强农村小微权力监督和基层微腐败整治。广西壮族自治区聚焦过渡期责任落实、产业发展、政策项目资金等七个方面强化监督，查处问题 1580 个，处分 1231 人。[③]

四、2021 年猎“狐狸”

（一）追逃突破标志性个案

2021 年，一再粉碎腐败分子企图“贪了就跑”的美梦。从涉案领域看，在国企领域，8 月 31 日，涉嫌受贿罪的中国铁路工程集团有限公司原党委副书记周孟波在境外落网并被遣返回国，他是中央追逃办成立以来从境外缉捕的级别最高的外逃腐败分子。[④] 在金融领域，10 月 2 日，涉嫌受贿罪、违法发放贷款罪的辽宁省辽阳农村商业银行原党委副书记、行长姜冬梅在境外落网并被遣返回国，她被定性为“涉案金额巨大，精心谋划出逃，性

---

① 赵兵：《驰而不息纠“四风”树新风》，载《人民日报》2022 年 1 月 14 日，第 4 版。

② 赵乐际：《运用党的百年奋斗历史经验推动纪检监察工作高质量发展　迎接党的二十大胜利召开——在中国共产党第十九届中央纪律检查委员会第六次全体会议上的工作报告（2022 年 1 月 18 日）》，载《人民日报》2022 年 2 月 25 日，第 2 版。

③ 《全面推动纪检监察工作高质量发展　为凝心聚力建设新时代中国特色社会主义壮美广西提供坚强保障》，载《广西日报》2021 年 12 月 8 日，第 1 版。

④ 王琦、张研：《“天网”恢恢有逃必追——新时代纪检监察工作高质量发展之“国际合作篇”》，载《光明日报》2022 年 1 月 16 日，第 1 版。

质和影响特别恶劣”。[①] 从出逃年限看，11 月 14 日，外逃 20 年的职务犯罪嫌疑人、中国银行开平支行原行长许国俊被强制遣返回国，[②] 深刻贯彻了习近平总书记所说的“5 年、10 年、20 年都要追，要切断腐败分子的后路”。[③] 生动表明党中央有逃必追、一追到底的意志和决心坚定不移，传递出继续加大反腐败国际追逃追赃工作力度，决不让腐败分子逍遥法外的强烈信号。

（二）追赃大超历史记录

2021 年被定为“追赃工作年”。根据“天网 2021”行动统一部署，中国人民银行会同公安部开展预防、打击利用离岸公司和“地下钱庄”向境外转移赃款专项行动，既持续打击通过“地下钱庄”洗钱行为，又重视打击近年出现的通过虚拟货币等方式洗钱行为，有力地维护了国家和人民的利益。“天网 2021”行动追回外逃人员 1273 人，其中“红通人员”22 人、监察对象 318 人；追回赃款 167.4 亿元，[④] 首次突破百亿元，超过 2015 年以来最高额（2019 年 54.2 亿）的 3 倍。

（三）加强司法判“狐”

12 月 9 日，潜逃境外 20 年的“红通人员”程三昌贪污案公开庭审，程三昌案是我国首起适用刑事缺席审判程序审理的外逃被告人贪污案，也成为十九大以来追逃追赃和法治建设的标志性案件。[⑤] 11 月 15 日，“百名红通人员”、武汉市原发改委主任徐进贪污、受贿违法所得没收申请一案在湖北省武汉市中级人民法院公开宣判。法院依法裁定没收武汉市黄陂区滠口渔场 780.67 亩国有土地使用权以及徐进受贿所得的 8 套房产、3 个车位及 1

---

① 王卓：《引领反腐败国际合作的中国实践》，载《中国纪检监察报》2021 年 12 月 9 日，第 4 版。

② 李志勇：《许国俊归案标志着开平支行案追逃追赃取得重大成果：20 年也要追回来》，载《中国纪检监察报》2021 年 11 月 19 日，第 4 版。

③ 《习近平在十八届中央纪委三次全会上发表重要讲话强调　强化反腐败体制机制创新和制度保障　深入推进党风廉政建设和反腐败斗争》，载《人民日报》2014 年 1 月 15 日，第 1 版。

④ 赵乐际：《运用党的百年奋斗历史经验推动纪检监察工作高质量发展　迎接党的二十大胜利召开——在中国共产党第十九届中央纪律检查委员会第六次全体会议上的工作报告（2022 年 1 月 18 日）》，载《人民日报》2022 年 2 月 25 日，第 2 版。

⑤ 瞿芃：《不断提升不敢腐不能腐不想腐一体推进综合效能》，载《中国纪检监察报》2022 年 1 月 9 日，第 1 版。

辆奥迪轿车。[①] 徐进案是适用特别没收程序对外逃腐败分子违法所得作出没收裁定的典型案例，作为追逃追赃的有效法律武器，违法所得没收程序有助于最大程度挽回国家损失。

（四）严打涉腐洗钱行为

2021 年 3 月 1 日起施行的《刑法修正案（十一）》将跨境转移不法资产纳入洗钱罪行为方式，“自洗钱”行为单独入罪。[②] 该法条的修订降低洗钱罪入罪门槛，让国家有效预防、惩治洗钱违法犯罪以及境外追逃追赃有法可依。2021 年全国检察机关审结涉腐洗钱犯罪案件 259 件，是 2020 年的 2. 56 倍；审结涉腐洗钱犯罪案件数量占同期所有审结贪污贿赂案件数量比重为 2%，是 2020 年的 2 倍。[③]

（五）积极参与全球反腐治理

2021 年 6 月，联合国大会首次举行反腐败问题特别会议。中国在联合国大会反腐败问题特别会议上提出的反腐败国际合作“四项主张”，即“坚持公平正义、惩恶扬善”“坚持尊重差异、平等互鉴”“坚持合作共赢、共商共建”“坚持信守承诺、行动优先”。12 月 13 日，《联合国反腐败公约》第九届缔约国会议在埃及开幕，中央纪委副书记、国家监委副主任傅奎线上出席。[④] 此外，不断深化“一带一路”反腐败务实合作，落实廉洁丝绸之路北京倡议，在联合国反腐败公约框架下加强反腐败国际合作，与联合国毒罪办共同开展“丝绸之路经济带”反腐败项目，积极参加二十国集团、亚太经合组织和金砖国家等多边反腐败机制，向国际社会介绍廉洁丝绸之路建设经验。

五、2021 年巡视巡察

2021 年，中央两轮巡视共覆盖 57 个党组织。至此，十九届中央巡视已累计完成对 254 个地方、单位党组织的巡视，巡视覆盖率达 91. 7%。31 个

---

① 王卓：《“百名红通人员”徐进违法所得没收案宣判　追逃追赃法治化再加力》，载《中国纪检监察报》2021 年 11 月 20 日，第 4 版。

② 《刑法修正案（十一）》，载中国人大网，http：//www. npc. gov. cn/npc/c30834/202012/850abff47854495e9871997bf64803b6. shtml，最后访问时间：2022 年 2 月 27 日。

③ 王卓：《2021 年审结涉腐洗钱犯罪案件 259 件 11 部门联合开展打击治理洗钱违法犯罪三年行动　让赃款在境内藏不住转不出》，载《中国纪检监察报》2022 年 2 月 9 日，第 4 版。

④ 《中国代表呼吁坚持公平正义　加强反腐败国际合作》，载《中国纪检监察报》2021 年 12 月 15 日，第 3 版。

省区市和新疆生产建设兵团党委巡视机构的巡视覆盖率超过99%，[①] 其中，2021年换届的14个省区市已全部完成全覆盖。全国市县党委2021年共巡察党组织13.5万个，完成市、县两级巡察全覆盖。[②]

（一）高质量推进巡视全覆盖，形成同题共答合力

2021年开展了两轮中央常规巡视，分别对教育部和31所中管高校、25家金融单位开展监督检查。9月，十九届中央第七轮巡视全部完成，15个中央巡视组分别向教育部和31所中管高校进行了"一对一"反馈，指出高校政治建设、落实立德树人根本任务、执行党委领导下的校长负责制、做好新时代意识形态工作等方面存在的突出问题。[③] 10月，十九届中央第八轮巡视的15个巡视组完成对25家金融单位的巡视进驻工作，着力查找金融单位落实党中央关于金融工作重大决策部署存在的偏差，督促整治影响制约金融业高质量发展的主要矛盾和突出问题。[④]

2021年，两轮中央巡视共受理群众信访8.3万件次，全国各省区市巡视巡察机构共受理信访48.7万件次，[⑤] 着力发现和推动解决教育、金融、医疗、养老社保、生态环保、执法司法等领域一批群众急难愁盼问题，人民群众获得感成色更足、幸福感更可持续、安全感更有保障。2021年两轮巡视，中央巡视组共听取党委（党组）工作汇报和专题汇报260余次，与领导干部个别谈话9360余人次，下沉一线调研2880余次。[⑥] 各省区市党委完成对2284个党组织的巡视，覆盖率达到99%；市、县两级巡察党组织13.5万个，覆盖率达到100%。[⑦] 被巡视党组织对政治巡视的理解和认识不

---

① 范思翔：《利剑高悬　标本兼治——新时代纪检监察工作高质量发展之"监督篇"》，载《光明日报》2022年1月15日，第1版。

② 马直辰：《坚守政治定位　深化上下联动　发挥巡视综合监督作用》，载《中国纪检监察》2022年第2期。

③ 王卓、吕佳蓉：《推动巡视整改见真章求实效　纪检监察机关强化中央巡视整改日常监督》，载《中国纪检监察报》2021年12月14日，第1版。

④ 王卓、吕佳蓉：《十九届中央第八轮巡视完成进驻》，载《中国纪检监察报》2021年10月14日，第1版。

⑤ 范思翔：《利剑高悬标本兼治——新时代纪检监察工作高质量发展之"监督篇"》，载《光明日报》2022年1月15日，第1版。

⑥ 王昊魁：《履行第一职责　推动制度优势转化为治理效能》，载《光明日报》2022年1月17日，第5版。

⑦ 赵乐际：《运用党的百年奋斗历史经验推动纪检监察工作高质量发展　迎接党的二十大胜利召开——在中国共产党第十九届中央纪律检查委员会第六次全体会议上的工作报告（2022年1月18日）》，载《人民日报》2022年2月25日，第2版。

断提高，主动接受监督的意识不断增强，共同查找问题的自觉不断提升。

（二）深化上下联动和统筹衔接，发挥一体谋划优势

2021 年，为强化上级纪委监委对下级纪委监委的领导，制定了《中央纪委国家监委关于进一步加强纪律监督、监察监督、派驻监督、巡视监督统筹衔接的意见》。中央巡视机构组织完成对 31 个省区市和新疆生产建设兵团党委巡视工作现场指导督导，并选择 7 个省区市开展市级巡察机构在上下联动中更好发挥作用试点工作。①

2021 年 9 月，为配合中央纪委国家监委开展的粮食购销领域腐败问题专项整治，中央巡视工作领导小组部署 31 个省区市和新疆生产建设兵团巡视巡察机构同步开展涉粮问题专项巡视巡察。这是《中央纪委国家监委关于进一步加强纪律监督、监察监督、派驻监督、巡视监督统筹衔接的意见》颁布以来，在全国第一次围绕重点工作统筹部署省市县三级巡视巡察机构开展专项巡视巡察。各级党委共派出 2704 个巡视巡察组，对 1.4 万余个涉粮党组织开展监督检查，发现粮食收购、销售、存储等环节存在的腐败和不正之风问题 3.7 万余个，为促进治理粮食购销系统性腐败问题发挥了重要作用。②

（三）强化巡视整改落实和成果运用，彰显标本兼治作用

2021 年 10 月，中央第六轮巡视的 32 个被巡视地方、单位集中向社会公开整改进展情况。被巡视党组织抓巡视整改的主体责任增强，坚持全面整改、突出重点，举一反三、查补漏洞。巡视反馈的 2052 个问题中，1671 个已完成整改或取得阶段性成效。③

第七轮巡视整改中，教育部一方面抓好自身整改，另一方面指导督促 31 所高校做好巡视整改，专门成立指导督促组，聚焦巡视反馈的“六个不足”突出问题，通过实地检查、视频调度等方式，“一校一策”加强指导督促，推动高校整改取得实效。为综合用好巡视成果，针对巡视发现的共性、深层次问题加强分析研究，两轮中央巡视共向党中央和国务院分管领导报

---

① 杨文佳：《坚守政治定位　深化上下联动　发挥巡视综合监督作用》，载《中国纪检监察报》2022 年 1 月 11 日，第 1 版。

② 张洋：《全面从严治党永远在路上——巡视巡察上下联动》，载《人民日报》2022 年 1 月 18 日，第 19 版。

③ 孟祥夫：《聚焦“两个维护”强化政治监督——新时代纪检监察工作高质量发展系列报道之一》，载《人民日报》2022 年 1 月 13 日，第 1 版。

送巡视情况 11 次，向中央改革办提供巡视专题报告 13 份。①

六、反腐败党规国法

（一）《监察官法》公布

2021 年 8 月 20 日，全国人民代表大会常务委员会第三十次会议通过并公布《监察官法》，自 2022 年 1 月 1 日起施行，共计 9 章 68 条。这是继《监察法》《公职人员政务处分法》之后，又一部关于深化国家监察体制改革的立法。《监察官法》第 5 章第 38 条明确规定："国家加强监察学科建设，鼓励具备条件的普通高等学校设置监察专业或者开设监察课程"，首次在法律成文中鼓励加强监察学科建设。

（二）《监察法实施条例》公布并实施

2021 年 9 月 20 日，《监察法实施条例》公布并于当日起施行。《监察法实施条例》共计 9 章 287 条，包括总则、监察机关及其职责、监察范围和管辖、监察权限、监察程序、反腐败国际合作、对监察机关和监察人员的监督等内容。《监察法实施条例》是在《监察法》的基础上结合实际工作情况制定而成，体例上与《监察法》各章逐一对应，对《监察法》的原则方针进行了细化，如《监察法实施条例》第 2 章第 3 节第 26 条列举了 19 个监察机关依法调查涉嫌贪污受贿的具体罪名，为各级监察机关实践工作提供依据。《监察法实施条例》作为国家监察委员会成立后制定的第一部监察法规，对监察制度进行科学化、体系化集成，为推进监察工作法治化、规范化提供了有力保证。②

（三）《中国共产党纪律检查委员会工作条例》发布

2021 年 12 月 24 日，中共中央发布《中国共产党纪律检查委员会工作条例》，共计 8 章 59 条，对党的纪律检查委员会的领导体制、产生运行、任务职责、自身建设等作出全面规范，是首部全面规范纪委工作的基础性党内法规。③ 该条例在《中国共产党章程党章》规定"党的各级纪律检查委员

---

① 马直辰：《坚守政治定位　深化上下联动　发挥巡视综合监督作用》，载《中国纪检监察》2022 年第 2 期。

② 戴军：《把握监察法实施条例基本特点》，载《中国纪检监察报》2021 年 12 月 23 日，第 6 版。

③ 孙少龙、张研：《首部全面规范纪委工作的基础性党内法规——〈详解中国共产党纪律检查委员会工作条例〉》，载《光明日报》2022 年 1 月 6 日，第 3 版。

会是党内监督专责机关”的基础上，进一步明确了纪委是“党推进全面从严治党、开展党风廉政建设和反腐败斗争的专门力量”，“专门力量”凸显了党对纪检监察工作和反腐败斗争的集中统一领导。[①]

七、对反腐败的几点建议

党的十八大以来，反腐败力度空前、成效显著，取得压倒性胜利并全面巩固，意义重大，影响深远。同时，反腐败形势依然严峻复杂。2022 年 1 月 18 日，习近平总书记在十九届中央纪委六次全会上强调，“我们必须清醒认识到，腐败和反腐败较量还在激烈进行，并呈现出一些新的阶段性特征，防范形形色色的利益集团成伙作势、‘围猎’腐蚀还任重道远，有效应对腐败手段隐形变异、翻新升级还任重道远，彻底铲除腐败滋生土壤、实现海晏河清还任重道远，清理系统性腐败、化解风险隐患还任重道远”。如何进一步巩固发展反腐败斗争压倒性胜利？本文提出如下四个建议，四者分别侧重实践创新、制度创新、理论创新、文化创新维度。

（一）更加有力有效地用清官、惩贪官

要按照“吏治腐败是最大的腐败”这一定位，明显加大反对吏治腐败的力度，倒查选人用人失职失责者责任。要在巡视巡察中，向被巡视巡察单位干部群众了解“谁不应该提拔而提拔了，谁应该提拔而没提拔”，避免笼而统之。对广大干部群众认为该提拔而没提拔的，组织应该及时关心、了解情况、采取措施，避免让其灰心寒心乃至伤心。对广大干部群众认为不应该提拔而提拔了的，也应及时深入了解相关情况，发现并纠正背后的不正之风与腐败问题。要倒查让不该提拔者提拔、该提拔者却没提拔的领导特别是“一把手”责任。

（二）探索表彰奖励“护廉勇为”

习近平总书记等领导人曾多次引用过“礼义廉耻，国之四维”这句名言。[②] 目前，对“礼”与“义”，有广为人知的制度性表彰奖励，如表彰道德模范、见义勇为人员。建议借鉴表彰“见义勇为”的成熟做法，探索开展“护廉勇为”表彰奖励，设立“护廉勇为基金”，对敢于与贪污腐败现象

---

① 王卓：《深化纪检监察体制改革的重要举措》，载《中国纪检监察报》2022 年 1 月 10 日，第 1 版。

② 2014 年 5 月 4 日习近平总书记在北京大学师生座谈会上发表的重要讲话。

做坚决斗争、在守护清廉方面表现突出的人员进行激励，进一步营造不敢腐不想腐、想廉敢廉的良好氛围。

（三）全面推进清廉建设的理论研究阐释

中共中央政治局常委、中央纪委书记赵乐际2021年1月22日在中央纪委五次全会工作报告中明确要求“大力推进清廉建设”，把“清廉建设”这样一个新命题新范畴推向了前台。那么，清廉建设的内涵与外延是什么？清廉建设和常说常见的廉政建设、反腐败斗争、党风廉政建设与反腐败斗争、反腐倡廉、正风肃纪反腐等范畴是什么关系？为什么要推进清廉建设？怎么推进清廉建设？诸如此类的问题，亟待深入研究阐释。特别是地方在开展“清廉浙江”“清廉湖南”“清廉山西”建设时，更是需要深化对清廉建设的专题研究，以避免“新瓶装旧酒”。笔者认为，清廉建设是廉政建设、反腐败工作、反腐倡廉工作、党风廉政建设和反腐败工作等的升级版，内涵更丰富，目标导向更鲜明，历史底蕴更深厚，统揽功能更强大，涉及面更广，任务更多，要求更高，是前述工作在新征程上实现高质量发展的必由之路。因此，既要一如既往做好前述工作，又不能把清廉建设等同于、局限于、停留于以上工作，切忌只是把清廉建设当作一个新口号新表述，工作因循守旧或者泛化虚化。

（四）显明并运用好廉、贪、腐三字蕴含的廉洁文化、反腐倡廉天理

推进反腐败斗争，必须加强廉洁文化建设。廉洁文化建设既要形式生动活泼，又要紧扣本体或者说核心要义、内容精髓，不能眉毛胡子一把抓，否则会不得要领甚至流于形式，起不到应有效果。廉洁文化说到底就是要崇尚廉洁、鄙弃贪腐，那么，什么是廉？什么是贪？什么是腐？为什么要廉？为什么会腐？如何反腐反贪？诸如此类的问题，答案仁者见仁智者见智，但似乎还没有从整体上言简意赅地抓住要害、形成体系。笔者认为，廉洁文化的精髓就蕴含在古人给我们留下的廉、贪、腐三个字中。我们的文字是“表意”文字，不能“望文生义”，但可以、也需要“望文生意”。要感悟、显明、运用好廉、贪、腐三字蕴含的廉洁文化，确而言之，是上述三字蕴含的反腐倡廉天理，[①] 增强廉洁文化建设与反腐败斗争的创造性实效性。

① 邓联繁：《以文化思考看待腐败问题》，载《中国纪检监察报》2015年3月23日，第4版。

撰稿专家

邓联荣，曾名邓联繁，博士，湖南工商大学马克思主义学院二级教授、院长，入选国家高层次人才特殊支持计划。主要从事宪法学研究、反腐倡廉天理党规国法研究。兼任中国廉政法制研究会副会长、中国宪法学研究会理事、中国行为法学会理事、湖南省法学会廉政法学研究中心主任。党的十八大以来，主持完成以反腐败为主题的国家社科基金项目 2 项、省部级项目 12 项，出版《给制度做做“廉洁体检”》《巡视制度原理与巡视条例完善研究》《建设廉洁中国》3 部独著。

李仕豪，硕士，湖南工商大学马克思主义学院教师，主要从事反腐倡廉研究、社会学研究。

第十三章 2021年网络法治专题报告

王春晖

报告要旨

2021年是我国实施《国民经济和社会发展第十四个五年规划和2035年远景目标纲要》的开局之年，也是中国共产党成立100周年。这一年，在习近平法治思想指引下，中央全面部署法治中国和法治政府的数字化建设，网络与数据领域多部重要法律法规密集出台，网络与数据监管与执法力度不断加大，“净网2021”专项行动的工作取得的良好成效，重点整治互联网平台屏蔽网址链接，加大治理网络交易与网络直播乱象，集中开展“清朗·‘饭圈’乱象整治”专项行动，平台经济领域反垄断执法持续推进，强化境外上市数据安全审查等，成绩可点可圈，行动持续发力。

核心建议

1. 深入学习宣传习近平法治思想，贯彻落实中共中央《法治中国建设规划（2020-2025年）》，加快公共法律服务实体平台、热线平台、网络平台有机融合，建设覆盖全业务、全时空的公共法律服务网络。

2. 做好第八个五年法治宣传教育工作，拓展普法网络平台。强化全国智慧普法平台功能，推动与中国庭审公开网、中国裁判文书网等网络平台的信息共享。

3. 加强《个人信息保护法》《数据安全法》的宣传普及力度，完善数据安全法、个人信息保护法配套规则，严厉打击平台企业超范围收集个人信息、超权限调用个人信息等违法行为。从严管控非必要采集数据行为，依法依规打击黑市数据交易、大数据杀熟等数据违法行为。

4. 继续加强对平台经济领域的反垄断和执法力度，强化超大型互联网平台责任，包括平等治理、开放生态、数据管理、内部治理、风险评估与防范、安全审计、促进创新等。

5. 继续强化对移动互联网应用程序（App）的治理，App运营者不得因用户不同意收集非必要个人信息，而拒绝用户使用App基本功能服务，严禁强制授权、过度索权、超范围收集个人信息的情形。

6. 建立数据要素流通规则，在保护个人隐私和确保数据安全的前提下，分级分类、分步有序推动部分领域数据流通应用，要规范培育数据交易市场主体，发展数据资产评估、登记结算、交易撮合、争议仲裁等市场运营体系，稳妥开展数据资产化服务。

7. 强化对算法技术滥用的治理与监管，健全算法安全治理政策法规，加快制定算法管理规定，明确算法管理主体、管理范围、管理要求和法律责任等，完善算法安全治理措施，制定标准、指南等配套文件。

8. 构建数字经济法治保障体系，重点研究以现代信息网络为主要载体，以数据资源为关键要素，以新一代信息通信技术与实体经济深度融合应用的法治保障体系，依法推动我国数字经济健康发展。

一、2021年网络法治实施的总体状况

2021年是我国实施“十四五”规划开局第一年，也是我们党成立100周年。在习近平法治思想指引下，深入贯彻落实党的十九届六中全会精神，不断提升网络与数据治理能力，密集出台了多部网络与数据领域重要法律法规，加大平台经济反垄断和网络竞争领域的执法和立法力度，全面布局数据安全领域的立法与标准，强化数据安全审查，继续严厉打击电信网络

诈骗，反电信网络诈骗法进入立法程序，持续开展对移动互联网应用程序（App）侵害用户权益的整治行动，加强网络交易与网络直播立法与监管，治理互联网信息服务算法推荐，特别是《个人信息保护法》《数据安全法》《关键信息基础设施安全保护条例》的实施，为我国个人信息保护、数据安全和关键信息基础设施安全提供了强有力的支撑。这一年，我国网络与数据法治领域可点可圈，取得了令人瞩目的成绩。

（一）中共中央印发《法治中国建设规划（2020—2025年）》

2021年1月10日，中共中央印发了《法治中国建设规划（2020—2025年）》（以下简称《规划》）。《规划》提出，建设法治中国，应当实现法律规范科学完备统一，执法司法公正高效权威，权力运行受到有效制约监督，人民合法权益得到充分尊重保障，法治信仰普遍确立，法治国家、法治政府、法治社会全面建成。到2025年，党领导全面依法治国体制机制更加健全，以宪法为核心的中国特色社会主义法律体系更加完备，职责明确、依法行政的政府治理体系日益健全，相互配合、相互制约的司法权运行机制更加科学有效，法治社会建设取得重大进展，党内法规体系更加完善，中国特色社会主义法治体系初步形成。

《规划》强调，要加强科技和信息化保障。充分运用大数据、云计算、人工智能等现代科技手段，全面建设“智慧法治”，推进法治中国建设的数据化、网络化、智能化。优化整合法治领域各类信息、数据、网络平台，推进全国法治信息化工程建设。加快公共法律服务实体平台、热线平台、网络平台有机融合，建设覆盖全业务、全时空的公共法律服务网络。《规划》强调，加强信息技术领域立法，及时跟进研究数字经济、互联网金融、人工智能、大数据、云计算等相关法律制度，抓紧补齐短板。

（二）中共中央、国务院印发《法治政府建设实施纲要（2021—2025年）》

2021年8月11日，中共中央、国务院印发《法治政府建设实施纲要（2021—2025年）》（以下简称《实施纲要》）。《实施纲要》提出，要健全法治政府建设科技保障体系，全面建设数字法治政府，坚持运用互联网、大数据、人工智能等技术手段促进依法行政，着力实现政府治理信息化与法治化深度融合，优化革新政府治理流程和方式，大力提升法治政府建设数字化水平。

《实施纲要》要求，加快推进信息化平台建设，各省（自治区、直辖市）统筹建成本地区各级互联、协同联动的政务服务平台，实现从省（自治区、直辖市）到村（社区）网上政务全覆盖。加快推进政务服务向移动端延伸，实现更多政务服务事项“掌上办”。分级分类推进新型智慧城市建设，促进城市治理转型升级。加强政府信息平台建设的统筹规划，优化整合各类数据、网络平台，防止重复建设。

《实施纲要》强调，要加快推进政务数据有序共享。第一，建立健全政务数据共享协调机制，进一步明确政务数据提供、使用、管理等各相关方的权利和责任，推动数据共享和业务协同，形成高效运行的工作机制，构建全国一体化政务大数据体系，加强政务信息系统优化整合。第二，加快推进身份认证、电子印章、电子证照等统一认定使用，优化政务服务流程。加强对大数据的分析、挖掘、处理和应用，善于运用大数据辅助行政决策、行政立法、行政执法工作。第三，建立健全运用互联网、大数据、人工智能等技术手段进行行政管理的制度规则。第四，在依法保护国家安全、商业秘密、自然人隐私和个人信息的同时，推进政府和公共服务机构数据开放共享，优先推动民生保障、公共服务、市场监管等领域政府数据向社会有序开放。

（三）《国民经济和社会发展第十四个五年规划和 2035 年远景目标纲要》构建数字规则体系

《国民经济和社会发展第十四个五年规划和 2035 年远景目标纲要》明确提出，坚持放管并重，促进发展与规范管理相统一，构建数字规则体系，营造开放、健康、安全的数字生态。该规划重点从四个方面营造良好数字生态：一是建立健全数据要素市场规则；二是营造规范有序的政策环境；三是加强网络安全保护；四是推动构建网络空间命运共同体。

1. 建立健全数据要素市场规则

统筹数据开发利用、隐私保护和公共安全，加快建立数据资源产权、交易流通、跨境传输和安全保护等基础制度和标准规范。建立健全数据产权交易和行业自律机制，培育规范的数据交易平台和市场主体，发展数据资产评估、登记结算、交易撮合、争议仲裁等市场运营体系。加强涉及国家利益、商业秘密、个人隐私的数据保护，加快推进数据安全、个人信息保护等领域基础性立法，强化数据资源全生命周期安全保护。完善适用于大数据环境下的数据分类分级保护制度。加强数据安全评估，推动数据跨境安全有序流动。

2. 营造规范有序的政策环境

构建与数字经济发展相适应的政策法规体系。健全共享经济、平台经济和新个体经济管理规范，清理不合理的行政许可、资质资格事项，支持平台企业创新发展、增强国际竞争力。依法依规加强互联网平台经济监管，明确平台企业定位和监管规则，完善垄断认定法律规范，打击垄断和不正当竞争行为。探索建立无人驾驶、在线医疗、金融科技、智能配送等监管框架，完善相关法律法规和伦理审查规则。健全数字经济统计监测体系。

3. 加强网络安全保护

健全国家网络安全法律法规和制度标准，加强重要领域数据资源、重要网络和信息系统安全保障。建立健全关键信息基础设施保护体系，提升安全防护和维护政治安全能力。加强网络安全风险评估和审查。加强网络安全基础设施建设，强化跨领域网络安全信息共享和工作协同，提升网络安全威胁发现、监测预警、应急指挥、攻击溯源能力。加强网络安全关键技术研发，加快人工智能安全技术创新，提升网络安全产业综合竞争力。加强网络安全宣传教育和人才培养。

4. 推动构建网络空间命运共同体

推进网络空间国际交流与合作，推动以联合国为主渠道、以联合国宪章为基本原则制定数字和网络空间国际规则。推动建立多边、民主、透明的全球互联网治理体系，建立更加公平合理的网络基础设施和资源治理机制。积极参与数据安全、数字货币、数字税等国际规则和数字技术标准制定。推动全球网络安全保障合作机制建设，构建保护数据要素、处置网络安全事件、打击网络犯罪的国际协调合作机制。向欠发达国家提供技术、设备、服务等数字援助，使各国共享数字时代红利。积极推进网络文化交流互鉴。

（四）《个人信息保护法》颁布实施

2021 年 8 月 20 日，国家主席习近平签署第九十一号令，正式颁布《个人信息保护法》，自 2021 年 11 月 1 日起施行。《个人信息保护法》共 8 章 74 四条，这是我国第一部在个人信息保护领域的基础性、综合性立法，具有十大突出亮点。

1. 个人信息的“保护”和“利用”同步推进

《个人信息保护法》第 1 条规定：“为了保护个人信息权益，规范个人信息处理活动，促进个人信息合理利用，根据宪法，制定本法。”事实上，

“规范个人信息处理活动”处于整个《个人信息保护法》的核心地位，只有夯实“规范个人信息处理活动”这个关键环节，才能确保实现保护个人信息权益和促进个人信息合理利用之目的。《个人信息保护法》的立法宗旨，是在确保个人信息安全的前提下，依法促进个人信息的合理利用，“保护”个人信息和“促进”合理利用要同步推进。

2. 完善了“个人信息”的内涵

《个人信息保护法》第4条第1款明确了“个人信息”的定义：“个人信息是以电子或者其他方式记录的与已识别或者可识别的自然人有关的各种信息，不包括匿名化处理后的信息。”《个人信息保护法》的上述定义与《民法典》《网络安全法》以及《最高人民法院、最高人民检察院关于办理侵犯公民个人信息刑事案件适用法律若干问题的解释》中的“个人信息”最大的不同在于，《个人信息保护法》的定义增加了“不包括匿名化处理后的信息”，即明确了“个人信息”经匿名化处理后不属于个人信息，无须适用《个人信息保护法》的相关规定，体现了“保护”与“利用”的并重。

3. 确立个人信息处理的基本原则

《个人信息保护法》确立的处理个人信息的重要法律原则包括：遵循合法、正当、必要和诚信原则；采取对个人权益影响最小的方式，限于实现处理目的的最小范围原则；处理个人信息应当遵循公开、透明原则；处理个人信息应当保证个人信息质量原则；采取必要措施确保个人信息安全原则等。

《个人信息保护法》总则部分中的两个“最小原则”，是个人信息处理应遵循的核心原则。《个人信息保护法》第6条规定：“处理个人信息应当具有明确、合理的目的，并应当与处理目的直接相关，采取对个人权益影响最小的方式。收集个人信息，应当限于实现处理目的的最小范围，不得过度收集个人信息。”

4. 确立了“告知——知情——同意”的个人信息处理规则

《个人信息保护法》不仅是确立了以“告知——同意”的个人信息处理规则，而且构建了以“告知——知情——同意”为核心的个人信息处理规则体系。个人信息处理者“告知”的目的是确保被告知者的充分“知情”，只有被告知者在充分知情的前提下才能自愿、明确地作出决定。《个人信息保护法》第14条明确规定：“基于个人同意处理个人信息的，该同意应当由个人在充分知情的前提下自愿、明确作出。法律、行政法规规定处理个人信息应当取得个人单独同意或者书面同意的，从其规定。”

5. 确立了敏感个人信息的认定与保护规则

《个人信息保护法》没有对自然人的隐私信息作出专门规定，而是将个人信息分为敏感信息和非敏感信息，并设专节设置了“敏感个人信息的处理规则”。《个人信息保护法》第28条给出了“敏感个人信息”的定义，即“敏感个人信息是一旦泄露或者非法使用，容易导致自然人的人格尊严受到侵害或者人身、财产安全受到危害的个人信息，包括生物识别、宗教信仰、特定身份、医疗健康、金融账户、行踪轨迹等信息，以及不满十四周岁未成年人的个人信息”。

《个人信息保护法》对处理敏感个人信息作出了严格的限制性规定，即在履行“告知—知情—同意”原则的基础上，只有在具有特定的目的和充分的必要性，并采取严格保护措施的情形下，个人信息处理者方可处理敏感个人信息。特别是处理敏感个人信息应当取得个人的单独同意。

6. 规范自动化决策与遏制“大数据杀熟”

针对“大数据杀熟”“用户画像”和“算法推荐”等涉及个人信息自动化决策的热点问题，《个人信息保护法》第24条作出了明确规定：第一，个人信息处理者利用个人信息进行自动化决策，应当保证决策的透明度和结果公平、公正，不得对个人在交易价格等交易条件上实行不合理的差别待遇；第二，通过自动化决策方式向个人进行信息推送、商业营销，应当同时提供不针对其个人特征的选项，或者向个人提供便捷的拒绝方式；第三，通过自动化决策方式作出对个人权益有重大影响的决定，个人有权要求个人信息处理者予以说明，并有权拒绝个人信息处理者仅通过自动化决策的方式作出决定。

7. 明确个人信息跨境提供规则

《个人信息保护法》第38八条明确了个人信息跨境提供的基本规则，即个人信息处理者因业务等需要，确需向中华人民共和国境外提供个人信息的，应当具备以下四项条件之一：一是依照《个人信息保护法》第40条的规定通过国家网信部门组织的安全评估；二是按照国家网信部门的规定经专业机构进行个人信息保护认证；三是按照国家网信部门制定的标准合同与境外接收方订立合同，约定双方的权利和义务；四是法律、行政法规或者国家网信部门规定的其他条件。

8. 明确个人在个人信息处理活动中的七项权利

《个人信息保护法》构建了个人在个人信息处理活动中的七项权利：一是知情同意权，收集和使用公民个人信息必须遵循合法、正当、必要原则，且目的必须明确并经用户的知情同意。二是决定权，有权限制、拒绝或撤回他人对其个人信息的处理。三是查阅复制权，个人有权向个人信息处理者查阅、复制其个人信息。四是个人信息可携带权，个人请求将个人信息转移至其指定的个人信息处理者，符合国家网信部门规定条件的，个人信息处理者应当提供转移的途径。五是更正补充权，个人发现其个人信息不准确或者不完整的，有权请求个人信息处理者更正、补充。六是删除权，在五种情形下，个人信息处理者应当主动删除个人信息；个人信息处理者未删除的，个人有权请求删除：（1）处理目的已实现、无法实现或者为实现处理目的不再必要；（2）个人信息处理者停止提供产品或者服务，或者保存期限已届满；（3）个人撤回同意；（4）个人信息处理者违反法律、行政法规或者违反约定处理个人信息；（5）法律、行政法规规定的其他情形。七是规则解释权，个人有权要求个人信息处理者对其个人信息处理规则进行解释说明。

9. 强调重要互联网平台的“守门人”责任

鉴于重要互联网平台掌握海量用户数据，一旦发生信息泄露或滥用，可能导致严重后果，《个人信息保护法》专门要求其履行“守门人”角色，并承担更多责任，主要包括：（1）应按照国家规定建立健全个人信息保护合规制度体系；（2）成立主要由外部成员组成的独立机构进行监督；（3）遵循公开、公平、公正的原则制定平台规则；（4）对严重违法处理个人信息的平台内产品或服务提供者停止提供服务；（5）定期发布个人信息保护社会责任报告并接受社会监督等。

10. 确立个人信息处理者侵权责任的过错推定

《个人信息保护法》第69条规定：“处理个人信息侵害个人信息权益造成损害，个人信息处理者不能证明自己没有过错的，应当承担损害赔偿等侵权责任。前款规定的损害赔偿责任按照个人因此受到的损失或者个人信息处理者因此获得的利益确定；个人因此受到的损失和个人信息处理者因此获得的利益难以确定的，根据实际情况确定赔偿数额。”

“个人信息处理者不能证明自己没有过错的，应当承担损害赔偿等侵权责任。”这是一项“过错推定”原则，即在个人信息处理者不能证明其没有过错的情况下，就推定其有过错，应承担赔偿损害责任。

《个人信息保护法》实施后，相关重要配套法规也陆续发布。《网络数据安全管理条例（征求意见稿）》在个人信息保护法的基础进一步细化了个人信息保护处理规则，该条例要求，数据处理者处理个人信息，应当具有明确、合理的目的，遵循合法、正当、必要的原则。基于个人同意处理个人信息的，应当满足以下三项要求：一是处理的个人信息是提供服务所必需的，或者是履行法律、行政法规规定的义务所必需的；二是限于实现处理目的最短周期、最低频次，采取对个人权益影响最小的方式；三是不得因个人拒绝提供服务必需的个人信息以外的信息，拒绝提供服务或者干扰个人正常使用服务。

该条例明确了个人信息处理规则应当包括但不限于以下七项内容：（1）依据产品或者服务的功能明确所需的个人信息，以清单形式列明每项功能处理个人信息的目的、用途、方式、种类、频次或者时机、保存地点等，以及拒绝处理个人信息对个人的影响；（2）个人信息存储期限或者个人信息存储期限的确定方法、到期后的处理方式；（3）个人查阅、复制、更正、删除、限制处理、转移个人信息，以及注销账号、撤回处理个人信息同意的途径和方法；（4）以集中展示等便利用户访问的方式说明产品服务中嵌入的所有收集个人信息的第三方代码、插件的名称，以及每个第三方代码、插件收集个人信息的目的、方式、种类、频次或者时机及其个人信息处理规则；（5）向第三方提供个人信息情形及其目的、方式、种类，数据接收方相关信息等；（6）个人信息安全风险及保护措施；（7）个人信息安全问题的投诉、举报渠道及解决途径，个人信息保护负责人联系方式。

随着《个人信息保护法》及相关配套规定的实施，将对保护个人信息安全提供强大的法律支撑。2021 年，全国公安机关坚持把人民群众放在心中最高位置，高擎法律利剑，始终保持对侵犯公民个人信息犯罪的高压严打态势，聚焦网上贩卖公民个人信息犯罪新动向，紧盯“暗网”等隐秘部位全力开展侦查攻坚，这一年共侦办侵犯公民个人信息案件 9800 余起，抓获犯罪嫌疑人 1.7 万余名。①

（五）统筹布局数据安全领域立法

2021 年，我国数据安全领域重要立法密集出台，数据法治体系进一步

① 《2021 年共破获侵犯公民个人信息案件 9800 余起！十大典型案例公布》，载腾讯网，https：//new. qq. com/omn/20220112/20220112A05UKU00. html，最后访问时间：2022 年 4 月 13 日。

充实完善。2021 年 6 月 10 日，国家主席习近平签署了第八十四号主席令，正式颁布《数据安全法》，自 2021 年 9 月 1 日起施行。《数据安全法》体现了总体国家安全观的立法目标，聚焦数据安全领域的突出问题，确立了数据分类分级管理，建立了数据安全风险评估、监测预警、应急处置，数据安全审查等基本制度，并明确了相关主体的数据安全保护义务，这是我国首部有关数据安全的基础性法律。

《数据安全法》实行中央国安委统筹协调下的行业监管机制：第一，中央国家安全领导机构负责国家数据安全工作的决策和议事协调，研究制定、指导实施国家数据安全战略和有关重大方针政策，统筹协调国家数据安全的重大事项和重要工作；第二，各地区、各部门对本地区、本部门工作中收集和产生的数据及数据安全负责；第三，工业、电信、交通、金融、自然资源、卫生健康、教育、科技等主管部门承担本行业、本领域数据安全监管职责；第四，公安机关、国家安全机关等依照本法和有关法律、行政法规的规定，在各自职责范围内承担数据安全监管职责；第五，国家网信部门依照《数据安全法》和有关法律、行政法规的规定，负责统筹协调网络数据安全和相关监管工作。

《数据安全法》采用数据的“重要程度”+“危害程度”的立法手段，确立了数据实行分类分级保护制度，特别是将“关系国家安全、国民经济命脉、重要民生、重大公共利益等数据”列为“国家核心数据”，实行更加严格的管理制度。《数据安全法》从国家层面提出了数据先分类后分级，是确定数据保护和利用之间平衡点的一个重要依据，为政务数据、企业数据、工业数据和个人数据的保护奠定了法律基础。

《数据安全法》第 27 条至第 30 条明确了数据处理者履行数据安全的四项重要合规义务：第一，开展数据处理活动应当依法合规。一是开展数据处理活动应当依照法律、法规的规定；二是开展数据处理活动应当建立健全全流程数据安全管理制度，并组织开展数据安全教育培训；三是开展数据处理活动应当采取相应的技术措施和其他必要措施，保障数据安全；四是利用互联网等信息网络开展数据处理活动，应当在网络安全等级保护制度的基础上，履行上述数据安全保护义务。第二，数据处理应当为民造福并符合社会伦理道德。一是数据处理者研究开发数据技术，一定要利于促进经济社会发展；二是数据处理者研究开发数据新技术，要以增进人民福祉为目的；三是数据处理者研究开发数据新技术应当符合社会公德和伦理。第三，数据处理活动应当加强风险监测。一是开展数据处理活动应当加强风险监测，发现数据安全缺陷、漏洞等风险时，应当立即采取补救措施；二是发生数据安全事件时，应当立即采取处置措施，按照规定及时告知用户并向有关主管部门报告。第四，重要数据处理者应当定期开展数据风险评估。一是重要数据的处理者应当按照规定对其数据处理活动定期开展风险评估；二是数据风险评估报告应当向有关主管部门报送；三是风险评估报告应当包括处理的重要数据的种类、数量，开展数据处理活动的情况，面临的数据安全风险及其应对措施等。

2021 年 11 月 14 日，国家网信办公布《网络数据安全管理条例（征求意见稿）》，该条例的其性质属于国务院行政法规，以《网络安全法》《数据安全法》《个人信息保护法》三大上位法为制定依据，主要规范“网络数据安全”，重点涉及总则、一般规定、个人信息保护、重要数据安全、数据跨境安全管理、互联网平台运营者义务、监督管理、法律责任以及附则。

依据《网络数据安全管理条例（征求意见稿）》规定，国家建立数据分类分级保护制度。按照数据对国家安全、公共利益或者个人、组织合法权益的影响和重要程度，将数据分为一般数据、重要数据、核心数据，不同级别的数据采取不同的保护措施。国家对个人信息和重要数据进行重点保护，对核心数据实行严格保护。

随着《数据安全法》的实施，国家网信办会同有关部门对 2020 年的《网络安全审查办法》进行了修订，并于 2021 年 7 月 10 日向社会公开征求意见。2021 年 11 月 16 日，新修订《网络安全审查办法》经国家网信办 2021 年第 20 次室务会议审议通过，并经国家发改委、工信部、公安部、国家安全部、财政部、商务部、中国人民银行、国家市场监督管理总局、国家广播电视总局、中国证券监督管理委员会、国家保密局、国家密码管理局同意，于 12 月 28 日正式公布，自 2022 年 2 月 15 日起施行。

新修订的《网络安全审查办法》根据《数据安全法》关于“国家建立数据安全审查制度，对影响或者可能影响国家安全的数据处理活动进行国家安全审查”的规定，增加了网络安全审查重点评估采购活动、数据处理活动以及国外上市可能带来的国家安全风险，主要考虑以下七方面因素：（1）产品和服务使用后带来的关键信息基础设施被非法控制、遭受干扰或者破坏的风险；（2）产品和服务供应中断对关键信息基础设施业务连续性的危害；（3）产品和服务的安全性、开放性、透明性、来源的多样性，供应渠道的可靠性以及因为政治、外交、贸易等因素导致供应中断的风险；（4）产品和服务提供者遵守中国法律、行政法规、部门规章情况；（5）核心数据、重要数据或者大量个人信息被窃取、泄露、毁损以及非法利用、非法出境的风险；（6）上市存在关键信息基础设施、核心数据、重要数据或者大量个人信息被外国政府影响、控制、恶意利用的风险，以及网络信息安全风险；（7）其他可能危害关键信息基础设施安全、网络安全和数据安全的因素。此外，掌握超过 100 万用户个人信息的运营者赴国外上市，必须向网络安全审查办公室申报网络安全审查。

2021 年 10 月 29 日，国家网信办发布《数据出境安全评估办法（征求意见稿）》，该稿共 18 条，确立可数据出境安全评估的重点内容，数据出境安全评估应坚持事前评估和持续监督相结合、风险自评估与安全评估相结合的原则。对于需要向国家网信部门申报安全评估的，数据处理者需要先进行自评估，并提交申报书、自评估报告、与境外数据接收者订立的相关合同以及其他相关材料。

《数据环境安全评估办法（征求意见稿）》要求，数据处理者向境外提供数据，符合以下五种情形之一的，应当通过所在地省级网信部门向国家网信部门申报数据出境安全评估：一是关键信息基础设施的运营者收集和产生的个人信息和重要数据；二是出境数据中包含重要数据；三是处理个人信息达到 100 万人的个人信息处理者向境外提供个人信息；四是累计向境外提供超过 10 万人以上个人信息或者 1 万人以上敏感个人信息；五是国家网信部门规定的其他需要申报数据出境安全评估的情形。

为贯彻落实《数据安全法》等法律法规，加快推动工业和信息化领域数据安全管理工作制度化、规范化，提升工业、电信行业数据安全保护能力，防范数据安全风险，工业和信息化部公布了《工业和信息化领域数据安全管理办法（试行）（征求意见稿）》，该征求意见稿要求工业和电信数据处理者应当坚持先分类后分级，定期梳理，根据行业要求、业务需求、数据来源和用途等因素对数据进行分类和标识，形成数据分类清单。数据分类类别包括但不限于研发数据、生产运行数据、管理数据、运维数据、业务服务数据、个人信息等。工业和信息化部按照国家有关规定，根据数据遭到篡改、破坏、泄露或者非法获取、非法利用，对国家安全、公共利益或者个人、组织合法权益等造成的危害程度，将工业和电信数据分为一般数据、重要数据和核心数据三级。

2021 年 8 月 16 日，国家互联网信息办公室、国家发展和改革委员会、工业和信息化部、公安部、交通运输部联合发布《汽车数据安全管理若干规定（试行）》，自 2021 年 10 月 1 日起施行。该规定明确了汽车重要数据的概念和种类，“重要数据”是指一旦遭到篡改、破坏、泄露或者非法获取、非法利用，可能危害国家安全、公共利益或者个人、组织合法权益的数据，包括以下六类：一是军事管理区、国防科工单位以及县级以上党政机关等重要敏感区域的地理信息、人员流量、车辆流量等数据；二是车辆流量、物流等反映经济运行情况的数据；三是汽车充电网的运行数据；四是包含人脸信息、车牌信息等的车外视频、图像数据；五是涉及个人信息主体超过 10 万人的个人信息；六是国家网信部门和国务院发展改革、工业和信息化、公安、交通运输等有关部门确定的其他可能危害国家安全、公共利益或者个人、组织合法权益的数据。

该规定倡导汽车数据处理者在开展汽车数据处理活动中应坚持四项原则：一是车内处理原则，除非确有必要不向车外提供；二是默认不收集原则，除非驾驶人自主设定，每次驾驶时默认设定为不收集状态；三是精度范围适用原则，根据所提供功能服务对数据精度的要求确定摄像头、雷达等的覆盖范围、分辨率；四是脱敏处理原则，尽可能进行匿名化、去标识化等处理。

2021 年 9 月，工业和信息化部发布《关于加强车联网网络安全和数据安全工作的通知》，该通知要求，各相关企业要采取管理和技术措施，按照车联网网络安全和数据安全相关标准要求，加强汽车、网络、平台、数据等安全保护，监测、防范、及时处置网络安全风险和威胁，确保数据处于有效保护和合法利用状态，保障车联网安全稳定运行。该通知提出，按照“谁主管、谁负责，谁运营、谁负责”的原则，智能网联汽车生产企业、车联网服务平台运营企业要加强数据分类分级管理；同时提升数据安全技术保障能力，防范数据泄露、毁损、丢失、篡改、误用、滥用等风险；以及规范数据开发利用和共享使用，强化数据出境安全管理，防范在使用技术处理数据时，侵犯用户权利，危害国家安全。

2021 年 12 月 22 日，工业和信息化部公布《工业和信息化领域数据安全风险信息报送与共享工作指引（试行）》（征求意见稿），并面向社会公开征求意见。该指引明确了“数据安全风险信息”的定义，即通过检测、评估、信息搜集、授权监测等手段获取的，包括但不限于数据泄露、数据篡改、数据滥用、违规传输、非法访问、流量异常等数据安全风险，并确立了七大数据安全风险：一是数据泄露，包括但不限于数据被恶意获取，或者转移、发布到不安全环境等相关风险；二是数据篡改，包括但不限于造成数据破坏的修改、增加、删除等相关风险；三是数据滥用，包括但不限于数据超范围、超用途、超时间使用等相关风险；四是违规传输，包括但不限于数据未按照有关规定擅自进行传输等相关风险；五是非法访问，包括但不限于数据遭未授权访问等相关风险；六是流量异常，包括但不限于数据流量规模异常、流量内容异常等相关风险；七是其他信息，包括由相关政府部门组织授权监测的暴露在互联网上的数据库、大数据平台等数据资产信息，以及有关单位掌握的威胁数据安全的其他风险信息等。

该指引指出，风险信息报送，是指有关单位向工业和信息化部、地方工业和信息化主管部门、地方通信管理局报送数据安全风险信息的行为。风险信息共享，是指经工业和信息化部、地方工业和信息化主管部门、地方通信管理局审核、授权后，向有关部门、单位告知风险提示的行为。风险信息报送与共享工作坚持“及时、客观、准确、真实、完整”的原则，不得迟报、瞒报、谎报。

（六）强化平台经济领域反垄断法治建设

2021年是互联网反垄断具有标志性意义的一年，这一年国家加大了平台反垄断和网络竞争领域的执法和立法，多部平台反垄断和规范网络不正当竞争行为的规定相继出台。2021年2月7日，国务院反垄断委员会发布《关于平台经济领域的反垄断指南》，着重强调了我国《反垄断法》和配套的法规、规章、指南也适用于平台经济领域所有市场主体，要着力预防和制止平台经济领域市场主体的垄断行为，促进平台经济领域公平竞争。该指南界定了平台、平台经营者、平台内经营者及平台经济领域经营者等基础概念，提出对平台经济开展反垄断监管应当坚持保护市场公平竞争、依法科学高效监管、激发创新创造活力、维护各方合法利益的原则。

2021年8月17日，国家市场监管总局发布《禁止网络不正当竞争行为规定（征求意见稿）》，该征求意见稿对多种网络不正当竞争行为划出了明确的禁止红线，主要表现在：经营者不得利用技术手段，通过影响用户选择、限流、屏蔽、商品下架等方式，减少其他经营者之间的交易机会，实施“二选一”行为；经营者不得利用数据、算法等技术手段，通过影响用户选择或者其他方式，实施流量劫持、干扰、恶意不兼容等行为，妨碍、破坏其他经营者合法提供的网络产品或者服务正常运行；经营者不得利用技术手段调整其他经营者的网络产品或者服务在搜索结果中的自然排序位置，并实施恶意锁定；经营者不得利用数据、算法等技术手段，侵害交易相对方的知情权、选择权、公平交易权等，扰乱市场公平交易秩序；经营者不得对经营者自身或者其商品的销售状况、交易信息、经营数据、用户评价等作虚假或者引人误解的商业宣传。

2021 年 10 月 19 日，第十三届全国人大常委会第三十一次会议对《反垄断法（修正草案）》进行审议，修正草案明确规定，具有市场支配地位的经营者利用数据和算法、技术以及平台规则等设置障碍，对其他经营者进行不合理限制的，属于滥用市场支配地位的行为。2021 年 8 月 30 日，中央全面深化改革委员会第二十一次会议审议通过的《关于强化反垄断深入推进公平竞争政策实施的意见》要求，加快健全市场准入制度、公平竞争审查机制、数字经济公平竞争监管制度、预防和制止滥用行政权力排除限制竞争制度等。

2021 年 10 月 29 日，国家市场监管总局公布《互联网平台分类分级指南（征求意见稿）》《互联网平台落实主体责任指南（征求意见稿）》，《分类分级指南》科学界定了平台类别、合理划分了平台等级，强化了平台企业落实主体责任，为促进平台经济健康发展，保障各类平台用户的权益，维护社会经济秩序奠定了基础。

《分类分级指南》将平台分为以下六大类：一是网络销售类平台；二是生活服务类平台；三是社交娱乐类平台；四是信息资讯类平台；五是金融服务类平台；六是计算应用类平台，并对“超级平台”“大型平台”和“中小平台”进行了界定。《主体责任指南》重点要求超大平台落实主体责任，包括平等治理、开放生态、数据管理、内部治理、风险评估与防范、安全审计、促进创新等。除超大型平台经营者之外的其他平台经营者，应当依法依规采取相关措施，履行《主体责任指南》第 10～34 条所列各项义务，落实平台主体责任。

党的十九届六中全会审议通过的《中共中央关于党的百年奋斗重大成就和历史经验的决议》强调，强化市场监管和反垄断规制，防止资本无序扩张，维护市场秩序，激发各类市场主体特别是中小微企业活力，保护广大劳动者和消费者权益。由此可见，我国对强化市场监管和反垄断规制将深入和持续推进。2021 年 11 月 18 日，国家反垄断局正式挂牌成立，国家反垄断局的成立，标志着我国反垄断执法机构的迭代升级，体现了国家对反垄断体制机制的进一步完善，将充实反垄断监管力量，切实规范市场竞争行为，促进建设强大国内市场，为各类市场主体投资兴业、规范健康发展营造公平、透明、可预期的良好竞争环境。

2021 年是互联网反垄断具有标志性意义的一年，国家加大了互联网平台反垄断的执法力度，国家市场监管总局对多家互联网平台开除罚单，尤其令人瞩目的是国家市场监管总局依法对我国互联网巨头——阿里巴巴集团控股有限公司在中国境内网络零售平台服务市场实施“二选一”垄断行为作出的行政处罚，2021 年 4 月 10 日，国家市场监管总局依法对阿里巴巴集团滥用市场支配地位，获取不正当竞争优势等垄断行为作出的责令其停止违法行为，并处以其 2019 年销售额 4%计 182.28 亿元罚款的处罚，这项罚款金额刷新了中国互联网反垄断行政处罚的最高记录。

除了对阿里滥用市场支配地位的“二选一”开出巨额罚单，这一年，也加大了针对经营者集中的反垄断监管。2021 年 7 月 24 日，国家市场监督管理总局依法对我国互联网平台的另一巨头——腾讯公司收购中国音乐集团股权违法实施经营者集中行为作出行政处罚决定，认为本案构成违法实施的经营者集中的行为，在本项集中前，中国音乐集团由自然人（略）共同控制；本项集中后，腾讯获得中国音乐集团 61.64%股权，取得对中国音乐集团单独控制权，属于《反垄断法》第 20 条规定的经营者集中，责令腾讯及其关联公司解除网络音乐独家版权等，本案不仅是互联网行业内的首案，也是我国《反垄断法》实施以来对违法实施经营者集中采取必要措施恢复市场竞争状态的第一案。

（七）反电信网络诈骗法进入立法程序

2021 年 10 月，十三届全国人大常委会第三十一次会议首次审议《反电信网络诈骗法（草案）》。该草案共 39 条，强调坚持系统观念，注重源头治理、综合治理，全面落实打防管控各项措施。该草案完善了电话卡、物联网卡、金融账户、互联网账号有关基础管理制度，对办理电话卡、金融账户的数量和异常办卡、开户情形进行限制，防范开立企业账户风险，有针对性地完善物联网卡销售和使用监测制度。该草案明确了金融、通信、互联网等领域涉诈异常情形的监测、识别和处置，包括高风险电话卡、异常金融账户和可疑交易、异常互联网账号等，规定相应救济渠道等。

2021 年 6 月 17 日，最高人民法院、最高人民检察院、公安部联合发布《关于办理电信网络诈骗等刑事案件适用法律若干问题的意见（二）》。该意见针对司法实践中存在的新的突出问题，如电信网络诈骗犯罪案件及关联犯罪案件的管辖，跨境电信网络诈骗犯罪案件的取证，涉手机卡、信用卡即所谓“两卡”犯罪案件的处理，办理电信网络诈骗犯罪案件的政策适用等问题进行了规定。

该意见第16条用较长篇幅对打击治理电信网络诈骗犯罪的刑事政策作了详细规定，首先，在侦查、审查起诉、审判过程中，应当全面收集证据、准确甄别犯罪嫌疑人、被告人在共同犯罪中的层级地位及作用大小，结合其认罪态度和悔罪表现，区别对待，宽严并用，科学量刑，确保罚当其罪；其次，对于电信网络诈骗犯罪集团、犯罪团伙的组织者、策划者、指挥者和骨干分子，以及利用未成年人、在校学生、老年人、残疾人实施电信网络诈骗的，依法从严惩处；最后，对于电信网络诈骗犯罪集团、犯罪团伙中的从犯，特别是其中参与时间相对较短、诈骗数额相对较低或者从事辅助性工作并领取少量报酬，以及初犯、偶犯、未成年人、在校学生等，应当综合考虑其在共同犯罪中的地位作用、社会危害程度、主观恶性、人身危险性、认罪悔罪表现等情节，可以依法从轻、减轻处罚。犯罪情节轻微的，可以依法不起诉或者免予刑事处罚；情节显著轻微危害不大的，不以犯罪论处。

2021年1月22日，最高人民检察院发布《人民检察院办理网络犯罪案件规定》，该规定定义了网络犯罪，是指针对信息网络实施的犯罪，利用信息网络实施的犯罪，以及其他上下游关联犯罪。该规定提出了认定网络犯罪的犯罪嫌疑人应当结合全案证据，围绕犯罪嫌疑人与原始存储介质、电子数据的关联性、犯罪嫌疑人网络身份与现实身份的同一性，并注重审查以下五项内容：一是扣押、封存的原始存储介质是否为犯罪嫌疑人所有、持有或者使用；二是社交、支付结算、网络游戏、电子商务、物流等平台的账户信息、身份认证信息、数字签名、生物识别信息等是否与犯罪嫌疑人身份关联；三是通话记录、短信、聊天信息、文档、图片、语音、视频等文件内容是否能够反映犯罪嫌疑人的身份；四是域名、IP地址、终端MAC地址、通信基站信息等是否能够反映电子设备为犯罪嫌疑人所使用；五是其他能够反映犯罪嫌疑人主体身份的内容。

近年来，电信网络诈骗持续高发多发，犯罪分子手段不断翻新，已经成为当前发案最高、损失最大、群众反响最强烈的突出犯罪。2021年5月，公安部部署全国公安机关开展“断流”专案行动，通过斩链条、断通道，挖“金主”、打“蛇头”，向招募人员赴境外实施电信网络诈骗犯罪发起凌厉攻势。截至2021年10月，全国公安机关共打掉“3人以上结伙”非法出境团伙9419个，破获刑事案件4160起，抓获犯罪嫌疑人33 860名，其中，组织招募者931名、运送接应者等黑灰产人员913名、非法出境人员32 016

名，串并破获电诈案件 1021 起，挖出境外电诈窝点 100 个、金主 82 名。[①] 2021 年 1 月至 9 月，全国共破获电信网络诈骗案件 26.2 万起，抓获犯罪嫌疑人 37.3 万名；打掉“两卡”违法犯罪团伙 1.9 万个，惩戒开办“两卡”人员 17.5 万名；及时预警、成功阻止 1260 万人被骗，紧急止付涉案资金 2770 亿元。[②]

2022 年 1 月 23 日，最高人民法院、中央广播电视总台发布新时代推动法治进程 2021 年度十大案件，其中“‘10·18’特大跨境电信诈骗案”入选。2021 年 4 月，“10·18”特大系列电信诈骗案在成都铁路运输中级人民法院开庭审理。这是一起作案手法隐蔽、涉案人数众多、涉案金额特别巨大的跨境诈骗犯罪。法院查明，2019 年 3 月，主犯苏某某等人在菲律宾设立电信网络诈骗窝点，雇用被告人朱某某、董某等 100 余人，利用交友软件推荐虚假赌博网站，诱骗 1500 余名被害人充值参赌，涉案金额共计 1.04 亿余元。2021 年 6 月 16 日，成都铁路运输两级法院集中公开宣判，涉案的 98 名被告人分别因犯诈骗罪、帮助信息网络犯罪活动罪，被判处一年至十二年不等有期徒刑，其中判处五年以上刑期的 35 人，重刑率达 40%，98 名被告人被判处罚金共计 2400 余万元。

（八）国务院公布《关键信息基础设施安全保护条例》

2021 年 7 月 30 日，国务院总理李克强签署国务院令，公布《关键信息基础设施安全保护条例》，自 2021 年 9 月 1 日起施行。关键信息基础设施是经济社会运行的神经中枢，是网络安全的重中之重。当前，关键信息基础设施面临的安全形势严峻，网络攻击威胁事件频发。该条例作为《网络安全法》的重要配套法规，建立了专门的关键信息基础设施保护制度，明确各方责任，提出保障促进措施，有利于进一步健全关键信息基础设施安全保护法律制度体系。《条例》具有六大亮点。

1. 明确了关键信息基础设施的定义

即指公共通信和信息服务、能源、交通、水利、金融、公共服务、电子政务、国防科技工业等重要行业和领域的，以及其他一旦遭到破坏、丧

---

① 《公安部“断流”专案行动打掉“3 人以上结伙”非法出境团伙 9419 个》，载新闻频道——法治新闻网，http：//news.cctv.com/2021/10/26/ARTIkmUHvIh8QH0pffWIIj7E211026.shtml，最后访问时间：2022 年 4 月 13 日。

② 《案例丨党的十九大以来网络法治典型案事例》，载腾讯网，https：//new.qq.com/omn/20211119/20211119A07KCB00.html，最后访问时间：2022 年 4 月 13 日。

失功能或者数据泄露，可能严重危害国家安全、国计民生、公共利益的重要网络设施、信息系统等。

2. 确立了关键信息基础设施安全保护的监管体系

一是国家网信部门负责统筹协调；二是国务院公安部门负责指导监督关键信息基础设施安全保护工作；三是国务院电信主管部门和其他有关部门依法，在各自职责范围内负责关键信息基础设施安全保护和监督管理工作；四是省级人民政府有关部门依据各自职责对关键信息基础设施实施安全保护和监督管理。

3. 完善了关键信息基础设施认定机制

制定认定关键信息基础设施规则应当主要考虑下列因素：一是网络设施、信息系统等对于本行业、本领域关键核心业务的重要程度；二是网络设施、信息系统等一旦遭到破坏、丧失功能或者数据泄露可能带来的危害程度；三是对其他行业和领域的关联性影响。

4. 明确了关键信息基础设施运营者的责任义务

该条例第三章专章细化了关键信息基础设施运营者的六大主体责任和义务：

一是明确建设关键信息基础设施的“三同步”原则。该条例第 12 条延续了《网络安全法》确定的“三同步”原则，进一步强调安全保护措施应当与关键信息基础设施同步规划、同步建设、同步使用。

二是建立健全网络安全保护制度和责任制。该条例第 13 条要求，运营者应当建立健全网络安全保护制度和责任制，保障人力、财力、物力投入。运营者的主要负责人对关键信息基础设施安全保护负总责，领导关键信息基础设施安全保护和重大网络安全事件处置工作，组织研究解决重大网络安全问题。

三是设置专门的安全管理机构。该条例第 14 条规定，运营者应当设置专门安全管理机构，并对专门安全管理机构负责人和关键岗位人员进行安全背景审查。审查时，公安机关、国家安全机关应当予以协助。

四是进行网络安全检测和风险评估。该条例第 17 条基本沿用了《网络安全法》第 38 条的规定，强调运营者应当自行或者委托网络安全服务机构对关键信息基础设施每年至少进行一次网络安全检测和风险评估，对发现的安全问题及时整改，并按照保护工作部门要求报送情况。

五是履行重大网络安全事件报告制度。该条例第 18 条强调，关键信息基础设施发生重大网络安全事件或者发现重大网络安全威胁时，运营者应当按照有关规定向保护工作部门、公安机关报告。如果发生关键信息基础设施整体中断运行或者主要功能故障、国家基础信息以及其他重要数据泄露、较大规模个人信息泄露、造成较大经济损失、违法信息较大范围传播等特别重大网络安全事件或者发现特别重大网络安全威胁时，保护工作部门应当在收到报告后，及时向国家网信部门、国务院公安部门报告。

六是确保采购安全可信的网络产品和服务，该条例第 19 条在沿用《网络安全法》第 35 条的基础上特别增加了“运营者应当优先采购安全可信的网络产品和服务”的规定，即“运营者应当优先采购安全可信的网络产品和服务；采购网络产品和服务可能影响国家安全的，应当按照国家网络安全规定通过安全审查。”

5. 明确了关键信息基础设施运营者专门安全管理机构的八项安全保护工作职责

一是建立健全网络安全管理、评价考核制度，拟订关键信息基础设施安全保护计划；二是组织推动网络安全防护能力建设，开展网络安全监测、检测和风险评估；三是按照国家及行业网络安全事件应急预案，制定本单位应急预案，定期开展应急演练，处置网络安全事件；四是认定网络安全关键岗位，组织开展网络安全工作考核，提出奖励和惩处建议；五是组织网络安全教育、培训；六是履行个人信息和数据安全保护责任，建立健全个人信息和数据安全保护制度；七是对关键信息基础设施设计、建设、运行、维护等服务实施安全管理；八是按照规定报告网络安全事件和重要事项。

6. 明确了保护工作部门工作职责

根据该条例第 8 条的规定，本条例第 2 条涉及的重要行业和领域的主管部门、监督管理部门是负责关键信息基础设施安全保护工作的部门。该条例第 2 条涉及的重要行业和领域包括：公共通信和信息服务、能源、交通、水利、金融、公共服务、电子政务、国防科技工业等。该条例第四章“保障和促进”中明确了保护工作部门的四项工作职责：

一是保护工作部门应当制定本行业、本领域关键信息基础设施安全规划，明确保护目标、基本要求、工作任务、具体措施。

二是保护工作部门应当建立健全本行业、本领域的关键信息基础设施网络安全监测预警制度，及时掌握本行业、本领域关键信息基础设施运行状况、安全态势，预警通报网络安全威胁和隐患，指导做好安全防范工作。

三是保护工作部门应当按照国家网络安全事件应急预案的要求，建立健全本行业、本领域的网络安全事件应急预案，定期组织应急演练；指导运营者做好网络安全事件应对处置，并根据需要组织提供技术支持与协助。

四是保护工作部门应当定期组织开展本行业、本领域关键信息基础设施网络安全检查检测，指导监督运营者及时整改安全隐患、完善安全措施。

（九）强化对移动互联网应用程序（App）的治理

2021年，工信部持续开展对移动互联网应用程序（App）侵害用户权益的整治行动，加大对App违规的惩罚力度。为了更好保护个人信息，促进App市场健康发展，工信部公布了《移动互联网应用程序个人信息保护管理的暂行规定（征求意见稿）》。该征求意见稿共有20条，界定了适用范围和监管主体，确立了“知情同意”“最小必要”两项重要原则；细化了App开发运营者、分发平台、第三方服务提供者、终端生产企业、网络接入服务提供者五类主体责任义务；提出了投诉举报、监督检查、处置措施、风险提示等四方面规范要求。明确了从事App个人信息处理活动的，应当以清晰易懂的语言告知用户个人信息处理规则，由用户在充分知情的前提下，作出自愿、明确的意思表示。征求意见稿强调，App个人信息处理活动应当采用合法、正当的方式，遵循诚信原则，不得通过欺骗、误导等方式处理个人信息，切实保障用户同意权、知情权、选择权和个人信息安全。

2021年5月，国家互联网信息办公室、工业和信息化部、公安部、国家市场监督管理总局联合发布的《常见类型移动互联网应用程序必要个人信息范围规定》确立了各类App收集必要个人信息的范围，并明确要求：“移动互联网应用程序（App）运营者不得因用户不同意收集非必要个人信息，而拒绝用户使用App基本功能服务。”该规定对“必要个人信息”作出了定义：“必要个人信息，是指保障App基本功能服务正常运行所必需的个人信息，缺少该信息App即无法实现基本功能服务。具体是指消费侧用户个人信息，不包括服务供给侧用户个人信息。”该规定明确了39种常见类型App的必要个人信息范围。有些App需要必要个人信息，有些App根本不需要必要个人信息。该规定列举出不需要必要个人信息就可以提供业务的App有十三类，如女性健康类、网络直播类、在线影音类、短视频类、新闻资讯类、运动健身类、浏览器类、输入法类、安全管理类、电子图书类、拍摄美化类、应用商店类、实用工具类等。

2021 年 4 月，国家市场监督管理总局和国家标准化管理委员会发布《信息安全技术　移动互联网应用程序（App）个人信息安全测评规范》，该标准文件依据《App 违法违规收集使用个人信息行为认定方法》等文件要求，重点围绕 GB/T 35273-2020《信息安全技术　个人信息安全规范》提出的个人信息安全要求，规定了开展 App 个人信息安全测评的实施过程和测评方法。关于测评单元（PIC-07），该安全规范的指标要求是“App 间接获取个人信息的数量应是实现 App 业务功能所必需的最少数量”；测评对象主要包括 App、App 服务端、文档资料；测评方式包括功能验证、技术检测、文档审查、服务端核查、人员访谈等。

App 个人信息安全测评主要有以下五个步骤：一是查看 App 提供者的个人信息安全相关管理制度，是否明确要求间接获取个人信息的数量应是实现 App 业务功能所必需的最少数量；二是通过查看 App 的隐私政策和功能验证查看 App 是否存在间接获取个人信息的行为；三是通过功能验证、技术检测查看 App 间接获取的个人信息是否为实现 App 业务功能所必需的最少数量；四是询问 App 提供者是否存在间接获取个人信息的行为；五是查看在间接获取的场景下是否有获取个人信息的协议，协议中是否规定了获取个人信息的类型、数据量以及与业务功能的关联关系，据此判断 App 间接获取个人信息的数量是否是 App 业务功能所必需的最少数量。11 月 3 日，中国网络空间安全协会发布团体标准《应用商店 App 个人信息收集使用上架审核和管理规范（征求意见稿）》和《移动智能终端个人信息保护指南（征求意见稿）》。

《应用商店 App 个人信息收集使用上架审核和管理规范（征求意见稿）》为支撑《个人信息保护法》《数据安全法》等法律法规在应用商店管理 App 收集使用个人信息等方面的落实，针对应用商店对 App 收集使用个人信息的检测、管理标准和尺度不一致等问题，综合考虑个人信息安全整个生命周期安全需要，规定了应用商店对申请上架 App 的开发者信息、隐私协议、申请和调用权限、个人信息处理行为以及存量 App 管理的具体要求，为应用商店对上架 App 个人信息合规检测提供指导，也可为 App 开发者、运营者开展 App 个人信息收集使用合规提供参考。

《移动智能终端个人信息保护指南（征求意见稿）》则针对移动智能终端对 App 收集使用个人信息的管控标准和要求不一致等问题，规定了移动智能终端操作系统从敏感权限调用和敏感操作行为提示、访问控制措施、自启动行为控制、敏感权限自动重置、存储空间管理、预装 App 管理要求等方面，为移动智能终端管控 App 依法依规收集使用个人信息提供指导，也可为 App 开发者、运营者开展 App 个人信息收集使用合规提供参考。

（十）中央网信办开展“清朗·‘饭圈’乱象整治”专项行动

“饭”源于英文中“fans”的谐音，意思是爱好者、粉丝。“饭圈”是粉丝圈的简称，具体来说是指喜欢某个明星或者组合的粉丝群体。一段时间，“饭圈”粉丝群体在网上互撕谩骂、应援打榜、造谣攻击等问题屡见不鲜，严重破坏清朗网络生态，对未成年人身心健康造成不利影响，人民群众反映强烈。为此，中央网信办决定从 2021 年 6 月起在全国范围内开展为期 2 个月的“清朗·‘饭圈’乱象整治”专项行动。

专项行动针对网上“饭圈”突出问题，重点围绕明星榜单、热门话题、粉丝社群、互动评论等重点环节，全面清理“饭圈”粉丝互撕谩骂、拉踩引战、挑动对立、侮辱诽谤、造谣攻击、恶意营销等各类有害信息，重点打击以下 5 类“饭圈”乱象行为：一是诱导未成年人应援集资、高额消费、投票打榜等行为；二是“饭圈”粉丝互撕谩骂、拉踩引战、造谣攻击、人肉搜索、侵犯隐私等行为；三是鼓动“饭圈”粉丝攀比炫富、奢靡享乐等行为；四是以号召粉丝、雇用网络水军、“养号”形式刷量控评等行为；五是通过“蹭热点”、制造话题等形式干扰舆论，影响传播秩序行为。

为不断巩固和扩大专项行动成果，重拳出击解决“饭圈”乱象问题，2021 年 8 月 25 日，中央网信办再次发布《关于进一步加强“饭圈”乱象治理的通知》，进一步明确治理“饭圈”乱象的十项措施，包括取消所有涉明星艺人个人或组合的排行榜单；不得设置诱导粉丝打榜的相关功能，不得设置付费签到功能或通过充值会员等方式增加签到次数；强化网站平台对明星经纪公司（工作室）网上行为的管理责任；加强对明星粉丝团、后援会等账号的管理；清理违规群组版块；不得诱导粉丝消费；严禁未成年人打赏，严禁未成年人应援消费等。

自“清朗·‘饭圈’乱象整治”专项行动开展以来，各地落实有关工作要求，围绕明星榜单、热门话题、粉丝社群、互动评论等重点环节，深入整治“饭圈”乱象问题，从严处置了一批违法违规的账号，清理了一批违规的群组版块，做到了“查处一批，震慑一批”，累计清理负面有害信息 40 余万条，处置违规账号 2 万多个，群主 6500 多个，解散话题 3000 多个，取得了明显效果。①

（十一）工信部启动互联网行业专项整治行动

2021 年 7 月 23 日，工业和信息化部召开互联网行业专项整治行动动员部署电视电话会议，正式启动为期半年的专项整治行动。专项整治行动聚焦扰乱市场秩序、侵害用户权益、威胁数据安全、违反资源和资质管理规定等四方面 8 类问题，涉及 22 个具体场景。

一是在扰乱市场秩序方面，重点整治恶意屏蔽网址链接和干扰其他企业产品或服务运行等问题，包括无正当理由限制其他网址链接的正常访问、实施歧视性屏蔽措施等场景；二是在侵害用户权益方面，重点整治应用软件启动弹窗欺骗误导用户、强制提供个性化服务等问题，包括弹窗整屏为跳转链接、定向推送时提供虚假关闭按钮等场景；三是在数据安全方面，重点整治企业在数据收集、传输、存储及对外提供等环节，未按要求采取必要的管理和技术措施等问题，包括数据传输时未对敏感信息加密、向第三方提供数据前未征得用户同意等场景；四是在违法资源和资质管理规定方面，重点整治"黑宽带"和未履行网站备案手续等问题，包括转租或使用违规网络接入资源、未及时更新备案信息等场景。

2021 年，工信部还进一步加大了对 App 的治理力度，开展了一系列工作，取得了明显成效。2021 年前三季度，开展了 10 批次集中检测，累计通报了 1494 款违规 App，下架了 408 款拒不整改的 App。工信部建成并持续优化全国 App 技术检测平台，不断提升平台自动化检测能力、监测水平和数据分析能力，已完成 176 万款 App 技术检测，覆盖了全国在架 App 总量的 60%以上。2021 年 4 月 26 日，工信部发布《移动互联网应用程序个人信息保护管理的暂行规定（征求意见稿）》，该征求意见稿细化了 App 开发运营者、分发平台、第三方服务提供者、终端生产企业、网络接入服务提供者五类主体责任义务；提出了投诉举报、监督检查、处置措施、风险提示等四方面的规范要求。

（十二）公安部"净网 2021"专项行动成绩斐然

2021 年，公安部已经连续第 4 年在全国部署开展"净网"专项行动。

① 《中央网信办：已累计清理"饭圈"负面有害信息 40 余万条，处置违规账号 2 万多个》，载腾讯网，https：//new. qq. com/omn/20211116/20211116A07H6O00. html，最后访问时间：2022 年 4 月 13 日。

按照公安部的统一部署，各地公安机关精心组织、周密安排，坚持“全链打击、生态治理”策略，聚焦网上突出违法犯罪和网络乱象，以打开路、以打促管、以管促治，全年共侦办案件6.2万余起，同比增长10.7%；抓获犯罪嫌疑人10.3万余名，同比增长28.7%；行政处罚违法互联网企业、单位2.7万余家，有力维护了网络空间安全和网上秩序稳定。[①] 根据全国公安机关开展“净网2021”专项行动有关情况通报，“净网2021”专项行动重点治理和打击十大领域的违法犯罪行为：

一是依法严厉打击侵犯公民个人信息犯罪，对侵犯公民个人信息犯罪的高压严打态势，聚焦网上贩卖公民个人信息犯罪新动向，紧盯“暗网”等隐秘部位全力开展侦查攻坚，2021年共侦办侵犯公民个人信息案件9800余起，抓获犯罪嫌疑人1.7万余名。

二是依法严厉惩治黑客攻击犯罪，2021年共抓获实施黑客攻击活动及为其提供工具、洗钱等服务的人员3309名，铲除制售木马病毒、开发攻击软件平台团伙341个，有力保障了重要信息系统和网络安全，也有力保护了公民个人信息。

三是依法严厉打击窃听窃照违法犯罪，2021年共抓获私装窃听窃照设备偷拍的犯罪嫌疑人783名，捣毁制售窃听窃照专用器材窝点13个，查获相关器材及零部件4100余件，在电商平台下架非法窃听窃照商品3.4万余件。

四是依法严厉打击非法黑公关等“网络水军”违法犯罪，2021年共侦办相关案件200余起，抓获犯罪嫌疑人2000余名，依法关停“网络水军”账号620万余个、网站1200余个，解散网络群组17万个，查获大量伪造记者证、单位公章、营业执照等作案工具，有效净化了网络环境。

五是依法严厉打击网络组织考试作弊违法犯罪，组织打击“助考”专项会战，2021年共侦办案件430余起，抓获犯罪嫌疑人1700余名，查处作弊考生7100余名，收缴作弊器材4600余件，为广大考生创造了公平竞争的良好环境。

六是深入开展青少年保护“护苗”行动，2021年，抓获制作、贩卖青少年淫秽物品的犯罪嫌疑人300余名，铲除涉青少年淫秽色情网站16个；

① 《公安部：“净网2021”专项行动共侦办案件六万余起，抓获犯罪嫌疑人10.3万余名》，载庭立方图书馆网，https：//www.scxsls.com/knowledge/detail？id=173604，最后访问时间：2022年4月13日。

摸排、检查网络教育、游戏等重点网站、App1.2 万余个，行政处罚违法违规企业 852 家，限期整改 2609 家；清理色情低俗文学作品 40 万余部、各类违法有害信息 104 万余条，全力守护青少年身心健康。

七是深入开展网约犯罪预警防范和打击，2021 年以来已成功阻止雇凶伤害、绑架、抢劫等恶性事件 232 起，抓获犯罪嫌疑人 327 名，有力打击了此类犯罪行为。

八是深入开展网络犯罪关键物料“四断”行动，“黑卡、黑号、黑线路、黑设备”是实施网络犯罪的四类关键物料。2021 年，全国公安部门重拳出击，共侦办此类案件 1.3 万余起，抓获犯罪嫌疑人 3.1 万余名，清理手机黑卡 300 万余张，关停网络黑号 1000 万余个，捣毁接码平台 63 个，缴获“猫池”等黑产设备 1 万余台。

九是深入开展网络犯罪关键黑产“四治”行动，非法“支付结算”“广告推广”“建站设施”“技术支持”是支撑网络犯罪的四类关键“黑产业”。2021 年共打掉非法支付结算等各类团伙 6000 余个，抓获犯罪嫌疑人 7.3 万余名。同时，加大对这四类“黑产业”违法信息的识别、阻断和清理力度，共巡查处置违法信息 44 万余条，有效防止了相关犯罪活动蔓延扩散。

十是深入开展重点基础资源生态治理“四管”行动，针对“网络电视、网络游戏、网络信息发布平台”和“动态 IP 代理”这四类重点基础资源进行生态治理，2021 年共开展行政执法检查 4.8 万余家（次），行政处罚违法网站平台 3651 家（次），会同有关部门依法查处涉赌、涉淫秽信息突出的网络游戏 134 款、非法网络电视平台 146 个，关停非法宽带线路 1.3 万余条，对相关违法犯罪行为形成有力震慑。①

（十三）网络安全审查办公室对“滴滴出行”启动网络安全审查

2021 年 6 月 30 日，“滴滴出行”采用 VIE 架构（Variable Interest Entity），即“可变利益实体”在美上市。这是境内主体为实现在境外上市采取的一种特别方式，其本质是境外上市实体与境内运营实体相分离，境外上市实体在境内设立全资子公司，该全资子公司并不实际开展主营业务，而是通过协议的方式控制境内运营实体的业务和财务，使该运营实体成为上市实体的可变利益实体，VIE 架构最关键的问题是“控制”境内运营实体的业务。从“滴滴出行”于 2021 年 6 月 11 日向美国证券交易委员会递交

① 《2021 年 10 万余人涉网络违法犯罪被抓》，载搜狐网，https://www.sohu.com/a/517281677_100106037，最后访问时间：2022 年 4 月 13 日。

的 IPO 招股书可以看到："滴滴出行"的业务涵盖 15 个国家、4000 个城市，年活跃用户在 4.93 亿，司机则有 1500 万，4.9 亿年活跃用户。

7 月 2 日，网络安全审查办公室发出公告，宣布对滴滴出行启动网络安全审查。公告称，为防范国家数据安全风险，维护国家安全，保障公共利益，依据《国家安全法》《网络安全法》，网络安全审查办公室按照《网络安全审查办法》，对"滴滴出行"实施网络安全审查。为配合网络安全审查工作，防范风险扩大，审查期间"滴滴出行"停止新用户注册。

7 月 9 日，国家网信办发布通告称：根据举报，经检测核实，"滴滴企业版"等 25 款 App 存在严重违法违规收集使用个人信息问题。国家网信办依据《网络安全法》相关规定，通知应用商店下架上述 25 款 App，要求相关运营者严格按照法律要求，参照国家有关标准，认真整改存在的问题，切实保障广大用户个人信息安全。各网站、平台不得为"滴滴出行"和"滴滴企业版"等上述 25 款已在应用商店下架的 App 提供访问和下载服务。

7 月 16 日，国家网信办会同公安部、国家安全部、自然资源部、交通运输部、税务总局、市场监管总局等部门联合进驻滴滴出行科技有限公司，开展网络安全审查。这是自《网络安全审查办法》出台以来，我国公开实施网络安全审查的第一案。

2021 年 3 月，美国证券交易委员会（SEC）通过了实施《控股外国公司问责法》（Holding Foreign Companies Accountable Act，简称 HFCAA）的临时最终规则。12 月，SEC 发布修正案，最终确定了《外国公司问责法案》的实施规则，为 HFCAA 的实施建立了框架。根据 HFCAA 的规定，在美上市的外国公司向 SEC 提交文件，证明该公司不受外国政府拥有或掌控，并要求这些企业遵守美国上市公司会计师监督委员会（PCAOB）的审计标准，修正案还要求外国发行人在其年度报告中为自己及其任何合并的外国经营实体提供某些额外的披露。该法案称，如果外国上市公司连续三年未能提交美国上市公司会计监督委员会所要求的报告，允许 SEC 将其从交易所摘牌。12 月 3 日，滴滴全球有限公司（NYSE：DIDI. N）发布公告称："经认真研究，公司即日起启动在纽交所退市的工作，并启动在香港上市的准备工作。"

7 月 10 日，国家网信办发布《网络安全审查办法（修订草案征求意见稿）》。该草案强化国外上市数据安全风险审查，强调"数据处理活动以及国外上市可能带来的国家安全风险"，并在《网络安全审查办法》考虑的五大因素基础上新增了两项重要因素：一是核心数据、重要数据或大量个人信息被窃取、泄露、毁损以及非法利用或出境的风险；二是国外上市后关键信息基础设施、核心数据、重要数据或大量个人信息被国外政府影响、控制、恶意利用的风险。该草案新增加一条并列为第 6 条，即“掌握超过 100 万用户个人信息的运营者赴国外上市，必须向网络安全审查办公室申报网络安全审查”。

2021 年 12 月 28 日，国家互联网信息办公室、国家发展和改革委员会、工业和信息化部、公安部、国家安全部、财政部、商务部、中国人民银行、国家市场监督管理总局、国家广播电视总局、中国证券监督管理委员会、国家保密局、国家密码管理局发布《网络安全审查办法》，自 2022 年 2 月 15 日起施行。

（十四）严格限制对人脸识别技术的滥用

近年来，随着信息技术飞速发展，人脸识别逐步渗透到人们生活的方方面面。大到智慧城市建设，小到手机客户端的登录解锁，都能见到人脸识别的应用。在国境边防、公共交通、城市治安、疫情防控等诸多领域，人脸识别技术发挥着巨大作用。

在为社会生活带来便利的同时，人脸识别技术所带来的个人信息保护问题也日益凸显。一些经营者滥用人脸识别技术侵害自然人合法权益的事件频发，引发社会公众的普遍关注和担忧。一些知名门店使用“无感式”人脸识别技术在未经同意的情况下擅自采集消费者人脸信息，分析消费者的性别、年龄、心情等，进而采取不同营销策略；有些物业服务企业强制将人脸识别作为业主出入小区或者单元门的唯一验证方式，要求业主录入人脸并绑定相关个人信息，未经识别的业主不得进入小区；还有部分线上平台或者应用软件强制索取用户的人脸信息，还有的卖家在社交平台和网站公开售卖人脸识别视频、买卖人脸信息等。因人脸信息等身份信息泄露导致“被贷款”“被诈骗”和隐私权、名誉权被侵害等问题也多有发生。甚至还有一些犯罪分子利用非法获取的身份证照片等个人信息制作成动态视频，破解人脸识别验证程序，实施窃取财产、虚开增值税普通发票等犯罪行为。上述行为严重损害自然人的人格权益，侵害其人身、财产等合法权益，破坏社会秩序，亟待进行规制。

2021 年 6 月 8 日，最高人民法院审判委员会第 1841 次会议通过《关于审理使用人脸识别技术处理个人信息相关民事案件适用法律若干问题的规定》，自 2021 年 8 月 1 日起施行。该规定共 16 条，坚持问题导向，聚焦重点领域，该规定不限制人脸识别技术的使用，而是严格限制人脸识别技术的滥用。该规定明确了经营场所擅自使用远距离、无感式人脸识别技术，小区物业强制刷脸，部分应用软件强制索取用户人脸信息等，这是人脸识别技术滥用的重点领域，严重影响人民群众的“人脸安全”，甚至引发集体焦虑。对于上述问题，该规定提出针对性的司法解决方案。

上述司法解释是人民法院深入贯彻习近平法治思想，坚持以人民为中心，维护自然人人格权益，保护人民群众“人脸”安全的重要规范性文件，也是人民法院切实实施《民法典》，服务构建新发展格局，强化个人信息司法保护，促进数字经济健康发展的有力司法举措。该规定的颁布实施，对最高人民法院指导各级人民法院正确审理相关案件、统一裁判标准、维护法律统一正确实施、实现高质量司法，具有重要而现实的意义。

2021 年 4 月，国家市场监督管理总局和国家标准化管理委员会发布《信息安全技术—人脸识别数据安全要求》国家标准，面向社会公开征求意见。该标准要求，收集人脸识别数据时应征得数据主体明示同意，不得利用人脸识别数据评估或预测数据主体工作表现、经济状况、健康状况、偏好、兴趣等情况。同时，应提供除人脸识别外的其他身份识别方式供用户选择，不应因用户不同意收集人脸识别数据而拒绝数据主体使用基本业务功能等。针对人脸图像，“人脸识别国标”强调，应在完成验证或辨识后立即删除，如果开发商希望存储人脸图像，同样要经过数据主体单独书面授权同意。

该标准总结了涉及人脸图像处理的三类场景：一是人脸验证：将采集的人脸识别数据与存储的特定自然人的人脸识别数据进行比对（1∶1 比对），以确认特定自然人是否为其所声明的身份。典型应用包括机场、火车站的人证比对，移动智能终端的人脸解锁功能等。此类场景应满足本文件的基本安全要求、安全处理要求和安全管理要求。二是人脸辨识：将采集的人脸识别数据与已存储的指定范围内的人脸识别数据进行比对（1∶N 比对），以识别特定自然人。典型应用包括公园入园、居民小区门禁等。此类场景应满足本文件的基本安全要求、安全处理要求和安全管理要求。三是人脸分析：不开展人脸验证或人脸辨识，仅对采集的人脸图像进行统计、检测或特征分析。典型应用包括公共场所人流量统计、体温检测、图片美化等。此类场景应遵循 GB/T 35273-2020、GB/T AAAAA-AAAA《网络数据活动安全要求》的要求处理人脸图像。

2019 年 4 月，浙江杭州市民郭某花费 1360 元，购买了一张杭州野生动物世界“畅游 365 天”的双人卡，并确定以指纹识别方式入园游览。同年 10 月，园方将指纹识别升级为“刷脸”入园，并要求用户录入人脸信息，否则将无法入园。郭某认为人脸信息属于高度敏感个人隐私，野生动物世界无权采集，不接受人脸识别，要求园方退卡。园方则认为，从指纹识别升级为人脸识别，是为了提高效率。双方协商无果，郭某一纸诉状将杭州野生动物世界告上了法庭。

2021 年 4 月 9 日，备受关注的“人脸识别第一案”二审在杭州市中级人民法院开庭，法院判定，杭州野生动物世界赔偿郭某合同利益损失及交通费共计 1038 元；删除郭某办理指纹年卡时提交的包括照片在内的面部特征信息，以及指纹识别信息；并于判决生效之日起 10 日内履行完毕。

（十五）加强互联网信息服务算法治理

数据与算法在经济社会生活多领域得到越来越多的应用，算法作为加工处理数据的技术，成为影响信息分发、服务提供、机会分配、资源配置的基础性机制和力量，日益成为数字社会发展的创新基础和核心动能。当前，滥用数据分析和算法推荐，影响了正常的传播秩序、市场秩序和社会秩序，给维护意识形态安全、社会公平公正和网民合法权益带来挑战。

2021 年 9 月，国家互联网信息办公室、中央宣传部、教育部、科学技术部、工业和信息化部、公安部等九部门联合发布《关于加强互联网信息服务算法综合治理的指导意见》，该指导意见提出，要在 3 年左右时间，逐步建立治理机制健全、监管体系完善、算法生态规范的算法安全综合治理格局。

首先，治理机制健全，将制定完善互联网信息服务算法安全治理政策法规，算法安全治理的主体权责明确，治理结构高效运行，形成有法可依、多元协同、多方参与的治理机制；其次，监管体系完善，要创新性地构建形成算法安全风险监测、算法安全评估、科技伦理审查、算法备案管理和涉算法违法违规行为处置等多维一体的监管体系；最后，算法生态规范，推动算法导向正确、正能量充沛，算法应用公平公正、公开透明，算法发展安全可控、自主创新，有效防范算法滥用带来的风险隐患。

该指导意见明确了算法综合治理过程中“五个坚持”的基本原则：一是坚持正确导向，强化科技伦理意识、安全意识和底线思维，充分发挥算法服务正能量传播作用，营造风清气正的网络空间；二是坚持依法治理，加强法律法规建设，创新技术监管模式，打击违法违规行为，建立健全多方参与的算法安全治理机制；三是坚持风险防控，推进算法分级分类安全管理，有效识别高风险类算法，实施精准治理；四是坚持权益保障，引导算法应用公平公正、透明可释，充分保障网民合法权益；五是坚持技术创新，大力推进我国算法创新研究工作，保护算法知识产权，强化自研算法的部署和推广，提升我国算法的核心竞争力。

2021 年 12 月，国家互联网信息办公室、工业和信息化部、公安部、国家市场监督管理总局发布《互联网信息服务算法推荐管理规定》，自 2022 年 3 月 1 日起施行。该管理规定重点规范应用算法推荐技术提供互联网信息服务，其中算法推荐技术，是指利用生成合成类、个性化推送类、排序精选类、检索过滤类、调度决策类等算法技术向用户提供信息。该管理规定明确要求，算法推荐服务提供者应当坚持主流价值导向，优化算法推荐服务机制，积极传播正能量，促进算法应用向上向善。

该管理规定为算法推荐服务提供者划出了十项禁止性规定：一是不得利用算法推荐服务从事危害国家安全和社会公共利益、扰乱经济秩序和社会秩序、侵犯他人合法权益等法律、行政法规禁止的活动；二是不得利用算法推荐服务传播法律、行政法规禁止的信息，应当采取措施防范和抵制传播不良信息；三是不得设置诱导用户沉迷、过度消费等违反法律法规或者违背伦理道德的算法模型；四是不得将违法和不良信息关键词记入用户兴趣点或者作为用户标签并据以推送信息；五是不得生成合成虚假新闻信息，不得传播非国家规定范围内的单位发布的新闻信息；六是不得利用算法虚假注册账号、非法交易账号、操纵用户账号或者虚假点赞、评论、转发；七是不得利用算法屏蔽信息、过度推荐、操纵榜单或者检索结果排序、控制热搜或者精选等干预信息呈现，实施影响网络舆论或者规避监督管理行为；八是不得利用算法对其他互联网信息服务提供者进行不合理限制，或者妨碍、破坏其合法提供的互联网信息服务正常运行，实施垄断和不正当竞争行为；九是不得向未成年人推送可能引发未成年人模仿不安全行为和违反社会公德行为、诱导未成年人不良嗜好等可能影响未成年人身心健康的信息，不得利用算法推荐服务诱导未成年人沉迷网络；十是不得根据消费者的偏好、交易习惯等特征，利用算法在交易价格等交易条件上实施不合理的差别待遇等违法行为。

（十六）新修改的《民事诉讼法》新增“在线诉讼”

2021 年 12 月 24 日，第十三届全国人大常委会第三十二次会议表决通过修改后的《民事诉讼法》，明确在线诉讼活动与线下诉讼活动具有同等法律效力。新修改的《民事诉讼法》主要涉及司法确认程序、小额诉讼的程序、简易程序、独任制、在线诉讼等方面。进入互联网时代，民众普遍期待诉讼能够数字化、网络化、便捷化，司法实践对在线诉讼规则需求十分强烈。本次修法着眼于民事诉讼制度的长远发展，明确了在线诉讼的法律效力、完善了电子送达等在线诉讼规则。

修改后的《民事诉讼法》新增在线诉讼法律效力条款，明确在线诉讼适用需以当事人同意为前提，在线诉讼活动与线下诉讼活动具有同等法律效力。同时，优化电子送达规则，在遵循当事人自愿原则的基础上，加大电子送达适用力度；缩短公告送达期限，根据经济社会发展变化，将公告送达期限从 60 日缩短为 30 日。

2021 年年初，最高人民法院公布了《关于人民法院在线办理案件若干问题的规定（征求意见稿）》，该规定明确了在线诉讼的含义及效力，即在线诉讼是指人民法院、当事人及其他诉讼参与人依托电子诉讼平台，通过互联网在线完成案件的起诉、受理、送达、调解、证据交换、询问、听证、庭审、宣判、执行等全部或者部分诉讼环节的诉讼形式。诉讼主体的在线诉讼活动，与线下诉讼活动具有同等效力。该规定要求，人民法院应当建设电子诉讼平台，作为开展在线诉讼的专用平台。

该若干规定确立了在线诉讼适用范围，人民法院可以综合考虑案件情况、当事人意愿和技术条件，决定在线办理以下案件：一是民事、行政诉讼案件；二是民事特别程序、督促程序案件；说那是民事执行、行政执行、刑事附带民事执行案件。上述案件在线下办理的，当事人可以主动申请适用在线诉讼。该规定要求，人民法院开展在线诉讼，应当向当事人告知案件在线办理的具体环节、主要形式、权利义务和法律后果，并在立案和审理前准备阶段征得当事人同意。当事人在第一审程序中已同意适用在线诉讼，人民法院决定在第二审程序、审判监督程序或者执行程序中继续适用在线诉讼的，应当另行征得当事人同意。

针对老年人群体在线诉讼的困难，该规定提出："人民法院应当充分尊重老年人意愿，细化说明告知事项，优化设置平台功能，降低在线诉讼难度，引导帮助老年人熟悉、掌握在线诉讼操作流程，为老年人群体参与在线诉讼提供全方位司法便利。"

二、2021 年网络法治实施的主要特点

2021 年，我国网络与数据法治实施的主要特征是：在习近平法治思想的引领下，推进法治中国与法治政府数据化、网络化、智能化建设，重点布局个人信息保护与数据安全领域的立法与监管，强化平台经济领域反垄断执法，着力解决网络与数据法治领域的现实和突出问题，具有以下十大特点：一是中央统筹规划信息技术领域立法与法治政府数字化建设；二是《国民经济和社会发展第十四个五年规划和 2035 年远景目标纲要》加大对新技术新领域立法研究；三是强化平台经济领域反垄断执法；四是聚焦数据安全审查与监管；五是打击电信网络诈骗注重源头治理；六是《个人信息保护法》严禁过度收集个人信息；七是治理网络交易与网络直播乱象；八是整治互联网平台屏蔽网址链接问题；九是综合治理互联网算法推荐；十是抵制“饭圈”乱象行动持续推进。

（一）中央统筹规划信息技术领域立法与法治政府数字化建设

党的十九届六中全会通过的《中共中央关于党的百年奋斗重大成就和历史经验的决议》中强调，党中央明确提出，过不了互联网这一关就过不了长期执政这一关。党高度重视互联网这个意识形态斗争的主阵地、主战场、最前沿，健全互联网领导和管理体制，坚持依法管网治网，营造清朗的网络空间。

中共中央印发的《法治中国建设规划（2020－2025 年）》明确提出，加强信息技术领域立法，及时跟进研究数字经济、互联网金融、人工智能、大数据、云计算等相关法律制度，抓紧补齐短板。加强区域协调发展法律制度建设。制定和修改法律法规要着力解决违法成本过低、处罚力度不足问题。中共中央、国务院印发的《法治政府建设实施纲要（2021－2025 年）》提出，健全法治政府建设科技保障体系，全面建设数字法治政府，并从三个方面提出了具体要求：一是加快推进信息化平台建设，各省（自治区、直辖市）统筹建成本地区各级互联、协同联动的政务服务平台，实现从省（自治区、直辖市）到村（社区）网上政务全覆盖；二是加快推进政务数据有序共享，建立健全政务数据共享协调机制，进一步明确政务数据提供、使用、管理等各相关方的权利和责任，推动数据共享和业务协同，形成高效运行的工作机制，构建全国一体化政务大数据体系，加强政务信息系统优化整合；三是深入推进“互联网+”监管执法。加强国家“互联网

+监管”系统建设，2022年年底前实现各方面监管平台数据的联通汇聚。积极推进智慧执法，加强信息化技术、装备的配置和应用。

（二）“十四五”规划加大对新技术新领域立法研究

《国民经济和社会发展第十四个五年规划和2035年远景目标纲要》提出，要加大对人工智能、区块链等新技术新领域立法研究。加强信息化、数字化、智能化　理论体系研究与构建。健全数字经济统计监测体系，加强数　字经济安全风险预警，支撑提升宏观经济治理能力。《国民经济和社会发展第十四个五年规划和2035年远景目标纲要》强调，加强网络立法统筹，完善网络实名法律制度，推进社会公众数字身份管理体系建设，加大数字身份管理体系标准化整合衔接。探索公众网络行为与社会信用体系衔接机制，强化线上线下协同治理。完善网络综合执法协调机制，加强对未成年人网络保护工作的监督检查，严厉打击网络违法犯罪。鼓励社会主体依法参与网络内容共治共管，畅通社会监督、受理、处臵、反馈、激励闭环流程，激活社会共治积极性。

（三）强化平台经济领域反垄断执法

2020年12月召开的中央经济工作会议明确将“强化反垄断和防止资本无序扩张”列为2021年八项重点任务之一，强调反垄断、反不正当竞争是完善社会主义市场经济体制、推动高质量发展的内在要求。2021年，我国加大了平台经济领域反垄断执法力度，2021年中央经济工作会议反垄断和反不正当竞争再次被着重强调。

这一年，国内数家知名平台企业先后因涉嫌滥用市场支配地位、实行垄断行为，被国家市场监督管理机构立案调查和处罚，阿里巴巴滥用市场支配地位行为，被处182.28亿元巨额罚款；美团实施“二选一”涉嫌垄断行为被罚34.42亿元；腾讯、京东等未依法申报经营者集中案的行政处罚，单一案件顶格处罚50万元，尤其引起社会广泛关注的是2021年4月10日，国家市场监管总局依法对阿里巴巴集团滥用市场支配地位，获取不正当竞争优势等垄断行为作出的责令其停止违法行为，并处以其2019年销售额4%计182.28亿元罚款的处罚。这项罚款金额刷新了中国互联网反垄断行政处罚的最高记录，成为中国互联网领域反垄断行政执法的里程碑事件。

在平台反垄断领域，国家市场监管总局构重点聚焦了平台滥用市场支配地位的“二选一”行为。除“二选一”外，平台封禁、拒绝交易行为、大数据杀熟等也成为执法重点。在经营者集中领域，涉及平台企业的经营者集中继续受到严格和全面的审查。这一年，在经营者集中审查方面，市场监管总局仍然保持着较高的效率，截至2022年1月6日，市场监管总局共计公布2021年作出的无条件批准经营者集中申报700件，数量与2020年的469件相比增加了49.3%。

（四）加强数据安全审查与监管

为落实《数据安全法》等法律法规的要求，国家互联网信息办公室、国家发展和改革委员会、工业和信息化部、公安部、国家安全部、财政部、商务部、中国人民银行、国家市场监督管理总局、国家广播电视总局、中国证券监督管理委员会、国家保密局、国家密码管理局十三部门联合修订发布了《网络安全审查办法》，自2022年2月15日起施行。

修订后的《网络安全审查办法》强化了关键信息基础设施运营者采购网络产品和服务的，应当预判该产品和服务投入使用后可能带来的国家安全风险；将网络平台运营者开展数据处理活动影响或者可能影响国家安全等情形纳入网络安全审查，进一步完善了国家安全风险评估因素等内容，要求当事人在网络安全审查期间应按照网络安全审查要求采取预防和消减风险的措施等。

《网络安全审查办法》明确要求，掌握超过100万用户个人信息的网络平台运营者赴国外上市必须向网络安全审查办公室申报网络安全审查。被列入《2021年中国网络与数字法治领域十大事件》之一的“网络安全审查办公室对‘滴滴出行’启动网络安全审查”，就是一起典型的网络平台运营者赴国外上市启动国家网络安全审查的事件。

2021年11月14日，国家网信办公布《网络数据安全管理条例（征求意见稿）》，再次强调“处理一百万人以上个人信息的数据处理者赴国外上市”应当按照国家有关规定，申报网络安全审查。同时，该条例还增加了“数据处理者赴香港上市，影响或者可能影响国家安全的”，也应当按照国家有关规定，申报网络安全审查。

（五）打击电信网络诈骗注重源头治理和综合治理

2021年4月，习近平总书记对打击治理电信网络诈骗犯罪工作作出重要指示强调，“近年来，各地区各部门贯彻党中央决策部署，持续开展电信网络诈骗犯罪打击治理，取得了初步成效。要坚持以人民为中心，统筹发展和安全，强化系统观念、法治思维，注重源头治理、综合治理，坚持齐抓共管、群防群治，全面落实打防管控各项措施和金融、通信、互联网等行业监管主体责任，加强法律制度建设，加强社会宣传教育防范，推进国际执法合作，坚决遏制此类犯罪多发高发态势，为建设更高水平的平安中国、法治中国作出新的更大的贡献。”

我国首部《反电信网络诈骗法（草案）》进入立法审议，该草案重点强化电信网络诈骗的源头治理和综合治理：一是强调坚持系统观念，注重源头治理、综合治理，全面落实打防管控各项措施，要求加强协同联动工作机制的建设；二是完善电话卡、物联网卡、金融账户、互联网账号有关基础管理制度，对办理电话卡、金融账户的数量和异常办卡、开户情形进行限制，防范开立企业账户风险，有针对性地完善物联网卡销售、使用监测制度；三是支持研发电信网络诈骗反制技术措施，统筹推进跨行业、企业统一监测系统建设，为利用大数据反诈提供制度支持；四是规定金融、通信、互联网等领域涉诈异常情形的监测、识别和处置，包括高风险电话卡、异常金融账户和可疑交易、异常互联网账号等，规定相应救济渠道等。

（六）遏制 App 超范围收集个人信息乱象

目前，大量移动互联网应用程序（App）存在“一揽子”授权、强制同意、过度索权和超范围收集个人信息的情形，尤其是违法违规使用个人信息的问题十分突出，广大网民深恶痛绝。表面来看，运营者似乎告知了用户相关权利，用户可以选择不授权，但这样做的结果是导致 App 无法使用。特别是，当这种做法成为行业“潜规则”的时候，除了被迫同意，用户几乎没有其他选择。关于 App 超范围收集个人信息的情形，主要有三类：一是 App 收集无关信息；二是 App 强制收集非必要信息；三是 App 收集频率不合规。

2021 年 3 月 12 日，国家互联网信息办公室、工业和信息化部、公安部、国家市场监督管理总局四部门联合发布《常见类型移动互联网应用程序必要个人信息范围规定》，2021 年 5 月 1 日正式实施。该规定对“必要个人信息”作出了定义：“必要个人信息，是指保障 App 基本功能服务正常运行所必需的个人信息，缺少该信息 App 即无法实现基本功能服务。具体是指消费侧用户个人信息，不包括服务供给侧用户个人信息。”

针对过度收集个人信息的情形，《个人信息保护法》总则第 6 条明确了两个“最小原则”，即“处理个人信息应当具有明确、合理的目的，并应当与处理目的直接相关，采取对个人权益影响最小的方式。收集个人信息，应当限于实现处理目的的最小范围，不得过度收集个人信息。”两个“最小原则”是个人信息处理应遵循的核心原则，尤其是处理目的的“最小范围”，这是禁止“过度收集个人信息”的关键要点，因为个人信息处理者只有在严格遵守处理目的的“最小范围”的前提下，即“非必要不收集”的情况下，才能确保其采取对个人权益影响最小的方式。针对不同意不让用的情形，《个人信息保护法》特别强调，个人信息处理者不得以个人不同意处理其个人信息或者撤回同意为由，拒绝提供产品或者服务。

（七）治理网络交易与网络直播乱象

近年来，我国网络交易蓬勃发展，“社交电商”“直播带货”等新业态新模式不断涌现、快速壮大，为网络经济增添了新的活力，为稳增长、促消费、扩就业发挥了重要作用。与此同时，也出现了一些问题，社会各界呼唤完善相应的监管规则。

2021年3月15日，国家市场监督管理总局正式公布《网络交易监督管理办法》，自2021年5月1日起施行。该办法共56条，是贯彻落实《电子商务法》的重要部门规章，对相关法律规定进行细化完善，制定了一系列规范交易行为、压实平台主体责任、保障消费权益的具体制度规范。针对网络消费者个人信息的收集使用规则、作虚假或者引人误解的商业宣传、发送商业性信息以及网络交易平台经营者的责任，该办法作出了详细规定，切实保护网络消费者的合法权益。

2021年12月27日，最高人民法院公布《关于审理网络消费纠纷案件适用法律若干问题的规定（一）》（征求意见稿），对网络交易中的合同管理义务、网络消费欺诈、网络直播带货、外卖餐饮等网络消费纠纷案件适用法律的若干问题作出了明确的规定。

近几年，网络直播行业进入了快速发展期，其媒体属性、社交属性、商业属性、娱乐属性日益凸显，深刻影响网络生态。与此同时，网络直播行业存在的主体责任缺失、内容生态不良、主播良莠不齐、充值打赏失范、商业营销混乱、青少年权益遭受侵害等问题，严重制约网络直播行业健康发展，给意识形态安全、社会公共利益和公民合法权益带来严峻挑战。

针对网络直播领域乱象，2021年2月，国家网信办、全国“扫黄打非”办公室、工业和信息化部、公安部、国家市场监督管理总局、国家广播电视总局等七部委发布《关于加强网络直播规范管理工作的指导意见》，该意见督促落实网络直播的主体责任：一是压实平台的主体责任，严格履行网络直播平台法定职责义务；二是明确主播法律责任，利用网络直播平台开展直播活动，应当严格落实网络实名制注册账号并规范使用账号名；三是强化用户行为规范，网络直播用户参与直播互动时，应当严格遵守法律法规，文明互动、理性表达、合理消费。该意见要求，网络直播平台应确保导向正确和内容安全，遵守个人信息保护相关规定，严禁为未满16周岁的未成年人提供网络主播账号注册服务，为已满16周岁未满18周岁未成年人提供网络主播账号注册服务应当征得监护人同意等。

（八）整治互联网平台屏蔽网址链接问题

长期以来，一些互联网平台设置了不少技术藩篱，相互屏蔽竞争对手的网址链接，微信、抖音、淘宝、拼多多、支付宝等平台不能相互分享网址链接，这些平台无正当理由限制网址链接的识别、解析、正常访问，严重影响了用户体验，不仅损害了用户权益，也扰乱了市场秩序和妨碍公平竞争，影响了互联网行业和平台经济的可持续发展，广大网民反映强烈。

保障合法的网址链接正常访问，是互联网发展的基本要求，互联、开放、共享是互联网的基因。2021年7月，工信部启动了为期半年的互联网行业专项整治行动，屏蔽网址链接成为重点整治的问题之一；2021年9月，工信部召开“屏蔽网址链接问题行政指导会”，提出有关即时通信软件的合规标准，要求限期内各平台必须按标准解除屏蔽，否则将依法采取处置措施。工信部要求，企业要按照整改要求，务实推动即时通信屏蔽网址链接等不同类型的问题分步骤、分阶段得到解决。对此，相关企业迅速表态，将在以安全为底线的前提下，分阶段、分步骤地实施。

经过自查整改，取得了一些效果，但有些企业仍存在认识与行动脱节、落实举措不到位的情况，实现互联互通任重而道远。对于监管部门而言，应加强督查检查，确保问题整改到位；作为平台企业，应压实主体责任，积极顺应趋势，主动拆除壁垒，变流量思维为用户思维，以实际行动维护开放的互联网生态。

（九）综合治理互联网算法推荐

数智时代的互联网算法推荐，主要是基于内容的推荐算法（Content-Based Recommendations CB），即系统从海量数据中获取到用户数据，根据用户过去喜欢或搜索过的内容，为用户推荐与之相似的内容。

2021年9月，国家互联网信息办公室、中央宣传部、教育部、科学技术部、工业和信息化部、公安部等九部门联合发布《关于加强互联网信息服务算法综合治理的指导意见》，该指导意见提出，要在3年左右时间，逐步建立治理机制健全、监管体系完善、算法生态规范的算法安全综合治理格局。

2021 年 12 月，国家互联网信息办公室、工业和信息化部、公安部、国家市场监督管理总局发布《互联网信息服务算法推荐管理规定》，自 2022 年 3 月 1 日起施行。该规定明确要求，算法推荐服务提供者不得利用算法推荐服务从事危害国家安全和社会公共利益、扰乱经济秩序和社会秩序、侵犯他人合法权益等法律、行政法规禁止的活动，不得利用算法推荐服务传播法律、行政法规禁止的信息，应当采取措施防范和抵制传播不良信息。网信部门会同电信、公安、市场监管等有关部门将对互联网算法推荐实施综合治理，建立算法分级分类安全管理制度，根据算法推荐服务的舆论属性或者社会动员能力、内容类别、用户规模、算法推荐技术处理的数据重要程度、对用户行为的干预程度等对算法推荐服务提供者实施分级分类管理。同时，网信部门将会同电信、公安、市场监管等有关部门对算法推荐服务依法开展安全评估和监督检查工作，对发现的问题及时提出整改意见并限期整改。任何组织和个人发现违反该规定的行为，均可以向网信部门和有关部门投诉、举报，收到投诉、举报的部门将及时依法处理。

（十）抵制“饭圈”乱象行动持续推进

自 2021 年 6 月，中央网信办决定在全国范围内开展为期 2 个月的“清朗·‘饭圈’乱象整治”专项行动。为了进一步加大工作力度，中央网信办又下发了《关于进一步加强“饭圈”乱象治理的通知》。

中央网信办持续加大对“饭圈”乱象的监管和治理力度，督促网站平台调整产品导向和功能设计，进一步健全内部管理制度，规范和引导粉丝群体理性追星。网站平台积极配合监管，加强平台企业内部的社区规则制度建设。在前期整治过程中，重点从源头加强治理，取消了所有涉及明星艺人个人或者组合的排行榜单，不允许设置诱导粉丝打榜的相关功能。通过对“饭圈”乱象的治理行动，广大网民对“饭圈”乱象的本质和危害认识更加深刻，抵制“饭圈”乱象的行动也更加积极、更加自觉。

三、2021 年网络与数据法治实施中存在的主要问题与建议

2021 年，我国网络与数据法治实施继续强化网络与数据治理能力，多部重要网络与数据法律法规出台，重点治理平台经济领域“二选一”“大数据杀熟”等滥用市场支配地位行为等，取得了显著成效，但是仍然存在不少问题需要研究和系统解决，如侵犯公民个人信息的违法犯罪行为依然严

峻，未成年人过度使用甚至沉迷网络游戏问题突出，App 超范围、超权限收集个人信息仍然突出，滥用人脸识别技术侵权事件频发，算法技术滥用亟待全方位治理，互联网平台屏蔽网址链接问题依然存在，数据要素市场规则亟须构建等。

（一）网络与数据法治实施中存在的主要问题

1. 侵犯公民个人信息的行为依然严峻

2021 年，侵犯公民个人信息与隐私的违法犯罪行为依然严峻。这一年，公安部门聚焦网上贩卖公民个人信息犯罪新动向，紧盯“暗网”等隐秘部位全力开展侦查攻坚，2021 年共侦办侵犯公民个人信息案件 9800 余起，抓获犯罪嫌疑人 1.7 万余名。根据公安部“净网 2021”行动公布的打击侵犯公民个人信息犯罪十大典型案例可以看出，侵犯个人信息违法犯罪案件主要涉及：非法获取公民个人信息、非法获取老年人个人信息推销虚假保健品、利用外挂程序非法获取公民个人信息、利用木马窃取网民购物信息、非法获取公民人脸信息注册游戏账号并向未成年人出售等。

2. 未成年人过度使用甚至沉迷网络游戏问题较为突出

根据共青团中央维护青少年权益部、中国互联网络信息中心《2020 年全国未成年人互联网使用情况研究报告》显示，62.5%的未成年人网民会经常在网上玩游戏，其中玩手机游戏的比例为 56.4%，在工作日玩手机游戏日均超过两小时的达到 13.2%。不可回避的是，在上述玩手机游戏的未成年人中，已经有部分未成年人严重沉迷。

2021 年 6 月 1 日起施行的《未成年人保护法》，明确将网游企业防沉迷责任写入法律。2021 年 8 月，国家新闻出版署再次出台了《关于进一步严格管理切实防止未成年人沉迷网络游戏的通知》，明确要求“所有网络游戏企业仅可在周五、周六、周日和法定节假日每日 20 时至 21 时向未成年人提供 1 小时网络游戏服务”。

3. App 超范围超权限收集个人信息仍然突出

目前，App 超范围、高频次索取权限，非服务场景所必需收集用户个人信息，超范围超权限收集个人信息，欺骗误导用户下载等违规行为仍然突出。根据工信部发布《关于 App 违规调用通信录、位置信息以及开屏弹窗骚扰用户等问题“回头看”的通报》（2021 年第 8 批，总第 17 批），指出 43 款 App 仍存在问题整改不彻底、技术手段对抗、同一问题在不同地域整改不一致的情况，其中包括携程旅行、搜狐视频、苏宁易购等。通报显示，这43款App主要存在的问题包括违规调用通信录和地理位置权限、开屏弹窗信息骚扰用户。这些App主要来源App Store、小米应用商店、华为应用商店、搜狗手机助手等。

2021年11月3日，工信部发布《关于App超范围索取权限、过度收集用户个人信息等“回头看”》的通报。通报中共有38款违规App。其中，腾讯新闻涉及欺骗误导强迫用户以及应用分发平台上的App信息明示不到位；全民K歌极速版涉及强制用户使用定向推送功能、欺骗误导强迫用户相关违规类事实被点名。2021年，个人金融信息收集成为银行违规的高发地带，这一年，已有辽宁振兴银行、永隆银行、华商银行、大连银行、锦州银行、四川天府银行、绵阳市商业银行、广州农商行、广东南粤银行在内的多家银行因App存在违规问题被通报。从违规缘由来看，大连银行、锦州银行、永隆银行深圳分行、华商银行、四川天府银行、绵阳市商业银行、广州农商行、广东南粤银行均存在违规收集个人信息问题。这些银行均不同程度存在App强制、频繁、过度索取权限等情况。

4. 滥用人脸识别技术侵权事件频发

人脸识别是一项热门的AI技术，它集成了人工智能、机器识别、机器学习、模型理论、专家系统、视频图像处理等多种专业技术，是生物特征识别的最新应用，其中包括人脸追踪侦测，自动调整影像放大，夜间红外侦测，自动调整曝光强度等技术。近几年，老百姓接触到最常见的AI应用就是“人脸识别”，“刷脸”进站、“刷脸”支付、“刷脸”签到、“刷脸”住宿、“刷脸”执法……人脸识别技术正走进更为广阔的应用场景。然而，一些经营者滥用人脸识别技术侵害自然人合法权益的事件频发，引发公众对人脸识别技术滥用的担忧。2021年央视“3·15”晚会上，宝马4S店、Max Mara等部分商家安装人脸识别摄像头抓取包括性别、年龄在内的个人信息问题遭到曝光，人脸识别的数据滥用与信息安全问题再一次受到全社会的关注。2021年8月1日起实施的《最高人民法院关于审理使用人脸识别技术处理个人信息相关民事案件适用法律若干问题的规定》明确要求，使用人脸识别技术处理个人信息，必须征得自然人或其监护人的单独同意，违者构成侵害自然人人格权益行为。

5. 算法技术滥用亟待全方位治理

当前，滥用数据分析和算法推荐，侵害消费者合法权益屡屡发生，亟须加强算法的全方位治理，要从算法的审查、备案等环节增强穿透力，加强事前监管和系统监管。算法技术滥用，侵害消费者合法权益，主要表现在以下三大方面：一是大数据杀熟，通过数据和算法实施价格歧视，对不同用户采取不同的价格政策，新老用户不同价、不同地区用户不同价、浏览量多或少的用户不同价，追求自身利润最大化；二是致瘾性推荐，通过数据和算法向用户进行个性化推荐，推荐其感兴趣的内容，且不论这些内容是否恰当、适合，有些内容甚至违背法律和公序良俗，从而使用户沉迷致瘾；三是影响和误导消费者，通过数据和算法对流量分配、搜索排名、评价等级设路障碍，限制经营者开展交易，降低消费者选择的可能性，进而引导和左右消费者选择。

6. 数据要素市场规则亟须构建

2021 年，我国多项地方数据立法出台，最具有代表性的是《深圳经济特区数据条例》和《上海市数据条例》，以上两部条例是国内数据领域两部基础性、综合性的地方数据立法。上述条例均明确要构建数据要素市场，《深圳经济特区数据条例》提出，要加快培育数据要素市场，推动构建数据收集、加工、共享、开放、交易、应用等数据要素市场体系，促进数据资源有序、高效流动与利用；《上海市数据条例》提出，要深化数据要素市场化配置改革，制定促进政策，培育公平、开放、有序、诚信的数据要素市场。

事实上，数据要素市场的构建关键在于确立数据要素市场交易规则，以上地方立法均没有确立数据要素市场规则体系。目前，建立数据要素市场的核心是，尽快研究确立数据要素市场规则，需要从国家层面建立统一的数据权属认定规则、数据资产评估规则、数据登记结算规则、数据交易撮合规则、数据争议解决规则等数据要素市场核心规则体系。

7. 互联网平台屏蔽网址链接问题依然存在

2021 年，工信部启动互联网行业专项整治行动，重点整治了互联网平台屏蔽网址链接问题。经过自查整改，取得了一些效果，但有些企业仍存在认识与行动脱节、落实举措不到位的情况，屏蔽网址链接问题依然存在，实现互联网平台互联互通任重道远。作为互联网平台企业，应压实主体责任，积极顺应趋势，主动拆除壁垒，变流量思维为用户思维，以实际行动维护开放的互联网生态。监管部门应继续强化督查检查，出台互联网平台屏蔽网址链接治理规则，确保互联网平台之间的互联畅通。

（二）网络法治实施的若干建议

2021 年是实施国家“十四五”规划的开局之年，也是现代化建设进程中具有特殊重要性的一年。网络法治领域要深入学习领会习近平法治思想，贯彻中共中央《法治社会建设实施纲要（2020-2025 年）》和中共中央、国务院《法治政府建设实施纲要（2021-2025 年）》，推进法治中国和法治政府的数据化、网络化、智能化建设；加强《个人信息保护法》《数据安全法》的宣传普及力度，完善数据安全法、个人信息保护法配套规则；继续加强对平台经济领域的反垄断和执法力度，强化超大型互联网平台的主体责任；继续强化对移动互联网应用程序（App）的治理，严禁超范围收集个人信息；强化滥用算法推荐的治理与监管，健全算法安全治理标准与法规；深化数据要素市场化配置改革，探索建立数据要素流通规则；构建数字经济法治保障体系，依法推动我国数字经济健康发展。

1. 深入学习宣传习近平法治思想，贯彻落实中共中央《法治社会建设实施纲要（2020-2025 年）》和中共中央、国务院《法治政府建设实施纲要（2021-2025 年）》，推进法治中国和法治政府的数据化、网络化、智能化建设。优化整合法治领域各类信息、数据、网络平台，推进全国法治信息化工程建设。加快公共法律服务实体平台、热线平台、网络平台有机融合，建设覆盖全业务、全时空的公共法律服务网络。

尽快建立健全政务数据共享协调机制，进一步明确政务数据提供、使用、管理等各相关方的权利和责任，推动数据共享和业务协同；在依法保护国家安全、商业秘密、自然人隐私和个人信息的同时，推进政府和公共服务机构数据开放共享，优先推动民生保障、公共服务、市场监管等领域政府数据向社会有序开放。

2. 制定和完善《数据安全法》《个人信息保护法》的配套规定和标准，数据安全法配套规定应重点布局数据分类分级管理制度，数据安全风险评估制度、数据安全风险监测预警制度、数据安全应急处置制度、数据交易管理制度、数据全生命周期安全管理制度等；个人信息保护法配套规定应聚焦个人信息保护合规制度体系和标准的建设，建立个人信息收集、存储、使用、共享、转让、公开披露、删除等全生命周期的保护制度，出台专门的个人敏感信息保护规则，制定个人在个人信息处理活动中的权利细则等。

要充分运用新技术新媒体开展《数据安全法》《个人信息保护法》《关键信息基础设施安全保护条例》等网络与数据安全法治领域的宣传普及力度，把网络与数据安全法治教育纳入干部教育体系、国民教育体系、社会教育体系，不断提升全体公民的网络与数据安全法治意识和数字法治素养。

3. 继续加强对平台经济领域的反垄断和执法力度，强化超大型互联网平台的主体责任。修改和完善我国《反垄断法》和配套的法规、规章，以适用于平台经济领域所有市场主体，构建全方位、多层次、立体化的平台经济领域的监管体系，实现事前事中事后全链条全领域监管，重点治理和查处损害群众利益、妨碍公平竞争、损害平台从业人员和消费者合法权益的行为和做法，加强平台经理领域税收监管和税务稽查力度，制定防止平台垄断和资本无序扩张的规范等。

加强超大型互联网平台的主体责任，重点强化平台的内容管理制度，避免违法违规信息在平台上的传播；建立健全针对平台内经营者的信用评价制度，公示信用评价规则；禁止通过影响用户选择或者其他方式，实施妨碍、破坏其他经营者合法提供的网络产品或者服务正常运行的不正当竞争行为；遵守价格相关法律、法规，不得利用平台规则和数据、算法等技术手段实施价格歧视、哄抬价格、低价倾销等不正当价格行为；加强对平台内违法犯罪行为的整治，净化网络空间秩序，建设健康有序的网络营商环境；按照网络安全等级保护制度的要求，履行网络安全保护义务，保障网络免受干扰、破坏或者未经授权的访问；落实数据分类分级保护制度相关要求，建立健全全流程数据安全管理制度，组织开展数据安全教育培训，采取相应的技术措施和其他必要措施，保障数据安全；遵守个人信息保护法及其配套规定，履行自然人隐私与个人信息保护责任等。

4. 继续强化对移动互联网应用程序（App）的治理，严禁超范围收集个人信息。依照《个人信息保护法》确立的“收集个人信息，应当限于实现处理目的的最小范围，不得过度收集个人信息”的原则，强化对移动互联网应用程序（App）超范围收集个人信息的治理力度。重点治理以下超范围收集个人信息的情形，一是App收集的个人信息类型或申请的系统权限与App提供的业务功能无关；二是App强制收集非必要个人信息，“必要个人信息”，主要指保障App基本功能服务正常运行所必需的个人信息，缺少该信息App即无法实现基本功能服务，除此以外均属于“非必要个人信息”；三是治理App收集频率不合规的情形，许多App在用户使用业务功能时，收集个人信息的频率严重超出其业务功能的实际需要。

5. 强化滥用算法推荐的治理与监管，健全算法安全治理标准与法规，落实算法安全主体责任。健全算法安全治理政策法规，加快制定算法管理规定，明确算法管理主体、管理范围、管理要求和法律责任等，完善算法安全治理措施，制定标准、指南等配套文件；组织建立专业技术评估队伍，深入分析算法机制机理，评估算法设计、部署和使用等应用环节的缺陷和漏洞，研判算法应用产生的意识形态、社会公平、道德伦理等安全风险；建立算法备案制度，梳理算法备案基本情况，健全算法分级分类体系，明确算法备案范围等。

强化算法推荐服务提供者落实算法安全主体责任，建立算法安全责任制度和科技伦理审查制度，健全算法安全管理组织机构，加强风险防控和隐患排查治理，提升应对算法安全突发事件的能力和水平；重点建立健全算法机制机理审核、算法伦理审查、用户注册、信息发布审核、数据安全和个人信息保护、反电信网络诈骗、安全评估监测、安全事件应急处置等管理制度和技术保护措施，制定并公开算法推荐服务相关规则；重点查处算法推荐服务提供者设置诱导用户沉迷、过度消费等违反法律法规或者违背伦理道德的算法模型。

6. 深化数据要素市场化配置改革，探索建立数据要素流通规则。重点构建权责清晰的数据要素市场化配置制度规则和组织体系，积累数据要素市场流通的运营模式、交易模式、技术支撑、安全保障等方面形成可复制、可推广的经验做法，实现数据要素市场规范有序发展，建议国家在上海市和深圳特区构建数据要市场化配置改革先行示范区，在总结示范区实践的基础上，制定全国统一的数据要素市场化配置改革方案。

7. 建议将《电信法》作为数字经济的基础性立法，构建数字经济法治保障体系，依法推动我国数字经济健康发展。重点研究以现代信息网络为主要载体，以数据资源为关键要素，以新一代信息通信技术与实体经济的深度融合应用，促进全要素数字化转型为重要推动力的数字经济发展规律。一是建立数字产业化的法保障体系，主要支撑现代信息技术通过市场化应用，依法保障电子信息制造业、软件和信息技术服务业、电信广播卫星传输服务业和互联网服务业等数字产业的发展；二是建立产业数字化的法治保障体系，研究基于现代信息技术对工业、农业、服务业等产业进行全方位、全角度、全链条改造的法律制度，依法保障工业、农业、服务业等产业的数字化、网络化、智能化的转型与提升。

重点构建数字经济法治保障的五大体系：（1）数字经济治理的法治保障体系；（2）数据要素市场构建的法治保障体系；（3）政府数字化治理能力现代化的法治保障体系；（4）提升公共服务数字化的法治保障体系；（5）强化数字经济安全的法治保障体系。

撰稿专家

王春晖，教授、博士、高级翻译，我国知名数字经济战略与法律专家。任浙江大学教授，浙江大学宁波理工学院启新讲座教授，网络空间治理与数字经济法治（长三角）研究基地主任兼首席专家，兼任工信部信息通信经济专家委员会委员、联合国世界丝路论坛数字经济研究院院长、中国行为法学会学术委员会副主任兼网络与数字法治研究院院长、中国通信学会网络空间安全战略与法律委员会副主任委员、中国互联网协会应用创新工作委员会副主任委员、中国法学会网络与信息法学研究会常务理事、上海市法学会互联网司法研究会副会长、江苏省法学会大数据与人工智能法学研究会副会长、联合国国际贸易法委员会中国观察员专家团成员、联合国国际电联《国际电信规则》中国工作组专家、中国网络与数据安全法治50人论坛主席等。

第十四章　2021年涉外商事海事法治专题报告

张　建

报告要旨

在中国共产党成立百年之际，党的十九届六中全会上通过了《中共中央关于党的百年奋斗重大成就和历史经验的决议》，其中特别指出，加强涉外领域立法，全面推进依法治国。2021年，全国人大及其常委会坚持以习近平新时代中国特色社会主义思想为指导，统筹推进国内法治与涉外法治，加快涉外领域立法步伐，围绕反制裁、反干涉、反制长臂管辖等颁行《反外国制裁法》等一系列法律法规，有效充实了应对挑战、防范风险的涉外法律"工具箱"。在最高人民法院的指导下，全国各级人民法院依法行使司法管辖权，恪守国际条约义务，尊重国际惯例，准确适用准据法，审结了一批影响重大、有规则指引作用、有助于推动法治进程的涉外商事海事审判典型案例。最高人民法院发布《全国法院涉外商事海事审判工作座谈会会议纪要》，积极回应涉外商事海事法治实施中的新型、疑难、复杂问题，探索新类型案件的裁判标准和司法导向，向全世界展示中国司法不断开放和提升国际公信力的坚定信心和决心。在仲裁司法审查方面，最高人民法院修改了关于仲裁司法审查案件报核的相关规定，将非涉外、涉港澳台的司法审查权适度下放，取消了关于当事人跨省级行政区域的案件向最高人民法院报核的规定，大大提升了此类案件的司法质效，深入贯彻了司法为民、公正司法的理念。在健全国际商事纠纷解决机制方面，最高人民法院支持北京打造面向世界的国际商事纠纷解决中心，在北京市第四中级人民法院设立北京国际商事法庭，加强国际商事审判工作，支持北京整合国际一流纠纷解决资源，打造面向世界的国际商事仲裁中心，积极支持国际商事争端预防和解决组织落地、运营，为北京“两区”建设提供司法服务与保障。

核心建议

1. 坚持统筹推进国内法治和涉外法治，进一步完善反制裁、反干涉、反制“长臂管辖”的法律法规，推动我国法域外适用的法律体系建设，提升涉外执法司法效能。要把拓展执法司法合作纳入双边多边关系建设的重要议题，延伸保护我国海外利益的安全链。

2. 紧密围绕党和国家工作大局，加强涉外法治人才培养，并将研究成果应用在推动涉外法治体系建设的生动实践中。积极推动涉外诉讼程序规则完善，研究制定涉外案件适用国际条约和国际惯例的司法解释，加强对平行诉讼、跨境破产、跨境数据流动、主权豁免等疑难和前沿问题的研究，为规则制定贡献智慧。

3. 积极推动并深度参与《关于船舶司法出售国际承认公约草案》、海牙国际私法协会管辖权项目等国际规则的制定，高度重视对外条约谈判工作，在国际投资、贸易、航运规则的形成中发出中国司法的声音，在全球治理中阐明中国法治观点。

4. 完善仲裁制度、提高仲裁公信力，加快推进《仲裁法》的修订工作，构建既有中国特色又与国际接轨的现代化仲裁法律制度，形成更加系统且完备的涉外法律体系。推进国际商事纠纷解决中心建设，打造中国仲裁的国际品牌，提升涉外法治保障工作成效。

一、2021年涉外商事海事法治实施的总体状况

（一）加强涉外法治工作，提升涉外执法司法质效

习近平总书记多次强调，法治兴则民族兴，法治强则国家强。当前，我国正处在实现中华民族伟大复兴的关键时期，世界百年未有之大变局加速演进，改革发展稳定任务艰巨繁重，对外开放深入推进，需要更好发挥法治固根本、稳预期、利长远的作用。[①] 在过去的一年中，世纪疫情和百年变局交织，国际竞争越来越体现为制度、规则、法律之争。中国走向世界，以负责任大国参与国际事务，必须善于运用法治。为此，我国高度重视并加强涉外法律法规体系建设，提升涉外执法司法效能，坚决维护国家主权、安全、发展利益。

2021年1月，国务院新闻办公室发布《新时代的中国国际发展合作》白皮书。白皮书围绕国际社会对中国国际发展合作的关注，阐述党的十八大以来中国开展国际发展合作的理念和政策主张，反映新时代中国国际发展所取得的实践成果和进展，阐明中国国际发展合作为推动构建人类命运共同体所作的积极贡献。[②] 白皮书的发布，既增进了国际社会对中国国际发展合作的了解，也向国际社会表明中国致力于构建人类命运共同体的态度和决心。

我国司法机关是涉外法治的重要实施者和国际秩序的坚定维护者。2021年，全国各级人民法院始终坚持以习近平新时代中国特色社会主义思想为指导，深入学习贯彻习近平法治思想，主动服务和保障党和国家工作大局，充分发挥涉外商事海事审判职能作用，在执法办案、服务大局、制度创新、机制建设、人才培养、国际交流等方面做了大量卓有成效的努力，各项工作取得了新进展，为服务保障对外开放和海洋强国建设做出了积极贡献。2021年10月，全国政协就“提高涉外执法司法质效”进行协商座谈，最高人民法院院长周强在会上表示，近年来，全国各级人民法院在以习近平同志为核心的党中央坚强领导下，在全国人大和全国政协监督支持下，立足审判职能，抓牢审执工作根本，大力推动中国涉外商事海事审判向高水平

---

① 参见习近平：《坚持走中国特色社会主义法治道路，更好推进中国特色社会主义法治体系建设》，载《求是》2022年第4期。

② 白宇：《国务院新闻办公室发布〈新时代的中国国际发展合作〉白皮书》，载《人民日报》2021年1月11日，第4版。

发展，司法公信力显著提升，取得了令人瞩目的成就。目前，我国涉外审判覆盖的国家和地区范围不断扩大，境外当事人主动选择中国法院管辖的案件日益增多，我国法院民商事判决得到越来越多国家的承认和执行，在参与国际规则制定中发挥的作用更加凸显，涉外司法国际公信力和影响力持续提升。我国涉外司法制度具有显著特征：一是坚持党的领导，始终把党的领导贯彻到涉外司法全过程各方面；二是坚持以人民为中心的发展思想，始终把实现好、维护好、发展好最广大人民根本利益作为出发点和落脚点；三是坚持统筹发展和安全，始终把涉外司法工作置于改革发展稳定大局中谋划和推进；四是坚持对外开放的基本国策，积极推进司法领域国际交流和务实合作；五是坚持依法平等保护原则，确保中外当事人诉讼地位和诉讼权利平等、法律适用和法律保护平等。

在取得成绩的同时，我国的涉外司法工作当前还面临诸多挑战，如涉外司法能力不足，涉外审判人才缺乏，涉外审判应对外部挑战的能力不足、手段不足，对新情况新问题有效应对不够，对一些重大、前沿性的国际法问题研究还有待加强等。人民法院将加快制定一批涉外司法解释，加强最高人民法院国际商事法庭和国际商事专家委员会建设，充分发挥"一站式"国际商事纠纷解决机制作用，加强涉外司法与行政衔接以及与调解、仲裁联动，加快涉外法治人才培养和储备，加强队伍建设，提高涉外司法能力和水平，深化国际司法交流合作，促进涉外司法质效进一步提升，更好地服务更高水平对外开放。

在未来，全国各级法院还将不断完善工作措施，依法履行职责，充分发挥涉外审判职能作用，坚决维护国家主权和安全，服务保障高水平对外开放，营造市场化法治化国际化营商环境，积极参与国际规则制定，完善涉外审判机制，深化国际司法协助与交流合作，进一步提高涉外司法质效，保障涉外司法在服务统筹国内国际两个大局、统筹推进国内法治和涉外法治等方面发挥应有的作用。

（二）涉外领域立法步伐加快，重视国内法域外适用体系建设

加强涉外领域立法是维护国际秩序、促进国际合作的必要手段。加强涉外领域立法，不仅有助于促进对外开放、维护国家利益，而且有益于更好地推进全面依法治国、构建人类命运共同体，并为"一带一路"倡议提供驱动力。特别是，涉外领域立法是打通国内国际的法治桥梁，是中国引进来、走出去进程中强化法治实施的必然产物。近年来，面对一些国家不

合理的长臂管辖及单边经济制裁，必须运用法律武器坚决予以反击。为此，加强涉外领域立法，一方面可以阻断单边主义、霸权主义法律与措施的不当域外适用；另一方面可以通过涉外领域立法向世界表明我们自己的法律立场，促进国际合作以共同对之加以反制。[①] 2021 年，我国加快了涉外领域的立法步伐，全力补齐法律法规短板，其中尤其是阻断立法和反外国制裁立法最具影响力。

1.《阻断外国法律与措施不当域外适用办法》：对外国次级制裁加以阻却

2021 年 1 月 9 日，我国商务部公布了《阻断外国法律与措施不当域外适用办法》（以下简称《阻断办法》）。就其适用范围而言，《阻断办法》针对的是外国法律与措施的域外适用违反国际法和国际关系基本准则，不当禁止或者限制中国公民、法人或者其他组织与第三国（地区）及其公民、法人或者其他组织进行正常的经贸及相关活动的情形。简言之，其主要针对的是外国国家对第三国或其个人、组织实施的具有次级制裁效力的制裁措施。为了确保《阻断办法》的有效实施，其构建了完整的制度安排和工作机制，具体包括对存在不当域外适用情形的外国法律与措施的报告、评估、发布禁令、司法救济及处罚措施。[②] 作为阻断工作的中心，中国相关主管部门有权力审查和判定外国法律或措施的域外适用是否妥当。为此，《阻断办法》第 4~7 条确定设立一项专门的工作机制，该工作机制由国家建立，由中央国家机关有关部门参加，由国务院商务主管部门牵头，专门负责外国法律与措施不当域外适用的应对工作。有关外国法律与措施的域外适用是否存在不当，由工作机制综合考虑有关因素评估确认。如工作机制经评估，确认有关外国法律与措施存在不当域外适用的情形，则可以决定由国务院商务主管部门发布不得承认、不得执行、不得遵守有关外国法律与措施的禁令。此外，为了保持程序灵活和个案公正，预留制度回旋余地，工作机制还可以根据实际情况，决定中止或者撤销禁令。因此，判断外国法律或措施域外适用适当性的权力由工作机制排他行使，传统的国际经贸争议解决机构（例如国内法院或者仲裁机构）无权就域外适用的适当性与否及阻断决定的是非曲直予以裁判。对当事人而言，此种工作机制无疑简化

① 参见闫佳：《新时代加强涉外领域立法的思考》，载《中国司法》2021 年第 11 期。

② 参见沈伟：《中美贸易摩擦中的法律战——从不可靠实体清单制度到阻断办法》，载《比较法研究》2021 年第 1 期。

了识别途径，降低了争议解决的成本，当事人只需关注工作机制是否发布、中止、撤销了有关外国法律或措施域外适用的禁令即可。

2.《反外国制裁法》：捍卫国家主权、维护公民利益

2021 年 6 月 10 日，第十三届全国人民代表大会常务委员会第二十九次会议通过《反外国制裁法》，该法自公布之日起正式实施。虽然《反外国制裁法》的篇幅只有区区 16 条，但其所包含的全新跨境活动监管理念在境内外引起了极大的反响，许多企业也在积极探讨关于该法对跨国企业和国际经贸日常业务可能带来的影响。在国内国际双循环相互促进的新发展格局下，一些国家频频对我国企业和个人发起经济制裁，使中国对外经贸交往的法治环境与商业环境出现一些不确定因素，在这种历史背景下，我国及时出台《反外国制裁法》，有其历史必然性。在企业进行商业决策、确定交易模式的过程中，需要结合《反外国制裁法》及自身的内控与合规要求和实际操作慎重开展相关交易。正如立法名称所示，《反外国制裁法》的核心在于外国对中国政府、公民或组织采取"歧视性限制措施"时采取反制措施。虽然立法中并未对"歧视性限制措施"进行定义，但法条上下文明确该法的主旨是对抗外国"干涉中国内政"。全国人大常委会法工委负责人解释称，《反外国制裁法》强调的是"反"字，即原则上，我国相关机关不会先发制人，而是伺机而动，在其他国家对我国主体实施歧视性限制措施时，以该法为据采取反制措施。因此，《反外国制裁法》将主要适用于外国政府就中国国内政治与政策实施的单边制裁行为，通过适时采取有力的反击，在维护我国主体相关权益的同时，对受损者提供相应的救济，对不法者实施相应的惩戒。换言之，这部立法主要针对外国单边制裁采取相应的反制措施。①

从立法宗旨来看，《反外国制裁法》重点在于"反制"而非"阻断"，其内容非常明显地突出与境外其他国家采取的针对中国主体的限制措施的对等性。特别是，根据《反外国制裁法》第 13 条和第 15 条，结合全国人大常委会法制工作委员会的立法说明可知，《反外国制裁法》下的反制措施并不仅仅是对外国针对中国的相关限制措施的反制应对，对于在中国境外实施、协助、支持危害中国国家主权、安全和发展利益的个人和主体，中国同样可以主动对其实施限制措施。

① 参见霍政欣：《〈反外国制裁法〉的国际法意涵》，载《比较法研究》2021 年第 4 期。

（三）营造国际化营商环境，为全球治理注入新活力

当前，世界百年未有之大变局和新冠肺炎疫情全球大流行交织影响。各国人民对和平发展的期盼更加殷切，对公平正义的呼声更加强烈，对合作共赢的追求更加坚定。为此，在涉外法治实施过程中，中国尤其注重增进各方的合作，携手应对挑战，共同维护以联合国为核心的国际体系，以国际法为基础的国际秩序，以联合国宪章宗旨和原则为基础的国际关系基本准则，促进世界和平稳定，推动世界经济复苏和增长，共创更加美好的未来。

1. 发布《中国法治国际论坛（2021）北京宣言》

2021 年 11 月 12 日，中国法治国际论坛（2021）在北京举办。来自 20 个国家和国际组织的法学法律界人士出席了论坛，围绕"'一带一路'国际经贸规则创新与完善"的主题进行了探讨，论坛上发布了《中国法治国际论坛（2021）北京宣言》，宣言中提出：共建"一带一路"倡议，旨在传承丝绸之路精神，携手打造开放合作平台，为各国合作发展提供新动力。8 年来，141 个国家和 30 多个国际组织同中方签署了共建"一带一路"合作文件，"一带一路"合作伙伴越来越多。各方积极推进政策沟通、设施联通、贸易畅通、资金融通、民心相通，启动了大批务实合作、造福民众的项目，构建起全方位、复合型的互联互通伙伴关系，开创了共同发展的新前景。推动高质量共建"一带一路"，需要公正合理、开放透明、创新完善的国际经贸规则。各方应坚持走团结合作、互联互通、共同发展之路，推进战略、规划、机制对接，加强政策、规则、标准联通，积极促进相关法律制度发展和完善，更好造福各国人民。

自 2018 年以来，经过持续探索和发展，中国法治国际论坛已经成为加强法治对话和法治合作的平台、增进法治共识和法治互信的桥梁。呼吁和支持各方继续以高质量共建"一带一路"为主线，加强交流、增进共识，深入开展多层次、多渠道、全方位的法治合作，为运用法治方式推动共建"一带一路"、更加有力地应对全球性挑战贡献智慧和力量。展望未来，我国涉外商事海事领域的法治实施将致力于实现高标准、惠民生、可持续目标，"一带一路"法治合作将不断走深走实，为完善全球治理规则，推动全球治理体系朝着更加公正合理的方向发展作出更大贡献。

2. 推动海丝中央法务区优化发展

作为厦门探索建设海丝中央法务区的重大空间布局之一，2021 年 11 月

5 日，海丝中央法务区自贸先行区正式揭牌亮相。海丝中央法务区是 2021 年揭牌的第三个省级中央法务区，前两个为成都的天府中央法务区、上海的虹桥国际中央法务区。海丝中央法务区的目标为“立足福建、辐射两岸、影响全国、面向世界的一流法治服务高地”，与天府中央法务区“打造立足四川、辐射西部、影响全国、面向世界的一流法律服务高地”、虹桥国际中央法务区“服务长三角一体化和虹桥国际开放枢纽建设的国家战略”相比独树一帜。

2021 年 11 月，《海丝中央法务区总体建设方案》经审议后正式通过，明确了海丝中央法务区建设的方向规划、总体要求、建设重点、保障措施和牵头单位等。海丝中央法务区建设方向规划以“持续优化营商环境、加强涉外涉台法治建设、深耕做强涉海法务、推动法律服务与金融业高质量发展同频共振、保障推动发展现代服务业、加大法务人才队伍建设力度”等六项建设内容为重点，以清单化、项目化的方式明确了法务区建设的总体要求、建设重点、保障措施和牵头单位，对海丝中央法务区“是什么”“做什么”予以具体化的探索。目前，海丝中央法务区建设已列入厦门市委近五年的工作任务。下一步，厦门将认真把论坛形成的理论成果转化为实践成果，把合作平台转化为共赢机制，把政策红利转化为发展成果，注重规划先行、顶层设计，抓紧筹建海丝中央法务区秘书处，探索完善“两区、一核、三带、五板块、六大建设内容、三步走”的空间布局，确保法务区建设落地见效。根据《建设方案》，法务先行区、法务示范区，核心承载区，三个法务集中带，五个法务板块均位于厦门本岛。

（四）重视中国法治的国际传播，进一步拓宽域外法查明的合作渠道

加强中国法治的国际传播，积极向国际社会传递中国法治建设取得的成就，是涉外法治建设的关键环节。立足新时代的国际法治舞台，中国法治的国际传播恰逢其时。① 为此，在社会各界支持下，中国政法大学全面依法治国研究院自 2020 年以来开始进行“中国法治国际传播十大典型案例”年度评选活动。该活动旨在评选讲好中国法治故事、提升中国法治国际影响力的优秀案例，积极推进中国法治国际传播能力建设，向世界展示真实、立体、全面的中国。2021 年，经过严格甄选，评选出十大中国法治国际传播典型案例（详见表 1）。

---

① 刘静坤、余萌：《中国法治的国际传播恰逢其时》，载《人民法院报》2021 年 1 月 7 日，第 8 版。

表1　2021年中国法治国际传播典型案例

典型案例	典型意义
中国法治国际论坛（2021）召开	来自中国、俄罗斯、巴西、巴基斯坦、哈萨克斯坦、柬埔寨、古巴等20个国家和地区以及联合国贸易法委员会、非洲统一商法组织等国际组织的代表参会，论坛上发布《中国法治国际论坛（2021）北京宣言》
中国法学会发布《中国法治建设年度报告（2020）》中英文版	通篇突出贯彻落实习近平法治思想，系统、全面地反映了2020年中国特色社会主义法治建设取得的实践成就
第一届中国国际服务贸易法律论坛成功举办并发布《中国国际服务贸易年度观察（2021）》中英文版	本次论坛系中国国际服务贸易交易会（2021）系列论坛之一，以“开放与发展：服务贸易全球化与北京国际仲裁中心建设”为主题，聚焦中国法律服务业对外开放，旨在积极推进北京国际仲裁中心建设
最高人民法院与联合国环境规划署联合主办世界环境司法大会	来自27个国家的最高法院、宪法法院、最高行政法院的院长或首席大法官、大法官参会，与会各方一致通过《世界环境司法大会昆明宣言》
最高人民法院规范人民法院组织机构、职务、工作场所英文译名	2021年7月19日，最高人民法院印发关于《人民法院组织机构、职务名称、工作场所英译文》的通知，规范并统一各级人民法院在对外交往中使用的英文译名，有利于完善新时代人民法院的国际交流合作、涉外案件审判机制，推动形成更高层次改革开放新格局
国家知识产权局发布中英文双语版2020年度报告	2021年4月，国家知识产权局发布了2020年中国知识产权保护状况年度报告。该报告介绍了两个年度亮点，分别是知识产权对抗击新冠肺炎疫情的服务，以及知识产权对精准扶贫的支持
国务院新闻办公室发表《中国共产党尊重和保障人权的伟大实践》白皮书中英文版	该白皮书包括前言、为人民解放和幸福而奋斗、尊重和保障人权的执政方略、筑牢人民当家作主的根本制度、促进各项人权全面发展、依法保障公民基本权利、推进世界人权事业发展、丰富发展了人权文明多样性和结束语九个部分
2021中国仲裁周成功举办，多场国际性活动在此期间举行	中国仲裁周是中国国际经济贸易仲裁委员会与中国人民大学法学院、全国律师协会及北京律师协会联合发起举办的系列活动，提高了中国仲裁的国际公信力和影响力
《民法典》多国外语译本出版发行	通过传统出版和数字出版两种载体，向世界诠释了新时代的中国民事方法，与世界分享中国法治建设最新成果，向世界阐述中国最新法治方案，展现真实、立体、全面的中国法治形象，为世界贡献中国法治智慧

续表

典型案例	典型意义
中国政法大学举办 WTO 公共论坛分论坛	在新冠肺炎疫情持续冲击国际贸易和投资活动的背景下，此次分论坛展现了我国学术界和实务界维护多边贸易体制的坚定立场和包容开放的建设性态度，向世界传递了积极的中国声音

与此同时，随着近年来我国法院受理的涉外海事海商案件数量不断上升，适用外国法情形不断增多，最高人民法院及各级人民法院深入探索域外法查明的新途径。2021 年 12 月 3 日，第五届中新法律和司法圆桌会议上，中华人民共和国首席大法官、最高人民法院院长周强与新加坡首席大法官梅达顺共同签署《关于推进法官继续教育的合作谅解备忘录》及《关于法律查明问题的合作谅解备忘录》。这是两国最高法院首次采取“云签署”形式签署备忘录。[①] 此次签署的关于法律查明问题的合作谅解备忘录，是中国最高人民法院与外国商签的第一份有关法律查明问题的合作谅解备忘录，具有开创性历史意义，为国际社会司法合作提供了有益借鉴。

为提升涉外案件审理效能，南京海事法院于 2021 年出台《关于外国法查明工作操作规程（试行）》（以下简称《规程》），规范外国法查明工作。该规程主要规定了如下内容：一是明确外国法查明的途径。《规程》以列举的方式规定了当事人及法院查明外国法的途径，并强调个别查询机构不接受个人委托的，当事人经办理规定手续，可委托法院查询。二是规范外国法查明的启动与适用程序。《规程》要求，准确把握外国法查明的启动与适用条件，严把程序关，提升外国法适用准确性。三是确立提供外国法的形式要件。《规程》规定，中外法律专家或者法律查明服务机构提供外国法意见，该外国法为成文法的，应当提供该成文法全文或节选并对相关法律条文做必要解释；外国法没有成文法的，应提供最新案例并就案件事实、裁判规则等方面进行分析。四是确定外国法内容的认证程序。《规程》强调，对于当事人或者法院依职权查明的外国法，应当通过庭审程序，听取当事人对外国法真实性、具体内容及理解与适用的意见。

① 乔文心：《中新两国最高法院“云签署”两份合作谅解备忘录》，载《人民法院报》2021 年 12 月 4 日，第 1 版。

二、为推动更高水平对外开放及营商环境持续优化提供法治保障

（一）为北京“两区”建设提供司法服务与保障

2020年9月4日，习近平总书记在中国国际服务贸易交易会全球服务贸易峰会上的致辞中提出，为更好发挥北京在中国服务业开放中的引领作用，支持北京打造国家服务业扩大开放综合示范区，加大先行先试力度，探索更多可复制可推广经验；设立以科技创新、服务业开放、数字经济为主要特征的自由贸易试验区，构建京津冀协同发展的高水平开放平台，带动形成更高层次改革开放新格局。后国务院发布批复，同意《深化北京市新一轮服务业扩大开放综合试点建设国家服务业扩大开放综合示范区工作方案》，发布《中国（北京）自由贸易试验区总体方案》，支持北京推进改革开放，高质量建设自由贸易试验区。2021年3月，最高人民法院发布《关于人民法院为北京市国家服务业扩大开放综合示范区、中国（北京）自由贸易试验区建设提供司法服务和保障的意见》，该意见分六个部分共26条，明确了人民法院服务和保障北京“两区”建设的总体要求和重点领域的具体举措。其中，第一部分明确了人民法院服务保障北京“两区”建设的总体思路；第二部分聚焦知识产权审判工作，服务保障科技创新，推动北京建设国际科技创新中心；第三部分助力北京服务业开放发展，保障服务业扩大开放综合示范区建设；第四部分支持数字经济发展，推动打造数字经济试验区；第五部分推进涉外审判体系和审判能力现代化建设，营造国际一流法治化营商环境；第六部分积极参与社会治理，推动区域协同开放。从推进审判工作信息化智能化、加强诉源治理、服务保障京津冀协同发展、健全风险防控体系等四个方面对人民法院参与北京社会治理体系和治理能力建设作出部署安排，为首善之都建设提供良好法治环境。

2021年12月，北京国际商事法庭正式成立，该法庭的法官由北京市四中院在具有丰富审判工作经验，熟悉国际条约、国际惯例以及国际贸易投资实务，能够同时熟练运用中文和英文作为工作语言的资深法官中选任。根据最高人民法院批复和有关规定，北京国际商事法庭集中管辖由北京市中级人民法院管辖的仲裁司法审查案件和外国法院裁判审查案件。北京国际商事法庭将充分利用北京高校、科研院所等丰富国际法学研究资源和涉外商事案件资源优势，切实提高涉外商事审判领域的理论和实务研究水平。

进一步统一司法审查标准和裁判尺度，探索形成具有一定影响力的涉外商事纠纷解决规则。

下一步，北京市四中院将着力打造具有跨区划法院特色的涉外商事司法品牌，整合国际一流的国际商事纠纷解决资源，充分发挥北京市在法律行业和国际仲裁等方面的突出优势，依法及时公正审理国际商事案件，为中外当事人提供公开参与竞争、同等受法律保护的市场环境。特别是，北京国际商事法庭将学习并借鉴国际商事纠纷解决机构成熟管理经验，积极打造国际商事纠纷解决的“北京样板”，持续提升我国涉外商事争端解决机制的国际影响力和竞争力。①

（二）上海法院积极推动金融业对外开放

为进一步贯彻落实中央涉外法治工作的部署和要求，统筹推进国内法治和涉外法治，协调推进国内治理和国际治理，深入研究涉外金融司法的前沿实务问题，更好地服务保障浦东新区加大金融开放力度，打造社会主义现代化建设引领区，为上海国际金融中心能级提升营造良好的金融司法环境，2021 年 7 月 21 日，上海金融法院举行涉外金融司法研讨会，发布了《上海金融法院涉外、涉港澳台金融案件审判指南》与 8 个涉外、涉港澳台金融纠纷典型案例（详见表 2）。②

表 2　2021 年上海金融法院涉外、涉港澳台金融纠纷典型案例

案例名称	典型意义
涉“维好协议”之香港特别行政区法院判决在内地申请认可和执行应严格依据相关司法安排作出认定——时和全球投资基金 SPC-时和价值投资基金申请认可和执行香港特别行政区法院民事判决案	本案判决充分显示了上海金融法院的专业性和开拓精神，对于维好协议涉及的诉讼主体适格性、判决终局性和公共利益认定等问题作出了合理判决，具有重要的规范指引作用。本案有助于提升国际评级机构对相关债券的评级，降低中国公司海外主体发债利息成本，也有利于加强香港的国际金融中心地位，让香港特别行政区在我国金融市场的国际化进程中发挥更大作用

① 龙飞：《陶凯元出席北京国际商事法庭成立活动并讲话》，载中国法院网，https：//www. chinacourt. org/article/detail/2021/12/id/6459158. shtml，最后访问时间：2021 年 12 月 29 日。

② 邱悦：《上海金融法院发布〈涉外、涉港澳台金融案件审判指南〉与典型案例》，载腾讯网，https：//new. qq. com/omn/20210722/20210722A0A1PR00. html，最后访问时间：2021 年 12 月 31 日。

续表

案例名称	典型意义
外国人在境内不违反禁止性规定的投资应依法予以保护——杉浦某某与龚某股权转让纠纷案	本案涉及外国人在中国投资及委托中国人隐名代持股权问题，判决中采取对标的股票进行拍卖、变卖的方式，克服股票价格波动致使投资收益价值难以固定的难题，对同类案件很有借鉴意义。本案裁判根据资本市场特点，既注重保护当事人合法权益，又积极维护社会公共利益
原油掉期交易中违约事件及违约责任应依约适用国际惯例予以认定——渣打银行（中国）有限公司诉张家口联合石油化工有限公司金融衍生品种交易纠纷案	本案为在法律层面明确金融衍生品终止净额结算制度的有效性和可执行性提供了有益参考，也为上海国际金融中心建设进一步市场化、国际化、尊重国际最佳实践经验和市场基本制度，促进我国金融衍生品市场的创新发展，进而稳定预期，提升软实力，提供了司法营商环境优化的案例
附件对合同约定的解释、扩展，并不构成对基础交易合同的变更——保乐力加（中国）贸易有限公司诉交通银行股份有限公司上海市分行独立保函纠纷案	本案裁判不仅依循了我国的司法解释，同时也高度尊重关于独立保函的国际商事惯例。本案提醒我国金融机构在开辟更多的国际金融业务时应防范其中的法律风险，金融业务是高度法治化的商业实践
外国法院的止付令未经法定程序在我国被承认与执行不构成保函开立人可主张的不可抗力免责事由——中国葛洲坝集团股份有限公司诉意大利裕信银行股份有限公司上海分行独立保函纠纷案	本案中充分考量了域外诉讼对我国诉讼的影响、必要性、损益平衡、公共利益以及国际礼让等因素，全面权衡各方利益，确定了相对合理严谨的裁判规则，既坚持了司法的谦抑与谨慎态度，同时也维护了我国的司法主权，实现了法律效果与社会效果的有效统一
香港仲裁程序中的当事人申请内地法院财产保全之审查——瑞士联合银行集团新加坡分行与上海国储能源集团有限公司香港仲裁程序在内地申请保全案	本案是“一国两制”下内地与香港特别行政区在《香港特别行政区基本法》框架下开展司法协助的又一成功实践，彰显了一个主权国家下的法域互信以及内地法院对涉外、涉港澳台商事仲裁的友好支持立场
涉外独立保函不符合受益人滥用付款请求权情形下应依法驳回止付申请——上海船用柴油机研究所与巴基斯坦法蒂玛能源公司、中国建设银行股份有限公司上海市分行复议申请中止支付保函项下款项纠纷案	由于见索即付独立保函的独立性和绝对性，各国立法和国际商会《见索即付保函统一规则》等有关法律规范均对欺诈例外作出非常严格的限制。本案中，申请人所提出的证据和理由显然不足以让法院认定本系列案可适用欺诈例外法律规范，本案判决合法、合理，具有较好的示范意义

续表

案例名称	典型意义
英文合同条款应以文义解释辅以目的解释等原则予以明确——苏黎世财产保险（中国）有限公司与东京海上日动火灾保险（中国）有限公司申请确认仲裁协议效力案	本案涉及保险合同的仲裁条款是否被有效并入再保险合同的问题，争议焦点在于：再保险合同使用的语言为英语，其中英语“jurisdiction”一词是否足以认定再保险合同合并了保险合同的仲裁条款。法院对英语“jurisdiction”一词的解释，综合运用了文义解释方法和目的解释方法，合乎我国支持仲裁的司法政策

2021 年 8 月 24 日，上海市浦东新区人民法院召开新闻发布会，通报该院涉外商事审判服务保障引领区建设的十项举措，发布涉外商事审判工作白皮书和典型案例。① 为了构建与国际通行规则对接的司法服务保障机制，营造国际一流法治化营商环境，上海市浦东新区人民法院从四个方面出发，提出十项涉外商事审判举措，其中主要包括：第一，进一步与国际通行规则对接。积极行使司法管辖权，适度把握涉外案件协议管辖中的实际联系要素；对接国际通行规则，优化立案和庭审流程，充分尊重当事人权利；加大域外法查明和适用力度，积极推动域外法查明资源的整合。第二，进一步拓展涉外商事纠纷解决机制新渠道。建立与国际商事调解机构、涉外仲裁机构的交流、磋商与反馈机制，推动涉外商事纠纷“诉讼、调解、仲裁”一站式解决机制深化发展。第三，进一步打造支持涉外仲裁健康发展的司法环境。建立仲裁友好型司法审查标准，为境外仲裁机构开展业务提供司法便利。第四，进一步优化涉外商事审判机制和诉讼流程。积极创新涉外商事审判机制，并依托法官专业会议制度，形成规范性文件；发挥涉外商事专家委员会职能；推动涉外商事诉讼智慧化和便利化。该新闻发布会上发布了涉外商事十个典型案例，集中体现了上海法院在回应涉外商事司法需求、推动平等保护中外当事人合法权益、营造良好法治化营商环境进程中的积极作用。

（三）苏州国际商事法庭全面提升涉外审判水平

2021 年 4 月，苏州市中级人民法院发布《服务高质量发展审判白皮书》及《涉外商事审判工作报告》。其中提到，苏州国际商事法庭自 2020 年 11

① 陆罡：《上海浦东法院发布涉外商事审判白皮书》，载上海市高级人民法院网，http：//www1. hshfy. sh. cn/shfy/web/xxnr. jsp？ pa = aaWQ9MjAyMzcyMjgmeGg9MSZsbWRtPWxtMTcxz&zd = xwzx，最后访问时间：2022 年 2 月 17 日。

月设立以来，不断完善工作机制、规范涉外审判流程、构建多元解纷机制、延伸司法职能，提升涉外商事审判专业化水平，取得了如下成效：第一，深入推进涉外审判精品战略。全面贯彻实施《外商投资法》及配套司法解释，依法平等保护中外市场主体的合法权益，为不同国家、地区的市场主体创造公开、平等、透明的法治环境和市场竞争环境。第二，建立更高效能涉外审判管理机制。法庭按照精简实用原则和扁平化管理要求组建专业化审判团队，明确团队成员职责分工、工作标准和责任清单，促进司法资源优化配置，提升涉外商事审判能力水平。第三，注重对外交流协作。法庭牢牢把握身处“中新合作”示范基地的区位优势，深化在国际商事纠纷解决领域的合作交流。新加坡国际仲裁中心、新加坡国际调解中心分别于法庭所在的苏州工业园区设立了苏州工作委员会，法庭与两个委员会的首席代表进行座谈交流，就加强配合协作、发挥各自优势、协力共建国际商事纠纷多元化解平台等问题深入研讨。此外，法庭还积极走访政府部门及自贸区内相关企业，听取国内外投资者以及各类市场主体在保护交易效率、安全等方面的意见建议，尽最大可能满足中外投资者对国际经贸商事纠纷解决的司法需求。第四，不断提升涉外商事审判智能化水平。法庭开设中英文网站，就在线诉讼服务、庭审直播、裁判文书公开、典型案例及工作讯息发布等，为中外当事人提供线上线下无缝对接的双语司法服务；充分运用远程视频开庭、调解、电子质证“随讲随翻”、法律法规“随讲随查”以及同类证据的实时比对等信息化功能，切实提升涉外纠纷解决效率。①

（四）青岛法院为“一带一路”倡议提供坚实的司法保障

2021年6月，青岛市中级人民法院发布2016~2020年度青岛法院服务保障“一带一路”倡议白皮书和典型案例。白皮书中提出，随着“一带一路”倡议的发展，沿线国家和地区间司法协作日益密切，申请承认和执行外国法院判决、裁定及仲裁裁决案件数量逐年上升，信用证纠纷、独立保函纠纷日益增多，建设工程类纠纷、境外旅游合同、保险合同及其他新型纠纷逐渐出现，需要适用域外法的情形增多。为了解决域外法查明的难题，青岛法院携手深圳蓝海法律查明与国际商事调解中心，建立专门的国际商事纠纷多元化解平台，在上合示范区“法智谷”设立蓝海法律查明与国际

① 苏州市中级人民法院：《为“最美窗口”打造高质量司法——苏州中院发布2020年度审判白皮书涵盖八个审判领域》，载网易网，https：//www.163.com/dy/article/G7HO209B0514BT5U.html，最后访问时间：2022年1月18日。

商事调解办公室，创新平台思维，便利化解涉“一带一路”商事纠纷。此外，青岛中院与青岛仲裁委联合出台《关于建立服务保障上合地方经贸合作示范区、山东自贸试验区（青岛片区）法仲联动多元纠纷化解机制的意见》，创建涉外商事纠纷专家参与化解机制，邀请中外法律专家助力化解涉“一带一路”商事纠纷。

青岛中院选取了十二起具有典型意义的案例，体现了青岛法院建立的涉外商事纠纷多元化解机制在推动平等保护中外当事人合法权益、积极引导国内外向型企业在国际贸易领域健康发展、营造良好的法治化营商环境中发挥的积极作用。这些案例的公布，有助于引导中外当事人规范涉外商事行为，提前预防法律风险，积极回应共建“一带一路”中外市场主体的法治需求，向国际社会传递中国法治好声音。

三、深入贯彻海事审判精品战略，扎实推进国际海事司法中心建设

（一）最高人民法院发布 2020 年全国海事审判典型案例

2021 年，全国海事审判队伍以习近平法治思想为根本遵循，坚持统筹国内法治和涉外法治，为“一带一路”倡议、高水平对外开放和海洋强国建设提供有力的司法服务和保障。各海事法院及其上级人民法院克服疫情影响，不断增强海事司法的影响力和公信力。为充分发挥典型案例的示范和引领作用，2021 年 8 月，最高人民法院发布 2020 年全国海事审判典型案例。

此次发布的 10 个典型案例（详见表 3）具有四个方面的特点：一是坚持服务大局，保障海洋生态文明和海洋经济建设。依法审理海洋行政机关提起的因船舶漏油引发的海洋自然资源与生态环境损害赔偿纠纷，为支持海南自贸港高质量建设提供有力司法保障。二是实施精品战略，努力提升海事司法的国际影响力。外国当事人协议变更外国仲裁解决争议方式，选择向海事法院起诉并适用中国法律，充分体现对中国海事法院专业司法能力的认可。三是准确适用法律，不断加强典型案例的示范引导作用，引导船舶所有人和经营人培养安全航行意识、强化船舶安全管理，规范航运秩序。四是探索域外法查明途径，不断增强海事司法的国际公信力，助推我

国成为国际海事纠纷解决优选地。①

表 3　2020 年全国海事审判典型案例

案例名称	裁判意义
莆田市秀屿区海洋与渔业局与加斯佩罗船贸有限公司海洋自然资源与生态环境损害赔偿纠纷案	本案系中国海洋行政机关提起的海洋自然资源与生态环境损害赔偿纠纷。案件审理结果提高了海洋生态审判的公信力，全面提升、优化和夯实了对海洋生态的司法保护，向国际业界充分展示、传播了海洋自然资源与生态环境保护的中国司法理念、司法制度和司法成效
中国科学院水生生物研究所与扬州润航船务有限公司等船舶触碰责任纠纷案	随着长江经济带发展战略的不断拓展以及《长江保护法》的颁布实施，加强长江流域生态环境保护和修复，促进资源合理高效利用，保障生态安全，已成为全民族的共同奋斗目标。本案明晰了生态环境保护科研项目的价值认定标准，对于通过司法手段有效挽救处于极危等级状态的鱼类物种，促进长江经济带绿色可持续发展，发挥了积极的规范和引领作用
李某某、林某某与天安财产保险股份有限公司深圳分公司海上保险合同纠纷案	游艇经济作为海南的特色产业，是海南国际旅游消费中心建设的重要组成部分。本案是游艇触礁沉没引发的海上保险合同纠纷，一审法院严格区分事故原因和保险责任，综合保险责任范围、是否属于除外责任情形等因素，判定保险人承担保险责任；二审法院加大调解力度，化解矛盾，为推进海南游艇产业的持续健康发展和海南自贸港高质量建设提供有力司法保障
益利船务有限公司与施某某等光船租赁担保合同纠纷案	协议管辖是意思自治原则在民事诉讼法领域的体现，当事人达成的管辖协议只要不违反法律强制性规定，且系双方当事人真实意思表示，原则上应认定有效。本案处理结果充分尊重当事人意思自治，符合国际商事海事交往的发展趋势和实践需求，彰显了海事审判服务国家对外开放，积极营造稳定、公平、透明营商环境的不断探索和进步

① 刘泽：《2020 年全国海事审判典型案例》，载中国法院网，https：//www. chinacourt. org/article/detail/2021/08/id/6210391. shtml，最后访问时间：2022 年 2 月 17 日。

续表

案例名称	裁判意义
德国航运贷款银行与SPV萨姆莱恩有限公司船舶抵押借款合同纠纷案	该系列案的所有当事人均为外国或者香港特别行政区当事人，但所有的原告方均向青岛海事法院提出扣押船舶申请并提起诉讼。案件处理结果得到乌克兰和菲律宾两国使馆的高度评价，充分体现外方当事人对我国海事司法的认可和信任。海事法院对外籍船员积极展开人道主义援助，既充分保障了船员的合法权益，也有助于船舶买受人尽快开展正常生产经营，体现了我国作为船舶和船员大国的担当，为妥善处置疫情期间全球性海员换班或遣返难题提供了“中国方案”
BOA BARGES AS与南京奕淳船舶制造有限公司船舶建造合同纠纷案	我国是造船大国，但当前涉外船舶建造纠纷的争议解决方式一般约定为伦敦仲裁并适用英国法律。本案船舶建造合同的外国当事人在纠纷发生后，协议变更争议解决方式和适用法律的约定，主动选择向南京海事法院起诉并适用中国法律，既是基于对中国建设国际海事司法优选地的信任，也是对中国海事法院专业司法能力的充分认可
蒋某某与林某某船舶碰撞损害责任纠纷案	鉴于国内一些船舶存在配员不足、船员不适任、超航区航行等问题，极易发生水上交通安全事故，对国内水路通航环境和人民生命财产安全带来严重威胁。本案一方面依法认定内河船超航区航行、未遵守避碰规则系事故发生的主要原因；另一方面准确适用《海商法》规定，将船员无证驾驶导致事故发生认定为丧失海事赔偿责任限制的情形。案件判决对遏制内河船违规入海、船员无证驾驶现象，规范水上交通秩序具有积极意义
福建省中江石化有限公司与利比里亚籍“GAS PRODIGY”轮船舶所有人等诉前海事请求保全案	本案是发生在疫情期间的具有涉外因素和海事保全特色的典型海事案件。海事法院在保全程序中展开调解，妥善快速解决纠纷，彰显了中国海事司法的效率与智慧，向国际社会充分展示了中国海事法院的司法能力和良好形象，提升了海事审判的国际公信力，也体现了中国法院在全球疫情防控中的大国司法担当
樊某某、郭某某与黄某某、周某某、罗某某海上人身损害责任纠纷案	本案是涉港澳渔民海上人身损害责任纠纷案件。海事法院强化诉讼服务能力，探索适用网上授权委托见证，便利送达和庭审，实现智慧诉讼服务新模式，提高了涉港澳海事纠纷的诉讼效率，让当事人切实体会到智慧法院建设成果的便捷、灵活和高效。本案的成功处理，为推进粤港澳法律规则衔接、机制对接，提升粤港澳法治深度合作，提供了新理念、新途径和新方式，对助力粤港澳大湾区法治建设具有积极的作用

续表

案例名称	裁判意义
胜船海事公司与中海工业有限公司、扬州中远海运重工有限公司船舶建造佣金合同纠纷案	本案是适用英国法审理的船舶建造佣金合同纠纷案。案件的审理为涉外商事海事审判中外国判例法的查明与适用提供了实践样本。庭审中经法院释明，当事人各自提供英国法相关判例数十件，再由海事法院根据判例的位阶和时间效力以及与本案的匹配度，归纳出英国法下可用于解决本案纠纷的裁判规则，准确回应了当事人在选择法律适用时对纠纷解决结果的合理预期，是助推我国成为国际海事纠纷解决优选地的有益探索

值得特别一提的是，结合涉外商事海事审判中出现的疑难复杂问题，最高人民法院于2021年12月31日出台了《全国法院涉外商事海事审判工作座谈会会议纪要》，解决司法实践中的疑难问题，进一步统一裁判尺度。其中提出，人民法院要切实加强涉外商事海事审判诉讼程序规范，平等保护中外当事人诉讼权利。严格适用公告送达、邮寄送达的条件，切实保护域外当事人的程序权利。以庭审为中心，规范涉外商事审判流程，依法保障当事人陈述、辩论、申请调查证据、收集证据和进行鉴定等权利，彰显程序正义理念。强化内部审限管理，缩短案件审理期限，提高审判效率。完善案例指导制度，加强案例筛选和报送工作，丰富指导性案例和典型案例库，统一裁判尺度。要不断提高裁判文书质量，通过有示范意义的裁判文书，扩大涉外商事海事审判的国际影响力。

（二）广西高院发布涉外商事海事审判白皮书及典型案例

2021年9月10日，在第十八届中国—东盟博览会、中国—东盟商务与投资峰会开幕之际，广西壮族自治区高级人民法院发布《广西法院涉外商事海事审判工作白皮书（2018—2020）》及典型案例（详见表4）。白皮书显示，2018至2020年，广西法院审理的涉外商事海事案件数量逐年增长，三年共受理涉外商事海事案件6006件、审结4653件，受理仲裁司法审查案件3930件、审结3862件，案件范围广泛，涉及港澳台地区及多个东盟国家。①

① 吴琪：《广西发布涉外商事海事审判工作白皮书》，载《人民法院报》2021年9月10日，第1版。

表 4　广西法院涉外商事海事审判十大典型案例

案例名称	典型意义
北海某公司与越南某企业买卖合同纠纷案	本案属于“一带一路”沿线国家当事人之间发生的国际货物买卖合同纠纷。在涉外合同争议已经由外国仲裁机构作出裁决，我国法院裁定不予承认和执行的情况下，当事人向我国法院提起诉讼。本案处理结果体现了中国法院严格贯彻中外当事人平等保护原则
王某与许某、南宁某公司买卖合同纠纷案	本案是实际控制人侵害债权人利益的典型样本，法院借助“目的论扩张”方法填补《公司法》第 20 条的空白，以彰显法律的实质正义。公司人格否认属于公司法人人格独立基本原则的例外，对实际控制人及其滥用公司人格之行为举证证明标准应达到高度盖然性的上沿，避免将公司治理不规范等同于滥用公司人格
A 公司与 B 公司等股权转让纠纷案	在外商投资准入问题上，我国从“外商投资产业指导目录”模式嬗变到“外商投资准入特别管理措施（负面清单）”模式，这无疑是我国政府推进国家治理体系和治理能力现代化建设的重要体现。设置负面清单禁止投资领域是我国对在国内经济和民族产业当中的关键性产业和脆弱性产业所提供的坚实有力的政策性倾斜与保护，事关我们的产业安全、公共利益与国家安全，本案审理有效贯彻上述裁判理念
A 株式会社与 B 株式会社等股权转让纠纷案	本案涉及约定审批生效的外资企业股权转让合同的效力认定，法院结合协议签订的时点，认定双方关于审批生效约定系源于彼时法律的明确规定，而随着对外开放的深入，与外商投资相关的重大事项范围逐渐放宽，裁判结果有助于营造良好的国际化营商环境
方某等人与刘某、某制造公司股权转让纠纷案	本案涉及外国公司法人解散后，原股东以公司的名义转让该公司股权行为的效力问题。就案件审理中产生的外国法查明问题，法院在允许当事人聘请外国当地的律师出具法律意见的同时，亦允许委托有资质的第三方法律查明机构对外国法进行更为中立的阐述，对外国法查明的途径进行了有益探索
某行香港分行与福建某公司等船舶营运借款合同纠纷案	本案系涉港海商合同纠纷，实体处理适用了我国香港特别行政区法律并按照“遵循先例”的原则援引了香港相关案例。本案探索了域外法查明和适用的规则，对查明的域外法组织质证，除从真实性、合法性、关联性进行考量外，还结合其完整性和效力性综合判断

续表

案例名称	典型意义
厦门某公司与某海运公司海上货物运输合同纠纷案	本案是全国第二例DDGS色差货损案，受到海事海商法律行业和航运行业的密切关注。法院参考了最高人民法院公布的案例，并依据《海商法》第55条关于货物实际价值的计算方法，最终计算出承运人应承担的损失，对案涉货物是否受损、货物损失金额如何确定等关键问题进行了合理认定
胡某荣等诉张某等海上、通海水域人身损害责任纠纷案	广西区内水系发达，游泳爱好者多有到江河中游泳的习惯，但对于在设置有航道的江河游泳的危险性意识不足。在航道内游泳，不仅会影响船只正常航行，而且直接威胁游泳者的生命安全。由于江河不同于陆地，在发生事故后，难以固定事故痕迹，导致损害原因和侵权人亦难以确定。本案的审理对共同危险行为的认定提供了重要参考
广西某公司、某保险公司与某航运公司海上、通海水域货物运输合同纠纷案	本案中，货物运输合同纠纷发生后，当事人向北海海事法院申请诉前保全船舶，因法院对诉前保全船舶案件公正高效地处理，获得双方当事人的充分认可，主动将协议约定由英国伦敦仲裁变更为北海海事法院管辖，并明确适用中国法律对案件进行实体审理，既维护了我国的司法主权，又极大提升了我国司法的国际公信力
某外代公司与某船务公司等船舶代理合同纠纷案	船舶优先权，是海商法赋予特定海事债权人所享有的以船舶为标的对担保物优先受偿的权利，船舶优先权可以让与和代位，但是权利转移的前提是债权转移成立。船舶或代理人代缴规费，是代替船东缴费，而不是代替行政机关收费，故船舶代理人不能获得船舶优先权的代位求偿权。本案的审理明晰了船舶代理人代付港口规费的行为性质属于代缴而非代收，具有重要参考意义

（三）南京海事法院发布“我为群众办实事”十大典型案例

作为全国第11家海事法院，南京海事法院自2019年12月6日揭牌成立以来，紧紧围绕“努力打造全国一流乃至在国际上有影响力的海事法院”目标，全面落实“服务大局前瞻化、执法办案精品化、制度构建体系化、诉讼服务信息化、队伍建设专业化”要求，大力实施“精品审判、服务品牌、基础建设、素质提升”四大工程，积极服务江苏更高水平对外开放和经济社会高质量发展。截至2021年11月30日，全院共受理各类案件4749件，审执结4131件。成立两年以来，南京海事法院从围绕中心、服务大局，精品审判、提质增效，多元解纷、便民利民，立柱架梁、着眼长远，扎根基层、坚守初心，党建引领、专业赋能六个方面推进审判工作不断进步，牢固树立诚信诉讼鲜明导向，充分保障诉讼当事人合法权益，维护司法秩序，助力社会信用体系建设，以公平公正的规则和违法必究的结果，切实维护各方市场主体合法权益，营造稳定、公平、透明、可预期的法治营商环境，助力构建起统一、开放、竞争有序的市场体系。党史学习教育开展以来，南京海事法院以民生为本，以民愿为先，扎实开展“我为群众办实事”实践活动，并精选出十起“我为群众办实事”典型案例予以发布，案例涵盖促进航运市场规范运行、依法保障民营企业健康发展、平等保护中外当事人合法权益、深入践行司法为民理念四个方面办实事内容，充分体现了南京海事法院坚持以人民为中心，服务大局、司法为民、公正司法的宗旨意识和初心使命（详见表 5）。

表 5　南京海事法院“我为群众办实事”十大典型案例

案例名称	典型意义
规范清舱作业，保护长江生态环境——川维公司诉顺荣船务公司船舶工程合同纠纷案	本案依法认定了清舱作业主体依据船舶高污染风险作业操作规程，聘请符合资质要求的作业人员，在具备相应接受处理能力的前提下，依规从事船舶污染物、废弃物、船舶垃圾接收及船舶清舱、洗舱作业活动的基本义务，同时对委托清舱单位的资质核实、突发情况有效处置义务进行了明确。该案的办理对于规范和推进江苏沿江船舶清舱业务发展具有重要意义
准确划分责任，促进港口安全作业——丁某某诉陆某某、华祥公司港口作业人身损害赔偿纠纷案	本案是典型的港口货物装卸作业中发生的人身损害赔偿纠纷案件。南京海事法院通过合理界定作业人员工作内容和工作职责，根据各方履行义务情况依法确定事故责任划分，对促进港口作业主体正视合规操作、安全生产的重要性，严格遵守安全生产管理规定，确保港口企业安全健康发展，具有引导示范作用
明确载重标准，维护水上航行安全——金马公司诉靖江人保公司海上保险合同纠纷案	本案区分了船舶超载和陆运货车超载的认定方式，指出船舶超载是船舶的实际排水量超过了核定的满载排水量，载重线被水浸没，船舶应根据不同的航行区域和季节选择适用相应的载重线。同时船舶检验证书中记载的参考载货量仅是船舶设计时针对某类积载因数的货物计算出的近似值，只具有参考作用，并不能直接作为认定船舶超载的依据

续表

案例名称	典型意义
善意文明执行，助力民营企业脱困——泰州口岸船舶有限公司执行协同破产重整系列案件	本案是南京海事法院通过善意文明执行，实现执行程序与破产程序有机衔接，助力民营船企破产重整、快速恢复产能的成功实践。南京海事法院在案件审理过程中，全力保障被扣押船舶顺利交接以及船款顺利交付，同时高效执结关联案件帮助破产企业恢复商誉，充分保护申请执行人权益的同时，最大限度降低执行行为对被执行人生产生活的影响
还原保险事故，促进海上保险发展——上海郁州海运公司与人寿财保公司海上保险合同纠纷案	本案是一起典型的海上保险合同纠纷，南京海事法院在案件审理过程中依法合理分配举证责任，要求被保险人证明其主张的保险事故确已发生及与相应损失之间的因果联系，经过详实论证认定被保险人的主张均不能成立后，依法驳回其诉请。该案处理凸显保险合同的诚信原则，倡导被保险人诚信索赔，促进海上保险行业健康发展
查明航行区域，合理分摊海上风险——上海鼎衡船务有限责任公司申请设立海事赔偿责任限制基金案	本案是南京海事法院成立以来审理的第一起申请设立海事赔偿责任限制基金案件。本案中，虽然涉案货轮具备国际航行能力和资质，但南京海事法院通过审查运输合同、航海日志、运输单证、装货指令等材料，查明涉案货轮事故前一航次、计划的下一航次以及事故后恢复运营的第一个航次均系国内沿海运输，充分保障了航运企业合法权益，对航运企业规避风险具有指引意义
主动接受管辖，彰显司法制度优势——江苏鑫瑞源食品有限公司与法国达飞海运集团等海上货物运输合同纠纷案	本案当事人涉及法国、新加坡及我国台湾地区，系典型的涉外、涉港澳台、涉“一带一路”、涉自由贸易试验区案件该案采取积极、主动、灵活的送达方式，允许外国当事人延期提交相关公证认证手续，着力解决疫情期间涉外案件送达难、公证认证难问题，展示了中国海事司法公正、高效、专业的良好形象，是南京海事法院打造海事诉讼优选地，优化法治化、国际化、便利化营商环境的生动实践
依法扣押外轮，平等保护双方权益——王某某与“LI DA 166”轮船舶所有人/光船承租人诉前海事请求保全案	本案是一起典型的诉前海事请求保全案件，南京海事法院在案件审理过程中充分考虑申请人伤残情况，在申请人提交的证据均为复印件的情况下，主动通过视频、电话等方式联系申请人本人以及出具伤残鉴定的机构，核实相关证据的真实性，免去当事人奔波诉讼之累，并在被申请人提供反担保的情况下及时解除船舶扣押，平等保护中外当事人合法权益

续表

案例名称	典型意义
多方走访查证，保护弱势群体权益——徐某某申请宣告王某某死亡案	本案是典型的因意外事件下落不明，申请宣告自然人死亡特别程序案件，南京海事法院在案件审理过程中，通过多方走访深入了解当地渔业生产客观实际，依法确认申请宣告死亡不受二年时间的限制，在公告期间届满后依法宣告被申请人死亡，最大限度保障被申请人近亲属及时进行权利救济和处理债权债务、身份等法律关系，有效维护社会经济生活稳定
精准甄别释明，树立诚信诉讼导向——上海天戈公司诉中粮公司海上货运代理合同纠纷案	本案审理中，通过“望闻问切”，尤其是反复问、问细节的过程锁定案件基本事实，提醒诉讼代理人遵守法律规定和职业道德，释明故意提供虚假证据或做虚假陈述的不利法律后果，使案件事实最终水落石出，促成当事人之间经年累月所有纠纷实质性化解，极大节省了双方当事人的诉讼和时间成本

（四）广州海事法院发布 2020 年度十大典型案件

2021 年 1 月 27 日，广州海事法院公布 2020 年度十大典型案件。这些案例主要涵盖海运保险纠纷、港口作业纠纷、拖航合同纠纷、海上货物运输合同纠纷、码头租赁纠纷等，其对于明确海事领域的法律适用规则具有重要的示范意义（详见表 6）。

表 6　广州海事法院 2020 年度十大典型案例

案例名称	裁判意义
中国人民财产保险股份有限公司泉州市分公司诉广州港股份有限公司、广州港股份有限公司南沙集装箱码头分公司港口作业纠纷案	本案为货物在码头堆存期间因台风受损向港口经营人索赔的案件，法院通过对不可抗力定义的分析，明确了对台风构成不可抗力的认定标准以及对损失责任依原因力进行划分的裁判原则，具有参考示范意义
中国平安财产保险股份有限公司上海分公司诉交通运输部南海救助局海上拖航合同纠纷案	本案为海上拖航合同纠纷，拖航协议参照国际标准合同订立有互相免责条款。法院适用海商法关于拖航合同纠纷的合同约定优先原则，尊重互相免责条款的效力，体现了国际视野，为我国建设国际航运中心，提高我国海事司法的国际公信力提供司法经验

续表

案例名称	裁判意义
东方海外货柜航运有限公司诉河南外运保税物流有限责任公司、河南省畜产品进出口有限公司海上货物运输合同纠纷案	本案从国外进口的货物经海关认定为禁止进口的固体废物被责令退运。在收货人不履行退运义务的情况下，法院确认承运人在代行义务后，有权向收货人主张相关费用，积极发挥裁判导向作用，为粤港澳大湾区的青山绿水建设提供司法保障
天津宏晟驰远物流有限公司与东莞港国际集装箱码头有限公司海商海事纠纷案	本案为涉中良公司停航引发的船载货物留置纠纷。法院从港口经营人收取费用是否存在胁迫、乘人之危等情形以及收费标准是否明显超出市场价格或行业标准等方面进行考量，认为付款提货行为不具有可撤销的法定情形，驳回了收货人的诉讼请求，注意平衡保护各方利益，促进航运市场的健康发展
日本财产保险（中国）有限公司上海分公司诉东方海外货柜航运有限公司海上货物运输合同纠纷案	本案为货物在码头堆存期间遭受“山竹”台风受损向承运人请求赔偿的案件，法院合理分配交付环节中货物损毁的举证责任，综合考量天灾事件影响、承运人管货义务和货方提取货物等因素对于货损结果的原因力，依法认定货损责任
广州市车陂经济发展有限公司诉广州永业货柜码头有限公司、香港永业重型货运有限公司码头租赁合同纠纷案	本案为原告将土地出租给被告使用，双方因土地拆迁产生的码头租赁合同纠纷案。法院在审理中创造性地将调解和判决结合，使得被告同意先交地，以便不影响广州金融城建设，对于经调解已经履行的部分在判决中确认，对未能成功调解的部分进行判决，为广州金融城和广州国际航运枢纽建设提供有力的司法服务保障
李某有诉郭某海上人身损害责任纠纷案	本案为两渔船碰撞造成的人身损害赔偿纠纷。两渔船触碰无事故现场、无触碰痕迹、无海事或渔业行政主管部门的调查报告，法院经深入调查，结合当事人陈述及两船的结构特点、航行状态，运用民事诉讼中高度盖然性的证明规则，认定触碰事故成立，体现了法院定分止争的司法职能
永安财产保险股份有限公司广州中心支公司诉中华人民共和国珠海海事局、中华人民共和国珠海湾仔海事处水上交通事故责任认定纠纷案	本案为原告作为保险公司就水上事故责任认定书提起行政诉讼的新类型行政案件。法院认为责任认定书未直接设定保险公司的权利义务，其对责任认定书没有行政法上的利害关系，不具有行政诉讼的原告资格。本案厘清了起诉人的主体范围，对当事人如何提起该类型诉讼及解决相关纠纷起到指导作用
湛江市麻章区恒富种养专业合作社诉中铁六局集团有限公司、茂湛铁路有限责任公司海上污染损害责任纠纷案	本案养殖损失的鉴定报告载明鉴定人有六人，在法院要求全部鉴定人出庭接受质询的情况下，只有负责人一人到庭，经核实，其他鉴定人均未实际参与鉴定工作。经本院释明诉讼风险，原告撤回起诉，本案对虚假鉴定情形的处理具有示范意义

续表

案例名称	裁判意义
郑某诉宁波经济技术开发区龙盛航运有限公司海事海商纠纷案	本案是一宗维护在船工作期间发生烧伤事故船员合法权益的案件。为了使滞留汕头四年多的船员早日获得医疗和生活的保障，法院将巡回法庭搬进医院，在医院开庭并成功调解，使弱势群体感受了司法的力量和温度，体现了司法为民的理念

（五）上海海事法院发布《海事审判白皮书》

2021年5月25日，上海海事法院召开新闻发布会，专题通报服务保障船舶产业发展海事审判情况。此次发布的海事审判白皮书以中英双语形式系统梳理了上海海事法院服务保障船舶产业发展的工作概况，总结了审判工作中形成的机制和举措，并遴选出十起典型案例（详见表7）。

白皮书显示，2016年至2020年，上海海事法院共审结船舶产业相关海事海商案件237件。其中，船舶建造类纠纷56件，船舶修理类纠纷50件，船舶配套产品买卖类纠纷60件，涉船舶建造金融纠纷34件，涉船舶建造仲裁司法审查案件30件，船舶修建中介、船舶设计等其他类型纠纷7件。相关案件以合同纠纷为主，占比超95%，与船舶建造相关的侵权纠纷则占比相对较少。白皮书将涉及船舶产业发展的审判情况进行了系统性地梳理，可以全面了解现阶段相关纠纷的特点及类型，白皮书还进行了法律风险防范的提示，并针对不同的业务提出相应建议，有助于企业在今后的发展中增强法律意识，做好风险应对及自身战略布局，实现更高质量发展。①

表7　2021年上海海事法院海事审判典型案例

案例名称	典型意义
充分尊重市场主体间风险约定，合理界定船舶设计方法律责任——永诚财产保险股份有限公司北京分公司等诉罗尔斯-罗伊斯海运有限公司侵权损害责任纠纷案	本案中船东与船企系船舶建造保险的共同被保险人，保险人因受基础合同制约，不得已选择设计方作为保险代位求偿的责任对象。本案中，法院按照侵权法律关系的构成要件和具体规定，综合考虑相关合同条款的约定，合理界定了船舶设计方的法律责任

① 严剑漪、李思润：《服务保障船舶产业发展：上海海事法院发布中英文双语白皮书》，载中国法院网，https：//www. chinacourt. org/article/detail/2021/05/id/6068504. shtml，最后访问时间：2022年2月18日。

续表

案例名称	典型意义
准确查明和适用英国判例法，营造良好国际商事交往环境——胜船海事公司诉中海工业有限公司等船舶建造佣金合同纠纷案	本案是一起涉外船舶建造佣金合同纠纷，当事人在合同中约定适用英国法。本案裁判充分尊重当事人有关准据法选择的意思自治，并准确查明和适用英国判例法有关佣金支付的规则，判决结果在业内获得良好反响，彰显了我国海事审判公信力和国际影响力，营造了法治化的国际商事交往环境
妥处远洋渔船建造纠纷，支持远洋渔业规范发展——启东市顺丰远洋渔业有限公司诉上海振华重工启东海洋工程股份有限公司船舶建造合同纠纷案	本案中，法院依据船舶建造合同更新过程中的结算和清理条款的具体约定，在合同双方互有违约的情况下，综合船舶建造合同双方的履约情形，明确了违约责任的承担，合理确定了违约损失。案件的妥善处理对审理类似履行周期长、变更次数多、互有违约行为的复杂船舶建造合同纠纷具有重要参考意义
强化契约精神促进规范发展，构建和谐稳定分包市场秩序——上海春熙船舶工程有限公司睢宁分公司诉上海高桥造船海洋工程有限公司船舶建造分包合同纠纷案	在工程价款约定或结算时，分包方会考虑与船企保持良好合作关系，以便日后承揽到更多的建造分包项目。这种具有商业目的的退让往往被认定为是商事主体综合考虑自身成本收益作出的决策。本案的审理有助于强化船舶建造工程分包合同当事方的契约精神和规则意识，构建和谐稳定的船舶建造分包劳务市场秩序
明确产品质量举证责任，支持船舶配套业健康发展——沪东中华造船（集团）有限公司诉上海汉福空气处理设备有限公司等船舶工程专用物品产品质量责任纠纷案	本案是一起船型装配国产设备引发的产品质量责任纠纷。法院准确适用证据规则，明确在产品质量责任纠纷中的举证责任。案件的处理结果有助于维护船用配套业市场秩序，支持船舶配套业健康发展，也有助于船企改进事故原因调查流程，进一步提升船舶建造管理水平
妥处涉船金融借款纠纷，营造良好船舶融资环境——中国信达资产管理股份有限公司江苏省分公司诉南通富慧物流有限公司等为建造特定船舶而发生的借款合同及担保合同纠纷案	船舶融资是船舶产业发展的重要环节，是船舶产业竞争力的重要因素，融资环境也是船舶产业发展软环境的重要组成部分。本案对船舶建造融资相关各方的权利义务逐一认定，妥善解决纠纷，维护了资金提供方及其权利继受人的合法权益，有利于营造良好的船舶建造融资环境

续表

案例名称	典型意义
明晰保险责任范围，维护造船保险行业秩序——泰州三福船舶工程有限公司诉中国大地财产保险股份有限公司泰州中心支公司等海上保险合同纠纷案	本案判决对船舶建造险的法律适用、保险条款的解释，以及船舶设计错误、损失赔偿数额认定等一系列比较复杂的法律适用和专业技术问题进行了充分阐释和论证，回应了船舶建造业与保险业关注的法律问题，对规范相关市场主体的履约行为、促进航运保险业稳定健康发展，均具有积极作用
依法认定在建船舶权属，厘清船企破产财产范围——特拉斯私人有限公司诉中航国际租赁有限公司、南通蛟龙重工发展有限公司案外人执行异议之诉纠纷	本案是一起在建船舶买方提出的执行异议之诉，以阻止对在建船舶的强制执行措施。法院认为案外人执行异议之诉不因被执行人破产和执行程序中止而失去独立存在的价值，判决结果合理分配了相关各方利益和风险，明确了在建船舶权属确定规则，有利于促进我国造船业发展
妥处在建军舰碰撞纠纷，助力新时代海洋强国建设——沪东中华造船（集团）有限公司诉宋某光等船舶碰撞损害责任纠纷案	随着我国海洋强国战略的深入实施，海洋主权和安全愈发受到重视。军事舰艇相关海事纠纷裁判规则的确立以及该类纠纷的依法妥善解决也有助于树立我国海洋大国、海洋强国的良好形象，并增强我国航运发展的软实力
尊重当事人仲裁意愿，准确认定保函仲裁范围——恒顺船务有限公司诉上海浦东发展银行股份有限公司保证合同纠纷案	为了增强船企和船东对彼此的信任度，双方在造船合同中约定各自提供由银行开立的保函来担保造船合同下各自的付款义务。本案保函约定争议解决应适用英国法在伦敦仲裁。案件处理结果体现法院充分尊重当事人仲裁意愿，展现了中国法院尊重和支持国际商事仲裁的一贯立场

四、统一仲裁司法审查案件裁判尺度，营造“仲裁友好型”司法环境

（一）司法部发布《仲裁法（修订）（征求意见稿）》，推动仲裁立法完善

海事商事仲裁作为国际通行的纠纷解决方式，是我国社会治理体系中多元化纠纷解决机制建设的重要组成部分，对于高效便捷解决海事商事纠纷、促进贸易投资自由化便利化、营造市场化法治化国际化营商环境、推动国家重大战略实施具有重要意义。加强海事商事仲裁建设，一是要坚持全局性，增强服务国家全面开放和发展战略的能力；二是要坚持专业性，提升服务市场经济和市场主体的水平；三是要坚持国际性，统筹推进国内法治与涉外法治。

为贯彻落实中共中央办公厅、国务院办公厅印发的《关于完善仲裁制度提高仲裁公信力的若干意见》（以下简称《若干意见》）任务要求，增强立法的公开性和透明度，提高立法质量，司法部研究起草了《中华人民共和国仲裁法（修订）（征求意见稿）》及其说明，并于2021年7月向社会发布，公开征求意见。该征求意见稿坚持如下修改思路：一是坚持政策指引与完善制度相统一，以《若干意见》为依据和指引，重点修改制约仲裁制度发展和影响公信力提高的相关内容。二是坚持稳定性与适度创新性相统一，在保持现行仲裁法基本立法体例不变的前提下，总结实践经验，参考国际规则和实践经验，适度创新。三是坚持现实性和前瞻性相统一，以解决实际问题为导向，实事求是分析修法面临的问题和任务，在修订方向和方案设计上则着眼长远，全面考量修法的指引性、可行性与风险防控。四是坚持中国特色与国际接轨相统一，充分总结吸收经过实践检验的中国特色经验，借鉴国际通行的《联合国国际贸易法委员会国际商事仲裁示范法》新近发展结果，兼顾参考英国、美国、新加坡、日本、韩国、俄罗斯等国家，以及我国港澳地区仲裁法的最新立法成果。① 就内容而言，该征求意见稿体现为以下亮点和创新：统一规范境内外仲裁机构登记管理；尊重当事人对仲裁员的选择权，明确仲裁员名册为推荐名册；删除仲裁条款需要约定明确的仲裁机构的硬性要求，增加关于仲裁地的规定；体现司法对仲裁的支持态度，增加行为保全和紧急仲裁员制度，明确仲裁庭有权决定临时措施；增加涉外商事纠纷可以进行临时仲裁的制度等。②

（二）最高人民法院修订报核规定，调整非涉外仲裁案件的司法审查权

近年来，最高人民法院大力支持海事商事仲裁机构发展和制度创新，加强与仲裁机构的沟通交流与合作，深入实施海事审判精品战略，完善仲裁司法审查机制，创新国际商事纠纷诉讼与仲裁、调解有机衔接机制，扩大中国法治“朋友圈”，为中国海事商事纠纷解决机制的规范化、专业化、国际化发展作出了重要贡献。

2021年12月24日，最高人民法院发布《关于修改〈最高人民法院关

① 司法部：《关于〈中华人民共和国仲裁法（修订）（征求意见稿）〉的说明》，载司法部网，http：//www. moj. gov. cn/pub/sfbgw/zlk/202107/t20210730_ 432965. html，最后访问时间：2022年1月10日。

② 董萧：《2021年度中国商事仲裁热点回顾》，载法治网，http：//www. legaldaily. com. cn/index/content/2022-02/11/content_ 8671856. htm，最后访问时间：2022年1月20日。

于仲裁司法审查案件报核问题的有关规定〉的决定》（法释〔2021〕21号）。其中主要有两个方面的显著变化：第一，将原第 3 条修改为："本规定第二条第二款规定的非涉外涉港澳台仲裁司法审查案件，高级人民法院经审查，拟同意中级人民法院或者专门人民法院以违背社会公共利益为由不予执行或者撤销我国内地仲裁机构的仲裁裁决的，应当向最高人民法院报核，待最高人民法院审核后，方可依最高人民法院的审核意见作出裁定。"第二，增加一条作为第 4 条："依据本规定第二条第二款由高级人民法院审核的案件，高级人民法院应当在作出审核意见之日起十五日内向最高人民法院报备。"这一修改意味着，对于非涉外涉港澳台的仲裁司法审查案件，如果是申请确认仲裁协议效力纠纷，且中级人民法院拟认定仲裁协议无效的，则由高级人民法院行使最终的司法审查权，只需向最高人民法院报备；如果是拟撤销或不予执行仲裁裁决的纠纷，且撤销或不予执行的理由是裁决违背社会公共利益，才由最高人民法院行使司法审查权，否则将由高级人民法院行使司法审查权，由此便取消了因当事人住所地跨省级行政区域而向最高人民法院报核的要求，大大缓解了最高人民法院在仲裁司法审查案件方面的案件压力。

"一带一路"倡议和自由贸易试验区建设稳步推进，对纠纷解决机制的专业性、规范性和国际化提出了更高要求。为此，最高人民法院以实施涉外商事海事审判精品战略为依托，以完善仲裁司法审查机制为抓手，以司法解释和典型案例为重点推动海事商事纠纷解决机制建设；以规范化、多元化、智能化为突破口，推动海事商事仲裁制度完善和公信力提升。在未来，最高人民法院将不断完善海事商事纠纷解决机制建设，为国际海事商事争端解决机制的未来发展提供更多中国方案。

（三）重庆市高级人民法院发布商事仲裁司法审查典型案例

2021 年 6 月 3 日，重庆市高级人民法院发布《2016－2020 年商事仲裁司法审查十大典型案例》（详见表 8）。这些案例充分展现出，在历史发展的新阶段，人民法院一如既往地坚持依法支持和监督仲裁的司法理念，深入总结仲裁司法审查经验，为服务共建"一带一路"高质量发展、服务自贸试验区建设，服务更高水平开放型经济新体制建设、推进国家治理体系和治理能力现代化提供有力的司法服务和保障。①

① 张凯：《商事仲裁与司法审查联合新闻发布会在重庆市高级人民法院召开》，载环球网，https：//3w. huanqiu. com/a/d9040b/43RJMOX3pAR？agt＝21，最后访问时间：2022 年 2 月 17 日。

表 8　重庆市高级人民法院 2016~2020 年商事仲裁司法审查十大典型案例

案例名称	典型意义
《行政诉讼法》（2014 年修正）施行前签订的招商引资协议约定的仲裁条款有效——申请人重庆市酉阳土家族苗族自治县人民政府、重庆市渝东南现代物流园有限责任公司与被申请人重庆森山投资有限公司申请确认仲裁协议效力案	本案根据《最高人民法院关于审理行政协议案件若干问题的规定》第 1 条关于行政协议四大要素的规定，对招商引资协议的行政协议属性予以肯定。同时，本案结合《行政诉讼法》（2014 年修正）施行前法律、行政法规及司法解释的相关规定以及人民法院的通常做法，认为将《行政诉讼法》（2014 年修正）施行前签订的招商引资协议认定为平等主体的法人之间的合同更为恰当，进而认为该协议中约定的仲裁条款应为有效
破产程序中申请撤销仲裁裁决仍应适用《仲裁法》相关规定予以司法审查——申请人重庆市龙海建设工程有限公司管理人与被申请人重庆雨霖投资有限公司申请撤销仲裁裁决案	《最高人民法院关于适用〈中华人民共和国企业破产法〉若干问题的规定（三）》第 7 条规定了破产程序中生效仲裁裁决的撤销程序，但对申请撤销仲裁的时效、仲裁裁决撤销的情形等与《仲裁法》的相关规定如何衔接及适用没有明确。本案明晰了破产程序中的申请撤销仲裁司法审查仍应适用《仲裁法》对于时效及撤销仲裁情形的规定
原合同的仲裁条款应适用于未约定争议解决方式且与原合同不可分的补充合同——申请人重庆雅腾商务信息咨询有限责任公司与被申请人重庆科宝电缆股份有限公司申请确认仲裁协议效力案	当事人自愿达成合法有效的仲裁协议或仲裁条款，是采用仲裁方式解决相关争议的前提。本案确定了如下裁判规则：没有约定争议解决方式的补充合同能否适用原合同中的仲裁条款，取决于原合同与补充合同之间是否具有可分性。若原合同与补充合同相互独立且可分，则在没有特别约定的情况下，原合同中的仲裁条款不能当然适用于补充合同。若补充合同是对原合同内容的补充，必须依附于原合同而不能独立存在，则原合同的仲裁条款应当适用于补充合同
对当事人实体权利有影响的仲裁决定应纳入仲裁司法审查的范围——申请人北京中民若家超市连锁管理有限公司与被申请人重庆粮食集团有限责任公司申请撤销仲裁裁决案	仲裁程序中的仲裁决定与民事诉讼中的民事裁定相类似，一般只适用于程序性事项。本案从仲裁决定的适用范围、对当事人实体权利的影响以及仲裁司法审查制度的立法目的出发，论证了仲裁决定的可撤销性问题，并确立了如下裁判规则：为保证仲裁程序的效率，当事人直接申请撤销仲裁机构就程序性事项作出的决定的，人民法院一般不应受理；但若该决定对当事人实体权利有影响的，则该决定具有与实体裁决相同的效力，当事人可申请撤销

续表

案例名称	典型意义
证据真伪不明、隐瞒事实与伪造证据、隐瞒证据存在区别——申请人神华神东电力重庆万州港电有限责任公司与被申请人北京天健大华工程咨询有限公司申请撤销仲裁裁决案	基于司法的谦抑性，法院对仲裁的司法审查应当遵循审查范围法定原则，原则上只限于程序性审查。仲裁机构对证据的认定属于实体问题，法院只对其进行有限审查，范围仅限于“裁决所依据的证据是伪造的”以及“对方当事人隐瞒了足以影响公平裁决的证据”
担任兼职仲裁员的律师代理现任职的仲裁机构的无利益冲突案件不违反法定程序——申请人华电国际电力股份有限公司与被申请人唐某琴等申请撤销仲裁裁决案	关于仲裁员以代理律师身份在其任职的仲裁机构代理案件是否属于仲裁法规定的“仲裁员与代理人有其他关系，可能影响公正裁决的”的法定撤销事由，各地法院对《律师和律师事务所处罚办法》和《律师执业管理办法》的适用存在争议，导致裁判尺度不统一。本案基于二者位阶相同且后者颁布时间在后，认定后者具有优先适用的效力
依据失效仲裁协议作出的仲裁裁决应当予以撤销——申请人陈某太与被申请人凌某长申请撤销仲裁裁决案	仲裁协议虽具有独立性，不受合同变更、解除、终止或者无效的影响，但仲裁协议是当事人通过意思自治达成的，也可以因当事人主动放弃而失去效力。根据《仲裁法》第 26 条的规定，仲裁协议的放弃可以根据当事人的诉讼行为进行推定。本案明确了仲裁协议因当事人特定的诉讼行为失效，在人民法院对争议进行实体审理并作出生效判决之后，当事人不得再依据已经失效的仲裁协议申请仲裁，否则据此作出的仲裁裁决应当依法予以撤销
当事人虚假仲裁达成的仲裁调解书应予撤销——申请人赵某与被申请人重庆科技职业学院申请撤销仲裁裁决案	对于仲裁调解书能否申请撤销，由于法律规定不明，以致理论上存在争议，司法实践也存在不同的处理方式。仲裁调解书是被赋予了终局性和强制执行力的协议，对于那些违背调解“自愿”原则，虚假仲裁作出的仲裁调解书，如果不允许权益受损害的主体通过司法审查方式进行救济，势必会损害其合法权益，更会损害仲裁制度和仲裁机构的公信力。因此，将仲裁调解书纳入仲裁司法审查的范围是合理且必要的
申请撤裁期间可因新冠肺炎疫情不可抗力影响而顺延——申请人重庆众感维视电子科技有限公司与被申请人冰蓟（上海）工程技术有限公司申请撤销仲裁裁决案	针对新冠肺炎疫情这一突发的公共卫生事件，公民出于自身健康的顾虑以及对国家疫情防控的配合，其行使诉权会受到相应影响。本案裁判规则确立了新冠疫情作为不可抗力事件，属于人民法院顺延撤销仲裁裁决申请期限的事由，并明确了认定顺延期限时应当考虑的相关因素

续表

案例名称	典型意义
依托“一站式”纠纷解决平台探索诉仲对接——俄罗斯 EL 国际旅行社诉重庆 KH 旅行社委托合同纠纷案	诉讼与调解、仲裁与调解的衔接机制相对成熟，但诉讼与仲裁的衔接机制尚在探索阶段。本案依托重庆自由贸易试验区人民法院牵头搭建的涉外商事诉讼、仲裁与调解“一站式”纠纷解决机制，实现诉讼与仲裁的对接，以实际案例探索诉讼与仲裁的衔接机制，提供多元化解纷方式

（四）中国政府与中国投资者积极参与国际投资仲裁

国际投资仲裁是专门针对外国投资者与东道国政府间投资条约争端的纠纷解决机制，其不仅是实现涉外法治和全球治理的重要平台，也是解释和适用国际投资条约的案例来源渠道。截至 2021 年 12 月 31 日，中国政府已经在 9 起国际投资仲裁案件中成为被申请人，中国投资者已经提起 19 起国际投资仲裁案件。其中，依据《解决国际与他国国民间投资争端公约》（简称《华盛顿公约》）而成立的国际投资争端解决中心（ICSID）是最为常用的国际投资仲裁机构。除此之外，中国投资者与中国政府还参与了依据《联合国国际贸易法委员会仲裁规则》进行的临时仲裁，这些临时仲裁大多由常设仲裁法院（PCA）担任案件管理机构或者仲裁员指定机构。中国于 2020 年组织设立了国际商事争端预防与解决组织（ICDPASO），并在该国际组织内部创设新兴的国际投资仲裁程序规则，期望其能够在未来的国际争端解决中发挥应有的贡献，为国际法治的实施提供新的活力。

五、涉外商事海事法治实施的展望与建议

2020 年 11 月 16 日至 17 日，习近平总书记在中央全面依法治国工作会议上强调，“要坚持统筹推进国内法治和涉外法治”。随着对外开放的不断深入，我国与世界各国联系互动越来越密切，涉外事务领域不断拓宽，这对涉外法治工作提出了新的更高要求。坚持统筹推进国内法治和涉外法治，加快涉外法治工作战略布局，既是推进国家治理体系和治理能力现代化的内在要求，也是维护国家主权、安全、发展利益，推动全球治理变革的重大课题。2021 年是继往开来，承前启后的一年，在未来，我国的涉外商事海事法治工作还需从以下方面进行改进：

第一，建立跨部门涉外执法司法工作机制，加快形成涉外法治工作大协同格局。完善涉外执法司法标准和程序，建立明确的涉外行政执法程序

规则和工作指引，确保中外当事人诉讼地位和诉讼权利平等、法律适用和法律保护平等。进一步优化外商投资领域法治环境，督促相关政策承诺落地见效。要精心培育国际一流仲裁中心，提高国际公信力和影响力。要着力加强涉外法治人才队伍建设，消除执法司法部门、高等院校、法律服务行业人才交流障碍。要坚定维护以国际法为基础的国际秩序，在国际舞台上讲好中国法治故事。

第二，在资源配置、交流合作、智力支持等方面对海丝中央法务区建设提供政策支持，同时在业务指导、改革创新、人才培养等方面给予倾斜。打造国际商事海事纠纷解决优选地，积极支持海丝中央法务区审判机制创新。准确把握司法服务保障海丝中央法务区建设的结合点和着力点，助力营商环境不断优化。建立完善与海丝中央法务区相适应的涉外涉台民商事审判机制，服务保障现代化法治创新区建设。充分发挥海事审判职能，提升参与海洋法治建设的核心竞争力。助力构建法律服务生态圈，保障多元业态的现代服务业综合型功能区建设。

第三，服务保障海洋强国建设。海事法院及相关高级法院要坚定“海洋命运共同体”理念，围绕建设国际海事司法中心的目标任务，立足各自的区位特点和相对优势，为国家海洋战略实施提供优质的司法服务和保障。加快推进海事审判体系和审判能力现代化建设，充分发挥海事司法在保护海洋生态环境、推动海洋经济发展、维护国家海洋权益方面的重要作用，引导各类涉海主体合法有序地参与海洋活动；继续深度参与海商法的修改、推动海事诉讼特别程序法修改列入立法规划，为国际海事司法中心建设提供制度保障。加强对国际航运中心东移及我国建设海洋强国所带来的诸如跨境物流服务一体化、智能化港口建设和运行、自由贸易港航运业务开放、国际船舶登记、沿海捎带、船舶融资租赁等新类型案件的深入研究，探索完善规则，为制度创新和行业转型升级提供精准的司法保障。积极参与国际海事司法交流合作，深度参与国际海洋治理机制和相关规则制定和实施，推动建设公正合理的国际海洋秩序，提高我国在国际海洋法治建设中的核心竞争力。

撰稿专家

张建，法学博士，首都经济贸易大学法学院副教授，硕士生导师，国际商事争议解决研究中心主任，最高人民法院研修学者，中国国际私法学会理事，北京市法学会国际经济法学研究会理事。主要从事国际私法、仲裁法的教学与研究工作。曾在《中国国际法年刊》《理论视野》《法治论坛》等核心刊物发表论文，其中多篇被人大复印资料转载。出版《国际投资仲裁管辖权研究》《中国仲裁法治现代化研究》等学术著作5部，主持北京市社科基金项目等课题5项。

第四编　年度法治实施十大事件评析

NO. 1　习近平总书记全过程人民民主的提出

事例简介

2019年11月，习近平总书记视察上海长宁区虹桥街道基层立法联系点时首次提出全过程人民民主的重大理念。2021年7月1日庆祝中国共产党成立100周年大会上，习近平总书记强调，新的征程上，必须践行以人民为中心的发展思想，发展全过程人民民主。2021年10月13日中央人大工作会议上，习近平总书记全面阐述了关于民主的立场、理念、观点，第一次系统阐述了全过程人民民主这一重大理念，清楚表明了中国共产党的“民主观”和中国政治制度运行的内在逻辑。2021年11月，党的十九届六中全会通过的《中共中央关于党的百年奋斗重大成就和历史经验的决议》三次提到“发展全过程人民民主”。

专家点评

全过程人民民主对深化全面依法治国具有重要意义

江必新

（全国人大宪法和法律委员会副主任委员、
中国法学会副会长）

民主是全人类的共同价值。人民民主是社会主义的生命。党的十八大以来，以习近平同志为核心的党中央深化对民主政治发展规律的认识，提出了全过程人民民主的重大理念，习近平总书记在2021年首次召开的中央人大工作会议上第一次系统阐述了全过程人民民主的深刻内涵和实践要求。不断发展全过程人民民主，不仅有利于推进政治建设，而且对于深化全面依法治国也具有重要意义。

一、全过程人民民主是全面依法治国的价值指引

中国共产党为实现人民当家作主进行了不懈探索和奋斗。中华人民共和国确立了人民民主专政的国体和人民代表大会制度的政体，《宪法》规定中华人民共和国的一切权力属于人民，中国人民真正成为国家、社会和自己命运的主人。党团结带领人民，结合中国实际，围绕人民当家作主来设计并完善政治制度和法律制度。党的十五大报告论述依法治国基本内涵时就强调“逐步实现社会主义民主的制度化、法律化”，充分体现了社会主义民主作为法治建设价值目标的地位。在新时代，在“坚定不移走中国特色社会主义法治道路，为全面建设社会主义现代化国家提供有力法治保障”重要讲话中，习近平总书记强调，“全面依法治国最广泛、最深厚的基础是人民”。在坚持以人民为中心、发展全过程人民民主的理念指引下，全面依法治国更加注重积极回应人民群众新要求新期待，不断增强人民群众获得感、幸福感、安全感，人民利益要求既能畅通表达，也能有效实现。例如，《立法法》第5条规定：“立法应当体现人民的意志，发扬社会主义民主，坚持立法公开，保障人民通过多种途径参与立法活动。”党的十八大以来，我国共有202件次法律草案向社会征求意见，有约110万人次提出307万条意见建议；其中，《民法典》草案公开征求意见期间共收到13 718位网民提出的114 574条意见。

二、全过程人民民主需要全面依法治国提供制度保障

从一般原理上讲，民主需要法治的规范和保障。正如毛泽东所言：“不论是英国、法国、美国，或者是苏联，都是在革命成功有了民主事实之后，颁布一个根本大法，去承认它，这就是宪法。”① 作为具体的制度，民主有不同的样态和目标。无论哪种民主，都需要一定的法律制度给予维护，使其在符合统治阶级利益的轨道上运行。并且，若无安定的秩序，民主也难

① 参见《毛泽东选集》（第2卷），人民出版社1991年版，第735页。

以健康发展，法治在化解社会矛盾、维护社会正义、保持社会稳定等方面发挥着不可替代的作用，这也体现了法治对民主的保障。

在当代中国，反思“文化大革命”时期的教训，邓小平同志指出：“为了保障人民民主，必须加强法制。”习近平总书记早年在福建宁德工作时也强调，民主的问题要在法制轨道上加以解决，坚决反对绝对化的“大民主”。现行《宪法》对于全过程人民民主的五个主要环节——民主选举、民主协商、民主决策、民主管理、民主监督，都作了根本制度安排。随着《宪法》的不断深入实施，根植中国土壤的人民代表大会制度、中国共产党领导的多党合作和政治协商制度、民族区域自治制度、基层群众自治制度得到了长足发展，保障人民当家作主的制度体系日臻完善。2021 年修正通过的《全国人民代表大会组织法》成为首部将全过程人民民主规定为基本原则的法律。党的十九届六中全会《中共中央关于党的百年奋斗重大成就和历史经验的决议》在部署发展全过程人民民主时，首先就提出“健全全面、广泛、有机衔接的人民当家作主制度体系”。全过程人民民主作为一项伟大创造，具有主体广泛性、形式多样性、过程持续性、治理有效性等特点，为中国的法治发展繁荣带来了巨大机遇、提供了强大动力，当然也有挑战。将来，我们一方面要严格执行国家法律、党内法规、社会规范等规定的各方面各层次民主制度，让人民民主从规范成为事实；另一方面要及时将比较成熟的民主实践上升为法律制度，积极稳妥对群众希望实行的民主形式进行制度性试点，使“全链条、全方位、全覆盖的民主”全面地制度化、法治化，以法治的力量充分保障人民当家作主。

NO. 2 《民法典》正式施行

事例简介

2021年1月1日，第十三届全国人民代表大会第三次会议于2020年5月28日通过的《中华人民共和国民法典》正式施行，《婚姻法》《继承法》《民法通则》《收养法》《担保法》《合同法》《物权法》《侵权责任法》《民法总则》同时废止。最高人民法院修改和制定一批实施《民法典》的司法解释，各级人民法院纷纷适用《民法典》的规定审理民事案件。

专家点评

《民法典》实施——民事法治进入有“典”时代

张新宝

（中国人民大学法学院教授、中国法学会
网络与信息法学研究会副会长）

《中华人民共和国民法典》（以下简称《民法典》）是中华人民共和国成立以来第一部以“法典”命名的法律，系统整合了分散的民事单行法律，是新时代中国特色社会主义法治建设的重大成果，也是民商事法律进入体系化时代的标志。《民法典》在中国特色社会主义法律体系中具有重要地位，是一部固根本、稳预期、利长远的基础性法

律，对推进全面依法治国、加快建设社会主义法治国家，对发展社会主义市场经济、巩固社会主义基本经济制度，对坚持以人民为中心的发展思想、依法维护人民权益、推动我国人权事业发展，对推进国家治理体系和治理能力现代化，都具有重大意义。《民法典》的正式实施，是一件具有划时代意义的重大法治事件。

依照《民法典》第1260条的规定，2021年1月1日《民法典》施行之日起，《婚姻法》等九部民事法律同时废止，以这九部法律为依据制定的大量民事司法解释需要清理，与《民法典》规定冲突的需要废止。2020年年底前，最高人民法院对标《民法典》立法精神和法律规定，对相关司法解释及规范性文件进行了全面清理。其中，需要对名称和部分条款进行修改的司法解释及规范性文件共111件，经修改颁布后自2021年1月1日起施行；决定废止的司法解释及规范性文件共116件，自2021年1月1日起失效。同时，最高人民法院将2011年以来发布的指导性案例也纳入清理范围，决定2件指导性案例不再参照适用。为确保《民法典》统一正确实施，最高人民法院还制定了与《民法典》配套的首批、共7件新的司法解释，包括《最高人民法院关于适用〈中华人民共和国民法典〉时间效力的若干规定》《最高人民法院关于适用〈中华人民共和国民法典〉有关担保制度的解释》《最高人民法院关于适用〈中华人民共和国民法典〉婚姻家庭编的解释（一）》《最高人民法院关于适用〈中华人民共和国民法典〉继承编的解释（一）》《最高人民法院关于适用〈中华人民共和国民法典〉物权编的解释（一）》《最高人民法院关于审理建设工程施工合同纠纷案件适用法律问题的解释（一）》《最高人民法院关于审理劳动争议案件适用法律问题的解释（一）》，于2021年1月1日与《民法典》同步施行。此后，在《民法典》的实施过程中，最高人民法院于2021年又陆续颁布了一批新的司法解释，包括《最高人民法院关于审理侵害知识产权民事案件适用惩罚性赔偿的解释》《最高人民法院关于审理银行卡民事纠纷案件若干问题的规定》《最高人民法院关于审理使用人脸识别技术处理个人信息相关民事案件适用法律若干问题的规定》《最高人民法院关于人民法院司法拍卖房产竞买人资格若干问题的规定》等。

《民法典》及其配套的司法解释正式施行后，北京、上海、广东、江西等地人民法院陆续审结了《民法典》实施后的“第一案”。例如，2021年1月4日，北京市朝阳区人民法院开庭审理的《民法典》施行后北京市的第一起案件，涉及自甘风险规则的理解与适用。案件中，原告宋先生与被告周先生都是羽毛球业余爱好者。原告、被告等人在朝阳区红领巾公园进行羽毛球比赛，比赛中，周先生击打的羽毛球击伤宋先生右眼。宋先生以周先生侵犯其生命权、健康权、身体权为由诉至法院，要求周先生承担侵权责任，赔偿医药费等损失。法院审理后认为，原告参加羽毛球运动应该清楚此项运动具有一定的危险性，而其自愿参加比赛，应当认定为自甘风险，并依照《民法典》第1176条第1款的规定判决驳回原告的全部诉讼请求。

又如，2021年1月4日上海市闵行区人民法院梅陇法庭首次适用《民法典》宣判了一起特殊的婚姻撤销案件。案件中，李某与江某于2020年6月登记结婚。登记不久，江某终于向妻子坦白，其已身患艾滋病数年且长期服药。虽然江某坚持表示其所罹患的艾滋病已不在传染期内，且最终证明李某确实并未被传染，但丈夫的病依然让李某无法接受，决定向法院起诉要求撤销婚姻。法院审理后认为，被告虽然患有艾滋病，但经过长期的药物控制，已经不在传染期内，因此若原告起诉要求宣告婚姻无效，将无法得到支持；而若原告起诉要求撤销婚姻，不符合原《婚姻法》规定的可撤销的情形；原告作为无过错方，也无法得到有效的救济。基于此，法院从保护无过错方利益出发，适用《民法典》第1053条的规定，认定被告在结婚登记之前未如实告知原告其患艾滋病的事实，原告在知情后1年内向法院起诉要求撤销婚姻，应予以支持，故依法判决撤销原被告的婚姻关系。

随着《民法典》的持续深入实施，全国各级人民法院适用《民法典》作出了一系列具有典型意义的判决，取得了良好的社会效果。2021年8月，江苏省苏州工业园区人民法院受理了一起老人在超市购物因付钱引发争议，翻窗跳楼受伤后起诉超市要求赔偿的健康权纠纷。案件中，老人张某在超市购物时打算在未付钱的情况下径直离开，超市工作人员黄某发现并进行阻拦，双方因价款是否支付产生争议，后至超市二楼办公室处理此事。此后，张某突然从办公室窗户翻出，从二楼跳至货车车顶，并从货车跳至地面，导致自身多处骨折。法院审理后认为，张某与超市工作人员并未发生肢体冲突，超市的阻止行为以及要求张某至办公室处理的行为是为了维护超市的正常经营秩序，且在合理限度之内，不具有违法性，应认定系合法的自助行为。张某在被发现未支付钱款后，不能通过恰当的方式解决问题，反而擅自从二楼窗户翻出，最终导致自身受伤。超市在处理争议的过程中尽到了合理的注意义务，对张某受伤不存在过错。超市工作人员的劝阻行为并不必然导致张某从窗户翻越并跳落致伤，与张某的损害亦无因果关系。据此，法院判决驳回张某的全部诉讼请求。

2021 年 9 月 16 日，辽宁省沈阳市中级人民法院公开开庭审理了辽宁省首例由检察机关提起的侵害英雄烈士名誉权、荣誉权公益诉讼案。案件中，被告曾某使用微信多次在微信群中针对中印边境冲突事件发布不当、不实言论，歪曲事实，丑化英雄形象，贬损英雄烈士名誉、荣誉，其言论造成较为恶劣的社会影响。检察机关在履行检察公益诉讼职责中发现曾某侵犯英雄烈士名誉、荣誉的行为，向沈阳中院提起侵害英雄烈士名誉检察公益诉讼，要求曾某在省级以上媒体公开道歉。案件主审法官认为，网民在互联网媒介歪曲、否定英雄事迹，发表带有侮辱性的不当言论，诋毁英雄烈士名誉和荣誉的行为，已经超出了言论自由的范畴，不仅伤害英雄本人、烈士近亲属的个人情感，构成对英雄、烈士人格权的侵害，同时也是对社会公德的严重挑战，损害社会公共利益。法院审理后，依法判处被告曾某于判决生效之日起 10 日内在省级以上媒体公开道歉，消除影响。

2021 年 12 月 15 日，北京市朝阳区人民法院公开开庭审理并宣判了一起因比特币“挖矿”迟迟未见收益而引发的服务合同纠纷。案件中，丰复久信公司与中研智创公司约定，丰复久信公司委托中研智创公司采购、管理微型存储空间服务器（即“矿机”）、提供比特币“挖矿”的数据增值服务并支付增值服务收益，丰复久信公司向中研智创公司支付管理费用。合同履行期间，中研智创公司向丰复久信公司支付 18. 3463 个比特币作为数据增值收益，此后未再支付任何收益。丰复久信公司多次催要无果后，诉至法院，请求法院判令中研智创公司交付 278. 165 497 6 个比特币，同时赔偿服务到期后占用微型存储空间服务器的损失。法院审理后认为，本案所涉交易实为通过专用“矿机”计算生产虚拟货币的“挖矿”活动。此类“挖矿”活动能源消耗和碳排放量大，不利于我国产业结构优化、节能减排，不利于我国实现碳达峰、碳中和的目标。且虚拟货币生产、交易环节衍生的虚假资产风险、经营失败风险、投资炒作风险等多重风险突出，有损社会公共利益。基于此，法院认定双方合同无效，判决驳回丰复久信公司的全部诉讼请求。

全面贯彻实施民法典是新时代全面依法治国的重要任务。在科学有效的实施中，《民法典》将不断发挥其市场经济基本法律、社会生活百科全书、国家治理良法重器、人民权利坚强卫士的重要作用，为各类民商事活动提供基本遵循，为我国民事法治建设奠定坚实基础。随着《民法典》自 2021 年 1 月 1 日起正式实施，我国民事法治已经进入有“典”时代。

NO. 3　中央发布法治建设“一《规划》、两《纲要》”

事例简介

2021年1月，中共中央发布《法治中国建设规划（2020-2025年）》；同年8月，中共中央与国务院联合发布《法治政府建设实施纲要（2021-2025年）》；2020年12月，中共中央还发布了《法治社会建设实施纲要（2020-2025年）》（以下简称“一个规划和两个纲要”）。“一个规划和两个纲要”分别对我国在“十四五”时期法治国家、法治政府、法治社会建设进行了全面的规划和部署，绘就了“十四五”时期我国三大法治建设的时间表和路线图，确定了“十四五”时期我国三大法治建设的指导思想、总体目标、具体任务和实现这些目标、任务的途径和方法。

专家点评

“十四五”时期全面推进依法治国的宏伟蓝图和行动纲领

姜明安

（北京大学法学院教授、中国法学会行政法学研究会副会长）

2021年是我国“十四五”开局之年。在这一年，中共中央连续发布了《法治中国建设规划

（2020-2025年）》和《法治政府建设实施纲要（2021-2025年）》（该纲要与国务院共同发布），此前的2020年12月，中共中央还发布了《法治社会建设实施纲要（2020-2025年）》。“一个规划和两个纲要”是我国“十四五”时期全面推进依法治国的宏伟蓝图和行动纲领。

首先，“一个规划和两个纲要”进一步明确了我国法治建设的基本方向。我们建设的法治国家、法治政府和法治社会是中国特色社会主义的法治国家、法治政府和法治社会。中国特色社会主义的法治国家、法治政府和法治社会，最重要的特征有六项，即“六个坚持”：其一，坚持中国共产党的统一领导；其二，坚持贯彻中国特色社会主义法治理论；其三，坚持以人民为中心；其四，坚持依法治国、依法执政、依法行政共同推进和法治国家、法治政府、法治社会一体建设；其五，坚持问题导向和目标导向，着眼推进国家治理体系和治理能力现代化；其六，坚持从中国实际出发，既汲取中华法律文化的精华，又借鉴国外法治的有益经验。

其次，“一个规划和两个纲要”确定了我国“十四五”时期法治国家、法治政府、法治社会建设的总体目标。法治国家（广义的法治国家包括法治政府和法治社会）建设的总体目标是：到2025年，党领导全面依法治国体制机制更加健全，以宪法为核心的中国特色社会主义法律体系更加完备，职责明确、依法行政的政府治理体系日益健全，相互配合、相互制约的司法权运行机制更加科学有效，法治社会建设取得重大进展，党内法规体系更加完善，中国特色社会主义法治体系初步形成，为2035年基本建成法治国家奠定坚实的基础。法治政府建设的总体目标是：到2025年，政府行为全面纳入法治轨道，职责明确、依法行政的政府治理体系日益健全，行政执法体制机制基本完善，行政执法质量和效能大幅提升，突发事件应对能力显著增强，各地区各层级法治政府建设协调并进，更多地区实现率先突破，为2035年基本建成法治政府奠定坚实的基础。法治社会建设的总体目标是：到2025年，“八五”普法规划实施完成，法治观念深入人心，社会领域制度规范更加健全，社会主义核心价值观要求融入法治建设和社会治理成效显著，公民、法人和其他组织合法权益得到切实保障，社会治理法治化水平显著提高，形成符合国情、体现时代特征、人民群众满意的法治社会建设生动局面，为2035年基本建成法治社会奠定坚实的基础。

最后，“一个规划和两个纲要”确定了我国“十四五”时期法治国家、法治政府、法治社会建设的具体任务和要求。法治国家建设的具体任务和要求有以下八项：其一，全面贯彻实施宪法，坚定维护宪法尊严和权威；

其二，建设完备的法律规范体系，以良法促进发展、保障善治；其三，建设高效的法治实施体系，深入推进严格执法、公正司法、全民守法；其四，建设严密的法治监督体系，切实加强对立法、执法、司法工作的监督；其五，建设有力的法治保障体系，筑牢法治中国建设的坚实后盾；其六，建设完善的党内法规体系，坚定不移推进依规治党；其七，紧紧围绕新时期党和国家工作大局，依法维护国家主权、安全、发展利益；其八，加强党对法治中国建设的集中统一领导，充分发挥党总揽全局、协调各方的领导核心作用。法治政府建设的具体任务和要求有以下九项：其一，健全政府机构职能体系，推动更好发挥政府作用；其二，健全依法行政制度体系，加快推进政府治理规范化程序化法治化；其三，健全行政决策制度体系，不断提升行政决策公信力和执行力；其四，健全行政执法工作体系，全面推进严格规范公正文明执法；其五，健全突发事件应对体系，依法预防处置重大突发事件；其六，健全社会矛盾纠纷行政预防调处化解体系，不断促进社会公平正义；其七，健全行政权力制约和监督体系，促进行政权力规范透明运行；其八，健全法治政府建设科技保障体系，全面建设数字法治政府；其九，加强党的领导，完善法治政府建设推进机制。法治社会建设的具体任务和要求有以下六项：其一，推动全社会增强法治观念；其二，健全社会领域制度规范；其三，加强权利保护；其四，推进社会治理法治化；其五，依法治理网络空间；其六，加强组织保障，特别是加强党的集中统一领导，以凝聚全社会力量，扎实有序推进法治社会建设。

"一个规划和两个纲要"是我国"十四五"时期全面推进依法治国的宏伟蓝图和行动纲领。如何将这一宏伟蓝图变为现实？如何将此行动纲领真正落实在我们"十四五"时期全面推进依法治国的整个过程和每一项行动中？关键在于各级党委的统一领导、统一部署、统筹协调。同时，中央全面依法治国委员会要做好法治国家、法治政府、法治社会建设各项工程相应的顶层设计，实现全国的集中领导和统一部署。地方各级党委法治建设议事机构要加强对本地区法治建设的牵头抓总、运筹谋划和督促落实工作。

党中央早在十八届四中全会和十九大即绘就了法治中国建设（包含法治国家、法治政府、法治社会建设）的整体宏伟蓝图，"一个规划和两个纲要"只是实现这个整体宏伟蓝图的一个阶段性工程（"十四五"法治工程）的蓝图。但是，我们只要把这个阶段性工程做好了，把这张蓝图变为了现实，我们就能为实现法治中国建设的整体宏伟蓝图打下坚实的基础，就完全有希望在2035年把我国基本建成法治国家、法治政府和法治社会。

NO.4　政法队伍教育整顿全面展开

事例简介

开展政法队伍教育整顿，是以习近平同志为核心的党中央从党和国家事业发展全局的高度作出的重大决策部署。2020年12月，全国政法队伍教育整顿试点工作圆满收官。2021年2月，全国政法队伍教育整顿全面铺开并分两批进行：首批为市县两级党委政法委、政法单位及省属监狱、戒毒所，于2月底至6月底开展整顿；第二批为中央政法委、中央政法单位及省级党委政法委、政法单位，自8月开展整顿。

专家点评

扎实开展政法队伍教育整顿
推动宪法全面实施

秦前红

（武汉大学法学院教授、中国法学会法学期刊研究会副会长）

政法工作是党和国家工作的重要组成部分。2021年1月，习近平总书记就政法工作作出重要指示，强调："2021年是'十四五'开局之年，各级政法机关要认真贯彻党的十九届五中全会和中央全面依法治国工作会议精神，更加注重系统观念、法治思维、强基导向，切实推动政法工作高质量发

展。”全面深化政法体制改革，开展政法队伍教育整顿与推动我国的宪法法律实施息息相关。从宪法层面审视政法队伍教育整顿，可获得诸多经验启迪。

一、中国政法体制根植于宪法

一国法律制度往往具有该国独特的本土性智识特征，政法体制作为当代中国最具标识性的二元性制度范畴，具有深厚的历史基因和独特的制度价值。在我国，政法体制自陕甘宁边区时期就已经逐渐形成，经由“五四宪法”“八二宪法”进一步深化。此外，《中国共产党政法工作条例》以基础主干法规形式对党领导下的新时代政法工作作出了全面规定，为党领导政法工作提供了基本遵循。在当今中国，政法体制不仅指代国家权力体系中有关机关的运作，还包括了政党的体系中政法单位的协同。在“党的领导、人民当家作主与依法治国”的宪法框架下，我国政法机关以各级党委政法委员会为统领，主要包括审判机关、检察机关、公安机关、国家安全机关、司法行政机关等单位。通过对于政法制度发展历史的梳理，可以发现，我国政法制度的根基始终在于宪法，其内涵随着时代变迁而逐渐丰富，不仅积淀着“中国之治”的本土气派和东方智慧，而且与国家治理现代化进程同步接轨。

二、开展政法队伍教育整顿有助于推动宪法全面实施

政法队伍教育整顿是我国政法体制自我革新的一个方面，要求政法机关用自己的“刃”削自己的“柄”，其主要任务是筑牢政治忠诚、清除害群之马、整治顽瘴痼疾、弘扬英模精神。2012 年 12 月 4 日，习近平总书记在纪念现行宪法公布施行 30 周年大会上的讲话中指出：“宪法的生命在于实施，宪法的权威也在于实施。”推动政法队伍教育整顿走向深入，有助于切实维护宪法权威，从根本上保证宪法实施。

第一，开展政法队伍教育整顿有助于坚持党的领导。现行宪法中“党的领导”规范是一个相对完备的体系。宪法序言用相当的篇幅描绘了中国共产党领导的历史成就，证成了党的领导的正当性。在宪法正文中，中国共产党的领导以“中国特色社会主义最本质的特征”的形式呈现。而中国特色社会主义是社会主义初级阶段在中国的具体样态，通过宪法实施，党的领导可以纳入社会主义的各项制度中去，这当然也包括了政法制度。我国政法工作的最高原则、最大优势就是坚持党的绝对领导，政法队伍教育

整顿的目的就是锻造一支对党忠诚、让党放心的政法铁军。

第二，开展政法队伍教育整顿有助于维护宪法权威。宪法至上是全面依法治国的基石，坚持依宪治国、依宪执政，确保宪法至上的法制地位，维护宪法权威，是习近平法治思想特别是习近平关于宪法的一系列重要论述的组成部分。我国法治理论和法治实践的产生、发展史清晰地表明，要真正做到依法治国必须树立宪法的至上权威。对于我国正进行的政法体制改革和政法系统教育整顿来说，宪法至上意味着宪法在政法领域的最高权威，政法体制内公共权力需要以宪法为基础、受宪法约束，政法队伍的具体的执法、司法行为应切实保护公民基本权利。政法队伍中新入职工作人员在就职时所进行的宪法宣誓就是一种尊重宪法权威的表现。通过政法队伍教育整顿，确保政法队伍在宪法框架下活动，有助于推动宪法实施。

第三，开展政法队伍教育整顿有助于落实人民主体地位。我国《宪法》第 2 条规定："中华人民共和国的一切权力属于人民。"政法队伍教育整顿应以为人民服务为宗旨，以群众满意为目标。在教育整顿过程中，广大群众可以监督和评价政法队伍的工作以及整改情况，这有助于落实宪法所规定的人民主体地位。

第四，开展政法队伍教育整顿有助于确保各机关正确行使宪法职权。政法队伍整顿的一个目的是确保政法领域内的国家机关各司其职，从而进一步完善政法机构职能体系。宪法不仅确立了法院、检察院等机关的定位以及职权，而且还确立刑事领域公、检、法三机关之间的"分工负责、互相配合、互相制约"原则。随着这一原则在党规国法中的普遍落实，这种"分工负责、互相配合、互相制约"的关系也扩大到整个政法领域。政法队伍教育整顿要求相关政法机关正确履行宪法和法律赋予的职权，健全侦查、检察、审判、执行等职权分工负责、相互配合、相互制约的政法体制机制，最终推动宪法全面实施。

第五，开展政法队伍教育整顿有助于推动法律实施。法律实施是推动宪法全面实施的重要途径，也是宪法实施的具体手段。法律的实施不外乎法的执行、适用、遵守和监督四个方面。在执法适法方面，政法队伍教育整顿就是要通过政法机关的自我革命，着力整治"六大顽瘴痼疾"：一是违反防止干预司法"三个规定"；二是违规经商办企业；三是违规参股借贷；四是配偶、子女及其配偶违规从事经营活动；五是违规违法减刑、假释、暂予监外执行；六是有案不立、压案不查、有罪不究。同时，按照"6+N"模式，全面查找执法和司法中的突出问题，并且强化治建并举，在整治中补短板、强弱项、堵漏洞，建立健全执法司法监督管理制度体系。在守法方面，政法队伍教育整顿则通过警示教育、纠察整改和总结提升，强化法治思维，增强法治意识，促使政法队伍坚持严于律己，带头遵纪守法。最后，通过各级党委主体责任的压实以及中央督导组的指导协调、督导查办，完善对执法司法全流程的监督，最终推动法律的实施。

NO. 5　阿里巴巴电子商务“二选一”行为行政处罚案

事例简介

2021年4月10日，国家市场监管总局对阿里巴巴集团的“二选一”行为作出行政处罚决定，责令停止违法行为，并处行政罚款182.28亿元，创下迄今国内行政罚款最高纪录。决定书指出，当事人自2015年以来，滥用其在中国境内网络零售平台服务市场的支配地位，禁止平台内经营者在其他竞争性平台开店或参加促销活动，排除限制了相关市场的竞争，损害了平台内经营者合法权益，损害了消费者利益，阻碍了平台经济创新发展，且不具有正当理由，构成《反垄断法》第17条禁止的“没有正当理由，限定交易相对人只能与其进行交易”的滥用市场支配地位行为。

专家点评

电商平台“二选一”是平台经济领域反垄断执法的热点和重点

王晓晔

（深圳大学特聘教授，中国法学会经济法研究会副会长）

一、“二选一”行为概述

“二选一”是一种排他行为，即在双方交易

中，一方要求另一方在不同供货商或者不同购买方之间作出排他性选择，这种交易一般被称为独家交易。独家交易在产品营销中运用比较广泛。例如，在国际贸易中，一个生产商把在另一国的销售交给当地一家企业，这个独家交易有助于克服跨国销售中因语言、法律或者其他问题产生的各种困难，从而有助于降低销售成本。独家交易常常是中小企业进入市场的有效方式。然而，独家交易因为存在排他性，在卖方或者买方的市场力量比较大的情况下，可能存在限制竞争问题。根据《欧盟竞争法》相关规定，当供货商或者销售商在相关市场的份额达到30%，考虑到这种情况下封锁市场的范围比较大，这种交易存在违法的可能性。

国家市场监管总局对阿里巴巴“二选一”行为作出的行政处罚决定，是依据我国《反垄断法》第17条。据此，占市场支配地位的经营者如果“没有正当理由，限定交易相对人只能与其进行交易或者只能与其指定的经营者进行交易”，这种行为构成滥用市场支配地位，违反《反垄断法》相关规定。阿里巴巴违法行为的构成要件是：第一，其在电商中介服务市场具有支配地位；第二，其采取了不正当手段强迫供货商在它的平台和竞争对手的平台之间“二选一”；第三，“二选一”行为不合理地排除和限制市场竞争。

二、执法机关分析本案思路

（一）界定相关市场

《反垄断法》中的竞争或垄断均发生在一定市场范围，这个市场也称为“相关市场”。科学合理地界定相关市场，对识别竞争者和潜在竞争者、判定经营者的市场份额和市场集中度、认定经营者的市场地位、分析经营者的行为对市场竞争的影响等很多关键问题具有重要的意义。执法机关在这个案件界定的相关市场主要考虑两个因素：一是平台的功能和可替代性，即从网络零售角度，考虑了相互竞争的天猫、京东、拼多多等几家主要电商平台。二是分析了线下和线上零售业之间的竞争。鉴于电子商务与实体店购物之间的巨大差异，特别考虑到电商平台可提供“一站式”购物服务，即消费者几乎可以在电商平台买到他们想买的所有商品，由此认定电商平台和传统经济下的实体店应分属不同的相关市场。

（二）认定市场支配地位

根据《反垄断法》，市场势力或者市场支配地位是指企业在相关市场控制价格或排除竞争的经济实力，最重要的认定因素是企业的市场份额。决定书指出，2015~2019 年期间，阿里的电子商务交易额在中国境内电子商务交易总额最高占到 76.21%，最低占到 61.70%，这均超过我国《反垄断法》规定的 50%。针对当事人提出电商服务市场准入门槛低，因此它不占市场支配地位的抗辩，决定书提出很多反驳理由，最重要的理由有两个：一是供货商对阿里的电商平台明显存在比较大的依赖性。这是因为电子商务所处市场是双边市场，平台两边明显存在间接网络效应，即一边的价值随着另一边用户数量的增加而增加。这种情况下，供货商一般愿意在大平台销售商品，从而导致他们对阿里电商平台有比较大的依赖性。二是大平台对消费者的锁定效应，即大数据的优势。这即是说，消费者即便存在多归属，可以在多个平台购物，但他们一般愿意在多次访问过的平台购物，大平台因此可以吸引大批消费者和广告商。这也即是说，大平台累积的数据即便不应视为不公平的竞争优势，但大数据确实构成了进入市场的壁垒。

（三）认定竞争损害

决定书指出，阿里“二选一”行为限制了商户在其他电商平台销售或参与促销活动，其目的是锁定商户和消费者，维护和扩大其市场势力，排除和限制竞争对手。这种行为不仅损害了平台内商户和消费者的利益，而且背离平台经济开放、包容、共享的发展理念。

三、规制“二选一”是数字经济反垄断执法重点

阿里巴巴因其“二选一”行为被处以巨额行政罚款，但不是迄今电商领域涉及“二选一”唯一的反垄断案件。2021 年 2 月，国家市场监管总局对唯品会的“二选一”行为作为不正当竞争行为罚款 300 万元；2021 年 8 月，对美团的“二选一”行为罚款约 34 亿元，并要求全额退还独家合作保证金约 13 亿元。这些案件说明，规制电商平台领域的“二选一”行为，成为我国强化数字经济领域反垄断一个极其重要的方面。

反垄断执法加大加快并且加重对大平台企业“二选一”行为的处罚，一方面，这些案件的社会影响巨大。这首先表现在对电商领域千千万万个供货商的影响。电子商务可以帮助进驻平台的商户与消费者直接交易，由此减少销售环节，降低销售成本，而且网络化销售还可以扩大销售范围，因此商家对电商平台一般都有很强的依赖性。但是，供货商一般不愿意接受平台经营者提出的“二选一”要求：一是它们希望通过多个平台获得更

多的交易机会；二是单一的平台渠道对它们可能存在风险；三是在进入多个竞争性平台开展经营活动的条件下，它们进入平台的成本比较低，交易条件比较公平。即便个别商户认为独家交易对它们有好处，例如支付的费用比较低，可以得到奖励，但从长远的眼光看问题，考虑到企业的趋利动机，独家平台设置的交易条件与竞争性平台相比会不公平，商户支付的费用会上涨。另一方面，“二选一”也会损害广大消费者的利益。有人认为，即便只有一个电商平台，考虑到平台上有很多商户和很多产品在竞争，“二选一”对消费者没有影响。这种观点是错误的。其实，电商平台之间的竞争不仅可以降低商户进入平台的成本，改善平台服务质量，提高平台经营者的创新动力，而且也会增加消费者选择平台服务的机会。平台“二选一”对消费者的影响已有所闻。例如，格兰仕2019年的声明指出，自从在拼多多销售产品以来，它在天猫的产品销售就受到影响。这不仅说明“二选一”对商家不利，而且说明对消费者也有不利影响。

“二选一”成为当前反垄断执法的热点和重点，另一重要原因是这种行为发生在数字经济领域。数字经济明显的特点是网络外部效应、规模经济和大数据，其结果就是市场集中度高，参与竞争的企业非常有限。即便电子商务领域存在淘宝、天猫、京东和拼多多等几个竞争性平台，考虑到我国10亿网民，这些电商平台数量很有限。另一方面，这些电商平台还明显存在规模不均衡的情况。这种情况下，互联网平台强制性“二选一”行为一方面通过网络外部性可以把众多用户聚集在一起，提高企业效率；同时也导致处不利地位平台的价值越来越小，甚至退出市场。也即是说，在平台之间的规模明显存在不对称情况下，占优势地位的平台通过“二选一”可以轻而易举地把小平台排挤出市场，其结果就是迅速扩大其市场势力。反垄断法保护竞争，不是保护竞争者。但是，如果竞争者退出市场不是因为产品的高价、低质或者劣质售后行为，而且因为大平台强制实施的“二选一”减少其用户的数量，这显然是一种扭曲的竞争，这种竞争不公平。

四、结语

阿里巴巴电子商务“二选一”行为的行政处罚案至少有以下启示：第一，电商平台中介服务因为存在经济、技术、数据等各种障碍，特别是网络外部效应，这个市场高度集中。第二，为维护市场的竞争性，为使消费者和商家充分感受数字经济的好处和便利，反垄断执法应努力维护商家和消费者的多归属权利，即任何平台都无权强迫商户只能在一个平台进行交易。第三，市场经济几百年经验证明，推进经济发展和技术创新的动力源自市场竞争。数字经济不是反垄断法外之地。为推动数字经济包括电子商务的健康发展，这个领域需要强化反垄断。

NO. 6　张某生案

事例简介

张某生，中共吕梁市市委原常委、副市长。2018年3月28日，山西省临汾市中级人民法院对被告人张某生以受贿罪（数额10.4亿余元人民币）判处死刑，剥夺政治权利终身，并处没收个人全部财产，以巨额财产来源不明罪，判处有期徒刑八年，决定执行死刑，剥夺政治权利终身，并处没收个人全部财产。二审审理期间，张某生认罪悔罪，到案后主动交代办案机关尚未掌握的大部分犯罪事实；其本人及亲属积极配合赃款赃物追缴工作，涉案赃款赃物大部分追缴；其积极检举他人重大受贿犯罪线索，经查证属实，构成重大立功，具有法定、酌定从轻处罚情节。山西省高级人民法院决定对其判处死刑，可不立即执行。同时，综合考量全案犯罪事实和情节，决定在其死刑缓期执行二年期满后依法减为无期徒刑，终身监禁，不得减刑、假释。

专家点评

张某生二审由死刑改判死缓的法治意义

陈光中

（中国政法大学终身教授）

张某生作为党的十八大以来第一个因受贿罪被判处死刑的官员，如今，二审法院将张某生由死刑改判为死缓并决定终身监禁。重大贪污受贿犯罪案件的死刑适用一直是触动人们敏感神经的重要命题，探究此案二审改判的原因，对展现新时代反腐败新动向和把握重大贪污受贿案件的死刑适用问题具有重要的理论意义和实践意义。

一、体现了宽严相济的刑事政策

我国对死刑一直坚持“保留死刑，严格限制和慎重适用死刑”的态度，这在《刑法修正案（八）》和《刑法修正案（九）》废除部分犯罪死刑适用的修改中得到充分体现。对于职务犯罪，虽然我国目前仍保留有死刑，但党的十八大以来判处的重大贪污受贿犯罪案件呈现出犯罪数额增加，死刑适用案件数下降的特点，尤其是《刑法修正案（九）》增设的终身监禁，不得减刑、假释制度，有力地改变了“死刑过重，生刑过轻”问题。此次二审法院改判，就是考虑到张某生虽然符合死刑的适用条件，但由于二审期间具有法定、酌定的从轻处罚情节，决定改判死缓并终身监禁，这体现了“当宽则宽”“严中有宽”中从宽的一面，严格贯彻了宽严相济的刑事政策。

二、有利于正确把握重大贪污受贿犯罪案件的死刑适用问题

根据《刑法》及最高人民法院、最高人民检察院《关于办理贪污贿赂刑事案件适用法律若干问题的解释》的相关规定，贪污、受贿数额特别巨大，犯罪情节特别严重、社会影响特别恶劣、给国家和人民利益造成特别重大损失的，可以判处死刑。从该款的规定来看，即使被告人符合上述四个条件，死刑的适用仍需要更为综合地研判，法官对此具有裁量空间，而并非必然判处死刑。根据最高人民法院、最高人民检察院《关于办理贪污贿赂刑事案件适用法律若干问题的解释》第 4 条规定，贪污、受贿数额特别巨大，犯罪情节特别严重、社会影响特别恶劣、给国家和人民利益造成特别重大损失的，可以判处死刑。符合前款规定的情形，但具有自首，立功，如实供述自己罪行、真诚悔罪、积极退赃，或者避免、减少损害结果的发生等情节，不是必须立即执行的，可以判处死刑缓期二年执行。符合第 1 款规定情形的，根据犯罪情节等情况可以判处死刑缓期二年执行，同时裁判决定在其死刑缓期执行二年期满依法减为无期徒刑后，终身监禁，不得减刑、假释。

一审法院认定张某生的受贿犯罪行为严重侵害了国家工作人员的职务

廉洁性，给国家和人民利益造成了特别重大损失，社会影响极其恶劣，应当判处死刑。但在二审期间，张某生积极认罪悔罪；积极配合赃款赃物追缴工作，大部分已经追缴；积极检举山西某省级领导的犯罪线索并查证属实，有重大立功表现，具有法定、酌定从轻处罚的情节，此时已经具备了可以适用死缓的条件，综合考量全案犯罪事实和情节，决定在其死刑缓期执行二年期满依法减为无期徒刑后，终身监禁，不得减刑、假释，这体现了罪责刑相适应的原则。此外，张某生案二审改判死缓也体现了在重大贪污受贿犯罪案件死刑适用中，犯罪数额只是其中的一个裁量要素，具体是否应当判处死刑还要综合本案其他犯罪事实、犯罪情节及被告人表现等，这有利于扭转“唯赃判刑”的错误做法。

总的来说，张某生二审改判死缓充分体现了在受贿罪上严格限制和慎重适用死刑的态度，这可能对今后逐渐减少，甚至废除受贿罪的死刑适用具有积极作用。

NO. 7 人脸识别第一案

事例简介

2019年，郭某购买了杭州野生动物世界年卡。该年卡确定的入园方式为指纹识别。后野生动物世界向郭某发送短信，通知入园识别系统更换，要求激活人脸识别，否则无法正常入园。郭某不同意人脸识别，要求园方退卡。一审法院审理后，判令野生动物世界赔偿郭某合同利益损失；删除郭某的面部特征信息；驳回郭某要求确认店堂告示、短信通知中相关内容无效等其他诉讼请求。二审法院认为，人脸识别店堂告示对郭某不发生效力；野生动物世界欲将已收集的照片激活处理为人脸识别信息，超出事前收集目的，违反了正当性原则，故应删除郭某的面部特征信息。鉴于原约定的入园服务方式无法实现，亦应删除郭某的指纹识别信息。据此，二审在原判决的基础上增判野生动物世界删除郭某的指纹识别信息。

专家点评

人脸识别与个人信息处理的“合法、正当、必要”原则

申卫星

（清华大学法学院院长、教授，中国法学会网络与信息法学研究会副会长）

《个人信息保护法》已于2021年11月1日生

效。该法第5条规定："处理个人信息应当遵循合法、正当、必要和诚信原则，不得通过误导、欺诈、胁迫等方式处理个人信息。"该条确立了我国法律上个人信息处理的合法、正当、必要和诚信原则。

本案中，郭某于2019年4月购买了野生动物世界双人年卡，并留存相关个人身份信息，同意以指纹识别作为入园方式。后杭州野生动物世界于2019年7月和10月两次以短信方式通知郭某入园方式变更，要求郭某激活人脸识别，以人脸识别作为入园方式。法院根据合同法规则，认为"人脸识别店堂告示并非郭某与野生动物世界之间的合同条款，对郭某不发生效力"，并以此为由，判定野生动物世界单方变更入园方式构成违约，应承担违约责任。从法理上看，无论是店堂告示还是短信，均系格式条款，即野生动物世界为了重复使用而预先拟定，并在订立合同时未与对方协商的条款。按照格式条款的订入规则，采用格式条款订立合同的，提供格式条款的一方有义务采取合理的方式提示对方注意免除或者减轻其责任等与对方有重大利害关系的条款，并按照对方的要求，对该条款予以说明；若提供格式条款的一方未履行提示或者说明义务，致使对方没有注意或者理解与其有重大利害关系的条款的，对方可以主张该条款不成为合同的内容（《民法典》第496条）。本案中，人脸识别入园方式条款与郭某有重大利害关系，根据当事人自述，该条款已引起郭某足够程度的注意，故不能以该条款违反格式条款订入规则为由，主张该条款不构成合同内容。问题在于，人脸识别条款是否违反了格式条款的内容控制规则？根据《民法典》第497条，提供格式条款一方不合理地免除或者减轻其责任、加重对方责任、限制或排除对方主要权利的，格式条款无效。那么，人脸识别条款是否不合理地减轻了园方责任、限制排除了郭某的主要权利呢？这就需要结合《个人信息保护法》中的个人信息处理规则进行考察。

根据《个人信息保护法》第28条，人脸识别信息属于敏感个人信息；对于这类个人信息，只有在具有特定的目的和充分的必要性，并采取严格保护措施的情形下方可处理。《个人信息保护法》第28条可谓是对该法第5条的"合法、正当、必要和诚信原则"在敏感个人信息处理领域的进一步细化。从个人信息处理的合法性基础来看，除具备《个人信息保护法》第13条第1款第2~7项规定情形外，处理个人信息均需要取得信息主体的同意。又由于人脸识别信息属于敏感个人信息，故而处理这类信息所需的同意标准要高于非敏感个人信息：后者只要取得个人的明示同意（《个人信息保护法》第14条）；敏感个人信息处理则需要取得个人的单独同意，法律、行政法规规定应当取得书面同意的，从其规定（《个人信息保护法》第29条）。本案中，郭某不同意杭州野生动物世界以其面部识别信息激活人脸识别，遂引发诉讼。因此，野生动物世界不能以信息主体已同意个人指纹信息处理为由，主张将人脸识别作为入园方式。

惟有疑问的是，人脸识别是否构成《个人信息保护法》第13条第1款第2~7项规定的同意的例外情形？在该款规定的各项个人信息同意的例外情形中，与人脸识别入园比较相关的当属第（2）项的“为订立、履行个人作为一方当事人的合同所必需”。本案中，郭某与野生动物世界之间订立了服务合同，那么，野生动物世界是否可以主张人脸识别入园系履行服务合同所必需呢？笔者亦认为不可以，原因在于：履行合同所“必需”，指的是处理活动与合同目的之间是否存在直接的事实联系，该目的必须尽可能狭义地限定，缩小到实际核心。有的个人信息处理活动，例如本文中的人脸识别，对于履行合同而言的确是有用的，因为它可以改善服务和产品提供的质量。但是，这种“有用性”不等于履行合同的“必需性”，否则，“合同所必需”的范围将被不恰当地大大扩大，也不符合《个人信息保护法》保护个人信息权益的立法目的。综上，野生动物世界欲将其已收集的照片激活处理为人脸识别信息缺乏相应的个人信息处理的合法性基础，不符合《个人信息保护法》的规定。

NO. 8　康美药业特别代表人诉讼案

事例简介

2020 年 5 月，中国证券监督管理委员会依法对康美药业股份有限公司虚假陈述案作出行政处罚。2021 年 4 月，中证中小投资者服务中心有限责任公司接受了 56 名权利人的特别授权，向广州中级人民法院申请作为代表人参加虚假陈述民事赔偿诉讼。广州中院适用特别代表人诉讼程序审理了本案。2021 年 11 月 12 日，法院一审判决责令康美药业赔偿投资者 24.59 亿元，原董事长、总经理马某田及 5 名直接责任人、广东正中珠江会计师事务所（特殊普通合伙）及其直接责任人承担全部连带责任，13 名相关责任人按过错程度承担部分连带赔偿责任。2021 年 12 月 21 日，本案开始执行。康美药业将现金经中国证券登记结算有限责任公司转至各投资者开户证券公司，最终分配至投资者资金账户。

专家点评

证券虚假陈述特别代表人诉讼制度：特色、优势与防弊

邢会强

（中央财经大学法学院教授、中国法学会证券法学研究会副会长兼秘书长）

康美药业股份有限公司（以下简称康美药业）

虚假陈述民事赔偿诉讼是 2019 年 12 月修订后的《证券法》（以下简称新《证券法》）自 2021 年 3 月 1 日实施以来的第一起证券虚假陈述特别代表人诉讼案，也是迄今为止赔偿金额最大、获赔投资者人数最多的证券虚假陈述民事赔偿诉讼案。

特别代表人诉讼制度是新《证券法》的一大创新。在此次《证券法》修订前，笔者曾撰文呼吁：在大数据背景下，我们可以运用大数据手段，扩充和发挥好专门的投资者保护机构的作用，让它们代表投资者进行民事诉讼，代为追讨损失。本次《证券法》修改应在这方面作出安排。这一建议不久便得到了采纳。

新《证券法》第 95 条第 3 款规定："投资者保护机构受五十名以上投资者委托，可以作为代表人参加诉讼，并为经证券登记结算机构确认的权利人依照前款规定向人民法院登记，但投资者明确表示不愿意参加该诉讼的除外。"这一制度的前提是先有普通代表人诉讼。新《证券法》第 95 条第 1 款规定："投资者提起虚假陈述等证券民事赔偿诉讼时，诉讼标的是同一种类，且当事人一方人数众多的，可以依法推选代表人进行诉讼。"

具体到本案而言，先是原告顾某骏、刘某君等 11 名投资者起诉康美药业、马某田、许某瑾、邱某伟、庄某清、温某生、马某洲、马某耀、林某浩、李某、江某平、李某安、罗某谦、林某雄、李某华、韩某伟、王某、张某 1、郭某慧、张某 2、唐某、陈某等被告，顾某骏、刘某君经 11 名原告共同推选为拟任代表人，同时请求诉讼请求相同并申请加入本案诉讼的其他投资者，一并向广州中级人民法院（以下简称广州中院）提起普通代表人诉讼。广州中院于 2020 年 12 月 31 日依法受理，并经审查决定适用普通代表人诉讼程序审理本案。2021 年 3 月 30 日，原告顾某骏、刘某君等 11 名投资者向广州中院申请追加广东正中珠江会计师事务所（特殊普通合伙）（以下简称正中珠江）、杨某蔚、张某璃、刘某、苏某升为本案被告。2021 年 4 月 8 日，中证中小投资者服务中心有限责任公司（以下简称投服中心）称接受了黄某香等 56 名权利人的特别授权，向广州中院申请作为代表人参加诉讼。经最高人民法院指定管辖，广州中院适用特别代表人诉讼程序审理本案，并于 2021 年 7 月 27 日公开开庭进行了审理。2021 年 11 月 12 日，广州中院一审判决责令康美药业赔偿投资者 24.59 亿元，原董事长、总经理马某田及 5 名直接责任人、正中珠江会计师事务所及其直接责任人承担全部连带责任，13 名相关责任人按过错程度承担部分连带赔偿责任。因原告代表人投服中心、原告投资者及各被告均未在法定时限内提出上诉，一审判决已生效。同年11月26日，康美药业发布公告，揭阳市中级人民法院裁定批准重整计划，重整计划开始执行。康美药业根据广州中院判决的投资者名单及金额，将现金转至中国证券登记结算有限责任公司（以下简称中证登），中证登再转至各投资者开户证券公司，最终分配至投资者资金账户。全体投资者共获赔现金约9.765亿元，股票约1.41亿股，信托收益权份额约7070万份。债权金额50万以下的投资者共51 730人，占比约99.41%。大部分投资者以“默示加入”的方式拿到了赔偿款。自2021年4月26日特别代表人诉讼成功转换以来，仅不到8个月时间，诉讼结案并偿付。相较于域外集团诉讼动辄数年的漫长过程，在无先例可循且与上市公司破产重整程序交叉的复杂情况下，特别代表人诉讼的首次实践可谓高效。

这一制度的特色有三：第一，特别代表人诉讼是由投资者保护机构作为代表人的集团诉讼制度。这与美国式的以律师作为代理人的集团诉讼有显著不同。这里所说的投资者保护机构目前只有中证中小投资者服务中心和中国证券投资者保护基金有限责任公司。第二，采用了“默示加入、明示退出”制度。即投资者保护机构为经证券登记结算机构确认的权利人向人民法院登记，经法院登记确认后，发出公告，不愿意参加该集团诉讼的投资者，可在规定的期限内明确声明要求退出，逾期没有作出该等表示的，即视为默认加入集团诉讼。第三，集团的最低人数是50人，以发挥规模经济优势。但如果人数低于50人，投资者保护机构也可以接受投资者委托，只不过不能采取“默示加入、明示退出”制度。在该案中，投服中心作为法定的原告代表人，曾在网上公开征集50名以上适格投资者申请转换特别代表人诉讼，最后征集了56名投资者，达到了法定最低人数。

这一制度的优势在于：第一，特别代表人诉讼有利于大幅度提高资本市场上违法违规行为的成本，有效遏制和减少资本市场违法犯罪行为的发生，以落实资本市场违法违规行为“零容忍”的要求。国务院金融稳定发展委员会曾在多次会议中指出，欺诈发行、财务造假是证券市场的“毒瘤”，严重损害了广大投资者的合法权益，造成了恶劣的社会影响，危及市场秩序和金融稳定发展，必须从严从快从重打击。特别代表人诉讼是落实资本市场违法违规行为“零容忍”的重要举措之一，有利于净化资本市场生态，优化资源配置。第二，特别代表人诉讼有利于强化证券违法违规行为民事责任追究。在相当长的一段时期内，我国证券市场一个比较突出的问题是违法违规成本不高，与证券违法违规所获得的巨额利益相比，有限的行政罚款、民事赔偿以及刑事责任往往像“毛毛雨”，对于违法者来讲不痛不痒，不足以起到惩罚和阻吓作用。实际上，提高违法违规成本，除了要加大刑事、行政责任的追究力度之外，更要加大民事责任的追究。刑事制裁中的没收违法所得和罚金，以及行政罚款，都是上缴国库的，投资者的损失仍然没有得到弥补。因此，对于令人深恶痛绝的侵犯投资者的违法违规行为，对广大受害者更有意义的恰恰就是强化民事责任追究，让故意违法者“赔得倾家荡产”。证券纠纷特别代表人诉讼制度有利于弥补以往证券民事赔偿救济乏力的制度短板，切实弥补投资者的损失。第三，特别代表人诉讼有利于降低投资者的维权成本，打通投资者“维权难”痛点。以往，当投资者受到证券违法行为的侵害时，由于个体非常分散、单个投资者索赔金额较小以及诉讼能力有限等原因，许多中小投资者往往会放弃起诉，不想诉、不愿诉、不能诉现象突出。而由投资者保护机构代表广大投资者进行诉讼的证券纠纷特别代表人诉讼制度，通过特别代表人机制、专业力量的支持以及诉讼费用减免等制度，能够大幅降低投资者的维权成本和诉讼风险。中证投服是证监会批准设立的证券金融类公益机构，坚持公益属性，除开展特别代表人诉讼的必要支出外，不收取任何费用，显著降低了投资者的维权成本，避免了美国式集团诉讼下代理律师的高额律师收费，有利于解决投资者众多且分散情况下的起诉难、维权贵的问题。

但任何制度都有两面性，特别代表人诉讼也不例外。尤其是，该制度刚刚实施，经验积累得还不够丰富，制度弊端还未充分暴露。这就需要在今后的实施过程中注意兴利防弊，提防其对资本市场其他参与方可能造成的不当压制。比如，第一，投资者保护机构起诉不缴纳诉讼费，败诉也不承担诉讼费，而被告败诉则要承担诉讼费，被告不服一审判决要提起上诉也要缴纳诉讼费。由于特别代表人诉讼的判决赔偿金额巨大，诉讼费和上诉费也非常高，在本案中一审受理费是1234万元。这么高的诉讼费，大部分被告都交不起，如不减免其上诉费用，则无异于剥夺了其上诉权利。第二，从“中证中小投资者服务中心有限责任公司”的名称中可以看出，这是一家为“中小投资者”服务的专门机构，但问题是：它所代表的投资者，除了中小投资者（普通投资者），还包括机构投资者（专业投资者、大型投资者），后者的数量尽管很少，但金额却很高。这是否符合中证投服的定位？是否违背了对中小投资者（金融消费者）倾斜性保护的制度安排？是否会助长专业投资者的惰性？是否会对被告不公平？对此，理论界是有很大争议和疑问的。第三，投资者保护机构是证监会的下属机构，而在我国的体制中，法院在虚假陈述如此专业的事项上，一般会尊重证监会的判断和决定，投资者保护机构难免会“挟证监会之威，扩大求偿战果”，而由于特别代表人诉讼下的原始“损失金额”一般都非常高（轻松可突破 50 亿元），再加之目前被告勤勉尽责的标准的模糊或太严苛，被告要想摆脱赔偿责任的概率极低。如果被告是中介机构，这便意味着出现一起虚假陈述，就极有可能至少有一家中介机构破产倒闭。如果被告是自然人，也往往会“破产”。“破产”的自然人，其实并不是故意造假者，而仅仅是未发现造假的前董监高而已。这里的自然人“破产”并不是破产法意义的破产，而是无论赚多少钱都基本上还不起被判决的巨额赔偿金。总之，特别代表人诉讼制度，将倒逼证券执法司法机构精准执法司法以及更科学精确地损失计算，也要求投资者保护机构更多地将公平价值纳入其考量函数，因为无论是证监会还是投资者保护机构，毕竟都是全体纳税人（而不是投资者）供养的机构，其追求和维护的是我国资本市场的整体利益而不是部分群体利益的最大化。

NO. 9 “三孩”生育政策入法

事例简介

2021年6月26日，《中共中央、国务院关于优化生育政策促进人口长期均衡发展的决定》正式对外发布，明确规定实施一对夫妻可以生育三个子女政策（以下简称“三孩政策”），取消相关制约规定，完善配套支持措施。同年8月，《人口与计划生育法》修正，“三孩政策”写入法律。同年10月，《社会抚养费征收管理办法》等三部相关行政法规废止。截至2021年年末，多部委相继制订、修订配套制度，20多个省份修改地方条例，延长产假、明确育儿假。

专家点评

生育政策改革与公民生育权保障

湛中乐

（北京大学法学院教授、中国法学会行政法学研究会副会长）

“三孩政策”的实施及其配套支持措施的出台，是国家继“单独两孩”“全面两孩”政策后的又一次重大决策部署，是顺应人口发展规律，积极应对老龄化风险的重要战略举措，更是对公民生育权和生育自由的尊重，体现了宪法尊重人权的基本精神。当然，在未来，生育政策伴随着实践发展和

理念进步还会存在进一步改革的空间，应当逐步实现计划生育政策从指令性计划向国家指导性计划、家庭计划性生育的转变，以便充分适应我国人口结构改善、人口长期均衡发展的形势需要。

一、“三孩政策”是对人口发展新形势新变化的回应

生育政策的内容必须与人口发展变化形势相适应。近年来，我国人口形势发生了新变化，生育水平逐年走低，人口增速持续放缓，公民在生育、养育、教育等领域都面临不少实际困难，人口老龄化的客观风险已经出现，这是生育政策改革的时代背景。相应地，“三孩政策”实施及其配套措施出台的直接动因就在于实现适度的生育水平、改善人口结构，应对人口老龄化。对此，中共中央、国务院在《关于优化生育政策促进人口长期均衡发展的决定》中已经作出精准概括，深刻揭示了优化生育政策、促进人口长期均衡发展的重大意义。

当然，“三孩政策”要真正“落地”，还需要各地《人口与计划生育条例》的配套性修改，以及相应的配套支持措施的建立健全，需要它们彼此之间的有效衔接。例如，生育保险报销、养老保险制度、必要的生育奖励、对独生子女政策存续期间有关独生子女父母的优待、对于“失独”家庭的扶助和补偿、将入户入学入职等与个人生育情况全面脱钩等，做好不同生育人群和生育选择的平衡。

二、“三孩政策”是对计划生育政策具体内容的调整

计划生育是我国的一项基本国策，被写入我国现行的《宪法》文本之中。但值得注意的是，根据《宪法》第 25 条规定，“计划生育”并不完全等同于“限制生育”，“计划”只是强调生育政策的内容、措施及其所带来的人口增长形势应当“同经济和社会发展计划相适应”。此外，2001 年出台的《人口与计划生育法》第 18 条虽然出现了生育数字的具体限制，但该条只是规定“提倡一对夫妻生育一个子女”，这并非强制性要求，而是一种倡导性义务。

既然我们对“计划”的理解应当转变，相应的硬性规制措施亦应得到缓和，取而代之的是更为灵活的指导性人口发展目标。从这个角度来讲，“单独两孩”“全面两孩”乃至“三孩政策”都是对过去生育政策的调整，且这种调整具有充分的宪法解释空间和法理论证基础。当然，整个社会的积极参与和呼吁对于优化生育政策也极有意义，笔者就曾于 2012 年和 2015

年两次联合宪法学、行政法学、社会学、人口学等领域的学者，向全国人大常委会建言上书，请求尽快全面修改《人口与计划生育法》，提出了包括取消社会抚养费、废止生育审批制度等一系列建议。欣喜的是，部分建议已经通过此前的一系列政策改革以及本次《人口与计划生育法》的修改与调整得到了反映。由此也可以看出，社会呼吁所带来的制度需求，同样可以成为推动人口法治的重要因素之一。

笔者曾有幸成为原国家计划生育委员会的立法专家组成员，参加我国《人口与计划生育法》的立法调研，也有机会参与其他重要计划生育行政法规的咨询与论证，更为难得的是有机会参与联合国人口基金会的国际会议和联合国人口基金中国项目的实施与评议过程。这些宝贵实践使得笔者有机会了解中国基层有关计划生育政策的改革与变化情况，也更加坚信计划生育政策带有特定的历史烙印，必然随着时代和社会的变化而不断调整或者被赋予新的内涵。

三孩政策的启动及其配套支持措施的发布只是上述调整的开始而非终结，人口与计划生育工作的最终目标应当是实现国家战略和个体权益保障的合理平衡。并且尽可能为不同类型人口提供针对性的细致服务，如宣传教育、知情选择、帮扶脱贫、利益导向等，在调控人口数量的同时提高人口素质、优化人口结构，最终使人口发展与经济社会发展水平相适应。

NO. 10 《生物安全法》正式实施

事例简介

《生物安全法》由第十三届全国人民代表大会常务委员会第二十二次会议通过，自2021年4月15日正式施行。《生物安全法》旨在防范和应对生物安全风险，维护国家安全，保障人民生命健康，保护生态环境和生物资源，促进生物科学技术发展，实现人与自然和谐共处。该法共十章八十八条，主要针对重大新发突发传染病、动植物疫情，生物技术研究、开发与应用，病原微生物实验室生物安全，人类遗传资源和生物资源安全，生物恐怖袭击和生物武器威胁，生物安全能力建设分设专章作出规定。

专家点评

为生物安全治理筑牢法治保障

秦天宝

（武汉大学环境法研究所所长、教授，中国法学会环境资源法学研究会副会长兼秘书长）

一、《生物安全法》的出台与实施具有重大意义

《生物安全法》是我国生物安全领域第一部基础性、综合性、系统性、统领性的法律文件，在

习近平生态文明思想与习近平法治思想的指引和国家总体安全观的统领下，从法律层面筑牢国家生物安全防线，进一步构建了国家生物安全法律法规体系、制度保障体系，为维护我国生物安全提供了法律依据，对维护国家和民族的生存发展秩序具有深远意义。该法的出台与实施有助于保护人民生命健康，有助于维护国家生物安全，有助于从法律制度层面解决我国生物安全管理领域存在的问题。

首先，有利于保障人民生命安全和身体健康。《生物安全法》将保障人民生命健康作为立法宗旨，明确维护生物安全应当坚持以人为本的原则，在防范和应对各类生物安全风险时，始终坚持人民至上、生命至上，把维护人民生命安全和身体健康作为出发点和落脚点。

其次，有利于维护国家安全。《生物安全法》坚持总体国家安全观，明确生物安全是国家安全的重要组成部分，把生物安全纳入国家安全体系进行谋划和布局，明确生物安全管理体制机制，完善风险防控制度体系，有效防范和应对生物安全各类风险，维护国家安全。

最后，有利于完善生物安全法律体系。《生物安全法》系统梳理、全面规范各类生物安全风险，明确生物安全风险防控体制机制和基本制度，填补了生物安全领域基础性法律的空白，有利于完善生物安全法律体系。

二、《生物安全法》建立了联防联控的体制机制

《生物安全法》基本确立了生物安全联防联控的体制机制，形成了中央国家安全领导机构统一部署、统筹协调，国务院部委分工负责、协调工作，专家委员会提供咨询，央地协同推进，社群广泛动员的整体格局，形成了上中下“三位一体”的合力。

第一，在制度方面，确立了专家咨询、信息共享与发布、风险报告等制度，规定各级政府引导基层组织与社会组织开展生物安全宣传，地方各级人民政府对本行政区域内生物安全工作负责并在疫情发生时开展群防群控、动员鼓励社会力量参与防疫，企业事业单位将生物安全知识纳入教育培训内容，新闻媒体开展生物安全知识公益宣传并进行舆论监督，基层组织、有关单位和个人协助配合生物安全工作。

第二，在机制方面，建立国家生物安全工作协调机制、省级行政单位的生物安全工作协调机制、重大新发突发疫病联防联控机制、多学科多部门协同创新的联合攻关机制、生物安全国家战略资源共享利用机制，并赋予国家生物安全工作协调机制以设立办公室和专家委员会、组织建立国家

生物安全的风险监测预警体系与统一的信息平台、定期组织开展生物安全风险调查评估、成员单位根据职责分工发布重大生物安全信息、组织有关部门加强不同领域生物安全标准协调衔接并建立完善标准体系、组织开展生物安全事件调查溯源等职能。

第三，在管理体制方面，区别于单一的分散型和集中型的管理体制，《生物安全法》采纳了多部门协同的中间型管理体制，不设置大一统式的专门监管机构，而是由国务院卫生健康、农业农村、科学技术、外交等主管部门和有关军事机关组成的国家生物安全工作协调机制承担着分析研判国家生物安全形势，组织协调、督促推进国家生物安全相关工作的任务，毕竟生物安全管理是综合意义上的跨部门行政工作，需要在相关主管部门之间建立运行顺畅的部际协调机制，协调部门间的生物安全管理活动。

三、《生物安全法》全面贯彻风险预防原则

《生物安全法》采用广义上的生物安全观念，其根本即生态文明社会形态和生态整体主义观念的内在要求；从生态整体主义视角出发，生物安全法治应使风险预防原则居于中心地位，落至制度层面就是要全面地确立以风险防范为中心要务的诸项制度，实现涉生物安全活动的全过程科学管控，对影响或者可能影响生物安全的行动风险秉持审慎态度，开展事前、事中与事后的监测与评估，健全安全审查措施并施行有效的风险沟通。

《生物安全法》全面贯彻了其第 3 条“维护生物安全应当贯彻总体国家安全观，统筹发展和安全，坚持以人为本、风险预防、分类管理、协同配合的原则”所明确的风险预防原则，提出建立生物安全风险监测预警、生物安全风险调查评估、生物安全信息共享与发布、生物安全名录和清单、生物安全标准、生物安全审查、生物安全应急、生物安全事件调查溯源、国家准入、境外重大生物安全事件应对等制度，这些制度措施都围绕着风险防控，即《生物安全法》的理念内核而展开，一同服务于第 1 条确定的“防范和应对生物安全风险”的立法目的。

《生物安全法》以风险预防为基础性和统领性原则，具备强有力的风险防范功能，在制度、体制和机制意义上集中体现并全面贯彻了风险预防原则。《生物安全法》规定的各项制度都围绕风险防控而展开，确立的生物安全风险回应措施覆盖生物安全风险活动与事件的全过程。

总之，《生物安全法》的实施标志着我国生物安全进入依法治理的新阶段。生物安全是国家安全的重要组成部分，维护生物安全应当贯彻总体国

家安全观，统筹发展和安全，坚持以人为本、风险预防、分类管理、协同配合的原则。当下应坚持党对国家生物安全工作的领导，建立健全国家生物安全领导体制，加强国家生物安全风险防控和治理体系建设，提高国家生物安全治理能力。

附　录

- 2021年中国法治实施纪事

2021年中国法治实施纪事

时间	事件
2021年1月1日	《民法典》施行。
2021年1月1日	《退役军人保障法》施行。
2021年1月1日	《国务院关于实施动产和权利担保统一登记的决定》施行。
2021年1月1日	《最高人民法院关于适用〈中华人民共和国民法典〉有关担保制度的解释》施行。
2021年1月1日	修正后的《最高人民法院关于适用〈中华人民共和国涉外民事关系法律适用法〉若干问题的解释（一）》施行。
2021年1月4日	《中共中央、国务院关于全面推进乡村振兴加快农业农村现代化的意见》发布施行。
2021年1月6日	《生态环境部关于优化生态环境保护执法方式提高执法效能的指导意见》发布施行。
2021年1月9日	商务部发布施行《阻断外国法律与措施不当域外适用办法》。
2021年1月9日	中央政法工作会议召开。
2021年1月10日	《法治中国建设规划（2020-2025年）》发布施行。
2021年1月12日	《最高人民法院关于完善人民法院专业法官会议工作机制的指导意见》施行。
2021年1月14日	最高人民法院、司法部上线律师服务平台。

2021 年 1 月 15 日	《专利审查指南》施行。
2021 年 1 月 22 日	《动物防疫法》发布。
2021 年 1 月 22 日	最高人民检察院发布施行《人民检察院办理网络犯罪案件规定》。
2021 年 1 月 31 日	中共中央办公厅、国务院办公厅发布施行《建设高标准市场体系行动方案》。
2021 年 2 月 1 日	生态环境部《全国碳排放权交易管理办法（试行）》施行。
2021 年 2 月 3 日	《最高人民法院关于为跨境诉讼当事人提供网上立案服务的若干规定》发布施行。
2021 年 2 月 7 日	《国务院反垄断委员会关于平台经济领域的反垄断指南》发布施行。
2021 年 2 月 9 日	七部门联合发布施行《关于加强网络直播规范管理工作的指导意见》。
2021 年 2 月 19 日	《中国银保监会办公厅关于进一步规范商业银行互联网贷款业务的通知》发布施行。
2021 年 2 月 19 日	中央全面深化改革委员会审议通过《关于加强诉源治理推动矛盾纠纷源头化解的意见》。
2021 年 2 月 22 日	修订的《互联网用户公众账号信息服务管理规定》施行。
2021 年 3 月 1 日	《排污许可管理条例》施行。
2021 年 3 月 1 日	《刑法修正案（十一）》施行。
2021 年 3 月 1 日	修订后的《企业名称登记管理规定》施行。
2021 年 3 月 1 日	最高人民法院发布的《关于深入推进社会主义核心价值观融入裁判文书释法说理的指导意见》施行。

2021年3月2日 最高人民法院办公厅转发十三部门联合发布的《关于推动和保障管理人在破产程序中依法履职 进一步优化营商环境的意见》。

2021年3月3日 《最高人民法院关于审理侵害知识产权民事案件适用惩罚性赔偿的解释》施行。

2021年3月4日 最高人民法院宣布人民法院一站式多元解纷和诉讼服务体系基本建成。

2021年3月10日 四部门联合发布的《关于进一步加强虚假诉讼犯罪惩治工作的意见》施行。

2021年3月11日 《国民经济和社会发展第十四个五年规划和2035年远景目标纲要》发布施行。

2021年3月12日 修正后的《全国人民代表大会组织法》施行。

2021年3月12日 修正后的《全国人民代表大会议事规则》施行。

2021年3月15日 国家知识产权局发布施行《打击商标恶意抢注行为专项行动方案》。

2021年3月18日 北京金融法院挂牌成立。

2021年3月19日 中共中央办公厅发布施行《中国共产党组织处理规定（试行）》。

2021年3月27日 《中共中央关于加强对“一把手”和领导班子监督的意见》发布施行。

2021年3月30日 七部门联合发布施行《探索建立食品安全民事公益诉讼惩罚性赔偿制度座谈会会议纪要》。

2021年3月31日 修订后的《香港基本法附件一香港特别行政区行政长官的产生办法》《香港基本法附件二香港特别行政区立法会的产生办法和表决程序》施行。

2021年4月1日 《最高人民法院关于办理行政申请再审案件若干问题的规定》施行。

2021年4月6日　《国家医疗保障局关于加强网络安全和数据保护工作的指导意见》发布施行。

2021年4月6日　《生态环境部办公厅关于加强生态环境监督执法正面清单管理推动差异化执法监管的指导意见》发布施行。

2021年4月6日　最高人民法院发布施行《全国法院贯彻正式实施民法典工作会议纪要》。

2021年4月7日　《国务院办公厅关于服务“六稳”“六保”进一步做好“放管服”改革有关工作的意见》发布施行。

2021年4月9日　中共中央总书记、国家主席、中央军委主席习近平近日对打击治理电信网络诈骗犯罪工作作出重要指示。

2021年4月15日　《生物安全法》施行。

2021年4月16日　中共中央发布施行修订后的《中国共产党普通高等学校基层组织工作条例》。

2021年4月16日　《“十四五”时期检察工作发展规划》发布施行。

2021年4月22日　最高人民法院发布施行《人民法院知识产权司法保护规划（2021-2025年）》。

2021年4月23日　《中共中央、国务院关于支持浦东新区高水平改革开放打造社会主义现代化建设引领区的意见》发布施行。

2021年4月23日　《中共中央、国务院关于新时代推动中部地区高质量发展的意见》发布施行。

2021年4月29日　《反食品浪费法》颁行。

2021年4月29日　修正后的《草原法》颁行。

2021年4月29日　修正后的《食品安全法》颁行。

2021年5月1日　修订后的《动物防疫法》施行。

2021年5月1日	国务院《医疗保障基金使用监督管理条例》施行。
2021年5月1日	国家市场监督管理总局《网络交易监督管理办法》施行。
2021年5月1日	四部门联合发布的《常见类型移动互联网应用程序必要个人信息范围规定》施行。
2021年5月8日	中央生态环境保护督察办公室发布施行《生态环境保护专项督察办法》。
2021年5月11日	《最高人民法院关于开展认可和协助香港特别行政区破产程序试点工作的意见》发布施行。
2021年5月19日	《国务院关于深化“证照分离”改革进一步激发市场主体发展活力的通知》发布施行。
2021年5月20日	《中共中央、国务院关于支持浙江高质量发展建设共同富裕示范区的意见》发布施行。
2021年5月20日	《国家知识产权局、公安部关于加强协作配合强化知识产权保护的意见》发布施行。
2021年5月21日	《国家知识产权局、国家市场监督管理总局关于进一步加强地理标志保护的指导意见》发布施行。
2021年5月22日	中共中央发布施行《中国共产党组织工作条例》。
2021年5月24日	生态环境部发布施行《环境信息依法披露制度改革方案》。
2021年5月25日	《最高人民法院关于审理银行卡民事纠纷案件若干问题的规定》施行。
2021年5月25日	七部门联合施行《网络直播营销管理办法（试行）》
2021年5月27日	《工业和信息化部、中央网信办关于加快推动区块链技术应用和产业发展的指导意见》发布施行。

2021 年 6 月 1 日　国家市场监督管理总局、国家标准化管理委员会施行《电子商务平台知识产权保护管理》等 8 项国家标准。

2021 年 6 月 1 日　《未成年人保护法》施行。

2021 年 6 月 1 日　《乡村振兴促进法》施行。

2021 年 6 月 1 日　《预防未成年人犯罪法》施行。

2021 年 6 月 1 日　《重大专利侵权纠纷行政裁决办法》施行。

2021 年 6 月 1 日　工业和信息化部《工业互联网标识管理办法》施行。

2021 年 6 月 1 日　修正后的《专利法》施行。

2021 年 6 月 1 日　《最高人民法院关于推进行政诉讼程序繁简分流改革的意见》施行。

2021 年 6 月 2 日　银保监会发布施行《银行保险公司机构治理准则》。

2021 年 6 月 3 日　九部门联合发布施行《关于建立涉案企业合规第三方监督评估机制的指导意见（试行）》。

2021 年 6 月 10 日　《反外国制裁法》颁行。

2021 年 6 月 10 日　《海南自由贸易港法》颁行。

2021 年 6 月 10 日　《印花税法》发布。

2021 年 6 月 10 日　《全国人民代表大会常务委员会关于授权上海市人民代表大会及其常务委员会制定浦东新区法规的决定》发布施行。

2021 年 6 月 11 日　《中央网信办、工业和信息化部、公安部、市场监管总局关于开展摄像头偷窥等黑产集中治理的公告》发布施行。

2021 年 6 月 15 日　《中央宣传部、司法部关于开展法治宣传教育的第八个五年规划（2021－2025 年）》发布施行。

2021 年 6 月 15 日　《中共中央关于加强新时代检察机关法律监督工作的意见》发布施行。

2021 年 6 月 15 日　中央网信办启动“清朗·‘饭圈’乱象整治”专项行动。

2021 年 6 月 16 日　《最高人民法院关于进一步健全完善民事诉讼程序繁简分流改革试点法院特邀调解名册制度的通知》发布施行。

2021 年 6 月 16 日　修正后的《最高人民法院关于司法解释工作的规定》施行。

2021 年 6 月 17 日　《最高人民法院、最高人民检察院、公安部关于办理电信网络诈骗等刑事案件适用法律若干问题的意见（二）》发布施行。

2021 年 6 月 26 日　《中共中央、国务院关于优化生育政策促进人口长期均衡发展的决定》发布施行。

2021 年 6 月 26 日　中共中央发布施行《中国共产党党徽党旗条例》。

2021 年 6 月 29 日　《人力资源和社会保障事业发展“十四五”规划》发布施行。

2021 年 6 月 29 日　《生态环境部关于加强生态环境保护综合行政执法队伍建设的实施意见》发布施行。

2021 年 6 月 29 日　五部门联合发布施行《公平竞争审查制度实施细则》。

2021 年 7 月 1 日　《最高人民法院、最高人民检察院关于常见犯罪的量刑指导意见（试行）》施行。

2021 年 7 月 1 日　最高人民检察院发布的《人民检察院公益诉讼办案规则》施行。

2021 年 7 月 1 日　人力资源社会保障部发布施行《电子劳动合同订立指引》。

2021年7月1日	习近平总书记在庆祝中国共产党成立100周年大会上宣布已“形成比较完善的党内法规体系”。
2021年7月1日	四部门联合发布的《关于进一步规范人民法院冻结上市公司质押股票工作的意见》施行。
2021年7月2日	《国务院办公厅关于加快发展外贸新业态新模式的意见》发布施行。
2021年7月4日	国家药监局、国家知识产权局发布施行《药品专利纠纷早期解决机制正式实施办法（试行）》。
2021年7月5日	《最高人民法院关于审理申请注册的药品相关的专利权纠纷民事案件适用法律若干问题的规定》施行。
2021年7月6日	中共中央办公厅、国务院办公厅发布施行《关于依法从严打击证券违法活动的意见》。
2021年7月7日	十部门联合发布施行《工程建设领域农民工工资专用账户管理暂行办法》。
2021年7月7日	《最高人民法院关于审理侵害植物新品种权纠纷案件具体应用法律问题的若干规定（二）》施行。
2021年7月8日	《“十四五”残疾人保障和发展规划》发布施行。
2021年7月14日	《最高人民法院关于为全面推进乡村振兴　加快农业农村现代化提供司法服务和保障的意见》发布施行。
2021年7月15日	修订后的《行政处罚法》施行。
2021年7月16日	全国首家专业化劳动法庭苏州劳动法庭正式成立。
2021年7月16日	八部门联合发布施行《关于维护新就业形态劳动者劳动保障权益的指导意见》。
2021年7月21日	最高人民法院“一站式”国际商事纠纷多元化解决平台正式运行。
2021年7月27日	《国家知识产权局关于进一步加强商标品牌指导站建设的通知》发布施行。

2021年7月27日	国务院发布《市场主体登记管理条例》。
2021年7月30日	《工业和信息化部关于加强智能网联汽车生产企业及产品准入管理的意见》发布施行。
2021年7月30日	国家市场监管总局、国家税务总局发布施行《关于进一步完善简易注销登记便捷中小微企业市场退出的通知》。
2021年7月30日	国家知识产权局发布施行《专利、商标代理行业违法违规行为协同治理办法》。
2021年8月1日	《军人地位和权益保障法》施行。
2021年8月1日	《最高人民法院关于审理使用人脸识别技术处理个人信息相关民事案件适用法律若干问题的规定》施行。
2021年8月1日	最高人民法院发布的《人民法院在线诉讼规则》施行。
2021年8月1日	最高人民检察院修订的《人民检察院民事诉讼监督规则》施行。
2021年8月2日	国务院发布施行《关于推进自由贸易试验区贸易投资便利化改革创新的若干措施》。
2021年8月11日	《最高人民法院、最高人民检察院关于办理窝藏、包庇刑事案件适用法律若干问题的解释》施行。
2021年8月11日	《法治政府建设正式实施纲要（2021-2025年）》发布施行。
2021年8月20日	《监察官法》发布。
2021年8月20日	修正后的《人口与计划生育法》发布施行。
2021年8月20日	《最高人民法院办公厅、中国证券监督管理委员会办公厅关于建立“总对总”证券期货纠纷在线诉调对接机制的通知》发布。

2021年8月21日	最高人民检察院发布《关于贯彻执行个人信息保护法推进个人信息保护公益诉讼检察工作的通知》。
2021年9月1日	《安全生产法》施行。
2021年9月1日	《城市维护建设税法》施行。
2021年9月1日	《关键信息基础设施安全保护条例》施行。
2021年9月1日	《契税法》施行。
2021年9月1日	《数据安全法》施行。
2021年9月1日	三部门联合发布的《网络产品安全漏洞管理规定》施行。
2021年9月1日	修订后的《土地管理法实施条例》施行。
2021年9月1日	最高人民检察院发布的《人民检察院行政诉讼监督规则》施行。
2021年9月3日	北京证券交易所注册成立。
2021年9月12日	中共中央办公厅、国务院办公厅发布施行《关于深化生态保护补偿制度改革的意见》。
2021年9月14日	中共中央办公厅、国务院办公厅发布施行《关于加强网络文明建设的意见》。
2021年9月17日	九部门联合发布施行《关于加强互联网信息服务算法综合治理的指导意见》。
2021年9月20日	《监察法实施条例》发布施行。
2021年9月22日	《中共中央、国务院关于完整准确全面贯彻新发展理念做好碳达峰碳中和工作的意见》发布施行。
2021年9月22日	《知识产权强国建设纲要（2021－2035年）》发布施行。
2021年9月22日	《最高人民法院关于推动新时代人民法庭工作高质量发展的意见》施行。

2021年9月23日　《"十四五"全民医疗保障规划》发布施行。

2021年9月24日　《最高人民法院关于加强新时代知识产权审判工作为知识产权强国建设提供有力司法服务和保障的意见》发布施行。

2021年9月27日　最高人民法院发布的《关于完善四级法院审级职能定位改革试点的实施办法》施行。

2021年9月27日　《中国妇女发展纲要（2021-2030年）》《中国儿童发展纲要（2021-2030年）》发布施行。

2021年9月27日　中央人民银行发布《征信业务管理办法》。

2021年9月28日　《最高人民法院关于深化人民法院一站式多元解纷机制建设推动矛盾纠纷源头化解的实施意见》发布。

2021年9月28日　最高人民检察院发布施行《人民检察院案件信息公开工作规定》。

2021年9月30日　三部门联合发布施行《关于建立健全禁止法官、检察官与律师不正当接触交往制度机制的意见》《关于进一步规范法院、检察院离任人员从事律师职业的意见》。

2021年10月1日　《最高人民法院关于调整中级人民法院管辖第一审民事案件标准的通知》施行。

2021年10月8日　《黄河流域生态保护和高质量发展规划纲要》发布施行。

2021年10月8日　《最高人民法院关于新时代加强和创新环境资源审判工作　为建设人与自然和谐共生的现代化提供司法服务和保障的意见》发布施行。

2021年10月9日　《"十四五"电子商务发展规划》发布施行。

2021年10月9日　《"十四五"国家知识产权保护和运用规划》发布施行。

2021 年 10 月 12 日　最高人民法院发布《关于加强和完善法官考核工作的指导意见》。

2021 年 10 月 13 日　最高人民法院与中国中小企业协会签署《关于建立中小企业领域矛盾纠纷在线诉调对接机制合作备忘录》。

2021 年 10 月 18 日　《最高人民法院关于加快推进人民法院调解平台进乡村、进社区、进网格工作的指导意见》发布。

2021 年 10 月 19 日　中共中央办公厅、国务院办公厅发布施行《关于进一步加强生物多样性保护的意见》。

2021 年 10 月 22 日　国家知识产权局、司法部联合发布施行《关于加强知识产权纠纷调解工作的意见》。

2021 年 10 月 23 日　《全国人民代表大会常务委员会关于授权国务院在部分地区开展房地产税改革试点工作的决定》发布施行。

2021 年 11 月 1 日　《个人信息保护法》施行。

2021 年 11 月 1 日　七部门联合发布的《工程建设领域农民工工资保证金规定》施行。

2021 年 11 月 2 日　《中共中央、国务院关于深入打好污染防治攻坚战的意见》发布施行。

2021 年 11 月 4 日　《最高人民法院关于建立健全执行信访案件“接访即办”工作机制的意见》发布施行。

2021 年 11 月 5 日　《提升全民数字素养与技能行动纲要》发布施行。

2021 年 11 月 5 日　最高人民法院《关于进一步完善“四类案件”监督管理工作机制的指导意见》施行。

2021 年 11 月 9 日　《生态环境部关于深化生态环境领域依法行政　持续强化依法治污的指导意见》发布施行。

2021年11月10日　《最高人民法院关于深入开展虚假诉讼整治工作的意见》施行。

2021年11月10日　人力资源社会保障部发布《拖欠农民工工资失信联合惩戒对象名单管理暂行办法》。

2021年11月11日　最高人民法院发布施行《人民法院办理执行案件"十个必须"》。

2021年11月11日　《最高人民检察院关于充分发挥检察职能服务保障黄河流域生态保护和高质量发展的意见》发布施行。

2021年11月15日　《"十四五"大数据产业发展规划》发布施行。

2021年11月15日　《国务院关于进一步贯彻实施〈中华人民共和国行政处罚法〉的通知》发布施行。

2021年11月15日　《国务院反垄断委员会关于原料药领域的反垄断指南》发布施行。

2021年11月15日　国家市场监督管理总局发布施行《企业境外反垄断合规指引》。

2021年11月16日　国家知识产权局发布《商标审查审理指南》。

2021年11月16日　最高人民法院发布《关于建立健全人民法院人员内部交流机制的若干意见》。

2021年11月17日　八部门联合发布施行《关于加强交通运输新业态从业人员权益保障工作的意见》。

2021年11月18日　《中共中央、国务院关于加强新时代老龄工作的意见》发布施行。

2021年11月18日　国家反垄断局挂牌成立。

2021年11月19日　首届中国网络文明大会召开。

2021年12月1日　四部门联合发布施行《关于加强减刑、假释案件实质化审理的意见》。

2021年12月1日　《最高人民法院统一法律适用工作实施办法》施行。

2021 年 12 月 1 日　修正后的《最高人民法院关于审理食品药品纠纷案件适用法律若干问题的规定》施行。

2021 年 12 月 3 日　五部门联合发布《互联网宗教信息服务管理办法》。

2021 年 12 月 3 日　最高人民检察院发布施行《人民检察院办理认罪认罚案件开展量刑建议工作的指导意见》。

2021 年 12 月 6 日　《最高人民法院关于进一步完善执行权制约机制　加强执行监督的意见》发布施行。

2021 年 12 月 8 日　修正后的《最高人民法院关于审理铁路运输人身损害赔偿纠纷案件适用法律若干问题的解释》发布。

2021 年 12 月 8 日　中央经济工作会议召开。

2021 年 12 月 8 日　最高人民法院发布施行《法官惩戒工作程序规定（试行）》。

2021 年 12 月 11 日　生态环境部发布《企业环境信息依法披露管理办法》。

2021 年 12 月 13 日　国家知识产权局发布《商标一般违法判断标准》。

2021 年 12 月 14 日　《国家残疾预防行动计划（2021－2025 年）》发布施行。

2021 年 12 月 14 日　《最高人民法院关于为新时代推进西部大开发形成新格局提供司法服务和保障的意见》发布施行。

2021 年 12 月 17 日　《最高人民法院关于人民法院司法拍卖房产竞买人资格若干问题的规定》发布。

2021 年 12 月 20 日　《最高人民法院关于人民法院强制执行股权若干问题的规定》发布。

2021 年 12 月 21 日　国务院办公厅发布施行《要素市场化配置综合改革试点总体方案》。

2021 年 12 月 22 日　国务院办公厅转发司法部《关于审理政府信息公开行政复议案件若干问题指导意见》。

2021 年 12 月 22 日　最高人民法院发布施行《关于推进案例指导工作高质量发展的若干意见》。

2021 年 12 月 24 日　《反有组织犯罪法》发布。

2021 年 12 月 24 日　《噪声污染防治法》发布。

2021 年 12 月 24 日　《湿地保护法》发布。

2021 年 12 月 24 日　修正后的《民事诉讼法》发布。

2021 年 12 月 24 日　修订后的《科学技术进步法》发布。

2021 年 12 月 24 日　修正后的《工会法》发布。

2021 年 12 月 24 日　修正后的《种子法》发布。

2021 年 12 月 24 日　中共中央发布施行《中国共产党纪律检查委员会工作条例》。

2021 年 12 月 24 日　九部门联合发布施行《关于推动平台经济规范健康持续发展的若干意见》。

2021 年 12 月 27 日　《最高人民法院关于生态环境侵权案件适用禁止令保全措施的若干规定》发布。

2021 年 12 月 27 日　国家发展改革委、商务部发布《自由贸易试验区外商投资准入特别管理措施（负面清单）（2021 年版）》。

2021 年 12 月 27 日　国家发展改革委、商务部发布《外商投资准入特别管理措施（负面清单）（2021 年版）》。

2021 年 12 月 30 日　《最高人民法院、最高人民检察院关于办理危害食品安全刑事案件适用法律若干问题的解释》发布。

2021 年 12 月 30 日　最高人民法院发布《人民法院在线调解规则》。

2021 年 12 月 30 日　《“十四五”国家应急体系规划》发布施行。

2021 年 12 月 31 日　十部门联合发布的《关于依法惩治涉枪支、弹药、爆炸物、易燃易爆危险物品犯罪的意见》施行。

2021 年 12 月 31 日　《地理标志保护和运用“十四五”规划》发布施行。

2021 年 12 月 31 日　最高人民法院发布《全国法院涉外商事海事审判工作座谈会会议纪要》。

潘璐璐　俞慧莹　整理